Dieter Prokop
Der Kampf um die Medien

Dieter Prokop ist Professor für kritische Medienforschung am Fachbereich Gesellschaftswissenschaften – Schwerpunkt Kulturindustrie – der Universität Frankfurt. Er publizierte viele Bücher über Medien. Im VSA-Verlag erschien von ihm »Der Medien-Kapitalismus. Das Lexikon der neuen kritischen Medienforschung« (2000).

Dieter Prokop

Der Kampf um die Medien

Das Geschichtsbuch der neuen kritischen Medienforschung

VSA-Verlag Hamburg

www.vsa-verlag.de

Druck- und Buchbindearbeiten: Idee, Satz & Druck, Hamburg
ISBN 3-87975-807-7

Inhalt in Kürze

Ein detailliertes Inhaltsverzeichnis gibt es auf den Seiten 481-494.

Vorwort

Dies ist ein Geschichtsbuch über die Medien-Inszenierung von Macht und menschlichen Interessen, Leiden und Lachen, Sensationen und Spaß. Es ist ein Buch über populäres Theater, Gladiatorenkämpfe, Tierhetzen, öffentliche Propagandabilder, kommerzielle Kirchenbilder, Newe Zeytungen, Flugblätter, populäre Bücher, Zirkus, Penny-Presse, Music Hall, investigative Massenpresse, Film, Radio, Fernsehen, Internet. Es ist das Buch eines Soziologen, der die Grenzen der Fachwissenschaften überschreitet.

Wozu Geschichte?
Genügt es nicht, über weltweite Netze Fakten abzurufen? Ist nicht Geschichte etwas fürs Museum, für Touristen und für Hollywoodfilme? Leben wir nicht in einer Zeit, in der historischer Ballast nicht gebraucht wird, im Posthistoire, in dem es keine Geschichte gibt, sondern Standard-Systeme und Standard-Systemlösungen?

Die Antwort: Zurück zu gehen in der Geschichte hat den Sinn, zu überlegen, was anders hätte verlaufen können. Mehr Wahrheitssuche? Mehr Realismus? Mehr Demokratie? Bessere Information? Mehr Vielfalt? Mehr Kreativität? Mehr Qualität? Bessere Unterhaltung? Mehr Spaß? Mehr Verrücktes? Alles von diesem »Anderen« wäre wünschenswert. Wer das Andere will, muss die historischen Interessenkonstellationen erforschen, die dafür verantwortlich sind, dass es nicht mehr davon gab und gibt.

Aber gibt es nicht genug aktuelle Kämpfe? Haben wir nicht genug daran, den globalen Krieg der Konzerne um die Neuen Medien zu verstehen? Bietet nicht das Internet neue Aufregungen? Blicken wir doch vorwärts!

Die Antwort: Nicht ohne Grund wird die Macht der heutigen supranationalen Konzerne, auch der Medienkonzerne, mit der Macht absolutistischer Fürsten verglichen. Seit den 60er Jahren wird die »Refeudalisierung der Öffentlichkeit« kritisiert (Habermas 1962), und heute wird die Frage aufgeworfen, ob sich die Welt auf einen »Neofeudalismus« hin bewegt (Zinn 2000b).

Deshalb ist es nützlich, zu sehen, was Feudalismus – und Absolutismus – mit den damaligen Massen und Massenmedien anstellten. Es gab damals nicht nur Folter und Scheiterhaufen, sondern auch subtile Mittel der Manipulation der Gefühle und des Verstands, die den heutigen gleichen. Und woher sollen die Vorstellungen darüber kommen, was heute besser sein könnte und wie das begründbar ist, wenn nicht aus der Analyse der historischen Entwicklung von Identität, Öffentlichkeit, Raisonnement und Amusement?

Ich beginne mit der Antike ab ca. 500 vor unserer Zeitrechnung und beziehe das Mittelalter ein. Das ist ungewöhnlich. Man erwartet eher, dass eine Geschichte der Massenmedien mit der Erfindung des Buchdrucks im 15. Jahrhundert beginnt oder mit dem Aufkommen regelmäßig erscheinender Zeitungen im frühen 17. Jahrhundert. Man konzentriert sich auf die Schrift und vergisst die öffentlichen Bilder und Spiele.

In der Antike, in Athen im 5. Jahrhundert v.u.Z., entstand das Theater. Bei den Römern gab es öffentliche Bilder, eine staatliche Repräsentanzkultur; außerdem gab es Gladiatorenkämpfe und Wagenrennen. Bei Platon, den Judäern und frühen Christen findet man die Anfänge der Bilderfeindlichkeit, an der bis heute die visuellen Medien zu leiden haben. Und im Mittelalter gab es mit gefühlvollen Kirchenbildern und dem Ablasshandel die erste kommerzielle Kulturindustrie. Und es gab populäre Balladen und Erzählungen. Warum also erst mit dem Buchdruck beginnen?

Aber gehört nicht das Theater in die Theaterwissenschaft, die Kirchenbilder in die Kunstgeschichte und die Balladen und Erzählungen in die Klassische Philologie? Was mischt sich ein Soziologe ein?

Die Antwort: Wissenschaftliche Arbeitsteilung muss sein, doch ist es notwendig, über deren Ränder zu blicken. Für die Publizistik- und Kommunikationswissenschaft jedenfalls kann es kein Schaden sein, wenn man von der Welt mehr erfährt als Zeitungsgeschichte und systemtheoretische Schablonen.

Wieso »Kampf um die Medien«?

Muss man wirklich von »Kampf« sprechen? Führt das nicht in eine unangemessene Parteilichkeit? Wäre »Evolution« nicht der bessere, neutralere, Begriff?

Die Antwort: Heute, in einer Zeit, in der die Wegrationalisierung von Arbeitsplätzen »Freisetzung« oder »Abrundung« genannt wird, kann man den sich neutral gebenden Begriffen nicht trauen – ganz abgesehen davon, dass der Begriff »Evolution« falsch ist, denn damit wird vorausgesetzt, Mediengeschichte sei primär eine Entwicklung der Komunikationstechnik und des Überlebens des Stärkeren. Das passt zwar in die heutigen neoliberalen Vorstellungen über neue Informations- und Medientechnologien und Globalisierung – doch damit geraten die entscheidenden Inhalte aus dem Blickfeld: Die Welt wird nicht nur durch Macht und Geld zusammen gehalten, sondern auch durch freiheitliche Moral und Solidarität. *Die Geschichte der Massenmedien ist – in Information und Unterhaltung – auch eine Geschichte des Kampfs um Meinungsfreiheit, Rationalität, Individualität, Kreativität, Solidarität, Demokratie, Emanzipation.* Der kritische Theoretiker Jürgen Habermas vermeidet die pathetischen Worte, er spricht von »Deliberation« und meint damit Emanzipation in die Richtung demokratischer, beratschlagender, besonnener, kooperierender Politik (1999, S. 277ff.). Aber auch Deliberation ist ein Kampf.

Wieso »neue kritische« Medienforschung?

Von Kritik erwartet man, wenn es um Medien geht, nicht mehr als die alten Klagen über Standardisierung, Verflachung, niveaulose Unterhaltung der Kulturindustrie und über das unpolitische, ichschwache, subjektlose, dumme Publikum. Der Ansatz der neuen kritischen Medienforschung, den ich vertrete (Prokop 2000), hat etwas anderes im Sinn. Jürgen Habermas schreibt: »Die Umstellung des kommunikativen Handelns auf mediengesteuerte Interaktionen und die Verformung von Strukturen einer versehrbaren Intersubjektivität sind keineswegs *vorentschiedene* Prozesse, die sich auf wenige Begriffe abziehen lassen. Die Analyse von Lebensweltpathologien erfordert die unvoreingenommene Untersuchung von Tendenzen und *Gegentendenzen.*« (1981, Bd.2, S. 575). *Das ist das »neue kritische« Programm: die Analyse nicht nur der Verformungen, sondern auch dessen, was sich dagegen wehrt.*

Die neue kritische Medienforschung untersucht – und sie bezieht den Unterhaltungsbereich und die Bilder mit ein –, wo und wie sich in der Mediengeschichte identitäts-stärkende, solidarische, rational diskursive Kommunikations- und Entscheidungsformen entwickelten, durch welche Macht- und Wirtschafts-Strukturen und durch welche Theorien sie verhindert wurden und in welchen strukturellen Konstellationen sie sich trotz aller Macht- und Wirtschafts-Interessen – und oft auch über sie vermittelt – durchsetzten.

Worin besteht das kritische Vorgehen?

Die neue kritische Medienforschung präsentiert ein strukturanalytisches Vorgehen, das die historischen Medien-Strukturen, deren Existenz und Dauerhaftigkeit, aus wirtschaftlichen, politischen, gesellschaftlichen Interessenlagen erklären möchte, also aus den Vorteilen, die der Gesellschaft oder Teilen der Gesellschaft aus den betreffenden Medien-Strukturen entstanden. Dabei geht es auch um deren Ergebnisse, um die Produktstrukturen, d.h. die Inhalte und die Gestaltungsweisen.

Manche nennen das, was ich Interessen oder Vorteile nenne, »Funktionen«. Wenn sie feststellen, dass die Medien die Gefühle der Menschen bewegt haben, nennen sie das »Gefühlsfunktion«. Wenn mittels Medien Propaganda gemacht wurde, sprechen sie von einer »Propagandafunktion«. Wenn mittels Medien öffentliche Debatten geführt wurden, gilt das als »Diskursfunktion«. Oft ist von »gesellschaftlichen Steuerungs- und Orientierungsfunktionen« oder von »gesellschafts- und herrschaftsstabilisierenden Funktionen« der Medien die Rede.

Wenn man jedoch alles und jedes als »Funktionen« benennt, hat man außer der Befriedigung, alles benannt zu haben, keine weitere Erkenntnis. Was haben wir davon, wenn uns angesichts des Reformationslieds »Nun treiben wir den Papst hinaus« ein Medienwissenschaftler erklärt, dass dieses Lied die »Funktion des Kampfs« hat? (Faulstich 1998, S. 171). Meist wird hinzugefügt, das analysierte Objekt habe »normierende und damit gruppenstabilisierende Funktion«, und man merkt die Zufriedenheit des Wissenschaftlers damit, dass wieder einmal Menschen im Kollektiv untergingen. Und an Schlichtheit nicht zu überbieten ist die These des Systemtheoretikers Niklas Luhmann, die Medien hätten die Funktion, überflüssige Zeit zu vernichten (1996, S. 96).

Eine kritische Geschichte der Massenmedien ergibt sich erst, wenn man historische Interessenkonstellationen analysiert. Nehmen wir die idealisierenden Bilder, Reliefs und Herrscher-Statuen im Römischen Reich zur Kaiserzeit: Wenn wir die historischen Interessen beachten, können wir sagen: »Die Medien dienten im Römischen Reich zur Kaiserzeit dem kaiserlichen Interesse, mittels einer apollinischen Propagandakultur die Feinde des Herrschers, konkurrierende Despoten ebenso wie Demokraten, durch Diffamierung des Dionysischen zu bekämpfen.« Damit sind sowohl die Vorteile der damaligen Medien bezeichnet als auch die Art und Weise, in der die Vorteile realisiert werden. *Erst das genauere Analysieren von Interessen schärft den Blick.*

Die Geschichte der Medien war stets ein Kampf, den die Herrschenden, die Medien-Anbieter, die Künstler, die Journalisten und das Publikum – und nicht zuletzt die Wissenschaftler – gegeneinander und untereinander ausfochten. Sie alle hatten unterschiedliche Interessen. *Historische Medien-Strukturen stabilisierten sich eine Zeitlang als Ergebnis derartiger – mittels Gewalt, Markt-Macht oder politischer Kompromisse beendeter – Interessenkämpfe. Am stabilisierten Zustand sind wir ebenso interessiert wie an den Kämpfen.*

Die Interessenkämpfe, in die die Medien eingespannt waren und sind, will ich darstellen. Ein Interessenkampf ist zum Beispiel der zwischen Bürgern, die die freie öffentliche Diskussion, also Pressefreiheit fordern, und den absolutistischen Herrschern, die das verhindern wollen. In der frühen Neuzeit war es der Interessenkampf zwischen einer ordinären, grobschlächtigen, antiautoritären Festkultur der Bauern und Handwerker und einer damals von Staat und Kirche mit Gewalt durchgesetzten »Volkskultur« des einfachen, frommen Gemüts. Interessenkämpfe ergeben sich in der Praxis von Wirtschaft, Politik, Gesellschaft.

Es ist sinnvoll, *Problemkonflikte* von Interessenkämpfen zu unterscheiden. Problemkonflikte ergeben sich in der Wissenschaft, in der Theorie wie der empirischen Forschung. Ein Problemkonflikt ist zum Beispiel die seit Platon und Aristoteles geführte Debatte darüber, ob Unterhaltung dem Publikum schadet und deshalb zu zensieren ist oder ob sie eine befreiende Wirkung hat und deshalb frei sein muss. Wir werden feststellen, dass auch Probleme, die Philosophen und Medienforscher aufwerfen, von politischen und wirtschaftlichen Interessen geprägt waren – und bis heute sind.

Medien-Interessenkämpfe und Medien-Problemkonflikte herauszuarbeiten, ist die Absicht des Buchs.

Was sind Medien?

Mit Medien meine ich Massenmedien. »Massen« definiere ich neutral als Bevölkerungsmehrheit oder als großes Publikum. Das ist eine formale Definition, aber das reicht. Auf eine inhaltliche Definition verzichte ich, denn auf die Vorurteile über »die Massen« kann ich verzichten.

Aber kann man denn heute noch von Massen als Bevölkerungsmehrheiten reden? Gibt es noch die großen Mehrheiten? Sind die Menschen heute nicht individualisiert? Gehen nicht zielgruppenorientierte Medien individuell auf jeden Einzelnen ein? Bereitet nicht das Internet den einseitig sendenden Massenmedien ein Ende? Wozu sich noch mit diesen alten »Massenmedien« beschäftigen?

Die Antwort: Man muss das, weil auch zielgruppenorientierte Medien – konventionell oder Internet – »Massenmedien« sind. Werbung, Marketing, Illustrierte, Formatradios, Fernsehkanäle versuchen, Zielgruppen anzusprechen, aber wir sollten uns nicht vorstellen, heute seien alle Medien und alle Menschen »individualisiert«. Das ist eine Marketing-Ideologie. Auch die zielgruppenorientierten Anbieter suchen heute möglichst *weltweit vorhandene* Zielgruppen, also – nach unserer

Definition – Massen. Auch im Internet gibt es Portal Sites und Homepages, die vom breiten Publikum abgerufen werden, also von Massen. Also gibt es auch heute Massenmedien. Und darüber, wie man große Publika fasziniert – oder auch einschüchtert und diszipliniert –, erfährt man viel in der Mediengeschichte.

Was sind also Massenmedien?

1. Medien im Sinne von Massenmedien gibt es nur dort, wo es große Publika gibt, die real oder potenziell als Öffentlichkeit agieren. Die großen Publika sind nicht die Medien, aber sie sind deren Voraussetzung.

Keine Massenmedien waren die Kulte in der Frühzeit der Menschheit – Opferrituale, Regentänze, beschwörende Gesänge oder deren materielle Ergebnisse, z.B. die prähistorischen Höhlenmalereien, die ägyptischen Grabkammerbilder. Wenige Beteiligte praktizierten Rituale, es gab keine Öffentlichkeit.

»Öffentlichkeit« ist ein Begriff, der sich im 18. Jahrhundert einbürgerte. Er bezeichnet ein Publikum, das in Parlamenten, Cafés und Zeitungen Kritik äußern kann, wozu die Freiheit der Meinungsäußerung und der Presse gehört. Aber auch in der Antike und im Mittelalter gab es »Öffentlichkeit«. In Athen im 5. Jahrhundert v.u.Z. hatte das Theater ein kritisches Publikum. Das Publikum beurteilte die Qualitäten des Angebots. Das Theater war ein öffentliches Massenmedium. Im Mittelalter geschah die Repräsentanz von Macht im öffentlichen Raum. Das Publikum war in den Kirchen, auf Plätzen, später auf Marktplätzen präsent. Selbst wenn das Publikum unterdrückt wurde und öffentliche Mitteilungen zensiert wurden, hatten die öffentlichen Anbieter stets mit Ketzern, Kritikern, Aufständischen zu rechnen.

Der Medienhistoriker Werner Faulstich hält auch die Familie für eine Öffentlichkeit, er nennt das »kleinräumige Binnenöffentlichkeit« (1998, S. 116). Dann wären auch die Urlaubsdias, mit denen Familien ihre Besucher langweilen, ein Massenmedium? Das kann nicht sein, denn *in Öffentlichkeiten geht es immer um die prinzipielle Einbeziehung aller; in Öffentlichkeiten richten sich die Debatten stets auf das Koordinieren der Interessen aller in der Gesamtgesellschaft.*

2. Massenmedien gibt es nur, wenn spezielle öffentliche Anbieter vorhanden sind, die mit ihrem Angebot spezielle Interessen verfolgen: Repräsentanz von Macht, Propaganda, Profit, Aufklärung. Die Anbieter selbst sind keine Massenmedien, sondern deren infrastrukturelle Voraussetzung.

Das Theater in Athen war ein öffentliches, staatliches Festspiel-Angebot. Wenn die Kirche im Mittelalter Bilder ausstellte, damit Ablassgelder kassierte, wenn sie diese Bilder massenweise produzierte und als Amulette und Andenken verkaufte, war sie ein öffentlicher Anbieter, mit dem Interesse der Machtdemonstration und des Profits.

An den Anbietern betrachten wir die Marktformen, die Produktionsweisen, die Formen der Auftragsvergabe, die Infrastrukturen für Kreativität und die Arten der Arbeitsteilung. Gab es viele Kleinanbieter oder wenige Großanbieter oder einen Monopolisten? Waren die Produktionsweisen handwerklich oder manufakturmäßig oder industriell?

Kein Massenmedium sind Sprache und Schrift. Sie sind Teil der Kultur oder »kulturelle Institutionen«. Man mag sie »Medium« nennen, aber dann ist auch die Luft, die wir atmen, ein Medium. Manche Kommunikationswissenschaftler sagen genau das, ohne zu scherzen. So beginnt der Informatiker Michael Giesecke ein medienhistorisches Buch, das die Erfindung des Buchdrucks zum Gegenstand hat, mit einem Begriff von »Medium«, der auch die Luft einschließt, denn jedes Sprechen setze die Gasmoleküle der Luft in Schwingungen und jene transportieren eine »informative Spur« (1998, S. 73). Für Giesecke ist selbst ein Hut, der durch den Sand rollt, ein Medium: »Der Hut zeigt sich [...] als Medium, welches zwischen dem Wind und den Dünen vermittelt. Gebrochen durch die materialen Eigenschaften des Hutes, eben seine Informationen, hinterlässt der Wind seine Spuren im Sand. Der Hut verformt sich, weil er als Medium zwischen dem Sand und der Windenergie vermittelt. Zugleich wirkt er aber auch auf die Luftmoleküle zurück.« (S. 39). Das bringt nichts. Überlassen wir es Informatikern, alte Hüte in den Sand zu setzen.

3. Massenmedien gibt es nur, wenn öffentlich präsentierte Produkte spezielle Inszenierungen anbieten. Diese Inszenierungen, wenn sie populär sind – d.h. bei Bevölkerungsmehrheiten beliebt sind, wahrgenommen, gekauft, debattiert werden – sind die eigentlichen Massenmedien. Statt »Inszenierungen« könnte man auch »Erzählungen« oder »Geschichten« sagen, doch würde man hierbei den Aspekt der Gestaltung ignorieren. »Inszenierungen« umfasst beides.

In den Medien-Inszenierungen verdichtet sich das, was Anbieter bezwecken oder was das große Publikum sucht, in speziellen Szenen. Die Pracht absolutistischer Machtdarstellung auf öffentlichen kaiserlichen Festen oder die anrührenden Maria-Jesuskind-Darstellungen auf den spätmittelalterlichen Ikonen oder die sensationell aufgemachten Pressenachrichten seit der frühen Neuzeit sind derartige »Inszenierungen«.

Auch das Bild auf dem Cover ist eine solche Inszenierung, es ist ein Glasdia aus Robertsons Fantascope. Robertson hatte 1797, in der Zeit der französischen Gegenrevolution, in Paris ein Horrorkabinett eröffnet, in dem mittels einer Art Laterna Magica Schreckensbilder gezeigt wurden. In der Zeit am Ende des reaktionären Direktoriums sollte das Publikum mit der Wiederkehr der alten Gespenster erschreckt werden. Ein Dämon liest ein Buch: das Buch, dieses gefährliche Medium der Aufklärung, in der Hand des Teufels. Aufklärung wurde in ein Horrorbild pervertiert. Zugleich ist das Bild ambivalent, es zeigt den Dämon mit Flügeln und im roten Gewand, wie es Rache-Engel tragen: Es könnte auch eine Bibel sein, die der teuflische Engel in der Hand hält. In der anderen Hand hält er kämpferisch eine Lanze. Es ist also ein doppelter Schrecken: Das Bild diffamiert die Aufklärung und visualisiert zugleich die Schrecken der Gegenrevolution, die Wiederkehr des in der Revolution schon Totgeglaubten, Verdrängten. Ein Vorläufer des Horrorfilms.

Weil die Medien-Inszenierungen – wie man auch an diesem Beispiel sieht – stets Realität verarbeiten, verwende ich Begriffe wie »Konstruktion« oder »Dekonstruktion« nicht.

Natürlich können wir nicht alle Massenmedien berücksichtigen. Das Theater werden wir nur kurz streifen. Für Kirchenbilder interessieren wir uns nach dem 17. Jahrhundert nicht mehr. Manche Medien wie Zirkus, Music Hall, Comics kommen nur am Rande vor, Illustrierte und populäre Musik fast gar nicht. Man muss Schwerpunkte setzen. Wir versuchen, immer dort zu sein, wo sich in den jeweiligen Mainstream-Medien die wichtigen Veränderungen abspielen.

Menschen sind kein Massenmedium, weil Menschen die Inszenierenden sind, nicht das Inszenierte. Bei populären Schauspiel-Inszenierungen sind nicht die Schauspieler das Massenmedium, sondern die Inszenierungen. Faulstich nennt die fahrenden Sänger, die bei mittelalterlichen Festen auftraten, »Menschmedien« (1996). Dann wäre auch ein Prediger ein Menschmedium, und wenn er zum Medium Buch greift, wäre das bereits ein Medienverbund? Genau das behauptet Faulstich (1998, S. 147). Das erscheint mir falsch. Es ist auch nicht sinnvoll, angesichts der archaischen Verehrung von Göttinnen vom »Menschmedium Frau« (Faulstich 1997) zu sprechen. Erst wenn es von einem Klerus bewusst inszenierte Bilder gibt, entworfen mit dem Interesse an Repräsentanz oder an Profit, kann man jene Bilder Massenmedien nennen. Alles andere wäre mystifizierend. Heute spricht man wieder von Kult, Kultfiguren, Kultbüchern, und man kokettiert mit Schamanen und Zauberern. Aber das sind Inszenierungen, die von öffentlichen Anbietern für große, öffentliche Publika hergestellt werden. Heute sind »Kultbücher« oder »Kultfiguren« Teil der Massenmedien.

Und was ist mit dem Kollektivbewusstsein der Massen?

Manche könnten schließlich fragen: Geht es nicht am Wesen der Massen vorbei, wenn man sie bloß als Bevölkerungsmehrheit definiert und glaubt, sie könnten »Interessen« verfolgen? Folgt die Masse nicht dem Sog des Kollektivbewusstseins? Die Massen, die den Sportlern im Olympiastadion zujubeln und die Verlierer verdammen, hängen sie nicht ewigen Sieger-Mythen an? Sind die Reichen und Schönen in den massenbeliebten Fernsehserien, die intrigieren und leiden, nicht bloß eine Neuausgabe der intrigierenden und leidenden antiken Götter? Und das Bild von Maria mit dem Jesuskind, das sich schon so lange hält, ist das nicht ein Beweis für eine tiefverwurzelte Urfantasie von der harmonischen Mutter-Kind-Beziehung? Und wenn in den Science Fiction-Filmen Außerirdische aus dem All kommen, um die ins Chaos gefallene Menschheit zu vernichten, sind das nicht uralte apokalyptische Mythen? »Denn in der Masse versammeln sich die erregten Einzelnen nicht zu dem, was die Diskussionsmythologie ein Publikum nennt – vielmehr verdichten sie sich zu einem Fleck, sie bilden Menschen-Kleckse, sie strömen zu dem Ort, wo es am schwärzesten ist von ihnen selbst. Der Ansatz beim Menschenauflauf zeigt, dass es schon in der Urszene der kollektiven Ichbildung ein Zuviel an Menschenstoff gibt und dass die noble Idee, die Masse als Subjekt zu entwickeln, von diesem Überschuss a priori sabotiert wird.«: Wenn das der Philosoph Peter Sloterdijk im Jahr 2000 schreibt (S. 13), kann man dann die Massen, wie wir das tun wollen, als Öffentlichkeit betrachten, in der Bevölkerungsmehrheiten Interessen verfolgen und Inszenierungen begutachten?

Die Antwort: Ja, man kann. Man muss! Das Publikum des griechischen Theaters und der Kirchenbilder im Mittelalter bestand nicht aus unkritischen Gläubigen. Das Bild von Maria mit dem Jesuskind ist kein Beweis für ewige Urphantasien der Massen, sondern für die Macht der Kirche, einschließlich der Scheiterhaufen; die mittelalterlichen Bilder wurden produziert, um denkende Menschen, »Ungläubige«, einzuschüchtern oder zu überreden. Macht hat politische und ökonomische Ursachen. Behauptungen über ein »kollektives Unbewusstes«, eine »Massenseele« oder »tief verwurzelte Urbedürfnisse« sollten wir nicht ernst nehmen. Selbst wenn noch im Jahr 2000 ein Buch mit dem Titel *Das kollektive Unbewusste in der postmodernen Gesellschaft* erscheint und in dessen Klappentext behauptet wird, das kollektive Unbewusste halte uns »fest in seinem Bann«, kann dessen Autor, Walter L. Bühl, im Text nur Fakten darüber präsentieren, dass Bevölkerungsmehrheiten auch heute über Märchengestalten, Drachen, Helden, Führerfiguren und Stars fantasieren. Das bestreitet niemand. Man sollte von »Fantasietätigkeit« sprechen oder von »Fantasietätigkeit von Bevölkerungsmehrheiten«. Bühl dagegen präsentiert die alten mystifizierenden Begriffe: »kollektives Unbewusstes«, »kollektives Gedächtnis«, »Kollektivphantasien«, »Archetypen« etc. Das ist Unsinn. Fantasien sitzen nicht »tief im Unbewussten«, im Rückenmark oder irgendwelchen Gehirnhälften. Sie ergeben sich in historischen Situationen aufgrund von Interessenkonstellationen. Vieles wird über Generationen weitererzählt. Das ist alles. *Die »irrationalen Massen« mit ihrem »kollektiven Unbewussten« sind ein Mythos. Daran glauben vor allem Elite-Menschen, die sich von »der Masse« abgrenzen möchten; verfassungsfeindliche Juristen; Möchtegern-Manipulateure in der Werbung; Anhänger der Astrologie.* Wir müssen das nicht mitmachen. Bevölkerungsmehrheiten sind keine »schwarzen Flecken«, sie sind nicht irrational. Die Massen bestehen aus denkenden Menschen. Das festzustellen, ist keine »Schmeichelsoziologie«, wie Sloterdijk behauptet (2000, S. 15). Wir schmeicheln nicht.

Frankfurt, im Januar 2001 D.P.

Vorspiel: 500-300 v.u.Z.
Athenische Demokratie: Subjektbildung der Bürger

Die Zeit der griechischen und römischen Kultur gehört zur »Antike«, zum »Altertum«. Diese Epoche begann um 3000 v.u.Z. – d.h. vor unserer Zeitrechnung – mit dem Aufstieg der minoischen Kultur auf Kreta. Sie endete mit dem Ende des Römischen Reichs im 5. Jahrhundert. Wir konzentrieren uns auf die Blütezeit der griechischen Kultur im 5. und 4. Jahrhundert (500-300 v.u.Z.). Sie ist wichtig, weil hier erstmals ein populäres Massenmedium entstand, das Theater, und auch die ersten Medientheorien.

Dichtung und Theater

Geldwirtschaft, Binnenhandel, Festspiele und Demokratie

Seit dem 7. Jahrhundert hatte es in Griechenland fahrende Vortragskünstler gegeben, »Rhapsoden« genannt, die auf Festen und bei Wettkämpfen oder Siegesfeiern auftraten, oft vor einem Publikum, das in die Tausende ging (Faulstich 1997, S. 194). Sie trugen in einer Art Sprechgesang, mit schauspielerischer Emphase, Liebeslieder, Totenklagen, Trinklieder, Kampflieder vor und auch Werke der Klassiker, die Dichtung Homers, *Odyssee* und *Ilias* (8. Jahrh.). Ihr Vortrag wurde meist mit der Khitara, einer Art Gitarre begleitet, von ihnen selbst oder von Musikern. Es gab unter dem fahrenden Volk auch Gaukler, Clowns und Possenreißer, die Spottlieder auf Zeitgenossen sangen und klamaukhafte Szenen spielten.

Ende des 7. Jahrhunderts änderte sich alles. Das Münzgeld wurde eingeführt, im 6. Jahrhundert wurde Griechenland eine Fernhandelsmacht. Als Folge entstand ein intensiver Binnenhandel, mit Kleinhandel und Kleingewerbe. Alles zusammen führte zu Reichtum der Bürger. Die Sklavenarbeit bot billige Arbeitskräfte, es gab doppelt so viele Sklaven wie freie Bürger. Unter den freien Eigentümern waren die Bauern, Handwerker und Kaufleute diejenigen, die Produktion und Handel vorantrieben. Die Bürger wurden einflussreicher und gerieten in Konflikt zu den aristokratischen Großgrundbesitzern, die traditionell Griechenland beherrschten. In den Kämpfen siegten im 6. Jahrhundert Diktatoren, Tyrannen wie zum Beispiel Peisistratos (rg. 560, 546-528/527).

Um beim Volk Sympathiewerbung für sich und damit Stimmung gegen die Aristokratie zu machen, richteten die Tyrannen Festspiele, »Dionysien« ein. Das waren religiöse Feste zu Ehren des Gottes Dionysos, der bei der Bevölkerung beliebt war. Das größte Fest, ca. 560 v.u.Z. von Peisistratos eingerichtet, waren die Großen Dionysien in Athen, die jährlich in der zweiten Märzhälfte stattfanden. Daneben gab es weitere Feste, um die Zeit der Sommer-Sonnenwende die Pan-Athenäen, zur Winter-Sonnenwende die Lenäen.

Dionysos war ein vor allem bei der Landbevölkerung beliebter Gott der Vegetation und speziell des Weins, der Fruchtbarkeit und des irdischen, »tierischen« Vergnügens, er war ein Erdengott, der Gut und Böse, Leben und Tod gleichermaßen verkörperte. Er wurde meist als orgiastisch Feiernder dargestellt.

Während der Dionysos-Feste wurden Opferprozessionen veranstaltet: Die Prozession ging meist von einem Fluss oder dem Meer aus, dem Ursprung des Lebens. Körbe mit Opfergaben wurden vorangetragen; dann folgte ein großer Phallos, der von mehreren Männern getragen wurde; dann ein Chor, der die phallische Hymne sang. Die Umzugsteilnehmer machten einen Höllenlärm, sie stießen gellende, orgiastische Schreie aus und verwendeten grell klingende Instrumente. Der Zug hielt an verschiedenen Altären, wo Tänze aufgeführt und Tieropfer dargebracht wurden. Die Zeremonie stammte aus alten Fruchtbarkeitsriten, die das Wiederaufleben der Natur nach dem Winter beschworen. Das war der religiöse Teil der Feste. Es gab außerdem öffentliche Speisungen, Wett-Trinken, sportliche und musische Wettkämpfe, Fackelläufe.

Die größte Attraktion der Feste waren die neuen Theaterwettbewerbe, die Aufführung von Tragödien, Satyrspielen und Komödien. Bei den Großen Dionysien in Athen wurden an den ersten drei Tagen jeweils drei Tragödien eines Dichters aufgeführt. Besonders ergreifend war in den Tragödien der Kommos, das Klagelied, das Chor und Schauspieler gemeinsam sangen und das seine Ursprünge in rituellen Totenklagen hat. Es war tränentreibend. Zum Schluss gab es zur Entspannung ein Satyrspiel, am vierten Tag drei Komödien verschiedener Autoren.

Ende des 6. Jahrhunderts, 510 v.u.Z., vertrieb der athenische Staatsmann Kleisthenes den Tyrannen Hippias und begann mit Reformen, die Grundlage der athenischen Demokratie wurden. Jene wurde im 5. Jahrhundert durchgesetzt. Entscheidende Struktur war die Volksversammlung, waren aber auch z.B. Geschworenengerichte. Der demokratische Herrscher Perikles (rg. 450-429 v.u.Z.) setzte ein Bürgerrechtsgesetz durch, das die athenischen Bürger gegenüber der Aristokratie stärkte. Es gab zwar kein durch eine Verfassung abgesichertes Recht auf Meinungsfreiheit, aber doch eine Art freiheitliches Gewohnheitsrecht, freimütiges Reden wurde als Bürgertugend angesehen. (F. Schneider, S. 6ff.)

Wichtig ist auch, dass Athen im 5. Jahrhundert den Attischen Seebund beherrschte, ein Reich von ca. 400 Städten und ca. 2 Mio. Einwohnern. Athen trieb Steuern und Abgaben ein, wurde reich und konnte sich die Theater-Festspiele leisten.

Perikles errichtete 445 v.u.Z. den größten überdeckten Raum in jener Zeit, das Odeion, einen Saal mit einem Zeltdach. Dort fanden während der Pan-Athenäen Flötenspiel-, Leierspiel- und Gesangswettbewerbe und Dichtungs-Lesungen statt. Perikles führte auch ein »Schaugeld« ein, mit dem der Theaterbesuch der ärmeren Bürger subventioniert wurde, denn jene sollten an den im Theater verhandelten öffentlichen Angelegenheiten ebenso teilhaben wie an der Volksversammlung.

Das erste Freilichttheater war in Athen das Dionysos-Theater, erbaut Ende des 5. Jahrhunderts. Es hatte U-förmig angeordnete Sitzreihen für mehr als 10.000 Zuschauer, einen kreisrunden Tanzplatz, die Orchestra, und die »Szene«, ein Holzgerüst, aus dem in späteren Theaterbauten die Bühne wurde. Die Götter sprachen vom Dach der Szene, und es gab »Flugmaschinen«, hölzerne Kräne für Göttererscheinungen (»Deus ex machina«) und Blitz- und Donnermaschinen.

Theater als erstes Massenmedium

Das Theater war ein erstes Massenmedium, und es war zugleich das erste demokratische:

1. Es wurde vom Staat oder der Stadt finanziert und organisiert. Das Programm der Festlichkeiten wurde von einer Volksversammlung beschlossen. Der Eintritt war frei.

2. Es erreichte ein großes öffentliches Publikum. Das Publikum war das Volk von Athen und Umgebung. Die Theater fassten bis zu 17.000 Zuschauer. Den größten Teil des Publikums stellte die städtische Mittelschicht der Handwerker und Gewerbetreibenden, Männer und Frauen. Die Theater waren für Vollbürger, für Besitzende und für Sklaven offen. Es gab keine Sitzordnung, die Schichten und Geschlechter waren nicht voneinander getrennt.

3. Die Teilnehmer waren ein öffentliches Publikum. Die Inszenierungen zielten auf möglichst große Attraktivität (Stumm, S. 163ff.). Die Stücke wurden dem Publikum vor der Aufführung von den Dichtern präsentiert, sie erläuterten Thema, Handlungsverlauf und den Sinn der Dramen. Während der Vorstellung wurde laut kritisiert, gelegentlich mussten die Dichter eingreifen und kritisierte Passagen rechtfertigen. Das Publikum stürmte bei Missfallen auf die Bühne und verprügelte schlechte Schauspieler.

Demokratische kulturelle Repräsentanz

Es entstanden im 5. Jahrhundert neben den berühmten Tragödien von Aischylos, Euripides und Sophokles ca. 1.260 klassische Tragödien. Die meisten Stoffe waren dem Publikum aus der Mythologie, den »Heldensagen« vertraut: Ödipus, Medea, Elektra, Orest, die Troja-Sage etc. Die Schauspieler trugen Masken, sie wirkten vor allem durch Sprechen und Gestik, gelegentlich auch Gesang. Die weiblichen Rollen wurden von Männern gespielt. Zu den Aufführungen gehörten Chöre, die im Wechsel mit den Schauspielern sprachen, sangen und tanzten. Auch das war ein neues, demokratisches Element, denn die Aristokraten hatten die traditionellen Chöre bevorzugt, die Bürger dagegen mochten den dialogischen Wechselgesang (Kuch, S. 27ff.). Um 480 v.u.Z. entstanden Komödien ohne Chor und mit zusammenhängender Handlung. Sie waren bei allem intelligenten Witz oft derb und zotig.

In demokratischen Zeiten – während der Herrschaft des Perikles – wurden in die Darstellung der Mythen auch politische Themen verpackt. Während der Dionysien gab es »Rügefreiheit«. So kritisierten Komödien die Politiker, die Außen- und Innenpolitik, die Korruption, die sozialen Verhältnisse. Ihnen wurde polemisch die »gute alte Zeit« entgegengesetzt. Auch kleine Leute aus dem Volk waren oft die »guten« Helden dieser Komödien. Manche Komödien, wie die von Aristophanes (ab 427 v.u.Z.), waren politisches Kabarett.

Im 4. Jahrhundert, als Athen nicht mehr mächtig war, wurden die Theaterstücke unpolitisch, sie dramatisierten nur noch die klassischen Mythen. Die Komödien wurden »Lustspiele«. Sie behandelten jetzt Alltagsthemen: Liebe, Eifersucht, Verwechslungen, Intrigen. Beliebte Charaktere waren jetzt Lebemänner, Parasiten, Köche, Hetären. (Andresen et al. 1965)

Erste Medientheorien, erster Problemkonflikt: Massenmedien als falscher Schein oder als Befreiung?

Repräsentanz des Idealen und Bilderfeindlichkeit bei Platon

Es gab also damals Massenmedien – und es gab Wissenschaftler, die weder die Medien noch die Massen mochten und nach Zensur riefen: Platon.

Platon (427-347 v.u.Z.) war Schüler von Sokrates (407-399 v.u.Z.); Gründer der philosophischen Akademie (387 v.u.Z.), die von Spenden unterhalten wurde; Gründer des philosophischen Idealismus. Er gehörte zu einem der vornehmsten und reichsten Geschlechter Athens. Er lebte in einer Zeit, in der, nach dem Peloponnesischen Krieg (431-404 v.u.Z.), die Macht Athens und die attische Demokratie zerfielen.

Dichtung, Theater und auch Malerei waren für Platon Trugbilder. Sie seien unvollkommen und scheinhaft, von der Wahrheit weit entfernt. Die Dichtung sei im Bereich der Begierden befangen, sie wende sich nicht an die Vernunft, sondern an die Triebe und Leidenschaften, also an die niederen Kräfte der Seele, sie erzeuge eine angenehme Stimmung – dionysische Selbstvergessenheit –, eine Lust, die man nicht gern missen möchte. Aber damit zerstöre Dichtung die Vernunft (Der Staat, 10. Buch, 604e).

Platon entwarf seine Kritik, um den religiösen Weisheitsanspruch der Dichtung zu bekämpfen, die alte Vorstellung vom Dichter als »Seher der Weltmächte« (Krüger, S. 48). Dichtung, so meinte Platon, sei bloß »Mimesis«, Nachahmung. Platon verwendete diesen Begriff in diffamierender Absicht. Im Prinzip könnte man darunter auch eine schöpferische Nachgestaltung verstehen, aber er meinte damit ein unintelligentes Imitieren: Der Dichter ahme mythische Personen nach, die alten Sagengestalten, die Götter. Er spreche, als sei er einer von ihnen. Dichtung, so sagte Platon, bleibt im Banne des Eindrucks, sie produziert bloß Reste der mythischen Geistesverfassung, von Inspiration geprägtes, zufälliges Wissen, Meinung. Homer zum Beispiel, bloß ein »Dichter«, habe überhaupt keine praktische Erfahrung gehabt, weder in der Politik, noch in der Erziehung von Menschen, noch in der Kriegskunst, seine Werke seien also vom »wahren Sein« weit entfernt (10. Buch, 595aff.).

Dichtung, Theater und Malerei produzieren Bilder. Auch die Erzählungen der fahrenden Rhapsoden, auch die Deklamationen der Theaterchöre riefen beim Publikum bildhafte Vorstellungen wach. Dagegen wandte sich Platon. Er wollte, dass der Verstand die Bilder durchschaut. Der Medienpädagoge Karl-Hermann Schäfer schreibt hierzu: »Diese Abwendung von der sinnlichen Wahrnehmung und von der sinnlichen Bilderwelt Homers bedeutet eine Revolution in der abendländischen Geschichte der Bildung. Die rationale Reflexion lässt den einheitlichen Zusammenhang von bildhaft beschriebenen Situationen und mündlicher Sprache bei Homer auseinandertreten [...]. Das sinnlich-konkrete Sprachverständnis der Zuhörer der

Rhapsoden, das in der sinnlichen Bilderwelt Homers sein Fundament findet, verwandelt sich in rationale Reflexionsprozesse, die in Platons Welt der Ideen verankert sind (...).« (S. 91). Anders gesagt: *Platon war ein Bilderfeind, er sah in den erzählten oder inszenierten Bildern von vornherein nur falschen Schein.* Die Dichter stellen, selbst wenn sie Realität abbilden, bloß Abbilder von Abbildern her, meinte Platon. Denn bereits die Phänomene in der Realität seien nur Abbilder der ewigen, überirdischen Ideen. Jene seien nur erkennbar für die Philosophen, die den Scheinbildern misstrauen und zu den dahinterliegenden Urformen des Wahren, Schönen, Guten vordringen. Eigentliches Wissen könne nur die Wissenschaft herstellen.

Um das plausibel zu machen, entwarf Platon in *Der Staat* (um 370 v.u.Z.) ein Gleichnis: Menschen stehen in einer Höhle, aber sie sind derart gefesselt, dass sie sich nicht umdrehen und nur geradeaus sehen können. Hinter ihnen brennt ein Feuer, das die Höhle beleuchtet. Zwischen den Gefesselten und dem Feuer führt ein Weg entlang. Auf diesem Weg gehen Menschen vorbei. Vor dem Weg ist eine Mauer, »wie die Schranken, die die Gaukler vor den Zuschauern aufbauen und über die hinweg sie ihre Kunststücke zeigen«. Die auf dem Weg vorbeilaufenden Menschen unterhalten sich: »Stelle dir nun längs der kleinen Mauer Menschen vor, die allerhand Geräte vorübertragen, so, dass diese über der Mauer hinausragen, Statuen von Menschen und anderen Lebewesen aus Stein und Holz und in mannigfacher Ausführung. Wie natürlich, redet ein Teil dieser Träger, ein anderer schweigt still.« Die Gefesselten können all das nicht sehen. Sie sehen vor sich auf der Wand die Schatten, die das Feuer projiziert: die Schatten von den hinten am Weg vorbeigehenden Menschen und der Gegenstände. Ein Echo reflektiert die Stimmen der Menschen. Da die Gefesselten von der Realität hinter sich nichts wissen, glauben sie, die Schatten sprächen zu ihnen. Sie kennen Ursache und Wirkung nicht, halten falsche, verzerrte Abbilder für Realität. (7. Buch, 514a)

Wir könnten in dem Höhlengleichnis die erste Medientheorie sehen – und fast eine prophetische Vorwegnahme heutiger Medien. Wirft nicht auch das Fernsehen bloße Abbilder, Schatten und Töne, den »falschen Schein«, bloß »Simulation« der Realität, in die Wohnzimmer-Höhlen?

Allerdings blendete Platon den Verstand der Gefesselten von vornherein aus: Die Gefesselten könnten die Schattenbilder, die sie zu sehen gezwungen werden, für genauso falsch und erzwungen halten wie ihre Lage. Platon erwähnte das nicht.

Und warum schloss Platon grundsätzlich aus, dass auch Schattenbilder Realität wiedergeben können? Die Leute hinter den Gefesselten »tragen allerhand Geräte vorbei«, auch Statuen, und sie reden ein wenig, manche »schweigen still«. Warum fällt es ihnen gar nicht ein, etwas zu sagen, wodurch die Gefesselten sich ihrer Fesselung bewusst würden? Sie müssen selbst in Ritualen gefesselt sein, in einer Prozession vielleicht, wer trägt sonst schon Statuen herum. Oder es sind Schauspieler, die die Gefesselten mit ihren Schattenbildern täuschen.

Platon hatte das Höhlengleichnis in propagandistischer Absicht entworfen, als Bild des Falschen. Er wollte die Philosophie an die Stelle der Dichtung setzen, Vernunft an die Stelle der Besessenheit, Wissen an die Stelle der Intuition – und das Ideale an die Stelle des Wirklichen.

Zum Bild der in der Höhle Gefesselten gehörte für Platon das Gegenbild eines Menschen, der von seinen Fesseln gelöst wird – aber nicht durch die statuentragenden Leute auf dem Weg – und die Realität um sich wahrnehmen kann. Er kann die vorbeigehenden Menschen sehen, die Statuen, das Feuer. Er kann aus der Höhle heraustreten und die Sonne sehen. Das Fortschreiten zur Realität bedeutete für Platon aber nicht das Erkennen materieller Strukturen, sondern das war für ihn ein Gleichnis für ein Fortschreiten ins Licht, für den Aufstieg der Seele zur Idee des Guten. Er schrieb: »Meine Ansicht darüber geht jedenfalls dahin, dass unter dem Erkennbaren als letztes und nur mit Mühe die Idee des Guten gesehen wird; hat man sie aber gesehen, so muss man die Überlegung anstellen, dass sie für alles die Urheberin alles Richtigen und Schönen ist. Denn im Sichtbaren bringt sie das Licht und seinen Herrn hervor; im Einsehbaren aber verleiht sie selbst als Herrin Wahrheit und Einsicht. Sie muss man erblickt haben, wenn man für sich oder im öffentlichen Leben vernünftig handeln will.« (7. Buch, 517 a-d).

Im Interesse der Vernunft entwarf Platon einen autoritären Idealstaat. Die Philosophen sollten darin herrschen und die Dichter verbannt werden (3. Buch, 397eff.). Erlaubt soll nur eine Kultur sein, die »Richtiges« über das Göttliche und die Menschen »wiedergibt«. Die Dichtkunst müsse daran gehindert werden, das »schlechte Ethos« zu produzieren. In seinem Idealstaat verbietet Platon alles, was ihn an der Dichtung störte: dass schlechte Menschen mit einem Happy End belohnt werden, während gute Menschen oft ein unglückliches Schicksal erleiden; dass die Götter böse sind, sich bekriegen, den Menschen schaden; dass die Götter beim Publikum Angst auslösen: Kinder werden unnötig erschreckt; dass die menschlichen Helden keine Vorbilder sind: zu verweichlicht, zu unbeherrscht, zu habgierig, aufsässig, grausam. Das alles wollte Platon verbieten. (Der Staat, 2. u. 3. Buch)

Platon verbot in seinem Phantasiestaat auch das Lachen. Lachen über das Komische hatte seinen Ursprung in den dionysischen Kulten, in der Ekstase, im Orgiastischen, auf jeden Fall im Überschreiten der Konventionen. Der Soziologe Peter L. Berger schreibt: »Die komische Erfahrung ist orgiastisch – wenn nicht im archaischen Sinn einer rasenden Entrücktheit, so doch in dem metaphorischen Sinne, dass sie zusammenbringt, was Konvention und Moral streng getrennt sehen wollen. Sie gibt jegliche ernsthafte Anmaßung der Lächerlichkeit preis – auch die des Heiligen. Insofern ist die Komik aller öffentlichen Ordnung gefährlich.« (1998, S. 20). Platon meinte, »wenn sich jemand einem heftigen Lachen ergibt, so ruft das auch nach einem heftigen Umschwung« (Der Staat, 3. Buch, 388e). Deshalb sei das Lachen aus der sauberen Kultur, die er sich wünschte, zu verbannen. Platon wandte sich auch hier gegen die Dichter, gegen das homerische Gelächter, das Lachen der Götter in Homers *Ilias* und *Odyssee.* Bei Homer lachten selbst die Götter aus Niedertracht, sie bestätigten sich im Lachen, dass sie dem Belachten überlegen sind. Es war ein Lachen ohne Abgründe, ohne Leiden. Gerhard Nebel beschreibt das so: »Zeus lacht, als die verprügelte Artemis ihm ihre Prügel klagt, allesamt lachen die Götter über den hinkenden Hephaistos, sie lachen das niedere Lachen der Schadenfreude [... Die Götter] halten kein Leid aus, im Unterschied zu den verachteten Menschen, die die Kraft des Duldens haben, sie schütteln die Wasser des Schicksals ab und springen, sobald es kritisch wird, hinweg.« (1959, S. 212f.). Dazu Platon: »[...] unermessliches Lachen erscholl bei den seligen Göttern, als sie sahn, wie Hephaistos [hinkend] in emsiger Eil umherging; das dürfen wir nicht gelten lassen.« Platons Problem: Wenn sogar die Götter lachen, über das, was sie angerichtet haben, dann darf man auch über die Taten der irdischen Herrscher lachen. Lachen ist der Anfang der Respektlosigkeit.

Demokratie dürfe es nicht geben, denn nur der Philosoph, der verständige Mann könne die Mimesis, das unintelligente Nachgemache der Dichter durchschauen. Der Masse sei das unmöglich, sie erliege durch lebhaftes Mitempfinden der Mimesis der Dichter, und von deren »schlechtem Ethos« werde ihre Seele geprägt (Der Staat, 3. Buch, 393cff.). Die Masse solle statt dessen den Regierenden untertan sein und sich den Freuden des Essens, des Trinkens und des Liebens widmen (389d-e).

So war das Höhlen-Bild nicht ein harmloses Gleichnis, sondern ein Programm für Zensur. Politisch korrekt war für Platon nur das Ideale. Es sollte nur ideale Götter und ideale Menschen geben. Unter dieser Maxime ist Unterhaltung natürlich unnötig und unmöglich.

Identitätsfindung durch Rührung, Schrecken und Lachen bei Aristoteles

Aristoteles (384-322 v.u.Z.) war Mitglied in Platons Akademie (367-347) und zunächst dessen Schüler; Lehrer Alexanders des Großen (343-334); Gründer einer Philosophenschule (334). In Athen war Aristoteles ein Metöke, ein zugereister Fremder.

Aristoteles sagte gegen Platon: Es existieren keine Ideen außerhalb der Erfahrung. Was in der Seele des Menschen liegt, sind Widerspiegelungen der Natur. Nichts existiert im Bewusstsein, was nicht durch sinnliche Erfahrung gebildet wurde: »Alle Menschen streben von Natur nach Wissen; dies beweist die Freude an Sinneswahrnehmungen, denn diese erfreuen an sich, auch abgesehen von dem Nutzen, und vor allen anderen die Wahrnehmung mittels der Augen. Denn nicht nur zu praktischen Zwecken, sondern auch wenn wir keine Handlung beabsichtigen, ziehen wir das Sehen so gut wie allem andern vor, und dies deshalb, weil dieser Sinn uns am meisten Erkenntnis gibt und viele Unterschiede offenbart.« (Metaphysik 980a).

So war auch die Dichtung für Aristoteles nicht Abbild von Abbildern, sondern Nachbildung von Wirklichkeit. Aristoteles nahm das Göttliche nicht mehr ernst. Die Dichtung war für ihn nichts anderes als literarische Fiktion, die Genregesetzen gehorcht und auf bestimmte Wirkungen abzielt.

Die Dichtung zersetzt nicht die Vernunft, sondern sie befreit die Leidenschaften, meinte Aristoteles. Er war für die »gemäßigte Leidenschaftlichkeit«. Auch gefährliche Kräfte könne man zu guten Zwecken verwenden, so wie die Medizin sich der Gifte zur Heilung bedient.

In der *Poetik* von Aristoteles (um 334 v.u.Z.) – dem ersten wissenschaftlichen Werk über die Dichtkunst – findet sich die bekannte Passage über die Tragödie: »Die Tragödie ist Nachahmung einer guten und in sich geschlossenen Handlung von bestimmter Größe, in anziehend geformter Sprache, wobei diese formenden Mittel in den einzelnen Abschnitten je verschieden angewandt werden – Nachahmung von Handelnden und nicht durch Bericht, die Jammer [éleos] und Schauder [phóbos] hervorruft und hierdurch eine Reinigung [kátharsis] von derartigen Erregungszuständen bewirkt.« (6. Buch, Abs. 1).

Über »Jammer«, éleos, schreibt der Aristoteles-Herausgeber Manfred Fuhrmann: »Die aristotelische Poetik verlieh dem Begriff eine ethische Komponente: Eleos sei der Verdruss über ein großes Übel, das jemanden treffe, der es nicht verdient habe; wer Eleos empfinde, nehme an, dass das Übel auch ihn selbst oder eine ihm nahestehende Person treffen könne.« (S. 162). Damit diese Wirkung eintritt, muss, so sagte Aristoteles, das Dargestellte dem durchschnittlichen Zuschauer nachvollziehbar sein. Es muss den Regeln der Wahrscheinlichkeit folgen. (Poetik, 9. Buch, 1452a). Statt »Jammer« könnte man auch »Rührung« sagen (M. Fuhrmann, 1994, S. 162), manche übersetzen das auch mit »Mitleid«. Diese abschwächenden Begriffe sind angemessener für das aufgeklärte 4. Jahrhundert, in dem das Theater ein Unterhaltungsbetrieb war. Keine Tragödie löste mehr Jammer aus, allenfalls Rührung oder Mitleid. Für »Schauder« wären »Schrecken« oder »Furcht« die abschwächenden Begriffe.

Neu bei Aristoteles war dessen Begriff von Reinigung, Katharsis, die sich einstellt, wenn man sich von Rührung und Schrecken ergreifen lässt. Das war ein Ausdruck aus der Medizin, der die Entfernung schädlicher Stoffe aus dem Körper bezeichnete. Er hat aber auch seine Wurzeln in den damaligen moralisch-erzieherischen Reden und Schriften, die aus Anlässen wie Geburt und Tod entworfen wurden und Hoffnung geben, Trost spenden, die Menschen »läutern« wollten (Nachov 1983, S. 195ff.).

Auch der Musik schrieb Aristoteles die Wirkung der Katharsis zu: Man lässt sich von Gefühlen – Rührung, Schrecken – erfassen, »[...] und alle erleben eine Reinigung und eine angenehme Erleichterung.« (Politik, 8. Buch, 1342a). Aristoteles hielt deshalb auch orgiastische Musik, in Maßen genossen, für unschädlich. Was »orgiastische« Musik damals war, ist heute nicht mehr bekannt, Aristoteles sprach von »ruckartiger und chromatisch verdrehter Melodik«.

Man kann vermuten, dass Aristoteles auch der Komödie, dem Vergnügen und Gelächter eine Reinigung der Leidenschaften zuschrieb (Stumm, S. 205f.) – anders als Platon, das Lachen gehörte für Aristoteles in den Bereich des Angenehmen (Rhetorik, 1. Buch, 1372a). Aristoteles' Definition der Komödie: In ihr werden die Menschen als schlechter dargestellt, als sie in Wirklichkeit sind (Poetik, 2. Buch, 1448a). Die Nachahmung von schlechten Menschen wird von der Komödie insoweit geleistet, »als das Lächerliche am Hässlichen teilhat. Das Lächerliche ist nämlich ein mit Hässlichkeit verbundener Fehler, der indes keinen Schmerz und kein Verderben verursacht, wie ja auch die lächerliche Maske hässlich und verzerrt ist, jedoch ohne den Ausdruck von Schmerz.« (Poetik, 5. Buch, 1449a). Aristoteles bezog sich auf Satire und Kabarett des 5. Jahrhunderts v.u.Z.

Man sollte heute statt von »Reinigung« besser von »Befreiung« sprechen. Denn Katharsis ist bei Aristoteles keine harmlose Kur für die »Seele«, sie hat nicht nur eine »psychohygienische Funktion« (Faulstich 1997, S. 216). Rührung und Schrecken bewirken Veränderungen: Tränen fließen; man kriegt eine Gänsehaut. Beim Lachen wird das Zwerchfell geschüttelt. Durch Rührung und Schrecken, Vergnügen und Gelächter lebt man Situationen des Lebens nach und bearbeitet sie. Die

Herstellung des Gleichgewichts hat Folgen: »angenehme Erleichterung« – aber auch mehr Lebenstüchtigkeit. Man reinigt die normalen, natürlichen Gefühle von allem Übermäßigen, Abnormen. Die Leidenschaften werden gezügelt. Aristoteles idealisierte damit die »goldene Mitte«, das Gemäßigte, Harmonische, Angemessene (Nachov, S. 198). Idealisierung oder nicht – *die dabei entstehende Verbindung von gemäßigten Leidenschaften und Vernunft gehört zur Fähigkeit, realitätstüchtig zu werden.* Zugleich geschah die Reinigung nicht nur mittels des Weinens oder Lachens, sondern das Tragische oder Komische wurde in den Stücken auch erörtert, es wurde argumentiert, philosophiert. Der Verstand war bei Rührung und Schrecken nicht ausgeschaltet. Deshalb ist Katharsis nicht nur Reinigung, sondern Befreiung. Insofern ist Katharsis für alle Herrschaftsideologien schädlich.

Dieser Rückblick zeigt Dimensionen auf, in denen die Problemkonflikte in Bezug auf die Massenmedien damals ausgefochten wurden: falscher Schein; angebliche Gefährlichkeit von Bildern; angebliche Notwendigkeit von Zensur im Interesse des Idealen; befreiende Wirkung von Rührung, Schrecken und Lachen. Wie wir sehen werden, unterscheidet sich das nicht sehr von den heutigen Debatten, selbst wenn die Begriffe andere sind, die Medien und die Gesellschaftssysteme.

Wir überspringen die Phase nach Alexander I (rg. 498-454 v.u.Z.), des Hellenismus (332-31 v.u.Z) – ab ca. 150 v.u.Z. spricht man auch von der Römerzeit –, in der zwar ein Markt neuer religiöser, philosophischer und wissenschaftlicher Vorstellungen entstand und eine reichhaltige Bildkultur. Wir tun das, weil wir eine Auswahl treffen müssen.

Teil I: 40 v.u.Z-1400

Öffentliche Bilder, öffentliche Spiele zwischen Repräsentanz von Macht, dionysischem Fest und Identitätsbildung

40 v.u.Z.-400 u.Z.
Römisches Kaiserreich: Repräsentanz zentralistischer Macht

Wir beginnen mit dem Römischen Reich. Da wir Schwerpunkte setzen müssen, konzentrieren wir uns auf den Kaiser Octavian/Augustus, denn *jener entwickelte zwecks Durchsetzung seiner Macht erstmals eine differenzierte Propagandakultur. Sie wird heute als Vorläufer der Public Relations angesehen* (Binder, S. 47). *Wichtiger ist, dass wir in der Propagandakultur des Octavian/Augustus einen politischen Interessenkampf vorfinden, der das Verhältnis von Leidenschaften und Vernunft betrifft. Das ist bis heute für die Medientheorie von Interesse.*

Ein politischer Interessenkampf: das Apollinische gegen das Dionysische

Wer das Bild hat, hat die Macht: Imagepflege des Kaisers Octavian/Augustus

Das Römische Reich war unter dem Diktator Julius Caesar (rg. 59-44 v.u.Z.) zur Weltmacht geworden. Nach seinem Tod wurde das Reich als Triumvirat regiert, von drei gleichberechtigten Herrschern, den Triumvirn, die ihre Herrschaftsbereiche aufteilten. Octavian beherrschte Italien und den Westen; Marcus Antonius Kleinasien und Syrien; der Schwächste, M. Aemilieus Lepidus, beherrschte Gallien.

Octavian, Adoptivsohn Caesars und dessen Großneffe (Enkel der Schwester Caesars), kämpfte um die Alleinherrschaft, vor allem gegen Marcus Antonius. Er kämpfte auch auf der Ebene der Imagepflege. Er setzte durch, dass Caesar zwei Jahre nach seinem Tod zum Gott erklärt und in den Götter-Staatskult aufgenommen wurde. Damit konnte sich Octavian »Imperator, Caesar divi filius« nennen, Befehlshaber, Sohn des göttlichen Caesar. *Octavian war der erste, der bewusst ordnungsstiftende Massenmedien einrichtete. Er entwickelte eine Propagandakultur, die sich mit Darstellungen seiner Person und der von ihm bevorzugten Götter an ein öffentliches Publikum wandte.* Diese Darstellungen waren als Statuen und auf Reliefs auf den Foren, den öffentlichen Plätzen und in den Tempeln aufgestellt. Zum Image eines Herrschers gehörte es in der Antike, sich einem bestimmten Gott besonders verbunden zu fühlen. Augustus identifizierte sich mit Apollo, den er als Ordnungsgott auffasste.

Apollo war der Gott des delphischen Orakels, »Pythios« genannt. Von der dortigen Priesterschaft wurden erstmals in Griechenland Menschenwürde und Recht gepflegt, und deshalb war Apollo hoch angesehen. Apollo war der Wahrheitskünder, der Gott der Mäßigung und der Ichstärke. Apollo wurde von den Römern als Gott aller Harmonie und Ordnung verehrt. Aus Apollo sprach die Weisheit der Individuation, die Weisheit dessen, der Träume und Realität zu verbinden weiß, realitätstüchtig ist, eine Identität hat (Nietzsche 1871).

Octavians Gegenspieler Marcus Antonius identifizierte sich mit dem Gott Dionysos, der auch Bakchos und von den Römern Bacchus genannt wurde. Marcus Antonius' unterschiedliche Gott-Präferenz symbolisierte einen politischen Konflikt, denn Dionysos wurde im Osten des Reichs verehrt. Dionysos – und Aphrodite, die von den Römern Venus genannt wurde – war Symbol freizügigen, hellenistischen Lebensgefühls. Man huldigte ihnen mit »Gelagen«, d.h. mit kultivierten Fress- und Sexorgien, berühmt wurden die Gelage der ägyptischen Königin Kleopatra VII, der Geliebten des Marcus Antonius; und die Gelage des Lucullus. Sie dienten dem Genuss, der Befreiung vom Alltag, der Steigerung der Lebenskräfte. Es war die hellenistische Form der Erlösung von allen Übeln. Marcus Antonius ließ sich auf Gemälden und Statuen als Dionysos darstellen und gab sich auch sonst »dionysisch«: Er ließ sich in der Öffentlichkeit, wie oft auch Dionysos, auf einer Liege, Kline genannt, tragen. Im Osten des Reichs zog er in die Städte stets mit einer Horde von Possenreißern ein, deren Späße und Zoten berüchtigt waren. Man nannte sie »Dionysocolaces«, Parasiten des Dionysos (Lever, S. 92). *Die Possenreißer des Marcus Antonius standen auch für die alte griechisch-hellenistische Meinungs- und Redefreiheit.*

Tatsächlich waren die dionysischen Kulte, wie der von Caesar erneuerte Bacchus-Kult, strikt geregelte religiöse Rituale. Dazu gehörten rituelle Reinigungen, das feierliche Verlesen heiliger Formeln, tanzende Bacchantinnen und die Enthüllung eines großen Phallus, den man den Neuaufgenommenen auf den Kopf fallen ließ, was ihnen ewige Seligkeit nach dem Tode versprach. Der Kult wurde von einer streng hierarchischen Priesterschaft geregelt. Es gab unter dem Deckmantel der Religion viel sexuelle Aktivitäten, gewalttätige Ausschweifungen und Verbrechen. Auf den berühmten Wandgemälden in der Villa dei Misteri, der Villa der Mysterien in Pompeji (ca. 50 u.Z.) gibt es, neben einer bacchantisch Tanzendenden, eine leidend kniende Frau, Objekt einer Flagellation (Kindlers Malerei Lexikon Bd. 14, S. 306). Dionysos war nicht nur Gott des glücklichen Rauschs und der Verzückung, sondern auch der Gott des Grauens, des Exzesses und der Auslöschung des Individuums. Das wurde von der Propaganda des Octavian ausgenutzt. Den »westlichen« Römern war die dionysische Kultur des Ostens zu affektbetont, zu ekstatisch. Dionysos erschien auf Propagandabildern, die von Octavian in Auftrag gegeben wurden, oft als Betrunkener. In einem Relief aus jener Zeit besucht der Gott das Haus eines seiner Anhänger, der ihn, auf einer Kline lagernd, begrüßt. Dionysos wird begleitet von einer orgiastisch tanzenden Anhängerschaft. Dionysos scheint betrunken, schlaftrunken. Er stützt sich auf einen Knaben. Sein Kinn ist auf die Brust gesunken, die Augen sind geschlossen. *Damit wird angedeutet, dass das Dionysische nicht nur Lebenskraft, sondern auch Selbstvergessenheit bedeutet.* (Zanker 1987, S. 71)

Zur Auseinandersetzung zwischen römischer Tugend und dionysischer Genusskultur und schreibt der Archäologe Paul Zanker: »Was Antonius mit seinen Leuten und der Kleopatra im Osten trieb, war [für die Propagandamaschinerie des Octavian] ein Ausbund derselben Verweichlichung und Sittenverderbnis, die Rom in den letzten Generationen in den Abgrund gebracht hatten. Auch erinnerten sich die Alten noch, wie der König Mithridates als ein neuer Dionysos die Kräfte des Ostens an sich gebunden und Roms Herrschaft bedroht hatte. Dagegen könnte sich der Apolloschützling [Octavian] als Mann der Ordnung und Moral profilieren. Schon früher hatte Apollo in kritischen Augenblicken auf der Seite der Römer gestanden.« (S. 65). Der Gott der Individuierung stand auf der Seite der Macht.

Im Jahr 31 v.u.Z. wurden Marcus Antonius und Kleopatra von Octavian in der Seeschlacht bei Actium besiegt. Nach seinem Sieg war Octavian Alleinherrscher, der erste römische Kaiser (rg. 31 v.u.Z.–14 u.Z.). Im Jahr 27 v.u.Z. erhielt er vom Senat den Ehrennamen »Augustus«, »der Erhabene«, und als solcher ist er uns bekannt. Nach ihm ist unser Monat August benannt. Auf einem Relief, das ein Jahr nach Actium entstand, wird Apollo – als propagandistisches Gegenbild zum betrunkenen Dionysos – als Siegesgott dargestellt. Dieser Gott schreitet, er braucht niemanden, der ihn stützt. Hinter ihm hüpft kein feierndes Volk, es schreitet seine Schwester Diana und seine Mutter Latona. Sein Kinn ist erhoben, er blickt die Siegesgöttin Victoria an. Dahinter ein prächtiger Tempel, den Augustus gestiftet hatte. (Zanker, S. 71)

Repräsentanz von Tugend

Von griechisch-hellenistischer Meinungs- und Redefreiheit war bei Augustus nichts mehr vorhanden. Redefreiheit war nicht mehr ein Gewohnheitsrecht der Bürger, sondern ein Recht, das der Herrscher gewähren konnte, meist aber nicht gewährte. *Augustus entwickelte ein Programm öffentlicher Repräsentanz, in dem die Werte der pietas und virtus, der Frömmigkeit und Tugend propagiert wurden.* Mars, der Kriegsgott, wurde als friedlich gewordener Ordnungsgott dargestellt. Auch Venus wurde umgedeutet: Aus der Liebesgöttin Venus wurde Pax, die Ehe-, Fruchtbarkeits-, Mutterschafts- und Friedensgöttin. Das war auch ein Programm gegen die damals stark sinkende Geburtenrate. Auf der Ara Pacis Augustae, dem Friedensaltar in Rom (9 v.u.Z.) trägt sie zwei Putten auf dem Arm. Eine dieser Putten langt wie ein Säugling nach der Brust, die andere hält eine der Früchte empor, die auf dem Schoß der Göttin liegen. Unter ihr lagert friedlich ein Ochse, ein Lamm frisst Gras.

Vorher, vor Augustus, hatte es viel private Prachtentfaltung der Reichen gegeben, die öffentlichen Tempel aber waren verkommen und die Heiligtümer zerfallen. *Die neuen Bilddarstellungen gab es an öffentlichen Bauten, auf Tempel-Wandbildern, Statuen. Es gab sie auch auf Münzen.* Jene trugen seit jeher das Bild und damit den Machtanspruch des Kaisers in alle Gegenden des Reichs.

Stets ließ Augustus sich als Sieger feiern: Der kniende besiegte Barbar, der als Zeichen seiner Unterlegenheit seine Feldzeichen überreicht, wurde auf Münzen und Monumenten weit verbreitet. Die Siege des Augustus und die Festtage seiner Götter wurden regelmäßig gefeiert. Die Bevölkerung erlebte das Jahr als eine Abfolge von Feiern zu Ehren des Kaisers, seiner Familie und seiner Götter. Zanker schreibt: »Die Bilder des Siegeszeremoniells, des Herrscherkults, der kaiserlichen Selbstdarstellung, der Ehrenmonumente und der Herrscherpanegyrik [der Huldigung] bildeten ein einheitliches ›System‹, dessen Struktur schon am Ende der Regierungszeit des Augustus voll ausgebildet war. [...] Dank der ständigen Wiederholung der rituellen Abläufe von Zeremoniell und Fest und dank der festen Bildformeln konnte sich der Herrschaftsmythos wie eine eigene Wirklichkeit vor das Auf und Ab des tatsächlichen historischen Geschehens schieben. Die Bilder für militärische Glorie, für gottgeschützte Ordnung und für zivile Sicherheit und Wohlfahrt überhöhten den Alltag [...].« (S. 238)

Nach seinem Tod wurde auch Augustus zum Gott erklärt, »Augenzeugen« hatten ihn sogar in den Himmel auffahren gesehen.

Die augusteische Bilderkultur erhielt sich bis zum Ende des 2. Jahrhunderts. Ein Beispiel ist die Trajanssäule in Rom aus dem Jahr 114, eine Art Litfasssäule für Kriegspropaganda. Man sieht Darstellungen der Feldzüge des Kaisers Trajan in Dakien, dem heutigen Rumänien: Die Römer erobern eine Stadt, die Barbaren fliehen. Man sieht eine Schlacht gegen die Daker und ein Bild von den siegreichen Soldaten, die vor einer eroberten Festung Getreide ernten (Gombrich, S. 123). Alles, was zu sehen ist, ist ruhmreich. Was nicht ruhmreich war, wurde nicht dargestellt.

Unterhaltungs-Medien

Theater, Circus: Gladiatoren, Action, Tierhetzen und spottendes Publikum

Das Theater war auch im Römischen Reich ein Massenmedium. Auch kleinere Städte besaßen ihre Theater für Schauspiele und Theater für Gladiatorenkämpfe, ovale Amphitheater. Pompeji, die kleine Stadt mit 20.000 Einwohnern, hatte ein Theater mit 2.500 Sitzplätzen, eines mit 5.000 Plätzen und ein Amphitheater für Gladiatorenkämpfe mit 20.000 Plätzen.

In Rom hatte es lange Zeit keine Theater gegeben. Der römische Senat erlaubte nur provisorische Holztheater, die für die großen Götterfeste errichtet wurden. Das erste ständige Theater, im Jahr 55 v.u.Z. von Pompeijus erbaut, wurde als Tempel getarnt. Es war ein offener Bau mit im Halbkreis angeordneten, aufsteigenden Zuschauerreihen.

Das erste steinerne Rundtheater entstand in Rom im Jahr 29 v.u.Z. Es war ein ovales Amphitheater für Gladiatorenkämpfe. Als Gladiatoren wurden zunächst Sklaven oder Verbrecher ausgewählt. Die Kämpfe gingen ums Leben, das Publikumsgebrüll entschied, ob ein unterlegener Gladiator getötet werden sollte oder überleben durfte. Gladiatorenkämpfe waren hochbeliebt. Später wurde Gladiator ein richtiger Beruf, siegreiche Gladiatoren verdienten viel Geld.

Kaiser Augustus baute im Jahr 11 v.u.Z. ein großes Theater, das Marcellustheater. Die Aufführungen wurden mit hohen Summen vom Staat und von reichen Spendern finanziert. Sie wurden von den Leitern der Schauspieltruppen organisiert. Jene schlossen mit dem Chef des Polizei- und Ordnungsamts, dem Ädilen, einen Vertrag, kauften vom Dichter das aufzuführende Stück und verpflichteten Schauspieler und Musiker. Gespielt wurde an Festtagen, es gab viele, für Venus, Mars etc.; es gab Siegesfeiern, kaiserliche Geburtstage, Tempeleinweihungen. Die Darbietungen dauerten oft den ganzen Tag, auch mehrere Tage. Das Publikum wurde kostenlos bewirtet. Es war daran gewöhnt, laut Gefallen und Missfallen zu äußern. Auch in Gegenwart des Kaisers tat es das und das auch zu politischen Angelegenheiten. Es protestierte gegen die strengen Ehegesetze des Augustus, gegen hohe Lebensmittelpreise und Steuern. Es durfte laut über die Herrschaften lästern, Spottlieder singen etc.

Das Publikum hatte dieses Recht auf Spott auch zu anderen Gelegenheiten: Bei den Triumphzügen der Kriegshelden durch Rom wurde der Held von einem servulus, einem Possenreißer, begleitet, der ihm immer wieder zurief: »Denke daran, dass Du sterblich bist«. Die Bevölkerung durfte dem Helden während seines Triumphzugs ungestraft Beschimpfungen, Beleidigungen und Anzüglichkeiten zubrüllen.

In den Theatern wurden Tragödien und Komödien in der Tradition der griechischen Vorbilder aufgeführt. Es ging immer um Massenattraktivität. Die Troja-Sage wurde in Rom bevorzugt, denn die Römer glaubten, von den Trojanern abzustammen. Seit ca. 150 v.u.Z. wurde ohne Masken gespielt, Mimik und individueller Ausdruck wurden möglich. Bei den Tragödien bevorzugte das Publikum Musik und tragischen Einzelgesang, die tragische Oper. *Ansonsten war beim Publikum vor allem beliebt, was wir heute »Action« nennen: Viel Handlung, möglichst spektakulär.* Wenn von einer Schlacht die Rede war, durfte das nicht nur erzählt werden, es mussten Reiter und Fußvolk auf der Bühne zu sehen sein. Wenn es um Eroberungen der Römer ging, wurden Tiere aus den eroberten Gebieten gezeigt. Der Theaterhistoriker Paul Frischauer schreibt: »Es genügte den Römern nicht, von einem Mord zu hören; sie wollten zusehen, wie der dem Tod Geweihte, von einem Dolch getroffen, blutend zu Boden sank.« (S. 423).

Ein weiteres Massenvergnügen waren die Wagenrennen im Circus Maximus, einer riesigen, ovalen Rennbahn. Auch die Wagenlenker verdienten viel Geld. Sie wurden von den politischen Parteien gesponsort, schon damals schmückten sich die Politiker mit Sport-Stars.

Bei großen Anlässen fanden im Circus auch Tierhetzen statt, Löwen und Panther wurden in Show-Veranstaltungen zu Tode gehetzt, oder sie wurden, ebenso wie Krokodile, Nilpferde, Nashörner, Elefanten, von Gladiatoren im Kampf getötet. Wilde Tiere zerfleischten sich gegenseitig. In seinem Lebensbericht rühmte sich Augustus, acht Gladiatoren-Festspiele mit insgesamt 10.000 Kämpfern aufgeführt zu haben, außerdem 26 Tierhetzen mit insgesamt 3.500 erlegten Tieren (Andresen et al. 1995)

Ein nie endender Interessenkampf: »verkehrte Welt« gegen herrschende Ordnung

Zur Zeit des Augustus feierten die Römer ab dem 17. Dezember drei Tage lang ein dionysisches Fest, die Saturnalien. Während der Saturnalien durfte nicht gearbeitet werden, Schulen und Gerichte waren geschlossen, es durfte keiner hingerichtet und kein Krieg geführt werden. *Die Saturnalien produzierten ein Bild der »verkehrten Welt«.* Die Sklaven waren »frei«: Die Herren mussten die Rolle von Dienstboten einnehmen und die Sklaven bedienen. Sie mussten von ihren Sklaven in der Öffentlichkeit Befehle entgegennehmen, vor ihnen singen, tanzen und, zur Begeisterung der Zuschauer, unzüchtige Posen einnehmen. Den Sklaven wurde gestattet, den Herren alles zu sagen, was sie wollten. Die Herren durften ihre Sklaven später deswegen nicht bestrafen.

Die Möglichkeit des Rollentauschs ließ die Utopie von einem goldenen Zeitalter sichtbar werden, in dem alle Menschen alles können und gleich sein könnten. Das Fest war ursprünglich ein eintägiges Bauernfest zum Ende der Feldarbeit gewesen und wurde später auf sieben Tage ausgedehnt. Es hielt sich bis zum Ende der Antike. Im Mittelalter wurde es als Narrenfest an Weihnachten gefeiert. Es lebte im 19. Jahrhundert als »Karneval« wieder auf.

Die Massen: Proletarier und Sklaven

Im Römischen Reich gab es vier soziale Schichten:

1. *Patrizier:* das waren Adelsgeschlechter, die Oberschicht. Sie hatten den meisten Grundbesitz und sie beherrschten die hohen Ämter, stellten die Senatoren. Ihre Ratsversammlung war der Senat in Rom. Die Patrizier stellten die obersten römischen Beamten, die beiden Konsuln, die sich gegenseitig beaufsichtigten. Sie wurden für ein Jahr gewählt. Die Angehörigen der Oberschicht wurden von Augustus veranlasst, viel Geld für die öffentlichen Bauten, Tempel, Statuen, Bilddarstellungen, Theateraufführungen, Gladiatorenkämpfe etc. zu spenden. Die Stifter fungierten auch als Priester bei den Kaiserfesten, die die Rituale vollzogen und die Spiele eröffneten.

2. *Plebejer,* auch »Plebs« genannt: freie Bürger, Handwerker, freie Bauern. Heute würde man diese Teile der Bevölkerung die »Mittelschicht« nennen. Eine reiche Schicht innerhalb der Plebs waren die vornehmen Bürger des Ritterstands. Die Ritter waren reich, weil der politisch engagierten Adelsschicht bestimmte Geldgeschäfte, die Einziehung von öffentlichen Einkünften, verboten waren.

Die Vertretung der Plebejer war die Volksversammlung. Ihre gewählten Vertreter waren die Tribunen. Wie die Konsuln wurden sie für ein Jahr gewählt. Oberschicht und Mittelschicht sprachen im gesamten römischen Reich Latein und dachten »römisch«.

3. *Proletarier:* die besitzlosen, rechtlosen Landarbeiter und Arbeitslosen. Das einzige, was sie besaßen, war Nachkommenschaft, »proles« genannt, daher der Name »Proletarier«. Die Landarbeiter schufteten als Abhängige auf den großen Landgütern, den Latifundien. Die vielen Arbeitslosen in den Städten wurden mit kostenlosen Getreideabgaben ernährt und mit öffentlichen Spielen unterhalten, sie erhielten »panem et circenses«.

4. *Sklaven:* Die für die Latifundien benötigten Sklaven wurden von Seeräubern aus Kleinasien und dem Schwarzen Meer geliefert.

Die Unterschicht dachte und sprach nicht lateinisch-römisch, sondern keltisch, illyrisch, britisch, phrygisch, lydisch etc., die Sprachen ihrer Herkunftsländer.

Informations-Medien

Nicht öffentlich, keine Massenmedien: Post, Zeitungen

Es gab in der römischen Kaiserzeit zwar öffentliche Propaganda-Bilder, Spiele etc., aber keine Nachrichten, so wie wir das heute täglich gewohnt sind. Es gab zwar öffentliche Räume, Versammlungen, Ankündigungen von Gladiatorenkämpfen, aber keine öffentlichen Informationen über das politische und gesellschaftliche Tagesgeschehen. Die kaiserliche Politik und auch die Gesellschaft der Oberschicht waren ein Arkanbereich, d.h. mehr oder weniger geheim. Auch jene Nachrichten, die über weite Strecken übermittelt wurden, waren für die breite Bevölkerung unzugänglich, sie interessieren uns hier nur, weil damit erste Infrastrukturen der Informationsverbreitung geschaffen wurden.

Zur Übermittlung von Nachrichten gab es in der Antike Brieftauben, Flaggensignale, Feuersignale, Läufer und auch eine Pferde- oder Schiffspost. Augustus organisierte auch eine Staatspost, genannt »cursus publicus«. Sie beförderte nur amtliche Briefe. Jene wurden auf Holz-, Metall- oder Wachstäfelchen, Tonscherben, Leinen, Leder, Papyrus oder Pergament geschrieben. Es gab staatliche Postboten, »tabelarii« genannt. Für sie standen Wagen und Pferde an den großen Straßen bereit, die Kosten mussten die Provinzverwaltungen bezahlen. Befördert wurden auch Personen. Der Begriff »Post« entstand aus der damaligen Bezeichnung der Stationen als »posita statio«, Depot-Station. Die kaiserliche Post schaffte pro Tag ca. 75 km, bei dringenden Nachrichten ging es noch schneller. Eine dringende Nachricht brauchte von Rom nach Mainz nur 7 Tage.

Vorläufer des Plakats: Dipinti

Es gab auch öffentliche Verlautbarungen: Ab 59 v.u.Z. ließ Caesar die *acta diurna senatus et populi* veröffentlichen, die täglichen Berichte über die römischen Senatssitzungen und Volksversammlungen und deren Beschlüsse, Reden, Urteile. Sie wurden auf eine mit Gips geweißte Holztafel geschrieben, die vor dem Kapitol aufgestellt wurde. Abschriften wurden an alle römischen Städte gesandt. Private Unternehmer schrieben sie ab, fügten sonstige Nachrichten aus der Stadt hinzu und verkauften sie im gesamten Römischen Reich. Diese Korrespondenzen wurden auch in den Provinzen regelmäßig bezogen. Manche sehen in ihnen die ersten »Zeitungen«, was nicht sinnvoll ist, denn es gab kein breites öffentliches Publikum. Im Jahr 1, unter Kaiser Augustus, wurden diese Korrespondenzen zu einem Organ kaiserlicher Propaganda. Die Veröffentlichung der Senatsprotokolle wurde abgeschafft, in den Korrespondenzen durften nur noch die Taten der kaiserlichen Familie gerühmt werden.

Es gab weiß gekalkte Wände, auf die mit schwarzer oder roter Farbe Wahlaufrufe gemalt wurden, Ankündigungen von Gladiatorenkämpfen und Theateraufführungen, Gasthausempfehlungen, private Bekanntmachungen, Vermietungs-Angebote, Verlustmeldungen.

Heute nennt man das Plakate oder Graffiti. Im 1. Jahrhundert sprach man von »Dipinti«, von Wandmalereien. Man malte diese Dipinti auch auf Hausfassaden, wobei man wenig Rücksicht auf die dort angebrachten Malereien nahm. In Pompeji hat man solche Schriftmalereien ausgegraben. Es gab dort Wahlaufrufe wie »Die Fischer schlagen Popidius Rufus als Aedilen [Stadtdezernenten] vor.« Eine andere Schrift: »Die Holzarbeiter und Holzkohlenverkäufer bitten euch, Marcellinus zu wählen.« Eine andere, über einem Wandgemälde angebrachte Schrift ist ebenfalls eine Wahlkampfparole: »Cuculla will C. Iulius Polybius als Duovirn [Gemeinderat].« Und darunter eine Schrift: »Ich fordere Euch auf, Holocinius Priscus zum rechtsprechenden Duovirn zu wählen. Er ist der öffentlichen Verwaltung würdig.« Die Schriften wurden von den Kandidaten, von Privatleuten und von Vereinen in Auftrag gegeben. Es gab auch Schriften, die populäre Schauspieler ehrten: »Actus, komm bald wieder!« und die Inschrift: »Bovios gibt den Christen, diesen grausamen Hassern, Kredit«. (Durant, Bd. 5, S. 26; Varone 1993; zur Westen, S. 14)

In Pompeji hat ein professioneller Schriftenmaler eine Anzeige, die für einen Gladiatorenkampf warb, signiert mit »Scr. Aemilius Celer singulus ad lunam«, »Das schrieb Aemilius Celer allein bei Mondschein«.

Ursprung einer langen Feindschaft: Interessenkampf zwischen Wort und Bild

Der Kampf der frühen Kirche gegen die Bilder

Durch die Spätantike, das Mittelalter, die Reformation – bis zu heutigen Debatten darüber, ob das Fernsehen aggressiv macht – zieht sich der Streit um die Gefährlichkeit von Bildern. Er hat in der Bilderfeindlichkeit des Platon, der jüdischen Religion und der frühen christlichen Kirche seinen Ursprung.

Die Judäer hatten eine zentralistische, auf die Tempelpriesterschaft von Jerusalem konzentrierte, monotheistische Religion mit einem ausschließlich durch die Schrift vermittelten Gott. Es war verboten, abzubilden, was man sich als Gott vorstellte. Das Alte Testament, die Grundlage jüdischer Religion, wiederholt immer wieder das Bildverbot. Der Legende nach hat Gott es Moses verkündet: »Ich bin der Herr, euer Gott! Darum dürft ihr in eurem Land keine Götzenbilder anfertigen. Ihr dürft in eurem Land keine solchen Bilder aufstellen und anbeten, gleichgültig, ob es geschnitzte oder gegossene Standbilder oder Steinmale oder Steine mit eingeritzten Bildern sind.« (3. Moses 26,1). Und: »Alle, die Götterbilder anbeten und mit ihren toten Götzen prahlen, werden zuschanden und müssen sich schämen.« (Psalm 97).

Im Tempel von Jerusalem durfte es kein Bild geben, es gab nur Ornamente – mit einigen Ausnahmen, es gab auch Stier- und Löwenstatuen (Debray 1999, S. 75). Die Geldwechsler, die Jesus der Legende nach vertrieb, hatten ihre Tische nicht im, sondern vor dem Tempel aufgebaut, sie tauschten das Geld mit dem Bild des römischen Kaisers in bildlose Münzen um. Nur mit bildlosen Münzen konnte man im Tempel Opfergaben kaufen.

Der Gründer des Christentums, Paulus, übernahm die Vorstellungen der jüdischen Religion, auch er war ein Bilderfeind. Wir sollen, so forderte Paulus, »nicht starren auf das Sichtbare, sondern nach dem Unsichtbaren ausblicken, denn das Sichtbare ist vergänglich, das Unsichtbare ist ewig.« (Korintherbrief). Und man dürfe die Herrlichkeit des unvergänglichen Gottes nicht in ein Bild eines vergänglichen Menschen, eines Vogels oder eines vierfüßigen kriechenden Tieres verwandeln (Römerbrief). Wahrer Glaube bedürfe nicht der Bilder, nur der Worte der Bibel.

Der Grund für das Bilderverbot lag darin, dass der jüdische Gott von allen magischen Praktiken freigehalten werden sollte. Gott durfte kein beliebig manipulierbarer Dämon sein, dessen Erscheinung von jedem Magier heraufbeschwört werden konnte, um einen Tauschhandel mit dem Unsichtbaren anzufangen. Das hatte den Grund, dass die Hohe Priesterschaft des Tempels in Jersualem ihre Zentralgewalt in Glaubensfragen nicht an die vielen Zauberer, Wunderheiler und Wanderprediger im Lande verlieren wollte. Außerdem sollte Gott die Freiheit haben, alles sein zu können. Mit den Bildern geht aber, so dachte man es sich, die göttliche Freiheit verloren, auch das Utopische, Erlösende zu enthalten, das die Menschen sich erhoffen. (Brumlik, S. 28f.; Debray 1999, S. 26; Rainer und Jaußen 1997)

Das Verächtlichmachen des Bilds als etwas Irrationalem, als »Götzendienst«, zielte also nicht auf das Rationale, sondern auf die monotheistische Religion. *Darüber wird stets vergessen, dass das »Sich ein Bild Machen« auch ein Weg in Richtung Erkenntnis sein kann.* Wer sich ein Bild von etwas machen kann, hat die Macht, das Bild nach Belieben wieder zu erschaffen, also die Macht über das Unbekannte. Das muss nicht immer in der Wiederholung ein und desselben, also in der Magie enden. *Für den Menschen, der »sich ein Bild macht«, gibt es die Chance der Erfahrung – und damit ist schon die Vernunft im Spiel.*

Deren Entfaltung war nicht das Ziel. Das Ziel war die Erhaltung der Erlösungshoffnung.

Exkurs: Entstehung der Kirche

Zum besseren Verständnis der Geschichte ist ein Exkurs notwendig, um den Aufstieg der frühen Kirche aus den materiellen Interessenlagen zu verstehen. Ohne diesen Exkurs wären die populären Medien der Spätantike und des Mittelalters nicht verständlich.

Ab 152 v.u.Z. war Palästina von den Griechen besetzt. Der griechische König Ptolemaios VI hatte den Wechsel der Religion und damit religiöse Toleranz gestattet. Viele Juden waren zu den griechischen Göttern übergewechselt. Dagegen hatten die Makabäer eine Bewegung von »Unnachgiebigen« gebildet. Ab 142 v.u.Z. hatten sie das Heilige Land zurückerobert und stellten die Könige und Priester. (M. Smith, S. 254ff.)

Im Jahr 43 v.u.Z. wurde das Land von den Römern besetzt. Marcus Antonius setzte Herodes als König ein, der als Marionette der Römer verhasst war. Nach dessen Tod herrschte der Herodes-Sohn Archelaos über Jerusalem und das judäische Bergland. Er wurde im Jahr 6 von Kaiser Augustus abgesetzt, Augustus erklärte das Gebiet zur Provinz Judäa, unterstellte es direkt der römischen Verwaltung. Judäa war damit der direkten Tributpflicht an Augustus unterworfen. Das Eigentum der Provinzbewohner wurde neu erfasst – die Volkszählung aus der Weihnachtslegende bezieht sich hierauf.

Der mit den Römern kooperierende Tempel in Jerusalem war eine mächtige Organisation. Die Priesterschaft hatte von den Römern das Privileg erhalten, den Zehnten auf jährliche Ernteerträge einzuziehen und die Tempelsteuer zu erheben. Dazu schreibt Reinhold Mayer: »Zur Verwaltung der Einkünfte bedurfte es dreier Finanzminister, war doch der Tempel nicht allein der bestorganisierte, sondern auch der lukrativste Großbetrieb in ganz Israel [Judäa]. Der unermessliche Reichtum kam von Tempelabgaben und Opfern, Steuern, Anlagen und Abgaben aus aller Welt. Gegen säumige Schuldner schickten die Hochpriester ihre Büttel, die mit Gewalt die Frucht von den Tennen und das Vieh aus den Ställen holten, so dass viele Kleinbauern verarmten und der Schuldknechtschaft verfielen.« (S. 62)

Widerstand ging vor allem von den Makabäern aus, sie bildeten eine breite revolutionäre Widerstandsbewegung. Widerstand leisteten auch die Essener. Sie nannten sich »Wahrer des Bundes« und vertraten gegen die Tempelpriester und die Besatzungsmacht einen judaistischen Nationalismus. Der Historiker Morton Smith schreibt hierzu: »Wie die Propheten des Alten Testaments erwarteten sie, dass Gott in die Geschichte eingriff, um die Guten (sie selber) zu belohnen und die Bösen (vor allem die Jerusalemer Priester, die Pharisäer, die Griechen und die Römer) zu bestrafen.« (S. 260). Die Fachleute streiten, ob Jesus ein Essener gewesen sein könnte (Augstein 1999, S. 143ff.).

Da die Massenmedien des Mittelalters zu einem Großteil aus propagandistischen Christus-Darstellungen bestehen, müssen wir verstehen, wer jener sogenannte Jesus Christus war, der angeblich im Jahr 12 oder 7 v.u.Z. oder auch 7 u.Z. geboren wurde. Christus heißt »der Gesalbte«, das kam dem Anspruch auf Königswürde gleich.

Die Fachleute streiten, ob es jenen Jesus wirklich gegeben hat. Nur bei dem Historiker Flavius Josephus, der um die Jahre 93/94 das Buch *Jüdische Altertümer* schrieb, gibt es einen indirekten Hinweis, nämlich auf die Hinrichtung des Jakobus im Jahr 62: Flavius Josephus schrieb, Jakobus sei der »Bruder des Jesus, der Christus genannt wird« (20. Buch, Kap. 9). Das ist die einzige authentische Stelle über Jesus, alle anderen Jesus-Beschreibungen im Werk von Flavius Josephus wurden von späteren Kirchenvätern hineingefälscht, was man durch Textanalysen beweisen kann.

Nach einem vermutlich im 1. Jahrhundert geschriebenen, jüdischen Buch *Sepher Toldos Jeschut* (Das Leben Jesu; dt.: Krauß, S. 88ff.) wurde Jesus als Sohn einer Mirja oder Miriam und eines römischen Legionärs namens Joseph Panther oder Panthera geboren. Mirja war aber mit Jochanan verheiratet. Dieses jüdische Buch diffamiert vermutlich die Christen. Voltaire, der Philosoph der Aufklärung, der sich im 18. Jahrhundert eingehend mit dem Entstehen der Kirche befasste (1767a-c, 1768), schrieb: »In diesem Buch stehen [...] Wunder über Wunder; so überspannt es auch sein mag, man muss doch einräumen, dass es Dinge enthielt, die viel wahrscheinlicher sind als das, was unsere Evangelien schreiben. [...] Es ist wahrscheinlicher, dass Joseph Panther der Mirja ein Kind gemacht hat, als dass ein Engel durch die Lüfte gekommen ist, um der Frau eines Zimmermanns einen Gruß von Gott zu bestellen, so wie Jupiter Merkur zu Alkmene entsandte.« (1767a, S. 285f.)

Leute, die Wunder ankündigten und sich »Messias« nannten, gab es damals viele, und man glaubte ihnen, denn Palästina war unter römischer Besatzung, die Ankunft eines »gottgesandten« Erlösers von der römischen Besatzung wurde allgemein erhofft. Als Messiasse wurden bekannt: Hiskia, Judas von Gamla, Menachem, Johannes von Gischala, Simon bar Giora. Die Behauptung, »der Messias« zu sein, bedeutete den Anspruch auf die Würde des Königs und des Hohen Priesters. Den Anspruch, »Sohn Gottes« zu sein, hatten sie nicht. Der ehemalige *Spiegel*-Herausgeber und Jesus-Fachmann Rudolf Augstein schreibt: »Den Juden war der Gedanke physischer Gottessohnschaft ein Gräuel, sie erwarteten als Messias einen Menschen ohne übernatürliche Eigenschaften.« (1999, S. 236). Einige »Messiasse«, wie Menachem, betrieben den bewaffneten Widerstand und kamen dabei um oder wurden von den Römern hingerichtet. Auch Jesus war vielleicht ein fundamentalistischer Wanderprediger, Wunderheiler und Aufrührer gegen die Hohen Priester oder die Römer und wurde deshalb umgebracht. Man weiß nicht, wie er im Jahr 30 oder 33 starb, gesteinigt, gehängt oder ans Kreuz gebunden.

Nicht Jesus war der Gründer des Christentums, sondern Paulus. (Augstein 1972, S. 104f.)

Paulus hieß eigentlich Saulus. Saulus war sein jüdischer Name, doch nannte er sich oft Paulus, das war die römische Version des Namens. Er war ein reicher Prinz, ein Enkel des Königs Herodes. Er war als Waisenkind von seiner Tante in der freien Stadt Taurus aufgezogen worden, und dort war man römischer Staatsbürger. Die römische Staatsbürgerschaft verhalf ihm zum Posten des Leiters des Ädilen- und Katasteramts von Judäa. Das war das oberste Polizei- und Grundbuchamt. Das Kataster, das Grundbesitz-Register war die Grundlage für die Steuererhebung. In seinem Amt hatte Paulus sowohl bei den römischen Besatzern als auch bei den Hohen Priestern Autorität.

Besatzer und Tempel kämpften gegen die fundamentalistischen »Aufrührer«. Zwischen den Jahren 33 und 35 zog Paulus mit einem Schlägertrupp vermutlich nach Qumran, um die dortigen Essener zu bekämpfen. Ob er auf dem Weg dorthin die berühmte Vision hatte, in der er die Stimme Jesu hörte und bekehrt wurde, weiß man nicht. Paulus war Epileptiker, hatte oft Anfälle, die er mit Opium bekämpfte, das hätte auch ein Grund für eine Vision sein können. Sicher weiß man, dass Paulus zu den Essenern übertrat. Als Grund seines Sinneswandels wäre auch denkbar: Paulus suchte seine Macht zu erhalten, indem er sich an die Spitze der Widerstandsbewegung zu setzen versuchte. Er brachte sein beträchtliches Vermögen mit. (Messadié, S. 138ff.)

Im Jahr 44 u.Z. wurden in Judäa römische Statthalter eingesetzt, und diese begannen, die Bevölkerung auszubeuten. Der römische Kaiser bekam zu seinem Geburtstag jeweils einen Kranz aus purem Gold, es musste »Kranzgeld« bezahlt werden. Außerdem wurden die Judäer zwangsweise zu Arbeiten für römische Heerstraßen, zum Kanalbau und Wasserleitungsbau rekrutiert. Der Statthalter Pontius Pilatus (rg. 26-36) finanzierte die Bauten aus dem Tempelschatz in Jerusalem. Er provozierte die Judäer damit, dass er gegen ihr Bilderverbot verstieß und römische Götterbilder aufstellen ließ.

Ab dem Jahr 45 begannen einige Fundamentalisten, mit Predigten und »Wunderheilungen« ihren Lebensunterhalt und Geld für den bewaffneten Widerstand zu verdienen. Unter ihnen war auch Jakobus, der »Bruder des Herrn« und auch »Lehrer der Gerechtigkeit« genannt wurde (Augstein 1972, S. 132ff.). Jakobus war ein Vertreter der »Unnachgiebigen«, der »Gesetzestreuen«, er wollte keine neue christliche Religion. Er kämpfte gegen die Hohen Priester im Tempel von Jerusalem, die das Gesetz locker handhabten, und gegen den Gründer des Christentums, Paulus.

Paulus gründete auf seinen Missionsreisen religiöse Vereine – Korinth wurde im Jahr 51 der erste christliche Verein in Griechenland – und propagierte einen Jesuskult. Das angeblich von Jesus ausgehende Gebot der Feindesliebe ist eine Konstruktion des Paulus und der späteren Evangelisten (Augstein 1972, S. 330f.). Mit seinem Jesus-Prinzip der Gewaltlosigkeit veränderte Paulus das alttestamentarische Vergeltungsprinzip: Statt »Auge um Auge, Zahn um Zahn« predigte Paulus im Römerbrief »Seid untertan der Obrigkeit«. Die Qumran-Experten Baigent und Leigh vertreten die Auffassung, dass Paulus den seine Feinde liebenden, obrigkeitstreuen Jesus propagierte, weil er ein Spion Roms war. Seine Aufgabe sei die Zerstörung des Widerstands der gegen die Römer rebellierenden Fundamentalisten gewesen. Dafür spricht, so die Autoren: Er war wohlhabend, hatte römisches Bürgerrecht, hatte Umgang mit der Herodes-Dynastie, war vom römischen Militär vor einem Mordanschlag gerettet worden. (S. 239ff., 278; differenzierter: Augstein 1972, S. 107ff.).

Der Widerstand gegen die Römer erreichte seinen Höhepunkt im Jahr 66 in Jerusalem, als ein Statthalter wegen verweigerter Steuerzahlungen die Tempelkasse plünderte. Die Aufständischen errichteten in Jerusalem eine Regierung. Die Römer zerstörten Jerusalem im Jahr 70.

Es waren vor allem die Armen, die, erfüllt von Erlösungshoffnungen, in die ersten christlichen Vereine eintraten. Das waren »Gemeinden« in dem Sinne, dass sie ihre Führer wählten und sich selbst verwalteten. Es waren aber keine Arbeits- und Gütergemeinschaften, insofern ist der Begriff »Verein« angemessener. Die Christenvereine wurden durch Spenden reicher Leute wohlhabend. Im Jahr 80 gab es Christenvereine in Jerusalem, Antiochia, Ephesus und Alexandria. Sie wurden geduldet, noch war man im römischen Machtbereich tolerant gegenüber unterschiedlichen Religionen, Christenverfolgungen gab es erst später.

Für den Gebrauch der Christenvereine entstanden zwischen den Jahren 70 und 100 fünfzig Schriften, in denen die angeblich authentischen Aussagen der Mitkämpfer des Jesus dargestellt wurden. Sie sind – wie man aus Textvergleichen weiß – Fälschungen, Kampfschriften anonymer Christen. Auch die um das Jahr 200 in die Bücher des »Neuen Bundes« – von Luther mit »Neues Testament« übersetzt – aufgenommenen Schriften der »Apostel« Markus, Matthäus, Lukas und Johannes, die »Evangelien«, sind Fälschungen. In ihnen wurden Legenden geschaffen, nach denen Jesus als Erfüllung der Voraussagen vom kommenden Erlöser erscheinen musste, wie sie in der alten hebräischen Bibel, dem »Alten Testament« vorkommen. (Augstein 1972, S. 129ff., 1999, S. 197ff.; H. Fuhrmann 1996, S. 48ff.)

Bis zum Ende des 2. Jahrhunderts entwickelte sich in den christlichen Vereinen die Macht der Priester. Sie organisierten sich als Institution, als »Geistlichkeit«, organisierten die Vereine zu einem Gesamtverband und verwalteten das Kirchenvermögen. Ab Mitte des 2. Jahrhunderts hatten sich vor allem Frauen der römischen Oberschicht der neuen Lehre zugewandt, es gab Spenden reicher Witwen (Augstein 1999, S. 407). Der reichste Christenverein war der in Rom, und so gewannen die Bischöfe Roms – den ersten gab es um das Jahr 95 – an Macht. Ende des 2. Jahrhunderts wurde der römische Bischof der »Papst«. Die Geistlichkeit übernahm immer mehr die Behauptungen des Paulus über den »Gottcharakter« und die »Wunder« des Jesus, die damit Grundlage der katholischen Kirche wurden.

Je mächtiger die Kirche wurde, desto intensiver wurde ihr Kampf um öffentliche Bild-Repräsentanz – und damit sind wir wieder bei den Massenmedien.

Bilderverbot, christliche Despotie

Im Jahr 306 wurde Konstantin I römischer Kaiser (rg. 306-337). Konstantin war kein Christ, aber er gilt als erster christlicher Kaiser.

Im Staat Konstantins bestand der einzige erlaubte öffentliche Bildkult in der Verehrung des Kaiserbilds. In Byzanz gab es eine Kolossalstatue Konstantins I, dort wurden Opfer gebracht, um die Statue gnädig zu stimmen und Hilfe zu erlangen. Kaiserbilder wurden durchs Land geschickt und mussten empfangen und ehrfurchtsvoll behandelt werden, als seien sie der Kaiser in Person. In Kriegen wurde auf Feldstandarten das Bild des Kaisers vorangetragen.

Ansonsten waren öffentliche Bilder verboten. Den Christen war das zunächst recht, ein Kirchenkonzil hatte im Jahr 306 ausdrücklich alle Gottes- und Christus-Bilder in den Kirchen verboten: »In der Kirche darf es keine Bilder geben. Was verehrt und angebetet wird, darf nicht an die Wände gemalt werden.« An nicht öffentlichen Orten, z.B. in den Katakomben Roms, gab es Christusbilder. Sie ahmten zunächst die antiken Götterbilder nach (Kindlers Malerei Lexikon, Bd. 13, S. 221ff.).

Konstantin war einer von vier Herrschern, denn das Römische Reich wurde damals als Tetrarchie regiert. Es herrschten ständig Machtkämpfe zwischen den Regierenden. Konstantin regierte den Westen des Reichs und kämpfte gegen Maxentius, der Italien und Afrika regierte, gegen Licinius, der den Balkan einschließlich Griechenland regierte, und gegen Maximinus, der die Türkei, den nahen Osten und Ägypten regierte. 324 wurde Konstantin Alleinherrscher – nach vielen Intrigen und Schlachten, und für jene brauchte er die Christen.

Die inzwischen reiche und einflussreiche Organisation der Bischöfe war ihm ein Instrument im Machtkampf und bei der Befriedung seines Reichs: Die alten Religionsgemeinschaften im Römischen Reich hatten das Recht auf Grundbesitz und Steuerbefreiung. Die Christenvereine hatten diese Privilegien bisher nicht. Im Jahr 313 gab Konstantin den christlichen Priestern dieselben Steuerbefreiungen wie den »heidnischen«; 321 das Recht auf Grundbesitz; das Recht, Erbschaften anzunehmen; und er befreite den Kirchenbesitz von Steuern. Ein Strom von Schenkungen setzte ein, und die Kirche wurde immer reicher. Die Bischöfe besetzten weltliche Pfründe, erwarben Vermögen, verliehen Geld zu Wucherzinsen. Um 380 gehörte der Kirche bereits ein Zehntel des gesamten Grundbesitzes im römischen Westreich (Augstein 1972, S. 376).

Unter Konstantin entstand das Christusmonogramm, das ☧. Konstantin musste die christlichen Soldaten in seinem Heer motivieren, für ihn zu kämpfen, und so ließ er an den Feldstandarten erstmals das christliche Symbol befestigen und später auch auf Münzen prägen. Angeblich, weil Christus selbst es ihm in einem Traum befahl. Wahrscheinlicher ist dies: Bei der Schlacht an der Milvischen Brücke kämpfte Konstantin im Jahr 312 gegen seinen Mitkaiser Maxentius. Konstantins Soldaten mussten sich von den Soldaten des Gegners unterscheiden, aber beide Parteien trugen die gleichen römischen Uniformen. Also malten Konstantins Truppen auf ihre Schilde einen Stern, ein X, das von einem senkrechten Strich durchkreuzt wurde. Dieses Zeichen wurde als Lichtsymbol gedeutet, eine christliche Bedeutung hatte es nicht (Bleckmann, S. 58ff.). Wenn man an dem senkrechten Strich einen Bogen anfügte, wurde daraus ein P, ein griechisches »R«. Das ☧ wurde als ein griechisches »Ch« gedeutet, zusammen mit dem R wurden daraus CHR – die Anfangsbuchstaben Christi. Im Jahr 315 wurde Konstantin auf einem Medaillon erstmals mit dem CHR-Symbol gezeigt, er trug es wie eine Kokarde am Helm. *Später wurde dieses Symbol kirchlicher Macht oben auf die Feldstandarten aufgesetzt, über dem Kaiserbild.*

Je mächtiger und reicher die Kirche bis Anfang des 4. Jahrhunderts wurde, desto mehr mussten die Bischöfe und der Papst – dessen Führungsanspruch damals noch ungeklärt war – daran interessiert sein, ihre Zentralgewalt zu stärken, vor allem gegenüber Mönchen und Einsiedlern, die sich aus Protest gegen den Reichtum der Kirche abspalteten. Außerdem behauptete im Jahr 318 Arius, ein Priester in Alexandria, Jesus sei Gott nicht gleichrangig, und begründete hierauf eine Bewegung gegen die kirchliche Zentralmacht. Dagegen hatte der zentralistische Klerus das Interesse, den bereits zur Legende hochstilisierten Jesus zu einem Gott zu erklären, wie das Augustus mit seinem Adoptiv-Vater Julius Caesar gemacht hatte, wodurch er sich »divi filius«, Sohn des Göttlichen nennen konnte. Auch Konstantin war an einer starken Zentralkirche interessiert und wollte keinen Kirchenstreit, deshalb berief er im Jahr 325 in Nicäa ein Konzil ein. Dort wurde Jesus zu einem »Sohn Gottes« erklärt, der, wie es im Konzilsbeschluss hieß, gezeugt wurde »als Eingeborener aus dem Vater, aus dem Wesen des Vaters, Gott aus Gott, Licht aus dem Licht, wahrer Gott aus dem wahren Gotte, gezeugt, nicht geschaffen, gleiches Wesen mit dem Vater« (Pfliegler S. 31). Damit hatte die Zentralkirche ihren Himmelskaiser, damit konnte sie gegenüber allen Sektierern Ansprüche auf Unterwerfung stellen – und später gegenüber allen Kaisern.

Nach Konstantins Tod im Jahr 337 setzten seine Söhne den christlichen Staat fort. Danach, ab 361, folgten zwei tolerante Kaiser, Julian, der ein toleranter Christengegner war, ein Anhänger des Mithraskults, der alle Religionen gleichermaßen tolerierte, und Valentian.

Immer noch waren Bilder nicht erwünscht: Bischof Epiphanias von Salamis riss eigenhändig in den Dorfkirchen Vorhänge mit Christusbildern herunter: Christus dürfe nicht durch Bilder entehrt werden. Wie wenig Erfolg das hatte, wird in einem

Appell (um 380) des Bischofs von Konstantinopel Gregor von Nazianz spürbar: »Lasst uns nicht die Türen bekränzen und nicht Regentänze aufführen, nicht die Straßen schmücken, nicht das Auge ergötzen, nicht das Ohr mit der Flöte vergnügen, nicht den Geruch verweichlichen, nicht dem Genuss frönen, nicht das Gefühl erfreuen. Lasst uns nicht üppig sein in weichlicher, ringsum herabwallender Kleidung, wovon das Schönste ohne Nutzen ist, nicht in glänzenden Steinen, nicht in strahlendem Gold, nicht in trügerischem Schminken mit Farben, die eine natürliche Schönheit vorlügen und dem göttlichen Ebenbild zuwider ausgedacht sind. Lasst uns nicht mit Schmausereien und Trinkgelagen feiern, mit denen meines Wissens Unzucht und schändliche Werke verbunden sind. [...] Solches wollen wir den Heiden überlassen und den heidnischen Festen und Feierlichkeiten. Wir aber, die das Wort anbeten und uns freuen sollen, wollen uns freuen im Wort [...].« (Nazianz)

Übrigens war das Wort, das angebetet werden sollte, nicht das Wort der hochentwickelten Philosophie und Naturwissenschaft der Antike, weshalb die Christen eine der größten Bibliotheken der Antike verbrannten: Im Jahr 390 ging die Serapeion-Bibliothek in Alexandria, die ca. 200.000 Rollen enthielt, in Flammen auf.

Dann war endgültig Schluss mit dem »Heidentum«: Theodosius I (rg. 379-395) machte 391 das Christentum zur Staatsreligion, verbot »heidnische Kulte« und verfolgte alle Nichtchristen.

Untergang der Römer

Ab dem 4. Jahrhundert ging das Römische Reich zugrunde. Das hatte – wir ignorieren die politischen Ursachen – folgende wirtschaftliche Ursachen:

Ein Strukturmerkmal der römischen Gesellschaft war die *Sklavenarbeit*. Die Sklavenwirtschaft ist typisch für eine kriegführende Gesellschaft. Sie war nicht geeignet, die Entwicklung von Wissenschaft, Technik und Wirtschaft zu fördern.

Ein weiteres Strukturmerkmal war die *Konzentration von Grundbesitz und Vermögen* in den Händen weniger Reicher. Sie dominierten den Fernhandel, der vor allem Handel mit Luxusgütern war. Er war in der Hand weniger Großhandelsfirmen, die eine Vielfalt von spezialisierten Handelsfirmen verhinderten, wie es sie im Osten bereits vor den Römern gegeben hatte. Die Reichen besaßen riesige Landgüter, sogenannte *Latifundien.* Jene produzierten trotz Sklavenwirtschaft zu teuer. Denn das gut organisierte Verkehrssystem der Römer – befestigte, sichere Straßen und Seewege – ermöglichte nicht nur Eroberungen und die Verwaltung der eroberten Provinzen, sondern auch die *Einfuhr billiger Waren,* und das wiederum minderte die Gewinne der Latifundien. Sie wurden unrentabel.

Ein drittes Strukturmerkmal war eine *Beamtenschaft,* die Handel und Gewerbe beherrschte und ausbeutete, ohne zu investieren.

An diesen Strukturen ging das Römische Reich zugrunde. Seit Kaiser Diokletian (rg. 284-305) war das Geld im Westen nichts mehr wert, Löhne und Sold für Soldaten wurden in Naturalien ausgezahlt. Nur im Osten mit seiner Handelsmetropole Konstantinopel hielt sich die Geldwirtschaft weiter. Als sich die großen Latifundien nicht mehr rentierten, wurde das Land in Parzellen aufgeteilt und an unfreie Bauern verpachtet. Die Bauern nannte man »Kolonen«. Sie konnten mit ihrer Parzelle weiterverkauft werden. Der Grundbesitz splitterte sich immer mehr auf, das Land verarmte. Die von den Römern gegründeten Städte im heutigen Frankreich und Deutschland – Lyon, Bordeaux, Dijon, Straßburg, Mainz, Trier, Köln – verfielen.

400-1000
Feudalismus: Repräsentanz der Idee des Göttlichen

Zunächst eine Begriffsklärung:

Mittelalter: Im 5. Jahrhundert übernahmen die Germanen das Weströmische Reich. Es war die Zeit der Völkerwanderung, der Überbevölkerung und der Hungersnöte, die die Sachsen, Friesen, Franken, Alemannen, Goten, Wandalen, Angeln, Jüten umhertrieben. Im Jahr 476 setzte Odoaker, Führer der germanischen Söldner, den letzten weströmischen Kaiser Romulus Augustulus ab, damit endete das Römische Reich. Damit begann für den Westen das Mittelalter. »Mittelalter« ist ein Begriff der Renaissance (ca. 1420-1540), damit sollte die finstere Mitte zwischen aufgeklärter Antike und aufgeklärter Renaissance charakterisiert werden. Für die Geschichte der Massenmedien ist allerdings nicht das Jahr 476 entscheidend, sondern das gesamte 5. Jahrhundert.

Spätantike: Kaiser Konstantin I hatte im Jahr 330 seinen Regierungssitz nach Byzanz verlegt. Das Oströmische Reich hielt sich bis zum Ende des 6. Jahrhunderts, es zerfiel erst nach dem Tod Kaiser Justinians I (565). Deshalb nennt man diese Zeit die »Spätantike«.

Wir konzentrieren uns in dieser Phase auf das Oströmische Reich und nach dessen Zerfall (Mitte des 6. Jahrhunderts) auf das Gebiet des heutigen Westeuropa.

Kirchenbilder als neue Massenmedien

Visualisierung des Dogmas, Christus als Herrscher, Marienbilder

Jesus war im Jahr 325 vom Kirchenkonzil in Nicäa zu einem »Sohn Gottes« erklärt worden. Das hatte Konstantins Interesse entsprochen, die zentralistische Amtskirche zu stärken – aber zugleich begründete der durch das Konzil abgesegnete Himmelskaiser auch die stärker werdenden Machtansprüche der Kirche gegenüber den weltlichen Herrschern.

391 hatte Kaiser Theodosius I das Christentum zur Staatsreligion gemacht. *Jetzt brauchte die Kirche das, was sie vorher abgelehnt hatte: Bilder.*

Jetzt lockerte die Staatskirche das Bilderverbot. Der Mediologe Regis Debray kommentiert das so: »Mit dem ursprünglichen Anti-Ästhetizismus verhält es sich schließlich genauso wie mit dem Anti-Militarismus. Einmal an der Macht, lassen beide stark nach. Ein Christ der ersten beiden Jahrhunderte durfte weder Blut vergießen noch Bilder betrachten: Um das Jahr 220 hatte [der dogmatische Kirchenschriftsteller] Tertullian sowohl diejenigen bekämpft, die sich für eine militärische Laufbahn entschieden, als auch diejenigen, die ins Theater gingen. Im [späten] 4. Jahrhundert jedoch ging man – nach erfolgreicher Übernahme des Staates – vom Slogan ›Jeder Krieg ist ungerecht‹ über zu ›Es gibt gerechte Kriege‹, wie auch von

›Alle Bilder sind Blendwerk‹ zu ›Es gibt verehrungswürdige Bilder‹.« (1999, S. 85; Übersetzg. bearb.). Jetzt trauten sich Gläubige, Christusbilder auf Vorhänge in den Kirchen zu malen. Christus wurde nicht mehr als jugendlicher Gott dargestellt, sondern erstmals mit Bart, dem Symbol der Hoheit und Würde.

Jetzt kamen Marienbilder auf. Das hat folgende Ursachen: Bei Kaiser Augustus war es eine einleuchtende Angelegenheit gewesen, in ihm einen »Sohn des Göttlichen« zu sehen. Aber wenn man Jesus zum »Sohn Gottes« machen wollte, hatte man es mit einem spirituellen Gott zu tun. Also musste die Geburt des Jesus aus dem Spirituellen plausibel gemacht werden. Deshalb richtete sich jetzt die Aufmerksamkeit auf seine Mutter. Im Markus-Evangelium, dem ältesten der Evangelien, heißt es nur, Jesus sei der »Sohn der Maria«, eine Formulierung, die auf eine uneheliche Geburt hinwies. Aber, wie der Kunsthistoriker Hans Belting schreibt, »Erst als die öffentlichen Auseinandersetzungen um die Definition der Person Christi im 4. Jahrhundert das [Ost-]Römische Weltreich in Atem hielten, nahm Maria in den Argumenten der Christologie eine immer prominentere Rolle ein, die wiederum nach Definitionen ihres Lebens und ihrer Person verlangte.« (1993, S. 45). Kaiser Theodosius I ließ die Isis-Tempel in Marien-Kirchen umweihen. Die Plastiken der Göttin Isis, die ihrem Kind Horus die Brust gibt, konnte man leicht in Maria-mit-Jesuskind umbauen.

Umbauen musste man allerdings das Lächeln der »heidnischen« Göttin. Das lag in der Logik der Sache: Maria musste stets die kommenden Leiden ihres Sohnes vorausahnen, Christus lächelte ohnehin nicht, und auch die Bilder hochverehrter Bischöfe, die jetzt ebenfalls eingeführt wurden, zeigten todernste Gesichter (z.B. Bischof Apa Abraham aus Bawit; Kindlers Malerei Lexikon Bd. 14, S. 117). Für die Frühchristen war das Lachen »fröhliches Fleisch«, und das durfte nicht sein. Alle Menschen waren Verdammte, und für die Verdammten dieser Erde schuf der christliche Theoretiker Augustinus (354-430) den Begriff der »Masse«, der »massa damnata« der verdammten Masse, oder der »massa perditionis«, der Masse in ewiger Verdammnis. Die »verdammten Massen« hatten nichts zu lachen.

Offiziell wurde der Marienkult auf dem 3. Konzil von Ephesos im Jahr 431 angenommen. Dort wurde beschlossen: »Wer nicht bekennt, dass der Emmanuel wahrhaftiger Gott und die hl. Jungfrau deshalb Gottesgebärerin sei, indem sie den fleischgewordenen Logos Gottes dem Fleische nach gebar, der sei Anathema.« (Pfliegler, S. 35). »Der Emmanuel« war ein Name für Jesus und bedeutet »Gott mit uns«. »Der sei Anathema« bedeutet: der sei mit dem Bann belegt. Damit war das Dogma der »Fleischwerdung« offiziell. Debray schreibt: »Somit wurde ein materielles Bild von einem göttlichen Körper, der selbst Materie war, möglich. Über Ikone und Barock zu Hollywood.« (1999, S. 71).

Es begann im Oströmischen Reich die Ikonenmalerei. Heute romantisiert man Maria-Jesuskind-Darstellungen, man sieht in ihnen die niedliche Mutter-Kind-Dyade. Im 5. Jahrhundert war das nicht das Thema. Auf Ikonen jener Zeit sehen Mutter und Kind den Betrachter ernst an. Das Kind sitzt auf Marias Schoß wie auf einem Kaiserthron (Kindlers Malerei Lexikon Bd. 14, S. 60). *Das Kind diente als visueller Beleg dafür, dass auch Jesus, wie die weltlichen Kaiser, ein »Sohn Gottes« sei.* Im frühen 6. Jahrhundert erreichte der Marienkult »ein kaum mehr steigerungsfähiges Ausmaß« (Belting 1993, S. 48).

Diese Kirchenbilder waren Massenmedien, denn sie wurden für ein breites Publikum produziert. Ihre Wahrnehmung erfolgte im Rahmen öffentlicher Inszenierungen. Die Kirchenbilder waren Bilder, denen man nach vorgeschriebenen Regeln zu huldigen hatte, Akklamationsbilder.

Christusbilder wurden auch in Form von »Wundern« in die Öffentlichkeit eingeführt: Abdrucke des Gesichts des toten Jesus auf einem Leintuch wurden »durch Zufall aufgefunden«. Das begann im 6. Jahrhundert im Oströmischen Reich. Bekannt wurde um 560 ein Christusbild, das durchs Reich reiste und für Geld besichtigt werden konnte. Nach der Legende hatte die Dame Kamuliana den Abdruck des Gesichts Christi entdeckt, hatte ihn in ihrem Gewand versteckt, wo er wiederum einen Abdruck hinterließ. Beide Abdrucke wurden gleichermaßen verehrt.

Abgesehen von Kaiserbildern, Christusbildern und Marienbildern herrschte im frühen Mittelalter (400-600) Bilderverbot.

Macht und Leistungen der Kirche

Im 6. Jahrhundert nahm die Macht der Kirche weiter zu, unter der Herrschaft des oströmischen Kaisers Justinian I (rg. 527-565) in Konstantinopel, das man immer noch zugleich Byzanz nannte. Kaiser und Kirche machten sich über den Grundbesitz und das Vermögen ihrer Untertanen her. Wie das funktionierte, beschrieb der zeitgenössische Historiker Prokop, der Hof-Historiker des Kaisers Justinian I war, aber in seiner kritischen Geheimgeschichte des Kaiserhofs von Byzanz die wahren Verhältnisse schilderte: »Zu Christus hatte er [Kaiser Justinian] offenbar eine feste Einstellung, doch auch diese nur zum Verderben der Untertanen. Denn die Priester ließ er ungestraft ihren Mitmenschen Gewalt antun und freute sich noch, wenn sie den Besitz ihrer Nachbarn ausplünderten, alle im Glauben, damit ein Gott wohlgefälliges Werk zu tun. [...] Auch selber eignete er sich auf unrechtmäßige Weise das Vermögen Lebender wie Toter an, und indem er dieses sofort einer Kirche [einem Kirchenverein] vermachte, suchte er unter dem Mantel frommer Gesinnung zu verhindern, dass der Besitz je wieder an die Geschädigten zurückkam. Auch zahllose Morde lud er deshalb auf sein Gewissen. Denn in seinem Bemühen, alle zu einem einheitlichen Christusglauben zusammenzuführen, setzte er sich unbedenklich über anderer Leben hinweg [...]« (548-551, S. 115f.)

Prokop war ein reicher Senator und damit selbst von Konfiskationen bedroht. Deshalb erwähnte er nicht, dass das der Kirche zugeschanzte Geld in jener Zeit auch Probleme der sozialen Infrastruktur löste. Die Kirche erbrachte soziale Leistungen: Krankenpflege, Lebensmittelverteilung an die Armen, Unterhaltung von Schulen, Universitäten, Bibliotheken etc.

Justinian I ließ im Jahr 529 die Redner- und Philosophenschulen in Athen schließen – darunter die 900 Jahre alte platonische Akademie – und setzte damit der antiken Philosophie ein Ende. Im selben Jahr gründete Benedikt von Nursia das Kloster Monte Cassino, das war der Beginn des europäischen Mönchswesens. Seither hatten die Klöster das Monopol für Unterricht, Bildung und für das Denken überhaupt. Als die Herrscher immer mehr Verwalter brauchten, konnte ihnen die Kirche Leute zur Verfügung stellen, die schreiben und rechnen konnten. Je mächtiger im Lauf der Zeit die staatliche Verwaltung wurde, desto mächtiger wurde die Kirche. So war sie stark genug, 585 auf der Synode von Macon von allen Gläubigen den Kirchenzehnten zu verlangen.

In den Klöstern wurden Bücher mit der Hand geschrieben, oft illustriert. Neben geistlicher Literatur fanden sich in den Bibliotheken immer noch die Klassiker der Antike, außerdem Schulbücher über Dialektik, Rhetorik, Grammatik, Astronomie, Geometrie, Musik, Arithmetik, Jurisprudenz, Medizin (Faulstich 1997, S. 104ff.). Monte Cassino hatte eine große Bibliothek, auch z.B. St. Gallen (gegründet 613/14), Reichenau (724), Fulda (744). Es gab zwischen vielen Klöstern einen Bücheraustausch, die geliehenen Bücher wurden kopiert. Große Pfarreien wie Köln oder Canterbury unterhielten Bibliotheken. Auch an den Höfen gab es Bibliotheken, vorbildhaft war der Hof des Franken-Königs und römisch-deutschen Kaisers Karl des Großen (rg. ab 768, als Kaiser 800-814) in Aachen.

Ein dauerhafter Interessenkampf: das Interesse der Menschen an heilenden und erlösenden Bildern im Konflikt mit dem Interesse der Kirche an Repräsentanz

Verstöße gegen das Bilderverbot

Die Mitglieder der ersten Christenvereine hatten zur Unterschicht gehört. Aber jetzt, im frühen Mittelalter, hatte die reiche Kirche ihre Anhänger in der städtischen Oberschicht, das Christentum war eher eine Religion der Gebildeten und der Adligen. Die Landbevölkerung glaubte weiterhin an Götter und Dämonen. Der Historiker Jeffrey Richards schildert das so: »Die alten Wald-, Brunnen-, Fluß-, Berg- und Meeresgötter wurden immer noch verehrt. Brennende Kerzen wurden an heiligen Brunnen, an Bäumen und Wegkreuzungen aufgestellt. Zauberformeln wurden an Bäumen aufgehängt, Lorbeerzweige über den Türen angebracht und Trankopfer auf den Herd ausgegossen. Mäusen und Motten wurden Opfergaben gebracht, um sie von der Ernte fernzuhalten. Horoskope wurden aufgestellt, das Weissagen wurde praktiziert [...]. Magier und weise Frauen wurden in Krankheitsfällen um Rat gefragt. Amulette wurden getragen, und mit rituellen Beschwörungsformeln wurden magische Kräutergetränke gemischt. Die Namen der alten Götter wurden im alltäglichen Gespräch angerufen, und die Tage der Woche waren immer noch nach ihnen benannt.« (S. 26f.)

Jetzt dachte man in der Kirche darüber nach, wie man die christlichen Dogmen den Ungebildeten nahebringen könnte. Schon in der Antike war, in Auseinandersetzung mit dem Bilderverächter Platon, argumentiert worden, dass die Ungebildeten Bilder bräuchten, um sich den abstrakten Göttern und den Ideen zu nähern. Ab Ende des 4. Jahrhunderts wurde dasselbe von Kirchenchefs vorgebracht, von Basilius von Caesarea, von Gregor von Nyssa, von Nilus von Ancyra. Die Bilder, so sagten sie, würden auch die Ungebildeten an das Wort, an das rein Geistige heranführen. In ihrem Machtbereich, in Klöstern und Kirchengemeinden, ließen sie trotz des offiziellen Verbots Bilder zu, Bilder von besonders verehrten verstorbenen Bischöfen, von Heiligen (Lippold, S. 75ff.). Ab dem frühen 5. Jahrhundert war auch der Reliquienhandel in vollem Gange, den Machtinteressen nützlich und ein gutes Geschäft. Im 6. Jahrhundert stellte Hypathios, Bischof von Ephesos, pädagogische Überlegungen an: Bilder seien gut zur Belehrung der Ungebildeten, der Analphabeten. Bilder können die einfachen Leute in den Glauben einführen (Belting 1993, S. 166).

Offizielle Zulassung von Bildern durch Gregor I

Ende des 6. Jahrhundert machte Papst Gregor I (rg. 590-604) den Bilderkult zur offiziellen Politik der Zentralkirche.

Gregor schrieb *Dialogi* (593), eine Sammlung von Legenden, in denen die Heiligen den Menschen helfen. Das waren bildhafte Erzählungen über die Wunder der Heiligen und über eigene Christuserscheinungen. Richards schildert das so: »Die Helden der *Dialoge* erwecken die Toten, heilen die Blinden, die Kranken, die Aussätzigen, die Verletzten, treiben Dämonen aus, machen dem Geisterspuk ein Ende, gebieten Bränden und Überschwemmungen Einhalt, retten bedrohte Gebäude, füllen leere Krüge mit Wein und Öl, haben prophetische Träume und Visionen und erleben göttliche Heimsuchungen. Der Heilige, ob Mönch, Bischof oder Kleriker, ersetzte das heidnische Orakel und den heidnischen Wahrsager als eine Quelle übernatürlicher Macht.« (1983, S. 30)

Gregor I hatte angeblich ständig Visionen. So erschien ihm ein blutiger Finger auf einer Hostie, was Gregor als göttlichen Beweis der Transsubstantiation deutete, d.h. der Umwandlung der Hostie in den christlichen Gott. Gregor deutete die Erscheinung als Hinweis, dass Gott während der Messe tatsächlich anwesend sei und dass alle, die an diesem Dogma zweifelten, Unrecht hätten. Ein andermal erschien ihm Christus als Schmerzensmann.

Gregor I entwickelte außerdem die Idee vom Fegefeuer, einer Art Vorhölle, in der die Sünder Jahrtausende lang schmoren, bevor sie in den Himmel kommen. Damit entwickelte er die Grundlage für den späteren Ablasshandel, mit dem man sich von dieser Vorhölle loskaufen konnte (Richards, S. 117). Gregor versprach allen Gläubigen die Vergebung ihrer Sünden, die beichteten und die vorgeschriebenen Gebete sprachen.

Da man sich heute gern vorstellt, dass die Menschen im Mittelalter vor allem »aus ihrem Glauben heraus« handelten, also von keinerlei schnöden Motiven wie Profit- oder Machtinteressen motiviert waren, ist ein genauerer Blick auf Gregor I notwendig.

Bevor Gregor Papst wurde, war er 572-573 Stadtpräfekt in Rom, zuständig für Gericht, Verwaltung, Polizei (Richards, S. 39). Ihm gehörte ein riesiger Familienbesitz, ein Palast auf dem Caelius-Berg in Rom und große Latifundien in Süditalien und Sizilien. Die Latifundien waren unrentabel geworden, überall wurden sie in kleinere Landgüter aufgeteilt und verpachtet. Außerdem fielen die Langobarden in Italien ein. In diesen politisch wirren Zeiten gab es für die Reichen ein Mittel der

Besitzsicherung: die Übereignung von Privatbesitz in Kirchenbesitz – unter Beibehaltung gewisser Rechte am Besitz –, denn Kirchenbesitz war sicher und von Steuern befreit. Auch Gregor war so schlau: Als er den Familienbesitz erbte, wandelte er ihn 575 in sieben Klöster um, sechs davon auf seinen Gütern in Sizilien, das siebente im Familienpalast in Rom. Darin wurde er der oberste Mönch. Er behielt einige Landgüter als Privateigentum (Richards, S. 41). Gregor verhielt sich stets wie der eigentliche Eigentümer seines Klosters in Rom.

Wer soviel Immobilien einbrachte, konnte Karriere machen, und so wurde Gregor 579 Apokrisiar, päpstlicher Gesandter in Byzanz, 585-586 Sekretär des Papstes und schließlich 590 Papst. Als Papst wurde er dafür berühmt, dass er die Bewirtschaftung des Kirchenbesitzes zentralisierte und damit den Führungsanspruch des Papsttums gegenüber den Machtansprüchen des Kaisers stärkte. Deswegen nannte man ihn »Gregor den Großen«.

Wer so effektiv handelte, dachte auch in Bezug auf Heiligenlegenden, Visionen und Bilder praktisch: Sie waren für Gregor I Mittel der kirchlichen Machtvermehrung. *Im Jahr 600 ordnete Gregor I die Einführung von Bildern in den Kirchen an.* Bilder, so schrieb Gregor, »werden in Kirchen angebracht, damit jene, die der Schrift unkundig sind, an den Wänden lesen können, was sie in den Büchern nicht zu lesen vermögen. [...] Denn was die Schrift für die Leser, ist das Bild für die einsichtigen Idioten [idiotis cernentibus]. Analphabeten können in den Bildern lesen, das Bild ersetzt den Leuten die Lektüre.« (Patrologia Latina LXXVII, Sp.1128). Wichtig sei es, Bilder nicht als solche anzubeten, sondern ihnen das rein Geistige zu entnehmen, die kirchlichen Lehren.

Magische Kultbilder

Christus- und Marien-Ikonen wurden verehrt, als seien es Personen. Sie sollten Schutz vor Gefahren bieten. Außerdem repräsentierten sie die Region oder die Stadt: 565 wurde Maria in Rom zur Stadtgöttin und zur Heerführerin, zur Beschützerin. Ihr Bild wurde in den Schlachten gegen die einfallenden Awaren mitgeführt oder zur Abschreckung der Feinde an den Stadtmauern aufgestellt.

Als im Jahr 609 das Pantheon in Rom der Kirche geschenkt und zum Marien-Heiligtum geweiht wurde, erhielt es ein Marienbild mit vergoldeter Hand (Belting 1993, S. 53). Die goldene Hand war Symbol der Heilkraft, sie war ursprünglich das Zeichen des griechischen Ärzte-Gottes Äskulap. Kein Wunder, dass die Menschen sich von der goldenen Heil-Hand der Maria Rettung versprachen, damals verbreitete sich die Pest, ein Drittel der Bevölkerung starb.

Auch die Bilder von Heiligen übernahmen die magischen Heiler-Funktionen. Die dem Heiligen zugesprochene Heilkraft wurde auf die Bilder übertragen. Sie wurden wie Reliquien verehrt. Oft hielt man die Bilder an Reliquien oder Kopien ans verehrte Originalbild, um die magischen Kräfte zu übertragen. Oft wurden die Bilder aus essbarem Material hergestellt und als Medizin eingenommen.

Die Kultbilder der Ortsheiligen waren mit dem Kultort identisch. Für die zentralistische Kirchenverwaltung entstand hieraus die Gefahr der Verselbständigung von Volksbewegungen. Dazu schreibt Belting: »Solche Bilder besaßen charismatische

Eigenschaften, die sich gegen die kirchlichen Institutionen wenden konnten, wenn sie noch nicht in deren Besitz übergegangen waren. Sie beschützten Minoritäten und machten sich zum Anwalt des Volkes, weil sie von Hause aus außerhalb der Hierarchie standen. Sie redeten ohne Mittlerrolle mit der Stimme des Himmels, gegen die jede Amtsautorität machtlos ist.« (1993, S. 16)

Das zum rein Geistigen hinführende Bild als Sieger im byzantinischen Bilderstreit

Im 8. Jahrhundert entflammte der Bilderstreit im Oströmischen Reich, bis zum Bürgerkrieg.

Zum Teil war das ein Kampf der Zentralkirche gegen die allgemein verbreitete Verehrung von konkreten Bildern als magischen Nothelfern (H. G. Beck, S. 183ff.). Gegen die Bilderfeinde argumentierte das Konzil von Trella 692, der in Jesus zum Menschen gewordene Gott solle auch in menschlicher Gestalt abgebildet werden, »damit das Vollkommene auch durch die Malerei den Augen aller Menschen vorgelegt wird«. Nicht mehr das alte Lamm solle dargestellt werden, sondern Christus in Menschengestalt. (Brumlik, S. 49).

Die Befürworter der Bilder entwickelten eine neoplatonische Bildtheologie. Deren Grundsatz war – in der Nachfolge Gregors I –, dass hinter den Jesus-, Marien- und Heiligenbildern die Idee, der reine Geist, das Göttliche stehe und dass das Bild nur dessen beliebig wiederholbare Form sei. Deshalb dürfe es Bilder geben. Aber Bilder dürften nicht als Bilder – als solche, mit eigener Heilkraft – verehrt werden, sondern als Abbilder des »Urbilds«, als Abbilder der Idee des Göttlichen, das Mensch geworden war.

Damit die Kultbilder nicht zuviel Eigenleben entwickelten, wurden sie im frühen 8. Jahrhundert höher gehängt, damit das Aufstellen von Lampen, das Küssen der Füße der Heiligen-Statuen und das Opfern von Weihrauch aufhörte. Die Bilder wurden hinter Vorhängen, in Schreinen und Sakristeien verborgen und nur an Festtagen gezeigt, bei Prozessionen durch die Stadt; oder sie wurden an bestimmte Orte gebracht, an denen sie angeblich Wunder bewirkt hatten.

Am markantesten trat für die Bilder der Gelehrte und Priester Johannes Damaszenus ein. In *Drei Reden gegen die Bilderschmäher* (ca. 730) schrieb er, Gott sei zwar unendlich, unfassbar: »Gott ist nichts von den Seienden, nicht etwa, weil Er nicht das Sein wäre, sondern weil Er über allen Seienden, ja über dem Sein selbst steht.« Da Jesus jedoch »Sohn Gottes« ein Abbild Gottes gewesen sei, folgerte Damaszenus: »Wenn er, der ohne Gestalt und Grenze, unermesslich in der Grenzenlosigkeit der eigenen Natur, als Gott existierend, die Gestalt eines Knechts in Wesen und Status auf sich nimmt, dazu einen Körper aus Fleisch, dann darfst du sein Abbild malen und es jedem zeigen, der es betrachten will. Male die unaussprechliche Herablassung, die Geburt von der Jungfrau, die Taufe im Jordan, die Verklärung [Jesu] auf dem [Berg] Tabor, die Leidenschaftslosigkeit vermittelnden Leiden, den Tod und die Wunder, die Beweise seiner Gottheit, die Taten, die er im Fleisch durch göttliche Kraft wirkte, das heilbringende Kreuz, das Grab und die Auferstehung und Himmelfahrt – das alles beschreibe, sowohl durch das Wort als auch durch Farben.« (Brumlik, S. 50ff.)

Vor allem aber war der Bilderstreit ein Machtkampf zwischen Kaiser und Kirche. Das kaiserliche Herrscherhaus in Byzanz wehrte sich dagegen, zu Statthaltern des Papstes degradiert zu werden. Der byzantinische Bilderstreit war vor allem ein Streit um Repräsentanz, es ging darum, wer öffentlich repräsentiert werden sollte: Kaiser oder Kirche. Es ging zum Beispiel darum, ob am Palasttor von Byzanz eine Christus-Ikone hängen solle oder nicht – und das bedeutete die Frage, unter welchem Zeichen die kaiserliche Macht das Oströmische Reich einigen sollte. 726 wurde von Kaiser Leon III die Christus-Ikone am Palast entfernt, er ordnete die Entfernung aller Bilder aus den Kirchen und Klöstern an, 730 befahl er deren Vernichtung und die Verfolgung der Bilderverehrer.

Papst Gregor II bekämpfte das Bilderverbot, in Rom, Ravenna und Venedig wurden die mit der Bildervernichtung beauftragten Beamten verjagt. Papst Gregor III, 731 Nachfolger, exkommunizierte den Kaiser. Der enteignete den Kirchenbesitz in Süditalien.

Leons III Sohn Kaiser Konstantin V verschärfte 741 das Bilderverbot. Gegner wurden verfolgt, gefoltert, umgebracht. 765-771 war die Verfolgung der Gegner im gesamten Oströmischen Reich besonders heftig. Der Nachfolger, Leon IV, setzte den Kampf bis zu seinem Tod 780 fort.

Dann wurde unter der Regentschaft der Kaiser-Witwe Irene der Bildkult wiederhergestellt. 787 wurde im 2. Konzil in Nicäa eine heftige Kontroverse um die wahre Spiritualität ausgefochten, die den Bilder-Gegnern durch den »Materialismus« des Bildgebrauchs gefährdet erschien, sie wollten den unnahbaren, nicht manipulierbaren Gott. Aber das Konzil entschied zugunsten des Bilderkults.

Gegen Byzanz gerichtet, verwarf in Frankfurt 794 eine Synode unter dem Vorsitz Karls des Großen den Bilderkult: Bilder dürften nicht abergläubisch verehrt, nicht angebetet, geküsst und beweihräuchert werden. Allerdings hatte man nichts gegen Bilder als Ornamente oder Erinnerung an Begebenheiten.

In Byzanz wurden 818 unter Kaiser Leon V die Bilder wiederum abgeschafft.

842 wurden sie von einer weiteren regierenden Kaiser-Witwe, Theodora, wieder eingeführt. (Belting 1993, S. 166ff., 206)

Es siegte der Bilderkult, und deshalb findet sich in der Haghia Sophia in Istanbul ein großes Mosaik von 920, auf dem sich Kaiser Leon VI vor dem majestätisch auf einem großen Thron sitzenden Christus in den Staub wirft (Kindlers Malerei Lexikon Bd. 13, S. 199).

Aber nur das zum rein Geistigen Hinführende war erlaubt, Realität durfte nicht zu weitgehend dargestellt werden, schließlich sollte alles zur Idee hinführen. Deshalb blieben die Darstellungen von Personen in der christlichen Kunst schematisch, unindividuell, »ungekonnt«: entindividualisierte Gesichter, »vergeistigte« Körper, das lag nicht an der Unfähigkeit der Künstler, sondern am Dogma. Hier begann das, was Debray den »Krieg der Sehenden gegen die Voyeure« nennt. Die »Sehenden«

waren stets die, die das Göttliche, Geistige betonten, den reinen Geist, das Denken. Die »Voyeure« waren die, die am fleischgewordenen Geist das Fleischliche betonten, die Körper – soweit erlaubt –, die Landschaften, die Realität. Debray schreibt: »Beide exkommunizieren sich gegenseitig. Der Krieg der Sehenden gegen die Voyeure geht weiter, tagtäglich.« (1999, S. 81). Immerhin wurden wir durch diesen damals beginnenden Kampf vor dem Terror der »Erleuchteten« bewahrt, wie Debray meint: » Ob Atheisten oder Gläubige: dass wir der endlosen Wiederholung der kalligraphischen Lobpreisung Gottes nach islamischem Muster entronnen sind, verdanken wir diesen ›Byzantinern‹ [...]. Dank ihrer Subtilität wurde das Abendland von der Flamme der Askese nicht verzehrt.« (S. 76).

Das »voyeuristische« Erbe der Antike, die realistischen Portrait-Köpfe, die raffinierten Faltenwürfe der Gewänder, die die Körper hindurchscheinen ließen, die detailreichen, räumlichen Landschaften, all das wurde erst in der Frührenaissance »wiederentdeckt« (Gombrich, S. 127ff.).

Feudalismus: Bauern als Massen

Die Massen bestanden im Frühmittelalter aus Bauern, und das blieb mehr als tausend Jahre so. Man nannte sie den »Pöbel« oder »ordo plebeius«. Ursprünglich war »Plebejer« der Begriff gewesen, mit dem die römischen Bürger bezeichnet wurden. Zum »Pöbel« gehörten auch landfahrendes Volk und entlassene Landsknechte, die sich immer wieder zu plündernden Haufen zusammentaten. Zur Bevölkerungszahl: Im Jahr 650 lebten in Europa 18 Mio. Menschen, im Jahr 1000 schon 38,5 Mio., davon in Deutschland 4 Mio. (A. v. Müller, S. 157f.).

Wir müssen wissen, wie und in welcher Macht- und Sozialstruktur die Bauern lebten.

Auf dem Gebiet des heutigen Europa kämpften Könige und Fürsten um die Macht, es entstand das *Feudalsystem.* Im frühen Mittelalter konnten die Könige, die in Kriegen große Territorien gewannen, ihre Mitkämpfer nur dadurch entlohnen, dass sie ihnen Teile dieser Territorien zur Verwaltung zuwiesen. In jener Zeit, vor allem wenn der König nicht Krieg führte, war eine königliche Zentralgewalt nicht durchsetzbar. Die Straßenverbindungen und Transportmittel waren schlecht, eine Zentralisierung von Macht war nicht möglich. So gingen Grund und Boden allmählich in den Besitz der Fürsten, Herzöge, Grafen und Ritter über. Um deren Macht in Grenzen zu halten, gaben die Könige Land an hohe Geistliche, oder sie verteilten einen weit verstreuten Grundbesitz. (Elias, Bd. 2, S. 14ff.)

Im frühen Mittelalter hatten auch die Massen Grundbesitz. Bei den Germanen gab es freie Bauern. Grund und Boden gehörten den Geschlechtern. Freie Bauern mit eigenem – von ihrem Geschlecht ererbtem – Grundbesitz hatten das Recht, Waffen zu führen, das Recht auf eine eigene Gerichtsvertretung und die Pflicht zum Militärdienst. Die Bauern lebten in Dörfern, denn die landwirtschaftliche Produktion konnte nur in Kooperation betrieben werden: Gemeinsame Saat-, Ernte- und Weidezeiten mussten festgelegt werden, teure Arbeitsgeräte wurden gemeinsam benutzt und gepflegt. Die Dörfer waren autark, sie brauchten keine Zentralverwaltung und keinen Handel. Es gab gemeinsamen Besitz von Wald, Weiden und Wasser. Auch in Nordfrankreich und England gab es Gemeindebesitz.

In anderen Regionen des heutigen Westeuropa hatten die adligen Grundherren zunächst Sklaven für die Landarbeit eingesetzt. Als sie merkten, dass das zu teuer war, hatten sie Land zur Eigenbewirtschaftung an abhängige Bauern, an »Hörige«, abgegeben.

Umgekehrt stellten sich viele freie Bauern – da die Bauern in den andauernden Kriegen zerrieben wurden – unter den Schutz des Adels. Als Gegenleistung übertrugen sie den Adligen ihr Eigentum und erhielten es als Zinsgut zurück, für das sie Abgaben und Frondienste leisten mussten. Frondienste (fron = Herr) waren Spanndienste wie Ackerbestellung; Baufuhren; Handdienste, also persönliche Verrichtungen auf dem Gutshof. Man nennt das auch eine »halbfreie«, dingliche Abhängigkeit oder Hörigkeit. Oft wurde daraus eine Leibeigenschaft, d.h. eine unfreie, persönliche Abhängigkeit vom Gutsbesitzer.

Seit dem 7. Jahrhundert wurden die freien Bauern und Fronbauern in die Leibeigenschaft gezwungen. Wer sich nicht »freiwillig« zur Leibeigenschaft bereitfand, wurde von den Grafen und Amtmännern, Bischöfen und Äbten vor korrupte Gerichte geschleppt oder immer wieder in den Krieg geschickt, bis er so arm war, dass er ihnen seinen Besitz übergeben oder verkaufen musste.

Diese dezentrale Besitz- und Machtstruktur, diese Gesellschaft der »Vasallen«, der vielen kleinen Potentaten, der autarken Gutsherren- und Kirchen-Domänen – der landwirtschaftlichen Großunternehmen –, die sich im 7. Jahrhundert im Westen des heutigen Europa ausbildete, nennt man »Lehenswesen« oder »Feudalismus«.

Die Kirche wurde Großgrundbesitzer. Dass diese Aneignung des Besitzes und der Rechte der Bauern nicht friedlich erfolgte, zeigt eine Schrift aus dem Jahr 813 von Kaiser Karl dem Großen. Zwar hatte er das Franken-Reich – das Bayern und Sachsen (damals auch das Gebiet des heutigen Westfalen und Niedersachsen umfassend) einschloss – im Bündnis mit der Kirche errichtet, unter anderem mit einer rigorosen Christianisierungspolitik und Unterwerfung unter den Kirchenzehnten. Doch kritisierte er an der Kirche: »Auch ist zu fragen, ob [es moralisch einwandfrei ist, dass] das tägliche Trachten dessen, der die Welt verlassen hat [des Klerus], darauf gerichtet ist, den Besitz auf alle mögliche Weise zu mehren, und ob er für diesen Zweck den Himmel verheißt und mit der Hölle droht, indem er im Namen Gottes oder irgendeines Heiligen vermögende Reiche wie einfältige Arme beraubt, rechtmäßigen Erben das Erbteil entzieht, dadurch die Leute in Armut stürzt und so zu Verbrechern macht? Was muss man von denen sagen, die Knochen und Heiligenreliquien an einen günstigen Ort schaffen und dort Kirchen errichten, für die sie Geschenke einfordern? Weiterhin ist zu untersuchen, wie sehr derjenige die Welt verlassen hat [d.h. wirklich ein frommer Mensch ist], der aus Besitzgier Leute besticht, damit sie einen Meineid leisten oder falsche Aussagen machen, oder der ungerechte und gewissenlose Vögte anstellt, um Besitz brutal an sich zu ziehen.« (Zit. bei H. Fuhrmann 1989, S. 74). Karl der Große unterstützte die freien Bauern wegen ihrer »Wehrhaftigkeit«, von der er profitierte.

Die Kirche besaß im Mittelalter ein Drittel allen Grund und Bodens. Von den Klöstern und den von ihnen abhängigen Bauern wurde Ackerbau, Weinbau, Brauerei und Handwerk am erfolgreichsten betrieben. Da die Kirche kein Geld für Heere ausgeben musste und – zur Wut der freien Bauern – keine Steuern zahlte, musste sie ihre Lehensbauern und Leibeigenen nicht so stark belasten wie der Adel. Da die Kirche die Abgaben in Naturalien erhielt, hatte sie genug in den Vorratshäusern, um für Bedürftige zu spenden. Sie konnte Schriftgelehrte, Ärzte, Baumeister, Historiker ausbilden, Bibliotheken einrichten und den Handel fördern.

Im 9. Jahrhundert war die Aneignung von Grund und Menschen durch Adel und Kirche abgeschlossen, 90% der Bevölkerung waren unfrei. Anfang des 12. Jahrhundert war auch die Verselbständigung der ehemaligen königlichen Lehensgebiete gegenüber der königlichen Zentralmacht abgeschlossen. Damit war das Feudalsystem etabliert.

Wilde Massenkultur als Freiraum: Sänger, Quacksalber, dressierte Bären

An den kirchlichen Festtagen wurde auf den Plätzen, meist vor der Kirche, gefeiert, üppig gegessen und getrunken, Musik gemacht, gesungen, getanzt. Die Häuser wurden mit Stechpalmen und Efeu geschmückt. Auf diesen Festen durfte das Volk Lärm machen, was normalerweise das Privileg der Herren und ihrer Truppen war. Es gab Umzüge, die einen Höllenlärm entfalteten. Es liefen Komödianten mit Masken und angeklebten Bärten durch die Straßen und führten kurze Schwänke auf. Während der Feste wurden oft die Kirchen zum Aufenthaltsort der Feiernden, oft wurde auch dort gegessen, getrunken und übernachtet, obwohl das schon im Frühmittelalter von kirchlichen Konzilien untersagt worden war. Die Kirchenchefs waren gegen das üppige Feiern und die Narreteien, gegen die »Fleischeslust«. Aber die dörflichen Geistlichen hielten sich nicht an das Verbot. Im Jahr 826 verbot ein römisches Konzil, an den Heiligentagen üppige Festgelage zu veranstalten, mit wenig Erfolg. (H. Fuhrmann 1989, S. 243)

Die mittelalterlichen Feste waren zwar kommunikativ, aber Massenmedien waren nur die Vorführungen fürs Publikum. Sie wurden reichhaltig angeboten. Anbieter waren:

Schausteller von Puppen, Reliquien, Wachsfiguren, dressierten Hunden, Bären, Affen oder von Guckkästen mit Modellen von Schlachten oder fremden Orten.

Spielleute und Balladensänger, die von Fest zu Fest zogen. Sie spielten Harfe, Mandoline, Leier, Schalmei, Dudelsack, Flagolett oder Flöte. Die Sänger boten in ihren Liedern und Gedichten Klatsch und Tratsch aus Klöstern und Fürstenhöfen, sie waren die Nachrichen-Übermittler ihrer Zeit.

Spaßmacher; Clowns; Fechtmeister; Komödianten; Narren; Zauberer; Gaukler; Feuerschlucker; Jongleure; Messerwerfer. Clowns spielten ganze Parodien, spielerische Nachahmungen von Predigten oder Gerichtsverfahren.

Springer: Akrobaten, die Saltos schlugen, weit sprangen, oft durch mehrere Reifen.

Waffenkämpfer, starke Männer, Ringer: ehemalige Gladiatoren (im Frühmittelalter) oder Söldner, die Kraftakte und Schaukämpfe vorführten.

Reisende Baader, auch Scharlatane, Kurpfuscher oder Quacksalber genannt. Der Begriff »Quacksalber« stammte aus dem Niederländischen und bedeutete »Prahl-Arzt«. Ebenso gab es Zahnreißer und Salbenkrämer. Sie alle führten Kunststücke vor oder spielten ein wenig Theater, verkauften selbstgemachte Medizin und behandelten Krankheiten.

Reisende Prediger oder Geistheiler. Die Prediger erzählten Ereignisse aus der Bibel und legten sie aus.

Kommunikation fand auch in den Gasthäusern, Schänken, Kneipen, Bierhäusern, Badestuben und Bordellen statt. Dort wurde Karten, Backgammon gespielt, gewürfelt, gekegelt, getanzt, gesungen. Das waren keine Massenmedien, aber in den Kneipen konnte man Balladen und damit oft die neuesten Nachrichten hören. Und in den Höfen der Gasthäuser und Schänken konnte man Hahnenkämpfe sehen, tanzende Hunde, sprechende Vögel, dressierte Bären oder Clowns, Schaufechten und Theateraufführungen. Oft fielen kleinere Theatertrupps in die Schänken ein und spielten kurze Stücke.

Und in den romantisierenden Darstellungen des mittelalterlichen »Volkslebens« wird gern vergessen, dass auch Hinrichtungen und öffentliche Bestrafungen als Massenunterhaltung beliebt waren. Verurteilte, die man durch die Straßen schleppte, wurden vom Publikum mit Abfällen und Steinen beworfen.

1000-1400
Früher Handels-Kapitalismus, Spät-Feudalismus: Ausbildung von Individualität

Die Massenmedien entwickelten sich, weil sich Macht, Wirtschaft und Gesellschaft veränderten.

Zur Erinnerung: Im 4. Jahrhundert war das weströmische Reich in die Naturalwirtschaft zurückgefallen. Geldwirtschaft hatte sich nur im Oströmischen Reich erhalten, und auch die römische Kirche wirtschaftete in der Spätantike mittels Geld. Auf den obersten Herrschaftsebenen gab es in der Mitte und im Norden des heutigen Europa weiterhin Geld, wenn auch keine einheitliche Währung. Könige, Bischöfe und Münzprägungs-Unternehmer prägten eigene Münzen. Karl der Große setzte um 790 in seinem Herrschaftsbereich eine einheitliche Währung durch. Ansonsten dominierte im frühen Mittelalter der Naturalientausch. Die autarken Domänen des Adels und der Kirche versorgten sich und ihr Umfeld, sie brauchten keinen Handel und kein Geld.

Ab dem 11. Jahrhundert gab es eine neue Entwicklung, die das Feudalsystem veränderte: Der Handel nahm zu und die Geldwirtschaft wurde erforderlich (»früher Handels-Kapitalismus«). Im 12. und 13. Jahrhundert war die Geldwirtschaft wieder eingeführt.

Geld und Handel verändern die Welt

Märkte, Städte, Kaufleute, Patrizier

Im 11. Jahrhundert brauchten die Grundherren, die Könige, Fürsten und Grafen Geld, um ihre Kriege und ihren Luxuskonsum zu finanzieren. Beides ergab sich nicht aus persönlicher Kriegslust und Luxusgier, sondern aus der Notwendigkeit, größere Herrschaftsgebiete zu erwerben, in der Entwicklung der Waffentechnik mitzuhalten oder die eigene Herrschaft durch repräsentative Hofhaltung abzusichern. Das erforderte Handel und Geld. Jetzt eigneten sich Adel und Kirche die Wälder und Wiesen an, die immer noch den Gemeinden gehörten. Denn jetzt wurde Grund und Boden wertvoll. Die Herren versteigerten ihre Lehenshöfe und Dörfer mitsamt den Bauern. Wo sie sie behielten, erhöhten sie die Abgaben ihrer Bauern. Viele Bauern flohen von den Gütern ihrer Herren, ein weiterer Grund für den Niedergang des Feudalismus.

Mit der fürsorglichen Haltung der adligen Herren gegenüber den Armen war Schluss. Auch die Kirche schränkte ihre Armenpflege ein, denn sie erhielt jetzt von den Bauern Geld statt Naturalien, und Geld konnte man investieren.

Die Herren schlossen mit ihren Lehensbauern Pachtverträge ab. Für die Bauern bedeutete das, dass sie ihre Produkte dem Grundherrn nicht mehr direkt abliefern, sondern auf dem Markt verkaufen und dem Grundherrn Geld geben mussten. Die neue Geldwirtschaft gab den Bauern ein wenig Freizügigkeit, denn sie konnten beim Verkauf ihrer Waren auf den Märkten mehr herausholen als die in den Pachtverträgen vorgesehenen Abgaben. Manche Bauern wurden reicher und konnten von der Kirche wieder eigenes Land kaufen. Zu dieser Konzession war die Kirche bereit, denn sie fürchtete die sich ausbreitenden Unruhen der Bauern, die angesichts der hohen Abgaben rebellierten. Reicher gewordene Bauern konnten eigene Arbeitskräfte einstellen.

Aus Märkten wurden Orte mit ummauerten Stapelplätzen, größere Handelsplätze, schließlich Städte. Diese Marktflecken und Städte bewaffneten sich und erkämpften sich – zuerst im frühen 11. Jahrhundert in Italien, im frühen 12. Jahrhundert in Flandern – juristische Freiräume der Selbstverwaltung, der Gerichts- und Polizeigewalt und die Freiheit von Frondiensten. Es entstanden bis Ende des 12. Jahrhunderts »Mittelstädte« ab 2.000 Einwohnern und einige »Großstädte« ab 10.000 Einwohnern. Die Städte umgaben sich mit Mauern, denn alle diese Kämpfe um Freiräume und Freiheiten spielten sich in Kriegen mit Adel und Kirche und Bürgerkriegen ab. Die städtischen Kaufleute wurden durch Großgrundbesitz, Handel, Raub und Familienfehden zu mächtigen Ratsfamilien, zu städtischen Patriziern. Sie hatten Macht über städtische Ämter und Finanzen. Sie betrieben Fernhandel mit dem Orient, mit Indien und Asien. Sie importierten Gewürze, Luxusgüter, seltene Hölzer, Porzellan, Baumwoll- und Seidenstoffe, Farben und Färbematerial. All das tauschten sie ein gegen Gold und Silber. Ein lukratives Geschäft war zwischen dem 12. und 16. Jahrhundert der Gewürzhandel. Das lag daran, dass Pfeffer, Zimt, Muskat, Ingwer, Nelken für den Adel und die Patrizier »Statussymbole« wurden, Mittel, um ihre Macht und ihr Ansehen zu repräsentieren.

Große Handelsstädte wurden – in der Reihenfolge ihrer Größe und Handelsmacht – Venedig, Genua, Pisa, Florenz, in Deutschland Köln, Nürnberg, Augsburg, Straßburg, Frankfurt. 1240 wurde Frankfurt Messestadt, die Urkunde garantierte die freie An- und Abreise und die Freiheit von gerichtlicher Verfolgung während des Messeaufenthalts. Ähnliche Regelungen gab es in anderen Städten für Markttage und Jahrmärkte. Solange die rote Fahne über dem Markt flatterte, hatten fremde Verkäufer das Marktrecht. In Deutschland war der erste Jahrmarkt, den die Chroniken verzeichnen, der von Würzburg ab dem Jahr 1031.

Im 14. Jahrhundert entstanden in den italienischen Städten Banken und Börsen. Und es entstanden erste Industrien, z.B. die Tuchindustrie. Die Weber und Spinner waren entweder Heimarbeiter im Verlagssystem – einem der ersten Elemente des frühen Produktions-Kapitalismus: Ein Wollunternehmer lieferte Rohstoffe und vermietete Webstühle an die Heimarbeiter und zahlte Stücklohn. Oder die Weber und Spinner arbeiteten in der Zentralwerkstätte des Unternehmers und erhielten Tageslohn. Ihre Löhne wurden gedrückt, Versammlungen waren verboten.

Die Bevölkerung in Europa verdoppelte sich zwischen dem 11. und dem 14. Jahrhundert von 38,5 Mio. auf 73,5 Mio. Menschen. Der Anteil der städtischen Bevölkerung betrug im 11. Jahrhundert nur 2%, im 14. Jahrhundert bereits 12% der Gesamtbevölkerung (A. v. Müller, S. 172).

Das Herausschlagen von möglichst viel Geld aus Grund und Boden hatte eine Verelendung vieler Kleinbauern zur Folge, und die Beendigung der Armenfürsorge entwurzelte die Armen. Tausende Verarmte strömten in die Städte.

In den Städten etablierten sich im 13. Jahrhundert auch die Klöster der Bettelorden, der Dominikaner und Franziskaner, die, unterstützt von reichen Städtern, karitative Aufgaben übernahmen, die die Amtskirche nicht mehr leisten wollte (C. Winter 1996). Als die Städte Ende des 14. Jahrhunderts ihre Tore schlossen, gab es nur noch eine Lücke, um Zugang zu erhalten: die Armen verkleideten sich als Pilger, Mönch, Kranke, Händler und Reisende (Faulstich 1996, S. 213ff.).

Handwerker, Arbeiter, Bettler, Vagabunden

In den Städten bildeten sich neue Schichten:
1. *Mittelschicht:* Handwerker. Sie waren von der Stadtregierung ausgeschlossen, jene wurde von den Patriziern beherrscht, die die Handwerker hoch besteuerten, die eigenen Geschäfte aber steuerfrei betrieben. Dagegen organisierten sich die Handwerker zu Genossenschaften – fraternitas, consortium, societas oder unio genannt. In Deutschland wurden sie Gilden, Zechen, Einung, Innung, später Zünfte genannt.
2. *Unterschicht:*
– Tagelöhner, Gesinde, Dienstboten, Henker, Schinder, Totengräber, Bettler, Prostituierte, Vagabunden.
– Arbeiter: Es gab auch im Mittelalter Lohnarbeit. Der Begriff »Arbeiter« kommt aus dem Bergbau, den Silber- und Bleiminen, dort war erstmals von »Lohnarbeitern« die Rede (A. v. Müller, S. 184).

Außerdem gab es in den Städten, in eigenen Vierteln, die jüdische Bevölkerung, die keine Rechte hatte.

Tendenz zum Zentralstaat – außer im Heiligen Römischen Reich Deutscher Nation

Im 13. Jahrhundert waren Grund und Boden endgültig verteilt. Die Könige, Fürsten und Herzöge wurden durch Eroberungen, Erbschaften, Schenkungen, Heiraten immer reicher und damit mächtig genug, ihren Besitz zu verteidigen und auszubauen. *Die Höfe der Feudalherren entwickelten sich zu Zentren der Verwaltung, der Abgaben-Eintreibung, der militärischen Macht. Außerdem entstand seitens der städtischen Kaufleute das Interesse an sicheren Märkten und sicheren Handelswegen. Das erforderte einen starken Zentralstaat* und Söldnerheere, um die kleinen Fürsten, Grafen und Raubritter am Straßenraub zu hindern.

Zu kämpfen hatten die zentralen Herrscher mit der zentralistischen Macht der Kirche und mit dem Adel. Die französischen und englischen Könige schafften die Zentralisierung.

Die Königs- und Fürstenhöfe wurden auch zu Zentren der Kultur und der Repräsentation, der »Zivilisation«, des feinen, »courtoisen«, höfischen Benehmens. Norbert Elias beschreibt die Tendenz zur Zivilisierung so: »Hier lebte zum erstenmal eine größere Anzahl von Menschen [...] in hierarchischer Ordnung und in beständiger, sehr enger Verflechtung unter den Augen der Zentralperson, des Territorialherrn, beisammen. Und schon das allein zwang alle Abhängigen zu einer gewissen

Zurückhaltung. Hier war eine Fülle von unkriegerischer Verwaltungsarbeit, von Schreiberarbeit zu leisten. Alles das schuf eine friedlichere Atmosphäre.« (Bd. 2, S. 109). Die Königs- und Fürstenhöfe begannen, für ihre Verwaltung gelehrte Geistliche einzustellen, die den Schriftverkehr und die Bücher führen konnten. Gerichtsbarkeit, Zollwesen, Münzverwaltung erforderten Kanzleien und Schriftverkehr. Außerdem schrieben die Geistlichen die Geschichte der Herren. Allmählich kamen auch Bürger in den Dienst der Könige und Fürsten. Diese »Männer der Robe« waren gebildete Leute, die an der Universität das kirchliche und das römische Recht studiert hatten. Sie kauften sich in ihre Verwaltungs- und Gerichtsämter ein. Sie zahlten keine Steuern. Diese Bürger bei Hofe waren einflussreicher und mächtiger als die Kaufleute. Beide Bürgergruppen, die hohen Staatsbeamten und die Kaufleute, stützten die Zentralgewalt.

Die Könige und Kaiser des Heiligen Römischen Reichs Deutscher Nation (seit 962) schafften die Zentralisierung nicht. Die deutschen Könige reisten ständig und residierten in Pfalzen – den königlichen Residenzen –, Klöstern, Reichsstädten. Sie reisten nach Rom – die Kaiserwürde wurde vom Papst verliehen –, und sie nahmen an Kreuzzügen teil. Friedrich I Barbarossa (rg. 1152-1190) war ein Reise-Kaiser, der mit den norditalienischen Städten und dem deutschen Welfen-Herzog Heinrich dem Löwen Auseinandersetzungen um Steuerabgaben und Kriegsunterstützung führte. Es gab keine zusammenhängende deutsche Kron-Domäne, keine deutsche Königs-Residenz, die, wie in Frankreich und England, die Basis eines absolutistischen Zentralstaats hätte werden können.

Äußere Form der Idee der gottgegebenen Ordnung: herrscherliche Repräsentanz

Die Macht der Könige und Fürsten beruhte nicht auf Gesetzeswerk, sondern auf gewaltsamer Aneignung und vererbtem Besitz. *Die Macht musste sich gegenüber dem Volk immer wieder zeigen. Das Zeigen der Macht war Repräsentanz, was soviel bedeutete wie anwesend sein. Sie geschah auf Bildern, Reliefs, Statuen, Münzen und mittels Wappen, Waffen, Fahnen, Schmuck, Kleidung, Uniformen.*

Das gleiche gilt für das Auditive – für das Singen, Musizieren, die Posaunen und Trommeln bei Umzügen, und für das Predigen und Redenhalten –, auch das war ein Privileg der Herrscher, ihrer Repräsentanten und Beauftragten.

Feudale Repräsentanz waren auch die höfischen Feste. Zum Beispiel der Hoftag in Mainz, auf dem Kaiser Friedrich I Barbarossa an Pfingsten 1184 den Höhepunkt seiner Macht feierte. Anlass war die Aufnahme seiner Söhne in den Ritterstand. Es gab auch andere Anlässe wie Krönungsfeierlichkeiten, Friedensverträge oder Hochzeiten, die oft mit einer durch die Hochzeit bestätigten Landnahme verbunden waren. Als Höhepunkt des Mittelalters gilt das Pfingstfest, das der deutsche Kaiser Friedrich II 1235 in Mainz feierte.

Solche Veranstaltungen sahen so aus: Von weit her, aus dem gesamten Machtbereich des Herrschers, reisten die Fürsten an, die Erzbischöfe, Bischöfe, Äbte, Herzöge, Markgrafen, Pfalzgrafen, Grafen, Edelleute, das konnten bis zu 70.000 Personen sein. Sie kamen mit Hunderten von Höflingen und Fußknechten. Sie kamen mit privatem Mobiliar, Wandbehängen, Teppichen, eigenen Küchen, silbernem Geschirr, Kleidern, Büchern, sakralen Geräten, Hunden, Vögeln, Affen und üppigsten Geschenken für den Gastgeber. Sie waren mit den besten Pelzen, mit Brunat und Zobel gekleidet. Es gab Tanz, Konzerte und Aufführungen mit Hunderten von Musikern, Artisten, Geschichtenerzählern. Die Künstler wurden gut bezahlt. Das Fest dauerte manchmal 14 Tage. Danach verbreiteten die Künstler, das »fahrende Volk«, die Nachricht über die Kostspieligkeit des Festes und die Großzügigkeit des Gastgebers. Nach dem eigentlichen Fest fand zur Unterhaltung der adligen Gäste ein großes Turnier statt, mit Lanzen- und Schwertkämpfen. Die Teilnehmer und deren Knappen waren mit dem besten Zaumzeug, Schilden, mit Wappen und Fahnen ausgestattet, der besten Waffentechnik aus allen Regionen. Der Ruhm des Siegers wurde von den Kampfgefährten weit verbreitet.

Ein solches Fest war, wie der Literaturwissenschaftler Horst Wenzel schreibt, eine neoplatonische Inszenierung: »Die Inszenierung des Festes verwirklicht sich als sinnlich wahrnehmbare Stilisierung des adlig-höfischen Lebens, die die Übereinstimmung gesellschaftlicher Rangverhältnisse mit ihrer ontologisch begründeten Form (Idee) behauptet: *als Repräsentation, als ›Wiedervergegenwärtigung‹ einer kosmologisch fundierten Ordnung.* Sie unterscheidet sich damit grundsätzlich von dem karnevalesken Ausbruch aus gesellschaftlichen Zwangsverhältnissen, die eine episodische Entlastung notwendig erscheinen lassen. Im höfischen Fest wird Ordnung vielmehr selbst gestiftet. Die courtoise Harmonie wird als sinnerfüllte Ordnung (ordo) vorgestellt, als universelle Sinnfiguration, in der alle Wertvorstellungen und Handlungsformen des höfischen Adels fundiert sind. Deshalb sind die Strukturen der festlichen Repräsentation (Zeremoniell) dem Kultus (Ritus) ähnlich und mit den christlichen Formen kollektiver Sinngebung verknüpft.« (1995, S. 181; Kursivsetzg. zusätzl.)

Die Bevölkerung war daran gewöhnt, Rangordnungen und zünftische Zugehörigkeit an äußeren Zeichen abzulesen.

Zwecks Repräsentanz von Macht gab es auch schon Public Relations, PR: *So hielten sich die reisenden deutschen Kaiser einen Hofpropagandisten: Walther von der Vogelweide. Er war der erste PR-Spezialist in Deutschland,* ein freischaffender fahrender Sänger und politischer Lyriker, der von Auftragsarbeiten Ottos IV (rg. als König ab 1198, als Kaiser 1209-1218) und Friedrichs II (rg. als König ab 1212, als Kaiser 1220-1250) lebte und – in deutscher Sprache – Lobreden auf den Kaiser und Propaganda gegen den Papst zu verfassen hatte. Seine öffentliche Wirkung hatte er auf den Reichs- und Hoftagen (Kunczik 1997, S. 30ff.).

Erster, nicht öffentlicher Nachrichtenverkehr

Es gab ab dem 13. Jahrhundert städtische Botenverbindungen zwischen den Handelsstädten. Das waren Städte wie Antwerpen, Augsburg, Braunschweig, Dresden, Hamburg, Leipzig, Magdeburg, Nürnberg, Prag, Venedig, Wien etc. Ausgetauscht wurden Handelsnachrichten.

In Süddeutschland benutzten die Städte für ihre Postbeförderung auch die Karren, auf denen die Metzger das Vieh zum Schlachten abholten. Ankunft und Abfahrt wurde von den Metzgern mit einem Blashorn angekündigt. So waren die Metzger die ersten Postillons (Faulstich 1996, S. 265).

Mit zunehmendem Handel und mit dem Aufkommen der Botensysteme entstanden in den großen Handelsstädten die ersten, nicht öffentlichen Nachrichten-Korrespondenzblätter. Die Produktion dieser Nachrichten geschah durch eigene Korrespondenzbüros. Die Nachrichten wurden mit der Hand geschrieben und kopiert. Es wurden Preise und Börsenkurse mitgeteilt, und es wurde über Reichstage, Kriegsereignisse, Ernteerträge, Steuern, Handelstransporte berichtet. Die Nachrichten waren nur für die Kaufleute bestimmt – und damit keine Massenmedien –, aber das waren die ersten Informationssysteme.

Ausbildung von Individualität und rationalem Diskurs der Massen: die neuen Märkte

Norbert Elias hat gezeigt, dass die Menschen im Mittelalter einfachere Gefühle hatten. Das Sinnliche spielte für die Menschen eine größere Rolle als heute. Sie ekelten und schämten sich weniger. Sie nahmen die Speisen mit der bloßen Hand aus einer gemeinsamen Schüssel, sie tranken Suppe aus einem gemeinsamen Topf und Wein aus einem gemeinsamen Becher. Sie schneuzten sich mit den bloßen Händen, meist mit der Hand, mit der sie, ohne Besteck, auch aßen. Viele Menschen schliefen in einem Raum, oft mehrere in einem Bett, sie schliefen entweder in ihren Kleidern oder nackt, und sie gingen nackt über die Straße ins Badehaus. Die Leute waren im Mittelalter an mehr körperliche Nähe gewöhnt, das hatte Auswirkungen auf die Gefühle. (Elias, Bd. 1)

Gefühle möchte man heute gern als etwas ganz »Individuelles« verstehen, was aus dem Urgrund der eigenen Seele, vielleicht auch des eigenen Trieblebens kommt, keinesfalls aber aus der Gesellschaftsordnung oder gar der Wirtschaftsordnung. Aber Strukturmerkmal jeder Wirtschafts- und Sozialordnung ist die Ausbildung von Arbeitsteilung, d.h. die Spezialisierung von Berufen. Es ist klar, dass die Gefühle in wenig arbeitsteiligen Gesellschaften anders sind als in stark arbeitsteiligen Gesellschaften, denn die Beziehungen werden hierdurch anders gestaltet, vor allem die wechselseitigen Abhängigkeiten.

In *wenig arbeitsteiligen,* naturalwirtschaftlichen Gesellschaften wie der feudalen, frühmittelalterlichen – vor dem 11. Jahrhundert – gab es klare Fronten: entweder Feind oder Freund. Die Gefühle waren stärker, man konnte emotionaler sein, seine

Gefühlslage aber auch stärker wechseln. Elias schreibt dazu: »Beides, Lust und Unlust, entlud sich hier offener und freier nach außen. Aber das Individuum war ihr Gefangener; der Einzelne wurde oft genug von seinen eigenen Empfindungen wie von Naturgewalten hin und hergeworfen. Er beherrschte seine Leidenschaften weniger; er war stärker von ihnen beherrscht.« (Bd. 2., S. 330)

In *stark arbeitsteiligen* Wirtschafts- und Gesellschaftssystemen wie den heutigen sind auch Leute, die sich bekämpfen, zueinander freundlich oder zumindest geschäftsmäßig-sachlich, denn es könnten Situationen eintreten, in denen man kooperieren muss. Die Gefühle sind ambivalenter, zwiespältiger, vorsichtiger. Aus derartigen Widerprüchlichkeiten entsteht mehr Individualität.

Arbeitsteiligere Wirtschafts- und Gesellschaftssysteme entstanden ab dem 11. Jahrhundert, in der Zeit des sich entwickelnden Handels. Hier entstanden Chancen für mehr Individualität: Wer auf Märkte fährt, mit Geld umgeht, Marktchancen kalkuliert, der produziert zugleich ein Bild von sich selbst in der Welt; eine Vorstellung von der eigenen Rolle, die er spielt. Er macht sich Gedanken über die Nachteile und Vorteile, die er hat. Er entwickelt eine Vorstellung vom eigenen Wert. Jeder Bauer, jeder Händler, der um seine Waren auf dem städtischen Markt feilschte, tat das.

Sicher gab es im Spätmittelalter auch das uns seit der Romantik so vertraute »einfache Volk« mit einfachen Gefühlen: fromme Leute, die die Kirchenfeste feierten und ihre Kirchen ausschmückten. Aber es gab viele Konflikte in jener Zeit: Die Bauern wehrten sich wegen der Geldgier der Bischöfe, Äbte und Fürsten. Die Städte wehrten sich gegen die hohen Geldabgaben an die Könige und Fürsten. In den Städten wehrten sich die unteren Schichten dagegen, dass alle, ob arm oder reich, die gleichen Abgaben zahlen sollten. Die Zünfte kämpften gegen die Patrizier, für höhere Verdienstspannen, gerechtere Steuern und Mitsprache bei städtischen Angelegenheiten. In den Zünften rebellierten die Gesellen gegen lohnsenkende Absprachen der Meister und bildeten Gesellenbünde. Die vagabundierenden, räuberischen Landsknechte waren sowieso rebellisch. *Wer solche Kämpfe ausfocht, entwickelte Individualität. Auch die Massen lernten so das, was man heute »rationalen Diskurs« nennt und immer nur bei den Gebildeten vermutet.*

Ein neuer Interessenkampf: Bedrohung traditioneller Autoritäten durch neue Diskussionskultur

Ausweitung der Schrift, des Buchs – und Beginn der Inquisition

Der Schriftverkehr weitete sich zwischen dem späten 12. und dem späten 13. Jahrhundert rasant aus. Geschrieben wurden Briefe, Verfügungen, Erlasse, Kaufmannsbücher zwecks Buchführung, Handelsakten, Pacht-, Miet-, Verkaufsverträge, Urkundenregister, Ratsbücher, Stadtchroniken, mehr auf Lateinisch als auf Deutsch. Auch ein kleiner Teil des Hofadels, Frauen und Männer, lernte lesen.

Es gab immer mehr Bücher außerhalb der Klöster, auch in Universitäten, Stadtbibliotheken und den Bibliotheken reicher Adliger und Bürger. Die Bücher bestanden aus Pergamentseiten, aus eigens präparierter Ochsenhaut. Das war teuer. Sie wurden von Kopisten von Hand geschrieben. Das Schreiben wurde jetzt von Laien- und Lohnschreibern durchgeführt, die in Zünften organisiert waren. Ein Schreiber schaffte pro Jahr zwei Bücher, stets war die Nachfrage größer als das Angebot. Ein Buchhandel entstand, zunächst monopolisiert und kontrolliert von den Universitäten, zum Beispiel der 1202 gegründete Buchhandel der Universität Paris. In England waren es die Universitäten in Oxford und Cambridge, in Deutschland die von Prag, Wien, Köln, Erfurt und Heidelberg, die Buchhandel betrieben. Ab dem 14. Jahrhundert gab es in den Städten privat betriebene Schulen, in Zünften organisierte Schreib- und Rechenmeister lehrten das Lesen und Schreiben der deutschen Sprache. Auch Dörfer hielten sich in der Winterzeit einen schlechtbezahlten Schulmeister. (Faulstich 1996, S. 123 ff.; 1998, S. 81ff.)

Die meisten Leute lasen die Bücher laut, auch wenn sie allein waren, sie sprachen aus, was sie lasen. Das Lesen war eine bedeutende Tätigkeit, die nicht unbemerkt getan werden sollte. Das leise Lesen gab es erst seit der frühen Neuzeit.

Der Ausbreitung von Büchern und des dank des Handels und der Märkte selbständiger werdenden Denkens (C. Winter 1996, S. 49ff.) begegnete die Kirche mit drastischen Maßnahmen: Häretiker und Ketzer, denen man vorher eher Bußen oder Gefängnisstrafen auferlegt hatte, wurden jetzt massiv mit dem Tod bedroht: 1232 unterstellte sich Papst Gregor IX die bisherigen Ketzergerichte als »Inquisition« und ernannte die Dominikaner zu päpstlichen Inquisitoren. Ab 1252 wurde auf Anordnung des Papstes hin gefoltert.

Ein Bestseller im 13.-15. Jahrhundert

Eines der am meisten von Hand vervielfältigten Bücher jener Zeit war das um 1200 erschienene Buch *Über das Elend menschlichen Daseins* von Lothar von Segni, dem späteren Papst Innozenz III. Es gab davon bis 1500 rund 700 Abschriften und später 40 Drucke, was für die damalige Zeit enorm viel war, außerdem viele Übersetzungen in Volkssprachen und Auszüge (H. Fuhrmann 1989, S. 39). Darin standen Sätze wie: »Geschaffen ist der Mensch aus Staub, aus Lehm, aus Asche, und was nichtswürdiger ist: aus ekelerregendem Samen. Empfangen ist er in der Geilheit des Fleisches, in der Glut der Wollust, und was noch niedriger ist: im Sumpf der Sünde. Geboren ist er für die Furcht, für den Schmerz, und was noch elender ist: für den Tod.«

Reaktionär: erste Thesen über gefährliche Medien-Wirkungen

An den Universitäten wurden Theologen, Juristen und Mediziner ausgebildet. Sie wurden von Mönchen und vom Papst dominiert. In den Vorlesungen und Disputationen wurden die Bibel erörtert, die Kirchenväter oder Autoren der Antike. Das waren Diskussionen zwischen mehreren Magistern, Professoren, über Fragen wie »Gehört die Klugheit zum tätigen Leben?« Immer ging es um die Auslegung der Texte, der Lehrende musste Einwände vorwegnehmen, argumentieren, überzeugen, beweisen. Die Disputationen waren strikt ritualisiert und reglementiert. Recht hatten am Ende immer die Kirchenväter, Unrecht die Häretiker und Ketzer, die Ungläubigen.

Aber in den Disputationen war eine Sprengkraft angelegt: *Schon Anfang des 14. Jahrhunderts empfand man es als Problem, dass durch die Ausbreitung von Büchern die Autorität der weisen alten Lehrer untergraben werde.* Junge Leute würden in ihre Bücher gucken, statt die Alten um Rat zu fragen. Dazu schreibt der Mittelalter-Experte Horst Wenzel: »Die Semi-Oralität des Mittelalters, die amphibische Übergangssituation von Mündlichkeit und Schriftlichkeit, impliziert [...] eine Kluft zwischen all denen, die bereits an das Literatursystem Anschluss gefunden haben und jenen, die weitgehend unter den Bedingungen einer körpergebundenen Gedächtniskultur sozialisiert werden.« (S. 203). Einer der ersten Kritiker war Hugo von Trimberg, Schulrektor im Stift St. Gangolf bei Bamberg, der seine Kritik am neuen Medium Buch in einem Lehrgedicht (um 1290-1300) vorbrachte. Darin schrieb er: »Seit man Schulbücher an die Hand genommen hat und am Gürtel zu tragen begann, seitdem ist die Lehre der Schulmeister entwertet, ihre Anerkennung, ihre Förderung und ihre Ehre.« (Trimberg, Sp. 16477ff.) Er selbst bot in seinem Buch enzyklopädisches Wissen über Naturgeschichte, Medizin, Jurisprudenz, er war damit der erste Vertreter der realistischen Dichtung. Ein anderer Kritiker war Heinrich der Teichner, der Lehrgedichte schrieb (zwischen 1350 und 1375). Er kritisierte: »Man findet jetzt leicht einen jungen Mann, der [dank der Bücher] hundert Meister hat und die Unterweisung ebenso vieler Lehrer. Der kann sich besser unterrichten als der, der nie ein Buch von den klassischen Gelehrten, Worte der Meister hat vortragen hören. Damit habe ich begründet, dass die Kunst/die Fähigkeit der Jungen heute weiter reicht als die Kenntnisse und der Verstand der Älteren. Aber sie haben dennoch weniger als früher die Alten, denn jene gingen selber auf dem Weg, den sie andern Leuten zeigten: Ihre Worte entsprachen ihren Taten, ihre vorbildliche Lebenshaltung. Das ist nun den Jungen fremd. Ihr Wissen und ihre Verhaltensweisen stimmen nicht überein. Gelehrsamkeit und Weisheit gibt es nicht, wo jemand gelehrt ist und übel handelt.« (Teichner, Sp. 564, 1613ff.)

Kritisiert wurde also, dass Bücher bloß Wirklichkeit aus zweiter Hand böten, ein Argument, das bis heute gegen die Medien gebraucht wird. Aber es macht doch skeptisch, dass die Kritik sich zugleich dagegen richtete, dass die Menschen autonomer, freier wurden. Wir lernen daraus, dass Thesen über angeblich gefährliche Medienwirkungen immer daraufhin überprüft werden sollten, ob sie nicht in Wirklichkeit Autonomie und Individualität verhindern wollen.

Öffentliche Kirchenbilder als erste Kulturindustrie

Offensive Bildwerbung in einer ungläubiger werdenden Welt

Seit dem 11. Jahrhundert veränderte sich das Mittelalter auch auf einem anderen Gebiet: In einer ungläubiger werdenden Zeit wurden die kirchlichen Dogmen neu geordnet (H. Fuhrmann 1996, S. 57ff.), und *das brachte eine neue, offensivere Bildwerbung:* In der Frühromanik (1000-1150) entstanden Kirchenportale und Fassaden als Schautheater des richtigen und des falschen Wegs: Visualisiert wurde das hierarchische Universum mit Christus, den Heiligen, mit Tugenden und Lastern, dem frommen Volk, der Hölle und den Teufeln mit den Verdammten. Das war ein bewusst entworfenes visuelles Programm, das die Menschen zum Spirituellen, Göttlichen hinführen und mit Höllenbildern vor Ungehorsam warnen sollte. Zweifellos waren das Massenmedien, Lehrbilder für die Ungebildeten.

In den Kathedralen der französischen Frühgotik (ab ca. 1150) wurde die Spiritualisierung bis zur Leugnung des Materiellen weitergeführt: Die Schwere des Steins wurde durch neue, revolutionäre Trägerkonstruktionen, kühne Bögen, große Fenster fast aufgehoben. Der Abt Suger, Theoretiker der Gotik, der die frühgotische Kathedrale von Saint Denis bei Paris baute (Bauzeit: 1137-1144) schrieb über deren Architektur und Ausstattung: »Wenn darum, wegen der Liebe, die ich für den vielfarbenen Schmuck des Gotteshauses empfinde, die Wohlgestalt der Edelsteine und Gemmen mich von den irdischen Sorgen ablenkt, und die tugendhafte Betrachtung, indem sie die Vielfalt der heiligen Kräfte von den materiellen auf die Immateriellen überträgt, mich überredet, innezuhalten..., dann wähne ich mich in einer unbekannten Gegend des Erdkreises, die sich nicht ganz in der irdischen Unreinheit und nicht ganz in der Reinheit des Himmels befindet, und ich glaube, mich mit Gottes Hilfe in anagogischer [zur Schau der Gottheit hinführender] Weise aus dem unteren in den oberen Bereich begeben zu können.« (Suger, S. 62). Ob Suger damit eine neoplatonische Ästhetik verfolgte, wie der Kunsthistoriker Erwin Panofsky meint, ist umstritten (Büchsel 1997, S. 15ff.). Aber es ist offensichtlich: *Die Dogmen sollten visualisiert, als sinnlich erfahrbar inszeniert werden. Das war ein Zugeständnis an die ungläubiger werdende Welt. Die Zweifelnden sollten über das sinnliche Schauen zum Göttlichen, zum »himmlischen Jerusalem« geführt werden.* Dabei war Suger nicht bloß ein frommer Abt, er war Minister, Regent von Frankreich, ihm ging es auch um die Visualisierung der Macht. Der Skulpturenschmuck an den Portalen zeigte dem Publikum in Augenhöhe kleine, gebückte Menschen aus dem Volk, die lächelnd auf ihrem Rücken riesengroße Herrscher tragen, riesige dünne Körper mit edlen, vergeistigten Gesichtern.

In Frankreich wurden die Kathedralen vom Adel finanziert. In den italienischen und süddeutschen Städten wurden sie von den Patriziern aus den eigenen oder den Gemeindekassen, von den Handwerkern aus den Zunftkassen bezahlt. Damit konnten sich die Stifter in der Öffentlichkeit repräsentieren, was kein Selbstzweck war, sondern eine Notwendigkeit: Da die Patrizier, Bürger und Handwerker oft mit der Kirche um Rechte und Privilegien kämpften, mussten sie die kirchlichen Herren – die sie mit Exkommunikation und Scheiterhaufen bedrohen konnten – mit ihren Stiftungen besänftigen. Zugleich konnten sie damit ihre eigene Macht zeigen.

Rührung durch »beseelte« Marienbilder

Im Folgenden werden wir wieder christliche Bilder behandeln. *Es kamen zwei neue Arten von Bildern auf, »gefühlvolle« Bilder: anmutige Maria- und Jesuskind-Bilder und das Bild des leidenden Christus.*

Was geht uns das heute an? Was hat das mit Medien zu tun? Anmutige Mutter-Kind-Bilder oder Stars und Idole, die tragische Schicksale haben, sind uns nicht fremd. Es gibt heute ein oft hysterisches Interesse am Privatleben und an den Leidenswegen von Prominenten. Wenn sich die Menschen dafür interessieren und nicht für Politik, nennt man das heute die »Human Interests«, die »menschlichen Interessen«, mit denen sich die Boulevardpresse befasst. Die Human Interests werden politisch korrekt verachtet und kaum richtig verstanden. Man vergisst, dass die Leute daraus einen Nutzen ziehen. – Aus der Geschichte lernen wir, *dass der Nutzen der Human Interests nicht nur in Gefühlsregungen besteht, sondern auch im Gewinn von Individualität.*

Seit dem 11. Jahrhundert wurde die Repräsentation, das Zeigen des Gottes oder der Heiligen in Herrscherpose, allmählich aufgegeben. Jetzt zeigten Maria und das Jesuskind Gefühle: Mutterliebe, kindliche Zuneigung. *Vorher* hatte das Jesuskind auf dem Schoß Mariens gesessen wie ein Herrscher auf dem Thron. Maria und das Kind hatten den Betrachter angeblickt (Kindlers Malerei Lexikon Bd. 13, S. 206). *Auf den neuen Einfühlbildern* wendet Maria sich dem Kind zu. Ihr Blick ist ernst, so als ahnte sie bereits die Passion ihres Sohnes. Und sie nimmt das Kind in den Arm. Das Kind wendet jetzt den Kopf Maria zu, es sucht Blickkontakt mit ihr, oft auch Wangenkontakt (Belting 1981, S. 172; 1993, S. 322; Kindlers Malerei Lexikon Bd. 3, S. 51, 140, 277; Bd. 13, S. 241; Bd. 14, S. 161). Wichtig war jetzt die Lebendigkeit des Ausdrucks. »Was dem Auge wie lebend erscheint, prägt sich auch dem Herz ein«, sagten die Zeitgenossen. Sie nannten diese Ikonenmalerei »beseelte Malerei«. Es ging darum, so schreibt der Kunsthistoriker E.H. Gombrich, »den Gestalten Leben einzuhauchen«, »die heilige Geschichte noch erschütternder und überzeugender zu erzählen« (S. 192f.). *Es ging darum, die Betrachter mitleiden zu lassen, zu erschüttern – und damit zu überreden, dass alles wirklich geschehen sei und dass damit die Dogmen wahr seien.*

Die Einfühlbilder hatten auch eine intellektuelle Komponente: Ikonen befanden sich zunehmend in Privatbesitz reicher, gebildeter Leute. Für sie war die »realistischere« Darstellung zugleich ein intellektuelles Spiel. Dazu schreibt Belting: »Wenn die Ikone der Gottesmutter das Paradox, dass ein Geschöpf [Maria] seinen Schöpfer [Gott] auf dem Arm trägt, noch verschärft, indem die Mutter ihr Kind küsst oder dieses wie ein unbefangenes Baby auf dem Arm strampelt, so diente das gerade der Steigerung von Anschaulichkeit der philosophischen Rezeption und einem ›gebildeten Glauben‹.« (1993, S. 294). Jedes Bildmoment hatte jetzt diese Doppelbedeutung: einerseits Einfühlung, andererseits intellektuelles Gedankenspiel über das Paradoxon, dass der nicht materielle und nicht im Bild darstellbare Gott in Jesus Mensch und damit sichtbar geworden sein soll, und die Frage, wie weit dieses Menschwerden und Bild-Werden gehen darf, ohne das Göttliche durch Blasphemie in Frage zu stellen.

Gefühlvolle Bilder als Ware beim Ablasshandel

Die Kirche begann den Ablasshandel. Ablass war eigentlich der Erlass von Kirchenstrafen für begangene Sünden. Kirchenstrafen waren Bußhandlungen, die den Gläubigen nach der Beichte je nach Schwere der gebeichteten Sünden auferlegt wurden: Bei einer leichten Sünde: einige Vaterunser beten müssen; bei einer schweren Sünde: nach Rom pilgern müssen etc.

Aber von den einfachen Leuten – die sich an den Warentausch auf den Märkten gewöhnten – wurde der Ablass so verstanden, dass die Sünden im Jenseits erlassen würden, wenn man dafür im Diesseits bezahlte. Ohne Ablass, so glaubten sie, müsste ihre Seele nach dem Tod im Fegefeuer leiden. Mit Ablass aber durfte man sündigen. So erhielt die von der Kirche verdammte »Fleischeslust« im Dogmengebäude der Kirche eine profitable Nische.

Der Ablasshandel war die erste Kulturindustrie: Es wurden Bilder hergestellt und massenweise reproduziert, um Ablassgelder zu erwirtschaften. Transaktionen mit Ablassgeldern waren die ersten Großgeschäfte der neu entstandenen italienischen Banken. Das Geschäft begann ab dem 13. Jahrhundert mit Pilgerreisen nach Rom. Sieben Pilgerkirchen mussten besucht, und darin musste Ablass bezahlt werden.

Das erste Ablasshandels-Objekt wurde in Rom, in der Kirche Santa Croce, das »Tuch der Veronica«. Der Name hatte nichts mit einer Frau namens Veronica zu tun, sondern es handelte sich um ein Christusbild, der Name kommt von der Bezeichnung »vera icon«, das »echte Abbild« Christi. Es war ein Leinentuch mit zwei rostbraunen Flecken, die als Abdruck des Gesichts Christi gedeutet wurden. Das Tuch existierte als Reliquie – als »Leichentuch Christi« – schon früher, aber erst kurz nach dem Jahr 1200 war von einem Bild auf dem Tuch die Rede. Da es um die Pilgergelder mit einem anderen Tuch mit dem angeblichen Bild Christi konkurrierte, das gerade aus dem Osten eingetroffen war, erfand Papst Innozenz II 1216 ein Wunder: Nach einer Prozession zu einem Spital hatte sich das Abbild des Antlitzes Christi an seinem Standort auf den Kopf gestellt, ein böses Omen, weshalb Innozenz die Anbetung des Bildes und den Ablass einführte. Wer also das Bild anbetete und Geld zahlte, konnte damit rechnen, nach seinem Tod, bevor er in den Himmel kam, eine bestimmte Zeit weniger im Fegefeuer schmoren zu müssen. Zu Beginn gab es zehn Tage weniger im Fegefeuer, um 1370 konnte man sich als Einheimischer 9.000 Jahre Freiheit vom Fegefeuer erkaufen, als Pilger 12.000 Jahre.

Das Abbild des Tuchs wurde in Repliken – Tafelbildern, Miniaturen, Amuletten, Holzschnitt-Drucken – massenweise als Pilger-Andenken verkauft. Die Genehmigungen für die Serienproduktion und deren Verkauf wurden an Klöster vergeben. (Belting 1993, S. 247f.)

Im 14. Jahrhundert wurde auch das Bild des Schmerzensmanns zum Medium des Ablasshandels. Der »Schmerzensmann« war die Darstellung des toten, vom Kreuz abgenommenen, geschundenen Christus, dessen Kopf zu Seite geneigt auf der Schulter liegt. Sie ging zurück auf eine entsprechende Erscheinung, die Papst Gregor im 6. Jahrhundert angeblich hatte. Sie sollte die Wirklichkeit der Leiden Christi »beweisen«. Gregor hatte daraufhin allen die Vergebung ihrer Sünden versprochen, die beichteten und die vorgeschriebenen Gebete sprachen. War das bei Gregor nur ein erzähltes Wunder, so wurde jetzt hieraus ein Bild, das war »beweiskräftiger«.

Der Tod des Jesus, des »Sohns Gottes«, wurde von der Kirche als ein Opfer interpretiert, von dem die ganze christliche Menschheit profitieren kann, denn sie wird »begnadigt«. Gott, den man sich als strafenden Richter vorstellte, wird, so dachte man es sich, durch das Opfer des Jesus-Todes milder gestimmt. Jesus wurde einem Opfertier gleichgesetzt, dem Opferlamm, das »hinwegnimmt die Sünden der Welt«.

Der zunehmend städtischen und gebildeteren Bevölkerung kam das immer unglaubwürdiger vor. Sie verlangte nach mehr Realität. Deshalb bekam sie nun zu sehen, was sie glauben sollte. Das berühmteste Bild wurde der so genannte *Gregorianische Schmerzensmann*: Die Karthäusermönche von Santa Croce in Gerusalemme, einer Kirche in Rom, waren um 1380 im Pilgergeschäft ins Abseits geraten. Deshalb kauften sie von einem hochrangigen Soldaten eine kleine – vermutlich gestohlene – Mosaik-Ikone (Belting 1993, S. 380f.). Die Mönche behaupteten, ihre Ikone stamme direkt von Papst Gregor I ab, er habe seine Vision Christi in diesem Bild persönlich dokumentieren lassen. In Wirklichkeit war das Bild um 1300 hergestellt worden, und das Bildmotiv des Schmerzensmanns stammte nicht von Papst Gregor I, sondern aus dem Osten, aus Byzanz und Umgebung, es war im 12. Jahrhundert entstanden.

In der Fortentwicklung der Tendenz wurde der geschundene Leib Christi immer stärker visuell präsent. Der gerade vom Kreuz abgenommene tote Christus wurde von einem Engel dem Betrachter präsentiert, so wie in der Messe der Priester die Hostie – den »Leib Christi » – emporhebt und sie den Gläubigen zeigt (Kindlers Malerei Lexikon Bd. 4, S. 194). *Die Bilder erhielten einen Appellcharakter.* Später übernahm Maria die Rolle der Präsentatorin, sie hält den toten Christus in ihren Armen (Kindlers Malerei Lexikon Bd. 1, S. 165, 294; Bd. 2, S. 106; Bd. 5, S. 67). Belting schreibt über diese Bilder und Plastiken, die man »Pieta« nennt: »Die Gesten des Einladens und des Vorführens, die die Bilder machen, sind mehr als nur interne Formwandlungen, die man dem ›Fortschritt‹ der Kunst zugute halten möchte. Sie erfüllen eine Verständigungsfunktion, indem sie dem Betrachter einen Gegenstand der Verehrung gleichsam mit Ausrufungszeichen ›ins Bild setzen‹.« (1981, S. 111, 131f.)

Eine solch demonstrative Funktion hatte auch das »Kruzifix«, Christus am Kreuz. Auch dieses Bild entstand im 11. Jahrhundert im Osten. Im Westen war die Darstellung des toten Gekreuzigten unbekannt. Ein päpstlicher Legat aus dem rückständigen Rom, der sie 1054 in der moderneren Handelsmetropole Byzanz sah, empfand sie als Ketzerei, denn er war an die repräsentativen »Christus als Himmelskaiser«-Bilder gewöhnt. (Belting 1981, S. 220). Im Westen tauchte das Bild des toten Gekreuzigten erstmals auf Tafelkreuzen – d.h. Gemälden in Kreuzform – im frühen 12. Jahrhundert in Italien auf, als Einfühl- und Appellbild (Kindlers Malerei Lexikon Bd. 1, S. 324; Bd. 5., S. 94; Bd. 11, S. 259). Gelegentlich wurde der Appellcharakter so weit in Richtung »Realität« getrieben, dass die Gekreuzigten redeten oder bluteten.

Einen Appellcharakter hatten auf den Altarbildern auch ab 1300 die vielen neuen Details. Dabei war eine mystische Visionsliteratur hilfreich. Fromme Menschen erfanden in »Visionen« immer mehr Details aus dem Leben des Jesus, die Geburt im Stall, die Krippe, Ochs und Esel, die das Stroh fressen. Ochs und Esel repräsentierten die alten, überwundenen Tier-Gottheiten (Macho 2001). Sie fressen das Stroh, auf dem das Jesuskind, der neue Gott, lag. Wenn auch die antiken Götter-Tiere sich den christlichen Gott einverleibten, erleichterte das den Menschen, während des christlichen Kults dasselbe zu tun.

Der Erhöhung des Appellcharakters dienten jetzt auch Kirchenchöre, die beim Gottesdienst das Vorzeigen der Ikonen begleiteten. Sie dramatisierten vor allem die Trauer Marias um die Passion ihres Sohnes. Der Gesang mündete in die Einsicht Marias, dass sie ihre Trauer zugunsten des Erlösungsgeschehens zurückstellen muss.

Ebenso entwickelten sich im 13. Jahrhundert in Italien die Volkspredigten, betrieben von den Bettelorden. Jetzt wurden die Predigten modellhafter, argumentativer, schließlich mussten Zweifelnde bekämpft werden. Aber auch diese Predigten arbeiteten mit dem Mittel der affektiven Einfühlung. Auch sie wurden oft durch Chöre und Schauspieler unterstützt, der Prediger war eine Art Ansager und Regisseur, auf dessen Wink die Schauspieler, oft Laien, von den Seitenschiffen der Kirche her auftraten. Oft gab es ein ritualisiertes Frage- und Antwortspiel zwischen Prediger und Publikum.

Außerdem wurde der Appell durch Passionsspiele noch realistischer gestaltet. Sie wurden von religiösen Bruderschaften aufgeführt und dramatisierten die Stationen des Leidens Christi und das Mitleiden der Maria. Übrigens wurden bis ins frühe 16. Jahrhundert auch die weiblichen Rollen von Mönchen gespielt. In Deutschland entstanden Passionsspiele in Benediktbeuren, St. Gallen, Alsfeld, Friedberg und Donaueschingen. Andere Spiele, Mysterienspiele, inszenierten die Legenden über Heilige, deren Wundertaten und Märtyrertode.

Identitätsbildung durch Rührung und Schrecken: das Rollenspiel des Leidens

Wir haben den Ablasshandel als die erste Kulturindustrie bezeichnet. Aber »Kulturindustrie«, das sind nicht nur Geschäftemacher, die die Gefühle der Menschen manipulieren. Sicherlich waren die Päpste, Äbte und Bischöfe jener Zeit Geschäftsleute – aber unsere Analyse bliebe moralisierend, wenn sie die Interessenlagen des Publikums ignorierte. Es gab für Einfühlbilder und Ablass einen Bedarf, die Menschen hatten gigantische Hoffnungen auf Erlösung. Von Fürstenwillkür, Soldatenhorden, Pest und Hungersnöten geplagt, glaubten sie, sich eine bessere Welt im Jenseits mit Geld erkaufen zu können. Und die Gefühle der damaligen Menschen waren jetzt differenziert genug, um sich in die Rollen anderer hineinzuversetzen.

Das Bild des Schmerzensmanns ermöglichte es, sich in die Rolle eines Toten hineinzuversetzen, der zudem schwer gelitten hat. Kein Mensch sieht so etwas gern. Es wurde dadurch erleichtert, dass dieser Mensch für die Gläubigen nicht tot war, sondern der Sohn Gottes, der »wiederauferstehen« wird. Das Schmerzensmann-Bild zeigte einen Menschen als verstorbenen Gott. Das schuf eine gewisse Distanz zum Schrecklichen, die es ermöglichte, sich zu identifizieren. Es war möglich, sich mit dem Leidenden ähnlich zu fühlen und hieraus Trost zu gewinnen, so wie man sich trösten kann, dass nach dem Winter die Natur wieder aufersteht.

Von Gefühlen hatten wir zuletzt bei Aristoteles gehört, von ihrer Reinigung oder Befreiung. Aristoteles hatte das »Katharsis« genannt: Aus Rührung und Schrecken, die die Tragödien bewirkten, sollte sich eine befreiende Wirkung ergeben. Aristoteles hatte eine befreiende Wirkung auch im Gelächter vermutet. Im späten Mittelalter dominierte das Tragische, Rührung und Schrecken. Brumlik drückt das so aus: »Die die Menschen befreiende und tröstende Erniedrigung Gottes fasst das orthodoxe, dogmatische Christentum im Bild eines grauenhaften Todes. Anteil und Rührung, Mitleid und Katharsis werden durch eine tragische Konstellation evoziert – es scheint, als ob die Nähe von Gott und Menschen um keinen geringeren Preis als um den des ungeminderten Ernstes von Todeserlebnis und Trauer zu erreichen ist. Die Nähe Gottes wird im Christentum durch seine tragische, selbst übernommene, tödlich endende Ohnmacht am Kreuz gedacht.« (1994, S. 64f.)

Katharsis ist jedoch Befreiung. Das Bild des leidenden Christus bot auch die Möglichkeit, sich eine Vorstellung von einer eigenen Ideal-Rolle aufzubauen, selbst wenn das eine des Leidens war.

Belting drückt das so aus: »In der Auffassung Gottes als eines geschlagenen Menschen fand der Betrachter ein eigenes Idealbild, nicht ein triumphierendes, sondern ein leidendes Ebenbild als Ideal.« *Belting sieht hier eine neue Rollenkonzeption des Individuums, »das ohne Ansehen seiner sozialen Situation und theologischen Bildung seine geschichtliche Bestimmung, Gott zu gleichen, in die Hand nimmt.«* (1981, S. 224; Kursivsetzg. zusätzl.).

Natürlich kann man von damals nicht einfach zu den heutigen Medien kommen. Aber wenn wir die Einfühlung in die Leiden Christi als »menschliches Interesse«, als »Human Interest« definieren, können wir hieraus die These gewinnen: *Human Interests führen nicht nur zu Gefühlsbewegung, sondern sie stärken zugleich die Individualität der Rezipienten. Man sollte die in den heutigen Medien bestehenden Human Interests auf dasselbe hin untersuchen.* Das wäre neu, denn heute sind in der Medienforschung Human Interests entweder ein reines »Vergnügen«, das der Integration ins Kollektiv dient (Göttlich und R. Winter 2000); oder sie sind Teil der »Medien-Gefühlskultur«, die dazu verhilft, dass das Umfeld von Werbung »Akzeptanz« findet und damit der Werbung nützt (Saxer und Märki-Koepp 1992). Das reicht nicht.

Satire gegen herrschende Ordnung

Umkehrung der Ordnung: Weihnachten als Narrenfest

Während des gesamten Mittelalters wurde um Weihnachten herum »verkehrte Welt« gespielt, das Volk durfte die herrschende Ordnung umkehren. Solche Feste waren die Nachfolger der »heidnischen« Saturnalien. Es wurden die »Kalendarien« gefeiert, die Zeit der Sonnenwende und des Jahresanfangs – damals war die Zeitrechnung nicht exakt und hielt beides nicht auseinander. Gefeiert wurden sie als Narrenfest. Der Narr vertrat im gesamten Mittelalter das Dionysische, Verrückte, das Aufgehen im Rausch, in Nicht-Identität. Das uns heute geläufige Bild des Narren entstand um 1350: mit Narrenkappe, Eselsohren nachgebildet und Schellen, die den hohlen Kopf des Narren symbolisieren, in dem nur Steine rasseln. (Lever, S. 29)

Jetzt, in den ersten Jahrhunderten nach der Jahrtausendwende, als es Städte gab, wurden die Narrenfeste besonders drastisch fortgeführt, als Spiel mit allen Rollen der Macht. In manchen französischen Städten wählten die Geistlichen einen Narrenbischof, meist einen Bettler, der mit viel Pomp als Bischof geweiht und eingekleidet wurde und der dann feierlich das Volk segnete. Die niedrigen Geistlichen und die Chorknaben beschmierten sich die Gesichter mit Ruß oder maskierten sich. Sie zogen Frauenkleider an oder Narrenkostüme, trugen die Kirchengewänder falschherum, das Innere nach außen. Sie sangen am Altar zotige Lieder, sie aßen – Reste archaischer Opferrituale – Brat- und Blutwürste auf dem Altar, würfelten vor dem Altar, verbrannten im Weihrauchgefäß stinkende Abfälle und hielten verrückte Predigten. Nach der Messe fuhren die verkleideten Geistlichen auf Karren durch die Stadt, sangen obszöne Lieder, schrien Blasphemien in die Menge und bewarfen die Leute mit Abfällen. (Lever, S. 9ff.)

Es gab »verkehrte Welten« nicht nur an Weihnachten. Einige französische Städte feierten um den Dreikönigstag ein Eselsfest, zu Ehren des Tieres, das Maria und Jesus, wie die Legende sagte, nach Ägypten getragen hatte. Der Esel war mit einem prächtigen Kardinalsrock geschmückt und wurde rückwärts am Schwanz in die Kirche gezogen. Er wurde von zwei Domherren respektvoll zum Altar geleitet, und dort hörte er sich knieend die Messe an. Am Ende wieherten Priester und Gemeinde. (Durant, Bd. 6, S. 535)

Heute nennt man das eine »Ventilsitte«: Es wird für eine fest definierte Zeit und Situation Dampf abgelassen. Das ist ein Bild aus dem Dampfmaschinen-Zeitalter. Damals verwendete man andere Bilder. So schrieb ein unbekannter Doktor der Sorbonne, ein Theologe, in einem Rundschreiben: »Wir machen all diese Dinge nicht im Ernst, sondern nur zum Scherz und um uns nach alter Sitte zu vergnügen, damit die Narrheit, die uns naturgegeben ist und uns angeboren zu sein scheint, sich austoben und solcherart entfleuchen kann, wenigstens einmal im Jahr. *Die Weinfässer würden platzen, wenn man nicht manchmal den Zapfen herauszöge, um ihnen Luft zu geben.* Nun, wir sind alte Flaschen und schlecht zusammengefügte Fässer, die der Wein der Besonnenheit zum Bersten brächte, würden wir ihn durch unsere Verehrung beim Gottesdienst ununterbrochen erhitzen.« (Lever, S. 15; Kursivsetzg. zusätzl.).

Oster-Lachen in kirchlichen Passionsspielen und Predigten

Auch in die kirchlichen Passionsspiele wurden ab dem 13. Jahrhundert groteske Szenen eingebaut: Prügelszenen, spaßige Anreden ans Publikum, Scherze auf Kosten der Frauen, Ehezank-Szenen, in denen es immer darum ging, dass die Frauen untreu, geschwätzig oder verfressen seien. In die Szene vom Salbenkauf der drei Marien wurde Klamauk eingebaut über Aphrodisiaka und Schminkmittel; der Krämer, dessen Frau und Gesellen benahmen sich unsittlich. Oder man lachte über einen Wettlauf der Jünger zum leeren Grab, bei dem der junge Johannes schneller war als der humpelnde Petrus.

Im 14. und 15. Jahrhundert wurden in die Oster-Predigten lustige Geschichten eingebaut. Die Prediger erzählten auf der Kanzel obszöne Geschichten, und sie brachten ihr Publikum mit skurrilen Gesten und Faxen, oft auch obszönen, zum Lachen. 1535 empörte sich der Reformator Ökolampad über dieses »Oster-Lachen«, das den heiligen Ostertag profaniere. Aber in diesem Lachen sollte die Auferstehung gefeiert werden, der Triumph über den Tod (Faulstich 1996, S. 189ff.; Haas 1998).

Groteskes Theater

Im 12. und 13. Jahrhundert gab es unter den wandernden Darstellern, den Quacksalbern, Gauklern, Schaustellern, Spielleuten auch Adlige, die in der Erbfolge nicht zum Zuge gekommen waren, darunter gebildete Geistliche, die aus Klöstern entflohen waren und als Gaukler durch die Gegend reisten und geistliche und weltliche Lieder, Hymnen, Gedichte verbreiteten. Sie wurden »Goliarden« genannt, nach dem Bischof Golias, einem legendären Prototyp des liederlichen Priesters. Von den Goliarden stammen die berühmten Carmina Burana.

*Manche Gaukler schlossen sich nun erstmals zu größeren Schauspielgruppen zusammen. Sie übernahmen und integrierten alle bisherigen Darstellungselemente der populären Kultur. Sie übernahmen die Erzählungen der Spielmänner, die hochstaplerischen Werbereden der Quacksalber und der Marktschreier; auch die alltägliche Sprache, Flüche, Angebereien und Witze. Daraus machten sie ein komisches, groteskes Theater.*Die Spiele wurden auf einer Bühne aus Fässern und Brettern vorgeführt. Auf der Bühne befand sich ein Vorhang, hinter dem sich die Darsteller umzogen. Hier eine Kurzfassung der *Erlauer Spiele* (Kummer 1882; Johannsmeier, S. 214ff.):

Am Anfang tritt ein Clown in gelber Hose auf, der als Spielleiter und Ankündiger fungiert und Kunststücke vorführt. Ein »Orchester« macht mit Zimbalen, Tamburins, Pauken, Schellen und Mörsern einen Höllenlärm. Ein Herr tritt auf, er hat ein Kostüm an, an dem alles verkehrt ist, denn er trägt eine viel zu große Eisenhose mit Beulen am Hintern; er sitzt auf einem abgehalfterten Klepper, er trägt einen wüsten Bart und eine Riesenmähne. Der Herr entlarvt sich als Quacksalber, als »Medicus«. Es folgt eine Parodie auf den Quacksalber. Er gibt furchtbar an, singt auf Latein, schwatzt darüber, wie weit er gereist ist. Dann ruft er, wie ein Marktschreier, dass er einen Knecht sucht, dem verspricht er einen enormen Lohn, was in Gegensatz zu seinem zerlumpten Äußeren steht.

Aus dem Publikum springt ein »Bewerber«, er gehört zur Truppe. Er hält freche Reden, deklamiert lateinische Nonsensreime und gibt ebenfalls damit an, wie weit er gereist sei und an welchen Tafeln er schon Braten gegessen habe – eine Parodie auf gelehrte Herrschaften und reisende Scholaren. Das war eine beliebte Figur beim Publikum, die »der Rubin« genannt wurde. Nach ihr wurde später die Figur des »Robin Hood« gebildet. Er sah aus wie ein Narr, mit gelber Hose, Schellen am Wams und einem Beutel oder einer Kiepe auf dem Rücken, ein Landfahrer oder auch Landstreicher.

Es folgt der Auftritt der Frau des Medicus, in einem freizügigen Kostüm, das die »Tilten« sehr offen zeigt, gebauschten Röcken und mit einer gelben Schleife am Schuh, was bedeutet, dass die »Medica« eine Prostituierte ist. In weiteren obszönen Reden wird die Frau zum Bestandteil des Vertrags zwischen Medicus und Rubin gemacht. Der Medicus bezahlt den Rubin mit den Diensten seiner Frau. Unterdessen lässt sich die Frau mit einem anderen Mann ein, sie ziehen sich hinter den Vorhang zurück, Wäschestücke werden über den Vorhang geworfen.

Der arbeitsscheue Rubin überzeugt den Medicus davon, dass sie noch einen Knecht brauchen. Wieder meldet sich jemand aus dem Publikum, der Knecht Pusterpalk.

Der Rubin bläht sich gegenüber dem Unterknecht als Herr auf. In Wirklichkeit mussten die Quacksalber oft selbst in die Dienste der Herren treten, um zu überleben. Wenn sich der Quacksalber als reicher Herr aufspielte, war das eine Parodie auf die reichen Herren – und darauf, wie jeder versucht, Arbeit auf die noch Niedrigeren abzuwälzen.

Der Medicus schreit, wo seine Frau sei. Das liederliche Weib wird herbeigezerrt und mit ebenso liederlichen Sprüchen bedacht. Das Ganze gipfelt, begleitet vom Orchester, in einem grotesken Tanz des Rubin mit der Medica. Es folgt die Versöhnung des Medicus mit seiner Frau. Dann preist Rubin in parodistischen Versen die Mittel und Heilsverprechungen des Medicus an: »So, hier haben wir die Zange, / damit bricht er den Zahn aus der Wange. / Das kann er halt so toll, / er macht's so schmerzensvoll, / dass ihr hernach kaum Brei könnt saufen, / euch selber werdt' die Haare raufen.«

So geht es weiter über das Steinschneiden, das Klistieren, das Barbieren, über die Salben für Potenz, Haarwuchs, gegen Falten etc., und schließlich folgt eine Publikumsbeschimpfung: »Seht hin, ihr alten Tassen, / woll'n Euern Grind Euch wachsen lassen. / Seht hin, Ihr alten Klaren, / der Teufel soll Euch in' Arsch fahren. / Seht hin, Ihr rotzigen Bauern, / das Maul soll Euch versauern.«

Harlekin, Wilder Mann, Wilde Frau

Zur Massenkultur des späten Mittelalters gehörten die Masken des Harlekins, des Wilden Mannes, des Teufels, der Wilden Frau, der Hexe, des Waldschrats und der wilden Tiere, die bei den Karnevalsumzügen durch die Städte zogen, begleitet vom Lärm der Rasseln, Knarren, Hörner, Töpfe und Trommeln und von tierischem Gebrüll. Solche Umzüge wurden »Charivari«, Katzenmusik genannt. Die Maskierten bedrängten ihr Publikum, griffen sich die hübschesten Mädchen heraus, trugen sie fort, rissen den Leuten die Mützen vom Kopf, hauten mit Schweinsblasen auf sie ein, bewarfen sie mit Schmutz etc.

Wilder Mann und Wilde Frau waren Riesen, mächtige Geister. Sie waren Waldgeister, denen die Bauern Stücke von Natur entrissen hatten und die deshalb besänftigt werden mussten. Der Wald war in jenen Zeiten auch der Aufenthaltsort der Räuber, der Vaganten, der Bettler, der von ihrem Boden verjagten Bauern, der Obdachlosen, aus den Städten Verbannten und Gejagten und auch der Wahnsinnigen, psychisch Kranken. Es gab im späten 13. Jahrhundert Millionen von Bettlerinnen und Bettlern in Europa. Die »Verwilderten«, mit langen Haaren und wüsten Bärten, existierten also nicht nur in der Fantasie.

In Frankreich hieß der Wilde Mann »Harlekin«, geschrieben: »herlequin«. Man stellte sich ihn oft als helle Lichtfigur in kostbaren Gewändern vor. Wetterleuchten, Blitze, Irrlichter, Lichteffekte im Nebel interpretierte man als »Heere der Harlekine«: Sie tobten nachts durch die Wälder, sie veranstalten die Wilde Jagd, sie verspeisten die Tiere im Stall, doch hielt ihr Treiben nur während der Nacht an, am nächsten Tag stand das Vieh wieder unversehrt im Stall – Sinnbild des Sterbens und der Wiederauferstehung der Natur. In diesen wilden Heeren der Harlekine zogen auch die Toten mit, die eigene Verwandschaft und die lokalen Sagengestalten. Auch die

Wilden Frauen fuhren durch die Lüfte, entweder als Hexen oder als Elfen. Ihnen sagte man nach, dass sie Todesbotschaften bringen, Kinder fressen und verirrte Wanderer verführen. Zugleich galten die Wilden Männer und Frauen als Beschützer und Beschützerinnen, göttergleiche Riesen, die die Wälder und Felder in der Nacht bewachten. Der Wilde Mann besaß die Fähigkeit, mit den Tieren zu sprechen, die Wilde Frau kannte die Heilkraft der Pflanzen. Sie beschützten auch die Armen und Obdachlosen. Von der Kirche wurden die »heidnischen« Wilden Männer und Frauen diffamiert, zu Teufeln und Hexen degradiert. Ihre Schutzfunktion wurde dagegen von den kirchlichen »Heiligen« okkupiert. (Johannsmeier, S. 18ff.)

All das spiegelte sich in den Masken der Umzüge. *Es handelte sich bei diesen Umzügen um bewusst spielerische Versionen der alten Kulte. Die Charivaristen waren sich in ihren Masken bewusst, dass es ein Spaß war, keiner glaubte mehr ernsthaft an die alten Mythen, die in den Masken dargestellt wurden.*

Rohr-Affen und Revolten

Im 14. Jahrhundert war es nicht sicher, dass alle diese »verkehrten Welten« bloß eine Ventilsitte darstellten. In den Städten hatten die Ratsversammlungen die Zeiten der Feste und Märkte mit ihren Freiheiten ausgedehnt, gegen den Widerstand des Adels, der Kirche und der Patrizier. In Straßburg, einer der größten Handelsstädte, umfasste die Fest- und Marktzeit um 1350 mehr als ein Viertel des ganzen Jahres.

Die »einfachen Leute« setzten sich durch. Im Straßburger Münster (1276 vollendet) setzten die Handwerker die Erhaltung einer seltsamen Einrichtung durch: der »Roraffen«, Rohr-Affen. Das waren zwei Figuren an den Orgel-Rohren. Sie waren durch ein Gestänge mit dem Blasebalg gekoppelt. Sie klappten geräuschvoll ihre Mäuler auf und zu und gestikulierten. Der Lärm störte den Gottesdienst, doch wurde das geduldet, denn die Rohr-Affen waren beim Publikum, das sich beim lateinischen Gottesdienst langweilte, sehr beliebt. Später wurde es Brauch, dass sich an Pfingsten hinter den Affen Menschen versteckten, die hinter den Figuren unzüchtige Lieder gröhlten. Versuche des Klerus, das zu verbieten, scheiterten am Protest der Handwerker. Der Brauch hielt sich bis zur Reformation. (Johannsmeier, S. 104ff.)

Im Rahmen dieser ausgedehnten Fest- und Marktzeiten kam es auch zu Machtkämpfen. So kam es in Straßburg während eines dieser Feste zu Kämpfen unter den Patriziern, und diese wurden sofort von den Handwerkers-Zünften ausgenutzt: Die Zünfte besetzten die Stadttore und das Rathaus, sie setzten den von den Patriziern dominierten Stadtrat ab und ließen einen neuen wählen, in dem alle Zünfte vertreten waren. Die »verkehrte Welt« wurde Ernst.

Sprengkraft des Lachens

Umberto Ecos Roman *Der Name der Rose* (1980) spielt im Jahr 1327, also in einem Jahrhundert, in dem die Menschen über die Herren und die Dämonen spotteten, sich einen von den Bürgern gewählten Papst vorstellten und sich gelegentlich nicht mehr an die Ventilsitten hielten.

Ecos Roman handelt von mehreren Morden in einer Benediktiner-Abtei, die von Bruder William von Baskerville aufgeklärt werden. Die Morde hängen, wie sich herausstellt, mit einem geheimnisvollen Buch zusammen, dem einzigen Exemplar des verschollenen zweiten Bands der *Poetik* von Aristoteles. Es hat das Lachen zum Gegenstand. Das Buch wird von dem greisen, blinden Mönch Jorge in der riesigen Klosterbibliothek versteckt. Er hat die Seiten des Buchs mit einem Gift bestrichen. Wer das Buch liest, muss sterben. In einer dramatischen Szene am Schluss (1980, S. 602ff.), als die ganze Bibliothek in Flammen aufgeht, fragt William den Jorge:

»›Aber was schreckt dich so sehr an dieser Abhandlung über das Lachen? Du schaffst das Lachen nicht aus der Welt, indem du dieses Buch aus der Welt schaffst.‹

[Jorge antwortet]: ›Nein, gewiss nicht. Das Lachen ist die Schwäche, die Hinfälligkeit und Verderbtheit unseres Fleisches. Es ist die Kurzweil der Bauern, die Ausschweifung des Betrunkenen, auch die Kirche in ihrer Weisheit hat den Moment des Festes gestattet, den Karneval und die Jahrmarktsbelustigung, jene zeitlich begrenzte Abfuhr der schlechten Säfte und zur Ablenkung von anderen Begierden, anderem Trachten... [...] Statt euch aufzulehnen gegen die gottgewollte Ordnung, lacht lieber und ergötzt euch an euren unflätigen Parodien auf die Ordnung, am Ende des Mahles, wenn ihr die Krüge und Flaschen geleert, wählt euch einen König der Narren, verliert euch in der Lithurgie des Esels und der Sau, spielt eure verkehrten Saturnalien!«

So weit lässt Eco den Mönch das sagen, was wir an den mittelalterlichen Ventilsitten kennen. Er fährt fort:

»›Aber hier, hier...‹, Jorge pochte mit steifem Finger auf den Tisch dicht neben das Buch, das William vor sich hielt, ›hier wird die Funktion des Lachens umgestülpt und zur Kunst erhoben, hier werden ihr die Tore zur Welt der Gebildeten aufgetan [...] Das Lachen befreit den Bauern von seiner Angst vor dem Teufel, denn auf dem Fest der Narren erscheint auch der Teufel als närrisch und dumm, mithin kontrollierbar. Doch dieses Buch könnte lehren, dass die Befreiung von der Angst vor dem Teufel eine Wissenschaft ist! Der lachende Bauer, dem der Wein durch die Gurgel fließt, fühlt sich als Herr, denn er hat die Herrschaftsverhältnisse umgestürzt. Doch dieses Buch könnte die Wissenden lehren, mit welchen Kunstgriffen, mit welchen schlagfertigen und von diesem Moment an auch geistreichen Argumenten sich der Umsturz rechtfertigen ließe! Und dann würde sich in ein Werk des Verstandes verwandeln, was in der unüberlegten Pose des Bauern einstweilen noch und zum Glück nur ein Werk des Bauches ist.‹«

Tatsächlich hatte Aristoteles ein zweites Buch seiner *Poetik* (nach 335 v.u.Z.) geschrieben. Es ist verschollen. Im ersten, erhaltenen Buch hatte er darauf hingewiesen, dass er im zweiten die Komödie behandelt und das Lächerliche untersucht. Umberto Eco versucht in seinem Roman, die Interessen der Kirche nachzukonstruieren, die dazu geführt haben könnten, dass das zweite Buch nicht erhalten ist. Schließlich haben die Christen ganze Bibliotheken mit antiken Schriften verbrannt.

Eco lässt seinen Mönch Jorge gegen die Theorie des Aristoteles kämpfen, nach der durch die Dichtung die Leidenschaften gereinigt werden:

»[Jorge:] ›Jahrhundertelang haben die Patres und Doctores duftende Essenzen heiligen Wissens abgesondert, um durch Meditation über das Hohe die Menschen aus der Not und Versuchung des Niederen zu erlösen. Dieses Buch aber, das die

Komödien und Satyrspiele und Mimen rechtfertigt als wundertätige Heilmittel, die angeblich eine Reinigung von den Leidenschaften bewirken durch Darstellung eben der Mängel und Laster und Schwächen, dieses Buch würde die falschen Gelehrten dazu verführen, in teuflischer Umkehrung eine Erlösung des Hohen durch Akzeptierung des Niederen zu versuchen.‹«

Darin sieht der Mönch, der um die Macht der Kirche fürchtet, die Gefahr: *Der durchs Lachen lebenstüchtiger Gewordene belässt es nicht bei der Ventilsitte, sondern er überschreitet sie. Hätte er erst einmal die Theorie, wird er, so sagt Jorge, nicht mehr das Höhere suchen und um die Erlösung vom Niederen flehen. Er wird nicht mehr den Ideenhimmel, das Göttliche anbeten und das »Fleisch« unterdrükken, sondern er wird realitätstüchtig die Chancen der Abschaffung der Herrschaftsideologien im materiell Vorhandenen suchen:* Jorge sagt das so: »›[...] das Volk besitzt keine Mittel, um sein Lachen zu verfeinern und es zur scharfen Waffe zu schmieden [...]. Würde jedoch eines Tages jemand, die Worte des Philosophen schwenkend und folglich selbst auftretend als Philosoph, die Kunst des Lachens zur schneidenden Waffe schmieden, würde alsdann die Rhetorik des Überzeugens ersetzt durch eine Rhetorik des Spottes, würde die Topik des geduldigen Ausbauens und Zusammenfügens von Heilsbildern der Erlösung verdrängt durch eine Topik des ungeduldigen Niederreißens und Auf-den-Kopf-Stellens aller heiligsten und verehrungswürdigsten Bilder, oh, wahrlich, ich sage dir, dann würdest auch du, William von Baskerville, mitsamt deiner ganzen Weisheit in den Strudel gerissen!‹«

Im 14. Jahrhundert hatte das »Niedere« seine materielle Chance: Marktfreiheiten und städtische Freiheiten ermöglichten es, dass die Sprache der einfachen Leute zu Wort kommen konnte.

Deshalb sagt der reaktionäre Jorge zum Schluss: »›Dieses Buch hätte den Gedanken rechtfertigen können, die Sprache der einfachen Leute sei Trägerin einer Wahrheit.‹«

Und dann beginnt er, das letzte noch erhaltene Exemplar des zweiten Bandes der *Poetik* des Aristoteles aufzufressen.

Gegen die Einfühlbilder der Kirche: allegorische Darstellung von Gesetz und ziviler Ordnung in den neuen Rathäusern der Handelsstädte

Seit dem 11. Jahrhundert hatten sich in Italien Manufaktur, Handel und Geldwirtschaft entwickelt. Im Handel und im Bankengeschäft wurden große Vermögen verdient. Die reichen Kaufleute in den Städten kämpften gegen die Macht der Kirche. Sie bauten prachtvolle Rathäuser, in Florenz den Palazzo della Signoria, in Venedig den Dogenpalast und in Siena den Palazzo Communale (alle um 1310 gebaut). Sie konkurrierten mit der Größe und Pracht der Kirchen.

In den Hallen der Rathäuser wurden Wandbilder angebracht. Darin setzten die Bürger der kirchlichen Human-Interest-Einfühl-Theatralik eine eigene visuelle Kultur entgegen. Sie taten das sehr klug und vorsichtig, unter Verwendung und Abwandlung der kirchlichen Bildmotive. So ließen die Bürger in Siena im Palazzo

Communale, im größten Saal, von Simone Martini ein riesiges Wandbild malen: *Maria mit dem Jesuskind* (1315; Kindlers Malerei Lexikon Bd. 11, S. 205). Martini malte einen selbstbewussten Jesus, wie es ihn noch nicht gegeben hatte: ein Kind, das auf dem Knie der sitzenden Maria aufrecht steht. Es hat ein ernstes Gesicht. Der neue Jesus hält in seiner linken Hand eine Schriftrolle, die wirkt wie ein Vertrag. Auf ihr steht: »Diligite iustitiam qu iudicatis terram«. Das stammt aus dem Buch Salomons und heißt: »Pflegt die Gerechtigkeit, zum Nutzen aller«. Die städtischen Kaufleute verwiesen demonstrativ auf das urkirchliche Wort, wie es erst zweihundert Jahre später Luther wieder tat. Sie bezogen sich also, und das war damals ungeheuerlich, nicht auf göttliches Recht, sondern auf verbriefte Rechtsprechung und Gerechtigkeit. Der selbstbewusste Jesus, dieser Jesus der Kaufleute, war eine geschickte Legitimation für die städtische Gerichtsbarkeit, die sich die Bürger erkämpft hatten.

Die Ratsherren ließen von Ambrogio Lorenzetti einen Saal mit Lehrbildern über die »Gute Regierung« ausschmücken (1338-1340). Eines dieser Lehrbilder ist eine allegorische Darstellung der Stadt Siena, ihrer Bürger und ihrer Feinde. In ihr schweben über allem nicht Gottvater oder Christus, sondern Sapientia, die Weisheit – sie hält die Waage der Justitia. Daneben regiert Caritas, die Fürsorge, ihr ordnet sich der Glaube unter, verkörpert durch einen Bischof.

Das waren allegorische Bilder, in denen sich die städtischen Patrizier und Kaufleute, Händler, Bankiers, Handwerker in ihrem Autonomiestreben gegenüber Kirche und Staat repräsentierten. Sie ließen ihr Interesse an Recht, Ordnung und Sicherheit visualisieren und idealisieren. Damit wurde eine neue, freiheitliche Bildtradition gegründet. Die Bild-Allegorien der Bürger appellierten nicht an die Gefühle, sondern an den Verstand.

Teil II: 1400-1880

Öffentliche Bilder, frühe Zeitungen, populäre Bücher, Zirkus, Penny-Presse, Music Hall zwischen Propaganda, Sensationen und standardisierten Gefühlen

1400-1650
Handels-Kapitalismus, früher Produktions-Kapitalismus, Absolutismus: Hinwendung zur realen Welt

Im 15. oder Anfang des 16. Jahrhunderts begann die Neuzeit. Als deren Beginn kann man den Aufschwung der italienischen Städte, den Aufstieg der großen Handelshäuser und Banken in Italien und Deutschland ansehen (»Handels-Kapitalismus«).

Um 1400 bestand in Norditalien eine florierende Finanzwirtschaft. Während des 15. Jahrhunderts wurden die italienischen Städte zur bedeutenden Wirtschaftsmacht: Venedig und Genua betrieben Handel zwischen Orient und Europa, Venedig mit Alexandria und Beirut. Die Kaufleute importierten Gewürze, Baumwolle, Seide und exportierten Stoffe. In Genua dominierte der Getreidehandel. Florenz und Mailand waren Handwerks- und Industriestädte. In Florenz gab es Tuchherstellung, Seidenweberei, Holzverarbeitung, Goldschmiede-, Steinmetzhandwerk. Rom war mächtig als Sitz des Kirchenstaats. Die Wirtschaftsstrukturen trieben die Entwicklung der Kultur voran. Für die Buchhaltung der Kaufleute wurde Mathematik, für die Seefahrt Geometrie gebraucht. Im Rahmen dieser Entwicklungen bildete sich zwischen 1420 und 1540 die kreative Elite der Renaissance: Humanisten, Naturwissenschaftler, Schriftsteller, Maler, Bildhauer, Architekten und Komponisten. (P. Burke 1984)

Andere Einschnitte waren: die Eroberung Konstantinopels im Jahr 1453 durch den türkischen Herrscher Mohammed II; die Entdeckung Amerikas (1492); der Beginn der deutschen Reformation (1517); die Auflösung der Zünfte, das Entstehen frühkapitalistischer Gewerbebetriebe (»früher Produktions-Kapitalismus«, ab Mitte des 16. Jahrhunderts).

Als epochale Veränderung in den Medien gilt die Erfindung des Buchdrucks 1450 – wobei man beachten muss, dass die intellektuelle Wende zur Neuzeit schon im frühen 15. Jahrhundert in den Bildern und Statuen der Renaissance stattfand; dass Gutenbergs Erfindung bloß eine neue Technik war; dass Bücher keine Massenmedien waren; dass die Wende zu den gedruckten Massenmedien erst mit Luthers Flugblättern und Streitschrift-Heftchen nach 1517 stattfand.

Erste technische Revolution der Medien: der Druck von Bild und Schrift

Blockbuch, Kupferstich

Damit kostengünstigere Drucke entstehen konnten, musste das Papier eingeführt werden. Im Jahr 105 v.u.Z in China weit verbreitet – es gab bereits Papiertaschentücher –, gelangte es über Persien und Ägypten 1276 nach Italien. 1389 baute der Kaufmann Ulman Stromer in Nürnberg die erste deutsche Papierfabrik, mit Wasserradantrieb. Die nächsten 500 Jahre war Nürnberg das Zentrum der deutschen Druckpapier-Produktion. Papier wurde aus zerfaserten, eingeweichten Lumpen hergestellt.

Seither wurden Bücher gedruckt, in Blockbuchherstellung, bei der jeweils eine ganze Schriftseite auf Holzplatten eingeschnitzt wurde. Die Blockbücher, gekauft von Klöstern, Priestern, Adligen, reichen Bürgern, waren meist religiöse Lehrbücher, oft reich bebildert. Da sich die Holzplatten abnutzten, waren die Auflagen begrenzt. *Um 1430 breiteten sich Holzschnitt-Bildblätter aus, meist waren das kleine Blätter mit Heiligenbildern und Gebeten, die an Pilger verkauft wurden. Auch Spielkarten wurden so hergestellt.* Der Holzschnitt-Druck erreichte um 1450 seinen Höhepunkt.

Es gab ab den 1430er Jahren auch *Kupferstiche:* Die mit einem Stichel in die Kupferplatte eingeritzten Linien werden mit Farbe gefüllt, die sich beim Druck auf das Blatt überträgt, ein Tiefdruckverfahren. *Kopien von Kirchenbildern verkauften sich am besten. Sie wurden in dieser Zeit von Klöstern hergestellt und an Wallfahrtsorten verkauft.*

Der Kupferstich war eine ebenso revolutionäre Erfindung wie der Druck von Schrift. Das geht in den medienhistorischen Darstellungen unter. Die Verbesserung der technischen Reproduktion von Schrift wird als die Erfindung des Jahrtausends gefeiert, es wird angenommen, dass Gutenbergs Erfindung eine epochale Wende von der oralen und visuellen Kultur zur Schriftkultur eingeleitet habe. Das ist falsch. Die technische Reproduktion von Bildern war in den Auseinandersetzungen der Neuzeit ebenso wichtig. (E. L. Eisenstein 1997, S. 35ff.)

Gutenberg: Profite mit Auffanggeräten für überirdische Strahlen, Bibeln und Ablassformularen

Um 1450 druckte Gutenberg in Mainz – Genaueres weiß man nicht – erstmals mit einzelnen Buchstaben.

Johannes Gensfleisch zur Laden, genannt Gutenberg (1397-1468) – »Gutenberg« nach dem Anwesen, in dem er in Mainz wohnte – war ein wohlhabendes Mitglied der Mainzer Patrizierfamilie Gensfleisch und lebte vermutlich von seinem Vermögen. Als die Zünfte mächtig wurden und eine Besteuerung der Patrizier verlangten, zog er nach Straßburg. Für die Zeit zwischen 1434 und 1444 ist sein Aufenthalt urkundlich nachgewiesen. In Straßburg stellte er Aachener Pilgerspiegel her. Das waren geprägte Metall-Amulette, die in der Mitte einen daumengroßen Spiegel hatten. Damit pilgerte man nach Aachen, wo man mit diesen Spiegeln die wundertätigen Strahlen des Heiligen Rocks auffing, der dort periodisch oben am Turm – also sehr fern von den Tausenden von Gläubigen – gezeigt wurde (Stadt Mainz 2000, S. 125f.). Gutenbergs Firma – er hatte drei reiche Straßburger Bürger als Teilhaber – produzierte die Pilgerspiegel massenweise, mittels eines von ihm entwickelten Stanzverfahrens. Es ist urkundlich nachgewiesen, dass er eine Presse besaß. So begann die neue Ära der technischen Reproduzierbarkeit mit auratischer Massenware.

Ab 1447/48 war er wieder in Mainz, wo er um 1450 den Druck mit beweglichen Lettern erfand. *Schon damals brauchte man für die Entwicklung neuer Medien viel Kapital:* Gutenberg beschaffte sich einen Kredit für die Einrichtung einer Druckerei. Der Finanzier Johannes Fust lieh ihm 1.600 Gulden – was einen Gegenwert von ca. 20 Stadthäusern oder 6 bis 8 Landgütern mit Wiesen und Feldern darstellte –, zu 6% Zinsen.

Ob und was Gutenberg vor 1452 druckte, weiß man nicht. Ob ein *Fragment vom Weltgericht* – nur ein kleiner Zettel ist erhalten – von Gutenberg gedruckt wurde und ob das um 1440/44 in Straßburg oder irgendwann zwischen 1445 und 1454 in Mainz geschah, darüber gibt es Gelehrtenstreit. (Geldner, S. 158; Widmann, S. 13ff.)

1452 begann Gutenberg mit dem Druck seiner Bibel. Geschrieben war sie in Latein. Sechs Setzer setzten die Buchstaben. Gedruckt wurde mit sechs Pressen. 1455 war die Bibel vollendet. Sie hatte 1.200 Seiten, die Auflage betrug 180 bis 200 Stück. Sie war das erste gedruckte Buch und natürlich kein Massenmedium.

Gutenbergs Buchstaben wurden mit einer Legierung aus Zinn, Blei, Antimon und Wismut gegossen. Der große Unterschied war, dass abgenutzte Buchstaben ausgetauscht werden konnten, und die Buchstaben konnten in Gussformen leicht nachgegossen werden.

Gutenbergs erster Großauftrag war 1454 und 1455 der Druck von Ablass-Formularen in Lateinisch, das waren die ersten gedruckten Behördenformulare. Es war das Jahr der Eroberung Konstantinopels durch die Türken, die damit das christliche Oströmische Reich zerstörten und den Fernhandel blockierten. Um einen Krieg gegen die Türken zu finanzieren, gab der Mainzer Fürstbischof diese Ablassformulare aus. Sie wurden von reisenden Ablasspredigern an zahlende Gläubige abgegeben. Deren Name, der Ort und das Datum wurden von Hand eingetragen, und das wurde besiegelt. Mit dieser Urkunde konnte der Zahler sich seinen Beichtvater wählen und jener konnte ihn aufgrund der Urkunde von allen Sünden freisprechen, ein Privileg, das sonst nur dem Papst vorbehalten war.

1454 druckte – vermutlich – Gutenberg in einer Nebenwerkstatt den *Türkenkalender*, heute die älteste erhaltene volkstümliche Druckschrift in deutscher Sprache, einen gereimten Text, der auf vom Islam drohende Gefahren hinwies. Es wurde jeden Monat eine herrschende Instanz zum Kampf der Christenheit gegen die Türken aufgerufen: im Januar der Papst, im Februar der Kaiser, dann die Erzbischöfe, dann der französische Dauphin, dann die Herzöge etc. (Geldner 1972)

1455 verlor Gutenberg, der keine Zinsen zahlte, seine Druckerei und die Rechte an den Bibeln an seinen Finanzier Fust, der zusammen mit Gutenbergs Drucker Peter Schöffer eine eigene Druckerei aufmachte. Mit dem Verkauf der Bibeln machte Fust einen Reingewinn von 5.000-6.000 Gulden (= 63-75 Stadthäuser oder 38-50 Landgüter).

Die Drucktechnik – Schrift und Bild – breitete sich aus: In Straßburg gab es 1458 die erste Druckerei, in Köln und Rom 1465, in Barcelona 1468, in Utrecht und Venedig 1469, in Nürnberg und in Paris 1470, in London 1476. 1470 eröffnete Anton Koberger eine große Druckerei in Nürnberg, ein Großunternehmen – 100 Angestellte; bis zu 24 Pressen – mit Zweigstellen in ganz Europa. Ein anderes Druckzentrum in Deutschland war Augsburg. 1490-1520 war Venedig die Hauptstadt der europäischen Druckerei. Die Bücher waren teuer, denn die Druckpressen aus Holz, die aussahen und funktionierten wie Weinpressen, wurden von Schreinern einzeln gefertigt. Und jeder Drucker stellte seine eigenen Drucktypen her. Das Gießmetall und die Druckfarbe waren teuer. Eine Druckpresse druckte pro Tag ca. 200 bis 1.000 Bögen.

Um 1490 differenzierten sich die Berufe, es gab nun Schriftgießer, Drucker, Verleger.

Bestseller im 15. Jahrhundert: Frommes, Esoterisches, Volksbücher

Die meistgelesenen Bücher waren im 15. Jahrhundert:

1. *Bibel.* Bis ca. 1500 gab es 18 in deutscher Sprache gedruckte Bibeln, illustriert mit farbigen Holzschnitten, etwas für sehr reiche Käufer.

2. *Leben der Heiligen*, ein Geschichtenbuch, Geschichten von Märtyrern etc.

3. *Buch von der Kindheit Christi*, mit Geschichten, die nicht in der Bibel stehen, z.B.: Jesus gebietet den Tieren, dass sie niemandem etwas tun etc.

4. Pater Stephan Fridolin: *Schatzbehalter oder schrein der waren reichtuemer des heils unnd ewyger seligkeit* (1491), ein Predigt- und Andachtsbuch.

5. *Spiegel des menschlichen Heils*, ebenfalls ein Andachtsbuch, mit Deutungen der biblischen Legenden.

6. Hartmann Schedel: *Weltchronik* (1493), in deutscher und lateinischer Fassung, mit mehr als 1.700 Holzschnitten.

7. Bücher über die heilenden und magischen Kräfte der Natur; Kräuterbücher wie *Gart der Gesundheit*, *Hortus Sanitatis*, *Herbarius*, über Heilpflanzen, mit Abbildungen; Konrad von Megenburgs *Buch der Natur*, ein Buch mit Beschreibungen von Tieren und der magischen Kräfte von Steinen – heute heißt das Esoterik.

8. Volksbücher, mit Liedern, Schwänken, Erzählungen, Märchen, Sagen, mit Holzschnitten illustriert.

9. Reisebücher, z.B. Hans Schiltberger: *Reisebuch* (1475), Schiltberger – er war bayerischer Kämmerer – beschreibt seine Abenteuer, die er als Kriegsgefangener bei den Türken und Mongolen erlebte: schreckliche Kindesmorde, grausame Tiere, fürchterliche Schlachten etc. Ebenso beliebt war Bernhard von Breidenbachs *Reisebuch*, die Schilderung einer Reise ins Heilige Land und nach Ägypten.

10. Heldensagen der Antike: Der Fall Trojas, die Heldentaten Alexanders des Großen etc. (Presser 1967)

Selbst die meistgelesenen Bücher waren keine richtigen Massenmedien, denn lesen konnten höchstens 4% der Bevölkerung (ausführlich: Faulstich 1998, S. 269ff.). *Die Bevölkerungsmehrheit, die Bauern, konnten in dieser Zeit noch nicht lesen,* selbst wenn es in manchen Dörfern von der Gemeinde bezahlte Lehrer gab. *In den Städten konnte die Oberschicht lesen und schreiben, aber auch die Handwerker, die Ladenbesitzer.* Es gab Kloster- und Domschulen, nach der Reformation gab es in Stadt und Land auch Einrichtungen, in denen man Lesen und Schreiben lernte. Es gab private Schreib- und Rechenmeister sowie Lesefrauen, die das Lesen lehrten. In den Dörfern sorgte der Pfarrer dafür, dass der Katechismus gelesen werden konnte. Viele konnten nur lesen, aber nicht schreiben. Viele, die beides nicht konnten, betrachteten die vervielfältigten Bilddrucke, und sie bekamen die Texte vorgelesen. Bücher und später Flugblätter wurden in Gasthäusern und Badestuben ausgelegt und laut vorgelesen. Eine allgemeine Schulpflicht, die Volksschule, gab es erst im 18. Jahrhundert.

Erste kulturelle Revolution der Medien: das Renaissance-Bild

Die Revolution der Medien fand nicht in der Druckerei, sondern in der Malerei statt

Stets wird behauptet, Gutenbergs Erfindung habe die Medien revolutioniert, und das ist richtig, denn jetzt stand das geschriebene Wort im Vordergrund des Interesses. *Aber der Druck war nur eine technische Revolution.* Gutenberg war ein konservativer Patrizier, der nur ein Kopiergerät erfinden wollte, eine Schönschreibmaschine, mit der man Faksimiles von schönen Handschriften erstellen konnte (Faulstich 1998, S. 253, Giesecke 1998, S. 134) – und Behördenformulare. Intellektuelleres hatte er nicht im Sinn. Und die frömmelnden und esoterischen Bestseller – das war kein Fortschritt.

Die revolutionäre Veränderung im Denken fand in der Malerei der Renaissance statt: Sie rückte das Materielle, das Weltliche ins Zentrum des Interesses. Auch die Künstler rückten sich selbst ins Zentrum des Interesses. Das bedeutete einen Bruch mit dem mittelalterlichen Anspruch, alles müsse die Idee des Göttlichen repräsentieren, und das Bild sei bloß ein flüchtiger, falscher Schein. *Hier, nicht mit der Druckerei, wurde das Göttliche entmachtet.*

Neues Spiel mit den Realitätsebenen in den Kirchenbildern: Bild im Bild, bewusste Medialität

Nur wenige dieser neuen Bilder waren öffentlich zugängliche Massenmedien, die gestalterisch und inhaltlich »fortgeschritteneren« Bilder der Renaissance wurden von den Auftraggebern größtenteils verborgen, um keinen Ärger mit der Kirche zu bekommen. Auf einige traf dies aber nicht zu, vor allem jene nicht, mit denen die Kirche propagandistisch gegen die ungläubiger, skeptischer werdenden Menschen vorging. In ihnen vollzog sich eine Krypto-Säkularisierung, d.h. es wurden die alten christlichen Themen gemalt, aber in innovativen, reflektierteren, intellektuelleren Gestaltungsweisen.

In den kirchlichen Einfühl- und Ablasshandels-Bildern gab es Veränderungen in der Art der Gestaltung, zum Beispiel beim Bild der »vera icon«, des Gesichts Christi. Dieses »echte Abbild« wurde jetzt von einer »Heiligen Veronica« präsentiert, als Bild im Bild: Die Autoritätsperson weist das Bild vor, damit es verehrt werden kann (Kindlers Malerei Lexikon Bd. 13, S. 26). Das heißt: *Die Aufforderung zum Glauben und zum Kultus wird demonstrativer, und zugleich entsteht eine neue Reflexionsebene, denn das Bild im Bild weist darauf hin, dass es sich um ein Glaubensbild und damit um ein Idealbild handelt.*

Die neue Reflexionsebene findet sich auch in Bezug auf das märchenhafte »Weihnachtsgeschehen«, die Geburt des Jesus im Stall. All das wurde jetzt »realistisch« gemalt. So malte zum Beispiel Hans Multscher 1437, im Wurzacher Passionsaltar (Kindlers Malerei Lexikon Bd. 9, S. 242), das Weihnachtsgeschehen, Maria mit dem

Kind im Stall, dahinter Josef. Daneben befinden sich hinter einer Bretterwand eine Reihe von Personen. Das ist ein Publikum, das ebenso groß dargestellt ist wie Maria und Josef. Das könnte auch das Publikum eines Krippenspiels sein, und Maria und Josef könnten Schauspieler sein. Eine Person aus dem Publikum zeigt auf das Schauspiel: Zweifelt sie vielleicht das Dargestellte an? Oder weist sie demonstrativ darauf hin, dass man das Dargestellte so und nicht anders zu glauben hat?

Auch beim Motiv des Schmerzensmanns gab es ähnliche Veränderungen. Im späten 15. Jahrhundert, in der Zeit der Vorreformation, wurde die Transsubstantiation, die Umwandlung der Hostie in den christlichen Gott, stark angezweifelt, viele wurden gefoltert und hingerichtet, weil sie, wie Voltaire schrieb, »leider nicht daran glauben wollten, dass ein Mensch Brot in Gott verwandeln könne« (1768, S. 479). Nicht nur aufgeklärte Menschen zweifelten, das späte 15. Jahrhundert war auch eine Zeit des Aberglaubens, der Astrologie. Auch gegen diese Ungläubigen wurde propagandistisch stärker vorgegangen. Deshalb erschien jetzt der Schmerzensmann im Szenario seines »Erfinders«, des Papstes Gregor I: Man sieht vorne den Papst Gregor I, mit dem Rücken zum Publikum, den Kopf schräg, die Arme zum Gebet ausgebreitet, in prächtigen Messgewändern an einem Altar die Messe haltend. Der Schmerzensmann erscheint meist auf dem Altar und weist auf seine Wunden hin, aus denen ein Blutstrahl direkt in den Messkelch fließt; oder er steht in einem Sarkophag hinter dem Altar (Kindlers Malerei Lexikon Bd. 1, S. 183; Westfehling 1982, S. 22ff., 42). Hierdurch wurde der Appellcharakter des Motivs erhöht, *Zweifler sollten durch »Visualisierung« überwältigt werden.*

Um 1500 begann auch hier das Bild-im-Bild-Motiv, so zum Beispiel in der *Gregorsmesse des Meisters der Heiligen Sippe* im Wallraf-Richartz-Museum in Köln (Westfehling, S. 51). Auch hier sieht man Papst Gregor I vor dem Altar, in betender Haltung eine Messe haltend. Aber auf dem Altar wird der Schmerzensmann »realistischer« inszeniert, so als sei er Teil des dargestellten Altarbildes, also ein Bild im Bild. Er scheint zwar herauszutreten, aber er tut es nicht. Die Möglichkeit des Heraustretens wird nur noch durch zwei Gewänder angedeutet, die aus dem Bild heraus auf den Altar überlappen. Seitlich im Bild ist ein Mensch mit skeptischer Miene zu sehen, ihm wendet sich ein Kirchenvertreter zu. *Mit dem »Bild im Bild« wurde die »Medialität« der Wahrnehmung deutlich gemacht, d.h. es wurde thematisiert, dass es sich um eine erwünschte Glaubensvorstellung handelt, die über ein Bild vermittelt wird. Das alte Einfühlbild wurde zum Zitat.*

Aus solchen Gemälden lernen wir, dass man Kulturprodukten seit der Renaissance eine Bewusstheit ihrer »Medialität« unterstellen sollte, d.h. dass man ihnen Intelligenz unterstellen sollte.

Das ist für die heutige Medientheorie wichtig. Ich wende mich dagegen, dass man die Medienprodukte nur als standardisierte Träger von »Wertvorstellungen« oder »Ideologien« betrachtet, so als könnten die Regisseure, die Journalisten und das Publikum nicht denken. Heute geht es nicht mehr um christliche Inhalte. Aber auch den heutigen Massenmedien sollte man zugestehen, dass sie Ähnliches leisten können: Videoclips zitieren oft die alten »mythischen« Bilder aus der Mediengeschichte oder die Modestile der 1950er und 60er Jahre. Auch sie tun das zitierend, und auch sie machen das Zitieren bewusst. *Sie machen die »Medialität« bewusst, die Tatsache, dass es sich um Inszenierungen handelt.*

Erstmals kommerzielle Malerei, erstmals »Kunst«

Um 1500 begann in Italien, den Niederlanden und in Deutschland die Kommerzialisierung der Malerei, und damit begannen die Auftraggeber, Bilder als »Kunstwerke« zu betrachten, die man um ihrer selbst willen besitzt. Jetzt setzte sich Themenvielfalt, Individualisierung, Stilindividualismus, die Betonung von Unverwechselbarkeit durch. Das ist die Zeit, in der die Künstler mit Portraits, Landschaftsbildern und Stillleben ihre Unabhängigkeit erlangten.

Im Jahr 1500 malte Albrecht Dürer sein berühmtes Selbstportrait (Kindlers Malerei Lexikon Bd. 3, S. 289). Darin blickt er selbstbewusst und als Herr, wie Christus, den Betrachter an. Der Künstler sieht den Betrachter direkt an, der Künstler wurde für den Betrachter zum Thema, damit wurde »Kunst« zum Thema. Nicht umsonst malte Dürer sich wie Christus: In der gesamten Antike galten die Maler und Bildhauer nicht viel, sie waren Handwerker. Von künstlerischer Innovation und Originalität war nicht die Rede, weil das nicht sein durfte. Originalität war nur Gott vorbehalten, dem Schöpfer am Anfang der Welt. Wenn sich jetzt ein Maler wie Christus malte, verkörperte er den Anspruch der Menschen, die Welt selbst zu schaffen.

Die »Kunst« legte also in jener Zeit, wie Belting schreibt, zwischen den Augenschein des Bildes und das Verständnis des Betrachters eine neue Sinnebene: »Sie wird dem Künstler eingeräumt, der das Bild als den Beleg von Kunst in die eigene Regie nimmt. Die Krise des alten Bildes und die Entstehung des neuen Kunstcharakters bedingen einander. In der ästhetischen Vermittlung liegt eine andere Möglichkeit des Bildgebrauchs, über die sich der Künstler und der Betrachter miteinander verständigen. [...] Das Bild, das nunmehr nach den Regeln der Kunst entsteht, bietet sich dem Betrachter zur Reflexion an. Form und Inhalt treten ihren unmittelbaren Sinn an den vermittelten Sinn einer ästhetischen Erfahrung und eines verborgenen Arguments ab.« (1993, S. 26).

Der Betrachter sieht einen realen Künstler, aber er betrachtet damit jemanden, der die neuen Regeln der Bildgestaltung beherrscht und dem Betrachter vermittelt oder auch aufzwingt. *Jetzt enthielt jede Darstellung Auseinandersetzungen des Künstlers – Auseinandersetzungen mit seinen inhaltlichen und formalen Gestaltungsmitteln und Auseinandersetzungen mit der Realität. Es entstand ein neues Spiel des Erkennens der Bildinhalte, für ein gebildetes Publikum.*

Perspektive, Camera Obscura, erstes »Fernsehen«

In Carlo Crivellis *Verkündigung* (1486. Kindlers Malerei Lexikon Bd. 3, S. 127) ist die Legende, dass Maria durch einen Engel erfuhr, dass sie schwanger sei, eingebettet in die perspektivisch genaue Darstellung eines Renaissance-Palastes. Er füllt das Bild und macht Maria und den Erzengel zu kleinen Nebenfiguren. Auch hier also »die Überführung der Doppelbödigkeit des Sichtbaren in eine rein menschliche Transparenz« (Debray 1999, S. 239). Der Künstler ist nicht mehr der sakralen Darstellung verpflichtet, sondern auch den allgemeinen Naturgesetzen der Optik und des perspektivischen Sehens. Innovativ war nicht das Thema, sondern die geometrisch genaue perspektivische Darstellung des Palastes.

Es wurde damit kein naiver Abbildrealismus, sondern eine abstrakte Sichtweise der Dinge eingeführt, denn die Perspektive ist eine geometrische Konstruktion. Sie konstruiert zwei Punkte: draußen in der Landschaft den Fluchtpunkt, auf den alle Linien zulaufen, und im Auge des Betrachters dessen Blickpunkt. Die Perspektive entspricht nicht unbedingt der faktischen Seh-Erfahrung. Die Realität wurde mittels der Perspektive zwar abgebildet, aber der Maler trat der Realität als Konstrukteur gegenüber.

Aus der Konstruktion der Perspektive entstand die »Camera Obscura«, die dunkle Kammer, ein Raum oder auch eine Box, in die man durch ein Loch Licht fallen lässt. Die Vorgeschichte der Camera Obscura begann schon im 11. Jahrhundert mit den Studien des Arabers Abu Ali al-Hasan Ibul Hasan Ibn-Al-Haitham (965-1039). In Arabien hatte sich die antike Naturwissenschaft vor den christlichen Verfolgungen bewahrt und weiterentwickelt. Ibn-Al-Haitham beschrieb in *Über die Gestalt der Finsternis* die Abbildung einer Sonnenfinsternis in einem dunklen Raum: »Das Bild der Sonne zur Zeit der Verfinsterung, falls sie nicht eine totale ist, zeigt, wenn ihr Licht aus einem engen runden Loch austritt und zu einer dem Loch gegenüberliegenden Ebene gelangt, die Gestalt der Mondsichel.« (Baier 1980, S. 8). Später wurde die Erfindung der Camera Obscura Leonardo da Vinci (1452-1519) zugeschrieben.

Die Camera Obscura veränderte die Bildproduktion und Bildwahrnehmung: Mit der Camera Obscura konnte Realität naturgetreu dokumentiert werden. Das nachgezeichnete Bild war kein falscher Schein. Das Göttliche wurde auch hier abgesetzt.

Nach 1550 gab es Linsen, damit waren hellere, detailreichere Projektionen möglich, und man konnte die Bilder umdrehen, auf die Füße stellen. Jetzt wurden auch gespielte Szenen gezeigt, die draußen in der Sonne inszeniert wurden. Das tat um 1560 Giovanni Battista Della Porta. Er ließ draußen von kostümierten Schauspielern ganze Theaterstücke darstellen. Das war bereits »Fernsehen«: Das Publikum wusste nichts von dem Theater draußen in der Sonne und staunte über die realistischen bewegten Bilder, die im dunklen Zimmer auf eine Wand projiziert und mit Musik begleitet wurden. »Natürliche Magie« wurde das von Della Porta genannt, *Magia naturalis* hieß ein Buch, das er 1558 veröffentlichte.

Im 17. Jahrhundert gab es tragbare, sänftenartige Kammern und kleinere Kästen, Vorformen der Fotokamera. Sie gehörten jetzt zur Ausrüstung von Malern und Zeichnern. Mit ihr konnten sie im Dunkel der Kammer Landschaften auf ein Blatt Papier projizieren und nachzeichnen.

Alte Medien auf Märkten und Messen

In der frühen Neuzeit bestanden die populären Medien des Mittelalters fort:

In den meisten Kirchen hingen Bilder, die nicht die radikalen Veränderungen zeigten. Wie im Mittelalter gab es die Prozessionen und Feste der Kirche im Jahreszyklus.

Und immer noch gab die Predigten, zum Beispiel der Bettelmönche, die oft bis zu 20.000 Zuhörer hatten. In Deutschland wurde um 1476 in Niklashausen bei Würzburg Hans Böheim als Laienprediger berühmt, ein Viehhirt, der auch bei Kirchweihen oder Hochzeiten die Pfeife und die Pauke spielte. Zu seinen Predigten strömten Tausende von Bauern. Er sagte, die Muttergottes habe ihm befohlen zu predigen, dass bald ein tausendjähriges Reich komme, in dem es keine Kaiser, Fürsten, Päpste gebe. In dem alle Zinsen, Zölle, Steuern, Zehnten und Frondienste abgeschafft und Wälder, Wasser, Brunnen und Weiden frei seien. In dem jeder des anderen Bruder sei, keiner mehr als der andere haben solle. Das war der erste Funke der späteren Bauernrevolution von 1524-1525. Schedels *Weltchronik* von 1493 berichtete über den Prediger von Niklashausen so: »Der tät denn zu den Feiertagen predigen wider die Geistlichen. Darum wurden von Herrn Rudolphen, dem Bischof von Würzburg, Späher gen Niklashausen geschickt, die führten diesen Paukenschläger gen Würzburg und verbrannten ihn da. So verschwand die Wallung.«

Ein wichtiges Forum für populäre Kultur waren die Handelsmessen. Die bedeutendste europäische Messe war die Frühjahrs- und Herbstmesse in Frankfurt. Buchhändler und Maler kamen, um ihre Produkte zu verkaufen. Schauspieltrupps und fahrende Sänger aus England und Frankreich reisten an, um das Messepublikum zu unterhalten. 1443 wurde auf der Frankfurter Messe erstmals ein Elefant öffentlich zur Schau gestellt.

Auf den Festen und Märkten traten wie im Mittelalter die Quacksalber, Heiler, Springer, Ringer, Waffenkämpfer, Spaßmacher und Clowns auf, die Schausteller, Propheten, Erzähler. Komödianten führten Streitgespräche auf, zum Beispiel darüber, was besser ist: Karneval oder Fasten, Wein oder Wasser, Sommer oder Winter etc. (P. Burke 1981; Lever 1983; Zimmermann 1856)

Karneval war auch in der frühen Neuzeit das Fest des Essens, Trinkens, der obszönen Lieder und der Gewalt. Man stritt und prügelte sich. Man schlug mit Schweinsblasen und Stöcken aufeinander ein, bewarf sich mit Eiern und Steinen, es gab oft Tote. Man steinigte Hunde, Hähne, Katzen.

Absolutismus

Zentralistische Staaten: Durchsetzung verallgemeinerter Interessen

In jener Zeit bildeten sich in England, Frankreich, Spanien und Österreich zentralistische Staaten mit mächtigen Herrschern an der Spitze. Sie entstanden aus der Notwendigkeit, den Kaufleuten alle Freiheit zu verschaffen: Sicherheit des Handels, der Straßen, des Geldverkehrs, Rechtssicherheit. Möglich wurde der absolutistische Zentralstaat, weil die Könige und Fürsten Steuern erhoben. 1436 erklärte der französische König Charles VII (rg. 1422-1461), dass er die »Aides«, die Kriegsabgaben, dauerhaft erheben werde, ohne die Erlaubnis des Adels und des Klerus einzuholen. Was uns selbstverständlich erscheint, die Erhebung von Steuern, war damals eine Ungeheuerlichkeit. Ausländische Beobachter wunderten sich, dass die Bevölkerung ihrem König gehorsam war. Später kam das System des öffentlichen Kreditwesens hinzu: Banken und reiche Bürger liehen dem Staat Geld, oft gegen überhöhte Zinsen.

Durch die königlichen Einnahmen verringerte sich die Macht des regionalen Adels. Hinzu kam, dass es in ganz Europa eine Inflation gab, die Einnahmen aus Grundbesitz des Adels sanken. Ihre Güter waren überschuldet oder sie verloren ihren Besitz. Die Könige konnten ihre Einnahmen den Entwicklungen anpassen, ihr Reichtum stieg. Sie konnten Söldner kaufen und Heere bilden.

Die Zentralmacht konnte auch stärker werden, weil sich der finanziell schwächer werdende Adel und das aufsteigende Bürgertum im Machtgleichgewicht hielten. Die Bürger waren reich und in Korporationen organisiert, sie setzten dem Adel Widerstand entgegen, ohne ihn beherrschen zu können. Der Adel war wirtschaftlich schwach, aber er stellte die obersten Kriegsherren und war mächtig genug, um die Bürger in Schach zu halten. Je schwächer der Adel und je reicher der König wurde, desto mehr konnte der König den Adel an seinen Hof binden, Hofämter, Geld und wirtschaftliche Monopole an ihn verteilen, so seine Zentralmacht stärken und sich zugleich die Bürger vom Leib halten. Mitte des 17. Jahrhunderts wurden die Hofämter ein Privileg des Adels. Die hohen Ämter der Verwaltung und der Gerichtsbarkeit blieben eine Domäne der reichen Bürger. (Elias, Bd. 2, S. 263, 296ff.)

Den Gipfel absolutistischen Herrschertums verkörperten in England Henry VIII (rg. 1509-1547) und Elizabeth I (rg. 1558-1603); in Spanien Karl V (rg. 1519-1556); in Frankreich Henri IV (rg. 1589-1610), Louis XIII (rg. 1610-1643) und Louis XIV (rg. 1643-1715).

Dezentrales Deutschland

In Deutschland gelang die Zentralisierung nicht, das Heilige Römische Reich Deutscher Nation war zu groß, zu unübersichtlich. In Deutschland regierten mächtige Fürsten – Pfalz, Sachsen, Böhmen, Bayern, Brandenburg, Schwaben, Lothringen –, die eigene Steuern erhoben und zusammen mit den Fürstbischöfen und den Städten die Macht des deutsch-römischen Kaisers beschränkten. Versuche der Kaiser, ein nationales Heer, eine Reichsmiliz aufzustellen oder zwecks Ausstattung der teuren Söldnerheere Steuern zu erheben, scheiterten. Die deutschen Kaiser waren ständig in Geldnot.

Reich waren Handelsstädte wie Köln – um 1400 die größte Stadt des deutschen Reichs, mit 30.000 Einwohnern –, Lübeck, Nürnberg, Leipzig, Augsburg, Frankfurt, Mainz. Sie waren allerdings durch die Verlagerung des Fernhandels auf die Seewege bedroht. Das lag daran, dass die Türken nach der Eroberung von Konstantinopel (1453) – einem der Schockereignisse jener Zeit – den Handelsweg nach dem Orient kontrollierten, und dass Vasco da Gama den Seeweg nach Indien entdeckte (1498). Die Kolonialstaaten Spanien, Portugal, Frankreich, Holland zogen allmählich den Handel aus Deutschland ab.

Erster multinationaler Konzern: Fugger

Eine Stütze des deutschen Kaisers waren die Fugger in Augsburg (Klarwill 1923; Ogger 1979). Fugger war das größte Handels- und Bankhaus Mitteleuropas, das größte Bergbauunternehmen, der größte Rüstungsproduzent. Der Ertrag des von Fugger beherrschten Bergbaus wurde 1424 von Fugger selbst auf ca. 2,5 Mio. Gulden pro Jahr geschätzt. Eine Bauern- oder Handwerkersfamilie verdiente höchstens 100 Gulden im Jahr. Vor allem Jakob Fugger (1449-1525) brachte seine Firma auf den Gipfel ihrer Macht.

Der Konzern finanzierte die Kriege von Kaisern und Fürsten, wofür er als Gegenleistung Bergwerks- und Münzrechte und Grundbesitz erhielt. Er kontrollierte den europäischen Kupferhandel. Der deutsche Kaiser Maximilian I (rg. als König ab 1486, als Kaiser 1493-1519) war bei der Fugger-Bank hoch verschuldet und von Fugger abhängig. Den höchsten Staatsbeamten des Kaisers zahlte der Fugger-Konzern Gehälter. Maximilians Nachfolger Karl V (rg. 1519-1556) konnte nur deutscher Kaiser werden, weil Fugger ihm die hohe Bestechungssumme finanzierte, die er den deutschen Kurfürsten für seine Wahl zu zahlen hatte. Es handelte sich um 543.585 Gulden: ein Infanterist verdiente 4 Gulden im Monat, also 135.896 mal weniger. Als Sicherheit erhielt Fugger Schuldverschreibungen auf Salzbergwerke, Hüttenbetriebe, Kupfer- und Silberbergwerke – und das Recht auf Zensur der Augsburger Drucker.

Fugger monopolisierte ab 1503 den Handel mit kirchlichen Ämtern. Dem Papst Julius II bezahlte Fugger die Schweizergarde. Fugger wickelte auch den Ablasshandel und den Geldtransfer nach Rom ab. Die Ablassprediger in Deutschland wurden von Fuggers Bankangestellten begleitet, die die Geldtruhen beaufsichtigten und nach Augsburg transportierten. Fugger arbeitete auch mit dem Geld reicher Kirchenleute. Zinseinkünfte waren von der Kirche offiziell verboten (H. Fuhrmann 1996, S. 123ff.), und so hatten die reichen Bischöfe ihr geheimes Konto in Augsburg.

Fugger hatte Niederlassungen, Faktoreien genannt, in allen großen Handelsstädten Europas. Das waren Büros, Warenlager, Pferdestationen, Kaufhäuser, Bankfilialen, diplomatische Vertretungen. Fugger besaß eine eigene Post, ein Nachrichtensystem, das ihm viele Informationen schneller als anderen verschaffte. Als Zwischenträger und Spitzel beschäftigte er unter anderem Zigeunersippen. Die in Augsburg eingehenden Nachrichten wurden an Geschäftsfreunde verteilt. Eine Sammlung von handschriftlichen und gedruckten Korrepondenzberichten aus den Jahren 1568-1605 nennt man heute »Fuggerzeitungen«, aber diese Schriften dienten lediglich dem Informationsbedürfnis des damaligen Konzernchefs Graf Philip Eduard Fugger (Koszyk 1972a, S. 36).

Erste »Neue Nachrichten«: Newe Zeytungen

Erstmals der Begriff »Zeitung«, doch keine Zeitungen im heutigen Sinn

Der Begriff »Zeitung« (zidinge, zidunge) bedeutete »Bericht von einem Ereignis«, eine »Zeitung« war eine Nachricht. Dieser Begriff entstand um 1300 im Raum Köln, der reichsten deutschen Handelsstadt, und in den Niederlanden. Solche Nachrichten hatten mit dem, was wir heute »Zeitung« nennen, nichts zu tun: Diese mit der Hand kopierten Nachrichten konnte man nur in privaten Geschäftskorrespondenzen lesen, als Beilagen zu den Geschäftsbriefen. Zeitungen, wie wir sie verstehen, wird es erst ab dem 17. Jahrhundert geben.

Eigens gedruckte Nachrichtenblätter entstanden um 1480, bestehend meist aus einem Blatt, oft mit Holzschnitten illustriert. Sie nannte man »Neue Zeitungen«, was soviel hieß wie »neue Nachrichten«. Sie trugen den Begriff »Zeitung« noch nicht im Titel. Sie wurden auf Marktplätzen verkauft. 1493 wurde ein Brief von Columbus über seine Entdeckungen als ein solches Druckblatt verbreitet.

Um 1490 entstand in Deutschland ein staatlicher Botendienst, Kaiser Maximilian I übertrug ihn dem in Innsbruck, dem Ort der kaiserlichen Residenz, ansässigen Francesco Tasso. Es wurde eine ständige Postverbindung zwischen Innsbruck und der kaiserlichen Residenz Mechelen bei Brüssel eingerichtet. Die Briefe wurden mittels Reiterstafetten befördert. Die Reiter wurden alle vier Meilen (30 Kilometer) gewechselt. Auf diese Weise konnten 100-150 km im Tag zurückgelegt werden (Behringer, S. 17f.). Tasso übersiedelte nach Brüssel und nannte sich Franz Taxis.

Taxis' Botendienst diente Regierungs- und Verwaltungszwecken. Da Maximilian oft nicht zahlte, übernahm Taxis auch Privataufträge. *Die Familie Taxis richtete Postlinien ein. 1504 zwischen Wien und Brüssel, 1516 von Deutschland nach Rom und Neapel.* 1512 wurden die Taxis geadelt.

Mit dem Aufkommen der Post entstand die Möglichkeit der rascheren Verbreitung aktueller Nachrichten. Jetzt erschien das Wort »Newe Zeytungen« oder »Neue Zeytungen« auch als Überschrift. Das erste bekannte Blatt, das den Begriff »Zeitung« enthielt – als Überschrift eines Abschnitts –, hieß *Newe zeytung von orient und aufgange* (1502). Es enthielt vor allem Kriegsnachrichten. Die Ereignisse lagen ein Jahr zurück.

Ein anderes Druckblatt trug den Begriff »Zeitung« schon im Titel: *Copia der newen ceytung aus Presilg Landt,* Kopie der Neuesten Nachrichten über Brasilien (1505), gedruckt in Augsburg von Erhard Öglin (Abdruck in Weller, S. 5ff.). 1501-1504 hatte Amerigo Vespucci – jener Seefahrer, nach dem Amerika benannt wurde – im Auftrag Portugals die Küsten Brasiliens bereist und darüber 1504 einen Bericht verfasst. Das Druckblatt nahm diese »newe ceytung«, diese neuen Nachrichten auf. Es berichtete hauptsächlich über die Reichtümer des Landes: Felle von Leoparden und Luchsen, Gewürze, Gummi, Kupfer, Silber, Gold. Dann wurde die Bevölkerung im Norden Brasiliens geschildert: »Sie sind keine Kannibalen wie die Südbrasilianer. Sie machen aber keine Gefangenen, sondern erschlagen ihre Gegner. Sie sagen über sich, ihr Volk sei gutartig. Sie haben weder Gesetze noch einen König, sondern sie verehren ihre Ältesten und gehorchen ihnen.« Das war 1505 in Europa eine brisante Botschaft: Ein Volk ohne König!

Zensur, Inquisition, Hexenverfolgungen

Weil sich die Druckerzeugnisse so rasch verbreiteten, wurden, so schreibt der Publizistikwissenschaftler Jürgen Wilke, »erste Aufsichtsmaßnahmen ergriffen, um ihrer Folgen Herr zu werden.« Die kirchliche Zensur habe den Zweck der »Reinerhaltung des Glaubensgutes« gehabt (1994a, S. 148). Für ihn war das eine »kirchlich organisierte Aufsicht«. Der Informatiker Michael Giesecke spricht angesichts der damals einsetzenden Zensur von »Steuerungsinstrumentarien«, von »Steuerung der Informationsverteilung« und von »Einflussnahme auf den Informationskreislauf«, auf »Informationen, die in das typographische Netz gehen.« (1995, S. 442ff.).

Das war jedoch keine »Aufsicht«, keine »Steuerung«, keine »Einflussnahme«, sondern das war Terror: Die Pressezensur stand im Zusammenhang mit der vorreformatorischen Verschärfung der Inquisition 1481, zuerst in Spanien. 1484 löste eine Bulle, d.h. eine Verlautbarung des Papstes Innozenz VIII, umfangreiche Hexenverfolgungen aus. »Hexen und Hexer« waren missliebige Personen, vor allem Frauen, die etwas von Heilkunde verstanden. Vor allem das Wissen über Verhütung und Abtreibung sollte ausgerottet, die Geburtenregelung aus der Medizin verbannt werden (Heinsohn und Steiger, S. 74 f.). Verfolgt wurden auch Männer, die die Naturgesetze erforschten, kritische Geister, Ungläubige. In derselben Zeit wurde die Legende vom Dr. Faust populär, jenem Mediziner, der sich mit dem Teufel verbündete, Magie betrieb und umkam.

1486-1600 war die Zeit der Hexen-Schauprozesse und der Scheiterhaufen. Die Verfolgungen gingen von den Herrschenden aus, aber sie waren zugleich eine Volksbewegung. Jeder konnte Leute denunzieren, die den eigenen Macht- oder Geschäftsinteressen hinderlich waren. 1486 wurde in Deutschland erstmals die Zensur eingeführt: Der Fürstbischof von Mainz, Berthold von Henneberg, richtete eine Zensurkommission ein. 1487 führte die päpstliche Bulle *Inter Multiplices* für die gesamte Kirche die Vorzensur ein. Im gleichen Jahr erschien der *Hexenhammer*, eine Schrift der päpstlichen Inquisitoren gegen die »Hexen«.

1496 bestellte Maximilian I einen obersten Zensor für das Bücherwesen. Ab 1497 kontrollierte die Frankfurter Bücherkommission die Buchmesse daraufhin, ob die dort verkauften Bücher der Zensur vorgelegt worden waren. Eine päpstliche Bulle verfügte 1501 die Verbrennung von Büchern, die die Autorität der Kirche in Frage stellten.

Der Informatiker Michael Giesecke behauptet, es habe damals faktisch keine Zensur gegeben. Jeder habe Daten in den »großen Speicher« eingeben können: »Die Eingabe von Wissen in den großen Speicher, darunter auch die Veröffentlichung von Meinungen zu politischen und weltanschaulichen Fragen, war jedem freigestellt.« (1995, S. 188). Giesecke hat insofern Recht, als damals die kaiserlichen Erlasse und die päpstlichen Bullen kaum beachtet wurden. Es gab keinen Zentralstaat und keine Bundespolizei, die Landesfürsten regierten autonom. In den Städten bestand eine gewisse Freiheit, denn die Patrizier, Bürger und Handwerker befanden sich ständig in Kampf mit dem Adel und der Kirche. Jede Stadt wendete die kirchlichen und herrscherlichen Zensurvorschriften anders an. Die Drucker konnten in eine andere Stadt mit anderen Zensurvorschriften ausweichen und sich mit den dort herrschenden Patriziern und Zünften arrangieren. Allerdings achteten die Reichsstädte auch auf gute Beziehungen zu Kaiser und Fürsten und zensierten strikt. Die Drucker und Drucke-Händler mussten sich also zwischen unterschiedlichsten Kirchenherren, Landesfürsten und Patriziern – und deren Scheiterhaufen und Folterkellern – hindurch lavieren. Das als »Eingabe von Wissen in den großen Speicher« und »freie Veröffentlichung von Meinungen« zu bezeichnen, ist zynisch.

Giesecke nennt die 1486 einsetzende Zensur »Datenschutz« (S. 188) und schreibt an anderer Stelle: »Ebenso wie man [d.h. die Behörden] die Gewerbe oder auch die Kleidung ordnete, so schützte man auch die Daten – entweder überhaupt vor einer Veröffentlichung in den neuen Medien oder aber vor dem Zugriff bestimmter Personengruppen.« (S. 444). Aber Datenschutz ist doch die Absicherung demokratischer Grundrechte, Zensur deren Unterdrückung! Wie kommt es zu einer solch seltsamen Verwechslung? Hier wird »Vergangenheit als Stoff des Fortschritts benutzt« (Horkheimer und Adorno 1944, S. 46): Dem *heutigen* neoliberalen Informatik-Denken stellen sich sowohl Zensur als auch Datenschutz als ein »Eingriff« dar, »in Kommunikations- oder Informationssysteme, die sich an und für sich auch selbst regulieren können« (Giesecke, S. 441).

Für das *heutige* konservative Denken in »Systemen« sind Zensur und Datenschutz gleich, sie schränken »die in dem Informationssystem im Prinzip gegebenen Handlungsmöglichkeiten« ein. Diktatur und Demokratie sind im Informatik-Denken gleichermaßen »Steuerungsinstrumentarien« und damit Eingriffe in die »freie Wirtschaft«, zu der die »technischen Netze« angeblich automatisch tendieren. Auch das ist zynisch.

Erste bürgerliche Öffentlichkeit, erste gedruckte kommerzielle Medien – für kaufkräftige Kundschaft

Das Flugblatt mit der größten Wirkung aller Zeiten

1517 heftete Martin Luther, Professor für Bibelerklärung an der Universität Wittenberg, am Portal der Schlosskirche in Wittenberg ein Blatt mit 95 Thesen an – allerdings weiß man nicht, ob das wirklich stimmt und ob Luther die Thesen nicht nur an seinen Vorgesetzten und an ein paar Freunde schickte. Man weiß auch nicht, ob es sich um ein handgeschriebes oder ein gedrucktes Flugblatt handelte. Sicher ist, dass Luther einen wissenschaftlichen Disput und keine öffentliche Wirkung wollte (Kortzfleisch 1960). Deswegen waren die Thesen in Latein geschrieben. Aber Luthers Freunde gaben sie an Drucker weiter, sie wurden übersetzt und als Flugblatt nachgedruckt und verkauft. Dieses Flugblatt gab den Anstoß zur Reformation.

Das Flugblatt (Laube et al., S. 110) begann mit der Aufforderung, über 95 Punkte zu diskutieren. Einige davon lauteten: Es gibt keine Buße, »wenn sie nicht äußerlich allerlei Ertötung des Fleisches bewirkt«. Das war gegen den Ablasshandel gerichtet und bedeutete, dass man ohne innere Askese keine Gnade erlangen, schon gar nicht erkaufen könne. Ebenso sei die innere Unterwerfung unter die kirchlichen Glaubensregeln notwendig: »Gott vergibt keinem die Schuld, den er nicht zugleich, durchaus gedemütigt, dem Priester als seinem Stellvertreter unterwirft«. Noch nie, sagte Luther, habe der Papst jemanden, der ihm widersprach, mit der Bibel oder der Vernunft widerlegt, sondern immer nur mit Gewalt. Das solle anders werden: Alles müsse sich jetzt aus der Schrift, den »kirchlichen Satzungen«, rechtfertigen: »Ja, der Papst erlässt keine einzige Strafe den Seelen im Fegefeuer, die sie in diesem Leben laut der kirchlichen Satzungen hätten büßen müssen«.

Weitere Thesen führten diese Argumente gegen den Ablasshandel aus: »Die predigen Menschentand, die da vorgeben, dass, sobald der Groschen im Kasten klingelt, die Seele aus dem Fegefeuer auffahre«. »Ein jeder Christ, der wahre Reue empfindet über seine Sünden, hat völlige Vergebung von Strafe und Schuld, die ihm auch ohne Ablassbriefe gehört«. »Man soll die Christen lehren, dass der, der dem Armen gibt oder dem Dürftigen leiht, besser tut, als wenn er Ablass löst«. »Man soll die Christen lehren, dass der Papst, wenn er von den Erpressungen der Ablassprediger wüsste, lieber wollte, dass S. Peters Münster zu Asche verbrannt würde, als dass es mit Haut, Fleisch und Gebein seiner Schafe erbaut werden sollte«.

Der Bau von »Sankt Peters Münster«, des Petersdoms in Rom, war 1506 begonnen worden, der Bau dauerte 100 Jahre, er wurde durch Zwangskollekten finanziert, für die Ablass gewährt wurde.

Dann stellte Luther die, wie er das nannte, »unleugbar scharfsinnigen Fragen des gemeinen Mannes«: »Warum befreit der Papst nicht alle Seelen zugleich aus dem Fegefeuer um der allerheiligsten Liebe willen und wenn der höchsten Not der Seelen als der für ihn allerbilligsten Ursache, da er doch unzählig viele Seelen erlöst um des allerunheilvollsten Geldes willen zum Bau von S. Peters Münster, also um der leichtfertigsten Ursache willen?« Oder: »Warum baut jetzt der Papst nicht lieber das eine S. Peters Münster von seinem eigenen Gelde, da doch sein Vermögen größer ist als des reichsten Crassus Güter?«

Mit Luthers Forderung, sich auf die Schrift, die Bibel, zu beziehen, wurde die argumentative Begründung als oberste Richterin in allen religiösen Streitfragen anerkannt. Das war der Beginn der Geistesfreiheit in Deutschland. Die protestantischen Fürsten unterstützten und legitimierten diese Denkfreiheit.

Reformation, Unterentwicklung Deutschlands

Dass Luther nicht, wie viele andere, sogleich auf dem Scheiterhaufen landete, hatte er den politischen Interessen des sächsischen Landesfürsten Friedrich des Weisen (rg. 1486-1525) zu verdanken. Das kam so:

Der Magdeburger Erzbischof, der 25jährige Albrecht von Brandenburg, wollte 1514 das Erzbistum Mainz kaufen. Er brauchte hierfür die päpstliche Genehmigung, denn der Besitz zweier Erzbistümer war ungewöhnlich. Die Genehmigung war nur mit Bestechungsgeldern zu erhalten, die sich Albrecht vom Bankhaus Fugger lieh. Papst Leo X, der zugleich Großgrundbesitzer und Großkaufmann war, sah die Möglichkeit, seinen gewaltigen Geldbedarf mit einer neuen Ablass-Eintreibungs-Kampagne zu decken, und genehmigte eine auf acht Jahre befristete Kampagne. Diese durfte Albrecht nicht nur in Mainz, sondern auch in anderen Fürstentümern, praktisch im halben Reichsgebiet, durchführen. Die Hälfte der Gelder sollte der Papst erhalten, fünf Prozent die Fugger-Bank und den Rest der Erzbischof. Offiziell wurde erklärt, die Kampagne diene der Finanzierung des Petersdoms.

Albrecht schickte seine Werber auch nach Sachsen. Die Werber gingen an jede Tür und setzten die Leute unter Druck. Sachsen war ein reiches Land, es hatte Edelmetall-, Blei-, Zinn- und Kohle-Bergwerke. Der Landesfürst Friedrich war zwar Katholik, aber er sperrte den Ablasshändlern den Zugang ins Land, denn er wollte verhindern, dass das in Sachsen erwirtschaftete Kapital ins Ausland ging. Als Luther gegen den Ablasshandel moralisierte, kam ihm das gelegen. So war der Protestant Luther das finanzpolitische Werkzeug eines katholischen Landesfürsten. (Mehring 1910, Bd. 1, S. 36)

Trotzdem wäre Kaiser Maximilian I verpflichtet gewesen, den Ketzer Luther gegen den Willen des sächsischen Landesfürsten dem römischen Inquisitionsgericht auszuliefern. Aber der sächsische Landesfürst war Kurfürst, einer derer, die den deutschen Kaiser wählten. Kaiser Maximilian I war Habsburger, und die Habsburger wollten, dass der nächste deutsche Kaiser wieder ein Habsburger wird. Sie brauchten die Stimme des sächsischen Kurfürsten. Auch der Papst wollte den Kurfürsten nicht verprellen, denn er hoffte auf dessen Stimme, um den französischen König François I als deutschen Kaiser durchzusetzen, was nicht klappte, 1519 wurde der Habsburger Karl V zum Kaiser gewählt.

Der Protestantismus war eine Bewegung in einem ökonomisch und politisch unterentwickelten, dezentralisierten Land. Einige Fürsten förderten den Protestantismus, denn sie wollten sich das Eigentum der katholischen Kirche aneignen, um damit ihre Unabhängigkeit gegenüber Kaiser und Reich zu stärken.

Kaiser, Fürsten, Grafen, Ritter waren keine reichen Leute. Reich war die Kirche, waren die Fürstbischöfe und Äbte. Reich blieben im 16. Jahrhundert die Kaufleute, die Bankiers und die Manufakturbesitzer. Weniger reich war die mittel-bürgerliche Schicht der Ärzte, Pfarrer, Rechtsanwälte, Offiziere und Professoren. Die Handwerker und kleinen Ladenbesitzer hatten in den Städten an Bedeutung verloren und gehörten jetzt zur Unterschicht.

Die reichsten Städte waren jetzt Augsburg und Nürnberg. Allerdings lebte in Deutschland ca. vier Fünftel der Bevölkerung – Deutschland hatte ca. 20 Mio. Einwohner – auf dem Land (Koszyk 1972a, S. 35). Außerhalb der großen Handelsstraßen und Städte hatten sich mittelalterliche Zustände erhalten, eine sich selbst genügende Agrarwirtschaft und der Naturalientausch. Den Bauern ging es in der ersten Hälfte des 16. Jahrhunderts schlecht, die Bauernkriege von 1524-1525 waren die Folge.

Schimpfen und Diskutieren

In den Städten gab es jetzt eine diskutierende Öffentlichkeit. Die Protestanten forderten die Unabhängigkeit von der römischen Kirche: die Freiheit von Abgaben, Bußgeldern, Ablasshandel; die Verwendung der Gelder der katholischen Kirche für Armenpflege, Schulen; die Erneuerung des Eherechts; die Freiheit der Meinungen und des Markts. Die Handwerker und Bauern schimpften über die Ausbeutung der Armen durch die Reichen, steigende Steuern und Lebensmittelpreise und über Profitmacher, sie verlangten die Kontrolle des zunehmenden Wuchers der Kaufleute und Händler. Während der Bauernaufstände wurden allgemeine Forderungen erhoben: die Kontrolle von Preistreiberei und künstlicher Warenverknappung; die Senkung oder Abschaffung von Steuern und Kirchenabgaben; die Abschaffung der Leibeigenschaft und des adligen Fischerei- und Jagdrechts; die Zurückgabe der den Einzelnen oder den Gemeinden entrissenen Wälder und Weiden; eine gerechte Justiz und Verwaltung; die Wahl und Absetzbarkeit der Geistlichen durch die Gemeinden.

In den Fuggerschen Bergwerken protestierten die Arbeiter gegen Akkordarbeit, für die Einhaltung der Sonntagsruhe und, bei Schließung unrentabler Bergwerke, für das Recht auf Arbeit.

Sie alle bildeten um 1520 eine öffentliche Meinung, obwohl das noch nicht so genannt wurde.

Es gab nicht nur Geschimpfe. In den Städten hatte sich eine neue Schicht von Räten, Stadtschreibern, Syndizi entwickelt, von Advokaten, die schreiben und juristische Texte lesen und interpretieren konnten. In Deutschland unterstützten sie die Reformationsbewegung, mit ihnen mussten die Herren der Kirche und des Adels verhandeln.

Zur neuen politischen Öffentlichkeit gehörten auch die Reichstage, die es seit der Reichsreform von 1495 und 1500 gab, sie waren die erste Form einer politisch fungierenden Öffentlichkeit in Deutschland (Balzer, S. 13). Dort hatten die Stände das Recht auf Beschlussfassung. Es wurden nicht nur religiöse Debatten geführt, sondern auch politische Missstände angeprangert. So untersuchte z.B. der Nürnberger Reichstag von 1522 in Ausschüssen die Geschäftspraktiken der deutschen Banken und Handelshäuser, allen voran: Fugger. Die Vorwürfe: Wucher, überhöhte Zinsen und Profite; Monopolisierung der Produktion und des Handels, »Monopolien« wurde das genannt.

Die Gegenvorstellung der Ausschüsse: »Nur viele Verkäufer bringen guten Kauf und wohlfeile Waren«; Beschränkung des Kapitals und der Zahl der Faktoreien der Gesellschaften; Preisstopp; Handelssperren. Dagegen argumentierte Fuggers Hausideologe, der Jurist Konrad Peutinger, dass hohe Preise für Kupfer den Unternehmen überhaupt erst erlaubten, die Bodenschätze effektiv zu erschließen, Monopole seien also gut, man preise also die Monopolisten. Bevor daraus eine große öffentliche Debatte werden konnte, wurde die Diskussion abgewürgt: Die Unternehmer mobilisierten die großen Handelsstädte Nürnberg, Köln, Frankfurt, und der bei Fugger hoch verschuldete Kaiser sorgte dafür, dass es bei verbalen Angriffen der Nürnberger Ausschüsse blieb.

Das Volk schimpfte und diskutierte zwar. Aber jene Interessen, die wir heute als ihre wichtigeren erkennen und gern »objektive« Interessen oder »Klasseninteressen« nennen, wurden meist von konkreteren Interessen überlagert, zum Beispiel von Familienfehden. Familienkriege waren an der Tagesordnung: Geschäftsfreunde zerstritten sich, Geschäftsleute schlugen sich tot, weil der eine dem anderen die Kundschaft wegnahm, und deren Familien suchten Rache etc. Derartige Konflikte waren den Leuten näher und wichtiger. Bürger und Bauern waren in »vertikale« Loyalitäten eingebunden. Peter Burke schildert das so: »Klassenbewusstsein und ›horizontale Solidarität‹ gab es so gut wie nicht. Zwischen Herr und Knecht, Beschützer und Abhängigen, Gutsherrn und Pächter entwickelten sich Bindungen, die einer ›vertikalen Solidarität‹ gleichkamen und der horizontalen entgegenwirkten. In den Städten war es die Treue zum eigenen Handwerk, die Meister und Gesellen verband, sich gegen andere Zünfte und andere Städte richtete und so der Ausbildung eines Klassenbewusstseins im Wege stand. Auf dem Lande nahm die Loyalität dem eigenen Dorf gegenüber den wichtigsten Platz ein. Sie stand einer Zusammenarbeit mit Ortsfremden im Weg, selbst wenn es sich um andere Bauern handelte.« (1981, S. 190). Die damaligen »Staatskörper« waren regionalisiert, zerfallen in Provinzen, Gutsherrschaften, Täler, Dörfer, die in ihrer Produktion sich selbst genügten und sich deshalb für andere Provinzen, Gutsherrschaften, Täler, Dörfer nicht interessierten oder gegen sie kämpften.

Außerdem waren die Menschen von Angst vor Kriegen, Hungersnöten und der Pest gebeutelt.

Die Möglichkeit, dass der Mensch die Gesellschaft vernünftig einrichten könnte, war noch nicht das Thema der damaligen Öffentlichkeiten. Von »der Gesellschaft« sprach man bis ins späte 17. Jahrhundert nicht, denn eine breite bürgerliche Schicht, die dem Adel und Klerus mit Macht hätte entgegentreten können, war – abgesehen von den städtischen Patriziern und Kaufleuten in den großen Handelsstädten – nicht existent. Deshalb sprach man um 1520 von »Fürstentum«, »Staatskörper«, in Italiens Stadtstaaten von »Republik«. Man sprach von »Rängen und Verschiedenheiten der Menschen« und gliederte die Welt in Adlige, Bürger und Bauern oder in Adel, »fettes Volk« und »Plebs«.

Abgesehen davon, konnten die Menschen schlecht selbstbewusste Gestalter ihrer Umwelt werden, wenn die geistlichen oder adligen Herrscher, die ihnen die Pacht oder die Steuern erhöhten oder ihnen den Besitz wegnehmen wollten, das Recht hatten, sie als Ketzer einzusperren, ihnen die Zunge herauszuschneiden, die Haut abzuziehen, die Beine zu brechen und sie auf dem Rad oder dem Scheiterhaufen zu ermorden. Die Herrscher taten das nicht nur aus Sadismus. Die entstehenden absolutistischen Zentralstaaten – in den deutschen Fürstentümern die Zentralverwaltungen – bekämpften die regionale Verselbständigung und damit jede Opposition.

Erste kommerzielle Presse der Kleinverleger: Nachrichtenblätter, Flugblätter – und die ebenso epochale Erfindung der Radierung

Da die Drucker, die Zeitungs- und Flugblatt-Herausgeber nicht an Handwerksordnungen oder Zunftordnungen gebunden waren, konnte ein freier Markt von konkurrierenden Kleinunternehmern entstehen. Um 1500 gab es in Europa bereits über 1.000 Druckereien, in denen über 35.000 Druckerzeugnisse mit einer Gesamtauflage von ca. 10 Mio. Exemplaren hergestellt wurden.

Die neuen protestantischen Öffentlichkeiten nutzten und entwickelten das neue Medium: 1520-1550 breiteten sich die Druckblätter – Neue Zeitungen, Flugblätter, Streitschriften – in Deutschland aus. Während um 1500 das meiste noch in Latein gedruckt wurde, stieg der Anteil der in Deutsch geschriebenen Schriften um 1520 auf ca. 90%.

Lesen konnten in Deutschland jetzt ca. 5-10% der Bevölkerung, in den Städten und im entwickelteren Südosten ca. 10-30%. Man kann aber davon ausgehen, dass die Druckblätter auf den Märkten, vor den Kirchen und in den Gasthäusern einem größeren Kreis vorgelesen wurden. (Köhler 1986, S. 250; 1987, S. 331)

Neben den Druckblättern – Einzelblättern oder kleinen Broschüren – entstanden in jener Zeit noch andere Massenmedien, zum Beispiel Gesangbücher, die wir nicht weiter behandeln. Auf populäre Bücher, Lieder und Erzählungen, gehe ich weiter unten ein. Zurück zu den Druckblättern:

Newe Zeytungen

Die meist mehrseitigen Nachrichtenblätter hatten auffällige Titelblätter, mit einer groß gedruckten ersten Zeile und mit einem Holzschnitt-Bild. *In den »Neuen Zeitungen« wurde über Kriegsereignisse und religiöse Kämpfe berichtet. Es gab jede Menge Sensationen,* wie schon die Neue Zeitung-Titel verraten: »Neue Zeitung aus Rom, wie das grausam und erschrecklich groß Wasser des Tibers Schaden getan hat den 7. Oktober 1530«; »Erschreckliche und wahrhaftige Neue Zeitungen, die sich mit dem grausamen Erdbeben und Feuer in Sicilia an und umb den Berg Ethna begeben haben«. Andere Schreckensnachrichten betrafen medizinische Abnormitäten; Kometen-Erscheinungen, Sonnen- und Mondfinsternisse oder auch Zauberinnen, die sich mit dem Teufel verbündet hatten, und als Hexen verbrannt worden waren, mit Bildern von den Hinrichtungen (Schottenloher, S. 152ff.)

Die Nachrichten kamen aus dem damaligen Nachrichtenzentrum, der Börse von Antwerpen, und aus den deutschen Handelszentren Nürnberg, Augsburg, Frankfurt, Köln. Sie wurden mit der Reiterpost befördert. Jene brauchte z.B. von Frankfurt nach Hamburg fünfeinhalb Tage. Nachrichten bestanden aus privaten Handelskorrespondenzen, Sammelkorrepondenzen von Druckern, Briefen oder aus Neuen Zeitungen, deren Nachrichten wiederum von den Druckern vor Ort in eigenen Neuen Zeitungen zusammengestellt wurden.

Die Neuen Zeitungen wurden entweder von den Betreibern der Poststationen direkt gedruckt. Oder es ließ sich ein Drucker in der Nähe der Poststation nieder und gab dort seine Neuen Zeitungen heraus.

Eine damalige Druckerpresse leistete eine Auflage von ca. 3.600 Druckblättern pro Tag. Die Arbeitszeit der Drucker betrug 15 Stunden. *Aus Druckern wurden aber auch schon Verleger, die Schreiber anstellten, Journalisten und Schriftsteller.* (Dieterichs, S. 28 ff.; Groth 1928-1930, S. 3ff.)

Die Neuen Nachrichten wurden – ebenso wie Flugblätter und Streitschriften – entweder direkt von den Druckern oder Verlegern verkauft. Oder sie wurden von fahrenden Händlern, reisenden Badern, d.h. Kurpfuschern und auch von Hausierern angeboten, auch auf Jahrmärkten von Gauklern und fahrenden Sängern. Auf den Märkten gab es »Nachrichten-Sänger«, die zwecks besseren Verkaufs die Informationen der Neuen Zeitungen ausriefen oder die »Zeitungslieder«, d.h. Sensationsnachrichten in Versform, vorsangen. Eine andere Vertriebsform waren die Messen, auf denen Drucker und Verleger ihre Schriften verkauften. (Heintzel 1998, S. 27)

Flugblätter

Gedruckt wurden auch Flugblätter. Diese brachten keine neuesten Nachrichten, sondern Polemiken oder Kommentare zum Zeitgeschehen. *Die Flugblätter wurden nicht, wie man das heute gewohnt ist, kostenlos verteilt, sondern sie wurden von*

Druckern oder Verlegern verkauft. Käufer waren vor allem Handwerker und Ladenbesitzer. Im Allgemeinen waren die Flugblätter ein Medium der protestantischen Öffentlichkeiten. In den deutschen Bauernkriegen (1524-1525) erschienen zahlreiche Flugblätter, die Stimmung gegen die Bauern machten (Meuche 1976). *Viele Flugblätter blieben jedoch politisch neutral, denn die Verleger hatten erkannt, dass die Flugblätter sich besser verkaufen ließen, wenn sie nicht in die Auseinandersetzungen eingriffen. Oft waren Flugblätter geschrieben wie heute die Zeitungs-Leitartikel, sie boten überparteiliche moralische Erbauung.*

Auf Flugblättern wurden auch Lieder und Balladen verkauft. Das waren journalistische Produkte, sie handelten von Verbrechen, Katastrophen, Skandalen, Schlachten oder vom Tod eines Prominenten.

1501-1530 erschienen – soweit man das ermitteln kann – im deutschen Sprachgebiet ca. 10.000 Flugblätter. Rechnet man mit einer Auflage von ca. 1.000 Exemplaren pro Flugblatt, waren das 10 Mio. Flugblätter (Köhler 1986, S. 249f.). Manche Blätter brachten es auf eine Auflage von 4.000 bis 5.000 Exemplaren.

Neue Zeitungen und Flugblätter waren für die Käufer nicht billig, sie kosteten 1-2 Kreuzer, etwa den Tagelohn eines Maurer- oder Zimmergesellen. Dafür konnte man sich auch 20 Eier oder 2 Liter Most oder 10 Heringe kaufen (B. Weber, S. 29f.,: Koszyk 1972a, S. 44). *Zeitungen und Flugblätter waren zwar Massenmedien – aber nur für kaufkräftige Bürger, sie waren der Mehrheit der Bevölkerung – den Bauern, kleinen Handwerkern und Arbeitern – allein wegen des Preises nicht zugänglich.*

Flugblatt-Bilder

Im 16. Jahrhundert wurde – das war ebenso epochal wie Gutenbergs Erfindung – der Kupferstich weiterentwickelt: 1513 erfanden Albrecht Dürer und Urs Graf die Radierungstechnik. Dabei wird mit einer Nadel auf eine mit Wachs oder Asphalt beschichtete Kupferplatte geritzt, »radiert«. Damit kann man dünnere Linien ziehen als beim klassischen Kupferstich (bei dem mit dem Stichel direkt in die Platte eingeritzt wird). Die aus der Beschichtung herausgeritzten Linien werden geätzt, und dann wird im Tiefdruckverfahren gedruckt. Das Verfahren ist schneller, eine Radierung konnte man in ein paar Tagen herstellen. Dürers Drucke wurden von seiner Frau auf Märkten verkauft.

Da viele nicht lesen konnten, gab es viele Flugblatt-Bilder. Sie waren die ersten Illustrierten. In den Bildern spiegelten sich die gesellschaftlichen Konflikte. Es gab zum Beispiel Bilder, auf denen kleine Fische von großen gefressen werden. Protestanten und Katholiken stellten sich gegenseitig als Narren, Ungeheuer oder Teufel dar. Zwei Beispiele: Aus der Werkstatt von Lucas Cranach d. Ä. – des Malers und protestantischen Propagandisten – kam ein Flugblatt *Himmelwagen und Höllenwagen*, in dem ein einfacher protestantischer Christ über einen katholischen Doktor der Theologie triumphiert, der zur Hölle fährt. In einem katholischen Flugblatt *Luthers Spiel der Ketzerei* schürt Luther zusammen mit dem Teufel ein Feuer in einem Kessel. Die Flammen sind beschriftet mit: Falschheit, Unglaube, Stolz, Neid, Skandal, Ungehorsam, Verachtung, Hochmut, Lügen, Ketzerei, Blasphemie, Unkeuschheit, fleischliche Freiheit, Chaos, Unloyalität. Es gab auch Allegorien, personifizierte Kontrastmontagen von Gut und Böse: In *Allegorie auf das Mönchtum* unterstützt die Armut einen Bauern, während die personifizierte Hoffahrt, die Wollust und die Habsucht einen Mönch beherrschen. (Heintzel, S. 116ff.)

Oft wurden die Konflikte in die scheinbar unpolitischen Metaphern der »verkehrten Welt« verpackt. Peter Burke schildert, was sich um 1550 auf den Flugblättern befand: »Es gab die rein körperliche, gegenständliche Umkehrung: Menschen standen auf dem Kopf, Städte waren in den Himmel gebaut, die Sonne und der Mond befanden sich auf der Erde, Fische flogen durch die Luft, oder, ein Lieblingsbestandteil der Karnevalszüge, ein Reiter saß verkehrt auf seinem Pferd, das rückwärts statt vorwärts geht. Dann kehrte man die Beziehungen zwischen Mensch und Tier um: Man sah das Pferd als Fuhrmann, das den Menschen beschlug; der Ochse wurde zum Metzger und zerlegte einen Menschen; der Fisch aß den Angler; der Hase trug einen Menschen als Beute davon oder drehte ihn am Spieß. Weiterhin stellte man die ›Verkehrtheit‹ der menschlichen Beziehungen dar, Umkehrungen alters- und geschlechtsspezifischer wie sozialer Rollen. Der Vater wird vom Sohn geschlagen; der Schüler prügelt den Lehrer, Diener geben ihren Herren Befehle, die Armen teilen Almosen an die Reichen aus, Laien zelebrieren die Messe oder predigen vor der Geistlichkeit, der König geht zu Fuß, während der Bauer reitet, der Mann spinnt und hält das Kind im Arm, während die Frau Pfeife raucht und ein Gewehr trägt.« (1981, S. 202f.)

Andere Flugblatt-Bilder enthielten Kuriositäten, Sensationen aller Art: Bilder von Menschen ohne Unterleib, Hexenverbrennnungen, Teufelsaustreibungen, das Niederschlagen von Aufständischen etc. Die sensationellen Bilder sollten zum Kauf auffordern. Wie die Kirchenbilder im 14. Jahrhundert hatten sie »Appellcharakter«, sie wandten sich an den Betrachter. Es gab sogar ein Bild vom Tod als Skelett, das mit Pfeil und Bogen direkt auf den Betrachter zielt (Schilling 1990, S. 406).

In den Neuen Zeitungen und Flugblättern wurde viel Wundersames geboten. Deshalb meint Jürgen Habermas, dass die Medien auch in der frühen Neuzeit noch die alte mittelalterliche Funktion der Repräsentanz gehabt hätten, denn die neuen Nachrichten seien als Zeichen und Wunder in jene Sphäre der Repräsentation zurückgenommen worden, »in der eine ritualisierte und zeremonialisierte Teilnahme des Volkes an der Öffentlichkeit bloße, einer selbständigen Interpretation unfähige Zustimmung gestattet« (1962, S. 27). Aber wieso sollen die Menschen damals zur selbständigen Interpretation unfähig gewesen sein? Es blieb den Druckern in jenen diktatorischen Zeiten nichts übrig, als brisante Nachrichten in die Form von unterhaltenden Kuriositäten zu verpacken, denn die Zensur war eine ständige Gefahr.

Zensur (Fortsetzung)

Die Zensur wurde weiter ausgebaut (Eisenhardt 1970). 1521 wurde die Zensur durch eine kaiserliche Verfügung verordnet, das Wormser Edikt. Gegen Luther und seine Anhänger wurde die Reichsacht verhängt, Luthers Schriften und überhaupt antikirchliche Schriften – die, wie der Noelle-Neumann-Schüler Jürgen Wilke meint, »das gesellschaftliche Klima vergifteten« (2000, S. 36) – wurden verboten und deren

Verbrennung angeordnet. Alle religiösen Schriften sollten durch kirchliche Stellen zensiert werden. Dem widersetzten sich die Reichsstände und die Reichsstädte, z.B. Nürnberg, Augsburg, Straßburg. Der Kurfürst von Sachsen ignorierte das Edikt. Er hatte mit dem Kaiser den Kompromiss vereinbart, dass ihm das Mandat nicht zugestellt wurde, deshalb tat er so, als existiere es nicht.

Bestseller des 16. Jahrhunderts: protestantische Streitschriften, Luther als erster Medienstar, Benimm-Bücher und katholische Devotionalien

1518-1523 erreichten die Streitschriften die höchste Auflage des Jahrhunderts. Streitschriften waren kleine, gedruckte Broschüren mit ca. sechs Seiten. Auch sie wurden von Druckern, Verlegern und fahrenden Händlern verkauft. *In ihnen ging es um ausführlichere politische Meinungsäußerung.* Es wurden religiöse Fragen debattiert, die damals politische Bedeutung hatten. Zunächst waren das offene Angriffe auf die katholische Kirche und den Kaiser. Je mehr die Zensur sich durchsetzen konnte, desto mehr wurden die Angriffe in biblische Gleichnisse und Fabeln verpackt.

Vor allem Luther nutzte das neue Medium. Er schrieb unermüdlich kleine Pamphlete, die sofort in Druck gingen.

1518 fasste Luther seine 95 Thesen gegen den Papst und den Ablasshandel in der Schrift *Sermon von Ablass und Gnade* zusammen. Die Schrift erreichte im gleichen Jahr zwölf Auflagen und innerhalb zwei Jahren weitere dreizehn. 1519 verfasste Luther 20 Schriften, mit ca. 6 Blatt Umfang, alle in mehreren Auflagen.

Vor allem *An den christlichen Adel deutscher Nation* (1520) wurde ein Bestseller – 4.000 verkaufte Exemplare innerhalb eines Monats; 15 Auflagen im selben Jahr –, ebenso *Von der Freiheit eines Christenmenschen* (1520). Darin forderte Luther gleiches Recht für alle und die Rechtfertigung christlichen Handelns allein aus der Schrift, der Bibel. Die Auslegung der Bibel habe nicht durch den Papst, sondern durch die christlichen Gemeinden zu geschehen.

Allerdings war für ihn die christliche Freiheit nicht gleichbedeutend mit Demokratie. Luther war Traditionalist, er predigte, dass man sich in seine Lebenslage schicken müsse (M. Weber 1905. S. 70ff.). Hatte nicht Paulus dazu aufgerufen, dass man der Obrigkeit gehorchen müsse? So stand Luther nicht hinter den Forderungen der aufständischen Bauern. In seiner Schrift *Wider die räuberischen und mörderischen Rotten der Bauern* (1525) schrieb er, Aufruhr sei unerträglich. Man müsse diese Schwarmgeister »stechen, schlagen, würgen«.

Bis 1520, dem Jahr des Reichstags von Worms, hatte Luther 81 Schriften publiziert und eine verkaufte Gesamtauflage von ca. 500.000 Exemplaren. 1523 stammten ca. ein Drittel der im deutschsprachigen Raum im Handel befindlichen 498 Drucktitel von Luther. Zwischen 1507 und 1546 publizierte er ca. 616 Schriften. Luthers Drucker wurden reich. (Heintzel, S. 80f.; Moeller, S. 62; Stoll, S. 47; Traitler, S. 5)

Auf vielen dieser Schriften erschien dasselbe Portrait Luthers, auf dem der Professor als einfacher Mönch inszeniert wurde. Martin Luther war der erste Medienstar.

Die Luther-Bibel wurde der Bestseller des 16. Jahrhunderts. Auf dem Reichstag in Worms 1521 war Luther zur Reichsacht verurteilt worden, er wurde auf der Wartburg interniert und übersetzte das Neue Testament aus dem Hebräischen und Griechischen neu ins Deutsche. Deutsche Übersetzungen hatte es vorher schon gegeben, als Prachtwerke für die Reichen. Luthers *Neues Testament*, das 1522 erschien – Verleger: der Maler und Unternehmer Lucas Cranach und Christian Döring, Drucker: Melchior Lotter d. J., alle in Wittenberg –, war für die Allgemeinheit gedacht. Die verschiedenen Ausgaben kosteten einen halben bis eineinhalb Gulden, dafür musste ein Tischlergeselle eine bis drei Wochen arbeiten. 1534 erschien die gesamte Luther-Bibel, 1539 die revidierte Fassung. Die Bibel in den Auflagen des Wittenberger Druckers und Hauptverlegers Hans Lufft brachte es bis 1584 auf ca. 100.000 Exemplare. Die Gesamtauflage, einschließlich der Nachdrucke, wird auf eine Million geschätzt (Faulstich 1998, S. 282; Friedenthal 1967, S. 378).

Neu war, dass Luther in einem volkssprachlichen Deutsch schrieb. Die Lutherische Sprache verbreitete sich in ganz Deutschland und wurde zur allgemeinen Schriftsprache. Die Bibeln wurden gelesen, bis sie in Stücke fielen. Der Luther-Biograf Richard Friedenthal schreibt: »Die Verbreitung der Bibel durch das neue Mittel der Druckerkunst wurde der erste Einbruch eines Massenmediums in die soziale Ordnung der Zeit. Jeder las oder hörte zu, wenn ein anderer las; jeder disputierte, legte aus, zog seine Lehren aus der Bibel. ›Das Buch‹ wurde nicht nur, wie die Kirche es verwaltet hatte, eine entfernte Verkündigung, bei der das größte Gewicht auf das Jenseits gelegt war, sondern Gegenwart. Es sollte nicht nur lehren, wie man sterben müsse, um den Himmel zu gewinnen. Es wurde zur Kampfparole, zur sozialen Forderung; alle Bewegungen der Zeit, auch solche und besonders solche, die man jetzt als sozialistische oder kommunistische Vorläufer ansieht, waren biblisch bestimmte, aus der Schrift inspirierte Strömungen.« (1967, S. 379)

Ein anderer Bestseller-Autor war Hans Sachs, der Nürnberger Schuhmacher und Meistersinger. 1523 ergriff er mit dem Gedicht und Lied *Die wittembergisch Nachtigall* Partei für Luther. Es hatte sieben Auflagen im ersten Jahr. *Sein Erfolg basierte darauf, dass er die schon im Mittelalter populären Tier-Vergleiche politisierte:* Luther als Nachtigall, damals nicht nur ein Tier des schönen Gesangs, sondern ein »Weckvogel«; der Papst als Löwe und Führer der wilden, bösartigen Tiere: die kirchlichen Würdenträger als reißende Wölfe in Schafskleidern, Ausbeuter der christlichen Schafsherde; Mönche und Nonnen als Schlangen; katholische Gegen-Propagandisten als Katze, Bock, Schnecke, Esel und Schwein.

1524 verfasste Sachs propagandistische Kirchenlieder und vier Prosadialoge, in denen er protestantische und katholische Auffassungen typisierend entgegensetzte. Hier ging es nicht nur um die Diffamierung des Gegners, der katholischen Kirche, sondern auch um die Darstellung des Protestantismus als Ordnungsmacht gegenüber den revoltierenden Bauern. (Heintzel, S. 141ff.)

Es gab neben Luthers Bibel zwei weitere Jahrhundert-Buch-Bestseller. Diese stammten von dem katholischen Theologen Erasmus von Rotterdam:

Familiarum Colloquiorum Formulae (1522): Das war ein Buch, aus dem Jugendliche lernen sollten, wie man ein moralisches Leben führt. Dargestellt wird das anhand von Situationen wie: Junger Mann will Mädchen ins Bett kriegen; oder: Junger

Mann spricht mit Prostituierter etc. Aber das Buch ist hochmoralisch: Das Mädchen verweigert dem jungen Mann sogar den Kuss vor der Ehe, und die Prostituierte wendet sich von ihrem »schlechten Lebenswandel« ab. Das Buch wurde zwei Jahrhunderte lang in unzähligen Ausgaben und Übersetzungen publiziert, es wurde auch als Kinder- und Schulbuch verwendet.

Das zweite, *De civilitate morum purerilium* (1530), war ein Benimmbuch oder, wie man damals sagte, eine Courtoisie-Schrift. Das Buch gibt einem adligen Knaben Ratschläge, wie man sich in der Gesellschaft anderer benimmt. Die Ratschläge sahen so aus: Man starrt nicht vor sich hin, das ist ein Zeichen von Trägheit, man blickt aber auch nicht zu scharf, das ist schamlos. An den Nasenlöchern soll kein Schleim hängen. Das Buch wurde in den ersten sechs Jahren nach Erscheinen dreißigmal neu aufgelegt. Es folgten insgesamt 130 Auflagen. Es wurde ins Englische, Deutsche, Tschechische und in vielen Auflagen ins Französische übersetzt. Es wurde auch in Katechismusform als Schulbuch verwendet. (Elias, Bd. 1, S. 66ff., S. 231ff.)

Der Erfolg dieser Bücher ist ein Indikator für den Beginn einer stärkeren Affektkontrolle, für die Abwendung von der mittelalterlichen körperlichen Nähe, für die »Zivilisierung« der Menschen. Mitte des 17. Jahrhunderts wurde das nicht nur beim Adel, sondern auch bei den Bürgern der Haupttrend, auch sie benahmen sich jetzt fein: Beim Essen greifen nur Wölfe und Vielfraße sofort zu, wenn die Platte mit Fleisch aufgetragen ist. Man taucht nicht die Finger in die Brühe. Man leckt die fettigen Finger nicht ab und wischt sie auch nicht am Rock ab, das ist unzivilisiert. Man nimmt dafür das Tischtuch – oder noch besser etwas ganz Neues: die Serviette.

Das erfolgreichste Sachbuch war ab 1541 die *Cosmographia* von Sebastan Münster, die bis 1650 in 46 Ausgaben in sechs Sprachen erschien. (Engelsing 1973, S. 31)

Die eigentlichen Massen-Bestseller dieser Jahrhunderte waren aber – da Bücher teuer waren und nur wenige lesen konnten – ganz andere Dinge: Bei Wallfahrten verkaufte die katholische Kirche Hunderttausende von Amuletten und Andachtsbildern aus Wachs, Blei oder Silber; von gedruckten Bildchen; von plastischen Bildern, die – mitsamt Rahmen – mit Stuckatur-Gips in Formen gegossen wurden: plastische Bilder wurden auch in Pappmachee geprägt und dann bemalt; es gab auch Eisenguss-Bilder etc. All das stellten die Klöster in eigener Massenproduktion her. Die Bildmotive waren stets dieselben: vera icon, d.h. der »Abdruck« des Gesichts Christi: die heilige Veronika mit vera icon; der Schmerzensmann; Papst Gregor mit Schmerzensmann; die Engels-Pieta; die Marien-Pieta – also all die Propagandakultur, die die katholische Kirche in den »ungläubiger« werdenden Zeiten entworfen hatte. (Großmann 2000)

Zensur (Fortsetzung)

Die Wirkungslosigkeit des Wormser Edikts (1521) führte zu weiteren Erlassen. In Nürnberg z.B. wurden 1527 alle Drucker und Formschneider registriert und zu einem jährlich zu erneuernden Schwur auf die Zensurverordnung verpflichtet. 1529 bekräftigte der 2. Reichstag von Speyer die Pressezensur für das Reichsgebiet, ebenso 1530 der Reichstag von Augsburg. Es handelte sich um eine Präventivzensur, d.h. alle Druckschriften mussten vor dem Druck den entsprechenden Kontrollbehörden vorgelegt werden. Die Kontrolle wurde den Fürsten und Reichsständen übertragen. Die Angabe von Drucker und Druckort – das Impressum – wurde zur Pflicht gemacht, eine Regelung, die bis heute gilt.

Die Reichspolizeiordnung von 1548 verfügte eine Zensur auch für Bilder, Abgüsse und Druckstöcke.

Neuauflage eines alten Interessenkampfs: das Wort gegen das Bild

Machtverlust der Bilder im Protestantismus

Nach Luthers Vorstellungen sollte nur das Wort der Bibel gelten, vor allem das Wort des Kirchengründers Paulus, der alles Materielle, Sinnliche verachtete. Belting beschreibt die Absicht der Reformatoren so: »In ihrem Programm war eine neue Kirche vorgesehen, die aus dem Prediger und der Gemeinde bestand. [...] Die neue Rechtfertigung aus dem Glauben machte fromme Stiftungen von Bildern oder für Bilder überflüssig. Das ganze Votivwesen brach zusammen, und mit ihm die Selbstdarstellung der römischen Kirche als Institution mit Gnadenmitteln und Privilegien, die in Reliquien und Bildern sichtbar verkörpert waren. Was in der Neuen Lehre übrigblieb, waren Theologen ohne institutionelle Macht, Prediger des Worts, die sich nur mit ihrer besseren Theologie legitimieren konnten. Wo alles auf Wahrheit und Eindeutigkeit fußte, war für das vieldeutige Bild kein Platz. [...] Dabei kam eine bilderlose Kirche in Sicht, die in der Gestalt des Paulus der Bildpraxis der Heiden [der antiken Lust an Bildern] Widerstand entgegengesetzt hatte.« (1993, S. 25). Der Protestantismus war ein Schritt in Richtung Urkirche, Luther war, wie Rudolf Augstein bemerkt, ein innovativer »altkatholischer Reaktionär« (1972, S. 392). Es kam jetzt auf das Spirituelle an, auf das Verhältnis des Gläubigen zum Wort der Bibel. Heinrich Heine schrieb zum protestantischen Spiritualismus: »Der Kampf gegen den Katholizismus in Deutschland war nichts anderes als ein Krieg, den der Spiritualismus begann, als er einsah, dass er nur den Titel der Herrschaft führte und nur de jure herrschte, während der Sensualismus durch hergebrachten Unterschleif [Gewohnheitsrecht] die wirkliche Herrschaft ausübte und de facto herrschte.« (1834, S. 36). Also auch hier: der Kampf der Erleuchteten gegen die Voyeure.

Zur Bibelauslegung und zur Argumentation brauchte man nur das Wort, die Schrift. Die Reformation bedeutete das vorläufige Ende der Duldung von Kirchenbildern.

Der Bildersturm ging von den Wiedertäufern in Münster aus, die 1534 das Regime des dortigen Bischofs stürzten, das Geld abschafften und sich gegen alle Bilder wandten. Sie wurden umgebracht.

Folgenreicher war der Bildersturm 1535 in Genf, als dort der herrschende Bischof vertrieben wurde und alle Bilder und Statuen aus den Kirchen entfernt wurden. Seither herrschte in Genf die Schrift. Der Geist sollte rein über die Materie herrschen, so verkündete am Rathaus eine Bronzetafel mit einem lateinischen Text, der in Übersetzung lautet: »Im Jahre 1535 wurde die Tyrannei des römischen Antichrist niedergerungen. Wir haben dem Aberglauben abgeschworen und die sakrosankte Religion Christi wieder in den Urzustand, seine Kirche in eine bessere Ordnung zurückversetzt.« Dazu Belting: »Das Denkmal, eine antikische Ehrenschrift in klassischem Latein, ist gleichsam *eine ›Ikone des Worts‹, die dem Bildgedächtnis das Schriftgedächtnis entgegensetzt. Zugleich ist es ein Manifest der humanistischen Bildung, in welcher der Geist, repräsentiert im Wort, über die Materie und das ›äußerliche Bild‹ triumphieren sollte.* Am Genfer Rathaus drückte die Inschrift den Sieg der ›Aufklärung‹ und den Willen zur religiösen Selbstbestimmung aus.« (1993, S. 513; Kursivsetzg. zusätzl.). 1546 kam Jean Calvin nach Genf, ein Bilderfeind, der in Bildern einen Götzendienst sah, und errichtete ein protestantisch-theokratisches Regime.

Im Allgemeinen waren es nicht die protestantischen Prediger, die den Bildersturm betrieben, sondern die aufständische Bevölkerung, häufiger die Patrizier, die Kaufleute in den Städten, die gegen die keine Steuern und Zölle zahlende Kirche kämpften. Überall wurden unter Führung der Bürger die Bilder und Statuen in den Kirchen zerschlagen, verbrannt oder mit abgeschlagenen Köpfen und Händen, ihrer Zauberkraft beraubt, dort stehengelassen. In der Klosterkirche St. Gallen wurden unter Führung des Bürgermeisters 33 Altäre zerstört. In Nürnberg dagegen, das zum Protestantismus übertrat, retteten die Patrizier ihre von ihnen gestifteten Altäre und Statuen von Peter Vischer d.J., Veit Stoß, Adam Kraft und anderen vor der Zerstörung.

Propaganda für den »richtigen Weg«: protestantisches Lehrbild

Luther sah das nicht so eng. Er wollte aus den Kirchen nur die religiösen Kultbilder verbannen, die »Ölgötzen«, die alten Erlebnis- und Einfühlbilder, nicht aber alle Bilder. Als Lehr- und Merkbilder der Wortverkündigung wollte er Bilder zulassen. Gegen die radikalen Bilderstürmer schrieb Luther in seiner Schrift *Wider die himmlischen Propheten von den Bildern und Sakrament* (1525): »Auch ich habe die Bilderstürmer selbst sehen und hören lesen aus meiner verdeutschten Bibel, so weiß ich auch, dass sie dieselbigen haben, lesen daraus, wie man wohl spürt an den Worten, die sie führen. Nun sind gar viel Bilder in denselbigen Büchern, beide Gottes, der Engel, Menschen und Tiere, sonderlich in der Offenbarung Johannis und in Mose und Josua. So bitten wir sie nun gar freundlich, wollten uns doch auch gönnen zu tun, dass wir auch solche Bilder mögen an die Wände malen um des Gedächtnisses und besseren Verstandes willen, sintemal sie an den Wänden ja so wenig schaden als in den Büchern. Es ist besser, man male an die Wand, wie Gott die Welt schuf, wie Noah die Arche baut, und was sonst noch mehr gute Historien sind, denn dass man sonst irgend weltlich unverschämte Dinge malt.« (S. 80ff.) Was in Worten bildhaft sei, dürfe es auch für die Augen sein.

Luther hatte insofern Interesse am Bild, als es der Visualisierung der protestantischen Dogmen dienen konnte. Er entwickelte zusammen mit seinem Freund Lucas Cranach d. Ä. – dem berühmten Maler und Inhaber einer Gemälde-Werkstatt, Apothekenbesitzer, Ratsherrn, Stadtkämmerer, Bürgermeister von Wittenberg – ein Lehrbild *Sündenfall und Erlösung* (1529), das für die Altäre evangelischer Kirchen bestimmt war (Thulin 1955, S. 35ff., 127; Belting 1993, S. 521). Thematisiert wurden in diesem Lehrbild die beiden Wege, die der Mensch nach Luther gehen kann. Das Bild ist in zwei Hälften geteilt:

Die linke Hälfte zeigt einen Mann, »Adam«, wie er von der Lust und vom Tod gejagt wird. Die Lust ist ein Tier mit scharfen Zähnen, scharfen Krallen und langen Hühnerbeinen. Der Tod steckt dem Fliehenden die Zunge heraus. Entsetzt zurückblickend, mit emporgeworfenen Armen, läuft der Mann nach links in Richtung Bildrand, wo die Flammen der Hölle und die Teufel ihn erwarten. Über ihm schwebt Christus beim Jüngsten Gericht. Im Hintergrund Adam und Eva im Paradies. Seitlich sieht man Moses mit den Tafeln, der den Menschen anklagend auf die Zehn Gebote hinweist. Der Mensch ist der von seiner Natur, von Lust und Tod Getriebene. Selbst wenn er die Gebote anerkennt, weiß dieser Mensch doch, dass er unvollkommen, ein Sünder ist. Er rennt ins Feuer der Hölle – falls er nicht eine Kehrtwendung zur rechten Bildhälfte macht. Unter dem Bild befinden sich erklärende Bibelzitate: »Sie sind alle zumal Sünder und mangeln, dass sie sich Gottes nicht rühmen mögen. Röm. 3,23.«

Auf der rechten Hälfte sieht man den braven, dem Glauben zugeneigten Menschen, neben ihm Johannes den Täufer – mit dem Luther sich identifizierte –, der auf Christus am Kreuz deutet, den reinen Geist, der die Sünde, Triebe und Tod besiegt hat, was als Bildmotiv noch einmal wiederholt wird in einem Christus, der mit der Lanze den Teufel ersticht und zugleich auf dem besiegten Tod steht. Der Blutstrahl aus der Wunde des Gekreuzigten geht direkt in die Brust des Menschen. Auch unter der rechten Bildhälfte erklären Bibelzitate die Grundsätze: »Der Gerechte lebt seines Glaubens. Röm. 1,17.«

Beide Hälften werden durch einen Baum getrennt, den Lebensbaum, der nach der Seite der Menschennatur verdorrt und zur Seite Christi hin grünt.

In anderer als der oben beschriebenen Form finden sich die gleichen Motive im *Altar der Weimarer Stadtkirche* (1553). Das Motiv wurde ein populäres Kulturmuster, es fand sich auch auf Titelblättern von Bibelausgaben, Holzschnitt-Druckblättern, Flugblättern, Holzreliefs von Hochzeitstruhen und auf gusseisenen Ofenplatten. (Thulin 1955)

Es war ein evangelisches Lehrbild, eine Visualisierung des Lehrinhalts der Schrift. Belting schreibt dazu: »Der Betrachter erblickt kein Erlebnisbild, in das er sich einfühlen kann, sondern eine bildhafte These, die sich an seinen Verstand wendet.« (1993, S. 522). Genauer gesagt, war dies ein Propagandabild, das den Betrachter in Schrecken versetzen sollte: Entweder Unglaube, Fleischeslust, Tod und Teufel; oder Glaube, reiner Geist und Gnade. *Das war eine plakative Entgegensetzung, Aber immerhin erschien der Mensch erstmals als mündig und für sich selbst verantwortlich, denn nur er selbst hat zu entscheiden, welchen Weg er geht.*

Schon damals ein produktives Mittel der populären Kultur: Standardisierung

Typen und formelhafte Redewendungen: populäre Bücher

Zurück zu den Büchern. *Viele »Bücher« waren eher Broschüren von 8, 16 oder 24 Seiten. Sie wurden auf Märkten, aber auch von reisenden Bauchladen-Händlern verkauft.* In Frankreich wurden jene »colporteurs«, Halsträger genannt, daher der spätere Begriff des Kolportageromans. Die Bücher kosteten in Frankreich 1-2 Sous. Ein Arbeiter in der Stadt verdiente wöchentlich ca. 15-20 Sous. Es gab jetzt auch erste private Bibliotheken, nicht nur beim Adel, sondern auch bei Kaufleuten, Advokaten, Ladenbesitzern. Auch reiche Bauern besaßen Bücher.

Die Fähigkeit zu lesen nahm vor allem in den Städten Englands und Italiens zu, ca. 40% der Bevölkerung konnten jetzt lesen (Engelsing 1973, S. 45). In Venedig konnten im Jahr 1450 nur 51% der Zeugen bei Hochzeiten ihren Namen unter die Dokumente schreiben, während 1650 das 98% konnten. (P. Burke 1981, S. 264ff.)

Auch in der frühen Neuzeit gab es populäre Sagen und Erzählungen. Sie wurden jetzt von gebildeten Leuten gesammelt. Die Gebildeten veränderten die Lieder nach ihrem literarischen Geschmack. Dann wurden sie gedruckt, von den einfachen Leuten gekauft – auch von professionellen Erzählern und Vorlesern – und mündlich weitererzählt oder auch gesungen. Später lauschten andere Gebildete den Erzählungen und Gesängen der einfachen Leute. Ohne eine Ahnung davon zu haben, dass diese bereits vom literarisch gebildeten Geschmack vorgeformt waren, entdeckten die Gebildeten sie als »Volkskultur«, die Bücher nannte man »Volksbücher«. In Deutschland waren das Bücher über Alexander den Großen, Eulenspiegel, Tristan und Isolde, Barbarossa, Reinecke Fuchs, Lanzelot oder Faust. (P. Burke 1981, S. 85ff.; Faulstich 1998, S. 275ff.)

Peter Burke hat die in den Volksbüchern *immer wiederkehrenden Themen, Handlungsweisen, Personentypen und Redewendungen* untersucht (S. 136ff.). Die Themen waren: Der gute Herrscher, der unerkannt durchs Land wandert, wie Harun al Raschid. Die Raffgier von Geistlichen. Helfende Tiere. Misshandlung einer Heldin durch ihre Verwandten, wie bei Aschenputtel. Proben und Prüfungen: der künftige Bräutigam muss erst den Drachen töten, bevor er die Braut bekommt etc.

In den Schauspielen waren es immer wiederkehrende Handlungsmotive wie Zweikampf, Brautwerbung, Hochzeit, Gerichtsverhandlung, Hinrichtung, Begräbnis.

Die Sagen und Erzählungen beschränkten sich auf wenige typische Charaktere: der Ehemann, die Ehefrau, die Schwiegermutter, die Diener, der Pfaffe, der Doktor, der Advokat, der heilige Georg, der Ritter, der Narr, der faule Schäfer, die streitenden Neuvermählten etc.

Was die *positiv dargestellten* Helden betrifft, wurden folgende Charaktere hervorgehoben: Der Herrscher, der entweder als siegreicher, triumphierender, ruhmreicher Krieger dargestellt wurde oder als salomonisch weiser, gerechter Richter. Der Heilige, darunter der Asket, der gute Hirte, der lustige Klosterbruder, die jungfräuliche Märtyrerin. Der Ritter, der meist als stolz, tapfer und stark, aber auch als rauher Geselle dargestellt wurde.

Teils positiv, teils negativ wurden die Außenseiter dargestellt: Die Gesetzlosen, die gegen das Unrecht kämpfen und den Armen helfen, z.B. Robin Hood, waren positive Helden. Die Rebellen, Straßenräuber, Diebe, Wilderer, Schmuggler wurden dagegen negativ dargestellt.

Eindeutig negative Typen waren: Die Figuren des aufkommenden Bürgertums: der geldgierige Advokat, der eingebildete Doktor der Jurisprudenz, der Steuereintreiber; der Geschäftsmann, der aus Preistreiberei seine Waren hortet. Der Bauer: Er wurde als einfältig dargestellt, in Italien als spitzbübisch. Das böse Weib: Es wurde stets »als unendlich aktiv dargestellt, ob sie nun zankt, verführt, schlechtes Wetter herbeihext, den Kühen des Nachbarn die Milch stiehlt oder den Ehemann verprügelt.« (P. Burke 1981, S. 178). Die Türken, Juden und Hexen: Sie wurden meistens als böse und furchterregend diffamiert. Türken erschienen als blutdürstig, grausam und verräterisch; Juden wurden als Hunde oder Schweine, als grausame, habgierige Wucherer dargestellt; Hexen als Gotteslästerinnen, die Kinder fressen und mit Dämonen Orgien feiern. Dazu schreibt Burke: »*Hassgefühle Außenseitern gegenüber waren so verbreitet, dass man sich fragen muss, ob nicht die meisten ganz gewöhnlichen Menschen im frühneuzeitlichen Europa ›autoritäre Persönlichkeiten‹ waren,* wie das die Psychologen heute nennen würden, Leute also, die Unterwürfigkeit gegenüber der Obrigkeit mit Aggressivität gegenüber Personen verbinden, die nicht zu ihrer Gruppe gehören.« (1981, S. 182; Kursivsetzg. zusätzl.)

Als Schweine, Kirchenschänder, Gotteslästerer wurden im 16. Jahrhundert von den Katholiken oft die Protestanten geschildert, während die Protestanten die »Papisten« oft als geldgierige Schurken darstellten.

Den positiven wie den negativen Helden wurden übernatürliche Fähigkeiten zugeschrieben, und das nicht nur bei Heiligen, sondern auch bei Königen oder Rittern, die als unverwundbar galten. Von den französischen Königen erzählte man, sie könnten durch Handauflegen Kranke heilen. Auch Gesetzlose wie Robin Hood hatten übernatürliche Fähigkeiten: mit seinem Pfeil und Bogen traf er immer ins Schwarze. Zur Zeit der Reformation beschuldigten sich Protestanten und Katholiken wechselseitig des Pakts mit dem Teufel. Gelehrte wurden oft für Zauberer gehalten.

Die Sprache der populären Erzählungen war oft formelhaft. Formelhafte Redewendungen fanden sich zum Beispiel in den deutschen Volksgedichten. Hierzu schreibt Burke: »Der Liebhaber beschreibt seinen Schatz als ›hübsch und fein‹, den Zeitpunkt ihres Zusammentreffens nennt er ›an einem Abend spät‹, den Ort ›so fern in grünem Walde‹ und die Reaktion auf die Zurückweisung wird immer mit der Formel beschrieben: ›Mein Herz will mir zerbrechen‹. Wie im Falle der Balladen kommen solche Formeln im lyrischen Gedicht so häufig vor, dass manche Strophen von vier oder sechs Zeilen praktisch nur aus Formeln bestehen.« (1981, S. 143)

Formelhaft waren auch die Dreierschritte in den Handlungen: drei Wünsche, die man frei hat; drei Gebote, die zu beachten sind, etc.

Begriffe wie »Formelhaftigkeit« – oder »Standardisierung« – sollte man nicht als Schimpfwörter gebrauchen. Formelhaftigkeit ist ein kreatives Gestaltungsmittel aller populärer Medien, damals wie heute. Dem Publikum dienten sie als Möglichkeit, sich auf vertrautem Terrain zu bewegen, sich zu entspannen. Das gab es nicht nur in den Erzählungen. Auch die Sänger, Clowns und Schauspieler – die sich auf das am Markt oder im Gasthaus vorhandene Publikum einstellen und deshalb viel improvisieren mussten – benutzten formelhafte Elemente, um sich während des Vortrags auszuruhen und zu überlegen, wie es jetzt weitergehen könnte.

Zensur (Fortsetzung)

1550 wurden auf dem Reichstag in Augsburg weitere Vorschriften zur Durchführung der Zensur erlassen. Aber immer noch hielten sich viele Drucker nicht an die Impressums-Pflicht und publizierten anonym. (Heintzel, S. 41ff.)

Von der Kirche wurde die Zensur im Konzil von Trient (1545-1564) weitergetrieben, es bekräftigte 1546 die Vorzensur und das Impressum. 1559 führte Papst Paul IV den *Index librorum prohibitorum,* die Liste verbotener Bücher ein. Darauf standen protestantische Bücher, aber auch die Bücher des Erasmus. Wer »sich erkühnte«, ein verbotenes Buch zu lesen, aufzubewahren oder weiterzugeben, wurde exkommuniziert und bestraft. Der Index bestand mehr als 400 Jahre, er wurde erst 1966 abgeschafft.

1569 wurde die Frankfurter Bücherkommission zur Reichs-Zensurbehörde erweitert. 1570 wandte sich der Reichstag von Speyer dagegen, dass »allerlei schamlose [d.h. protestantische] Schmähschriften, Bücher, Karten und Gemälde gedruckt und gemalt auf den Jahrmärkten, Messen und in anderen Versammlungen verkauft und ausgebreitet« werden. Er erlaubte Druckereien nur noch in Reichs-, Residenz- und Universitätsstädten. Professoren wurden als Zensoren eingesetzt: Theologieprofessoren zensierten religiöse Themen etc.

Als auch das keinen Erfolg hatte, wurden in der Reichspolizeiordnung von 1577 die kaiserlichen Kontrollbehörden zu Zensurorganen erklärt. Die Frankfurter Bücherkommission erhielt die Funktion einer Polizei, die auf Messen die Zensur ausübte. Sie war ein Instrument der Gegenreformation, sie zensierte protestantische Schriften und unterwanderte das »Cuius regio, eius religio«, »Wessen Herrschaftsbereich, dessen Religion«, des Augsburger Religionsfriedens von 1555. (Heintzel, S. 45ff.)

Entstehung der modernen Zeitungslandschaft zwischen freier Konkurrenz und Monopol

Die Infrastruktur der ersten periodischen Presse: Relationes, Intelligenzblätter, Avisen

Für die Weiterentwicklung der *Newen Zeytungs*-Druckblätter zu wirklichen Zeitungen, d.h. zu periodisch erscheinenden Nachrichtenblättern, waren unterschiedliche Rahmenstrukturen verantwortlich:

1. *Die Messen:* 1583 erschien die erste periodische Messezeitung: *Relatio historica* (Hrsg: Michael von Aitzing). In Köln gedruckt, wurde sie auf der Kölner Messe und ab 1589 auch auf den Frankfurter Oster- und Herbstmessen verkauft. Das Wort »relatio« oder deutsch: »Relation« hatte die Doppelbedeutung von »Erzählung,

Nachricht« und »Bericht von Zusammenhängen«, heute würde man sagen: News und Hintergrundbericht. Das erste Heft von 1583 war ein Bericht über die Auseinandersetzung zwischen dem Papst und dem Kölner Kurfürsten und Erzbischof. Auf die in den Neuen Zeitungen üblichen Wunderberichte und Katastrophen wurde verzichtet. Aitzing publizierte diese Messezeitungen bis 1599.

1591 zog die Messestadt Frankfurt nach, mit *Historicae relationis complementum* (Hrsg.: Conrad Lauterbach), ebenfalls halbjährliche Hefte, mit 50-100 Seiten. Es gab sie, später als *Frankfurter Mess-Relationen*, regelmäßig zweihundert Jahre lang, bis 1792. Sie enthielten Nachrichten über Ereignisse, oft mit Bildern; Hintergrundberichte über das vergangene Halbjahr; Portraits, Städteansichten, Landkarten. Die Leser hatten es mit dem Konsum von Nachrichten nicht eilig, ein Halbjahres-Überblick genügte ihnen. (Estermann, S. 32)

2. *Die Post:* Die Post wurde weiter ausgebaut, mit dem Kapital der Augsburger Handelshäuser, die an einer schnelleren Beförderung ihrer Geschäftskorreponden-zen interessiert waren. 1597 wurde die Post in Deutschland ein »kaiserliches Regal«, eine kaiserliche Einrichtung, d.h. ein Monopol der Familie von Taxis. 1615 wurde die Post an den Reichsfreiherrn von Taxis offiziell als Lehen vergeben. Allerdings hatte die Reichspost kein dauerhaftes Monopol, denn später, nach 1648, richteten auch die Landesfürsten ihre Landespost ein. (Behringer, S. 41)

Die Postkutschen – sie beförderten Briefe, keine Personen und keine Pakete – trafen jetzt fahrplanmäßig einmal in der Woche ein. Die Briefe und Nachrichten, die die Postkutsche brachte, waren die einzig zugänglichen neuen Informationen. Entsprechend war die Ankunft der Post in den Städten ein Ereignis. Beim Ertönen des Posthorns strömten Menschenmengen zusammen. Das lag auch daran, dass es keine Briefträger gab, jeder musste seine Post selbst abholen.

3. *Die staatlichen Verwaltungen:* Ende des 16. Jahrhunderts wurden von den Behörden die ersten Bekanntmachungs- und Anzeigen-Blätter gefördert, »Intelligenzblätter« genannt. Der Name kommt vom lateinischen »intellegere«, d.h. einsehen; man sieht in ein öffentliches Register ein. Die erste Zeitung dieser Art, *La Gazette*, wurde 1597 in Paris auf Veranlassung des Königs Henri IV herausgegeben. Die Verwaltungen machten darin Mitteilungen über Steuern, Preisfestlegungen, Verkehrsnachrichten und Hofnachrichten. Später erhielt die *Gazette* eine Beilage mit Anzeigen. Im 18. Jahrhundert bürgerte sich der Begriff »Intelligenzblatt« für Anzeigen-Blätter ein. Die Anzeigen wurden von staatlich geförderten Büros gesammelt, zwecks Ankurbelung des Handels und des Arbeitsmarkts.

4. *Die kommerziellen Nachrichten-Korrespondenzen für Privatkunden:* Verleger und Drucker unterhielten Nachrichten-Korrespondenzen, »Avisen« genannt. Diese sammelten Geschäftsnachrichten – Börsenkurse, Bankengeschäfte, Handelsinformationen – und verkauften sie direkt an die Bankiers, Geschäftsleute und Verwaltungen. Hierfür hatten die Verleger auswärtige Korrespondenten, professionelle Nachrichtensammler. Sie schrieben in einem sachlichen Stil, kurz, auf das Wichtigste konzentriert. Solche Nachrichten-Korrespondenzen für Privatkunden gab es schon früher. Jetzt verwerteten die Verleger einen Teil ihrer Informationen in Zeitungen.

Erste Wochenzeitungen: Relation, Aviso, Courant, Weekly Newwes

Neben den unregelmäßig erscheinenden Newen Zeytungen – die es im gesamten 17. Jahrhundert gab – *konnten jetzt regelmäßige Wochenzeitungen entstehen:* 1605 erschien in Straßburg die weltweit erste periodische Wochenzeitung: *Relation*, herausgegeben von dem Großdruckerei-Besitzer und Buchhändler Johann Carolus. Am 4. September 1609 meldete die Zeitung, dass Signor Galileo von Florenz »ein Regel und Augenmaß erfunden, durch welche man einerseits auf 30 Meil entlegene Ort sehen kann, als wäre solches in der Nähe, andererseits aber erscheinen die Anwesenden noch so viel größer als sie vor Augen sein, welche Kunst er dann zu gemeiner Stadt Nutzen präsentiert hat.« Galilei hatte das Fernrohr entwickelt.

Die zweite periodische Wochenzeitung war *Aviso* – die erste Nummer hieß noch *Avisa* –, mit dem Untertitel *Relation oder Zeitung* in Wolfenbüttel, die 1609 erstmals erschien (J. Weber 1992). In heutiger Sprache heißt der Titel: »Nachrichten-Korrespondenz. Hintergrundberichte oder News.«

In Frankfurt erschien vermutlich ab 1615, zunächst ohne Titel, eine von der Post herausgegebene Wochenzeitung, die spätere *Post-Zeitung*, ein Hofblatt des Post-Besitzers von Taxis und des habsburgischen Kaisers Ferdinand II, herausgegeben vom Frankfurter Postmeister Johannes van den Birghden von Lamoral.

Diese Zeitungen sahen noch nicht wie unsere heutigen Zeitungen aus, sondern das waren kleinformatige Blättchen, die sehr dünnen Schulheften glichen, mit einem oder zwei Druckbögen, also vier oder acht Seiten. Auf den Titelblättern raste jetzt der Gott des Handels durch die Lüfte, und man sah reitende Boten der Post. Zeitungsstädte waren die Reichs- und Handelsstädte.

Erste Wochenzeitungen gab es in den Niederlanden 1618, »Courant« genannt; in England 1622 »Weekly Newwes« genannt; in der Schweiz 1622, in Frankreich 1631, Italien 1646, Schweden 1645, Spanien und Polen 1661, Amerika 1690.

Die Wochenzeitungen breiteten sich rasch aus. *Vor allem der Dreißigjährige Krieg (1618-1648) trug zum kommerziellen Erfolg der Wochenzeitungen bei.*

Produktion

In dieser ersten Phase der Presse waren die Zeitungen reine Geschäftsunternehmen. Zum größten Teil erwarben Drucker-Verleger das Publikationsrecht, das »Privileg«. Dazu kamen Buchhändler und Nachrichtenhändler. Sie hatten ein Interesse an der kontinuierlichen Auslastung ihrer Druckerpressen, sie hatten das erforderliche Kapital und kannten den Lesermarkt. Sie verkehrten jetzt auch an den neu entstandenen Börsen, denn dort bekamen sie vertrauliche Geschäftsnachrichten. (Kieslich, 253ff.; Behringer, S. 40)

Zum Teil verschafften sich die taxisschen Postmeister in den Städten das Alleinrecht, Zeitungen drucken zu lassen, was einträglich war, sie hatten einen Informationsvorsprung. In Frankfurt kämpfte Postmeister van den Birghden von Lamoral um ein Monopol für seine Post-Zeitung, die er als Privatunternehmer nebenbei betrieb. Er warb die Abonnenten des Buchhändlers Egenolph Emmel ab, der seit 1615 eine eigene Zeitung herausgab. Und er brachte den Kaiser dazu, das Druckprivileg für Frankfurts dritte Zeitung *Diarium hebdomale* (seit 1619) des Buchhändlers Johann Theobald Schönwetter 1621 wieder zurückzuziehen, da es den katholischen und habsburgischen Interessen schade. Beschwerden der Stadt Frankfurt wurden abgeschmettert, so dass in Frankfurt eine Zeitlang ein Post-Monopol für Zeitungen bestand, das zugleich ein privates Monopol war. (Brugger-Albel, S. 110ff.)

Insgesamt gab es in Deutschland im 17. Jahrhundert ca. 200 Zeitungsverlage in ca. 80 Druckorten (J. Weber 1994, S. 19).

Produktionsweisen

Die Wochenzeitungen bauten eigene Korrespondenten-Netze mit nebenberuflichen Schreibern auf. Außerdem wurden Nachrichten von Beamten, Hofbediensteten, Ratsherren, Postmeistern und Offizieren geliefert, die gegen Honorar arbeiteten. *Es entstanden auch spezielle »Korrespondenzbüros«.* Von den klassischen Nachrichten-Korrespondenzen unterschieden sie sich dadurch, dass sie nur für die Zeitungen arbeiteten. Sie konzentrierten sich auf das Sammeln und die Weitergabe von Zeitungsmaterial. *Das waren die Vorläufer der heutigen Nachrichtenagenturen.* (Groth 1928-1930, S. 442ff.). Nachrichten kamen aus Antwerpen, Wien, Köln, Prag, Venedig und Rom.

Redaktionen spielten damals keine Rolle. Das eintreffende Material der auswärtigen Korrespondenten wurde von den Druckern, Verlegern oder Postmeistern ohne weitere Bearbeitung zusammengesetzt. Die Nachrichten wurden in der Reihenfolge der Städte abgedruckt, die die Postkutsche bereist hatte. *Wöchentliche Zeitung auß mehrerley örther* hieß die erste Wochenzeitung Hamburgs (1618-78). Allenfalls wurde ein Componist, Conzipist oder Conzipient eingestellt, und das bedeutete: Zusammensetzer. *Die Betreiber der Zeitungen waren also nicht »gebildet«, sie gehörten zum »sub- oder nichtakademischen Dienstleistungsgewerbe«.* (J. Weber 1994, S. 19). Im letzten Drittel des 17. Jahrhunderts hatten im deutschspachigen Raum die 60-70 Zeitungen eine Gesamtauflage von 20.000-30.000 Exemplaren (Wilke 2000, S. 64).

Distribution

Die durchschnittliche Auflage betrug 350-400 Stück je Nummer. Eine Zeitung hatte ca. zehn Leser pro Exemplar. Dazu kommt, dass das Vorlesen von Zeitungen verbreitet war, »Zeitungshören« wird das von Frauke Adrians genannt. (1999, S. 57).

Die Zeitungen wurden an Abonnenten in der Stadt des Verlegers und in den Städten entlang den Postlinien verkauft. So gelangten z.B. Frankfurter Zeitungen zu Abonnenten nach Leipzig, Köln oder Brüssel. Abonnenten waren oft Verleger und Buchhändler, die die Nachrichten in eigenen Zeitungen druckten und weiter verbreiteten.

Publikum

Leser waren die Höfe, die Freiexemplare erhielten: die Fürsten, Herzöge, Grafen etc. und ihre Beamten. Viele Adlige konnten lesen und schreiben. Ebenso die Juristen. Auf dem Land waren es ebenfalls Adlige, Pfarrer, Gutsverwalter, Schultheißen, Dorfvorsteher. In den Städten die Patrizier; die Gelehrten, Buchhändler, Studenten und die Kaufleute – nicht alle, man schätzt, dass nur die Hälfte der Bürger lesen und schreiben konnte (Engelsing 1974). Ob die städtische Unterschicht – Handwerksgesellen, Tagelöhner, Hausgesinde – Zeitungen kaufte, weiß man nicht. Vermutlich waren sie eher Zeitungshörer.

Gehorsame Berichterstattung von Untertanen für Untertanen

Die Herausgeber der neuen Presse nahmen für sich in Anspruch, »wahrhaftig« zu berichten, d.h. sich auf empirisch überprüfbare Ereignisse und Quellen zu beziehen. Das war ein anderer Wahrheitsbegriff als der traditionelle, dem Wahrheit die Einsicht in die Idee des Göttlichen war. Wahrheit war jetzt realitätsgetreue Wiedergabe (Th. Schröder 1995, S. 294ff.). Allerdings waren die Zeitungen weit von diesem Ideal entfernt.

Im Absolutismus war die Politik der Herrscher, ihre Strategien z.B. in der Reformation oder Gegenreformation, für die Zeitungen tabu. Dass die Presse über die Regierenden wahrheitsgetreu berichten, sie außerdem kontrollieren könnte, war undenkbar. Die Herrscher und der Hof waren ein Arkanbereich, ein der Bevölkerung verborgener Bereich. *Die Zensur verhinderte in ganz Europa die Recherche wichtiger Nachrichten ebenso wie Hintergrund-Berichterstattung und Meinungsäußerungen.*

Die Wochenzeitungen veröffentlichten alles, was den Interessen des Kaisers, der Fürsten, der Kaufleute und Verwaltungen nicht schadete. Über Handel und Wirtschaft wurde sehr wenig berichtet. *Mehr als die Hälfte der Berichterstattung bestand aus politischen, diplomatischen und militärischen Lageberichten* (Th. Schröder, S. 133ff.). Über den Dreißigjährigen Krieg wurde ausführlich berichtet. Nehmen wir zum Beispiel die *Wöchentliche Zeitung auß mehrerley örther*: Im Juni und Juli 1622 wurde über die Aktivitäten des Söldnerführers Graf Mansfeld in der Rheinpfalz berichtet, der die süddeutschen Länder verteidigte; darüber, dass der Marquese de Spinola in Brabant Kriegsvolk anwarb; über den Ungarischen Landtag in Ödenburg; über die Bauernaufstände bei Königgrätz und in Graubünden; über den Kampf des französischen Königs gegen die Hugenotten. Im Dezember 1622 wurde über die Einrichtung der Winterlager berichtet; über Truppenanwerbungen; über den Kurfürstentag von Regensburg (Wilke 1984, S. 90f.). Schon die Aufzählung zeigt, *dass viel Informationen über politische Ereignisse geboten wurden.*

Frauke Adrians hat die in der Zeitungswissenschaft (auch bei Th. Schröder, S. 148ff., 334f.) verbreitete Auffassung angegriffen, dass die damaligen Wochenzeitungen neutrale, sachliche, trockene Berichterstattung enthalten hätten. Sie zeigt in einer Inhaltsanalyse, dass die Berichte – die einzelnen Nachrichten, die »Korrespondenzen« – wertend und parteilich waren. Sie enthielten Kommentierungen und Meinungen, allerdings keine unparteiischen: Die politischen Nachrichten waren devot. Oft wurde auf Befehl der Herrschenden Propaganda gemacht. Man sollte davon ausgehen, dass unter den Nachrichten viele Falschmeldungen waren, oft auf Wunsch eines Herrschenden bewusst ausgestreut. Es gab keine Hintergrund-Berichterstattung und kein Räsonieren, denn es gab keine Redaktionen, die für eine einheitliche Tendenz ihrer Zeitung sorgten. (Adrians 1999)

Devotheit politischer Nachrichten ist von Hofberichterstattung im Sinne von Klatsch und Tratsch über Interna der Fürstenhöfe zu unterscheiden. Diese gab es wenig, das kam erst in der zweiten Hälfte des 17. Jahrhunderts auf. Auch Sensationsberichte und Alltagsberichte kamen kaum, nur zu einem Zehntel, in den Wochenzeitungen vor. Das blieb Neuen Zeitungen vorbehalten, die weiterhin unregelmäßig erschienen. (Th. Schröder, S. 129ff.)

Es wurde immer nur aus der Ferne berichtet, eine Lokalberichterstattung gab es nicht. Das lag daran, dass die Städte so klein waren, dass sich Aufregendes schon längst von Mund zu Mund verbreitete, bevor die einmal oder zweimal pro Woche erscheinenden Zeitungen dies hätten melden können. Außerdem waren Lokalnachrichten brisant, lokale Autoritäten konnten schnell zuschlagen, zum Beispiel das Privileg entziehen.

Bei dieser Art der Berichterstattung – devot, ohne Lokalnachrichten, ohne Hintergrundberichte – hielt sich die Zensur in den meisten deutschen Kleinstaaten zurück, sie stand nicht auf der Seite der kaiserlichen Zensurbehörde und Zensurpolizei. Das lag daran, dass die Kleinstaaten Geld brauchten und deshalb die Druckerlaubnis von den kleinstaatlichen Fürsten, Fürstbischöfen und Herzögen als Privileg, meist als lokales Monopol, verkauft wurde. Außerdem ersparte das Abonnement von Zeitungen den Hofkanzleien und Magistraten die teuren, handschriftlich vervielfältigten Nachrichten-Korrespondenzen (J. Weber 1994, S. 21f.). Die neuen Wochenzeitungen, eigentlich ein kommerzielles Medium der Bürger, waren den absolutistischen Herrschern nützlich.

»Unparteiisch« = loyal gegenüber der Obrigkeit

In dieser absolutistischen Zeit entstand der Begriff »unparteiisch«. Die Presse solle unparteiisch sein. Uns kommt dieser Begriff heute positiv vor, weil wir uns darunter eine Unabhängigkeit von politischen Parteien vorstellen und von der Presse als Dritter Gewalt ausgehen. Da die Presse damals keine unabhängige Macht war, hatte jedoch »unparteiisch« eine andere Bedeutung: gehorsam.

Das kommt bei einem der ersten Zeitungswissenschaftler jener Zeit heraus, bei Caspar Stieler in dessen Buch *Zeitungs Lust und Nutz* (1695). Stieler wird von manchen als Aufklärer gesehen, weil er die Zeitung als Mittel zum Wissenserwerb ansieht (Conter 1999, S. 78ff.; Wilke 1994b, S. 422). Tatsächlich schrieb Stieler viel vom Nutzen der Wissensaneignung für eine vernünftige Sicht der Welt. Aber Stieler dachte dabei nicht an den Nutzen für die Massen, den »gemeinen Mann«, sondern für die Herrschenden. Stieler forderte, dass Zeitungen unparteiisch sein müssten. Warum? Weil ein Potentat seine Augen und Ohren nicht überall haben könne. Referenten melden ihm nur gute Nachrichten. Deshalb seien unparteiische Zeitungen dem Potentaten nützlich: »Dannenhero allen Potentaten zu raten stehet / daß sie die gedruckte Zeitungen fordern und lesen: dann dieselbe sind unparteyisch / fürchten sich nicht« (Stieler 1695, S. 20). *Aber damit war nur gemeint: unparteiisch bei Hofe.* Stieler war ein Untertan, er meinte, dass Postmeister und Verleger den Fürsten zu gehorchen hätten, selbst wenn sie die Publikation von Falschmeldungen wünschten: »Viel dinges muß man vielmehr unterdrucken als offenbar machen; Viel verletzet eines Fürsten oder Potentaten Ehre und Reputation« (S. 32, 34). *Furchtlos und unparteiisch sollten Zeitungen nur darin sein, dass sie dem Potentaten unbeirrt von schmeichlerischen Höflingen melden, was dem Potentaten nützlich ist, und alles andere unterdrücken.*

Gegenreformation: Verordnung schlichten Gemüts zwecks Bekämpfung der wilden populären Festkultur

Erstmaliges Aufkommen des Begriffs »Propaganda«

1555-1648 war die Zeit der Gegenreformation. In dieser Zeit tauchte zum ersten Mal seit der Antike der Begriff der »Propaganda« auf. »Propaganda fide« war die Parole der Gegenreformation, die Verbreitung des katholischen Glaubens. Katholische – und protestantische – Propaganda hatte es auch vorher gegeben, aber nicht den Begriff. 1622 wurde der Begriff schließlich in den Namen einer neugegründeten katholischen Organisation übernommen, der »Sacra congregatio de propaganda fide«. Sie hatte den Zweck, Propaganda für den Katholizismus zu machen. Der Publizistikwissenschaftler Alexander Heintzel definiert jene als »persuasive Kommunikation« oder auch »zweckgebundene und zielgerichtete Manipulation relevanter Teilöffentlichkeiten«. Und deren Mittel – Stereotypisierung, Feindbildaufbau, Stigmatisierung des Gegners, starke Emotionalisierung – nennt Heintzel unter dem Stichwort »Kreativität der Propagandisten«. (S. 5). Aber so kann man das Unrecht und den Schrecken nicht begrifflich neutralisieren, denn *die katholische Propaganda war eine flankierende Maßnahme des Terrors der Gegenreformation.*

Die Gegenreformation war keine »persuasive Kommunikation«, sondern eine »Zeit des ideologischen Mords und Totschlags« (Lüthy, S. 30), es ging – in der Zeit nach dem Augsburger Religionsfrieden (1555) – um die Unterdrückung des Protestantismus in Bayern, der Steiermark, Böhmen und in den geistlichen Kurfürstentümern Mainz, Köln und Trier. Gegenreformation bedeutete in Frankreich die Ermordung von Tausenden von Hugenotten (Bartholomäusnacht, 1572); die Massen-Ermordung von Protestanten und missliebigen Personen als Hexen und Hexern (Höhepunkt 1600, in Deutschland 1620); Gegenreformation bedeutete Dreißigjährigen Krieg (1618-1648) in Süd- und Westdeutschland, den südlichen Niederlanden, Frankreich, Spanien, Österreich, Ungarn und Polen. *Im Dreißigjährigen Krieg ging es nicht nur um Fragen der Religion, sondern es wurde um das früher katholische, jetzt protestantische Eigentum gekämpft.*

Die protestantischen Fürsten, die sich zugleich zu evangelischen Landesbischöfen machten, hatten sich die Klöster, den Grundbesitz und die Bistümer der katholischen Kirche angeeignet. *Außerdem kämpften die feudalen Reiche Habsburgs (Österreich, Ungarn) und Spaniens gegen die bürgerliche Republik in Holland, die 1581 gegründet worden war, den ersten Staat der bürgerlichen Handels-Kapitalisten.* (Langer 1982)

Nur in Holland und in Nord- und Mitteldeutschland behaupteten sich die Protestanten.

In der Gegenreformation ging es auch um die Unterdrückung der neuen naturwissenschaftlichen Erkenntnisse. 1543 hatte Nikolaus Kopernikus in seinem Buch *Von den Umdrehungen der Himmelskörper* gezeigt, dass sich die Erde um die Sonne dreht. *Das war eine epochale Wende: der Beginn der Auflösung des geozentrischen Weltbilds, an das seit dem 2. Jahrhundert geglaubt wurde.* In der Antike hatte man gewusst, dass sich die Erde um die Sonne dreht.

70 Jahre später begründete Galileo Galilei die mathematische Naturwissenschaft. Er entdeckte die Erddrehung und die Gravitation. Galileis Forschung wurde unterdrückt. Ihm wurde 1616 vom Großinquisitor Kardinal Bellarmin verboten, sich zu Kopernikus zu äußern. Der Inquisition ging es nicht darum, ob sich die Erde um die Sonne dreht oder um die Erddrehung, sondern um die Bedrohung der zentralen kirchlichen Dogmen durch Galileis Forschung: 1623 vertrat Galilei, ausgehend von Experimenten mit leuchtenden Steinen, in seinem Buch *Saggiatore* eine Theorie der Materie, er vermutete materielle Substanzen, die das Licht und die Wärme der Sonne transportieren. Das erschien der Kirche bedrohlich, denn *wenn Licht und Wärme nicht spirituelle Qualitäten, sondern materielle Substanzen sind, dann hätte sich auch das Dogma der Transsubstantiation der Frage nach einer nachweisbaren materiellen Substanz stellen müssen.* Derartige Fragen waren unerwünscht. Als Galilei 1632 in *Dialog über die Weltsysteme* trotz des Verbots über Kopernikus und die Vorteile des kopernikanischen Weltsystems schrieb und die Erforschung der Naturgesetze propagierte, schlug die Kirche zu. 1633 wurde Galilei verhaftet, musste vor der Inquisition in Rom abschwören, wurde verbannt. Sein Werk wurde auf den kirchlichen Index gesetzt. Es erschien aber 1635, ins Lateinische übersetzt, im aufgeklärten Holland. (Redondi 1983)

Kirche gegen Karneval

1580-1650 wurde die populäre Kultur von einer gegenreformatorischen »Reformbewegung« der katholischen Kirche bekämpft (P. Burke 1981, S. 221ff.). Die katholischen »Reformer« richteten sich gegen das Feste-Feiern, gegen die Sünden des »Fleisches«: Trunkenheit, Völlerei, Sexualität, gegen das »Tätscheln und unsaubere Betasten« während der Tänze. Auch die populären Lieder sollten verboten werden, darin würden Verbrecher zu oft als Helden dargestellt. Volksbücher wie *Til Eulenspiegel* und *Reinecke Fuchs* wurden auf den Index gesetzt. Die »Reformer« forderten, dass in den Kirchen nicht getanzt werden dürfe, und auch das Aufführen von Stücken in den Kirchen müsse verboten werden. 1583 verbot das Konzil von Reims alle Aufführungen an Festtagen. Der Großherzog von Bayern – dem Land der Gegenreformation – verbot um 1600 Zauberei, Maskeraden, kurze Kleider, gemeinsames Baden, Kartenlegen, übermäßiges Essen und Trinken und anzügliche Reden bei Hochzeiten. Der Mailänder Erzbischof Karl Borromäus diffamierte den Karneval als heidnische und damit teuflische Bacchanalien und das Theater als gefährliche Magie, Theaterstücke als Liturgie des Teufels, denn der Teufel sei der Meister der Illusion und des falschen Scheins.

Auch in Frankreich und Italien waren in dieser Zeit religiöse Volksschauspiele und Mysterienspiele so gut wie ausgestorben. In Neapel wurden die Festumzüge umfunktioniert: Statt tanzend feierndem Volk gab es Prozessionen von Büßern, die sich mit Dornenkronen und Geißeln malträtierten und Berge von verbotenen Büchern verbrannten.

Toten- und Teufelserscheinungen: Laterna Magica

In der Zeit der Gegenreformation ließen katholische Geistliche die Kunst der ägyptischen Priester wiederauferstehen, in verdunkelten Räumen Verstorbene oder Schreckensbilder von Teufeln und Dämonen erscheinen zu lassen, um den Menschen Angst und Ehrfurcht einzujagen. Sie bedienten sich der Laterna Magica, der magischen Laterne.

Das war ein Kasten aus Holz oder Metall, darin eine Olivenöl-Lampe und hinter der Lampe ein Reflektor. Vor der Lampe hatte der Kasten ein Loch, und davor konnte man bunt bemalte Glasdias vorbeiziehen. Davor befand sich das variable Objektiv. Projiziert wurde auf Leinwände aus Baumwolle.

Schon um 1515 traten Schausteller in Paris mit solchen Kästen auf (Remise, S. 20). Mehr als hundert Jahre danach trug der Jesuitenpater und Gelehrte Athanasius Kircher, ein gegenreformatischer Mystiker, Esoteriker, Astrologe (Godwin 1994), mit einem Buch *Ars magna lucis et umbrae* (1646. Die große Kunst des Lichts und der Schatten) zur Popularisierung der Laterna Magica bei. Auch Kircher bot seinem Publikum Toten- und Teufelserscheinungen. Er tat das auf Reisen in Frankreich und Italien.

Katholische Propaganda für Volks-Frömmigkeit in den Bildern des Barock

Die Gegenreformation kämpfte auch gegen die Bilder der Renaissance und gegen die evangelischen Lehrbilder. Sie reaktivierte das alte Einfühlbild: Die römisch-kirchliche Auftragskunst in der Zeit des Barock (ca. 1600-1730) erhielt die Aufgabe, die katholischen Dogmen zu visualisieren und volkstümliche Frömmigkeit zu inszenieren. Ich möchte dies anhand einer Ölskizze von Peter Paul Rubens erläutern. Rubens war einer der bedeutendsten Maler der Gegenreformatoren. Er arbeitete im katholischen Flandern, dem heutigen Belgien, das von Spanien regiert wurde. Rubens bekam seine Aufträge von den regierenden Katholiken in der Hauptstadt Antwerpen und von den katholischen Königen in Frankreich, Spanien und England. Rubens war in der Lage, Frömmigkeit zu inszenieren. Bei unserem Beispiel handelt es sich um eine Skizze für ein großes Altarbild *Madonna und Kind, thronend mit Heiligen* (ca. 1627/28. Gombrich 1996, S. 399) an. Sie enthält alles, was man an Inszenierungen in den Barockkirchen findet. Alle gestalterischen Mittel werden hier aufgeboten, um »tiefe Gläubigkeit« so zu inszenieren, wie die Gegenreformation sich das wünschte, und man spürt, wie auch der Kunsthistoriker E.H. Gombrich, dessen Beschreibung ich ausführlich zitiere, davon »tief bewegt« ist. Gombrich beschreibt das Bild so: »Bei Rubens gibt es mehr Bewegung, mehr Licht, mehr Raum und auch mehr Figuren als in irgendeinem früheren Bild dieser Art. In bunten Scharen drängen sich die Heiligen um den hohen Thronsitz der Jungfrau. Im Vordergrund weisen der hl. Augustinus im Bischofsgewand, der hl. Lorenz mit dem Rost, auf dem er das Martyrium erlitt, und der hl. Dominik in der Mönchskutte den Beschauer auf den Gegenstand ihrer Verehrung. Der hl. Georg mit dem Drachen und der hl. Sebastian mit Köcher und Pfeilen blicken einander tiefbewegt in die Augen, während ein Krieger mit der Märtyrerpalme hinter ihnen an den Stufen des Thrones kniet. Eine Gruppe von Frauen, unter ihnen eine Nonne, blickt verzückt auf die Hauptszene, wo ein junges Mädchen, von einem Engel begleitet, in die Knie sinkt, um einen Ring von dem kleinen Jesusknaben zu empfangen, der sich vom Schoß seiner Mutter zu ihr hinunterbeugt. Es ist die Legende von der Verlobung der hl. Katharina, die sich in einer Vision dem Christuskind angetraut sah. Der hl. Josef schaut freundlich von seinem Platz hinter dem Thron zu, und die Heiligen Petrus und Paulus – der eine am Schlüssel, der andere am Schwert kenntlich – stehen in tiefe Betrachtung versunken daneben. Sie bilden einen wirksamen Gegensatz zu der eindrucksvollen Gestalt Johannes des Täufers auf der anderen Seite, der allein, in Licht gebadet, dasteht und in ekstatischer Verzückung die Arme emporwirft, während zwei Englein sein widerstrebendes Lamm die Stufen des Thrones hinaufzerren. Aus dem Himmel herab stürzt sich ein zweites Paar Englein herunter, um einen Lorbeerkranz über das Haupt der Maria zu halten.« (S. 398)

Gombrich sieht die gestalterischen Qualitäten dieser Malerei in kompositorischer Kühnheit, Schwung, rauschender Festlichkeit und in der »Zauberkraft, allem Leben einzuhauchen, atmendes, warmes Leben«. Mit dieser Fähigkeit konnte Rubens *die alten Motive der kirchlichen Dogmen neu beleben, sie menschlich machen, jene »tiefe Frömmigkeit« visualisieren, die die Auftraggeber dem Volk befahlen.* Das Publikum war hierfür sicherlich empfänglich, zumal es in den katholischen Gegenden mehr Analphabeten gab als in protestantischen Gegenden.

Pöbel im Theater

Ein Ort der Massenunterhaltung war das Theater. Es erlebte Mitte des 16. Jahrhunderts einen Aufschwung. Die Könige und Fürsten machten Prunksäle ihrer Schlösser zu Theatern oder bauten Hoftheater. Es gab Aufführungen, die der Darstellung absolutistischer Herrscherpracht dienten: dramatisierte Triumphzüge, Nachdichtungen klassischer Tragödien und auch Schäferspiele.

Die Massen sahen davon wenig, höchstens, vor allem in den italienischen Städten, die Triumphzüge. Für die Massen gab es an Festtagen Aufführungen von Laienspielgruppen, deren Stücke oft von ortsansässigen dichtenden Handwerkern geschrieben wurden, wie die Schwänke von Hans Sachs. *Und es gab Wander-Schauspielergruppen, die ab Mitte des 16. Jahrhunderts ein neues Genre boten: die italienische commedia dell'arte.* »Arte« bedeutet nicht »Kunst«, sondern die Kunstfertigkeit der Improvisation auf improvisierten Bühnen. Die Improvisation bestand darin, festgelegte Charaktere, die alle kannten, je nach Ort und Laune des Publikums aus dem Stegreif zu variieren: Es gab den Spaßmacher Harlekin; den boshaften Burschen Pulcinello; den komischen Verliebten; die reizende Dienerin Colombine; den aufgeblasenen Dottore. Die Schauspieler bildeten Wandertruppen und zogen durch Europa. Da das oft Großfamilien waren, wurden hier erstmals Frauenrollen von

Frauen gespielt (Puschmann 2000, S. 19ff.). Die Wandertruppen mussten in den Schlössern umsonst spielen und erhielten dafür die Erlaubnis, in den Gasthöfen zu spielen. Große Gasthöfe hatten oft Innenhöfe mit offenen, mehrstöckigen Galerien, den Zugängen zu den Zimmern. Die Schauspieler spielten im Hof, unten stand das Volk, und die Gänge zu den Zimmern verwandelten sich in Ränge, auf denen die vornehmen Herrschaften saßen.

In England gab es solche wandernden Theatergruppen während und nach der Regierungszeit Elizabeths I (rg. 1558-1603). Die Schauspielgruppen wurden von reichen Adligen wie Leicester, Sussex, Oxford etc. und aus den Einspieleinnahmen finanziert. *Eine dieser Gruppen wurde von William Shakespeare geleitet. Er begann in den 1590er Jahren, Dramen zu schreiben, die sofort populär wurden. 1599 wurde das Globe Theatre in London eröffnet, dessen Mitinhaber Shakespeare war. Das war ein Theater fürs Volk.* Es war ein Rundbau mit mehreren Rängen, gebaut nach dem Prinzip der Gasthof-Innenhöfe. In dem, was man später Parkett und damals »the pit« nannte, stand das Volk. Die »pit« fasste ca. 1.000 Personen. Die besseren Leute saßen in den Rängen. Jene fassten ca. 2.000 Personen. Nur die Ränge hatten ein Dach, über der »pit« war der offene Himmel zu sehen und der Londoner Regen zu spüren. Um so lebhafter ging es beim »Volk« zu, Zwischenrufe waren üblich. Es wurden mehrere derartige Theater in London gebaut.

In England waren es die Puritaner, die die Volksvergnügungen bekämpften und deren Zensur einforderten. In London wetterte der Puritaner William Prynne mit seinem Buch *Histriomastix, the Player's Scourge* (1632, Die Schauspielergeißel) gegen das Theater: das Drama sei Teufelswerk, die Stücke seien voller sündiger Gebärden, wollustiger Musik, unzüchtigem Singen und Tanzen, statt dessen solle man lieber den Vögeln in der Natur lauschen und an den Blumen riechen. Er war dagegen, dass – wie bei der commedia dell'arte – Frauenrollen von Frauen gespielt werden sollten, Schauspielerinnen seien Huren. Das kostete ihn seine Ohren, sie wurden ihm abgeschnitten, denn die Königin hatte Gefallen am Schauspielen gefunden.

In Frankreich blieb das Theater zunächst auf den königlichen Hof und die Fürstenschlösser beschränkt, auch dort traten Schauspielergruppen auf und spielten commedia dell'arte. In den 1620er Jahren unterstützte der Herzog, Kardinal und Premierminister Richelieu (rg. 1624-1642) das Theater als Mittel, den französischen Zentralstaat zu fördern. Er gab bei Corneille Schauspiele nach antikem Vorbild in Auftrag. Gespielt wurde am Hof König Louis' XIII und in den Pariser Stadtpalästen, den »Hotels« des Adels. Um 1630 wurde in Frankreich erstmals der Begriff »Publikum« im Sinne von Theaterpublikum – dem Publikum des Hofes – verwendet. Vorher bezog sich das Wort »le public« auf den Staat bzw. das öffentliche Wohl.

1643 gründete der Komödiendichter Jean-Baptiste Poquelin, genannt Molière, eine Schauspielgruppe. Er spielte in einem gemieteten Ballspielhaus, dann in einem Tanzhaus. Als das Publikum ausblieb, schloss er sich einer Wandergruppe an, versuchte es wieder in einem gemieteten Ballhaus, und schließlich wurde er 1658 Theaterdirektor am Hof König Louis' XIV.

Gelegentlich wurde das Volk auch in den Schlosstheatern zugelassen. Aber *für die Mehrheit der Bevölkerung Frankreichs war »Theater« Mitte des 17. Jahrhunderts vor allem commedia dell'arte, drastische Komödien, aufgeführt in Gasthäusern, Ballsälen etc.* Als es in Paris feste öffentliche Theater gab – die Pariser Comédie wurde 1689 eröffnet – saß der »Pöbel« nicht im »Parkett«, sondern in den obersten Rängen, darunter in den Logen die Oberschicht, und im Parkett saß die neue Bürgerschicht der Geschäftsleute, der Juweliere, Optiker, Musikalienhändler, Handschuhmacher.

Erste Medientheorie der Neuzeit: Diffamierung des populären Theaters als »Flucht vor Selbstbesinnung«

Der Zerstreuung suchende Mensch bei Montaigne

1580 erschienen die *Essais* von Montaigne und damit die erste Reflexion über den modernen Menschen und dessen Unterhaltungsbedürfnis.

Michel de Montaigne (1533-1592) war »der erste Philosoph, der zu denken wagte« (La Mettrie), der Begründer des modernen Skeptizismus. Beruflich war er Ratsherr des Steuergerichtshofs, dann Ratsherr des Parlaments von Bordeaux (1554). Sein Vater war ein reicher Schloss-, Land- und Handelsgesellschafts-Besitzer (Wein, Farbstoffe, Salzheringe). Nachdem Michel de Montaigne Schloss und Land geerbt hatte (1568), verkaufte er sein Amt und zog sich in seinen Schlossturm zurück (1571), um – mit 38 Jahren – seine Lebenserkenntnisse aufzuschreiben. Sein Leben als Privatgelehrter wurde unterbrochen durch politische Ämter; er wurde Bürgermeister von Bordeaux (1582-1585), und er war verbunden mit Heinrich von Navarra, dem späteren, toleranten König Henri IV.

Montaigne schrieb Sätze wie: »So sind wir niemals bei uns, wir sind außerhalb. Furcht, Verlangen und Hoffnung schleudern uns der Zukunft entgegen und berauben uns des Gefühls und der Wertschätzung dessen, was ist, um uns mit dem in Anspruch zu nehmen, was sein wird – selbst wenn wir nicht mehr sind.« (1580b, S. 12)

Das war ein Motiv, das bis heute in der Interpretation der modernen Gesellschaft und auch der Medien eine Rolle spielt: Der aus den »traditionellen Bindungen«, in diesem Fall den Traditionen des Mittelalters, herausgerissene Mensch wird »über sich hinausgetragen«, er sucht unruhig nach Identität. Das 16. Jahrhundert war die Zeit des Umbruchs.

Außerdem schrieb Montaigne darüber, was die unruhig gewordenen Menschen tun, um ihre Gedanken zu vertreiben: »Ein quälender Gedanke bedrängt mich – und schon habe ich ihn ausgetauscht, denn das finde ich einfacher, als ihn zu bändigen: Kann ich ihn nicht durch einen gegenteiligen verdrängen, so zumindest durch einen anderen. Wenn ich aber den Gedanken nicht niederzukämpfen vermag, entwische ich ihm, und auf der Flucht schlage ich Haken und überliste ihn, indem ich Ort, Tätigkeit und Gesellschaft wechsle. Ich rette mich ins Gewühl andrer Beschäftigungen und Gedanken, wo er meine Spur verliert und mich nicht mehr finden kann.« (1580b, S. 416). Der unruhige, zweifelnde Mensch sucht in der Literatur oder im Theater die Flucht vor der Wirklichkeit, er lenkt sich mittels Zerstreuungen von seiner inneren Unruhe ab.

Montaigne klagte nicht an, er moralisierte nicht gegen Literatur, Theater und öffentliche Meinung, er stellte seine Thesen auf, wie man ein Naturgesetz beschreibt. Er suchte die Lösung der inneren Unruhe, die neuen Maßstäbe nicht im Staat oder in der Kirche, sondern in sich selbst, und das war damals revolutionär.

In die heutige Medien-Debatte wurde Montaigne in den 1960er Jahren von Leo Löwenthal eingeführt, dem Massenkultur-Theoretiker der »Frankfurter Schule«, der Montaigne für den ersten Medientheoretiker hält. Löwenthal schrieb: »Die traumatische Natur der Erkenntnis dass die Maßstäbe des Mittelalters zerbrochen waren, zeigt sich in dem Ausmaß, in dem sich Montaigne und seine Zeitgenossen dazu gedrängt fühlten, dem Menschen eine universale und eingeborene Unglückseligkeit zuzuschreiben. *Montaigne glaubte, dass sich aus der geistigen, gesellschaftlichen und wirtschaftlichen Unsicherheit ein qualvoller innerer Zustand für den Menschen ergäbe, der ihn dazu zwänge, vor sich selbst davonzulaufen. Er gebraucht sogar das Wort, das heute so oft angewendet wird, wenn es darum geht, die durch den Konsum der modernen Massenmedien vermittelten Befriedigungserlebnisse zu interpretieren – Flucht.*« (1964, S. 28; Kursivsetzg. zusätzl.)

Montaigne sah noch eine andere Möglichkeit, sich gegen das »immerwährende Umher-Rollen« abzusichern: Man folgt der »gemeinsamen Meinung«, der »öffentlichen Meinung« (opinion commune, opinion publique). Montaigne war einer der ersten, die diesen Begriff verwendeten. Man folge der gemeinsamen Meinung, wie die Kraniche einander folgen (Raffel, S. 51f.). Aber das ist ein Nebenaspekt, Montaigne war hauptsächlich der Theoretiker des in der Welt verlorenen Subjekts.

Gegenreformatorische Diffamierung der Zerstreuung bei Pascal

Von der These, dass die Menschen in Literatur und Theater Zerstreuung als Flucht vor der Wirklichkeit suchen, ist es nicht weit zu der Aufforderung, Zerstreuungen zu vermeiden und gläubig in Heim und Kirche zu verharren. Auf diese Weise wurden Montaignes Beobachtungen achtzig Jahre später von Pascal moralisch aufgerüstet.

Blaise Pascal (1623-1662) war Religionsphilosoph, Physiker, Mathematiker, Erfinder der ersten Rechenmaschine (mehrere Modelle 1642-1652). Beruflich war er reicher Privatgelehrter, er lebte vom Familienvermögen. Sein Vater war Deputierter von Clermont, sein Großvater Königlicher Rat und Schatzmeister von Frankreich.

Pascal moralisierte in seinen *Pensées* (ca. 1657/58) gegen die Zerstreuung: »Das einzige, was uns in unserm Elend tröstet, ist die Zerstreuung, und dabei ist sie die Spitze unsres Elends; denn sie ist es, die uns grundsätzlich hindert, über uns selbst nachzudenken, die uns unmerklich verkommen läßt. Sonst würden wir uns langweilen, und diese Langeweile würde uns antreiben, ein besseres Mittel zu finden, um sie zu überwinden. Die Zerstreuungen aber vergnügen uns und geleiten uns unmerklich bis zum Tode.« (S. 217). Der Mensch müsse seine Tendenz zu Unruhe und Betriebsamkeit bekämpfen, das Unglück beginne bereits damit, dass die Leute nicht ruhig in ihren Zimmern bleiben könnten: »Wenn ich mir mitunter vornahm, die vielfältigen Aufregungen der Menschen zu betrachten, die Gefahren und Mühsale, denen sie sich, sei es bei Hofe oder im Krieg, aussetzen, woraus so vielerlei Streit, Leidenschaften, kühne und oft böse Handlungen etc. entspringen, so fand ich, dass alles Unglück der Menschen einem entstammt, nämlich, dass sie unfähig sind, in Ruhe in ihrem Zimmer zu bleiben.« (S. 205)

Zweifellos ist Pascals These richtig, dass Zerstreuung von Wichtigem ablenkt. Nur blieb die Frage offen, was Zerstreuung und was Wichtiges ist. *Für Pascal war vor allem das Theater der Ort der Zerstreuung und damit von Übel:* »Alle starken Zerstreuungen sind eine Gefahr für ein christliches Leben, aber unter allen, die die Welt erfunden hat, muss keine mehr gefürchtet werden als das Theater.« Löwenthal schrieb dazu: »In gewisser Weise nimmt Pascals Kritik der Unterhaltung [...] eines der wichtigsten Themen der modernen Diskussion über die Massenkultur vorweg: die Auffassung, dass durch sie die Moral, die Selbstbesinnung und die einheitliche Persönlichkeit bedroht werde und dass sie zu einer Preisgabe an bloße Vorläufigkeiten führe, für die das Streben nach höheren Zielen geopfert wird.« (S. 30).

Allerdings ist es erstaunlich, dass Löwenthal das Propagandistische an Pascals Thesen ignoriert.

Pascal hatte zwar als Mathematiker und Physiker Einsichten über die Ohnmacht des Menschen angesichts des Kosmos. Die Entdeckungen des Kopernikus – die Erde dreht sich um die Sonne – waren mehr als hundert Jahre, Galileis Hauptwerk *Dialog über die Weltsysteme* ca. 30 Jahre her. Das neue naturwissenschaftliche Bild der Natur und des Kosmos färbte auf Pascals Bild vom Menschen ab: »Auf einer unermesslichen Mitte treiben wir dahin, immer im Ungewissen, und während wir treiben, werden wir von einem Ende gegen das andere gestoßen. An welchen Grenzpfahl wir uns halten und binden möchten, jeder zerbricht und verschwindet; wollen wir ihm folgen, so entschlüpft er unserem Griff und entgleitet uns und entflieht in einer Flucht ohne Ende. Nichts hält uns zuliebe an. Das ist der Zustand, der uns natürlich ist, und der gegensätzlichste unserer Wünsche; wir brennen vor Gier, einen festen Platz, einen wirklich beständigen Grund zu finden, um dort einen Turm zu erbauen, der bis in das Unendliche ragt; aber alle Fundamente zerbrechen, und die Erde öffnet sich bis zu den Abgründen.« (S. 84). Das sind eindrucksvolle Darstellungen.

Aber das Pascalsche Entsetzen war eine bewusst inszenierte, demagogische Finte, die den erschreckten Leser zu einem mystischen Christentum hinführen sollte: Pascal hatte sich mit 31 Jahren, nachdem er eine »Erscheinung« hatte, in einen Mystiker, einen Verächter der Vernunft und der Sinne verwandelt, und *deshalb muss man seine Einsichten auch als gegenreformatorische Propaganda sehen.* Der Pascal-Biograf Albert Béguin schreibt: »Vor aller Interpretation und Ausdeutung seiner Worte ist es wichtig, sich vor Augen zu halten, dass Pascal zu sehr ein Kind seines Jahrhunderts gewesen ist, um nicht auf Überredung bedacht zu sein, mehr jedenfalls als auf Selbstdarstellung und Selbstentblößung.« (S. 41). *Das Heraufbeschwören der angeblichen tiefen Unsicherheit des modernen Menschen, der Abgründe, die sich ihm auftun, war ein rhetorisches Mittel des religiösen Propagandisten, um den Katholizismus zwecks Erlösung von allem Übel anzubieten.*

Hundert Jahre später machte Voltaire, der Philosoph der Aufklärung, Randbemerkungen in sein eigenes Pascal-Exemplar (Voltaire o. J.). Er nahm Pascals Thesen demonstrativ leicht. Die Ansicht, der Mensch sei von seiner Konstitution her unglücklich und zur Langeweile verdammt, weshalb er in nichtige Zerstreuungen flüchtet, kommentierte Voltaire so: »Könnte man nicht ebenso wahr sagen, der Mensch sei in diesem Punkt so glücklich, wir seien dem Schöpfer der Natur so sehr verpflichtet, dass er mit der Untätigkeit die Langeweile verknüpft, um uns dadurch zu zwingen, dem Nächsten und uns selbst nützlich zu sein?« Den Rückzug ins Private, in die Ruhe christlicher Mystik, sah Voltaire als Trägheit an: »Und ist es nicht spaßhaft, dass denkende Köpfe sich einbilden können, die Trägheit sei ein Grund der Größe, die Tätigkeit dagegen eine Erniedrigung unserer Natur?« An anderen Stellen war Voltaire einfach nur polemisch: Pascal – der an einer schweren Krankheit litt und mit 38 Jahren starb – tadelte jene, die den Menschen Zerstreuung bieten und lobte nur die, die unter Seufzen nach ihrer Bestimmung suchen. Dazu schrieb Voltaire an den Rand: »Fürwahr, wenn Ihr die Zerstreuung geduldet hättet, Ihr hättet länger gelebt!« Und zu Pascals Ausruf »Welch eine Schimäre ist der Mensch!« notierte Voltaire: »Echtes Krankengerede.«

Löwenthal, Vertreter der kritischen Theorie, interpretierte Pascal viel unkritischer: »Pascal, dessen Inspiration und Antrieb tief religiös war, glaubt an einen Fortschritt des Geistes: Das Bedürfnis nach Zerstreuung und Flucht ist nicht unausrottbar, die edleren Kräfte des Menschen müssen dagegen aufgerufen werden, und ein vertieftes Bewusstsein unseres inneren Selbst, das wir nur in der Einsamkeit, fern von den Zerstreuungen und Vergnügungen erlangen können, öffnet uns den Weg zur Erlösung.« (1964, S. 31). So wie Löwenthal das darstellt, hat man den Eindruck, als sei Pascal ungemein modern, als herrsche auch heute in der Öffentlichkeit nur Oberflächlichkeit, während die edleren Kräfte des Menschen besser in der Privatheit entwickelt werden, in der Selbstfindung. Aber so ist das heute nicht, und so edel war das alles damals nicht.

Es ist fraglich, ob die Menschen jener Zeit den Verlust »traditioneller Bindungen« wirklich als so beunruhigend empfunden haben. Denn die »traditionellen Bindungen«, die angeblich persönliche Stabilität verliehen haben sollen, bestanden für die Mehrheit der Bevölkerung darin, dass die Feudalherren oder die Äbte der Großklöster sie mit Frondiensten und Abgaben belasteten und beim geringsten Aufbegehren ermordeten.

Außerdem konnte das Heraustreten aus den eigenen vier Wänden nur als Flucht und Zerstreuung angesehen werden, weil damals in der Öffentlichkeit keine Freiheit garantiert war. Privatheit als Weg zur Erlösung zu feiern, war schon damals zynisch.

So erweist sich ein bis heute gängiges Thema der Medienanalyse – der durch Verlust traditioneller Bindungen irritierte und deshalb Ablenkung statt Versenkung und Selbstfindung suchende Mensch – als Produkt gegenreformatorischer, diktatorischer Demagogie, das die Hinwendung zur realen Welt diffamieren half.

Ohne Pressefreiheit: Unternehmer-Revolution in England

In England herrschten ab 1649 die Bürger, England wurde eine Republik, die erste der Neuzeit. Handel und Industrie wurden frei. Die Presse allerdings noch lange nicht. Doch wurde allmählich die Grundlage für Pressefreiheit gelegt.

Um das zu verstehen, müssen wir einen kurzen Blick zurück werfen. Bücher- und Pressezensur existierte in England seit einer Proklamation des Königs Henry VIII von 1534, die von allen nachfolgenden Königen, Königinnen und Parlamenten bestätigt wurde: Kein Flugblatt, keine Zeitung, kein Buch durften ohne Genehmigung des obersten Gerichtshofs gedruckt werden. Er tagte in einer Halle, deren Decke mit Sternen bemalt war, und war als »Star Chamber« berühmt und berüchtigt. Unter Elizabeth I übertrug die Star Chamber 1586 die Zensur dem Erzbischof von Canterbury, dem Chef der anglikanischen Kirche. Eine eigene Polizei sorgte für die Durchführung.

In England hießen die Vorformen der Zeitungen *Coranto*, sie wurden ab 1622 in Broschürenform als *Weekly Nevves*, Weekly News herausgegeben, als Sammlungen von Nachrichten aus den Ländern des Kontinents. Inlandsnachrichten gab es in England erst ab 1641, als ein Jahr vor dem Beginn der Bürgerkriege (1642-1649) die Star Chamber-Proklamation aufgehoben wurde, für kurze Zeit, ab 1643 herrschte wieder die Zensur.

Trotz aller Zensur war das absolutistische System in England anders als auf dem Kontinent, Bürger und Adel waren nicht so strikt voneinander separiert.

In Spanien und Frankreich unterdrückten die absolutistischen Herrscher ihre Bürger, durch Zölle, Abgaben, Zunftzwang, und sie rotteten die fleißigsten aus: Der spanische König Philipp II (rg. 1556-1598) vernichtete die Mauren und damit die Experten der Papier- und Seidenindustrie. Und Louis XIV (rg. 1643-1715), Frankreichs größter Grundbesitzer, hatte nichts dagegen, dass die Bürger, Handwerker und Bauern vom großgrundbesitzenden Adel ausgebeutet wurden. Das erbeutete Geld kam der königlichen Zentralgewalt zugute, denn der Adel benötigte es für die enorme Luxusentfaltung am Hof von Versailles, die zwecks Stärkung der Zentralgewalt inszeniert wurde.

In England dagegen standen sich Adel und Bürger nicht feindlich gegenüber. Hier bestand ein Erbrecht der Primogenitur, dem ersten Nachkommen stand der gesamte Besitz zu. Das bedeutete, dass die anderen Nachkommen sich bürgerliche Berufe suchen mussten. Schon um 1600 kaufte sich der Landadel – »Gentry« genannt – in die Industrien ein, in Bergbau, Hüttenindustrie, Textilindustrie. Viele Adlige wurden Unternehmer. Sie hatten wie die Bürger ein Interesse an der Entwicklung der Märkte und der Industrie.

Die reichen Bürger machten enorme Gewinne im Fernhandel. Die merkantilistische Wirtschaftspolitik förderte ab Mitte des 16. Jahrhunderts die großen Handelsgesellschaften. Die bekannteste war die 1600 gegründete East India Company. Das waren Kapital-Gesellschaften, für die man Anteile zeichnen konnte. Sie waren es, die die Entwicklung des Kapitalismus in England voran trieben. Die Bürger investierten ihre Gewinne in Großgrundbesitz, zwecks Viehhaltung für die Fleisch- und Wollemanufaktur.

Gentry und Großkaufleute bildeten gemeinsam eine einflussreiche Schicht. Viele Parlamentsabgeordnete der Gentry investierten in die Londoner Joint Stock Companies. In London, wo die Großkaufleute waren, konzentrierte sich der Reichtum.

Mögliche Gegensätze zwischen Adel und Bürgern wurden durch andere Konflikte überlagert: Innerhalb des Adels bestand der Konflikt zwischen den neuen adligen Industriellen einerseits, die den freien Markt und durch Angebot und Nachfrage geregelte Löhne und Preise forderten; und andererseits den Landbaronen, denen die Inflation den Wert der Abgaben, Renten und Steuer verringerte und damit ihre Zahlungsfähigkeit bedrohte. Klassenübergreifend war der Konflikt zwischen progressiven Manufaktur- und Fabrikbesitzern einerseits und wirtschaftskonservativen Finanziers und Spekulanten andererseits.

Die adligen Industriellen und die reichen Londoner Bürger ließen den König ihre Macht spüren. Immer wieder berief der absolutistische, katholische König Charles I (rg. 1625-1649), um seinen Geldmangel zu beheben, Parlamente ein. Die Parlamentarier vertraten diejenigen, die das Geld hatten. Sie stellten Bedingungen: Neue Steuern nur mit Genehmigung des Parlaments; jährliche Prüfung der Regierungsausgaben; jährliche Einberufung des Parlaments. Nachdem er sein Tafelsilber verkaufen musste, stimmte Charles I 1628 beim dritten Parlament dessen Petition of Rights, der Bitte um Rechte zu, nach welcher ohne Erlaubnis des Parlaments keine Steuern erhoben werden durften – und danach, 1629, löste er, wie stets, das Parlament auf.

Danach regierte Charles I bis 1640 ohne Parlament. Er ergriff Maßnahmen gegen die Konzentration des Reichtums: Er verbot Einfriedungen von Gemeindeland, also die Umwandlung von Gemeindeland in Privateigentum; er erhöhte die Löhne der Textilarbeiter; er ließ die Löhne und Preise kontrollieren und organisierte eine Armenfürsorge. Zugleich verkaufte er die Monopole für Seife, Salz, Wäschestärke, Bier, Wein, Felle. Er behielt das Monopol für Kohle und profitierte davon (Durant, Bd. 10, S. 519). Und er errichtete ein autokratisches, anglikanisch-katholisches Regime – die anglikanische Kirche war formell protestantisch, inhaltlich jedoch katholisch –, das alle protestantisch-puritanische Opposition, und damit die Industriellen, Kaufleute und Handwerker, verfolgte. 25.000 Puritaner wanderten nach New England, nach Amerika aus.

Um die Regierungskosten zu decken und auch um ein Heer zu finanzieren, das die Opposition im Inneren bekämpfen sollte, musste Charles I 1640 ein viertes Parlament einberufen. Das verweigerte ihm die Unterstützung und wurde nach wenigen Wochen aufgelöst (»Kurzes Parlament«).

Nachdem er einen Aufstand in Schottland nicht niederschlagen konnte und nach seiner Niederlage zu Geldzahlungen an die Schotten verpflichtet wurde, musste er im gleichen Jahr nochmals ein Parlament einberufen (»Langes Parlament«, 1640-1660). In diesem Parlament saßen die – adligen und großbürgerlichen – Grundbesitzer, Fabrikanten, Handels- und Finanzleute. Es richtete eine effektive Parlamentsverwaltung ein, mit Komitees und Unterausschüssen, und begann mit einer Reformgesetzgebung. Die Parlamentarier handelten nach der Maxime: Ohne Macht für das Parlament – Macht über Militär, Steuern, Religionsgesetze – kein Geld für den König. Sie verlangten die Befreiung von allen gesetzlichen Schranken der Unternehmerfreiheit. So wandten sie sich dagegen, dass die Löhne der Landarbeiter von den örtlichen Magistraten festgelegt wurden. Sie schafften die intolerante anglikanische Kirche ab. Statt ihrer errichteten die Parlamentarier ein ebenso intolerantes presbyterianisch-puritanisches Regime. Sie lösten im ganzen Land einen puritanischen Sturm gegen Bilder, Kruzifixe, Statuen in den Kirchen aus, und sie verfügten die Schließung aller Theater.

Das Lange Parlament führte 1643 die Pressezensur wieder ein, aber es hatte ein Interesse an der öffentlichen Darstellung seiner Position in der Auseinandersetzung mit dem König. Deshalb verstieß es gegen das königliche Pressezensur-Gesetz von 1534 und erlaubte die Veröffentlichung der Parlamentsprotokolle. Die jetzt publizierten Broschüren mit Parlamentsnachrichten, »Diurnall« genannt, erschienen jeweils am Montag, denn am Dienstag ging in London die Post ab, mit der die Zeitungen verschickt wurden. Später wurden die Zeitungen sowohl der Königspartei als auch der Parlamentsbefürworter »Mercurius« genannt. Den Begriff »Newspaper« gab es erst ab 1670.

Gentry und Großkaufleute verbündeten sich mit der Mittelschicht der weniger reichen, aber wirtschaftlich unabhängigen Kaufleute, reichen Handwerker, reichen Bauern. Daraus entstand die erste englische Revolution (1642-1649). Dabei ging es um die Beschränkung der Macht des Königs, in der Gerichtsbarkeit, der Besetzung wichtiger Posten wie der Bischofsposten; um die Souveränität des Parlaments; um die Befehlsgewalt des Parlaments über das Militär. Letzteres führte zum Bürgerkrieg (1642-1646), denn Charles I gab den Forderungen des Parlaments nicht nach. Das Parlament bildete ein eigenes Heer.

Der Bürgerkrieg war zugleich ein Krieg zwischen den schottischen Presbyterianern (Calvinisten) und der anglikanischen Kirche. Das Parlament schaffte 1643 die anglikanischen Bischöfe ab und ergriff für die Presbyterianer Partei.

Mitten im Bürgerkrieg, 1644, veröffentlichte John Milton das erste große Plädoyer für die Pressefreiheit in seinem ungenehmigten Buch *Areopagitika. Ansprache John Miltons an das Parlament von England: Für die Freiheit des unzensierten Druckes.*

Der Areopag war in Athen der Platz des höchsten Gerichtshofs, dort hatte der Rechtsanwalt Isokrates 355 v.u.Z. für eine Regierungsform plädiert, in der alle Bürger die gleichen Rechte haben sollten.

Milton argumentierte, dass man das Gute nur vom Bösen unterscheiden könne, wenn man die Möglichkeit habe, das Böse kennenzulernen: »Wenn also auf dieser Welt die Erkenntnis und die Betrachtung des Bösen für die menschliche Tugend und die Prüfung des Falschen für die Wahrheitsfindung so notwendig ist, wie vermöchten wir dann die Gefilde der Sünde und Unwahrheit sicherer und mit weniger Gefahr auszukundschaften, als indem wir alle Arten von Schriften lesen und allen erdenklichen Argumenten Gehör schenken? Darin besteht der Nutzen, den uns die wahllose Lektüre von Büchern erbringen kann.« (1644, S. 25). Allerdings wollte er das Lesen katholischer, aber auch atheistischer, verleumderischer und obszöner Bücher verbieten.

Auf der Seite des Parlaments kämpfte Oliver Cromwell. Er stieg zum General auf und schlug die Royalisten. Der König floh 1646 nach Schottland, weil er dachte, die Schotten, obwohl anti-anglikanisch eingestellt, würden ihn als ihren König anerkennen. Das Parlament bot den Schotten 400.000 Pfund für die Auslieferung des Königs. Die Schotten nahmen das Angebot an, 1647 wurde der König Gefangener des Parlaments.

Das Parlament fürchtete jetzt die Macht der eigenen Armee, nicht zuletzt, weil darin jene Kräfte stark waren, die eine soziale Demokratie forderten: die »Levellers«, die »Gleichmacher« wie John Lilburne, die das allgemeine Wahlrecht für alle Besitzenden und die Pressefreiheit forderten; und die radikalen »Diggers« wie Gerrard Winstanley, die eine gleichmäßige Verteilung der Güter verlangten. Deshalb wollte das Parlament den König wieder einsetzen. Ende 1647 ließ man deshalb den König auf die Isle of Wight fliehen.

1648 überfielen die Schotten England, wurden aber von Cromwells Armee besiegt. Während Cromwells Abwesenheit nahm das Parlament mit dem König Verhandlungen über dessen Wiedereinsetzung auf. Um dem zuvorzukommen, nahm die Armee Charles I gefangen. Das Parlament missbilligte das und beschloss, den König zu dessen Bedingungen wiedereinzusetzen. Daraufhin besetzten Truppen das Unterhaus und entfernten royalistische Abgeordnete.

Das jetzt der Armee hörige Parlament proklamierte die Volkssouveränität und erklärte sich zum obersten Souverän – und damit den König zum Hochverräter, da der König gegen den Souverän, das Parlament, Krieg führte. Ihm wurde im Januar 1649 der Prozess gemacht. Am 30. Januar wurde Charles I enthauptet. Die Republik wurde am 19. Mai ausgerufen. *Damit war der Weg frei für die Auflösung der absolutistischen, dirigistischen Wirtschaftspolitik, frei für die Entfaltung von Handel und Industrie.*

Und John Milton, der Verteidiger der Pressefreiheit, verriet seine Grundsätze, sobald die Bürger an der Macht waren: Er wurde Latein-Sekretär des Staatsrats und damit Zensor, Unterdrücker der Schriften der Royalisten und der Levellers.

1650-1770
Bürgerliche Zivilgesellschaft, Merkantilismus, Absolutismus: Human Interests und öffentliche Kritik

Mitte des 17. Jahrhunderts fand der Übergang zur bürgerlichen Zivilgesellschaft statt. Er ereignete sich nach dem Ende des Dreißigjährigen Kriegs (1618-1648), mit der Anerkennung der bürgerlichen Republik in Holland im Westfälischen Frieden; und mit der ersten englischen Revolution von 1649. Es entstanden neue Theorien über die Gesellschaft, die öffentliche Meinung und die Massen.

Erste Tageszeitung der Welt im verarmten Deutschland – kein Massenmedium

Am Ende des Dreißigjährigen Kriegs (1648) waren in Deutschland der Fernhandel und die Bankhäuser verfallen. In den Städten blieb ein verarmtes Bürgertum übrig: Geschäftsleute, Gelehrte, Geistliche, Beamte, Ärzte, Juristen, Lehrer. Die Handwerker in den Städten besaßen heruntergekommene Kleinstbetriebe, die wie im Mittelalter für den örtlichen Verbrauch arbeiteten. Eine Ausnahme waren die Messe- und Handelsstädte.

In der Messestadt Leipzig flossen so viele Informationen zusammen, dass der Verleger Thimotheus Ritzsch seine Zeitung, die er seit 1630 betrieb, im Jahr 1650 täglich erscheinen lassen konnte. *Damit war die erste Tageszeitung der Welt geboren.* Sie hieß *Einkommende Zeitungen,* das bedeutete soviel wie »Aktuellste Nachrichten«. Berichtet wurde vor allem über die Konsequenzen des Westfälischen Friedens, über die 1650 erlassenen Ausführungsbestimmungen und über die Friedens-Freudenfeste. In Nr. 9 von 1650 hieß es zum Beispiel: » Wien vom 6 Juli. / Nachdem am nechst verschienen Donnerstag zwischen 11. und 12. Uhr Vormittags Herr Obrist Ranfft so mit zeyen Postillionen / und einem Nurnbergischen Trompeter / unversehens anhero kommen / durch die ganze Stad / so sonsten bey LeibesStraffe verboten / mit männigliches Verwunderung blassen lassen / und alsobaldt zu der kaiserlichen Burg geritt / demselben den HauptReceß und Friedensschluß unterschrieben / in blauenSamet eingebunden auch auf dem Schnit vergüldet mit zweyen anhangenden güldenen Siegeln / worauff ein schöner Oelzweig und weiße Taube mit köstlichen Edelgesteinen und Diamanten versetzt / praesentieret / so hben ihre Kayserliche Majestät Selben mit solchen Freuden angenommen / daß sie auch den Ring / den sie an dem Finger getragen / und auff 6000. Thaler nebenst einer güldenen Ketten auch daran hangenden Gnaden Pfennig / so ebenfalls auf 2000 Dukaten aestimiret wird / Wohlgedachten Hn. Obersten Ranfften verehret / und darauff gestrigen Tages benebst dem Herrn Graffen Carrovin gewesenen Commendanten in der Schlesien wieder von hier nach Nürnberg zu denen hoch ansehnlichen Herren Commissarius abgefertiget / was aber derselben Commißion / wird die Zeit eröffnen / weil dann nunmehr durch Gottes Gn. der Friede / (weswegen allhier ein solches Frolokken / daß nicht zu beschreiben)« – Man sieht, die entscheidende Nachricht vom Ende des Dreißigjährigen Kriegs wurde hier untertänigst verpackt. Und von Schlagzeilen noch keine Spur.

Die Auflage betrug nur ca. 200 Stück pro Ausgabe, *ein Massenmedium war die Tageszeitung nicht.*

Manche nennen als Ersterscheinungsjahr der ersten Tageszeitung das Jahr 1660 (z.B. Hiebel S. 56). Tatsächlich galt lange Zeit die Tageszeitung *Neue einlaufende Nachricht von Kriegs- und Welthändeln*, die 1660, ebenfalls von Ritzsch in Leipzig herausgegeben wurde, als erste Tageszeitung, doch wurden später die *Einkommenden Zeitungen* von 1650 entdeckt. (Bialowons, S. 115; Bogel und Blühm, S. 140)

Die Tageszeitung blieb im 17. Jahrhundert eine Ausnahme, denn eine tägliche Reiterpost wurde erst ab ca. 1750 eingeführt. Zwischen 1600 und 1700 erschienen in Deutschland nur drei Zeitungen sechs- bis siebenmal pro Woche, 14 Zeitungen drei- bis fünfmal, dagegen aber 41 Zeitungen zweimal und 95 Zeitungen einmal pro Woche (Wilke 1984, S. 40). Ab 1665 gab es in den deutschen Zeitungen auch Anzeigen, geworben wurde für Bücher und »Medikamente« von Quacksalbern.

Die Preise waren wegen der Postgebühren hoch, Zeitungen wurden von hohen Beamten, Gelehrten und Kaufleuten gelesen. Nach Meinung der besseren Kreise waren Zeitungen nichts für den »gemeinen Mann«. Wenn Handwerker lesen, so schrieb damals ein Universitätskanzler, führt das nur zu unnützen und schädlichen Diskursen. (Groth, S. 240)

Die verfeinerbaren Leidenschaften der Bürger und die grobschlächtigen Leidenschaften des Pöbels

Zivilisierender König, unzähmbare Gefühle aller bei Hobbes

Mit der zunehmenden Macht der Handels-Kapitalisten wurde die Frage akut, wie »Zivilisation«, Ordnung und Disziplin hergestellt werden könne, wie die kriegerischen Leidenschaften gezähmt werden können. Mitte des 17. Jahrhunderts, als Bürgerkrieg und Revolution in England die Republik etabliert hatten, glaubten viele, nur ein neuer König könne das Chaos der Leidenschaften beenden. Das behauptete Hobbes, der Vordenker der Feudalherren und Verteidiger des Königs Charles I (rg. 1625-1649).

Was hat das mit den Massenmedien zu tun? Wenn man die heutigen Medien unter dem Gesichtspunkt betrachtet, dass sie Werbungs-Zielgruppen produzieren und beeinflussen sollen, braucht man keinen Hobbes. *Wenn man jedoch in den Medien ein Mittel des Amüsements und der Aufklärung sieht, muss man sich für das Verhältnis von Leidenschaften und Vernunft interessieren und auch für das Verhältnis von Macht von oben und Demokratie von unten.* Hobbes eröffnete eine Debatte darüber, wie man die Leidenschaften und die Vernunft der Massen einzuschätzen hat, eine Debatte über die Chancen einer zivilisierten politischen Öffentlichkeit.

Thomas Hobbes (1588-1679) war Staatstheoretiker und Philosoph. Beruflich war er 1608-13 Tutor, Hauslehrer bei Baron Cavendish von Hardwick, dem späteren 1. Earl of Devonshire; Assistent (1621-1626) des ehemaligen Lordkanzlers Francis Bacon; Tutor (1629-1631) bei Sir Gervase Clifton und bei der Familie Cavendish (1631-1640); als Exilant in Paris Mathematiklehrer (1646) des Prinzen von Wales, des späteren Königs Charles II; schließlich Privatgelehrter (1651-1679) als Gast der Familie Cavendish / Earl of Devonshire. Zugleich erhielt er eine Pension von König Charles II (ab 1660). Sein Vater war ein einfacher Landgeistlicher, sein Onkel ein wohlhabender Handschuhmacher.

Hobbes legte in *Leviathan oder Wesen, Form und Gewalt eines kirchlichen und bürgerlichen Gemeinwesens* (1651) die erste Theorie der Zivilisation vor. Staatsgründung sei Zivilisationsgründung, denn der Staat sei ein künstliches Produkt. In der Natur herrsche das Gesetz der Selbsterhaltung, der unendlichen, unstillbaren Leidenschaft, mit der sich Menschen Macht über die Natur und andere Menschen verschaffen. Den Leidenschaften freien Lauf zu lassen, wäre unzweckmäßig, denn der Naturzustand sei ein Krieg aller gegen alle: Homo homini lupus, jeder Mensch verhält sich gegenüber jedem anderen Menschen wie ein Wolf.

Zwar ist ein Teil der Gefühle beherrschbar: Das Verlangen nach Dingen, die das Leben angenehm machen und die Hoffnung, sie durch Fleiß zu erlangen, führen dazu, dass Menschen auf dieser Basis Bündnisse eingehen. Nicht bündnisfähig sind die tiefergehenden Leidenschaften: Habgier, Ehrgeiz, Hass, Sinnenlust.

Vor Hobbes, um 1620, hatte Francis Bacon, der Lordkanzler des Königs James I (im Deutschen: Jakob I; rg. 1603-1625), erster Philosoph der Aufklärung, sich vorgestellt, man könne die scheinbar unzähmbaren menschlichen Affekte zivilisieren, indem man – wie in einem naturwissenschaftlichen Experiment – die einen gegen die anderen ausspielt.

Hobbes erschien das im Chaos der Bürgerkriege nicht realistisch, er meinte, nur durch die Gewalt des Herrschers könnten die Gefühle aller kontrolliert werden. Deshalb bedürfe es der absoluten Monarchie. Hobbes war gegen eine Aufteilung der Macht. Parlamente hielt er für zu unbeständig, zu unkalkulierbar, zu launisch, zu streitsüchtig, Volksversammlungen für »Geschwüre, die durch den unnatürlichen Zusammenfluss übler Säfte erzeugt werden«. Den wechselnden Wünschen der uneinsichtigen Menge dürfe man sich nicht fügen. Wichtiger als Demokratie sei die Erhaltung von Frieden und Sicherheit. Deshalb sei es das Recht jedes souveränen Herrschers, Meinungen, die dem Frieden abträglich sind, zu zensieren. Und deshalb braucht man die Zensur über das gedruckte Wort: »Denn die Handlungen der Menschen prägen ihre Meinungen, und eine gute Lenkung der menschlichen Handlungen, die Frieden und Eintracht unter ihnen bewirken soll, besteht in einer guten Lenkung ihrer Meinungen.« (Hobbes 1651, S. 139f.)

So konservativ das war – mit Hobbes wurde zugleich ein Schritt in Richtung Aufklärung getan: In der Theorie von Hobbes regierte der König nicht mehr von Gottes, sondern von Volkes Gnaden. Das Volk übertrage ihm seine Macht, weil das eine praktische Notwendigkeit sei. Die Menschen seien zwar von Leidenschaften beherrscht, aber sie seien aus Eigeninteresse vernünftig genug, um einen realistischen

Ausweg aus der Anarchie des Naturzustands zu suchen. Das war eine fundamentale Änderung im Denken.

Außerdem stellte Hobbes den absolutistischen Herrscher über die Religion. Jene definierte er als »Furcht vor einer unsichtbaren Gewalt, die vom Geist erdichtet oder auf Grund öffentlich zugelassener Erzählungen eingebildet ist.« (S. 44). Religion sei Teil der privaten Gesinnung der Untertanen. Private Urteile seien immer erlaubt, ob Glaube oder vernünftiges Urteil. Sie seien bloße Meinung und damit folgenlos. Weil aber die Gefahr bestehe, dass die Kirche mit übernatürlichen Dingen die Vernunft der Bürger verwirrt und damit das Volk aufwühlt oder durch Unterdrückung niederhält oder es in den Bürgerkrieg treibt, müsse sie dem Staat untergeordnet werden. (S. 250f.)

Außerdem war Hobbes der erste konsequente Materialist. Er hatte eine freundschaftliche Verbindung zu Galilei, den er 1636 nach dessen Ächtung in Florenz besuchte. Jener hatte die Bewegung der Materie untersucht. Hobbes führte alle Phänomene auf die Bewegung von Stoffpartikeln zurück. Auch das Bewusstsein entstehe durch Bewegung winziger Stoffpartikel im Gehirn: »[...] es gibt keine Vorstellung im menschlichen Verstand, die nicht zuerst ganz oder teilweise in den Sinnesorganen erzeugt worden war.« (S. 11). Der Ablauf unseres Denkens sei nicht vom »freien Willen« bestimmt, sondern von den mechanischen Gesetzen, die die Assoziationen der Ideen bestimmen. Was man »Wille« nennt, sei nur das, was bei einer Entscheidung zwischen Neigung und Abneigung herauskommt. Er gehe aus der Notwendigkeit hervor, »da jeder menschliche Willensakt, jedes Verlangen und jede Neigung einer Ursache entspringt und diese einer anderen Ursache in einer fortgesetzten Kette, deren erstes Glied in der Hand Gottes als der ersten aller Ursachen liegt.« (S. 164). Die Welt sei eine Maschine und der Mensch auch.

Als *Leviathan* erschien, 1651, war es zwei Jahre her, dass König Charles I hingerichtet worden war. Hobbes wurde als Royalist und zugleich als Atheist angegriffen, konnte sich aber vor dem Scheiterhaufen bewahren.

Restauration, Pressezensur und ein toleranter König

Als in der ersten englischen Revolution 1649 die Bürger und die adligen Geschäftsleute an die Macht kamen, war von Pressefreiheit nicht die Rede. Das Parlament von 1649 bestärkte die strikte Pressezensur und handhabte sie strenger als je zuvor. Sie war gegen die radikalen Reformer gerichtet, die eine soziale Demokratie wollten. Sie war auch gegen die Royalisten gerichtet und damit gegen die Mehrheit der englischen Bevölkerung. Auch Oliver Cromwell, der ab 1653 als Lordprotektor die Macht usurpierte (rg. bis 1658), war kein Freund der Pressefreiheit, er unterstützte die intoleranten Puritaner.

In den 1650er Jahren gab es in London acht etablierte Nachrichten-Broschüren, die wöchentlich herausgegeben wurden, und Unmengen von kleineren Broschüren und Flugblättern. Sie wurden strikt zensiert, der Staat hatte das Nachrichten-Monopol. Die Theater, die 1642 wegen des Bürgerkriegs geschlossen wurden, blieben zu, und alle Pferderennen, Hahnenkämpfe, Ringkämpfe, Bären- und Stierhetzen wurden verboten.

Nach dem Tod Cromwells 1658 bildete sich das von ihm 1653 unter Zwang entlassene Lange Parlament wieder, aber nur, um sich ein Jahr später formell aufzulösen und Neuwahlen auszuschreiben. Jene erbrachten ein royalistisches Unterhaus. Dieses setzte Charles II, den Sohn des enthaupteten König Charles I als König ein. Charles II (rg. 1660-85) war tolerant, und unter seiner Herrschaft wurden lockerere Sitten eingeführt. Er ließ zwei Theater zu, erlaubte erstmals, dass Frauenrollen von Frauen gespielt wurden, und er gestattete auch wieder die beliebten Bärenhetzen etc. Er sympathisierte mit seinem ehemaligen Mathematiklehrer Hobbes, dem Materialisten und Atheisten. Er lud ihn an seinen Hof ein. Wenn Hobbes erschien, sagte der König: »Hier kommt der Bär, der gehetzt sein will.« Aber bei aller Toleranz hinderte er das Parlament nicht daran, die Pressezensur fortzusetzen.

1662 erließ das Parlament die Licensing Act, ein rigoroses Pressezensur-Gesetz. Presse-Lizenzen wurden nur an einige ausgewählte Zeitungen vergeben, darunter die ab 1665 zweimal wöchentlich erscheinende *Oxford Gazette,* die später in *London Gazette* umbenannt wurde, ein Amts- und Hof-Blatt der Regierung. *Sie gilt als die erste »richtige« Zeitung Englands,* bestand aus einem doppelseitig bedruckten Blatt und unterschied sich darin von den bisherigen Nachrichten-Blättern.

Allerdings wurden brisante Nachrichten nicht in Zeitungen, sondern mittels handgeschriebener, handkopierter Nachrichten-Briefe weitergegeben, die man abonnieren konnte. Da das Abonnement teuer und nur der Oberschicht möglich war, kümmerten sich die Zensoren nicht darum.

Gegenaufklärung: mystisches »Meinungsklima« bei Glanvill

Trotz Restauration breitete sich die mechanistische und atheistische Weltanschauung aus. Nicht nur von Hobbes wurde angenommen, dass die Welt und der Mensch eine Maschine seien. Aber auf Gott konnten die Theoretiker damals nicht ganz verzichten, schließlich stand hinter ihm die Macht der Scheiterhaufen, und so stellte man sich vor, dass er der Erfinder der Maschine sei, das auslösende Prinzip, das alles in Gang gesetzt hat. Für diese zeitbedingte Form des Atheismus kam in den 70er Jahren in England der Begriff »Deismus« auf.

Hobbes und die Deisten wurden von kirchlicher Seite angegriffen. Theoretiker der Gegenaufklärung wie Charles Leslie, Samuel Clarke und Henry More versuchten zu beweisen, dass es die Wunder der Bibel wirklich gegeben habe – »viele Augenzeugen waren dabei« –; dass es eine Seele gebe, ja, eine Weltseele; und dass auch Teufel und Gespenster ganz real seien.

Dieser Gegenaufklärung verdankt die heutige Medienforschung ein Gespenst besonderer Art: das »Meinungsklima«. Es wurde von Joseph Glanvill erfunden, dem Hofkaplan des Königs Charles II. In seinem Buch *Der Wahn dogmatischen Wissens* (1661) griff Glanvill das neue naturwissenschaftliche Denken als »dogmatisch« an. Die Sinne seien trügerisch, und die Überlegungen der Menschen seien oft durch ihre geistige Umgebung, durch das »geistige Klima« geleitet: »Meinungen haben ihr Klima und sind national verschieden. [...] Die, welche nie über den gewohnten Glauben hinausgeblickt haben, in dem ihr bequemer Verstand zuerst unterrichtet wurde, sind fraglos überzeugt von der Wahrheit und vergleichsweisen Vortrefflichkeit des

Übernommenen. [...] Großzügigere Seelen, die in verschiedenen Meinungsklimaten gereist sind, sind vorsichtiger im Entscheiden und zurückhaltender im Befehlen.« (zit. nach Durant, Bd. 13, S. 109). So richtig es ist, dass man sich oft weniger auf die eigenen Sinne, sondern auf die Meinungen anderer verlässt, so einseitig und konservativ war es, die irrationalen Aspekte menschlichen Handelns zu betonen.

In den 80er Jahren des 20. Jahrhunderts stellte die bekennend konservative Publizistikwissenschaftlerin Elisabeth Noelle-Neumann Glanvill als einen besonders sensiblen Menschen dar, sensibel für »schwankende Verhältnisse«, wie sie auch heute bestünden. Wegen der schwankenden Verhältnisse bedürfe es des Begriffs des »Meinungsklimas«, denn, so Noelle-Neumann: »Klima, das umschließt den einzelnen ganz außen, man kann ihm nicht entrinnen; und es ist aber doch zugleich innen, von stärkstem Einfluss auf das Wohlbefinden.« (1980, S. 109; zu Noelle-Neumanns konservativem Bekenntnis: 1990, S. 230)

Übrigens glaubte der Hofkaplan nicht nur an das Meinungsklima, sondern auch an Teufel und Hexen, denn wenn es eine geistige Welt gebe, müsse es im Weltall auch Geister geben, und da die Welt nicht die Beste sei, müsse es sich um Dämonen handeln. *Das Modell vom »Meinungsklima« des sensiblen Glanvill war ein Instrument der Gegenaufklärung, gegen die Vernunft gerichtet.* Bei Noelle-Neumann stand davon nichts.

Erstmals Pressefreiheit: Glorious Revolution in England

Es folgte der katholische König James II (Jakob II; rg. 1685-1688), der zwar, um den Katholizismus in England wieder einzuführen, religiöse Toleranz durchzusetzen versuchte, aber von Pressefreiheit war auch bei ihm nicht die Rede.

Dann kam die »Glorious Revolution«, die »ruhmreiche Revolution«. In dieser zweiten Revolution von 1688/89 wurde der immer militanter katholische James II gestürzt und durch den protestantischen Holländer Wilhelm von Oranien ersetzt. Wilhelm war Erbstatthalter der Republik der Niederlande (rg. 1674-1702). Er beanspruchte den englischen Thron, weil seine Frau Mary Tochter von James II und damit die legitime Thronfolgerin war. Sie verzichtete zugunsten ihres Mannes. Wilhelm brauchte die englische Krone in seinem Kampf gegen das katholische, wirtschaftlich mächtige Frankreich. Er unternahm eine Invasion, die vom Hochadel und vom im Unterhaus vertretenen Landadel toleriert wurde, und so wurde er englischer König. Bevor er William III wurde (rg. 1689-1702), musste er ausdrücklich die exekutive, gesetzgeberische Macht des Parlaments anerkennen. Die adligen Grundherren im Parlament kooperierten mit Industrie, Handel und Finanzwelt. Die Großkaufleute in London finanzierten den neuen König mit einem Darlehen. Will und Ariel Durant schreiben hierzu: »Dieses Darlehen wurde zum Fundament einer ungeschriebenen Übereinkunft: *Die Handelsherren wollten die Grundherren England regieren lassen, aber die regierende Aristokratie sollte dagegen die auswärtige Politik nach den Handelsinteressen richten* und Kaufleute und Industrielle immer mehr von staatlichen Vorschriften befreien.« (Bd. 12, S. 312; Kursivsetzg. zusätzl.). William blieb zugleich Erbstatthalter der Niederlande, er war oft abwesend, was die Macht des englischen Parlaments stärkte.

Wirtschaft, Handel und Geldgeschäfte entwickelten sich: 1694 entstand die Bank von England, das Papiergeld wurde eingeführt, 1696 wurde das Münzwesen reformiert, 1698 die Londoner Börse neu eröffnet (Es gab sie seit 1571). Das alles stärkte im Parlament die Rolle der Partei der Geschäftsleute, der »Whigs«, gegenüber der Partei des Grundbesitzer, der »Tories«.

Die politischen Kräfte, die William III auf den Thron gebracht hatten, hatten in ihrem Machtkampf von der nicht freien, aber vorhandenen Presse profitiert. *Als 1694 die Frist für das Zensurgesetz – die Licensing Act von 1662 – auslief, wurde es vom Parlament nicht mehr erneuert. Damit war erstmals in der Geschichte die Pressefreiheit eingeführt.* Jetzt waren nur Gotteslästerung, der Angriff auf die Monarchie und die Beleidigung von Personen verboten.

In der neuen parlamentarischen Öffentlichkeit entstand eine paradoxe Interessenlage: Die Partei der königstreuen, eher undemokratischen Tories befand sich in der Opposition und musste sich deshalb demokratischer Mittel bedienen. Die demokratischeren Whigs, die an der Regierung waren, mussten dagegen die Interessen des Königs respektieren. (Schwanitz 1996, S. 147, 169). *In diesem ausbalancierten Zweiparteiensystem entstand das bis heute eingespielte Ritual, nach dem die Opposition mittels der Presse die Regierung angreift und die Regierung ihre Politik in der Presse als sinnvoll darstellt.* Die erste Tory-Zeitung war *The Postboy*, das erste Whig-Blatt hieß *The Flying Post.*

In den Debatten beriefen sich die auf Interessenausgleich angewiesenen Parteien rhetorisch auf die öffentliche Meinung, »sense of the people« genannt, oder »the common voice«, »the general cry of the people« oder »the public spirit«.

Zivilisierte öffentliche Meinung bei Locke

Unmittelbar nach der Glorious Revolution (1688/89) hatte Locke seinen großen Auftritt.

John Locke (1632-1704) war Staatstheoretiker und Philosoph. Beruflich war er Universitätsdozent für Rhetorik und Philosophie in Oxford (1662); Arzt und Erzieher (1667) bei Anthony Ashley Cooper, dem späteren Earl of Shaftsbury (dem »Vater der Whigs« und größten Grundbesitzer in der englischen Kolonie Carolina); Mitglied der Royal Society (1668); Mitautor eines Verfassungsentwurfs für Carolina (1668) – in ihm spielte der Toleranzgedanke eine große Rolle. Nach Shaftsburys Wahl zum Lordkanzler unter König Charles II wurde Locke Leiter des Amts für Kirchenfragen (Secretary of Presentations, 1672); Sekretär des Rats für Handelsfragen (1673); schließlich Privatgelehrter (1690-1704) auf dem Landsitz der Lady Masham; zusammen mit dem Physiker und Mathematiker Isaac Newton Mitglied der königlichen Kommission für die Münzreform (1695). Sein Vater war Gerichtsbeamter auf dem Lande.

Locke veröffentlichte gleich drei Bücher:

1. *Brief über Toleranz* (1689): Darin plädierte er für Religionsfreiheit – außer für Katholiken – und Pressefreiheit, letzteres mit dem Argument, die Zensur beschränke die Gewerbefreiheit und mache das englische Druckgewerbe konkurrenzunfähig gegenüber dem Ausland. Jeder, der eine Druckerpresse besitze, müsse auch dru-

cken dürfen, was er wolle, es sei denn er verstößt gegen die Gesetze. 1694, als es um die Erneuerung des Zensurgesetzes ging, verfasste Locke für das Parlament eine Liste von 18 Punkten gegen die Pressezensur.

2. *Versuch über den menschlichen Verstand* (1690): Mit dieser Schrift begründete Locke den Sensualismus, im englischen Sprachbereich auch »Empirizismus« genannt, jene Philosophie, die sich nur auf das verlässt, was die Sinne dem Menschen erfahrbar machen. Auch Locke hatte – wie Hobbes zu Galilei – Verbindung zu einem berühmten Naturwissenschaftler, zu Isaac Newton (1643-1727). Jener war berühmt als experimenteller Erforscher der Gesetze der Optik, der Brechung und der Eigenschaften des Lichts, der Gravitation, der Schwerkraft und des Fallgesetzes, der Bewegung und Anziehung der Himmelskörper. Sein Hauptwerk *Mathematische Prinzipien der Naturphilosophie* erschien 1687.

3. *Zwei Abhandlungen über die Regierung* (1690): Das war eine staatstheoretische Rechtfertigung der Glorious Revolution, der neuen Rechte des Parlaments, der Herrschaft des Eigentums und des Gelds. In diesem Buch nahm Locke Hobbes' Gedanken von der freiwilligen, einsichtigen – aus Eigeninteresse erfolgenden – Unterordnung der Regierten unter einen Herrscher auf, aber bei Locke war es das Volk, dem man sich unterzuordnen hatte, dessen Repräsentanten, dem Parlament und den vom Parlament beschlossenen Gesetzen.

Lockes Staatstheorie idealisierte die vernünftig handelnden Menschen, die in einem »Sozialvertrag« ihre Rechte an die Gemeinschaft abtreten. Das Gesetz sei die Instanz, auf die sich die Menschen beziehen, um über die Rechtmäßigkeit oder Anfechtbarkeit von Handlungen zu urteilen. Ihm seien die Regierenden, auch der König, unterworfen. Locke trat als erster für das Prinzip der Gewaltenteilung ein: Die Legislative müsse von der Exekutive, der Regierung getrennt sein. Falls die Regierenden oder der König ihre Macht schwerwiegend und dauerhaft und vor allem eigentumsschädigend missbrauchen, haben die Menschen ein Recht auf Rebellion.

Entsprechend wurden Mehrheits-Meinungen von Locke aufgewertet. Es gebe ein »Law of Opinion«. Wir sollten das mit »Druck der Mehrheits-Meinungen« übersetzen, denn Locke meinte damit keine sozialwissenschaftliche Gesetzmäßigkeit, sondern einen moralischen Konformitätsdruck, der ähnlich stark ist wie der Druck, den ein Gesetz ausübt: »Denn obgleich die Menschen bei ihrem Zusammenschluss zu staatlichen Gemeinschaften die Verfügung über ihre gesamte Macht der Öffentlichkeit abgetreten haben, so dass sie diese Macht nur insoweit gegen einen Mitbürger verwenden können, wie es das Gesetz des Landes anordnet, behalten sie dennoch die Fähigkeit, günstig oder ungünstig zu denken und die Handlungen derer, unter denen sie leben und mit denen sie verkehren, zu billigen oder zu missbilligen. Durch diese Zustimmung oder Ablehnung setzen sie untereinander fest, was sie Tugend und was sie Laster nennen wollen.« (1690, Bd. 1, S. 445). Die Meinungen entstehen aus den »folkways«, den allgemein verbreiteten Sitten und Gebräuchen. In ihnen manifestieren sich die Meinungen von Mehrheiten.

Die Meinungen waren für Locke kein irrationalistisches Gespenst, wie für Glanvill das Meinungsklima, sondern ein Ergebnis eines Interessenausgleichs: Es gebe nichts Natürlicheres, »als durch Achtung und Wertschätzung das zu fördern, worin jeder einen Vorteil findet, und das zu tadeln und zu missbilligen, was das Gegenteil davon ist«. Die Leute hätten common sense, einen unverbildeten Sinn fürs Rechte und Richtige.

Allerdings fanden viele ihre gemeinsamen Vorteile auch in der Einrichtung der Sklaverei oder der Ermordung der Indianer in den Kolonien. Dazu wusste Locke hoffnungsfrohe Sätze wie: »Ja, selbst die, deren Praxis eine andere war, versäumten es nie, dennoch das richtige zu billigen: Sind doch nur wenige so verdorben, dass sie nicht wenigstens bei anderen die Fehler verurteilen, die sie selbst begehen.« (1690, S. 446f.) Im Übrigen wies er auf die Macht von informellen Sanktionen hin, die die willkürlichen Handlungen im Allgemeinen regeln.

Das war noch nicht der emphatische Begriff der »öffentlichen Meinung« – des Vehikels der Vernunft und der Souveränität des Volkes –, aber hier wurden die Meinungen der Bevölkerung erstmals ernst genommen.

Dialektik der Aufklärung: die Massen als gärendes Ferment und Sintflut bei Locke

Mit »souveränem Volk« waren die Besitzbürger gemeint, nicht die Mehrheit der Bevölkerung, jene hatte keinen politischen Einfluss. Den Besitzlosen, den Bauern und Leibeigenen wurde bis Ende des 18. Jahrhunderts – und den Frauen bis ins 20. Jahrhundert – kein Wahlrecht zugestanden. Es erschien selbstverständlich, dass die Teilnahme an den öffentlichen Angelegenheiten Reichtum voraussetzte. Wer in einem 16-Stunden-Arbeitstag mit seinem Lebensunterhalt befasst war, konnte nicht auch noch an der Politik teilhaben. Und den Frauen billigten auch die Politiker der bürgerlichen Freiheitsbewegungen keinen eigenen Willen zu.

Ernst genommen hat Locke ausschließlich die Besitzbürger: »Das große und hauptsächliche Ziel [...], zu dem sich Menschen in Staatswesen zusammenschließen, ist die Erhaltung ihres Eigentums.« (1689, S. 100). Unter »Eigentum« verstand Locke vor allem Grundbesitz, und das war damals liberal gedacht, denn es galt die Auffassung, alles Land gehöre den Königen und Fürsten. Freie Verfügung über Eigentum ist, so Locke, die Voraussetzung für die Entwicklung der Zivilisation. Locke war ein »Whig«, er stand auf der Seite der Geschäftsleute und Bankiers und war deren Theoretiker – damit der Theoretiker bürgerlichen Freiheiten.

Die Bürger fürchteten sich vor einem neuen Gespenst, den »Leidenschaften« der besitzlosen Massen. Leidenschaften waren bisher stets nur bei der Aristokratie gesehen worden, denn die arbeitende Bevölkerung hatte nicht die Zeit und Energie, um Leidenschaften zu entwickeln. Das änderte sich, denn während der Revolution waren vom Parlament in London die Massen mobilisiert worden. Deren Forderungen nach Gleichheit lehnten die Bürger jedoch ab und diffamierten die Besitzlosen als irrational, als gärend, unruhig, gefährlich. *Die besitzlosen Massen erschienen als »Fluten«, »Sintfluten«, die über die Ordnung hereinbrechen:* Die Besitzlosen seien unfähig, so schrieb Locke, mit den Reichen um das Ihrige zu kämpfen, »es sei denn, ein ihnen gemeinsames großes Unglück mache sie zu einem gärenden universalen Ferment, lasse sie den Respekt vergessen und verleihe ihnen die Dreistigkeit, ihre Forderungen mit Waffengewalt durchzusetzen: Dann brechen sie zuweilen über die Reichen herein und schwemmen sie hinweg, einer Sintflut gleich. Doch geschieht dies nur selten und nur in einem nachlässig oder falsch regierten Staatswesen.« (1692, S. 71). In dieser Zeit tauchte in England das Wort »mob« auf. *So war der Beginn der Aufklärung zugleich der Beginn der Vorurteile über den irrationalen »Mob«.*

Es war nicht nur ein Vorurteil, sondern ein Element dessen, was Horkheimer und Adorno als »Dialektik der Aufklärung« sahen: des barbarischen Kerns der »Zivilisation«, der in der Machterhaltung besteht. So progressiv Aufklärung war und ist, so sehr kann sie ins Totalitäre umschlagen, wenn es um das Nichtbeherrschbare, Ohnmächtige, das »Andere« geht. Die Aufklärung befreit die Massen von religiösen Mythen, macht sie jedoch zum naturwissenschaftlich betrachteten Objekt, zum »gärenden Ferment«. Horkheimer und Adorno schrieben: »So ist die Bahn der Zivilisation verlaufen: Die Abstraktion, das Werkzeug der Aufklärung, verhält sich zu ihren Objekten wie das Schicksal, dessen Begriff sie ausmerzt: als Liquidation.« (1944, S. 24). Wo das Schicksalhafte auftaucht, in den Unterdrückten, bereiten Begriffe wie »Sintflut« die Legitimation von Maßnahmen gegen das »Hereinbrechen« vor. Beim Aufklärer Locke, der Vernunft durch Interessenausgleich propagierte, war das noch harmlos. Im 19. Jahrhundert, bei Le Bon und Nietzsche, wird der als Aufklärung daherkommende Mythos pseudowissenschaftlich, die »unbewusste Kollektivseele« und, die Verachtung legitimierend, die »Tierherde« sein.

Adel und Bürger gegen »Pöbel«: die feine Gesellschaft

Durch vornehme Sitten hatte sich der Adel seit dem 12. Jahrhundert vom »gemeinen Pöbel« abgegrenzt. Zugleich hatte der Adel an den Festen der Bevölkerung teilgenommen und Balladensänger und Volkserzähler gefördert. Das änderte sich ab Mitte des 17. Jahrhunderts, als die Könige und damit der absolutistische Zentralstaat reicher und mächtiger wurden. *Jetzt zogen sich in England und Frankreich der Adel und die bürgerliche Oberschicht von der populären Kultur zurück.*

Die populären Feste empfand man nun als roh und peinlich. In Frankreich zog Louis XIV (rg. 1643-1715) von Paris nach Versailles um und nahm nicht mehr an den Volksfesten in Paris teil. Die Land-Edelmänner in Frankreich und England aßen nicht mehr mit den Pächtern und Abhängigen in der großen Halle ihrer Residenz, sie zogen sich in Privatzimmer zurück. Sie begannen, wie vorher der Hochadel, die Hochsprache und die feinen Manieren zu kultivieren. Tanzlehrer wurden eingestellt und würdevolle Tänze einstudiert. Die Gabel, die Serviette, das Schnupftuch und das Nachthemd wurden eingeführt. Ritterromane wurden altmodisch. Bei Hof wurden die Kraftausdrücke und derben Späße der Hofnarren als monströs empfunden. Spaßmacher, Narren und fahrende Sänger, die in der großen Halle aufgetreten waren, kamen aus der Mode. Gepflegt wurde der stilvolle Umgang, die Höflichkeit, das feine Sprechen, die Konversation. Die »feine« Kultur war eine Konversationskultur. Sie diente auch dazu, die religiösen Interessenkämpfe auszugrenzen. *Eine virtuose Konversation wurde wichtiger als Moral und Religion.* Tugend und Frömmigkeit wurden demonstrativ ausgegrenzt. Es war jetzt schick, sich eine Geliebte oder einen Liebhaber zu halten. Hexenverfolgungen wurden unfein, ab 1650 gingen die Hexenprozesse zurück. Die Bevölkerung hörte mit den Denunziationen nicht auf, doch die feinen Leute glaubten nicht mehr an die Beschuldigungen. Umherreisende Wahrsager, Heiler wurden zu lächerlichen Figuren, sie wurden jetzt als Produkt des Aberglaubens des dummen Volkes angesehen. Die Begriffe »Quacksalber« oder »Scharlatan« wurden zu Schimpfworten.

Damit wurde auch das derbe Lachen über die »verkehrten Welten« abgeschafft. Jetzt lachten die Herrschenden aus Überheblichkeit. So definierte Hobbes in *Leviathan* das Lachen als stolze Reaktion: »Plötzlicher Stolz ist die Leidenschaft, die jene Grimassen hervorbringt, die man Lachen nennt. Es wird entweder durch eine plötzliche eigene Tat verursacht, die einem selbst gefällt, oder durch die Wahrnehmung irgendeines Fehlers bei einem anderen. Wobei man sich selbst Beifall spendet, indem man sich damit vergleicht. Und dies kommt meist bei Leuten vor, die sich bewusst sind, dass sie selbst nur äußerst geringe Fähigkeiten besitzen. Sie sind gezwungen, die Unvollkommenheiten anderer Menschen zu beobachten, um vor sich selbst bestehen zu können.« (1651, S. 44). Jetzt lachten die feinen Leute über die Menschen, denen das feine Benehmen nicht gelingt. Man lachte über die pöbelhaften Tölpel ebenso wie über affektierte Modegecken.

Erstmals wurde von »Gesellschaft« gesprochen, die Begriffe »society« und »société polie« meinten die feine Gesellschaft. Diese »Gesellschaft« war nicht national und dachte nicht national, man versuchte überall, den Hof von Paris, später von Versailles, nachzuahmen.

Ein kleiner Indikator hierfür ist in der Zeitungs-Berichterstattung zu finden: In Hamburgs *Wöchentliche Zeitung auß mehrerley örther* (1618-78) und *Hamburgischer Unpartheyischer Correspondent* (1731-1934) ist im Zeitvergleich für die 1730er Jahre ein starker Anstieg an gesellschaftlichen Hofnachrichten, Nachrichten über höfisches Zeremoniell, höfische Lebensführung zu verzeichnen: Diese Nachrichten machten 1622 und 1674 nur 1% bzw. 4% aller Nachrichten aus. 1736 war ihr Anteil auf 13% gestiegen. Danach sank er wieder: 1796, 1856 und 1906 betrug der Anteil nur 4%, 5% und 2% (Wilke 1984, S. 135).

Allerdings entwickelte die feine europäische Oberschicht keine feinen und zivilisierten Sitten gegenüber ihren Gegnern. Kritiker des Königs oder der Kirche wurden weiterhin grausam umgebracht.

Unterhaltung mittels Apparaten, die die Welt abbilden: optische Geräte, Guckkästen

Jetzt war man von der Tatsache fasziniert, dass es in der Welt Dinge gibt, die sich der unmittelbaren Anschauung entziehen. Im Mittelalter hatte man an das unmittelbar Sichtbare geglaubt. Dahinter, hinter dem Sichtbaren, hatte es nur das Göttliche gegeben. Seit dem 16. Jahrhundert, seit Kopernikus und Galilei, war das anders geworden, hinter dem Sichtbaren hatten sich Universen, das bisher Unsichtbare, Unbekannte enthüllt. Das Teleskop und das Mikroskop, erfunden Anfang des 17. Jahrhunderts, machten es möglich, den Makrokosmos und den Mikrokosmos zu erforschen, die Welt der Planeten und der kleinsten Lebewesen, die offensichtlich Naturgesetzen gehorchen. Das Göttliche musste einen Schritt zurücktreten. *Aber nicht nur das Göttliche war entwertet worden, sondern auch das Auge, die menschliche Sinneswahrnehmung. Die Natur und deren Gesetze erwiesen sich als unanschaulich.*

Die Leute waren irritiert, und groß war die »Sehnsucht nach der künstlichen Wiederherstellung des verlorenen Paradieses« (Busch, S. 98). *Deshalb war damals auch außerhalb der gerade erst entstehenden Naturwissenschaften, in der »feinen Gesellschaft«, das Interesse an Bild-Projektionen und neuen optischen Geräten groß.*

Im späten 17. und im 18. Jahrhundert war das Betrachten der Projektionen der Laterna Magica ein weit verbreitetes Abendvergnügen. Das war eine Unterhaltung für Erwachsene, ein Kinderspielzeug wurde die Laterna Magica erst im 19. Jahrhundert. König Louis XIV veranstaltete Laterna-Magica-Abende. Im ganzen 18. Jahrhundert wurden auf Festen der der feinen »Gesellschaft« idealisierte Laterna Magica-Bilder gezeigt – oft Mode-Bilder der feinen Gesellschaft, wie sie damals auch in der Rokoko-Malerei (1720-1770/80) üblich waren. Zu den Bürgern kamen Schausteller, die abends durch die Straßen zogen. Ihre Vorstellungen waren meistens vertont, die Schausteller traten stets mit einem Leierkastenmann auf. (Remise, S. 22ff.)

Im 18. Jahrhundert waren die neuen Guckkästen sehr beliebt: kleinere Ausgaben der Camera Obscura, in denen man kleine Abbilder der großen Realität draußen sehen konnte. In England nannte man das »Peep Shows«. Umherreisende Schausteller brachten den Menschen, vor allem in den Dörfern und Kleinstädten, nie gesehene Bilder aus der fernen Welt und aus der Geschichte – und des Obszönen (Füsslin et al. 1995). Am beliebtesten waren Guckkästen mit hintereinander gestaffelten Bildern: Städteansichten (Veduten); Szenen am Meer; exotische Landschaften; Jagdszenen; feine Leute, die im Park spazieren; Szenen in Theaterkulissen; historische Schlachten, Belagerungen. *Sie lehrten das »richtige Sehen«: Sie definierten klar den Standort des Beobachters, begrenzten den Blick und zeigten eine Perspektive – alles Dinge, die der aufgeklärte, beobachtende Verstand brauchte.* Und das auch beim Blick auf Katastrophen: Brände: Schiffskatastrophen; Vesuvausbruch; Erdbeben, vor allem das von Lissabon etc.

Unseriöse kommerzielle Presse und ein wenig schriftstellernder Journalismus

Größere Zeitungsverlage in England und Human Interests

Nachdem in England die Pressefreiheit eingeführt war (1694), entstand eine rein kommerzielle Presse. Vorläufer waren 1689/90 in London die sehr beliebte Wochenzeitung *Athenian Mercury*, in der Leser um Rat fragten und Rat erhielten, nach der Art der Briefkastentanten in den heutigen Billig-Illustrierten. Es ging um Liebe, Liebeskummer, Heirat und Ehefragen. 1693 entstand die Frauenzeitung *Ladies Mercury*, zu denselben Fragen. 1702 erschien die erste Tageszeitung Englands, *Daily Courant*, bestehend aus jeweils einem, nur auf einer Seite bedruckten Blatt. Um 1720 gab es in London 20 Zeitungen mit zwei bis vier Seiten Umfang, bei wöchentlichem bis dreimal wöchentlichem Erscheinen.

Die auflagenstärksten Londoner Zeitungen waren nicht mehr in Besitz von Druckern oder Verlegern, sondern von Aktiengesellschaften, deren Hauptanteile meist

Buchhändler besaßen (Harris, S. 92f.). Die Anteilseigner, meist waren das 10 oder 20 Personen, wollten Geld sehen.

Nachrichten spielten in den Zeitungen nicht die Hauptrolle, denn deren Beschaffung war angesichts der schlechten Verkehrsverbindungen schwer. Auslandsnachrichten wurden aus der kontinentalen Presse übernommen. *Inlandsnachrichten bestanden aus Berichten aus dem Gericht, Mord und Totschlag, Berichten über Katastrophen, Heiraten, aus Klatsch und Tratsch. Jetzt gab es eine Hofberichterstattung:* Ein Zeitungs-Herausgeber beschrieb im Jahr 1680 die Zeitungen so: »Die Thronfolgerin kann sich nicht am Ohr kratzen, ohne dass wir davon hören. Die Comtess von Soissons kann kein Haus mieten, ohne dass wir erfahren, wer ihr Vermieter ist. Der Herzog von Luxemburg kann keinen Vertrag mit dem Teufel machen, ohne dass ganz Europa mit von der Partie ist. Und was die Inlandsnachrichten betrifft, so erhalten wir sie täglich, stündlich, minütlich, halbminütlich. Bei soviel Enthüllung und Publikation der Affären dieser Welt hat die journalistische Sorgfalt keine Chance.« (Mercurius Infernus, Nr.1, 1680).

Eine Minderheit: räsonierende Presse

Mit der Entfaltung der parlamentarischen Öffentlichkeit entstanden in England, neben der kommerziellen Presse, eine Reihe neuer Zeitungen mit Erzählungen, politischen Aufsätzen und gesellschaftskritischen Essais. Es entstand der »schriftstellernde Journalismus« (Habermas 1962, S. 199ff.): Jetzt gab es Wochenzeitungen wie *The Review* (ab 1704) von Daniel Defoe. Defoe war einer der besten Journalisten seiner Zeit. Er leitete *Review* bis 1712. 1718 erschien sein berühmter Roman *Robinson Crusoe,* eine Art Utopie, in der ein Mensch der Aufklärung allein auf sich gestellt, »ganz von vorn anfängt« und sich eine neue, bürgerliche Welt einrichtet, die allein auf innerer Disziplin und Tüchtigkeit basiert.

Gegenüber der »feinen Gesellschaft« des Adels und der reichen Bürger betonten die weniger reichen Bürger jetzt Anstand, Sittsamkeit und Gefühl. 1707-1711 erschien dreimal pro Woche *Tatler* (tatler = Plauderer), eine sehr moralische Zeitung, herausgegeben von Dick Steele. Moralisch war *Tatler* insofern, als darin der tugendhafte und häusliche »Gentleman« propagiert wurde, in Abgrenzung zum sittenlosen Libertin. Es wurden Fragen des guten Geschmacks, der Höflichkeit, des Anstands und der Normen der Konversation erörtert. Als *Tatler* einging, gründete Steele zusammen mit Joseph Addison, einem reichen Staatsbeamten, die moralische Tageszeitung *Spectator* (1711-1712, 1714), die sehr beliebt wurde. Der *Spectator* hatte eine Auflage von 3.000 Exemplaren. Er enthielt Berichte über das, was man heute Lifestyle-Trends nennt, Korrespondentenberichte, Kurzgeschichten und Essais. Auch hierin wurde der Lifestyle des selbstbeherrschten Gentleman propagiert. *Die Mittelschicht wollte sich als zivilisiert und respektabel sehen und sich von den blasierten aristokratischen und großbürgerlichen Wüstlingen abgrenzen, die sich mit sexuellen Eskapaden, Glücksspiel und Duellen die Zeit vertrieben.* (Schwanitz 1996, S. 180f.)

Ein engagierter politischer Journalismus wurde von Viscount Bolingbroke geschaffen. Bolingbroke war Politiker, u.a. Außenminister. Zugleich war er Schriftsteller und Zeitungs-Herausgeber, so gründete er zwecks Unterstützung des Tory-Kabinetts die Wochenzeitung *Examiner* und stellte den Schriftsteller Jonathan Swift als Chefredakteur ein, von dem später, 1726, *Gullivers Reisen* erschien. Andererseits trug Bolingbroke zur Behinderung der Zeitungen bei, 1712 führte er die Stempelsteuer auf Zeitungen ein, einen kostenpflichtigen Stempel, ohne den keine Zeitung erscheinen durfte. (Harris, S. 84ff.)

Dann verloren die Tories und damit Bolingbroke die Macht an die Whigs, die Vertreter der adligen und bürgerlichen Handelskapitalisten. Deren Premierminister Robert Walpole war ein Pragmatiker der Macht, der vor Ämterpatronage und Korruption nicht zurückschreckte. Der Opern-Publikumserfolg des Jahres 1728, *The Beggar's Opera* von Pepusch und Gay verspottete diese Politik. Mit der Figur des Ober-Schurken Macheath war Walpole gemeint, mit Macheaths Verbrecherbande die regierenden Politiker.

Bolingbroke versuchte, als aufgeklärter Konservativer, eine Oppositionsbewegung für ein am Gemeinwohl orientiertes Königtum ohne Korruption zu begründen. Die Opposition bestand aus königstreuen Tories, Vertretern des Adels und aus Country Whigs, das waren mit Walpole unzufriedene, fundamentalistische Opponenten der regierenden »Court Whigs«. Als deren Forum brachte Bolingbroke 1726-1735 den *Craftsman* heraus, die erste Zeitung, mit der sich die Presse als eigenständige Kraft gegenüber dem Parlament konstituierte. Bolingbroke schrieb darin unter dem Pseudonym »Humphrey Oldcastle«. *Er berief sich auf die »öffentliche Meinung«, als erster versuchte er, jene als Kontrollinstrument des Parlaments zu etablieren: Der Public Spirit, die Meinung des Volkes, war für ihn ein »Spirit of Liberty«, eine aufgeklärte Oppositionsmeinung, gerichtet gegen die Korruption der regierenden Partei. Das Wissen der Millionen von Menschen, so schrieb Bolingbroke um 1730, dürfe nicht lächerlich gemacht werden. In der Masse der Bevölkerung sei ein richtiges Gefühl vorhanden, das im Bündnis mit den Journalisten zu einem Instrument der politischen Opposition werden könne.*

Rationaler Diskurs als Ideal der Bürger: Kaffeehäuser und Salons

Gelesen und debattiert wurden die Zeitungen in den neuen Kaffeehäusern.

Der Kaffee kam um 1620 aus der Türkei nach Südeuropa, um 1650 auch der Tee, wenig später der Kakao. Die neuen Genussmittel wurden von Adel und Bürgertum aufgenommen, nicht aber von der Unterschicht, die um 1650 ebenfalls neue Genussmittel erhielten, Branntwein, Gin, Schnaps (Schivelbusch, S. 92).

Die ersten Kaffeehäuser in Europa entstanden 1640 in Venedig. Unter Kaffeehäusern darf man sich nicht so etwas vorstellen wie heutige Cafés – in denen laute Musikbeschallung das unfreundliche Personal bei Laune hält und Gespräche unmöglich macht – sondern elegante, oft teure Restaurants mit mehreren Salons, in denen gespeist, getrunken, geraucht und debattiert wurde. Sie hatten ihre Blütezeit zwischen 1680 und 1730. Die neuen literarisch-politischen Zeitungen nahmen auf, was das Kaffeehaus-Publikum interessierte.

In London wurde das erste Coffee-House, White's, 1652 eröffnet. Um 1710 gab es über 3.000 Coffee-Houses. Die reichen Kaufleute verkehrten bei Lloyd's. Lloyd's

Coffee House, um 1688 gegründet, war ein Treffpunkt von Schiffseignern, Schiffskapitänen, Kaufleuten, Versicherungsagenten. Man ging dorthin, um das Neueste aus der Branche zu erfahren. Lloyd gab gelegentlich schriftliche Nachrichten heraus. Im 18. Jahrhundert konnten die Versicherungsagenten in Lloyd's Kaffeehaus feste Boxen für Kundengespräche mieten, daraus entstand die Versicherungsgesellschaft Lloyd's. Die Schriftsteller verkehrten bei Will's, Burton's oder Tom's in der Great Russell Street, die Kunstfreunde in Don Saltero's Coffee-House in Chelsea. Dick Steele, Herausgeber des *Tatler*, schrieb 1709 in seiner ersten Nummer: »Alles wichtige über galantes Leben, Vergnügungen und Unterhaltung stammt aus White's Schokoladehaus, Dichtung außerdem aus dem Kaffeehaus von Will, Wissen aus dem Griechischen Kaffeehaus, in- und ausländische Neuigkeiten werden Sie aus dem St. James-Kaffeehaus erhalten, und was ich sonst noch zu bieten habe, kommt aus meinem eigenen Haus.«

In Paris gab es viele Café-Restaurants am linken Seine-Ufer, im Viertel zwischen dem Louvre und Saint Germain. Dort befand sich das Café Gradot, das ein Treffpunkt von Naturwissenschaftlern, Mathematikern, Philosophen und Mitgliedern der Akademie Française war. Ebenfalls in der Nähe war das Café Veuve Laurent, wo Dichter, Musiker und Maler verkehrten. Gegenüber der Comédie Française lag das Café Procope, deshalb trafen sich dort Literaten, Bühnenautoren, Schriftsteller, Regisseure und Philosophen.

Die bürgerlichen Geistesgrößen, Schriftsteller, Philosophen, Schauspieler, Sänger, Naturwissenschaftler, verkehrten auch in den Salons der adligen und großbürgerlichen Damen. Das waren Soirées, Abendveranstaltungen in den großen Prachthäusern des Adels oder reicher Bürger. Dort wurden Vorträge gehalten, neue Theaterstücke vorgelesen oder vorgeführt, Musikstücke aufgeführt. Danach wurde das Werk diskutiert. Die Gäste gehörten sowohl dem Adel an als auch der Bourgeoisie.

Diese neuen Öffentlichkeiten in England und Frankreich waren klein. *Die Mehrheit der Bürger verkehrten nicht in den Café-Restaurants und Salons und schon gar nicht die unteren Schichten. Trotzdem sind die neuen Öffentlichkeiten wichtig, denn sie verkörperten ein neues Prinzip: Gleichheit der Personen, Gleichwertigkeit der Argumente.* In London stellte sich die neue Normstruktur in zeitgenössischen *Regeln und Vorschriften des Kaffeehauses* (1674) dar: »Zuallererst sind vornehme Herren und gewerbetreibende Bürger gleichermaßen willkommen und sollen ohne weiteres beieinander sitzen: Niemand soll hier auf seinen Vorrang bedacht sein, sondern den nächsten freien Platz einnehmen: Auch soll niemand vor einem Höherstehenden aufstehen und ihm seinen Platz anbieten.« (Schivelbusch, S. 67)

Die Diskussionen sollten mit frei geäußerten Sachargumenten geführt werden. Ob die Argumente von einem Herzog, Großbürger oder einem Handwerkerssohn kamen, durfte keine Rolle spielen. Wenn nur Argumente gelten, haben die besten Argumente zumindest die Chance, sich durchzusetzen. Habermas drückt das so aus: »Die Parität, auf deren Basis allein die Autorität des Arguments gegen die der sozialen Hierarchie sich behaupten und am Ende auch durchsetzen kann, meint im Selbstverständnis der Zeit die Parität des ›bloß Menschlichen‹. Les hommes, private gentlemen, die Privatleute bilden das Publikum nicht nur in dem Sinne, dass Macht und Ansehen der öffentlichen Ämter außer Kraft gesetzt sind; auch wirtschaftliche Abhängigkeiten dürfen im Prinzip nicht wirksam sein; Gesetze des Marktes sind ebenso suspendiert wie die des Staates. *Nicht als ob mit den Kaffeehäusern, den Salons und den Gesellschaften im Ernst diese Idee des Publikums verwirklicht worden sei; wohl aber ist sie mit ihnen als Idee institutionalisiert, damit als objektiver Anspruch gesetzt und insofern, wenn nicht wirklich, so doch wirksam gewesen.*« (1962, S. 47; Kursivsetzg. zusätzl.)

Dass das Ideal der »Gleichheit aller Argumente« derart betont wurde, lag daran, dass es den Bürgern Vorteile brachte: *Wenn nicht mehr Adel und Besitz das Wichtigste sind, sondern das feine Benehmen der Konversation, kann auch ein Bürger in »die Gesellschaft«, in die »high society«, aufsteigen. Ein solcher Aufstieg bedeutete materielle Privilegien, zum Beispiel Staatsaufträge für Heereslieferungen, öffentliche Bauten, Ämter. So machten die Bürger eifrig Konversation.*

Erste öffentliche Kritik an skrupellosen Journalisten

Kritik an den Zeitungen hatte es schon vorher gegeben, in Deutschland nach 1650 recht stark (Adrians 1999, S. 27ff.), doch fand diese Kritik in Fachbüchern und Dissertationen statt. In England entstand aus den Kaffeehauskreisen der »schriftstellernden« Journalisten eine öffentliche Medienkritik. Kritisiert wurden die korrupten, geldgierigen, sensationsgierigen Verleger und Journalisten der kommerziellen Presse. 1729 kritisierte ein engagierter Kaffeehausbesitzer, der für die Gründung eigener, seriöserer Zeitungen durch die Kaffeehausbesitzer eintrat, das niedrige Niveau der Londoner Zeitungen. Er schrieb anonym unter dem Pseudonym »A Coffee-Man«: Journalisten würden schlecht recherchieren, sie würden bloß Gespräche und Gerüchte in den Kaffeehäusern aufschnappen und sie als Tatsachen verkaufen. Journalisten würden die Dienstboten des Adels über das Privatleben ihrer Herrschaften ausfragen. Journalisten würden bei den Behörden die dort ein- und ausgehenden Beamten aushorchen. Letzteres wurde nicht, wie heute, als investigative Recherche einer kritischen Presse verstanden, sondern als illegitimes Eindringen in nichtöffentliche Bereiche. Angeblich ins Englische übersetzte Artikel aus kontinentalen Zeitungen würden gefälscht. Artikel würden gestohlen oder umgeschrieben. Der Autor fuhr in seiner Kritik fort: »Das sind die Künste und Methoden unserer Journalisten, mit denen sie an Nachrichten kommen und ihre Zeitungen füllen und mit denen sie sich dem Publikum aufdrängen und es missbrauchen: So werden weise und ausgezeichnete Erlasse ehrlicher und fähiger Minister obstruiert, indem sie verfälscht wiedergegeben werden; sinnlose Missgunst wird zwischen den Leuten verbreitet. Oft stehen dabei der Handel und die Kreditwürdigkeit des Königsreichs auf dem Spiel. Familiengeheimnisse, die privaten Interessen und Geschäfte einzelner Personen werden verraten und in die Welt ausposaunt. Das Publikum wird dadurch irregeführt, es eilt von einem Ende der Stadt zum anderen, oft bis in die entferntesten Teile des Königreiches, und das nur aufgrund der Irrtümer närrischer Zeitungsschreiber.« (Bleyer, S. 34ff.)

1758 schrieb der Literaturkritiker Samuel Johnson: »Was in den Zeitungen angeboten wird, ist im Allgemeinen eher das Produkt gewinnsüchtiger Personen, die gar nicht die Fähigkeit haben, ihr Publikum durch Qualität zu erfreuen oder zu instruieren. Sie geben sich damit zufrieden, ihr Blatt zu füllen, gleich mit welchen Inhalten, ohne den Ehrgeiz, gut zu recherchieren und sich aufs Wichtigste zu konzentrieren.« Und in einem anderen Aufsatz hieß es über die Kriegsberichterstattung der Zeitungen: »Kaum etwas ist bei den Journalisten so beliebt wie Grausamkeiten. Immer wieder gern unterbricht der Schreiber den Tatsachenbericht, um uns zu erzählen, wie der Feind Kinder ermordete und Jungfrauen vergewaltigte. Und wenn sich die Ereignisse in fernen Ländern abspielen, skalpiert der Schreiber die Einwohner ganzer Provinzen.« (Payne's Universal Chronicle, 27.5. und 11.11.1758)

Kritisiert wurde auch die Werbung. In den Zeitungen gab es Anzeigen, z.B. von Quacksalbern, die das Blaue vom Himmel versprachen. Auch die seriöseren Zeitungen druckten diese unseriösen Anzeigen, oft bestand die Hälfte der Zeitung aus Anzeigen. Daniel Defoe wies darauf hin, welche Funktion ein seriöser redaktioneller Teil für die Verbreitung unseriöser Werbung hat. Defoe war 1719 Herausgeber der Zeitung *Mist's Journal*. In einem offenen Brief an seinen Verleger polemisierte er gegen die Anzeigen von Quacksalbern: »Die Welt kennt Ihre Redlichkeit, und alles, was in Ihrer Zeitung publiziert wird, gilt als authentisch. Dafür haben die Quacksalber ein Gespür, und deshalb geben sie massenweise Anzeigen in Ihrer Zeitung auf, mehr als in anderen Blättern. [...] So wird Ihre Zeitung, die Sie als Gefäß der Wahrheit entworfen haben, ein Zufluchtsort für Lügen, und die Reputation, die Sie kraft eigener Ehrenhaftigkeit erworben haben, dient jetzt der Empfehlung krassester Schwindeleien.« (Mist's Journal 31.10.1719)

Erstmals der Problemkonflikt aller Medienforschung: Wie dumm oder wie vernünftig ist das Publikum?

Toleranz und denkendes Publikum bei Voltaire

Die kritische Theorie, die sowohl über die vernünftige Organisation der Gesellschaft als auch über die Vernünftigkeit der Gesellschaftsmitglieder nachdenkt, begann bei den Theoretikern der Aufklärung, bei Locke im 17. Jahrhundert; und bei Voltaire, Diderot, d'Alembert, Condorcet, Helvetius, Holbach, Turgot im 18. Jahrhundert. Ihnen verdanken wir, dass in die Erklärungen der Menschenrechte und Verfassungen Toleranz und bürgerliche Freiheiten eingebaut wurden.

Keiner von den Aufklärern schrieb so klar, scharf, polemisch und witzig wie Voltaire, er war der erste kritische Soziologe, obwohl es diesen Begriff damals noch nicht gab.

Voltaire (1694-1778) war Schriftsteller, Schauspiel-Autor und Philosoph. Er hieß François-Marie Arouet, nannte sich aber ab 1719 »Voltaire«. Beruflich war er Finanzunternehmer und später Fabrikant, er lebte hauptsächlich von seinem erarbeitetem Vermögen, gewonnen aus Aktien-Spekulationen, Geldverleih, Vorfinanzierung von Handelsschiffs- und Heeres-Ausstattungen und aus Tantiemen und Honoraren, später auch von der Uhren- und Seidenstrumpf-Manufaktur. Er war einer der reichsten Männer Frankreichs, lebte jedoch wegen seines Kampfs gegen absolutistische Will-

kür und kirchlichen Terror in Frankreich stets mit der Gefahr von Verhaftung und Todesstrafe. Deshalb lebte er nach 1737 am Rande Frankreichs, zuerst mit Emilie de Chatelet in Cirey in Lothringen und ab 1755 in Genf und Umgebung, darunter in seinem Landgut mit dazugehörigem Dorf Ferney, in Frankreich, zwei Kilometer von der Grenze zu Genf, um notfalls rasch fliehen zu können, vor dem französischen König ebenso wie vor den Genfer Puritanern. Voltaires Vater war königlicher Rat und Notar in Paris.

In seinen jungen Jahren war Voltaire ein Kaffeehaus-Mensch. Um 1730 gab es in Paris Hunderte von Cafés. Voltaire verkehrte in vielen: Im Café Procope, gegenüber der Comédie Francaise, traf er berühmte Schauspielerinnen, Schauspieler und Autoren. Voltaire war der Stargast. Er war 36 Jahre alt, war 1723 mit *La Henriade* berühmt geworden, einem epischen Gedicht auf König Henri IV, und hatte 1729 die *Geschichte Charles' des XII.*, das Theaterstück *Brutus* und die *Philosophischen Briefe aus England* herausgebracht. Im Café de la Régence gegenüber dem Palais Royal traf er den hohen Adel, unter anderem seinen Schulfreund, den Herzog von Richelieu; im Café Buci die Journalisten. Nur im Café Bordeaux wurde er unfreundlich aufgenommen – dort verkehrten die Geistlichen.

Voltaire teilte die Kaffeehaus-Vorstellungen vom rationalen Diskurs: In einem Aufsatz *Ratschläge und Anweisungen für einen Journalisten* (1737) gab er den Rat: »Wenn Ihr Ansichten darlegt, sie unterstützt, sie anfechtet, so vermeidet beleidigende Formulierungen, die einen Verfasser und häufig ein ganzes Volk erzürnen, ohne jemanden zu erleuchten. Keine Animosität, keine Ironie! Was würdet Ihr von einem Oberstaatsanwalt denken, der im Schlußplädoyer eines Prozesses durch verletzende Worte die Partei beschimpft, die er verurteilt? Die Rolle eines Journalisten ist nicht so angesehen, doch seine Aufgabe ist annähernd die gleiche.« (1737, S. 32). Zum Glück hat sich Voltaire nicht an diese Maxime gehalten, sondern reichlich unsachlich, ironisch und beleidigend geschrieben, weswegen man ihn bis heute gern liest.

Voltaires wissenschaftliche Gegner waren die Physiker und Metaphysiker Gottfried Wilhelm Leibnitz und Christian Wolff. Sie hielten – angesichts der großen Entdekkungen, der Fallgesetze Galileis und der Gravitionsgesetze Newtons – die Natur für die große Mutter der Vernunft und leiteten aus den vorhandenen Kausalitäten ab, dass Gott die Welt, so wie sie ist, als die Beste aller Welten eingerichtet habe.

Jede Ursache, so meinte Leibnitz, habe ihre Wirkung. Jede Wirkung ergebe sich aus dem Zusammenwirken vieler Ursachen, nichts geschehe ohne zureichenden Grund. Dahinter wirke eine Art ewiger Vernunft, das Werk Gottes. Alle seien Mitglieder eines wohlgeordneten Gottesreiches. So schrieb Leibnitz: »Insofern alle Geister [...] kraft der Vernunft und ewigen Wahrheiten in eine Art Gemeinschaft mit Gott treten, sind sie Mitglieder des Gottesstaats, das heißt des vollkommensten Staates [Preußens], der vom größten und besten Monarchen geschaffen und regiert wird, in dem es kein Verbrechen ohne Bestrafung, keine guten Handlungen ohne entsprechende Belohnung, und schließlich soviel Tugend und Glück wie möglich gibt: und all das nicht durch eine Abweichung von der Natur, als ob das, was Gott den Seelen bereitet, die Gesetze der Körper in Unordnung brächte, sondern gemäß der Ordnung der natürlichen Dinge selbst kraft der zu jeder Zeit prästabilierten Harmonie zwischen den Reichen der Natur und der Gnade, zwischen Gott als Architekten und Gott als Monarchen [...].« (1714, S. 433f.; hierzu: Wolf 1719, S. 340ff.). So unterwürfig gegenüber dem Himmelskönig und dem weltlichen König mussten Wissenschaftler sein, wenn sie etwas werden wollten.

Was hat das mit Massenmedien zu tun? Auch heute meinen unkritische Soziologen, dass die Welt, so wie sie ist, in Ordnung sei. Man sagt heute nicht: »Dies ist die Beste aller Welten«, man sagt: »Bestimmte gesellschaftliche Strukturen erfüllen bestimmte Funktionen«. Man sagt nicht: »Die existierenden Medien sind die besten aller Medien.«, man sagt: »Massenmedien haben die Funktion der Reduktion von Komplexität, eine Orientierungsfunktion etc.«. Aber die »Funktionen« in der heutigen Welt sind ebensowenig wie damals in Ordnung. Heute wie damals ist eine kritische Analyse der gesellschaftlichen Einrichtungen notwendig. Voltaire war einer der ersten, die das unternahmen.

Voltaire wies auf die Willkürlichkeit auch der Natur hin: Diese Welt sei nicht die Beste aller Welten. Der »große Uhrmacher«, der »ewige Mathematiker« – so nannten Deisten wie Voltaire das, was sie sich als »Gott« vorstellten – habe nicht alles auf das Beste eingerichtet. Er fasste seine Kritik in einen Roman: *Candide* (1758).

Der Roman hat zwei Hauptfiguren:

Pangloss – übersetzt: »Allesschwätzer –, ist der Theoretiker des Optimismus à la Leibnitz. Er lehrt Metaphysico-theologico-cosmologie, und das hört sich so an: »›Es ist erwiesen‹, so dozierte er, ›dass die Dinge nicht anders sein können als sie sind, denn da alles zu einem bestimmten Zweck erschaffen worden ist, muss es notwendigerweise zum Besten dienen. Bekanntlich sind die Nasen zum Brillentragen da – folglich haben wir auch Brillen; die Steine sind dazu da, um behauen zu werden und zum Bau von Schlössern verwendet zu werden, und infolge dessen hat unser gnädiger Herr ein wunderschönes Schloss. Der vornehmste Baron der ganzen Provinz muss eben auch das schönste Schloss haben. Und da die Schweine dazu da sind, gegessen zu werden, so essen wir das ganze Jahr hindurch Schweinefleisch. Also ist es eine Dummheit, zu behaupten, alles auf dieser Welt sei gut eingerichtet; man muss vielmehr sagen: Alles ist aufs Beste bestellt.'«

Die zweite Hauptfigur ist Candide, ein leichtgläubiger junger Mann, der ewige Optimist. Candide – deutsch: »Der Einfältige« – ist Deutscher, er kommt, ebenso wie der Hauslehrer Pangloss, vom Schloss des Freiherrn von Thunder ten Tronck in Westfalen. Candide glaubt alles, was der Allesschwätzer lehrt, vor allem glaubt er an die Freiheit des Willens. Candide wird vom Fräulein Kunigunde, der Tochter des Schlossherrn zu einem Kuss verführt, beide werden vom Vater überrascht und Candide wird mit wuchtigen Tritten in den Hintern seines freien Willens beraubt und in die Welt gejagt.

Der Roman lässt alle Personen in eine absurde Abfolge von Katastrophen geraten: Candide muss spießrutenlaufen, er wird fast erschlagen, ausgepeitscht. Pangloss kriegt die Syphilis und verliert ein Auge und ein Ohr, er wird auf dem Scheiterhaufen fast verbrannt, dann gehängt, er atmet aber noch, wird aber dennoch als scheinbarer Leichnam von einem Chirurgen gekauft, kann halb seziert entfliehen etc. Candide wird zum Mörder des Bruders seiner geliebten Kunigunde, er wird auf jede denkbare Art übers Ohr gehauen, und er gerät unter anderem in das Erdbeben von Lissabon. Jenes war 1755 eine Jahrhundertkatastrophe, die den Optimismus der Menschen so erschütterte wie im 20. Jahrhundert Tschernobyl.

Als Candide seine geliebte Kunigunde schließlich kriegt, ist sie, die ebenfalls Opfer vieler Katastrophen wurde, ein altes, hässliches Weib – es ist kein schöner Roman. Tatsächlich ist der Roman nur in seinem Spott erfreulich, sonst aber ein schwer ertragbares Lehrstück, und in seiner Anhäufung von Gewalt gleicht er heutigen Actionfilmen, in denen die Helden auch ständig auf brutalste Weise eins draufkriegen.

Am Ende landen alle in einer kleinen Meierei in der Pampa, am Bosporus. Der geschundene Pangloss ist verzweifelt, dass er nicht an einer deutschen Universität glänzen kann, aber er behauptet immer noch, alles sei so verkettet, dass sich aus allem Übel etwas Gutes ergebe, die beste der möglichen Welten. Wäre Candide nicht wegen seiner Liebe zu Fräulein Kunigunde mit wuchtigen Fußtritten in den Hintern aus einem schönen Schloss verjagt worden etc., »dann würde er jetzt nicht hier kandierte Früchte und Pistazien essen.« – Und dann kommt der berühmte hoffnungsvolle Schlusssatz des Romans: »›Das ist sehr gut gesagt‹, antwortete Candide, ›aber wir müssen unsern Garten bebauen.‹« Am Ende des ganzen Elends hat Candide offenbar etwas gelernt: Es geht darum, die Umstände zu verändern und das bedeutet, den Knoten der Kausalitäten zu lösen. Gäbe es nicht den heutigen Pädagogenjargon, könnte man sagen: Es geht darum, die strukturellen Zwänge konkret zu durchbrechen.

Aus diesem Interesse entwickelte Voltaire in seinen Werken einen realistischen, die materiellen strukturellen Zwänge zur Kenntnis nehmenden Begriff von Autonomie und Freiheit.

Frei seien die Menschen, so sagte Voltaire, wenn sie Handlungsmöglichkeiten, Verhaltensautonomie haben; wenn ihnen ihre soziale Lage gestattet, ihre Ziele zu realisieren: »Wirklich frei sein heißt können. Wenn ich tun kann, was ich will, darin besteht meine Freiheit.«

Er fügte aber sofort hinzu: »Aber ich will mit Notwendigkeit, was ich will, sonst würde ich vernunftlos, grundlos wollen, was unmöglich ist. Meine Freiheit besteht darin, zu gehen, wenn ich gehen will, sofern ich nicht die Gicht habe«, und er fuhr fort: »Es ist seltsam, dass die Menschen nicht mit diesem Maß an Freiheit zufrieden sind, das heißt mit dem Vermögen, das sie von Natur empfangen haben, in einer Reihe von Fällen zu tun, was sie wollen. Die Gestirne haben diese Freiheit nicht; wir hingegen besitzen sie, und unser Hochmut spiegelt uns zuweilen vor, dass wir noch mehr von ihr besitzen. Wir bilden uns ein, wir hätten die unbegreifliche und absurde Gabe zu wollen, ohne sonst einen vernünftigen Grund, ohne sonst ein Motiv als eben das Wollen.« Und später fasste er zusammen: »Zunächst einmal habe ich nicht zu Euch gesagt, der Mensch sei nicht frei; ich habe zu euch gesagt, dass seine Freiheit im Handelnkönnen besteht, dagegen nicht in einem chimärischen Wollen-Wollen.« (1766b, S. 207, 253). In ihrem Wollen sind die Menschen nicht frei, denn das Wollen ist das Ergebnis der materiellen Zwangsläufigkeiten, in denen man jeweils lebt. Aber jene sind veränderbar.

So geht es darum, die veränderbaren Zwangsläufigkeiten zu erforschen. Das tat Voltaire in seinem Hauptwerk *Essai sur les moeurs* (1745/1756). In diesem Buch untersuchte er die wichtigsten Gesellschaften der Welt. Stets trennte er das Wahrscheinliche vom Mythischen. Ein Beispiel: Zur Anbetung der Sterne und der Sonne durch die frühen Völker in Kleinasien und Südamerika schrieb Voltaire: »Dieser Irrtum ist den Menschen ganz natürlich [...]. Eine kleine und halb wilde Nation hat nur einen Beschützer. Wird sie größer, vermehrt sie die Zahl ihrer Götter. Die Ägypter begannen mit Ishet bzw. Isis, und sie endeten damit, dass sie Katzen anbeteten.« (1745/1756, Bd. 1, S. 17). Der gesellschaftliche Faktor, der die Irrtümer verstehbar macht, ist Arbeitsteilung, Ausdifferenzierung; hinzu kommt das Herrschaftssystem der Theokratie (S. 32ff.). *Voltaire ging es um die Analyse der gesellschaftlichen Einrichtungen: Schrift; Herrschaftsstruktur; Technik, Mathematik; Sitten und Gebräuche; Religion, Glaubensvorstellungen* (z.B. die Gesellschaft Chinas: S. 66ff.; Ägyptens: S. 74ff.). *Er untersuchte diese Strukturelemente nicht »wertfrei«, wie ein Naturwissenschaftler, der – jedenfalls damals – alles kausal bestimmt und damit gut eingerichtet findet. Er wollte nicht nur »verstehen«, sondern die Vernünftigkeit der gesellschaftlichen Einrichtungen beurteilen.* Deswegen sprach er ungeniert von »Irrtümern«, wo man heute wertfrei von »Wertvorstellungen« redet.

Strukturanalytisch und kritisch war auch Voltaires Betrachtung des Publikums. Er unterschied – in einem Brief an den Schriftsteller und Journalisten Simon-Nicolas-Henri Linguet – nach Berufen: »[...] unterscheiden wir in dem, was Sie Volk heißen, die Berufe, die eine ordentliche Bildung erfordern, von denjenigen, die bloß die Muskeln tüchtig in Anspruch nehmen. Die letztere Klasse ist die zahlreichste. Ihre Erholung und ihr Vergnügen ist, zum Hochamt und ins Wirtshaus zu gehen, weil man da singt, und weil sie selbst singen. Aber die gehobenen Handwerker, die schon ihres Berufs wegen nachdenken und ihren Geist und Geschmack bilden müssen, sie beginnen in ganz Europa zu lesen.«

Den Bauern und Arbeitern traute Voltaire nicht viel zu, er sprach vom »ungebildeten, wilden, rohen Volk« und vom »Pöbel, der von seiner Hände Arbeit leben muss«, und meinte damit die von Adel und Kirche Unterdrückten und deshalb in lächerlichem Aberglauben Befangenen: »[...] wo der Pöbel seine großen, dummen Augen in Bewunderung aufreißt, muss der Philosoph lachen.« Denn: »Ich zweifle, ob diese Schicht je Zeit und Fähigkeit haben wird, sich zu bilden.« Andererseits schrieb Voltaire über die Arbeiter: »Was würden die Pariser für Augen machen, wenn sie sehen würden, wie in vielen Schweizerstädten und besonders in Genf die Arbeiter in den Fabriken ihre Freizeit mit Lesen verbringen! Nein, mein Herr, es ist nicht alles verloren, wenn man das Volk in den Stand versetzt zu merken, dass es einen Geist hat.« (1767d, S. 97f.)

Voltaire analysierte die materielle Lage der Bevölkerungsmehrheit. Und in *Essai sur les moeurs* sah er in den Massen den Sinn für Fürsorge und Gerechtigkeit: »Im Großen und Ganzen sind auch die einfachsten Leute sehr gut imstande, die Gesetze zu beurteilen, mit denen sie regiert werden, denn sie nehmen sehr genau wahr, ob die Gesetze mit ihren eigenen Prinzipien der Fürsorge und der Gerechtigkeit übereinstimmen.« (1745/1756, Bd. 1, S. 27)

Man muss sehen, dass die Gesetze, die Voltaire wollte, damals die Gesetze derer waren, die gegen Kirche und Adel um die Macht kämpften, der Handels-Kapitalisten und der Großgrundbesitzer, nicht der Bauern und Kleinbürger (Hartig 1972). Und man muss sehen, dass die revolutionären Verfassungen in Amerika (1787/91) und Frankreich (1789, 1793) kein Wahlrecht für Besitzlose und für Frauen enthielten. Auch heute sind Recht und Gesetz von Machtinteressen geprägt und nicht immer im Interesse des Gemeinwohls gemacht. *Eines an Voltaires Aufklärung ist jedoch heute so wichtig wie damals: die Betonung der Bürgerrechte – und nicht der Moral oder der terroristischen Tugend-Religion – gegenüber jenen, die sich Rechte über andere anmaßen. Tugend war für Voltaire keine Moral, sondern die weise Verwaltung und Auslegung vernünftiger Gesetze:* »Die Gesetze, welche eine Regierung begründen, sind alle gegen den Ehrgeiz gemacht« (1765, S. 10).

Und was hat das mit Massenmedien zu tun? *Voltaire lehrt, dass wir die Massen nicht als dumm ansehen sollten und dass wissenschaftliche Analyse die Vernünftigkeit der gesellschaftlichen Zustände nicht aus den Augen verlieren darf.*

Ein erster Roman-Bestseller in England: Tugend und das rationale Tauschgeschäft der Liebe

Das Räsonieren der Schriftsteller und der Philosophen der Aufklärung stieß bald auf eine Gegentendenz: die Betonung der Gefühle. Sie bereitete den romantischen Protest gegen die Aufklärung vor, die vielen Menschen zu kalt, zu rationalistisch war.

In der Literatur fand der erste Einbruch der Gefühle in England in Samuel Richardsons Roman *Pamela* (1740) statt, der sofort ein Bestseller wurde. *Für Bücher gab es jetzt einen Massenmarkt, Romane kosteten 2-3 Shillings, sie waren auch für Handwerker erschwinglich. Pamela* war ein unterhaltender und zugleich moralischer Briefroman, geschrieben aus der Perspektive der Hauptperson. Die Heldin Pamela ist ein Dienstmädchen, eine Zofe, fromm und rechtschaffen erzogen. Sie ist bei einer adligen Dame eingestellt. Deren Sohn versucht nach dem Tod der Mutter, die Zofe zu verführen. Sie widersteht. Zwei Vergewaltigungsversuche werden durch rechtzeitige Ohnmachtsanfälle abgewendet. Der junge Adlige kapituliert vor soviel bürgerlicher Tugend, wandelt sich vom Wüstling zum Tugendbold und heiratet Pamela. Schließlich gewinnt sie auch noch die Achtung der adligen Verwandten ihres Ehemanns – alles durch Würde, Sanftmut und Bescheidenheit.

Das gerade entstandene bürgerliche, männliche wie weibliche Lesepublikum schätzte daran die Vorstellung, dass Tugend, Beherrschtheit und sexuelle Disziplin den sozialen Aufstieg ermöglichen könnte; die Idealisierung der kleinfamilialen Ehe; die Rolle der feinfühligen Frau als Domestikatorin des Mannes.

Erregend muss für die Leserinnen und Leser gewesen sein, dass sich erstmals die Romanheldin in ihren Briefen in all ihren Gefühlen und Geheimnissen offenbart. Hinter der Tugend lauerte die verdrängte Sexualität.

Aber die Dinge sind komplizierter, wir sollten Rationalität und Gefühl nicht als Gegensätze betrachten. Denn bei allem Voyeurismus, bei all den Blicken hinter die Kulissen des Privatlebens ging es auch hier um das Ideal des rationalen Diskurses: Pamela setzt gegen den adligen Wüstling ihre persönliche Freiheit durch und zwingt ihn zur Anerkennung ihrer Gleichheit. Sie setzt ein neues Tauschprinzip durch: Ihre Gefühle gegen seine Gefühle. Das Subjekt gewann an Bedeutung, es wurde der Gefühle-Lieferant für den Gleichheitskampf der Liebe, und zugleich die Kontrollinstanz, die die Gleichwertigkeit des Austauschs rational kontrolliert. Schwanitz schildert das so: »Nur der kommt zum Zuge, der wiedergeliebt wird. Die Radikalität dieses Prinzips führt zu Paradoxien: *Zum Beispiel muss Liebe gleichzeitig ausbrechen, damit man nicht weiß, wer angefangen hat; denn sonst könnte ja die Liebe des einen Grund für die Liebe des anderen sein, und dann wäre sie nicht mehr frei.* [...] Das schärft die Beobachtung, und kleinste Unterschiede nehmen eine gewaltige Bedeutung an.« (S. 217, Kursivsetzg. zusätzl.; auch S. 205ff., 244f.). Deswegen gibt es das Motiv der »Liebe auf den ersten Blick«.

Es wäre also unangemessen, diese scheinbar bloß gefühlvollen Liebesroman-Bestseller als »kitschig« abzutun. Sie waren die Fortsetzung des rationalen Diskurses mit anderen Mitteln.

Souveränes, aber naturhaft dummes »Volk« bei Rousseau

Gegen den Zivilisierungs-Trend stemmte sich vor allem Rousseau, der alle Zivilisation verdammte.

Was hat Rousseau mit den Massenmedien zu tun? Bei ihm sind die Ursprünge all jener Auffassungen zu finden, die in den Medien und im Publikum, im »Volk«, nicht den Verstand, sondern vor allem Gefühle, kollektive Gefühle am Werk sehen.

Jean Jacques Rousseau (1712-1778) war Schriftsteller, Philosoph. Beruflich war er Musiklehrer; Notenkopist; Privatsekretär; Hauslehrer; für einige Monate Gesandschaftssekretär in Venedig (1743); Kassierer; Operettenkomponist (1752). Als Berühmtheit (nach 1750) blieb er verarmt, er lebte als Notenkopist und von Unterstützungen von Mäzeninnen und Mäzenen wie Louise de la Live d'Epinay; Marschall von Luxemburg; König Friedrich II von Preußen; König George III von England etc. Rousseau war »citoyen«, Bürger von Genf (1755-1763), was ein spezieller Titel war, mit Rechten wie dem Zugang zu öffentlichen Ämtern; und Pflichten wie der calvinistischen Religionszugehörigkeit. Rousseaus Vater war Uhrmachermeister, er gehörte zur mittleren Bourgeoisie von Genf. Seine Vorfahren im 16. Jahrhundert waren Buchhändler in Paris gewesen.

Rousseau stellte 1750 in einer von der Akademie von Dijon prämierten Preisschrift *Über Kunst und Wissenschaft* die These auf, dass die Wissenschaften und die Büchermassen, die Bilder, die Bauten, dass die Architekten, Maler, Bildhauer und Komödianten, dass die ganze Zivilisation eine schreckliche Folge habe: Die Menschen vergäßen ihre ursprüngliche Tugend. Die von der Zivilisation beeinflussten Menschen seien »entartet«, verweichlicht. Vor allem der Buchdruck, die Veröffentlichung wissenschaftlicher Texte, habe in Europa zu schrecklichen Wirren geführt. Es wäre besser gewesen, wenn die Kirche die großen wissenschaftlichen Bibliotheken verbrannt hätte. *Die später populäre Diffamierung der zivilisierten Gesellschaft als »Massengesellschaft« klang hier schon an:* »Man wagt nicht mehr, als der zu erscheinen, der man ist. Unter diesem fortgesetzten Zwang werden die in die gleiche Lage versetzten Menschen, die jene Herde bilden, die man Gesellschaft nennt, alle dieselben Dinge tun; wenn nicht mächtigere Motive sie davon abhalten.« (1750, S. 11). All die Diskurse in den Cafés und Salons lehnte Rousseau ab, er inszenierte sich selbst als einfachen, empfindsamen Menschen.

Dann schrieb Rousseau 1752 eine Schäfer-Operette *Le Devin du Village* (Der Dorfwahrsager), die vor dem Königshof in Fontainebleau und in Paris aufgeführt wurde: Die Schäferin Colette ist traurig, weil Colin mit städtischen Damen flirtet; der Dorfwahrsager rät ihr, selbst zu flirten. Sie flirtet. Eifersüchtig kehrt Colin zu ihr zurück, und sie singen Balladen, in denen sie das Landleben gegenüber dem Stadtleben preisen. Die Operette wurde ein Erfolg, Madame Pompadour spielte in der zweiten Aufführung bei Hofe die schöne Schäferin, und der König lief durch sein Schloss und sang die Arie.

In seiner zweiten Preisschrift *Über den Ursprung der Ungleichheit unter den Menschen* (1755) führte Rousseau seine Zivilisations-Kritik weiter aus, und hierfür wurde er nicht mehr prämiert: Das Hauptübel sei das Eigentum, es lasse die Selbstsucht entstehen, ein »künstliches, in der Gesellschaft entstandenes Gefühl«, deshalb sei der Mensch aus gesellschaftlichen Gründen böse, nicht aber von Natur aus (1755, S. 169). Bevor Kunst und Wissenschaft das Verhalten deformiert habe, seien die Sitten ländlich, also natürlich gewesen. Bei den Wilden und in Sparta – dem Militärstaat! – sei die Tugend realisiert gewesen, und so erhob Rousseau die rhetorische Frage: »Was ist aus jenen Strohdächern und ländlichen Feuerstellen geworden, an denen einst Mäßigkeit und Tugend gewohnt haben?«

Gegen Rousseau schrieb Voltaire in seinen *Betrachtungen für die Dummen* (1760): »Es ist lächerlich zu glauben, ein aufgeklärtes Volk sei nicht glücklicher als ein unwissendes. – Es ist abscheulich, uns einreden zu wollen, die Toleranz sei gefährlich, obwohl wir vor unseren Toren [die Demokratien] England und Holland von solcher Toleranz erfüllt und bereichert sehen und daneben schöne, durch die entgegengesetzte Haltung und Anschauung entvölkerte und ungebildete Königreiche [wie Frankreich].« Und: »Bestünde die große Zahl der Regierten aus Ochsen und die kleine Zahl der Regierenden aus Ochsentreibern, so täte die kleine Zahl gut daran, die große Zahl in Unwissenheit zu halten. – Doch dem ist nicht so. Mehrere Völker, die lange Zeit nur Hornvieh waren und wiederkäuten, beginnen zu denken. – Ist erst einmal die Zeit des Denkens gekommen, dann ist es unmöglich, den Geistern diese Kraft wieder zu nehmen, die sie erworben haben. *Diejenigen, die denken, müssen als denkende Wesen behandelt werden, so wie man Bestien als Bestien behandelt.* – Es wäre heute unmöglich, die im Rathaus zu London versammelten Ritter vom Hosenbandorden glauben zu machen, ihr Schutzpatron, der heilige Georg, schaue, auf einem Streitross sitzend, seine Lanze in der Hand, vom Himmel auf sie herab. – König William, Königin Anne, George I, George II haben niemanden von den Skrofeln geheilt. Hätte sich einstmals ein König geweigert, diese heiligen Privilegien auszuüben, wäre das Volk in Aufruhr geraten; wollte heute ein König sie noch anwenden, er brächte das gesamte Volk zum Lachen.« (S. 96f.; Kursivsetzg. zusätzl.)

Dann schrieb Rousseau den Bestseller-Roman *Julie oder die Neue Héloïse* (1761), einen Briefroman, orientiert an Richardsons *Pamela,* überquellend von unablässigem Zittern, lodernden Flammen des Gefühls, süßen Schauern und herz-überflutenden Strömen der Seligkeit und gefühlvollen Alpenlandschafts-Schilderungen. Sein Erziehungsroman *Emile* (1762) setzte seine Lehre, dass der Mensch von Natur aus gut sei, in eine Erziehungslehre um, nach der das Kind »natürlich« aufzuwachsen habe. Seither gilt Rousseau als erster Theoretiker des Subjekts, der differenzierten Individualität, Begründer der empfindsamen, romantischen Literatur. Außerdem verursachten seine Naturschilderungen das Klettern in den Alpen, und sein »natürliches« Erziehungsideal entfesselte den weiblichen Exhibitionismus: Das Säugen in der Öffentlichkeit wurde Mode.

Ausgehend von seiner Kritik an der Zivilisation, entwickelte Rousseau in *Du contrat social* (1762) den Begriff des »Volks« und der »Volkssouveränität«.

Bei Hobbes und Locke war aus der privaten Selbstsucht der vernünftige Vertrag der Regierten hervorgegangen, die Überantwortung der Macht an den König bzw. das Parlament und die Gesetze. Nicht so bei Rousseau. *Für Rousseau reichte der Konsens der Herzen, die Gesetze bräuchten nur den eingewurzelten Sitten zu entsprechen:* »Bevor man also den Akt untersucht, durch den ein Volk einen König ernennt, wäre es an dem, den Akt zu untersuchen, durch den ein Volk ein Volk ist. Denn dieser Akt geht notwendigerweise dem anderen vorher und ist die wahre Grundlage der Gesellschaft.« (1762a, S. 17).

Natürlich war das falsch. Auch »Völker« entstehen aufgrund materieller Strukturen: aufgrund dessen, was das Land hergibt, den Arbeits- und Handelsmöglichkeiten, der politischen Machtstruktur etc. Nicht bei Rousseau. Das wichtigste von allen Gesetzen, so meinte Rousseau, sei das der Volksmeinung in den Herzen der Staatsbürger (1762a, S. 49). Der gesunde Menschenverstand sei primär von Gefühlen geleitet.

Zwecks Untermauerung dieser Idee konstruierte Rousseau den Begriff der »volonté générale«, des Gemeinwillens, den er von der »volonté de tous«, der Summe der Einzelwillen oder des Gesamtwillens abgrenzte. Ich finde die deutschen Übersetzungen »Gemeinwille« und Gesamtwille« altmodisch und ersetze sie, auch in den folgenden Zitaten, durch »Allgemeiner Wille« und »Empirischer Bevölkerungs-Wille«. Rousseau sah im Empirischen Bevölkerungs-Willen nur Selbstsucht und individuelle Vorurteile. Der Allgemeine Wille dagegen beruhe, so behauptete Rousseau, auf der inneren Übereinstimmung des Erlebens und Strebens einer Gemeinschaft – Gemeinde, Genossenschaft, Körperschaft, Stadt, Nation – und sei damit Ausdruck des wahren öffentlichen Interesses. Als »Moralperson« sei der Allgemeine Wille purer Altruismus und totale Unterwerfung aller unter alle anderen (1762a, S. 29). Er sei das Ergebnis eines »sozialen Vertrags« (»contrat social«). Das französische »social« bedeutete »gesellschaftlich«, aber auch »moralisch«. *Der soziale Vertrag ist bei Rousseau ein »moralischer Vertrag« des Volks untereinander, in dem jeder Einzelne sich mit all seinen Rechten total der Gemeinschaft übereignet:*

»Denn wenn jeder sich vollkommen hingibt, ist erstens die Lage für alle die gleiche, und wenn die Lage für alle die gleiche ist, hat keiner ein Interesse daran, sie den anderen beschwerlich zu machen.« Und ein paar Sätze weiter heißt es: »Jeder von uns unterstellt der Gemeinschaft seine Person und alles, was sein ist, unter der höchsten Leitung des Allgemeinen Willens; und wir als Körperschaft empfangen jedes Mitglied als vom Ganzen unabtrennbaren Teil.« (1762a, S. 18)

Auch hier schrieb Voltaire Bemerkungen an den Rand seines Rousseau-Buchs. An dieser Stelle notierte er: »Das Ganze ist falsch. Ich übergebe mich nicht meinen Mitbürgern ohne Vorbehalt. Ich gebe ihnen nicht die Macht, mich nach der Stimmenmehrheit zu töten und zu bestehlen. Ich unterwerfe mich, um ihnen zu helfen und um geholfen zu bekommen, um Gerechtigkeit zu üben und erwiesen zu bekommen. Keine anderen Übereinkommen.« (Weigand, S. 137)

Dieser Allgemeine Wille war eine Moralisten-Phantasie, ein Konstrukt, das dazu diente, einerseits die Summe der selbstsüchtigen, privaten Einzelwillen als etwas Weltlicheres, Niedrigeres und andererseits das Kollektiv als religiöses Ideal erscheinen zu lassen. Der Rousseau-Herausgeber Kurt Weigand stellt das Religiöse am obigen Rousseau-Zitat so dar: »Zwischen dem ersten und dem zweiten Satzteil vollzieht sich der eigentliche Austausch in Gabe und Gegengabe. Im ersten Teil [»Jeder von uns unterstellt der Gemeinschaft seine Person...«] übereignet das Individuum seine gesamten Naturrechte; im zweiten Teil der Formel [»...und wir als Körperschaft empfangen jedes Mitglied als vom Ganzen unabtrennbaren Teil«] erhält es sie in Form der gesellschaftlichen Rechte zurück. Zwischen beiden Hälften vollzieht sich das soziologische Mysterium der Wesensverwandlung eines Naturwesens in etwas Neues [...].« (In: Rousseau 1762a, Fußn. 21, S. 135). Die edle Menschennatur wird auf geheimnisvolle Weise verwandelt: Die natürliche Eigenliebe aller Menschen verwandelt sich in eine übernatürliche, moralische Gemeinsamkeit, in die Tugend an sich. So schrieb Rousseau: »Wie die Natur jedem Menschen eine absolute Macht über all seine Glieder gibt, gibt der Gesellschaftspakt dem Staatskörper eine absolute Macht über all die seinigen. Und eben diese Macht trägt, wenn sie vom Allgemeinen Willen gelenkt wird, wie gesagt, den Namen Souveränität.« (1762a, S. 30). *Das Religiöse bestand darin, dass Rousseau sich alle gesellschaftlichen Einrichtungen als vom Allgemeinen Willen beseelte vorstellte.*

Rousseau forderte die Basisdemokratie nach Schweizer Vorbild, die Urversammlung des Volkes. Gesetze, wenn sie authentischer Ausdruck des Allgemeinen Willens sein sollen, können nur durch das real versammelte Volk auf dem »öffentlichen Platz« beschlossen werden (1762a, S. 76ff.). Das gefiel vor allem den bürgerlichen Handwerkern und kleinen Ladenbesitzern, die von ihren bäuerlichen Eltern oder Verwandten her noch alte gemeinschaftliche Nutzungsrechte an Grund und Boden kannten und darin die Befreiung von allen Übeln sahen.

Repräsentative Demokratie, den englischen Parlamentarismus, Abgeordnete lehnte Rousseau ab, denn sie repräsentieren nicht den Allgemeinen Willen, sondern Sonderinteressen, und das sei »entartet« (1762a, S. 81). Der Grenzen der »echten Demokratie« war sich Rousseau allerdings bewusst: »Man kann sich nicht vorstellen, dass das Volk ununterbrochen versammelt bleibt, um den Staatsangelegenheiten nachzugehen. Es ist ohne weiteres einzusehen, dass es dafür keine Kommission einrichten kann, ohne dass sich die Verwaltungsform ändert.« (1762a, S. 60). Er forderte daher periodische Versammlungen, außerdem die Möglichkeit der Abberufung gewählter Beamter, worunter er auch die Könige fasste (1762a, S. 51).

Auf dem öffentlichen Platz wird nach Rousseaus Vorstellung nicht diskutiert, denn die »blinde Menge, die meist nicht weiß, was sie will, weil sie selten weiß, was gut für sie ist«, bedürfe der Anleitung, und so fuhr Rousseau fort: »Der Allgemeine Wille hat immer recht, aber das Urteilsvermögen das ihn lenkt, ist nicht immer erleuchtet. Man muss ihm die Dinge so vor Augen stellen, wie sie sind, manchmal wie sie ihm erscheinen sollen. Man muss ihm den guten Weg, den er sucht, zeigen, ihn vor der Verführung durch die Sonderwillen bewahren [...].« (1762a, S. 36). – Der Allgemeine Wille hat zwar immer recht, aber das Volk ist doch recht dumm, es muss erleuchtet werden.

Aber nicht durch das Theater! Das Theater war für Rousseau ein Ort der Unmoral, und er unternahm 1758 eine gewaltige Attacke gegen die Legalisierung eines Theaters in Genf, ein Lieblingsprojekt des in Genf wohnenden Voltaire. Theater war Gift für das Volk! Rousseau befürwortete statt dessen Bälle und Tänze, gefördert von Gönnern und unter deren Aufsicht, Vergnügungen gesunder Art wie Picknicks, Freiluftspiele, Feste, Paraden, Regatten. – Da haben wie ihn wieder, den Kampf der Erleuchteten gegen die Voyeure.

Erleuchtet werde das Volk, so Rousseau, durch Führer, die Gesetze machen und die öffentliche Meinung kontrollieren, zensieren und Zwang anwenden: »Damit also der Gesellschaftspakt keine leere Formalität sei, schließt er stillschweigend folgende Verpflichtung ein [...]: Wer immer dem Allgemeinen Willen den Gehorsam verweigert, wird von der Gemeinschaft dazu gezwungen.« Und darauf folgt die Rechtfertigung: »Das bedeutet nichts anderes, als dass man ihn zwingen wird, frei zu sein.« (1762a, S. 21). Und an anderer Stelle: »Die Zensur erhält die Sitten aufrecht, indem sie die Korruption der Meinungen verhindert und indem sie deren Rechtschaffenheit durch weise Verwendung bewahrt, manchmal sogar durch ihre Festlegung, falls sie noch unsicher sind.« Letztlich sei der Zensor der »Sprecher der Volksmeinung« (1762 a, S. 110).

Und der Staat dürfe jeden, der den Gesellschaftsvertrag verletzt, verbannen oder töten. Ausgerechnet Rousseau, der Propagandist des gefühlvollen Subjekts, war zugleich derjenige, der als erster in der Theorie das Kollektiv als totalitären Herrscher einsetzte. So schrieb der empfindsame Rousseau: »Und wenn jemand, der sich öffentlich zu eben diesen Dogmen bekannt hat, sich verhält, als wenn er sie nicht glaube, so soll er mit dem Tode bestraft werden.« (1762a, S. 119)

Hier schrieb Voltaire an den Rand: »Aller Zwang zum Dogma ist abscheulich.«

Und in *Briefe an Doktor Pansoph* (1766) – »Pansoph« heißt auf Deutsch »Alleswisser« – schrieb Voltaire gegen Rousseau, den er als »klugen Bewunderer der Dummheit und der Roheit bei den Wilden« titulierte, die angebliche Tugend der Wilden sei in Wirklichkeit eine negative, denn »sie besteht darin, dass es bei ihnen weder gute Köche noch gute Musiker, keine schönen Möbel und keinen Luxus usw. gibt. Seht, die Tugend setzt Einsichten, Nachdenken, Philosophie voraus, obwohl

Eurer Meinung nach jeder Mensch, der denkt, ein verderbtes Wesen ist; daraus würde sich folgerichtig ergeben, dass Tugend unmöglich ist. Ein Unwissender, ein vollkommener Dummkopf ist der Tugend so wenig fähig wie ein Pferd oder ein Affe.« (1766a, S. 180ff.) Ausgehend von den Entwicklungen in England setzte Voltaire Rousseaus einfachen Menschen das zur Vernunft fähige Publikum entgegen: »Das Publikum ist nicht dumm; es bietet seinerseits dem Wahnsinn Trotz, der auf seine Kosten lebt.« (1766a, S. 183).

Rousseau verdanken wir die Vorstellungen von Volkssouveränität, die in die Erklärungen der Menschenrechte und die Verfassungen von 1787/91 (USA) und 1789 (Frankreich) eingegangen sind; Rousseau verdanken wir auch Ideen zum Sozialstaat, der die Armen gegen die Tyrannei der Reichen beschützen muss – aber im Gegensatz zu den Aufklärern entwarf er ein moralisches, auf Tugend aufbauendes Gesellschaftssystem, in dem die Tugend auch mit Terror durchgesetzt werden kann. Die Aufklärer waren sich nicht so sicher, dass der Mensch von Natur aus gut sei. Rousseaus Tugend sei nicht naturgegeben, sondern die menschlichen Laster seien es. »Die Wilden zu bevorzugen, ist lächerlich«, schrieb 1751 der Wirtschaftstheoretiker und spätere Finanzminister Turgot, denn »die Laster, von denen wir annehmen, dass sie mit der Zivilisiertheit einhergehen, sind Teil der menschlichen Natur.« (Bd. 1, S. 243). *Anders als Rousseau argumentierten die Aufklärer in Richtung Demokratie: Tugend könne, so meinten die Aufklärer, nur ein Ergebnis des zivilisierten gesellschaftlichen Umgangs mit den Leidenschaften sein, ein Ergebnis gesellschaftlicher Einrichtungen, die die Leidenschaften und die Freiheit der Menschen demokratisch regieren. Das ist ein großer Vorteil gegenüber Rousseaus Mystifikationen.*

Bestseller um die Mitte des 18. Jahrhunderts in Frankreich: Kolportage, Aufklärung, Briefroman

Die Bestseller in Frankreich waren:

1. Kolportageromane anonymer Autoren, meist mit 5.000 Exemplaren Startauflage und vielen Nachauflagen.
2. Voltaire: *Candide* (1758), mit 6.000 Exemplaren gleich nach Erscheinen, 13 Neuauflagen im gleichen Jahr und insgesamt 42 Auflagen zu Lebzeiten Voltaires.
3. Die zuerst monatlich, dann wöchentlich erscheinende Zeitung *Mercure de France*, ein Salonblatt mit Nachrichten aus der mondänen Welt des Hofs, Rätseln, Versen, Erzählungen, *Mercure* hatte eine Auflage von insgesamt 7.000 Exemplaren. *Mercure* gilt als die erste Zeitschrift (Wilke 2000, S. 72 ff.), doch ich meine, dass die Unterscheidung nach dem Muster: Politik = Zeitung, Unterhaltung, Frauen, Theater = Zeitschrift nicht gerechtfertigt ist.
4. Diderot und d'Alembert (Hrsg.): *Encyclopédie*, das berühmte Lexikon der Aufklärung (1751 erschienen die ersten zwei Bände, 1766 waren alle 17 Bände verfügbar) mit 4.000 Exemplaren;
5. Rousseau: *Julie ou La nouvelle Héloïse* (1761), der gefühlvolle, an Richardsons *Pamela* orientierte Briefroman, mit 4.000 Exemplaren Druckauflage.
6. Voltaire: *Siècle de Louis XIV* (1751), ein wissenschaftliches Werk, die Geschichte König Ludwig des Vierzehnten, mit 3.000 Exemplaren. (W. Schröder S. 92)

Aus der Not eine Tugend: »Neutralität« der Presse und »Kultur« der Bürger in Deutschland

In Deutschland lebten im 18. bis ins 19. Jahrhundert zwei Drittel der Bevölkerung auf dem Land. Die meisten waren Fronbauern, Leibeigene, beherrscht von adligen Großgrundbesitzern. In Schlesien und Sachsen gab es aufgrund der Nachfrage englischer und holländischer Händler ab Mitte des 17. Jahrhunderts eine Tuchindustrie (Leinen, Musseline, Baumwollwaren, Kattun). Ihre Arbeit war als ländliche Hausindustrie organisiert, die Bäuerinnen und Bauern arbeiteten in Heimarbeit an den Webstühlen. Dem Gutsherrn mussten sie neben ihren Frondiensten auch den Weberzins zahlen. Ab Mitte des 18. Jahrhunderts geriet diese Industrie wegen der technischen Fortschritte in England ins Elend. (Mehring 1910, Bd. 1, S. 103)

Zeitungen
Anfang des 18. Jahrhunderts gab es in Deutschland ca. 60 periodische Nachrichtenblätter, die insgesamt mehrere hunderttausend Leser erreichten. Auch damals waren die Zeitungen kleinformatige Blättchen, wie Schulhefte. Es gab Tageszeitungen, aber die meisten Zeitungen waren Wochenzeitungen. Ihre Verleger verdienten sehr gut, denn sie besaßen meist ein Monopol, das durch ein Privileg geschützt war. Das Privileg musste mit hohen Summen erkauft werden. Die Zeitungen wurden mit der Post verbreitet.

Übrigens war der Sitz der Fürsten von Thurn und Taxis, also die Zentrale der deutschen Reichspost, nicht mehr Brüssel, die Familie war 1702 nach Frankfurt übersiedelt. 1748 ließ sie sich in Regensburg nieder, weil der Fürst zum Prinzipalkommissar, zum Stellvertreter des Kaisers im Immerwährenden Reichstag von Regensburg, ernannt wurde, der Ständeversammlung der Reichsfürsten und der Reichsstände. Das Zentrum des Unternehmens von Thurn und Taxis blieb in Frankfurt. Die Postrechte der Familie wurden 1806 eingeschränkt, sie endeten 1867.

Zeitungen wurden über Buchläden vertrieben, die Abonnenten holten sie sich dort ab. An den Druckorten unterhielten die Zeitungen eigene Buchhandlungen oder Buden, bei denen die Zeitungen direkt gekauft werden konnten. Es gab aber auch schon Zeitungsträger, die oft am Tag eine einzige, von mehreren Abonnenten abonnierte Zeitung im Stundenabstand von Abonnent zu Abonnent trugen.

Intelligenzblätter, Frauenzeitungen
1722 erschienen in Deutschland die ersten Bekanntmachungs- und Anzeigenblätter, die auch hier »Intelligenzblätter« genannt wurden. Frankfurt machte den Anfang mit dem Blatt *Wochentliche Frag- und Anzeigungs-Nachrichten*. 1727 wurde das »Intelligenzwesen« in Preußen eingeführt. Die Blätter wurden vom preußischen Staat herausgegeben, der damit ein Anzeigenmonopol errichtete, wobei diese Blätter im Zwangsabonnement bezogen werden mussten. Die meisten Intelligenzblätter waren aber in Privatbesitz. Es gab sie im 18. Jahrhundert in allen deutschen Großstädten. Sie hatten Auflagen von 500-1.000 Stück pro Ausgabe. (Beyrer und Dallmeier, S. 99ff.; Wilke 2000, S. 115ff.)

1725 erschien die erste Frauenzeitung: *Vernünftige Tadlerinnen* (engl. tatler = Plauderer, sinngemäß also: Gute Konversation für die Frau), herausgegeben von einem Mann, dem Literaturkritiker Gottsched. Ein Erfolg wurden Frauenzeitungen aber erst in den 1780er Jahren, z.B. ab 1783 mit *Pomona*, herausgegeben von der Bestseller-Autorin Sophie La Roche, und ab 1786 mit dem *Journal des Luxus und der Moden*. Vor allem die gutsituierten bürgerlichen Frauen mit Dienstboten wurden Vielleserinnen, es lasen aber auch Handwerkersfrauen und »Stubenmädchen«.

Andererseits standen in den meisten bürgerlichen Haushalten höchsten drei Bücher: die Bibel, ein Gesangbuch und der Katechismus. Lesen bedeutete, ohnehin Bekanntes zu memorieren (Engelsing 1973, S. 182). Entdeckerfreudiges Lesen kam erst in der zweiten Hälfte des 18. Jahrhunderts auf.

Auslastung der Produktionskapazitäten

In den Zeitungen waren politische Meldungen untersagt. Das sieht man z.B. an der einzigen damaligen Zeitung Berlins, der *Königlich privilegirten Berliner Zeitung* (ab 1721), die ab 1751 dem Buchhändler Christian Friedrich Voss gehörte und deshalb auch »Vossische Zeitung« genannt wurde. Sie erschien dreimal wöchentlich in kleinen Auflagen und wurde von den Buchhändlern verkauft, einen Straßenverkauf gab es auch hier noch nicht. Als Tageszeitung erschien sie erst ab 1824. Die *Vossische Zeitung* wurde streng zensiert und durfte keine Meinungsäußerungen enthalten, sondern nur unverfängliche Nachrichten und »Neuigkeiten«. Die Politik des Königs war tabu, Innenpolitik überhaupt. *Berichtet wurde vor allem über Hoffeste, Empfänge, An- und Abreisen von Fürsten, Morde und Hinrichtungen.* (Mendelssohn, S. 16ff.) Die Zeitgenossen schimpften über die »geringe Erheblichkeit« der Nachrichten: 1749 fragte das Universal-Lexikon, welchen Sinn Nachrichten darüber hätten, dass man in Petersburg ein Feuerwerk vorbereite; dass der Graf von Horn auf seinem Gut weile; dass der französische König vorgestern auf der Jagd gewesen sei oder dass die Nonnen des Klosters N. die baufällige Wand ihres Klosters repariert hätten. Dies sei verdrießlich: »Das ganze Unheil kommt daher, dass man alle Tage oder doch wenigstens jede Woche viermal Zeitungen liefern will, ohne recht zu wissen, was man hineinsetzen soll. Wo soll täglich so viel Merkwürdiges vorgehen können wie zur Anfüllung so vieler Blätter nötig ist? Da nun die Zeitungs-Blätter von einem Mal zum nächsten angefüllt sein wollen, ob nun etwas Merkwürdiges vorgefallen ist oder nicht, müssen die Zeitungs-Schreiber alles zusammenraffen, was ihnen vor die Hände kommt.« (Sp. 899ff.). 1774 beklagte sich der Journalist Christian Schubarth über die gängige Art der Berichterstattung: »An jedem Posttage guckt die Neugierde durchs Gitter, hungert nach Zeitungen und schilt den Novellisten, der – nichts Neues weiß. Hätte mein Lebtag nicht geglaubt, dass es ein so langweiliges Geschreib ums Zeitungsschreiben sei, als jetzt, da ich's Handwerk noch kein Jahr treibe. Eine Zeitung sieht aus wie die andere. Da machen sie dir beständig vor den großen Herren Knicks, lassen kein Geburts-, Namens- oder Vermählungs-Fest vorbeigehen, ohne mit dem Hütlein unterm Arm in der demütigsten Stellung sich im Vorsaale der Großen einzufinden und sie im niedrigsten Gratulantenton zu komplimentieren.« (S. 505)

An den großen Postlinien fand der Posttag, an dem man neugierig durch die Gitter guckte, ab Mitte des 18. Jahrhunderts täglich statt, es gab jetzt eine tägliche Reiterpost, die sogenannten Journalièren.

Zeitung mit der größten Reichweite in Europa

Die Wochenzeitung *Hamburgischer Unpartheyischer Correspondent*, die ab 1731 erschien, wurde für ihr eigenes Korrespondentennetz und für sachlichen, politisch neutralen Journalismus berühmt. Die Zeitung hatte eine Auflage zwischen 13.000 (1739) und 25.000 Exemplaren (1798). Bei zehn Lesern pro Exemplar war das eine Reichweite von 130.000 bis 250.000 Lesern pro Ausgabe. Damit war der *Hamburgische unpartheyische Correspondent* die Zeitung Europas mit der größten Reichweite. Normalerweise hatten die großen Zeitungen im 18. Jahrhundert eine Auflage von ca. 4.000 Exemplaren, also 40.000 Leser pro Ausgabe (Welke, S. 78f.).

Das Fehlen von Kommentaren und Hintergrund-Berichten wurde von dieser Zeitung aufklärerisch verstanden: Es sollten Fakten geliefert werden, anhand derer sich die mündigen Bürger ihr Urteil selbst bilden sollten. *Aber auch hier muss man annehmen, dass aus der Not der Zensur eine Tugend gemacht werden sollte.* Die Zensur war in der Hansestadt Hamburg lockerer, doch wurde die Zeitung auch außerhalb Hamburgs verkauft. So war auch im *Hamburgischen unpartheyischen Correspondent* Hofberichterstattung das dominante Thema: Jürgen Wilke hat die dominanten Themen in den beiden wichtigsten Hamburger Zeitungen untersucht, in *Wöchentliche Zeitung auß mehrerley örther* (1618-78) und in *Hamburgischer unpartheyischer Correspondent* (1731-1934). Es gab darin drei dominante Themenbereiche: 1. Berichte über militärische Truppenbewegungen, Paraden, Manöver etc. mit ca. 30% im 17. Jahrhundert und ca. 15-25% im 18. Jahrhundert. 2. Reisen, Besuche, Ankünfte, mit ca. 12%. 3. Berichte über diplomatische Verhandlungen und Zusammenkünfte politischer Gremien, mit ca. 10%.

Ca. 70 % aller Nachrichten waren »personalisiert«, es traten darin Personen als Träger oder Beteiligte des Geschehens auf, über das berichtet wurde. Von diesen personalisierten Handlungsträgern waren ca. 82% Personen der politisch-militärischen Elite: Kaiser, Könige, Herzöge, Fürsten, Kanzler, Minister, Militärs; ca. 12% Personen der gesellschaftlichen Elite: Kirchenführer, Adlige, Wissenschaftler, Künstler; und ca. 6% Personen der Nicht-Elite: »einfache Leute«. (Wilke 1984, S. 135, 140, 143).

»Kultur« gegen »Zivilisation«

Die deutschen Bürger waren nicht so reich, dass sie, wie in England und Frankreich, den Adel von sich abhängig hätten machen und sich bei ihm hätten einheiraten können. Der deutsche Adel grenzte sich ab, man blieb unter sich. Ursache war die territoriale Aufsplitterung Deutschlands in viele Kleinstaaten. Da der Adel sie schnitt, diffamierten die Bürger die »zivilisierten« höfischen Sitten als kulturlos, unmoralisch und seelenlos. »Zivilisation« wurde bei der deutschen Mittelschicht zum Schimpfwort und zum Synonym für Oberflächlichkeit, »Kultur« wurde dagegen gleichbedeutend mit Gedankentiefe, dem einzigen, was die Bürger in die Waagschale zu werfen hatten. Das ist nicht nur negativ zu sehen, denn aus dem bürgerlichen und handwerklichen Milieu kamen die deutschen Dichter und Denker.

In den deutschen Zeitungen wurde dem Theater viel Aufmerksamkeit gewidmet. Das lag zum Teil an der Zensur der Politik-Nachrichten, teils daran, dass sich in Deutschland die literarischen Wochenzeitungen nicht so stark entwickelten. Eine Theaterkritik-Zeitung entstand 1750 mit Gotthold Ephraim Lessings und Christlob Mylius' *Beiträge zur Historie und Aufnahme des Theaters.*

Die Öffentlichkeiten der Cafés und Salons gab es in Deutschland nicht. *Ab den 1770er Jahren fanden sich die gebildeten »Bürgerlichen« – und auch adlige Hofbeamte – zu privaten und kommerziellen Lesegesellschaften zusammen,* von denen es bis 1800 ca. 430 gab (O. Dann 1977). Das waren bürgerliche Vereine, so wie andere Vereine, die sich damals bildeten, z.B. Musikvereine, Akademien, patriotische Gesellschaften, Freimaurer-Logen.

Aber auch in der Unterschicht wurden Zeitungen gemeinsam gelesen und deren Inhalt debattiert, in Wirtshäusern, Wachstuben und Spinnhäusern.

Die wöchentliche Gesamtauflage aller deutschsprachigen Zeitungen betrug Mitte des 18. Jahrhunderts ca. 300.000 Exemplare. Erreicht wurden ca. 3 bis 4 Mio. Menschen. Ende des 18. Jahrhunderts gab es in Deutschland ca. 200 Zeitungen, die meist wöchentlich erschienen, manche aber auch dreimal oder viermal in der Woche. (Welke, S. 71ff.)

Die Bevölkerungsmehrheit, die Bauern, waren immer noch Analphabeten: Ende des 18. Jahrhunderts konnten 25-40% der Bevölkerung nicht lesen.

Roman-Bestseller

Was die Roman-Bestseller betrifft, so waren das in Deutschland:

1. Robinsonaden, nach dem Vorbild von *Robinson Crusoe,* z.B. Gottfried Schnabel: *Insel Felsenburg* (1731);

2. empfindsame Romane, nach dem Vorbild von Richardson und Rousseau, z.B.: Christian Fürchtegott Gellert: *Das Leben der schwedischen Gräfin von G ...* (1747/48); Sophie La Roche: *Geschichte des Fräulein von Sternheim* (1771); Johann Wolfgang Goethe: *Die Leiden des jungen Werther* (1774); Johann Martin Miller: *Siegwart. Eine Klostergeschichte* (1776)

3. Ritter-, Räuber- und Geisterromane. (Greiner 1964)

1770-1820
Produktions-Kapitalismus, bürgerliche Revolution: Interessenvertretung der politischen Parteien

Nach 1770 entwickelte sich der – schon Mitte des 16. Jahrhunderts beginnende – Produktions-Kapitalismus: Mit der in England einsetzenden industriellen Revolution wurde die Arbeit zur industriellen Arbeit, die Arbeitskraft zur Ware. Es entstand erstmals das, was man die »Massen« nennt. Allerdings waren es nicht die Arbeiter, sondern die Bürger, die in USA und in Frankreich Revolution machten und eine politische Kampfpresse entwickelten.

Industrielle Produktion verändert die Welt

Der Aufbau des Britischen Empire brachte billige Rohstoffe, schuf große, weltweite Absatzmärkte und brachte enorm viel Kapital nach England. So entstand die erste industrielle Revolution: In England gab es eine Eisen-Industrie ab 1709, das erste Walzwerk 1728, das erste Stahlwerk 1740. Jetzt konnten leistungsfähige Maschinen hergestellt werden, Webmaschinen, Spinnmaschinen. Zwischen 1769 und 1784 wurde von James Watt die Dampfmaschine zur Funktionsreife entwickelt, damit wurden die Fabriken von den natürlichen Energiequellen, den Flüssen, unabhängig.

Die Zeit zwischen 1770 und 1850 wurde die Ära der Industriellen Revolution. Der Anteil der in Industrie, Bergbau, Handel und Transport Beschäftigten stieg von 25% auf 63%. Der Anteil der in der Landwirtschaft Beschäftigten ging von 50% auf 15% zurück. In diesem Zeitraum verdreifachte sich die britische Bevölkerung von 7,4 auf 20,8 Mio. Menschen. Die Bevölkerungszahl in den Industriestädten nahm um das Fünf- bis Zehnfache zu. (Paulinyi 1983)

Der wichtigste Anstoß zur Industrialisierung fand in der Textilindustrie statt.

Vor der Industrialisierung arbeiteten die bäuerlichen Spinnerinnen und Weber zu Hause. Sie arbeiteten entweder freischaffend: Einmal pro Woche besorgten sie sich ihre Rohstoffe auf dem Markt und verkauften dort ihre Garne oder rohen Tücher. Oder sie arbeiteten im Verlagssystem, dann erhielten sie ihre Rohstoffe von einem Tuchmacher, dem »Verleger«, und lieferten ihm ihre Produkte einmal pro Woche ab. Das Wort »Verleger« kommt von »vorlegen«, d.h. vorschießen, vorfinanzieren, der Verleger war derjenige, der die Rohstoffe vorfinanzierte. Das war eine frühe Form des Produktions-Kapitalismus. Die Arbeit war saisongebunden, im Sommer gab es weniger Aufträge. Wie die Bauern ihre Arbeitszeit gestalteten, war ihnen überlassen, auch die Art und die Höhe ihrer Arbeitsleistung.

Während der Industrialisierung wanderten die Familien der Heim-Spinner in die Textilfabriken ab. 1769 gründete Richard Arkwright in Nottingham die erste moderne Fabrik. Die Spinnmaschine, »Spinning Jenny« genannt, war 1764 von James

Hargreaves erfunden worden und wurde 1770 patentiert. 1773 entwickelte Samuel Crompton eine Spinnmaschine, »Mule-Jenny«, die Garne gleichmäßiger und feiner herstellte. In den 80er Jahren wurden in der Spinn- und Textilindustrie Dampfmaschinen eingesetzt. Um 1790 waren in England 20.000 Spinning Jennies in Betrieb. Auch die Kinder der Bauern wurden Fabrikarbeiter, wegen des Bevölkerungszuwachses fanden sie in der Landwirtschaft keine Arbeit. In Schottland wurden die Bauern von ihrem Grund und Boden vertrieben, die Textilindustrie brauchte ihn für die Schafzucht. Die Bauern wurden Fabrikarbeiter in den Baumwollspinnereien. Nach 1822 folgten den Heim-Spinnern die Heim-Weber in die Fabriken, denn mit der neuen, zuverlässig funktionierenden Webmaschine von Sharp und Roberts konnten sie nicht konkurrieren.

Ebenso wichtig wurden *Kohlebergbau* und *Eisenhütten* – 1790 gab es das erste mit Dampfkraft betriebene Walzwerk –, außerdem *Maschinenbau.*

Zugleich wurden die Transportwege verbessert. Das bedeutete in jener Zeit vor allem den Bau von Kanälen.

Fabrikarbeit brachte für die ehemaligen Heimarbeiter, Handwerker oder Bauern eine unbekannte Disziplinierung. Die Maschinen, deren Anschaffung viel Kapital erfordert hatte, wurden ausgelastet, es wurde 12-15 Stunden täglich gearbeitet, Samstags 10 Stunden. Kinderarbeit war üblich. Während der Arbeitszeit wurde Konzentration verlangt, die Pausen waren kurz, es gab Disziplinarstrafen für Schwatzen während der Arbeit, Öffnen des Fensters ohne Erlaubnis, Unpünktlichkeit etc. Die Löhne waren niedrig, Arbeitskräfte waren reichlich vorhanden. Je mehr Maschinen eingesetzt wurden, desto unqualifiziertere und billigere Arbeitskräfte wurden eingestellt.

Im frühen 19. Jahrhundert fanden die Arbeiter außer in den Fabriken auch im *Eisenbahnbau* und im *Straßenbau* Arbeit.

Außerhalb der Fabriken gab es eine große Zahl von ungelernten Arbeitern, auf dem Land waren das Knechte, in der Stadt Fuhrknechte, Kohlenschlepper, Lastenträger, Milch- oder Fischverkäuferinnen und Dienstboten. Nimmt man alle Dienstboten zusammen, von der Küchenmagd, dem Pferdeknecht, vom Pagen bis zur persönlichen Zofe bis zum Kammerdiener und Sekretär, so machten jene 20% der Gesamtbevölkerung aus. (Schwanitz 1996, S. 226)

Erstmals »Massen«

Bevor man von Proletariat sprach, nannte man diese städtischen Fabrikarbeiter »Massen« und sprach auch, erschrocken über deren große Zahl, von »Massen-Verarmung«, »Massen-Dürftigkeit« etc.

Die Arbeiterinnen und Arbeiter lebten in Mietwohnungs-Ghettos in der Nähe der Fabriken oder in den Stadtkernen, aus denen die Bürger in angenehmere Vorstädte gezogen waren. Auf dem Kontinent war das anders, in Wien oder Berlin blieben die Bürger im feinen Stadtzentrum wohnen, während außerhalb der Stadtmauern Arbeitervorstädte gebaut wurden.

Die Fabrikbesitzer, die Eigentümer der Arbeiterwohnviertel, auch die Stadtverwaltungen, hatten kein soziales Verantwortungsgefühl. Es gab keine Fürsorge für Kranke und Alte und in den Wohnvierteln kein Wasser, keine Kanalisation, keine Müllabfuhr. Wasser musste an ambulanten Tankwagen gekauft werden, und die Fäkalien und Abfälle häuften sich in den Straßen.

Die Massen organisierten sich allmählich. Die Kämpfe gegen die Auswirkungen des Fabriksystems wurden von den Facharbeitern der Textilindustrie geführt. Das waren Wollkämmer, Tuch-Scherer, Weber, Strumpfwirker, die früher Heimarbeiter gewesen waren. Schon 1727 hatte die Arbeiter Strumpfrahmen zerstört, um ihre Arbeitsplätze zu erhalten. Ende des 18. Jahrhunderts organisierten sie sich, um die Vorteile ihrer alten Produktionsweise zu schützen, in trade-unions, handwerklichen Gewerbe-Vereinigungen. *Gewerkschaften waren das noch nicht.* Sie kämpften für die Erhaltung von Anlernzeiten; die Beschränkung der Webstuhlzahl; für ein Verbot von Maschinen; für Lohnerhöhung und gegen die Verteuerung der Lebensmittel. Gegen die in diesen ersten Formen aufkommende Arbeiterbewegung wurde 1799 ein Koalitionsverbot erlassen.

Zwischen 1811 und 1817 kam es zur sogenannten Maschinenstürmer-Bewegung, nach einem Anführer auch Ludditen genannt. Das waren vor allem Strumpfwirker, Tuch-Scherer und Handweber in der Baumwollindustrie. *Sie waren nicht so irrational, wie das Zerstören von Maschinen vermuten lässt.* Sie vernichteten Maschinen, aber das waren nur spektakuläre Aktionen. In Wirklichkeit kämpften sie, als 1813 die staatliche Lohnregulierung abgeschafft wurde, gegen Lohnkürzungen. Sie kämpften gegen die Einstellung unqualifizierter Arbeiter; gegen die Produktion minderwertiger Schnittware; gegen die Erhöhung der Pachtgelder für Maschinen; für eine Fabrik- und Sozialgesetzgebung und für das Recht auf Arbeit und auf Koalition (Paulinyi, S. 237). 1819 wurden diese Forderungen mit einem Gesetz beantwortet, das die gerade aufgelockerte Versammlungsfreiheit und Pressefreiheit wieder einschränkte.

In Deutschland setzte die Industrialisierung erst in der ersten Hälfte des 19. Jahrhunderts ein – im französisch besetzten linksrheinischen Gebiet etwas früher, nach 1795 –, aber von »Arbeitermassen« kann man in Deutschland erst ab den 1840er Jahren sprechen.

Homo oeconomicus: Verwandlung von »Habgier« in »ökonomisches Interesse« bei Smith

Mit der aufkommenden Industrialisierung begann die Gesellschaftstheorie, sich für einen neuen Menschen zu interessieren: den homo oeconomicus, den ökonomischen Menschen, der nichts als seine Interessen verfolgt und darin vernünftig handelt – jedenfalls behauptete das der schottische Aufklärungs-Philosoph Smith in *Der Wohlstand der Nationen* (1776).

Adam Smith (1723-1790) war Professor für Logik, später für Moralphilosophie an der Universität Glasgow (1751-1763); Lehrer und Reisebegleiter des Herzogs von

Buccleuch (1764-1766), mit lebenslänglicher Leibrente. Während einer zweijährigen Bildungsreise durch Frankreich besuchten Smith und der Herzog auch Voltaire, zu dessen Bewunderern Smith gehörte. Später wurde er Mitglied der Royal Society (1773); Zollkontrolleur und Kontrolleur über die Salzsteuer von Schottland (1778-1790); Lord Rektor der Universität Glasgow (1787-1789). Smiths Vater war Beamter beim Hofmarschall und Zollkontrolleur in einer schottischen Kleinstadt, seine Mutter die Tochter eines vermögenden Großgrundbesitzers.

Smith griff ein Thema auf, das die Aufklärer beschäftigte: die Möglichkeit der Zivilisierung der Leidenschaften. Jene waren seit dem Mittelalter als schwere Sünden bekämpft worden: die sexuelle Lust, die Habgier, die Machtgier. *Mit der Entfaltung von Handel und Wirtschaft begann man, die Habgier positiver zu sehen, sie erschien jetzt nicht mehr als unkalkulierbare Leidenschaft, sondern als »Interesse«.* (Hirschmann, S. 27ff.; König, S. 32ff.)

»Interesse« bedeutete ursprünglich – im Römischen Recht und im Mittelalter in Deutschland – »Schadenersatzanspruch«: Wenn jemand Schulden macht, dann ist ein Gläubiger »dazwischen« (inter esse = dazwischen sein). Deshalb heißen im Englischen Zinsen heute noch »interests«, der Kreditgeber ist dazwischen. Seit Machiavellis *Il Principe* (1513) erhielt »Interesse« die Bedeutung von »rationaler Wille«: Der rationale Herrscher, der im Interesse seiner Macht handelt, richtet sich hierbei weder nach moralisierenden Geboten, noch nach persönlichen Leidenschaften. »Dazwischen« solle sich sein rationales Interesse befinden, das seine Leidenschaften zähmt.

Im bürgerlichen England nach der Glorious Revolution, im beginnenden Kapitalismus, änderte sich der Begriff: »Interesse« bezeichnete jetzt die ökonomischen Ansprüche der politisch und wirtschaftlich konkurrierenden Parteien und Gruppen. Anfang des 18. Jahrhunderts meinte das Wort »interessant«: wichtig für den Erwerb von Reichtum. *Dass »Interessen« die Welt regieren sollten, wurde als positiv empfunden, in Abgrenzung zu den als destruktiv empfundenen Leidenschaften – und auch zur als wirkungslos empfundenen Vernunft.*

Als Smith über den ökonomischen Menschen nachdachte, in den 1770er Jahren, waren allerdings die Leidenschaften, die Gefühle wieder rehabilitiert, Smith musste, wenn er den seine Interessen verfolgenden Menschen positiv deutete, als Aufklärer gegen das angehen, was sich später Romantik nannte. (Hirschmann, S. 39ff.)

Adam Smiths Leistung – und Populariät – bestand 1776 darin, dass er die Habgier in der Wirtschafts- und Gesellschaftstheorie »fein« machte. Was tut, nach Smith, der ökonomische Mensch, wenn er seinen Interessen folgt? Er will seinen Nutzen maximieren. Er verbessert die »Produktivkräfte« der Arbeit, indem er Arbeitsteilung einführt. Er vergleicht die Waren, die er tauscht oder kauft, er schätzt deren Wert, deren Gebrauchswert und Tauschwert. Er bewertet die Qualität der Waren, d.h. die in ihnen enthaltene Menge an Arbeit, Grundrente und Kapital. Er kauft und verkauft, mittels eines speziellen »Mediums«, des Geldes, das ihm den möglichst konstanten Vergleich der Warenwerte ermöglicht. Wenn er Kapital hat, interessiert ihn sein Kapitalgewinn. Er orientiert sich am jeweils durchschnittlichen Satz für Löhne und Gewinn etc. Er tut das alles, weil es dem Eigeninteresse nützt.

Das tendenziell Brutale des ökonomischen Menschen, der seinen eigenen Vorteil verfolgt, hielt Smith für sekundär, denn was der eine aus Eigenliebe verfolgt, kann anderen nützen: »Nicht vom Wohlwollen des Metzgers, Brauers oder Bäckers erwarten wir das, was wir zum Essen brauchen, sondern davon, dass sie ihre eigenen Interessen wahrnehmen. Wir wenden uns nicht an ihre Menschen-, sondern an ihre Eigenliebe, und wir erwähnen nicht die eigenen Bedürfnisse, sondern sprechen von ihrem Vorteil.« (1776, S. 17). Das war der Gedanke von Mandevilles *Bienenfabel* (1724): Private Laster können, wenn richtig gesellschaftlich organisiert, Vorteile für alle bringen. Vom freien Markt nahm Smith an, dass er von sich aus nach einem wie von einer »invisible hand«, einer unsichtbaren Hand geregelten Gleichgewicht strebe.

Heute können wir die Wirkung einer unsichtbaren Hand nicht wahrnehmen. Aber selbst wenn Smith der Begründer des Wirtschaftsliberalismus war, war seine Forderung nach Befreiung von allen staatlichen Regulierungen anders gemeint als heute. Heute ist die Forderung nach Deregulierung eine Forderung der Konservativen, sie wollen die »freie Marktwirtschaft«. Die Freiheit, die damit gemeint ist, ist die Freiheit der supranationalen Konzerne. Damals wollten die Aufklärer den freien Markt nicht nur gegen den merkantilistischen – die Nationalwirtschaft regulierenden – Staat, sondern auch gegen die Handelsgesellschaften, die vom Staat gewährte Monopole besaßen, z.B. in England die East India Company, die das Handelsmonopol für Indien besaß und die vom Staat vor billigeren Waren aus den nordamerikanischen Kolonien geschützt wurde. Smith hielt sie für ausbeuterisch und undemokratisch (1776, S. 64f.). Welche Folgen Monopole haben, beschrieb Smith so: »Der Monopolist versorgt nämlich den Markt ständig mangelhaft und befriedigt die effektive Nachfrage niemals ganz, so dass er seine Ware weit über dem natürlichen Preis verkaufen kann, wodurch seine Einkünfte [...] beträchtlich über die natürliche Höhe steigen.« (S. 54). Deswegen dürften keine vom Staat vergebenen Industrie- und Handelsmonopole, keine Lehensabgaben, Zunftbeschränkungen, staatliche Vorschriften die Wirtschaft behindern. Im freien Markt solle die Natur – d.h. die Wirtschaftsentwicklung – ihren natürlichen Lauf nehmen. Der Staat solle sich darauf beschränken, die Nation gegen Angriffe von außen zu schützen und nach innen das Recht durchzusetzen.

Die Aufklärer wollten das, was wir heute soziale Marktwirtschaft nennen. Smith forderte, dass der Staat gesellschaftliche Einrichtungen – Militär, Justiz, Verkehrswege, Schulbildung – bezahlt, die den Unternehmern nützlich, für sie aber nicht profitabel sind. Es sei dessen Aufgabe, »solche öffentliche Anlagen und Einrichtungen aufzubauen und zu unterhalten, die, obwohl sie für ein großes Gemeinwesen höchst nützlich sind, ihrer ganzen Natur nach niemals einen Ertrag abwerfen, der hoch genug für eine oder mehrere Privatpersonen sein könnte, um die anfallenden Kosten zu decken, weshalb man von ihnen nicht erwarten kann, dass sie diese Aufgabe übernehmen.« (1776, S. 612). Weil ein Gleichgewicht zwischen Arbeitgebern und Arbeitnehmern notwendig sei, müsse der Staat auch für Gesetze sorgen, die es den Arbeitnehmern gestatten, sich zu organisieren, was damals verboten war.

Wichtig für uns ist, dass Smith die Kategorie des »Interesses« und damit die Möglichkeit des rationalen Handelns in die Gesellschaftstheorie eingeführt hat. Smiths Ablehnung der primären Rolle der Gefühle der am Wirtschaftsprozess Beteiligten ist für die heutige Medienforschung besonders wichtig: Wenn wir überlegen, ob ein Phänomen »im Interesse« einer Person, einer Gruppe oder eines Verbandes ist, analysieren wir damit, inwiefern jenes die Umstände der Person, einer Gruppe oder eines Verbandes verbessert oder stabilisiert. An den Umständen betrachten wir die materiellen Existenzbedingungen. Wir halten also – wie Smith – nicht die subjektiven Motive der Personen, Gruppen oder Verbände für entscheidend. Wir untersuchen, was das Phänomen den materiellen Existenzbedingungen »schuldet«. Wir analysieren die »Interessenlagen«, denen es dient. (Ritsert 1988, S. 323ff.)

Es ist an der Zeit, auch die »Interessen« der Medien-Rezipienten ernst zu nehmen. Menschen, die sich heute Unterhaltungssendungen oder Actionfilme im Fernsehen ansehen, Konsumenten, die Waren kaufen, haben nicht weniger eigennützige Interessen als die Metzger, Brauer und Bäcker zu Zeiten von Adam Smith. So wie Smith nichts davon wissen wollte, dass die Metzger, Brauer und Bäcker ihre Waren aus reinem Wohlwollen produzieren, so sollten wir heute nicht glauben, dass das Medienpublikum und die Warenkonsumenten aus Gefühlen heraus konsumieren. Auch sie suchen die Nutzenmaximierung, und das nicht nur auf dem Gebiet der Gefühle. Sie sind misstrauische Käufer, Kenner von Warenqualitäten, sie orientieren sich an ihren materiellen Existenzbedingungen, ihrem Budget und daran, wie in ihrem gesellschaftlichen Umfeld im Durchschnitt damit umgegangen wird.

Erstmals ein bis heute bestehender Medien-Interessenkampf: Sicherung der Pressefreiheit durch Laissez-faire oder durch Verfassungsgarantie?

Amerikanische Revolution und Pressefreiheit

In der zweiten Hälfte des 18. Jahrhunderts entstand in den englischen Kolonien Nordamerikas eine eigene Presse. Es gab schriftstellernden Journalismus, aber *das meiste war entweder kommerzieller Journalismus oder Parteienpropaganda.*

Die erste Zeitung in den englischen Kolonien erschien 1690, hieß *Publick Occurrences Both Foreign and Domestick* – und war gar keine Zeitung, denn sie erschien ohne Genehmigung und wurde nach dem ersten Exemplar verboten. Es wurde über einen Selbstmord berichtet, eine Pockenepidemie und Kriegsereignisse.

1704 erschien die erste dauerhafte Zeitung *Boston News-Letter,* die strikt zensiert wurde. Die Zeitung hielt sich 72 Jahre. Die zweite war 1719 *Boston Gazette*. Die ersten Zeitungen waren Nachrichtenblätter, keine räsonierende Presse. Das änderte sich 1721, als James Franklin in Boston den *New-England Courant* herausbrachte, mit Essais, Briefen, Gedichten. In den ersten Ausgaben wurde über die Einführung der Pockenschutzimpfung debattiert. Ab 1722 schrieb auch Franklins Bruder Benjamin, 16 Jahre alt, als Lehrling Artikel für den *Courant*. Die Zeitung hielt sich bis 1726, sie wurde von Bostons mächtigster Familie, den Mathers, bekämpft. 1729 kaufte sich Benjamin Franklin bei der Zeitung *The Universal Instructor in all Arts and*

Sciences; and Pennsylvania Gazette ein und reduzierte den Titel auf *Pennsylvania Gazette*. Bei Franklin konnte jeder Zahlungswillige seinen Aufsatz in der Zeitung abdrucken lassen. Später wurde Benjamin Franklin Abgesandter Pennsylvanias in London, Unterzeichner der Unabhängigkeitserklärung, Botschafter der USA in Frankreich – und Erfinder des Blitzableiters.

Die Kolonisten wurden durch Großbritannien – dem Land mit bürgerlicher Parlamentsmacht – weniger unterdrückt als alle anderen Völker im absolutistischen Europa. Aber es gab für sie wirtschaftliche Nachteile. Sie durften eigene Waren nur nach Großbritannien exportieren. Sie wurden durch restriktive Gesetze im Status eines Rohstofflieferanten und Absatzmarkts für britische Waren gehalten. Der Druck verschärfte sich, als 1763 der Premierminister und Schatzkanzler George Grenville eine restriktive Kolonialpolitik begann. Sie löste die Amerikanische Revolution aus.

Daran wollen wir das Stempelsteuergesetz von 1765 festhalten, das die revolutionären Unruhen auslöste. Es erhob eine Steuer auf Rechtsurkunden und Druckerzeugnisse, einen halben Penny auf jede Zeitung und zwei Shillings auf jede Anzeige. Außerdem musste der Name des Herausgebers auf jeder Ausgabe stehen. Beidem widersetzten sich die Zeitungen. Im gleichen Jahr protestierte der »Stempelsteuerkongress« aus neun Kolonien in New York mit der Formel »No taxation without representation«, keine Steuern ohne parlamentarische Vertretung im britischen Parlament. Das war der Kernsatz schon der Englischen Revolution: Dem Volk dürften ohne dessen Zustimmung keine Steuern auferlegt werden. Die Kolonisten nannten sich jetzt »Amerikaner«.

Als die Siedler alle englischen Waren boykottierten, wurde das Gesetz 1766 vom englischen Parlament zurückgenommen, aber zugleich bekräftigte jenes sein Recht, Gesetze für die Kolonien zu erlassen. Dagegen bildete sich in Boston eine Widerstandsbewegung, deren Sprachrohr die *Boston Gazette* wurde.

Außerdem wurden durch ein neues Gesetz des britischen Ministers Townshend (1767) der Schmuggel stärker bekämpft und neue Steuern für den Import von Blei, Farben, Papier, Glas und Tee erhoben. Damit sollte die britische East India Company vor dem Bankrott gerettet werden, auf Kosten der nordamerikanischen Kaufleute. In Boston gab es Proteste. Sie wurden mit militärischer Gewalt niedergeschlagen (Boston Massacre, 1770). Nach dem Bostoner Teesturm (1773) – als Indianer verkleidete Kolonisten warfen eine Schiffsladung mit 324 Kisten Tee ins Wasser – verlangte das englische Parlament Schadenersatz und errichtete in Massachusetts ein Militärregime (Coercive Acts/Intolerable Acts, 1774). Es ging nicht um Schadensersatz für 324 Teekisten, sondern darum, dass die im britischen Parlament mächtigen Kaufmanns-Kapitalisten die nordamerikanischen Märkte nicht aufgeben wollten. Sie standen unter dem Druck der Rezession von 1765-1774. Die Kaufkraft in England sank, zugleich gingen die englischen Exporte zurück. Das machte sich in Nordamerika bemerkbar. (Faulkner, S. 120ff.)

Im gleichen Jahr forderte Samuel Adams in der *Boston Gazette*, dass ein Kongress der Amerikanischen Staaten einberufen werde und dass die Kolonien einen unabhängigen Staat, ein »Amerikanisches Commonwealth«, einrichten sollten. Von den 35 Zeitungen, die in den 11 Kolonien existierten, traten 32 Zeitungen für die

Interessen der Kolonien ein und der Rest für die Interessen der englischen Regierung (Bleyer, S. 88).

1774 trat in Philadelphia der 1. Kontinentale Kongress aller Kolonien außer Georgia zusammen. Er wandte sich gegen das britische Militärregime in Massachusetts und beschloss den Verzicht auf Handelsbeziehungen mit Großbritannien. Als die britischen Truppen ein Waffenlager der Kolonisten zerstören wollten, gab es in Lexington und in Concord die ersten Gefechte und die erste Niederlage der Briten. Das war der Beginn der Amerikanischen Revolution, des Unabhängigkeitskriegs (1775-1783).

Im Januar 1776 publizierte Thomas Paine sein berühmtes Pamphlet *Common Sense*. Der gesunde Menschenverstand, so meinte Paine, erkenne, dass ein einziger ehrlicher Mann für die Gesellschaft wichtiger sei »als alle gekrönten Schurken«. Von der Broschüre wurden innerhalb von drei Monaten über 120.000 Exemplare verkauft, übrigens ohne Autorenhonorar, Geld erhielt nur der Verleger. Das Pamphlet wurde in den Zeitungen diskutiert, unter den städtischen Bürgern, den Kaufleuten, Juristen und Politikern, die den Zeitungen ihre Beiträge zusandten.

Am 4. Juli 1776 wurde vom 2. Kontinentalen Kongress George Washington zum Oberbefehlshaber der Kontinentalarmee ernannt und die Unabhängigkeitserklärung verabschiedet: »Wir erachten diese Wahrheiten als selbstverständlich: dass alle Menschen gleich erschaffen sind, dass sie von ihrem Schöpfer mit gewissen unveräußerlichen Rechten begabt sind und dass zu diesen das Leben, die Freiheit und das Streben nach Glückseligkeit gehören; dass zur Sicherung dieser Rechte unter den Menschen Regierungen eingesetzt sind, die ihre rechtmäßigen Befugnisse von der Zustimmung der Regierten herleiten; dass, sobald eine Regierungsform diesen Zwecken verderblich wird, es für das Volk rechtens ist, sie zu ändern oder abzuschaffen und eine neue Regierung zu errichten, die es auf solche Prinzipien gründet und deren Befugnisse es derart organisiert, wie es ihm zu seiner Sicherheit und Glückseligkeit am dienlichsten ist.« Das war von John Locke beeinflusst. Allerdings besaßen in den meisten Staaten Amerikas nur die Besitzer von Land oder besteuerbarem Besitz das Wahlrecht. Außerdem beruhte die »Sicherheit und Glückseligkeit des Volks« auf Sklavenarbeit und der Ermordung der Indianer. In den 11 Kolonien wohnten um 1776 insgesamt ca. 3 Mio. Menschen, einschließlich schwarze Sklaven, Indianer nicht mitgerechnet. Von den 3 Mio. waren 500.000 Sklaven. Sklavenhandel gab es seit 1619. New York und Pennsylvania verboten 1787 als erste die Sklaverei. Und den Indianern wurden Wälder, Ackerland und Felle für ein paar Whiskyfässer abgeknöpft – falls sie nicht umgebracht wurden. Die wenigen Übriggebliebenen erhielten erst 1924 die amerikanische Staatsbürgerschaft.

Die politischen Lager spalteten sich nach sozioökonomischer Schichtung:

1. *Die Königstreuen*, »Tories« genannt (in Großbritannien hieß so die Partei der Grundbesitzer): Sie waren Freunde des königlichen Gouverneurs, Gesetzestreue, Leute aus der Oberschicht. Die Oberschicht (10% der Bevölkerung) bestand aus Großgrundbesitzern, reichen Großplantagenbesitzern (Tabak, Mais, Baumwolle ab den 1790er Jahren), städtischen Grundbesitzern, Großkaufleuten (Holz, Felle, Stock-

fische), Reedern und Spekulanten. Sie machten die »aristokratische« Bürgerschicht aus, die politisch aktiv war.

2. *Die Revolutionäre,* »Whigs« genannt (in Großbritannien hieß so die Partei der Geldmacher): Ihre Anführer waren reiche Händler oder Bankiers, außer George Washington, der Plantagenbesitzer war, einer der reichsten Grundbesitzer des Landes. Die meisten Whigs kamen aus der Mittel- und Unterschicht. Die Mittelschicht (55% der Bevölkerung) bestand aus Farmern auf eigenem Land; Kaufleuten und städtischen Handwerkern. Die weiße Unterschicht (15% der Bevölkerung) bestand aus Farmarbeitern, Lohnarbeitern, Dienstpersonal, Seeleuten etc.

1783 endete der Unabhängigkeitskrieg mit dem Frieden von Paris. König George III anerkannte die 13 Vereinigten Staaten als frei, unabhängig und souverän.

Ein Jahr danach erschienen in Philadelphia die erste Tageszeitung der USA, *Pennsylvania Packet and Daily Advertiser* und 1785 die zweite, *New York Daily Advertiser.*

Politische Schmutzkampagnen der Parteien-Presse

Die Unabhängigen Staaten waren unter den Articles of Confederation, dem Bundes-Vertrag (1781-1789), locker verbunden. Sie hatten eigene Verfassungen und Parlamente. Erst die schlechte Wirtschaftslage – Inflation, Ausbleiben von Exportaufträgen, Verschuldung, Steuerlasten – erzwang eine Zentralregierung. Reeder und Manufakturbesitzer wollten die Zentralregierung, weil sie günstige Steuergesetze wollten; die Kaufleute wollten bundesweite Verkehrswege (Kanäle) und eine einheitliche Währung. Dazu kamen Spekulanten, die im Besitz von Staatsanleihen oder Papiergeld waren, also die Gläubiger des Zentralstaats. Sie erwarteten, dass der Wert ihrer Staatspapiere durch die Annahme einer zentralen Verfassung steigen würde. (Faulkner, S. 147) Über die Gesetzgebungs- und Steuererhebungs-Kompetenz der Zentralregierung wurde seit dem verfassungsgebenden Konvent von Philadelphia (1787) hart debattiert. Die Zentralverfassung wurde im September 1787 verabschiedet. Besitzlose hatten kein Stimmrecht. 1789 wurde George Washington erster Präsident der USA (rg. 1789-1797). Alexander Hamilton wurde Finanzminister (rg. 1789-1795), Thomas Jefferson Außenminister (1792-1794). *Die Debatten um die Verfassung gingen weiter, die Zentralverfassung musste von den Parlamenten der Einzelstaaten ratifiziert werden.*

Die Politiker fochten ihre Debatten in den Zeitungen aus, wie damals üblich in anonym erscheinenden »Briefen an den Herausgeber«. Berühmt wurden die *Federalist Papers*, eine Serie von 87 propagandistischen Briefen, die 1787-1788 in der New Yorker Zeitung *Independent Journal: or General Advertiser* erschienen. Andere Zeitungen druckten sie nach.

Die Debatten und die Interessen kristallisierten sich in zwei seither bestehenden politischen Gruppierungen. Sie waren aus der revolutionären Bewegung der Whigs hervorgegangen. Die königstreuen Tories waren vertrieben oder nach Kanada ausgewandert. Die zwei Gruppierungen waren:

1. *Die konservativen Föderalisten* – wie Washington, Hamilton, John Jay – wollten wirtschaftliches Laissez-faire, die Freiheit des Individuums – des reichen Besitzbürgers – gegenüber dem Staat. Anders als heutige Neoliberale wollten sie zugleich eine starke Zentralregierung. Die Föderalisten waren dafür verantwortlich, dass im Verfassungsentwurf von 1787 von Pressefreiheit nicht die Rede war. Verankert wurde jedoch der Schutz geistigen Eigentums, also die Rechte von Autoren. Und es war keine Rede von Zensur. *Was die Pressefreiheit betrifft, argumentierte der Föderalist Hamilton so: Alles hängt von der »public opinion«, vom »general spirit of the People and of the Government« ab, von der öffentlichen Meinung, vom allgemeinen Bewusstsein des Volkes und der Regierung. Das Volk und die Journalisten treten für die Pressefreiheit ein, also bedarf jene keiner gesetzlichen Regelung.* (Federalist Papers, Nr. 84). Man muss beachten, dass die Presse aus kleinen Zeitungsverlagen bestand. Konzerne, die eine vorherrschende Meinungsmacht hätten bilden können und die Pressefreiheit hätten beschränken können, gab es nicht. Die Föderalisten wurden zunächst auch »Nationalisten« genannt. Ihre Tradition wurde später von der 1834 gegründeten Whig-Partei und danach von der 1854 gegründeten Republikanischen Partei fortgesetzt.

2. *Die Anti-Föderalisten* – wie Jefferson und James Madison – traten für Dezentralisierung ein, aber auch dafür, dass in die Zentralverfassung gesetzliche Regelungen und Garantien der Freiheit des Einzelnen aufgenommen würden. Den Anti-Föderalisten fehlte im neuen Verfassungs-Entwurf die Regelung der Redefreiheit, Pressefreiheit, Versammlungsfreiheit und der Freiheit vor dem Gericht, wie sie in den Verfassungen der Einzelstaaten enthalten waren. *Jefferson – in jener Zeit Botschafter der USA in Frankreich – war ein Bewunderer Voltaires, der stets für die gesetzliche Garantie der Rede- und Pressefreiheit eingetreten war. Er argumentierte in Briefen: Selbst wenn es richtig sei, dass die Basis der amerikanischen Regierung die Meinung des Volkes sei, müsse das Recht, sich eine Meinung zu bilden, abgesichert werden, durch Absicherung des freien Zugangs zu Zeitungen.* Auch Madison meinte, die Freiheit der Institutionen müsse vor selbstsüchtigen Einzelinteressen geschützt werden. (Federalist Papers Nr. 10)

Die Anti-Föderalisten waren gegen die 1781 gegründete Bank of America, eine *in Privatbesitz* befindliche Zentralbank, weil sie befürchteten, sie würde ein Machtinstrument der Handelskapitalisten und Grundstücksspekulanten werden.

Die Anti-Föderalisten wurden zunächst auch »Radikale« genannt; sie selbst nannten sich nach 1790 »Republikaner« oder »Demokratische Republikaner« – nicht zu verwechseln mit der heutigen konservativen Republikanischen Partei. Später wurde die Tradition der Anti-Föderalisten von der 1828 gegründeten Demokratischen Partei fortgesetzt.

Redefreiheit, Pressefreiheit, Versammlungsfreiheit und Freiheit vor dem Gericht wurden schließlich 1791 bei der Ratifikation als die First Amendments, die ersten zehn Zusatzartikel – »Bill of Rights« genannt – in die Zentralverfassung aufgenommen.

Beide Parteien, die Föderalisten und die Anti-Föderalisten, gründeten Parteizeitungen.

Die Föderalisten, die die Regierung stellten, schrieben in *Gazette of the United States* (ab 1789). Sie finanzierte sich über Abonnenten, die allerdings nicht, wie heute üblich, im Voraus bezahlten, sondern im Nachhinein und mit laxer Zahlungsmoral. Die Zeitung wurde von Hamilton mit Krediten unterstützt.

Die Anti-Föderalisten schrieben in *National Gazette* (1791-1793; Verleger: Philip Frenau). Jefferson, Außenminister ab 1792, stellte Frenau in seinem Ministerium an, die anti-föderalistische Zeitung wurde also faktisch aus Geldern der föderalistischen Regierung finanziert. Die *National Gazette* attackierte die Regierung als monarchistisch, und im Gegenzug griff die *Gazette of the United States* die fragwürdige Finanzierung der *National Gazette* an.

Bis zum Ende des Jahrhunderts verschärfte sich die Auseinandersetzung. Für die Anti-Föderalisten nahm die Zeitung *Aurora* Partei (ab 1790; Verleger: Benjamin Franklin Bache, ein Enkel Benjamin Franklins), für die Föderalisten *Minerva* (ab 1793) und später *Porcupine's Gazette and United States Adviser* (ab 1797). Der Anti-Föderalist Bache entwickelte in *Aurora* einen demagogischen Stil. Er warf dem Föderalistenblatt *Minerva* vor, sich zu Gunsten der »monarchistischen und aristokratischen Junta« zu prostituieren; er attackierte Washington als Despoten und Feind der Freiheit. Der Föderalist Cobbett warf *Aurora* vor, sie sei ein »Vehikel für Lügen und Verführungen«, das die Bevölkerung irreführe.

1789 erließ die föderalistische Mehrheit im Kongress die Alien and Sedition Acts. Diese Gesetze gaben dem Präsidenten die Möglichkeit, ausländische, nicht in Amerika geborene Herausgeber und Redakteure auszuweisen und die Pressefreiheit gegenüber Zeitungen einzuschränken, die die Regierung angriffen. Diese Gesetze waren gegen französische Einwanderer gerichtet – die Revolution hatte in Frankreich begonnen, und die Föderalisten fürchteten Kritik auch an ihrer Regierung. Diese Gesetze galten bis 1801, dann wurde der Anti-Föderalist Jefferson Präsident. Er schaffte sie ab – und begann, gegen die jetzt oppositionelle föderalistische Presse vorzugehen.

Die föderalistische Presse diffamierte Jefferson als Atheisten und die Anti-Föderalisten als Leute, die das Privateigentum abschaffen wollten. 1801 gründeten die Föderalisten eine weitere Oppositionszeitung, *New York Evening Post,* die von den New Yorker Geschäftsleuten mit Anzeigen unterstützt wurde. Sie griff Jefferson hart an, 1804 mit der Behauptung, Jefferson habe einen Journalisten bestochen, damit er Washington als Verräter, Räuber und Meineidigen diffamiere. Jefferson ließ einen Journalisten, der diese Behauptung verbreitete, verhaften. (Bleyer, S. 105ff.)

Das war keine räsonierende Presse, sondern eine politische Kampfpresse, und als solche wurde sie auch bezeichnet: als »partisan press«, Partisanenpresse.

Kommerzielle Massen-Unterhaltung: Zirkus als Pferdetheater und das Wiener Hetztheater

Im 18. Jahrhundert entstanden größere Unterhaltungs-Geschäftsunternehmen, die über die bisherigen handwerklichen Produktionsweisen hinausgingen: Pferderennen wurden nach 1720 ein profitables Geschäft. Um 1770 entwickelte sich der Zirkus zu einem kommerziellen Unternehmen. Zirkusunternehmer stellten Gaukler ein; andere Gaukler, die es sich leisten konnten, kauften Pferde und führten ihre Kunststücke auf. Auch ehemalige Militär-Reiter oder Pferdezüchter wurden »Pferdekünstler«. Sie zeigten: Kopfstand im Sattel, Sprünge von einem Pferd auf das andere, Stehend-Reiten auf einem Bein, Hindernissprünge stehend auf zwei Pferden etc. *Die besten von ihnen präsentierten ganze Handlungen: Schießen mit der Pistole, Laden eines Gewehrs, Befestigen des Bajonetts und Vorbereiten zum Angriff – alles auf zwei trabenden Pferden stehend.* Das gab es ab 1760 in allen Großstädten Europas. Die artistischen Darbietungen fanden nicht mehr auf Märkten oder in Kneipen statt, sondern auf einem umzäunten Grundstück, in Zelten oder festen Gebäuden.

Ein Vorläufer des fest installierten Zirkus war eine Reitschule, die Phillip Astley 1772 in London gründete, seine Arena hatte bereits überdachte Logen. 1779 wurde die gesamte Manege überdacht und »Amphitheater of Arts« genannt. Das war das erste Zirkusgebäude. 1782 gründete Astley in Paris das »Englische Amphitheater«. Es hatte neben der Manege eine Theaterbühne. 1794 wurde nach einem Brand auch das Londoner Amphitheater prächtig mit Bühne wieder aufgebaut. Man sprach nicht von »Zirkus«, sondern vom »Pferdetheater«.

In Paris wurde 1793 das Englische Amphitheater von Antoine Franconi übernommen und in »Théatre Olympique« umbenannt. Das war bis in die 1840er Jahre der berühmteste Zirkus Europas.

In Wien gab es das erste feste »Pferdetheater« 1808, in Petersburg 1827. In Deutschland überwogen im frühen 19. Jahrhundert die Wanderzirkusse, die auf Jahrmärkten und Messen ihre Zelte aufbauten, zum Beispiel auf dem Münchener Oktoberfest, das es seit 1810 gibt.

Eine andere Art des Zirkus war zwischen 1755 und 1796 das »Hetztheater« in Wien. Das war ein Rundbau für 3.000 Zuschauer, in dessen Arena sich Tiere gegenseitig zerfleischten: Bären, Wölfe, Schakale, Ochsen, Wildschweine, Hunde. Dazu spielte eine Blaskapelle (Bose und Brinkmann, S. 37f.). Auch der Fürst von Thurn und Taxis unterhielt in Regensburg ein solches Hetztheater.

Von »Zirkus« wurde seit den 1810er Jahren gesprochen, nachdem die Söhne Antoine Franconis 1807 in Paris ein neues Haus eröffnet hatten, das sie »Cirque Olympique« nannten. Auch dieser Zirkus bot Akrobatik und Pferdetheater. *Das Theatralische wurde ausgebaut, auf den Rücken der Pferde oder auf der Seitenbühne wurden ganze Dramoletts aufgeführt:* Der Matrose im Sturm; Die Schlacht bei Waterloo; Marlboroughs Tod; Don Quichotte etc. Oder die Reiterinnen und Reiter trugen mehrere Kostüme übereinander und verwandelten sich zu Pferd, aus Aschenbrödel in die Prinzessin, aus einem Bauern in einen Grenadier. Immer wieder wurde das Dramolett *Monsieur Rognolet ou le Tailleur Gascon* aufgeführt: Ein Schneider kehrt von der Reise zurück und alles läuft schief, der Diener ist ungeschickt, das Pferd stellt sich tot, der Esel ist störrisch, und als der Schneider sagt, dass er mit solchen Tieren nichts zu tun haben will, nimmt das ein zweites Pferd sehr übel, stürzt sich auf den Schneider, beißt ihn in die Rockschöße und verfolgt ihn bis ins Haus. (Bose und Brinkmann, S. 52)

Auch die Akrobaten erhielten jetzt ihre Theater. Das berühmteste war 1816-1832 in Paris das Theater der Madame Saqui, einer berühmten Seiltänzerin, die sogar einen Mord auf dem Seil spielte.

Erstmals Öffentlichkeiten der Massen: Französische Revolution

Der Dritte Stand

In der Französischen Revolution bildeten sich Öffentlichkeiten der Bürger und der städtischen Massen. Die Interessenkämpfe und Problemkonflikte dieser Öffentlichkeiten wollen wir uns ansehen.

König Louis XVI berief 1788 wegen wirtschaftlicher Schwierigkeiten die Generalstände zum 1. Mai 1789 ein, erstmals seit 1614. Die »États généraux« waren eine beratende, unregelmäßige Versammlung zur Unterstützung königlicher Beschlüsse. In ihr waren Adel, Klerus und Dritter Stand zu je einem Drittel repräsentiert. Die Repräsentanten wurden von den jeweiligen Ständen gewählt.

Zum Dritten Stand gehörten die reichen Bürger. Frankreich war im 18. Jahrhundert größtenteils ländlich und handwerklich. Zugleich setzte sich um 1700 in den neuen zunftfreien Industrien (Tapeten, Tabak, Textil, Kutschen) die Manufaktur durch, bei ausgedehnter Frauen- und Kinderarbeit. In der Industrie herrschten Baumwollverarbeitung und Bergbau vor. Es gab wirtschaftliches Wachstum, zuerst langsam bis 1758, beschleunigt bis 1771, unterbrochen bis ca. 1785, und dann stürmisch. Um 1787 entstand in Lothringen eine Metallindustrie, die bereits mit Dampfmaschinen arbeitete. Die Roheisenproduktion verdoppelte sich (in Großbritannien stieg sie aber um das Fünffache). Der Außenhandel verfünffachte sich zwischen 1720 und 1788, der Kolonialhandel stieg nach 1735 um das Zehnfache. Die Landwirtschaft wuchs 1710-1780 um 60%.

Das Aufleben des Handwerks und des Handels brachten den Bürgern Aufstieg und Macht. Großgrundbesitzer und Kaufleute machten am meisten Gewinn. Die Handels-Kapitalisten verdienten am Fernhandel: Zucker, Kaffee, Indigo, Baumwolle und am Sklavenhandel. Finanziers machten viel Geld durch wucherhafte Verpachtung von Grundbesitz, Staatsanleihen und Aktienbesitz. Sie finanzierten allerdings auch Künstler und Philosophen und trugen damit zur Entwicklung der Aufklärung bei. In den reichen Getreide-Ebenen um Paris kauften Großpächter Land und bildeten, zusammen mit reichen Bauern, ein ländliches Bürgertum.

Kaufleute und Händler kämpften für wirtschaftliche Freiheiten. Albert Soboul schreibt über ihre Interessen: »Die zahlreichen Gewohnheitsrechte, die Binnenzölle und die Unterschiedlichkeit von Maßen und Gewichten beeinträchtigten den

Handel und verhinderten die Bildung eines nationalen Marktes. Der Staat sollte nach denselben Prinzipien von Ordnung, Klarheit und Einheit organisiert sein, nach denen die Bourgeoisie die Führung ihrer eigenen Geschäfte besorgte. Und schließlich forderte der Geist des kapitalistischen Unternehmens noch die Freiheit der wissenschaftlichen Forschung: die Bourgeoisie verlangte, dass die wissenschaftliche Arbeit ebenso wie die philosophische Spekulation von der kirchlichen und staatlichen Zensur ausgenommen werden sollte.« (S. 51)

Zum Dritten Stand gehörte auch die Mittelschicht: Verwaltungsbeamte, Rechtsanwälte, Notare, Privatlehrer – das Unterrichtsmonopol lag bei der Kirche –, Ärzte, Chirurgen, Literaten, Journalisten. Sie hatten eine gute Schulbildung. Zur Mittelschicht gehörten auch selbständige Handwerker, Kleinhändler, die vom eigenen Kapital lebten.

Der Dritte Stand, das waren auch die Massen:

Untere Kleinbürger: die kleinen Ladenbesitzer und Handwerker, die von ihrer Hände Arbeit lebten.

Tagelöhner, Lohnarbeiter ohne feste Anstellung: Gärtner, Laufburschen, Wasser- und Holzträger, Bauarbeiter; Manufakturarbeiter; Lohnarbeits-Handwerker, die für die Manufakturen zu Hause arbeiteten; Gesellen und Lehrlinge, die in Zünften organisiert waren; Hauspersonal: Diener, Köche, Kutscher. Von den Aristokraten und den Großbürgern wurden sie verächtlich »das Volk« genannt. Viele städtische Arbeiter waren bäuerlicher Herkunft, sie wussten von den Privilegien des Adels auf dem Lande und von den drückenden Abgaben. Sie alle waren von den Preisanstiegen (Getreidepreis, Brotpreis) in der zweiten Hälfte des 18. Jahrhunderts stark betroffen.

Im 18. Jahrhundert konnte ein großer Teil der Massen lesen und schreiben.

Auch im 18. Jahrhundert stellten die Bauern und Landarbeiter die Mehrheit der Bevölkerung: Die Gesamtbevölkerung betrug 1789 in Frankreich 25 Mio. Menschen, davon gehörten 20 Mio. zur Landbevölkerung. Ihre Position unterschied sich nach personenrechtlicher Stellung – leibeigen oder frei –, Grundbesitz und Art der landwirtschaftlichen Nutzung. Die Leibeigenen litten unter dem Recht des Grundherrn, die bewegliche Habe der Verstorbenen zu konfiszieren (»mainmorte«). Unter den freien Bauern gab es Bauern mit Grundbesitz oder Pächter, aber die Zahl der Tagelöhner nahm zu. Tausende von Bauern arbeiteten zugleich im ländlichen Verlagssystem: Die reichen Händler brachten die Rohstoffe, die von den Bauern in Heimarbeit verarbeitet wurden. Die Bauern litten unter den vielfältigen Abgaben an die Grundherren und an die Kirche: Veranlagungssteuer auf Einkünfte (»taille«), Kopfsteuer, Zwanzigster (Steuer auf Einkünfte aus Grundstücken und Handel), Grundzinsen, Kehrzehnt (Steuer auf die Ernten), Verkaufsgebühren bei Besitzwechsel oder Erbschaft, Salzsteuer, Steuer auf Wein und anderen Alkohol, alles zu zahlen an die Adligen; außerdem der Zehnt an die Kirche, die selbst von vielen Steuern befreit war. Dazu kamen Frondienste für Wegebau, Militärtransporte, Miliz.

Die Bauern wagten es nicht, Enteignungen zu fordern. Sie verlangten lediglich die Erhebung des Zehnten in Geld statt in Naturalien und hofften auf die Geldentwertung. Von den Privilegierten verlangten sie, dass auch sie Steuern zahlen.

Streitschriften, Generalstände, Nationalversammlung, Pressefreiheit

Während der Aufstellung der Delegierten für die Generalstände entstand, vom König ermutigt, Anfang 1789 eine Öffentlichkeit von Bürgern, Juristen, Schriftstellern, Geschäftsleuten und Bankiers, um ihre Forderungen zu debattieren. Es gab einen Aufschwung der Abhandlungen, der offenen Briefe, Gutachten und Entwürfe, eine stillschweigend akzeptierte Pressefreiheit. Die Zahl der Streitschriften, der politischen Pamphlete stieg an. Von Sieyès' *Was ist der Dritte Stand?* sollen sich 300.000 Exemplare verkauft haben. Die Streitschriften traten ein für Steuergerechtigkeit; Menschenrechte; Toleranz; Gerechtigkeit für die Landarbeiter (Birn 1991). *Es war eine Öffentlichkeit der Bürger.* Es gab Wählerversammlungen von Zünften, Stadtvierteln, auf dem Land Gemeindeversammlungen. Alle diese Versammlungen verfassten Beschwerdebriefe, wobei meist Juristen das Wort führten. Die Bürger hatten nicht nur »Interessen«, sondern auch Geld, sie unterwanderten zu Beginn der Revolution mittels Agitation und Bestechung die königlichen Garden. Eine Geldquelle war »das Palais Royal«. Dort hatte der Herzog Philippe von Orléans sein Hauptquartier. Die Orléans waren ein Seitenzweig des Köngigshauses, Philippes Urgroßvater war 1715-1723 Regent für Louis XV gewesen. Philippe ging zu den Revolutionären über. *Viele der Demonstrationen wurden »vom Palais Royal« gelenkt. Der Herzog finanzierte Agitatoren und Journalisten.* (Rudé 1961, S. 71)

Die in die Generalstände gewählten Vertreter des Dritten Standes waren hauptsächlich Grundeigentümer und Rechtsanwälte.

Der Dritte Stand erklärte sich am 17. Juni 1789 zur Nationalversammlung, Teile des Klerus und des Adels schlossen sich an. Auf der königlichen Sitzung am 23. Juni 1789 erklärte sich Louis XVI bereit, individuelle Freiheitsrechte und Pressefreiheit zu garantieren. Andererseits zog er Truppen um Paris und Versailles zusammen, um die konstituierende Sitzung der Nationalversammlung zu verhindern. Am 9. Juli 1789 erklärte sich die Versammlung des Dritten Standes und des verbündeten Teils der Klerikalen und Adligen zur Verfassunggebenden Nationalversammlung.

Vom Sturm auf die Bastille am 14. Juli – dem Beginn der Revolution – wird weiter unten die Rede sein. Wichtiger ist, dass die Nationalversammlung, vorangetrieben durch Bauernaufstände, in der Nacht vom 4. auf den 5. August 1789 das gesamte Feudalsystem, die Leibeigenschaft, den Zehnten, die Ämterkäuflichkeit abschaffte.

Im August beschloss die Nationalversammlung auch die Erklärung der Menschenrechte. Wichtiger Bestandteil waren Meinungsfreiheit, Religionsfreiheit, Pressefreiheit. Dazu hieß es: »Die freie Mitteilung der Gedanken und Meinungen ist eines der kostbarsten Rechte des Menschen. Jeder kann mithin frei sprechen, schreiben, drucken [...]«. Die Bürger waren vorsichtig, sie fügten hinzu: »[...] mit Vorbehalt der Verantwortlichkeit für den Missbrauch dieser Freiheit in den durch Gesetz bestimmten Fällen«. Das enthielt auch die Möglichkeit, die Freiheit wieder einzuschränken.

Im Januar 1791 hob die Nationalversammlung die Zensur des Theaters auf: »Jeder Bürger darf ein öffentliches Theater errichten und dort Stücke aller Art spielen lassen.« Die Zahl der Theater erhöhte sich im Laufe des Jahres, in Paris von 9 auf 70 Theater.

Ein neuer Interessenkampf: repräsentative Demokratie gegen direkte Demokratie

Allgemeines Glück – aber ohne Streikrecht: Öffentlichkeit der Bürger

Eine Form der bürgerlichen Öffentlichkeit entwickelte sich in den politischen Clubs. Die demokratischen Nationalversammlungs-Abgeordneten hielten im Jakobinerkloster in der Rue Saint-Honoré regelmäßige Versammlungen ab, deshalb nannten sie sich »Jakobiner«. Sie unterhielten Korrespondenzen mit ähnlichen Clubs in der Provinz. Zu diesem Club, der hohe Mitgliedsgebühren verlangte, kamen wohlhabende Bürger, Kleinbürger, Ladeninhaber, Handwerker.

Führend war Maximilien de Robespierre (ab 1789 Mitglied des Jakobinerclubs, 1792-1794 Führer der Bergpartei, 1794 Diktator). Er war ein Schüler von Rousseau, ihm ging es um die Durchsetzung des »Allgemeinen Willens«, das »allgemeine Glück«, soziale und moralische Gleichheit, den gleichen Genuss aller Güter durch alle.

Die Jakobiner waren in der Gesetzgebenden Nationalversammlung von 1791 die »Linken«. Sie kamen aus der Mittelschicht und vertraten die Interessen der Großbürger, der Reeder, Bankiers und Großhändler. Da die Abgeordneten aus dem Departement Gironde (Bordeaux und Umland) das Wort führten, wurde diese Fraktion die »Girondisten« genannt.

So sehr die Bürger im Geist der Aufklärung die Menschenrechte propagierten, so energisch vertraten sie Eigeninteressen: Am 21. Oktober 1789 führte die Nationalversammlung – es gab Unruhen wegen steigender Brotpreise – die Todesstrafe für »Rebellion«, das Standrecht und die Pressezensur ein: Als Zimmermannsgesellen eine Vereinigung bildeten, die feste Lohntarife durchsetzen wollte, erließ die von den Bürgern beherrschte Nationalversammlung am 14. Juni 1791 ein Vereinigungs- und Streikverbot, ein Gesetz – loi Le Chapelier –, das ein Jahrhundert in Kraft blieb.

Kein »rasender Pöbel«, sondern rationale Interessen: Öffentlichkeit der Massen

Die Massen wurden als amorph, launisch, irrational angesehen. Das hat seine Berechtigung darin, dass aufständische Massen aggressiv sind, sie bauen Barrikaden, reißen Schlösser und Gefängnisse nieder. Sie lösen sich auf, wenn sie keine Chancen haben, wenn sie niedergeschlagen werden oder wenn sie mit dem Problem einer dauerhafteren Organisation von Widerstand nicht fertig werden. Das alles kann leicht als irrational, die Massen als irrationale Flut, als »rasende Pöbelherrschaft« missverstanden werden.

Geprägt wurde diese Vorstellung durch eine Kampfschrift, die 1790 in England der Parlamentsabgeordnete und Schriftsteller Edmund Burke veröffentlichte: *Reflections on the Revolution in France*. Für ihn waren die Massen des 14. Juli, der Erstürmung der Bastille, und der Oktobertage 1789, »nach Blut stinkende Mörder«, der Inbegriff der entfesselten, destruktiven Triebe und Leidenschaften. Für ihn ging die alte Ordnung unter in »thebanischen Bacchanalien [...], mitten unter dem schmetternden Gejauchze und dem gellenden Zetergeschrei und den scheußlichsten Tänzen und den niedrigsten Schmähungen und den wütendsten Verwünschungen höllischer Furien, die die lügenhafte Gestalt der verworfensten Weiber angenommen haben.« (S. 125). *Dieses Buch beeinflusste das Bild der Französischen Revolution und der Massen in Europa bis heute.* Burke war kein Reaktionär, er war ein Whig, er wollte den zivilisierten, weltweiten Freihandel, er war gegen die Sklaverei und hatte auf der Seite der amerikanischen Revolutionäre gestanden. Der Terror der Guillotine war für ihn der Inbegriff des Unzivilisierten – zu Recht. Aber er sah die Massen nicht objektiv.

Es besteht kein Anlass, den rationalen, Vorteile suchenden Menschen nur im Bürgertum zu vermuten. Auch die städtischen Massen suchten ihre Vorteile, auch sie hatten »Interessen«: Die aufständischen Massen kämpften gegen zu hohe Brotpreise, Verelendung, Obrigkeits-Terror, enorm lange Arbeitszeiten, Hungerlöhne, widerrechtliche Aneignung von Grund und Besitz durch Adel und Klerus, Willkür der Justiz und der Verwaltung etc.

Treibende Kraft des Sturms auf die Bastille waren Handwerker der Möbel- und Luxusgütererzeugung und des Baugewerbes, Ladeninhaber und Kleinhändler und Teile der Leibgarde und der Bürgermilizen. Lohnarbeiter und Arbeitslose waren in der Minderheit: Fast alle Erstürmer gehörten den Bürgermilizen an, und von jenen waren Personen ohne Besitz und Arbeiter ohne festen Wohnsitz ausgeschlossen (Rudé, S. 73, 81ff.). *Das waren also keine »Vagabunden«, kein »Gesindel«, sondern Männer und Frauen mit klaren Interessen, Leute, die sich aufgrund der Wirtschaftskrise von 1788/89 kein Brot mehr kaufen konnten.*

Der Brotpreis war wegen einer schlechten Ernte gestiegen, die Kaufkraft gesunken. Normalerweise kostete ein Vier-Pfund-Brot 8-9 Sous, in Krisenzeiten stieg der Brotpreis auf 12-15 Sous, oft auch auf 20 Sous. Der Tageslohn eines Arbeiters betrug 1789 in Paris 20-30 Sous, eines Maurergesellen 40 Sous, eines Schreiners oder Schmieds 50 Sous. 80.000 Menschen waren durch die Wirtschaftskrise arbeitslos und konnten sich ab einem Brotpreis von 14,5 Sous kein Brot leisten. (Rudé, S. 33)

Außerdem war der Sturm auf die Bastille keine spontane Aktion: Die systematisch vorgenommenen Zerstörungen – Verbrennung von Registern, Suche nach Waffen und Pulver – weisen darauf hin, dass die Aktion »vom Palais Royal« – von der Partei des »bürgerlichen« Herzogs von Orléans – gelenkt wurde (Rudé, S. 73, 83). Aber ohne eigene Interessen hätten die Leute sich nicht lenken lassen. Dass die aufständischen Massen, wie oft behauptet, mit Geld bestochen wurden, entspricht nicht den Tatsachen (Rudé, S. 251ff.).

Dass es beim Sturm auf die Bastille und danach irrationale Racheakte und Morde wütender Mengen gab, muss erwähnt werden (Rudé, S. 80).

Die städtischen Massen hatten auch rationale Organisationsformen: Ihre Öffentlichkeit bestand 1789 in Paris aus den Versammlungen der Viertel. In jedem Viertel bildeten sich Volksclubs. Ihr politischer Erfolg bestand darin, eine bürgerliche Stadtverwaltung und damit – gegen die Monarchisten – die bürgerliche Macht in Paris zu etablieren. Bei den danach folgenden Bauernaufständen auf dem Lande ging es um die Abschaffung der Feudalrechte. Es bildeten sich Komitees, Dorfmilizen, Gemeindeverwaltungen der Bauern. Die Bauern verbrannten die alten Urkunden, die willkürlich angeeignete Feudalrechte gesichert hatten; oder auch die Schlösser, falls die Schlossherren nicht verzichteten. Selbst das kann man nicht als blinde, irrationale Taten ansehen.

Bei den städtischen Massen waren während der gesamten Französischen Revolution die kleinen Ladenbesitzer und Handwerker, unter letzteren vor allem die Schlosser, Schreiner und Kunsttischler, Schuster und Schneider, Steinmetzen, Friseure und Kupferstecher besonders aktiv. Außerdem Weinhändler, Wasserträger, Handlanger, Köche und Bedienstete. Weniger aktiv waren die Arbeiter aus den Manufakturen (Textilien, Glas, Tabak, Gobelins, Porzellan), die Tagelöhner und Arbeitslosen noch weniger. (Rudé, S. 242f.)

Auch im Verlauf des Jahres 1789 handelten die städtischen Massen nicht irrational, es waren die steigende Arbeitslosigkeit und der hohe Brotpreis, um die es ihnen ging.

Die Arbeitslosigkeit war bis September 1789 auch deshalb gestiegen, weil viele Adlige ausgewandert waren und deshalb der Pariser Handel und die Luxusindustrie stagnierten. *Lohnerhöhungen und Arbeitsplätze wurden gefordert. Die Schustergesellen versammelten sich auf den Champs Elysées, beschlossen die Erhöhung ihrer Löhne, ernannten einen Ausschuss, der sie durchsetzen sollte und sammelten Selbsthilfe-Beiträge für arbeitslose Gesellen – was soll daran irrational gewesen sein?*

Auch die Frauen, die am 5. Oktober 1789 den berühmten Zug nach Versailles bildeten, waren keine Furien. Es waren Frauen aller gesellschaftlichen Klassen, »Fischweiber und Marktweiber« des Hallenviertels, Arbeiterinnen aus der Vorstadt, gutgekleidete Bürgerinnen und »femmes à chapeau«, Damen mit Hut (Rudé, S. 101f.). Sie hatten rationale Interessen: das Brotproblem und vermutlich auch Waffen für ihre Männer. Ihr Einschreiten in der Nationalversammlung in Versailles hatte zur Folge, dass der König die Erlasse der Nationalversammlung – Abschaffung der feudalen Privilegien, Erklärung der Menschenrechte – akzeptierte. Sie eskortierten die Karren mit Getreide und Mehl, hinter denen der König und mit ihm die Nationalversammlung nach Paris zogen.

Auch hier muss erwähnt werden, dass die zur Wut gereizte Menge während eines Konflikts mit der in die Menge schießenden königlichen Leibgarde zwei Leibgardisten erschlug. Sie trennten ihnen die Köpfe ab. Damit benahm sie sich so inhuman wie die Herren gegenüber ihren Gegnern auch.

Auf der Seite der städtischen Massen stand ab April 1790 der Club der »Cordeliers« (cordelier = Franziskaner), der sich auch »Gesellschaft der Freunde der Menschenrechte« nannte. Ihre Führer, Danton und Marat, waren Bürger. Jetzt ging es nicht mehr, wie 1789, um Brot, sondern um politische Ziele: die demokratische Organisation und Erziehung der Massen.

Die Cordeliers wurden, ebenso wie die Jakobiner, von den konstitutionellen Bürgern bekämpft, es gab am 17. Juli 1791 Erschießungen von Cordeliers-Anhängern auf dem Marsfeld, und der Club der Cordeliers wurde zeitweilig geschlossen.

Später gründeten die Cordeliers in den Stadtvierteln »brüderliche Gesellschaften«. Die »brüderlichen Gesellschaften« bildeten im Mai 1791 ein Zentralkomitee. *Aus den Volksclubs und den brüderlichen Gesellschaften entstanden 48 Sektionen, die regelmäßig zu Vollversammlungen zusammenkamen* (Doucoudray, S. 302). *Sie waren fest in der Hand der kleinen Geschäfts- und Handwerksbetriebs-Besitzer.* Ab Juni 1792 traten die nicht wahlberechtigten Besitzlosen, die Gesellen, Tagelöhner, Wanderarbeiter und Armen den Sektionen bei. Das waren die »Passivbürger«, die, weil ohne Besitz, kein Wahlrecht hatten und keine Waffen tragen durften.

Damals wurden die politisch Aktiven – auch bei den revolutionären Bürgern – »Sansculotten« genannt, Menschen ohne Culottes, ohne die Bundhosen des Adels. Später wurde das ein Sammelbegriff für die städtischen Massen. *In diesem Sinn waren die Sektionen das Sprachrohr der Sansculotten. Sie praktizierten Formen der direkten Demokratie: permanente Kontrolle der gewählten Vertreter; das Recht, ihnen jederzeit das Mandat zu entziehen; Abstimmungen durch Zuruf und Akklamation.*

Nicht alle städtischen Massen waren demokratisch eingestellt. Zu ihnen gehörten die Arbeitslosen. Während der Revolution nahm die Zahl der arbeitslosen Maler, Steinmetzen, Schneider, Barbiere, Goldschmiede, Möbeltischler und Korbflechter zu. 1791 wurde die Zahl der Arbeitslosen in Paris auf 31.000 Menschen geschätzt. Ehemals in Diensten der Adligen, neigten viele zur aristokratischen Gegenrevolution.

Im Aufstand vom August 1792 bildeten die – linken, demokratischen – Pariser Sektionen ein Zentralkomitee, das permanent tagte. Es trat für allgemeine Gleichheit, ein allgemeines (Männer-) Wahlrecht und die Absetzung des Königs ein. Vertreter der Sektionen übernahmen in der Pariser Kommunalverwaltung die Macht. Am 10. August 1792 erhoben sich die Vorstädte und marschierten, zusammen mit den föderierten Abgeordneten aus den Departements, zu den Tuilerien, dem Schloss des Königs. Die Nationalgarde lief zu ihnen über, und damit war ihr Aufstand siegreich. Der König wurde von der Nationalversammlung abgesetzt.

Damit wurden die städtischen Massen für kurze Zeit zu einer politischen Kraft.

Im September 1792 wurde erstmals nach allgemeinem Wahlrecht gewählt, jeder erwachsene Mann war wahlberechtigt, Frauen nicht. Die neue Nationalversammlung trat am 20. September zusammen. Am 21. schaffte sie das Königtum ab, am 22. rief sie die Republik aus. In der Nationalversammlung fand sich der Jakobiner Robespierre zusammen mit den Cordeliers Danton und Marat bei den »Montagnards«, der »Bergpartei«, vereint. Sie hieß so, weil ihre Abgeordneten ihre Sitze auf den höher gelegenen Bänken hatten. Die Bergpartei vertrat sowohl die mittlere Bourgeoisie als auch die städtischen Massen, sowohl die Ladenbesitzer als auch die mit jenen unzufriedenen Verbraucher. Es war ein Bündnis zwischen Bürgern und Sansculotten. Sie traten für die Beschränkung des Privateigentums ein – aber auch für die Beschränkung der individuellen Freiheiten. Die Bergpartei befand sich in politischer Gegnerschaft zu den großbürgerlichen Girondisten, die – unterstützt von den Wählern auf dem Land – die Mehrheit hatten.

Eines der Kernprobleme bestand wieder in steigenden Preisen für Lebensmittel, Getreide, Brot, Fleisch und lebensnotwendige Dinge wie Seife und Kerzen. Es gab Unruhen in den Stadtteilen, bei denen Kaufleute und Großhändler – die ihre Waren zurückhielten, um die Preise in die Höhe zu treiben – gezwungen wurden, ihre

Waren billig zu verkaufen. In die Volksmengen der Sansculotten mischten sich Dienstboten der reichen Bürger, die von den Bürgern mitten in die Unruhen geschickt wurden, um dort zusammen mit dem wütenden Volk günstig einzukaufen. Nach einer erneuten Brotknappheit wurden Läden geplündert.

Revolutionäre Presse als kommerzielle Unternehmung

Zeitungen
Die Pressefreiheit hatte zur Folge, dass 1789 die Zahl der Zeitungen – Wochenzeitungen, Tageszeitungen – stark anstieg. 1700 hatte es in Frankreich nur 17 Zeitungen gegeben, 1750 schon 80 Zeitungen. 1789 gab es bereits 250, ein Jahr später 300 Zeitungen (W. Schröder, S. 96). Seit Juli 1789 entwickelte sich – teils mit finanzieller und organisatorischer Unterstützung des »Palais Royal«, teils im Alleingang – eine patriotische Meinungspresse. *Die Zeitungen hatten politisch engagierte Herausgeber, doch sie wurden von Kleinverlegern betrieben, von Druckern und Buchhändlern, sie waren es, die die Herausgeber einstellten und sich vom engagierten, polemischen Journalismus schnellen Profit versprachen.* Zu nennen sind: *Les Revolutions de France et de Brabant* von Camille Desmoulins; *Le Courrier de Provence* (bis 1791) von Mirabeau; *La Chronique de Paris* (bis 1793), in der Condorcet schrieb, der Herausgeber der Schriften Voltaires; die Wochenzeitung *Le Défenseur de la Constitution* (Der Verteidiger der Verfassung; Mai-August 1792) von Robespierre; *Le Vieux Cordelier* (Der alte Franziskaner; Dezember 1793), ebenfalls von Desmoulins. Es gab natürlich auch royalistische Zeitungen wie den täglichen *L'Ami du Roi* (1790-1792) des Abbé Royou. (Chisick 1991)

Zur bei den städtischen Massen besonders beliebten Presse zählten der *Ami du Peuple* von Marat und *Le Père Duchesne.*

Ami du Peuple war einerseits Informationspresse, doch zwischen den Informationen brachte Marat seine Pamphlete unter, Polemiken und Aufrufe zu revolutionärem Handeln, auch zu »Exekutionen durch das Volk« (Koren, S. 323; Rétat, S. 81). Unter dem Titel *Père Duchesne* (oder *Duchêne*) erschienen verschiedene Zeitungen. Immer gab es eine fiktive Hauptfigur, Vater Duchesne, den ehemaligen Seemann, jetzt Ofenhändler, der die aktuellen Ereignisse polemisch kommentiert.

Die beiden erfolgreichsten *Duchesne*-Zeitungen waren die des Schriftstellers, Satirikers und Journalisten Jacques René Hébert und des – auf der Seite der Revolution stehenden – Abbé Jean Charles Jumel. Auch hier standen hinter allem politischen Engagement profitorientierte Verleger.

Die meisten Zeitungen waren Sensationspresse. Man bauschte unbedeutende Ereignisse auf, brachte Horrorgeschichten, man dramatisierte die Welt als Kampf zwischen den Reichen des Guten und des Bösen, die *Duchesne*-Presse streute Gerüchte aus, über Mordkomplotte der Royalisten, Fluchtpläne der Königsfamilie etc. (Elyada, S. 282ff.).

Zugleich waren die Zeitungen schriftstellernde Meinungspresse. Man bot Enthüllungsjournalismus, Entlarvungen von Verschwörungen. Um das investigative Interesse klar zu machen, gebrauchte man im Zeitungstitel Metaphern der Wachsamkeit: die Brille, das Lorgnon, die Laterne, den Lichtstrahl. Man feierte die Helden des Dritten Stands. In der direkten Demokratie, bei den Wahlen zu den Pariser Sektionen, engagierte sich die Presse weniger (Doucoudray, S. 296ff.). Aber bei den Wahlen für die Nationalversammlung veröffentlichten die Zeitungen Listen von Wahlkampfkandidaten, mit Empfehlungen oder Ablehnungen, letzteres mit Worten wie »feudalistischer Despot«, »perverser und degoutanter Intrigant«, »Barbar, Mörder«, und über einen Abbé hieß es: »ein Teufel, Fressack, schwachköpfiger Marktschreier« (Baecque, S. 269ff.).

Flugblätter

Auf den Straßen wurden Flugblätter verkauft, Propagandablätter mit vielen einprägsamen Bilddarstellungen, Karikaturen. Meist waren das Radierungen, gelegentlich auch Holzschnitte.

In der zweiten Hälfte des 18. Jahrhunderts waren Flugblätter weit verbreitet. Sobald die Pressefreiheit eingeführt war, stieg die Zahl enorm an. Produziert wurden sie von kleinen Grafikverlagen. Die Blätter hatten eine durchschnittliche Auflage von 1.000 Stück. In den Zeitungen erreichten die Bilder eine Auflage von bis zu 20.000 Stück. *Auch während der Revolution war die Flugblattproduktion eine von Verlegern betriebene, kommerzielle Angelegenheit. Die Flugblätter wurden von den Zeitungen und durch Buchhandlungen vertrieben. Sie kosteten ca. 5 Sous, ungefähr soviel wie ein Zwei-Pfund-Brot* (Herding und Reichardt, S. 20ff.). Die Verleger wurden während der Revolution reich.

Manche Bildmotive kamen aus der Tradition der »verkehrten Welten«, sie feierten die revolutionär umgekehrte Welt: Vorher trug der Bauer (der Dritte Stand) den Adel und die Geistlichkeit auf dem Rücken; die Hasen, die er nicht schießen darf, fressen seinen Kohl. Nachher sitzt der Bauer auf dem Rücken des Adels und befiehlt der Geistlichkeit; der erschossene Hase baumelt am Stock des Bauern. Viele Bildmotive waren anal-aggressiv, immer wieder gab es das Motiv vom Soldaten, der auf den Adligen und auf den Geistlichen scheißt (Gandelman S. 395ff.).

Es wurden viele Propagandabilder produziert, die die Propagandabilder der Kirche ersetzen sollten, mit umgewandelten alten Bildmotiven wie dem göttlichen Auge im Dreieck, das jetzt Zeichen der Aufklärung wurde – und dabei nie den Aspekt ablegte, zugleich Hoheitszeichen zu sein.

Von den Propagandabildern der Reformation wurden jede Menge Allegorien übernommen: das Staatsschiff, das durch den Sturm steuert; die Waage der Gerechtigkeit; Personifikationen des Volkes, z.B. Herkules, der die Könige vernichtet; Personifikationen der Freiheit, des Fortschritts etc. Dabei wurde dick aufgetragen. Damit die Botschaft möglichst deutlich wurde, gab es auf den meisten Bildern für ein und dieselbe Sache mehrere Allegorien, Embleme, Symbole. Wie bei den Propagandabildern der Reformation gab es dazu jede Menge erklärende Texte. (Herding und Reichardt 1989)

Wirtschaftslenkung und diktatorischer Terror

In den Monaten März bis Juni 1793 entstand ein diktatorisches Regime der bürgerlichen Jakobiner und der Massen. *Denn auch die linken städtischen Massen waren nicht durch und durch demokratisch, sie waren es, die die Schreckensherrschaft forderten. Sie forderten sie nicht, weil sie blinden Leidenschaften gehorchten oder blindlings Führern folgten, sondern weil sie ihre Interessen durchsetzen wollten.* Den Sektionen, Volksgesellschaften, den Cordeliers und auch einzelnen Jakobinerclubs ging es um die fehlenden, zurückgehaltenen oder überteuerten Lebensmittel, um Marktkontrolle, um Preis- und Lohnregulierung und um auf den persönlichen Bedarf bezogene Höchstgrenzen für Vermögen und Eigentum. Ihr Ideal war, so schreibt Soboul, »eine Gesellschaft der kleinen unabhängigen Produzenten, Bauern und Handwerker, die jeder ihr Feld, ihren Laden oder ihre Werkstatt besaßen und in der Lage waren, ihre Familie ohne Zuflucht zur Lohnarbeit zu ernähren. Es war ein Ideal, das den Verhältnissen Frankreichs und seines Volkes am Ende des 18. Jahrhunderts entsprach und mit den Hoffnungen des Kleinbauern und Landarbeiters, des Handwerkers und seines Gesellen wie auch des Kleinhändlers übereinstimmte.« (S. 359). Sie wollten die staatliche Kontrolle, gleich mit welchen Mitteln.

Die Sansculotten forderten Wirtschaftslenkung und diktatorischen Terror. Sie erhielten beides.

Am 21. März 1793 wurden Revolutionäre Überwachungsausschüsse gebildet, am 5. April der Wohlfahrtsausschuss, jener mächtige Regierungsausschuss, der sich der Polizei und der Rechtsprechung bemächtigte. Am 2. Mai gab es eine Demonstration von 10.000 Menschen vor der Nationalversammlung, unter deren Druck das erste Preiskontroll-Gesetz verabschiedet wurde, das Loi du Maximum, das den Preis für Brot und Mehl in ganz Frankreich unter Kontrolle stellte. Am 2. Juni entriss die Bergpartei mit aktiver Unterstützung der Sansculotten in einem militärischem Putsch der Girondisten-Mehrheit in der Nationalversammlung die Macht. Aber die Preise stiegen weiter, die Unruhen dauerten an. Am 26. Juli trat Robespierre dem Wohlfahrtsausschuss bei. Am 29. September erließ die Nationalversammlung ein weiteres Gesetz, das Preis-Höchstgrenzen für lebenswichtige Güter festsetzte und auch für Dienstleistungen und Arbeitslöhne. Die Sansculotten waren begeistert – bis sie merkten, dass die Bauern, die Erzeuger und Zwischenhändler, die Groß- und Einzelhändler das Gesetz umgingen und weiterhin zu überhöhten Preisen verkauften. Und die Tagelöhner und Lohnarbeiter bekamen zu spüren, dass Robespierres Wohlfahrtsausschuss auch die Löhne mit Terror niedrig hielt.

Es wurden Sondergerichte ohne Berufungs- und Revisionsmöglichkeit eingeführt, die Überwachungsausschüsse konnten jeden denunzieren. Wenn jemand in der Öffentlichkeit ironisch ausgerufen hatte: »Früher kostete die Seife nur 12 Sous, heute kostet sie 40; es lebe die Republik!«, konnte er verhaftet werden – *das war keine demokratische Öffentlichkeit mehr.*

Aber zugleich verabschiedete am 24. Juni 1793 die jetzt diktatorische Nationalversammlung die neue Verfassung, in der es hieß: »Das Ziel der Gesellschaft ist das allgemeine Glück«, *also eine Verfassung der sozialen Demokratie,* in der die Rechte auf öffentliche Unterstützung, Arbeit, Unterhaltssicherung, Ausbildung, aber auch auf Eigentum festgelegt wurden. Und in Bezug auf die Pressefreiheit hieß es: »Das Recht, seine Gedanken und Meinungen mitzuteilen, sei es durch die Presse oder auf jede andere Weise, das Recht, sich friedlich zu versammeln [...] können nicht verwehrt werden«.

Aber diese Verfassung trat faktisch nicht in Kraft.

Den seit 1793 einsetzenden Terror kann man nicht gutheißen bzw. ihn nur aus der historischen Situation heraus zu verstehen versuchen: Als Gegenterror gegen die adlige und kirchliche Gegenrevolution. Oder als Kriegsnotwendigkeit, Frankreich befand sich 1792-1815 im Krieg mit den ausländischen Feudalstaaten.

Mit dem Beginn des jakobinischen Terrors wurde die Presse kontrolliert. Auch die Freiheit des Theaters wurde eingeschränkt, das Theater musste Schule der jakobinischen Tugend sein. Im August ordnete die Nationalversammlung an, in den von der Stadtbehörde bezeichneten Bühnen müssten dreimal wöchentlich Tragödien wie *Brutus* oder *Wilhelm Tell* – Schiller war seit August 1792 französischer Ehrenbürger – aufgeführt werden oder, so hieß es in dem Erlass, »andere Stücke, die die ruhmvollen Ereignisse der Revolution und die Tugenden der Verteidiger der Freiheit darstellen«. Eine dieser wöchentlichen Vorstellungen wurde von der Republik bezahlt. Und weiter hieß es in dem Erlass: »Theater, in denen Stücke gespielt werden, die dazu angetan sind, die öffentliche Meinung zu missachten oder den schändlichen Aberglauben des Königtums zu beleben, werden geschlossen.« (Soboul, S. 533)

Der Terror erreichte schließlich die Sansculotten selbst, die jetzt gegen die Lohnfestsetzungen der Regierung kämpften. Ihre führenden Männer wurden im März 1794 guillotiniert, auf Veranlassung der Regierung, des jakobinischen Wohlfahrtsausschusses, auf Veranlassung von Robespierre. Die Pariser Sektionsgesellschaften, die Basisorganisationen der städtischen Massen, wurden aufgelöst. Zugleich stiegen viele Sansculotten zu loyalen Regierungsbeamten auf. Es folgte die bürgerliche Jakobinerdiktatur, die Diktatur des Rousseau-Schülers Robespierre, der im Namen des idealisierten »Allgemeinen Willens« und der »Tugend« Tausende umbrachte. In deren Schreckensherrschaft (bis Juli 1794) wurden nach Schätzungen 100.000 bis 300.000 Menschen verhaftet und ca. 40.000 Menschen umgebracht, davon waren 31% Sansculotten, 28% Bauern, 25% Bourgeois, 8,5% Adlige, 6,5% Geistliche und 1% Sonstige (Soboul, S. 353).

Gegenrevolution, Madame Recamier, goldene Jugend-Terrorbanden

Im Juli 1794 kam in der Nationalversammlung die »Thermidor-Bourgeoisie« an die Macht. »Thermidor«, so hieß der Monat Juli nach dem 1792 eingeführten Revolutionskalender. »Thermidor-Bourgeoisie«, das waren Großbürger, die durch Spekulation mit Assignaten, auf Staatsanleihen beruhendem Papiergeld, durch Ankauf von vormals kirchlichen und adligen Nationalgütern und Kriegsausrüstungen reich geworden waren. Sie kamen in wenigen Tagen an die Macht. Die Nationalversammlung der Themidor-Bürger ließ am 28. Juli 1794 die führenden Jakobiner, darunter Robespierre und Saint-Just, guillotinieren. Dass Robespierre nicht von den städtischen Massen gerettet wurde, lag daran, dass er sich mit dem terroristischen Vorgehen in der Frage der Lohn-Höchstgrenzen ihre Sympathie verscherzt hatte.

Die Thermidor-Bürger wurden auch »Notabeln«, ehrbare Leute genannt. Sie verwarfen von vornherein das Ideal einer Nation von Kleinproduzenten. Sie waren sowohl Gegner der Zwangswirtschaft als auch der sozialen Demokratie.

Der Winter 1794/95 war die Zeit der Rache der Großbourgeoisie, nicht zuletzt, um angesichts einer Inflation und damit drohenden Hungersnot die städtischen Massen zu disziplinieren. Die Gesellschaft der Jakobiner wurde aufgelöst. Die Pariser Sektionen wurden von den Großbourgeois übernommen. Die Sansculotten wurden geächtet. 152 Revolutionskommissare wurden wegen ihrer Requisitionen, Zwangsanleihen und Beschlagnahmen wucherisch aufgekaufter Waren verklagt, das galt jetzt als Verbrechen gegen das Eigentum.

Die Preis- und Lohnfestsetzungen wurden abgeschafft. Die Preise stiegen. Hungersnot war für die städtischen Massen in ganz Frankreich die Folge. Die Löhne sanken. Brot-Unruhen folgten, vor allem im April 1795, im Monat Germinal. Sie wurden unterdrückt.

Während der neuen großbourgeoisen Regierung des Direktoriums von 1795-1797 stiegen die neuen Reichen auf, die Geschäftsleute, Bankiers, Lieferanten, Börsianer und Spekulanten. Sie wurden »die Gesellschaft des Direktoriums« genannt. Sie zeigten in der Öffentlichkeit ihren Luxus, und sie führten eine neue Mode ein: Madame Tallien erfand die berühmten griechischen, halbdurchsichtigen Seidenkleider, wie sie die Bankiersgattin Madame Recamier trug (Kindlers Malerei Lexikon Bd. 4, S. 345). Das war ein Programm sowohl gegen die Mode der Sansculotten (Hose, Bluse, rote Mütze) als auch des alten Adels, denn das war die Mode der griechischen Stadtrepubliken der Antike. Dort hatte es keinen König und keinen Feudaladel gegeben, sondern nur stimmberechtigte Besitzbürger – und zwei Drittel der Bevölkerung waren Sklaven und rechtlose Abhängige.

Ein Element der damaligen großbürgerlichen Öffentlichkeit war die »Jeunesse dorée«, die goldene Jugend. Ihr Kennzeichen waren ein Zopf und eckige Kragen. Die Jeunesse dorée bestand aus organisierten Terrorbanden von Jugendlichen, Bankangestellten, Verkäufern. Sie überfielen die Jakobinerclubs, pöbelten bei »Bürgerspaziergängen« Leute aus dem Volk an und demolierten die Cafés der Jakobiner. Sie taten das mit Billigung des für die öffentliche Ordnung zuständigen Sicherheitsausschusses. Auch sie waren keine irrationale Masse, sondern sie arbeiteten zielbewusst an der Zerstörung der Öffentlichkeit der städtischen Massen.

Im Staatsstreich vom 18. Brumaire (9. November) 1799 ernannte sich Napoleon zum Ersten Konsul, 1804 zum Kaiser (rg. bis 1814/15). Er war der Diktator der Großbürger.

Unter Napoleon herrschte eine rigorose Pressezensur. In jedem Departement durfte nur eine Zeitung erscheinen. Sie durften nur nachdrucken, was in der Pariser Zeitung *Moniteur*, dem kaiserlichen Staatsorgan, erschienen war.

Romantische Gegenaufklärung und das neue Problem der Idealisierung von »Kunst«, »Genie« und »einfachem Volk«

Wiederkehr der Geister: Fantascope

Die Gegenrevolution belebte die alten Geister der Gegenaufklärung: Der Physiker E.G. Robertson entwickelte 1797 in Paris die Laterna Magica weiter. Er vergrößerte sie und stellte den neuen Apparat, den er »Fantascope« nannte, auf Rollen, was auf der Leinwand Zoom-Effekte ermöglichte. Robertson zeigte Teufel und Dämonen, grässliche Fratzen, Wesen in roten Mönchskutten, mit Flügeln und Teufelskrallen, in der Hand ein Buch (siehe Cover); Teufel mit geflügelten Ohren und Hauer-Zähnen, umgeben von Schlangen; Medusenköpfe; nackte, fette Teufel, die auf Bullterriern reiten (Remise, S. 49ff.).

Robertson entwickelte Glasdias mit beweglichen Teilen. Er projizierte die Bilder nicht mehr aus dem Publikum, sondern stellte seinen Apparat hinter der Leinwand auf. Der Apparat erhielt zwei Objektive, so dass man zwei Bilder überblenden konnte, was eine Illusion von Bewegung schuf, zum Beispiel konnte aus einem nachdenklichen, vernünftigen Menschen durch Überblendung rasch ein idiotisch grinsender Teufel im Schafspelz werden. Das muss auf das damalige Publikum so erschreckend gewirkt haben wie auf uns das »Morphing«, das Verwandeln bewegter Bilder mittels Computergraphik, was auch heute oft dazu verwendet wird, normale Menschen als Aliens zu entlarven. Im Zuschauerraum schuf Robertson eine höchst morbide Atmosphäre, in der die »Erscheinungen« das Publikum erschreckten: Totenköpfe und Urnen an den Wänden, Amphoren, aus denen Rauch kam, auf den Teufelserscheinungen projiziert wurden (Remise, S. 58).

Hier sprachen wieder die Toten, die Gespenster, die Teufel und die Monster. Wieder einmal überlagerten sie die Vernunft.

Gottesfürchtiges »Volk« in Romantik und Philosophie

Nach dem Scheitern der Französischen Revolution erhielt die Gegenaufklärung in Europa Verstärkung, in Form der ersten Jugendrevolte Europas: der Romantik. Die Romantik war Anti-Aufklärung, eine Lust am eigenen Gefühlsleben, gerichtet gegen die Vernunft, eine bürgerliche Bewegung gegen die »Unmoral« der Höfe, die »Unnatur« des höfisch-gesellschaftlichen Lebens. Diese Protestbewegung war rückwärtsgewandt, ihre Interessen waren die Wiedereinführung des Rittertums und Pfaffentums, der katholisch-feudalistischen Denkweise, die Sehnsucht nach dem »Morgenland« und dem Zwielicht, kurz, die Restauration der gesamten »lallenden Einfalt des Mittelalters«, wie das der Zeitgenosse Heinrich Heine 1835 ausdrückte. Das Produktive an der Literatur der Romantik, die Verwandlung der Wirklichkeit in ein freies poetisches Spiel, die »romantische Ironie«, ignorieren wir hier, das ist nicht unser Thema.

Johann Gottfried Herder, der wie Rousseau an die edlen Wilden glaubte, hatte schon 1774 und 1778/79 Liedersammlungen veröffentlicht und ihnen den Namen »Volkslieder« gegeben. Unter »Volk« verstand er die Bauern, die er als ursprüngliches, von kollektiver Schöpferkraft und reinen Gedanken beseeltes Landvolk idealisierte. François René Vicomte de Chateaubriand, der »Vater der französischen Romantik«, lobte in *Geist des Christentums* (1802) die »dévotions populaires«, die einfache Volksfrömmigkeit. 1806 begannen Achim von Arnim und Clemens von Brentano in *Des Knaben Wunderhorn* anspruchslose Einfalt als »Volkskultur« zu bewundern. *Der überall in Europa aufkommende Nationalismus der Intellektuellen konstruierte sich seine »Völker«.* Die Heidelberger Nationalromantik idealisierte die Bauern und Handwerker als Nationalvolk, obwohl jene eher regional als national dachten. 1812 sammelten die Brüder Grimm ihre Kinder- und Hausmärchen. *Das gottesfürchtige Volk der Brüder Grimm hatte nichts anderes im Kopf als Sagen und Mythen.*

Die romantische Idealisierung des »Volksbrauchtums« führte 1823 zur Wiedereinführung des Kölner Karnevals, 1843 des Faschings in Nürnberg. Das hatte mit den mittelalterlichen drastischen Volksvergnügungen nichts zu tun. Überall in Deutschland empfahlen sich die bürgerlichen Karnevalsvereine der Obrigkeit als Ordnungsfaktor. In ihren Vergnügungen imitierten sie – ohne jede satirische Absicht – den Hofstaat, die Bälle der Adligen und besonders exzessiv die Militärparaden.

Die *besitzlosen Massen* wurden jetzt auch in Deutschland zum »schreienden Pöbel« (Herder) stilisiert – übrigens auch in der Philosophie. So teilte Kant 1798 die Bevölkerung in einen guten und einen bösen Teil ein. Den guten nannte er »Volk« oder »Nation«: »Unter dem Wort ›Volk‹ (populus) versteht man die in einem Landstrich vereinigte Menge Menschen, in so fern sie ein Ganzes ausmacht. Diejenige Menge oder auch nur ein Teil derselben, welcher sich durch gemeinschaftliche Abstammung für vereinigt zu einem bürgerlichen Ganzen erkennt, heißt ›Nation‹ (gens).« Den bösen Teil nannte er »Pöbel«: »[...] der Teil, der sich von den Gesetzen ausnimmt (die wilde Menge in diesem Volk) heißt ›Pöbel‹ (vulgus), dessen gesetzwidrige Vereinigung das Rottieren (agere per turbas) ist; ein Verhalten, welches ihn von der Qualität eines Staatsbürgers ausschließt.« (1798, S. 658). So einfach war das.

Sachlicher sah 1821 Hegel den »Pöbel« als ein Ergebnis der entstehenden Industriegesellschaft: »Wenn die bürgerliche Gesellschaft sich in ungehinderter Wirksamkeit befindet, so ist sie innerhalb ihrer selbst in fortschreitender Bevölkerung und Industrie begriffen.« Es vermehre sich auf der einen Seite die Anhäufung der Reichtümer, »wie auf der anderen Seite die Vereinzelung und Beschränktheit der besonderen Arbeit und damit die Abhängigkeit und Not der an diese Arbeit gebundenen Klasse [...]. Das Herabsinken einer großen Masse unter das Maß einer gewissen Subsistenzweise [...] bringt die Erzeugung des Pöbels hervor, die wiederum zugleich die größere Leichtigkeit, unverhältnismäßige Reichtümer in wenige Hände zu konzentrieren, mit sich bringt.« (1821, S. 385). Das war realistisch gesehen, und Hegel sah auch, dass das ein Unrecht war (S. 390) – aber für ihn war der Begriff »Pöbel« nur ein Kontrastbegriff zum Besitzbürger (Blättler, S. 28). In den aufkommenden Industriearbeitern und im einsetzenden Massenelend sah er die Gefahr, dass die Einzelnen nicht mehr in berufsständische Korporationen eingebunden sein würden, sondern isoliert, atomisiert und vernunftlos würden: Das »Massendasein« sei »wohl ein ›Zusammen‹, aber nur als [...] ›Menge‹ – eine formlose Masse, deren

Bewegung und Tun damit nur elementarisch, vernunftlos, wild und fürchterlich wäre.« (1821, S. 473). Wenn die Massen sich artikulieren, werde das immer zerstörerisch sein, denn sie können, da sie kein Eigentum haben und keinen Korporationen angehören, keine »Subjekte« sein, keine vernünftige Identität ausbilden. Sie haben keine Chancen, Scham und Ehre zu entwickeln, die »subjektiven Basen der Gesellschaft« (1821, S. 390). Sie seien deshalb den moralischen Geboten der »Sozietät« nicht verpflichtet, und damit entstehe im Pöbel »das Böse«: die »innere Empörung gegen die Reichen« (1821, S. 389f.). Hegel wünschte sich die bürgerliche Gesellschaft als Ständegesellschaft, geregelt durch Berufs-Korporationen, die einer autoritären Beamtenschaft und einem starken Staat mit einem Monarchen an der Spitze untertan sind.

Geldgierige Theaterdirektoren bei Goethe

Leo Löwenthal, der Kulturtheoretiker der kritischen Theorie, sah eine neue Massenkultur-Debatte mit Goethe entstehen (Löwenthal 1964).

Johann Wolfgang Goethe (1749-1832) war Schriftsteller, Naturforscher und Naturphilosoph. Beruflich war er Anwalt in Frankfurt (1771-1775); Praktikant am Reichskammergericht in Wetzlar (1772); am Hof des Herzogs Karl August in Weimar: Geheimer Legationsrat (1776-1779), Geheimer Rat (1779-1782), Leiter der Finanzkammer (1782-1786); Italienreisender (1786-1788); danach Privatier, Oberaufseher der Universität und Oberdirektor des Hoftheaters (1791-1817). Sein Vater war Kaiserlicher Rat und lebte als Privatier. Seine Vorfahren waren Handwerker, Gelehrte, Beamte.

In Goethes *Faust I* (1808), im Vorspiel auf dem Theater, streiten sich ein Theaterdirektor und ein Dichter über die Art der Werke, die dem Publikum anzubieten sind.

Der Theaterdirektor ist der Zyniker, der meint, den dummen Massen brauche man nur Mist vorzusetzen, und schon habe man Erfolg: »Die Masse könnt Ihr nur durch Masse zwingen, / ein jeder sucht sich endlich selbst was aus. / Wer vieles bringt, wird manchem etwas bringen; / Und jeder geht zufrieden aus dem Haus.« Und: »Bedenkt, Ihr habet weiches Holz zu spalten.«

Demgegenüber betont der Dichter künstlerische Autonomie und handwerkliche Qualität.

Goethe selbst bleibt in diesem Stück neutral, er bezieht zwischen Theaterdirektor, Dichter und Publikum nicht Stellung. Aber in Wirklichkeit hielt Goethe die Mehrheit der Bevölkerung für dumm und flatterhaft, ihr Interesse am Theater sei durch Launen geprägt. Was sie an einem Tag emphatisch schätzte, verdamme sie am nächsten. Zu einem wirklichen Interesse sei der »Pöbel« nicht fähig. So schrieb Goethe: »Der Pöbel drängt sich unvorbereitet zum Schauspielhause, er verlangt, was ihm unmittelbar genießbar ist, er will schauen, staunen, lachen, weinen.« (Weimarisches Hoftheater)

Am niedrigen Niveau des Theaters seien, so meinte Goethe, auch die Theaterdirektoren, Verleger, Autoren schuld: Wer das Publikum zum besten hat, »indem er mit dem Strome schwimmt«, wer mit Massenkultur Geld verdienen will, bietet, so

Goethe, immer nur schlechte Qualität an: »Alle Vergnügungen, selbst das Theater, sollen nur zerstreuen, und die große Neigung des lesenden Publikums zu Journalen und Romanen entsteht eben daher, weil jene immer und diese meist Zerstreuung in die Zerstreuung bringen.« (Briefe an Schiller, 3.1.1798 und 9.8.1797)

Löwenthal sah bei Goethe drei neue Elemente in die Massenkultur-Debatte eingeführt: »Ein Bewusstsein von der Möglichkeit zur Manipulation, die sich in der Unterhaltung bietet; die Rolle des Geschäftsmannes, dessen Kriterium der Erfolg und dessen Ziel ein ökonomisches ist [...]; und ein Gefühl für den Konflikt zwischen den Bedürfnissen des wahren Künstlers und den Wünschen eines Massenpublikums. Der Theaterdirektor setzt voraus, dass das Publikum alles schluckt, solange genügend Stoff und genügend Abwechslung geboten wird, und er versucht, den Künstler davon zu überzeugen, dass das Publikum Ton in seiner Hand ist. Aber anders als bei Montaigne rät der Direktor dem Dichter nicht deswegen, dem Publikum Abwechslung zu bieten, weil es psychologisch heilsam sei, sondern weil der Erfolg gesichert ist, wenn man jedem etwas bietet.« (Löwenthal, S. 33). Künstler, Unternehmer, Verkäufer und Käufer, alle seien, so Goethe, in der »Pfuscherei« und »im Dilettantismus ersoffen« (Brief an Schiller v. 22.6.1799). Offenbar hatte Goethe vergessen, dass sein *Werther* (1774) ein Bestseller war. *Hier haben wir den Ausgangspunkt aller Kritik an »der Kulturindustrie«: Das niveaulose Publikum wird niveaulos gehalten, indem ihm Dilettantisches vorgesetzt wird, auf das es hereinfällt, weswegen es Niveauloses erhält.*

Allerdings ist auch hier erstaunlich, dass Löwenthal, wie bei Pascal, den reaktionären Hintergrund dieser Thesen ignorierte. Goethe war ein Befürworter fürstlicher Arkanpolitik, ein Feind der Demokratie. Er empfand es als schädlich, wenn sich die Massen für Politik interessieren. Er war ein Feind der Pressefreiheit, er befürwortete die Pressezensur, eine »weise und kräftige Diktatur«. Den Journalisten warf er, wie den Theaterdirektoren, vor, dass sie sich zu sehr am Publikum ausrichten, und jenes wolle vor allem das Neue, das bloß Verwundernde, auch das Böse, Negative (Koschwitz 1999). *Goethe kritisierte Theaterdirektoren und Journalisten allein deshalb, weil sie keine Elitekultur produzierten.*

Es ist seltsam, wie sich Löwenthal mit Goethe einig ist: Bei Löwenthal kann man lesen: »Ein kleines Epigramm Goethes [Zahme Xenien II] könnte beinahe wörtlich auf das Fernsehen angewendet werden: ›Dummes Zeug kann man viel reden, / kann es auch schreiben, / wird weder Leib noch Seele töten, / es wird alles beim Alten bleiben. / Dummes aber vors Aug gestellt, / hat ein magisches Recht; / weil es die Sinne gefesselt hält, / wird der Geist ein Knecht.‹« *Aber Goethes Vorurteile aufs Fernsehen anzuwenden – das ist doch dummes Zeug. Löwenthal setzte damit voraus, dass alle Massenkultur mittelmäßig ist, er verurteilte die Medien von vornherein. Das sollte man nicht.*

Allerdings ging Löwenthal der elitäre Genie- und Kunst-Kult Goethes doch zu weit, er schrieb: »Die neueren Verurteilungen [der Massenkultur durch Goethe] unterscheiden sich freilich von Pascal, indem sie die Kunst an die Stelle der Religion setzen, aber die Kunst wird hier als eine Art Gottesdienst an der Wahrheit und Schönheit aufgefasst und als im wesentlichen geistiger und moralischer Natur angesehen.

Während man in der für die Massen bestimmten Kunst nur das Streben nach Entspannung oder den Versuch einer Flucht vor der Wirklichkeit sieht, gilt die hohe Kunst als eine berechtigte und geistig fruchtbare Tätigkeit, die die Seele adelt und in ein ideales Reich erhebt.« (S. 65)

Was Löwenthal dabei nicht sah: Es war zynisch, den Massen vorzuwerfen, dass sie die »Flucht vor der Wirklichkeit« suchen und zugleich – wie Goethe – den Fürsten zu empfehlen, sie mittels Zensur und Polizei zu unterdrücken.

Respekt für die »Herren Arbeiter« bei Saint-Simon

In Frankreich wurde Napoleon 1813 von Preußen, Österreich und Russland geschlagen, 1814 wurde er nach Elba verbannt. Der Wiener Kongress begann, Europa neu zu ordnen, die Restauration des Absolutismus in Europa durchzusetzen. 1815 kehrte Napoleon zurück und wurde bei Waterloo endgültig geschlagen. Nach Napoleons Abdankung folgten in Frankreich die Bourbonenkönige Louis XVIII (rg. 1814-1824) und Charles X (1824-1830).

In dieser Restaurationszeit machte einer die Abgrenzung der Bürger vom »Pöbel« nicht mit: der Adlige Saint-Simon.

Claude Henri de Rouvrouy, Graf von Saint-Simon (1760-1825) war Sozialphilosoph und Gesellschaftskritiker. Seine Lehre begleitete in Frankreich den Beginn der Industrialisierung. Beruflich war er Grundstücksspekulant (nach 1789), erwarb ein großes Vermögen; ruinierte sich in Paris (bis 1805) durch einen großzügigen Lebensstil; arbeitete als Kopist; wurde von seinem ehemaligen Diener unterstützt (1806-1810); erhielt von seiner Familie eine Rente; arbeitete als kleiner Beamter an der Nationalbibliothek; lebte von der Unterstützung eines Bankiers. Er stammte aus einer alten Adelsfamilie, sein Großvater war Herzog und Schriftsteller am Hof Louis' XIV.

Saint-Simon, Schüler des Aufklärers und Voltaire-Schülers d'Alembert, kritisierte den politischen Liberalismus der französischen Revolutionäre vom Standpunkt der Aufklärung her: Jene hätten sich zwar um die Verfassung oder – wie der Voltaire-Schüler Condorcet – um das Münzwesen gekümmert, aber die soziale Frage hätten sie offengelassen.

Die neue Macht, die Kraft der Zukunft, war für Saint-Simon »die Industrie«: die produktiven Kräfte des Landes, die Physiker, Chemiker, Physiologen, Mathematiker, die Dichter, Maler, Musiker, Schriftsteller, die Mechaniker, Ingenieure, Architekten, Ärzte, Bankiers, Kaufleute, Farmer, die Arbeiter in der Metall- und Textilindustrie, im Transportwesen, die Buchdrucker, Steinmetzen, Tischler, Arbeiter in den Gießereien. Stellt man sich vor, das Land würde sie verlieren, wäre das schlimm. Würde das Land dagegen durch eine Katastrophe den Bruder des Königs, Höflinge, Staatsminister, Kardinäle, Bischöfe, Präfekten, Unterpräfekten, Angestellte der Ministerien, Richter, Grundbesitzer verlieren, wäre das kein Schaden, denn das seien die Unproduktiven, die Nutznießer, die nichts zum Wohl des Landes beitrügen. Wegen dieses Gedankens wurde Saint-Simon ein Prozess gemacht.

Zum produktiven Teil gehören, so Saint-Simon, auch die Arbeiter, die man nicht verächtlich behandeln darf. Er nannte sie respektvoll »Messieurs les ouvriers«, Meine Herren Arbeiter. Er stellte sie sich nicht, wie später Marx und Engels, als revolutionäres Proletariat vor – obwohl er den Begriff »Proletariat« bereits verwendete –, sondern als Teil eines kooperativen Ganzen aller produktiven Kräfte des Landes. *Er forderte, dass alle Klassen daraufhin arbeiten sollten, das Los der zahlreichsten und ärmsten Klasse zu verbessern. Das war eine Utopie – aber jedenfalls erstmals eine, in der die besitzlosen Massen nicht als »Pöbel« und wilde Tiere diffamiert wurden.*

Mittels der »Industrie«, des produktiven Teils der Gesellschaft, wollte Saint-Simon die Gesellschaft neu organisieren. Dazu gehörte die Einrichtung einer auf Beobachtung beruhenden Wissenschaft vom Menschen, die Teil der Volksbildung sein sollte. Saint-Simon forderte sie in seiner Denkschrift *Memoire sur la science de l'homme* (1813. Memorandum über die Wissenschaft vom Menschen).

An die Stelle der Theologie und des Feudalismus sollten die Naturwissenschaft und der Industrialismus treten. Saint-Simon trat für eine Änderung der Eigentumsordnung und für eine Hierarchie der Leistung ein. Die ausführende politische Gewalt solle ein Wirtschaftsparlament sein, an dessen Spitze die Bankiers stehen. Eine Kammer der Gelehrten, Techniker, Künstler solle dem Wirtschaftsparlament Gesetzesentwürfe vorschlagen. Die »soziale Moral« solle der Garant der neuen Ordnung sein.

Saint-Simons Konzeption war sozialistisch: Frankreich als große Produktionsgemeinschaft. Aber es war auch ein Weg zurück ins Mittelalter, denn woher sollte die »soziale Moral« kommen? Im Alter wurde Saint-Simon romantisch: In seiner letzten Schrift *Neues Christentum* (1825) entwarf er eine neue, säkularisierte Religion, als Mittel, die Massen zu lenken. Sie sollte vom Grundsatz »Liebe Deinen Nächsten« ausgehen. Priester sollten die Einheit von Wissenschaft und Industrie repräsentieren. Saint-Simon schreckte nicht einmal davor zurück, ein neues Papsttum zu fordern. Seine Schüler idealisierten das Mittelalter als »organische Epoche«, als eine Zeit der Harmonie.

Saint-Simons Schüler Prosper Enfantin und Saint-Amand Bazard gründeten die »Erste sozialistische Schule«, die mehr eine religiöse Sekte als eine politische Bewegung war.

Bazard dachte darüber nach, wie der Antagonismus zwischen den in der Industrie Mächtigen und den abhängig Gehaltenen – von Kapital und Arbeit war noch nicht die Rede – überwunden werden kann. Bazard wollte durch Änderung des Erbrechts und mittels der progressiven Erhöhung der Erbschaftssteuer aus dem Staat einen Grund-, Immobilien- und Fabrikenbesitzer machen, also einen Gesamtunternehmer, eine Assoziation der Industriellen. Die Produktion solle zentral gelenkt werden, beherrscht von einer Zentralbank, die durch Kreditvergabe eine Art Planwirtschaft ermöglicht. Der Verwaltungsstaat als Gesamtunternehmer solle jeden nach seinen Fähigkeiten einsetzen und jeden nach seinen Bedürfnissen entlohnen. Zu diesem Programm gehörte auch die Befreiung der Frauen, ihre berufliche Gleichstellung, Berufsbildung, gleichwertige Erziehung. Das waren Ideen, die in den sozialistischen Theorien weiterentwickelt wurden. Allerdings wollte Bazard nicht den gewaltsamen Umsturz, sondern die pazifistische Evolution durch Umorganisation und Erziehung, auch durch eine sozial engagierte Kunst.

Enfantin war der Unpolitischere. Er schwang sich zum »Papst«, zum obersten Guru dieser Bewegung auf. Die Sekte erregte Aufsehen, als sie die »Wiedereinsetzung des Fleisches« propagierte, die freie Liebe. Danach fiel er ins andere Extrem und gründete eine asketische Klostergemeinschaft auf dem Lande. Als auch das nicht klappte, wurde er Direktor der größten französischen Eisenbahngesellschaft.

1820-1880
Laissez-faire-Kapitalismus, Massengesellschaft, Bürger-Macht, Kämpfe um Pressefreiheit: Unterhaltung und Meinungsbildung der neuen »Massen«

Hier eine Zäsur zu machen, ist sinnvoll, weil sich in England erstmals eine Arbeiterbewegung ausbildete, mit eigenen Zeitungen, der ersten Massenpresse. Und es entstand in den 1830er Jahren erstmals die Penny-Presse, eine unterhaltende Massenpresse.

Von »Laissez-faire-Kapitalismus« ist die Rede, weil die Entwicklung der Wirtschaft sich zwischen freier Konkurrenz und Oligopolbildung bewegte, ohne staatliche Regulierung.

Erstmals »Proletariat«: Chartisten und erste Massenpresse in Großbritannien

In den 1820er Jahren sprach man nicht nicht mehr von »Mob«, sondern von »Massenproletariat« oder »Proletariat«. In der Sache bezeichnete es wie vorher Besitzlose. »Proletarier« sind Besitzlose, die gezwungen sind, ihre Arbeitskraft zu verkaufen; die darauf angewiesen sind, dass stets eine Nachfrage nach ihrer Arbeit gegeben ist; die abhängig, für ihren Arbeitgeber kein gleichberechtigter Partner, weil jederzeit ersetzbar sind; die deshalb von der Hand in den Mund leben, also arm sind und deren Kinder ebenfalls arm bleiben; die ihre soziale Lage auch als kollektives Schicksal empfinden (»Arbeiterbewusstsein«) und ihre Kampfbereitschaft aus einem dichotomischen Gesellschaftsbild beziehen (Bahrdt 1962, S. 16f.). Letzteres war der Ansatzpunkt der entstehenden Massen-Arbeiterbewegung. In ihr spielten die Zeitungen eine Rolle.

Es gab in Großbritannien bis in die 1830er Jahre kein öffentliches Erziehungssystem. Religiöse Gemeinden unterhielten Sonntagsschulen für die kleinen Leute, und die Reichen hatten Hauslehrer und teure Privatschulen. Immer noch waren drei Viertel aller Landarbeiter Analphabeten (Schwanitz 1996, S. 297). Aber ein Teil der neuen Arbeitermassen – Fabrikarbeiter, Bergleute, Dienstmänner – konnten dank der Sonntagsschulen lesen, sie waren eifrige Zeitungsleser. Außerdem entstanden als Folge der ersten industriellen Revolution viele technische, naturwissenschaftliche Lehr- und Ausbildungsstätten, Berufsschulen, später Polytechniken.

Auf dem Gebiet der Presse gab es neue Erfindungen: Nachdem sich in den dreieinhalb Jahrhunderten seit Gutenbergs Erfindung (um 1450) nicht viel geändert hatte, wurde 1812 von Friedrich Koenig in London die Walzen-Schnelldruckpresse entwickelt. 1814 kam dazu der Dampfantrieb. Koenigs Maschine druckte in einer Stunde soviel wie die vorher gebrauchten Handpressen maximal an einem Tag: ca. 1.000 Bögen.

So konnte in den 1810er Jahren eine Massenpresse mit hohen Auflagen entstehen. 1816 erschien in England die erste Zeitung mit Massenauflage von 50.000 Exemplaren pro Ausgabe: *Cobbet's Political Register*, die Zeitung der Arbeiterbewegung. Ein Gesetz zur Beschränkung der Presse- und Versammlungsfreiheit würgte 1819 das Massenblatt ab.

Trotzdem stieg die Zahl der Zeitungen: Hatte es 1781 76 Zeitungen gegeben, so waren es 1821 bereits 267 Zeitungen, und der Trend hielt an: 1851 gab es 563 Zeitungen (Asquith 1978, S. 99).

1824 wurde den Arbeitern Koalitionsfreiheit gewährt. Die Arbeiterbewegung bildete sich als Wahlrechtsbewegung, die Arbeiter hofften auf eine soziale Gesetzgebung und wollten Vertreter im Parlament haben. Vom Wahlrecht war der größte Teil der Bevölkerung ausgeschlossen. Die großen Industriestädte waren im Parlament kaum vertreten, das Unterhaus repräsentierte die Interessen der Großgrundbesitzer. Die Reform Bill, die Parlamentsreform von 1832, dehnte das Wahlrecht nur auf die wohlhabenden – männlichen – Bürger aus. Weitere Reformen brachten die staatliche Organisation des Erziehungs- und Gesundheitswesens, der Polizei und des Arbeitsrechts.

Als Erfolg der Streiks wurde 1833 in einem Factory Act, einem Fabrikengesetz in der Textilindustrie die tägliche Arbeitszeit von Jugendlichen auf 12 Stunden, die von Kindern auf 9 Stunden begrenzt. 1847 wurde die tägliche Erwachsenen-Arbeit auf 10 Stunden, Samstags auf 8 Stunden beschränkt.

Aber es gab kein Wahlrecht für die Arbeiter. Daraufhin brachten die Vertreter der radikalen Arbeiterbewegung 1839, 1842 und 1848 im Parlament drei »Charten«, Verfassungsentwürfe, ein, ohne Erfolg. Sie forderten u.a. das allgemeine Wahlrecht für jedermann – von einem Wahlrecht für Frauen war nicht die Rede – und jährliche Parlamentswahlen. Nach ihren Charten nannte man diese auch vorher schon existierende Bewegung die »Chartisten«.

Anfang der 40er Jahre hatte die Chartistenbewegung ihren Höhepunkt, sie war in der Lage, die Massen zu mobilisieren. Für ihre Forderung nach allgemeinem Wahlrecht und Parlamentsreform organisierte sie Unterschriftensammlungen. Die Chartisten hatten auch wieder eine Presse, ca. 50 Zeitungen, darunter war die Wochenzeitung *Northern Star* in Leeds führend, ein Massenblatt mit Auflagen um 36.000 pro Ausgabe (Asquith, S. 100, 106).

Neben den Chartisten gab es die Gewerkschaften, eine gut organisierte Arbeiterbewegung, die sich weniger auf das Parlament und Massenaktionen, sondern, vor allem in den 50er Jahren, auf Streiks und auf deren Legalisierung konzentrierte.

Um 1850 stand Großbritannien als Industriestaat weltweit an erster Stelle, gemessen an Kriterien wie dem Anteil der Industrieproduktion am Sozialprodukt; dem Beschäftigungsanteil in der Industrie; der Anzahl der Fabriken; der Verstädterung oder der Dichte des Verkehrsnetzes. Ein Arbeitstag in der britischen Industrie produzierte 27mal mehr Produkte als im Jahr 1770. Die führende Industrie war ab Mitte des Jahrhunderts der *Eisenbahnbau* und der *Maschinenbau.*

Erstmals unterhaltende Massenpresse – und ein falscher Problemkonflikt: Vom »kulturräsonierenden« zum »kulturkonsumierenden« Publikum?

Erstmals Penny-Presse als Massenpresse in Großbritannien und erste Versuche in Deutschland

Als in den 1830er Jahren die Stempelsteuer auf Zeitungen allmählich reduziert wurde – und zugleich die Erfindung der Zellulose das Papier billiger machte –, *boomte eine neue kommerzielle Massenpresse.*

Den Anfang machte 1820 der Londoner *Morning Herald* mit humorig geschriebenen Reportagen aus dem Polizeigericht. Sie hatten im ersten Jahr 1.200 Stück Auflage pro Tagesausgabe, im zweiten Jahr 3.600 Stück. 1828 hatte sich die Auflage verfünffacht.

1830 entstand die »Penny-Presse«. Die erste Zeitung war *Penny Papers for the People,* 1831 kam *Poor Man's Guardian* hinzu (Herausgeber beider: Henry Hetherington). Das Neue war der Preis: 2 Penny, statt der sonst üblichen 14 Penny. Der Niedrigpreis war nur zu erzielen, weil Hetherington keine Steuern zahlte. Er landete deswegen im Gefängnis und musste seine Zeitungen einstellen. 1831 erschien, ebenfalls für 2 Penny, die Wochenzeitung *Penny Magazine,* herausgegeben von der Society for the Diffusion of Useful Knowledge, der Gesellschaft zur Verbreitung nützlichen Wissens. Die Gesellschaft argumentierte, ihr Magazin sei keine Zeitung, sondern ein kleinformatigeres Magazin, das allgemeine Informationen verbreitete, deshalb müsse sie von der Steuer ausgenommen werden. Sie erreichte eine sensationelle Auflage von 200.000 pro Ausgabe.

Zur Massenpresse muss man auch die Londoner *Times* zählen. Sie hatte 1788 mit einer Auflage von 5.000 angefangen und entwickelte sich in den 30er Jahren zum Londoner Massenblatt. Zwischen 1836 und 1851 hatte sie eine Auflage von 38.000 pro Tag (Asquith, S. 100).

Als 1855 die Stempelsteuer völlig aufgehoben wurde, entwickelte sich die Penny-Zeitung *Daily Telegraph* zur auflagenstärksten Zeitung der Welt, mit über 200.000 Auflage pro Tagesausgabe.

In Leipzig erschien 1833 das wöchentliche *Pfennig-Magazin der Gesellschaft zur Verbreitung gemeinnütziger Kenntnisse*, nach britischem Vorbild. Es wollte Wissen für alle bieten, illustriert mit Holzstich-Drucken. Aktuelle Politik wurde ausgeklammert. In Deutschland waren das noch keine Massen-Zeitungen: Die Auflage betrug ca. 35.000 Exemplare. Der Initiator des *Pfennig-Magazin,* Johann Jacob Weber, begann 1843 in Leipzig ein anderes, wöchentliches, illustriertes Blatt, die *Illustrirte Zeitung* – das ist kein Druckfehler, man schrieb damals »Illustrirte« –, jetzt auch mit aktueller Politik, »überparteilich«. Allerdings war auch dies kein Massenblatt: Die Auflage 1845: 15.000. (Wilke 2000, S. 209ff.).

Grundstücksspekulanten, Geldhaie, Massen-Elend in USA

Einen besonderen Erfolg hatte die Penny-Presse in USA. Bevor wir dazu kommen, brauchen wir einige Informationen zur Lage der dortigen Massen.

In USA hatte die Industrialisierung allmählich ab den 1790er Jahren begonnen. Vorher war sie von der britischen Oberschicht verhindert worden. Es entstanden vor allem im Norden *Textilfabriken* und ab den 1830er Jahren *Kohlebergwerke, Eisenindustrie, Lokomotivenbau* und *Landmaschinenbau.*

Die Bevölkerung wuchs zwischen 1820, 1840 und 1860 von 9,6 auf 17 und auf 31,4 Mio. Das lag an Einwandererwellen aus Europa. Sie brachten um 1832 ca. 60.000 Einwanderer pro Jahr, steigerten sich von 1844 bis 1850 stetig von ca. 100.000 auf ca. 380.000 pro Jahr und erreichten im Jahr 1854 die Spitze von ca. 428.000 Einwanderern. Damit verbunden war ein Anstieg des Anteils der städtischen Bevölkerung an der Gesamtbevölkerung zwischen 1830 und 1860 von 6,7% auf 16,1% (Faulkner, S. 286ff.).

Die soziale Schichtung:

1. *Oberschicht:* In den Städten des Nordens hatte der Überseehandel bei vielen Reedern Kapital akkumuliert. Eine neue Aristokratie von Grundbesitzern stieg auf, die von Bodenspekulation profitierte. Sie bestachen die Politiker und erhielten von ihnen Privilegien zur Gründung von Banken und zum Drucken von Geld. Der Bau von Kanälen, den damaligen Verkehrswegen, machte den Handels-Standort New York und dessen Oberschicht zu den reichsten des Landes. Der Reichste war Johann Jacob Astor, Reeder, Pelzhandels-Monopolist, Betrüger und Ausrotter von Indianern, Großgrundbesitzer und Bankier. (Myers 1916, S. 87ff.)

2. *Mittelschicht:* Die bessergestellten Einwanderer gründeten im Süden viele mittlere Farmbetriebe, im Norden Gewerbebetriebe und Läden. Es bildete sich ein »neuer Mittelstand«. Dieser unterstützte eine neue demokratische Strömung, die »Jacksonian Democracy«. Der Begriff bezeichnete das Selbstbewusstsein des »common man«, der kleinen Leute, die den korrupten Politikern und der neuen Wirtschaftsgesellschaft misstrauten. Den Namen gab der Bewegung der demokratische Präsident Andrew Jackson (rg. 1829-1837), mit dessen Wahl die »aristokratischen« Republikaner entmachtet wurden. Jackson trat als Vertreter des Mittelstands auf. 1832-1834 kämpfte er gegen die Bank of America. Die Bank war im Privatbesitz von Reedern, Grundstücksspekulanten und Bankiers, sie bestach Politiker und Zeitungen, um ihre Privilegien zu bewahren, Privilegien wie die Verwaltung von Regierungsgeldern, die Beherrschung des Geldmarkts und das Drucken ungedeckten Papiergelds.

3. *Unterschicht:*

Facharbeiter: In Handel und Gewerbe entstand eine gut ausgebildete Schicht von Facharbeitern: Typographen, Hutmacher, Steinmetze, Mechaniker, Maschinisten, Schmiede, Gießer. Sie, nicht die ungelernten Fabrikarbeiter, bildeten den Kern der neu entstehenden Gewerkschaften, die ab den 40er Jahren in einigen Branchen einflussreich wurden. Sie verbanden sich nicht mit den ungelernten Arbeitern, sondern mit der Reformbewegung von »Intellektuellen« der Mittelschicht, zum Beispiel mit den utopischen Sozialisten. Jene wollten, im Sinne des französischen Sozial-Utopisten Charles Fourier, kooperative Lebenszusammenhänge schaffen und schufen sie 1820-1850 auch: kleine Kommunen von 300 bis 1.800 Personen, wie beispielsweise die berühmte Brook Farm (1841-1847). Auch als später, 1886, die erste Gesamtgewerkschaft, die American Federation of Labor, gegründet wurde, war das eine Vereinigung der Facharbeiter, ungelernte Arbeiter nahm der Verband nicht auf.

Ungelernte Arbeiter: Einwanderer, die kein Geld und keine Ausbildung hatten, fanden Arbeit in den Industriezentren im Norden und beim Eisenbahn- und Kanalbau. Ihre Zahl erhöhte sich, als es 1836-1837 zum Bankenkrach kam: Die Banken hatten sich 5,5 Mio. $ öffentliche Gelder angeeignet, eine Riesensumme, von der sie nur einen kleinen Teil in selbstgedrucktem, wertlosem Papiergeld wieder herausgaben. Viele kleine Grundbesitzer mussten verkaufen, Geschäftsleute wurden ruiniert und wurden Lohnarbeiter oder arbeitslos.

Die Arbeiter hausten in Mietskasernen am Rande der Stadtzentren, und das änderte sich auch nicht, als die wirtschaftlichen Bedingungen besser wurden. Gustavus Myers schilderte das so: »Die Geschäfte erholten sich, die Werte wuchsen. Jetzt strömte die Einwanderung dicht herbei. [...]. Ein großer Teil dieser Einwanderer blieb in New York. Die Nachfrage nach Grund und Boden wuchs schneller und schneller. [...] Das abgelegene Farm-, Felsen- und Sumpfland der Stadt New York von 1812 mit seinen 100.000 Einwohnern war 1840 eine dichtbesetzte Stadt mit 317.721 Einwohnern und zählte 1850 nahezu eine halbe Million. Wie schwer der Arbeiter auch schuftete, er wurde im allgemeinen ausgepowert durch den Umstand, dass die Mieten andauernd gesteigert wurden, so dass er immer mehr vom Ertrag seiner Arbeit für das bescheidene Recht, sich in einem hässlichen und engen Loch aufhalten zu können, abgeben musste.« (S. 116)

Arbeitslose Arbeiter: 1838 waren in New York ein Drittel aller manuellen Arbeiter arbeitslos, was physisches Elend bedeutete, eine Arbeitslosenunterstützung gab es nicht.

Sklaven: Sie arbeiteten im Süden auf den Baumwollplantagen, Reis-, Indigo- und Tabakfeldern und Zuckerplantagen. Obwohl der Sklavenhandel aus Afrika seit 1808 illegal war, wurden weiterhin Sklaven importiert. Viele wurden auch in USA geboren und in die neuen Bundesstaaten im Westen weiterverkauft. Um 1850 gab es in USA 3,6 Mio. Schwarze, davon 3,2 Mio. Sklaven, und davon arbeiteten 2,5 Mio. in der Landwirtschaft (Faulkner, S. 314). In manchen Bundesstaaten war es verboten, die Sklaven Lesen und Schreiben zu lehren. Ehen von Sklaven wurden nicht anerkannt.

Human Interest-Presse: Penny-Presse als Massenpresse in USA

1833 erschien in New York die erste Penny-Zeitung: *New York Sun,* die für 1 Cent verkauft wurde. In der amerikanischen Währung kam der Penny nicht vor, doch wurde 1 Cent volkstümlich »Penny« genannt. Verleger und Herausgeber war Benjamin H. Day, ein 23jähriger Drucker, der wusste, was die Bevölkerung in den Städten interessierte.

Wie in England gab es Reportagen aus dem Polizeigericht. *New York Sun* verdankte das meiste den Gerichtsreportagen von George Wisner. Dieser sprach erstmals eine klare Sprache und mokierte sich über seine betulichen Kollegen: »Heutzutage heiraten die Leute nicht, sondern sie ›schreiten zum hymnischen Altar‹. Sie werden nicht gehängt, sondern sie werden ›in die Ewigkeit befördert‹.« Seine Berichte waren klar und deutlich. Außerdem gab es in *New York Sun* Berichte über lokale Ereignisse und Weltwunder, Hinrichtungen, Selbstmorde, Verbrechen. Das Motto des Verlegers war: »Lash the rascals naked through the world«, frei übersetzt: Stellt die Schurken an den Pranger.

Allerdings wurden die Schurken in Wirtschaft und Politik verschont. Aus der Zeitung wurden politische Nachrichten verbannt, ebenso Parlamentsberichte, Reden von Politikern und Editorials, Kolumnen des Verlegers. Die Zeitungen waren von den reichen Anzeigenkunden abhängig, und damit waren Korruption, Bereicherung an öffentlichen Geldern, Morde an Indianern tabu.

New York Sun akzeptierte, wie alle anderen, die Anzeigen vieler unseriöser Drogisten, die für ihre gefälschten Arzneien warben. Eine Kongresskommission stellte 1847/48 fest, dass viele von den Pillen, für die in den Zeitungen geworben wurde, stark wirkende Gifte wie Quecksilber und Arsen enthielten. In *New York Sun* wurden wegen ihrer hohen Auflagen besonders viele Anzeigen für diese Gift-Pillen plaziert.

Neu war, dass der Verleger seine Zeitung nicht an Abonnenten lieferte, sondern die Exemplare morgens an Zeitungsjungen verkaufte, für 67 Cent pro hundert Stück oder auf Kredit für 75 Cent pro hundert Stück. Die Zeitungsjungen verkauften sie für 1 Cent pro Stück in den Straßen oder belieferten ihre eigene Stammkundschaft von Abonnenten.

Ein Jahr nach Erscheinen hatte *New York Sun* eine Auflage von 10.000 Stück pro Tag, nach zwei Jahren 15.000 Stück. *Die Auflagensteigerung war durch eine Serie mit spektakulären Falschmeldungen über das zustande gekommen, was wir heute »Aliens« nennen:* Der Reporter Richard A. Locke schrieb eine Artikelserie über die neuesten astronomischen Entdeckungen, die »Sir John Herschell soeben mit Hilfe eines riesigen Teleskops am Kap der Guten Hoffnung gemacht und im Edinburgh Journal of Science veröffentlicht hat«: Es gibt Leben auf dem Mond! Die Mond-Lebewesen wurden beschrieben als »seltsame, amphibische Kreaturen von sphärischer Gestalt, die mit großer Geschwindigkeit über den kieseligen Strand brausen«! Im nächsten Bericht waren sie »menschliche Fledermäuse, fast menschlichen Körpern gleichend, mit Flügeln, die stark denen der Fledermaus gleichen«. Der Unterschied zu den »sphärischen Gestalten« hätte skeptisch machen können, aber die Glaubwürdigkeit der »Reportage« wurde durch ihre pseudowissenschaftliche Sprache gesteigert – und die Auflage steigerte sich auf 19.000 Stück pro Tag. Die Serie hatte eine Welle populärer Science-Fiction-Romane zur Folge.

Sogleich kamen weitere Penny-Zeitungen heraus: 1834 *New York Evening Transscript* (bis 1839) und 1835 *Morning Herald*, später *New York Herald.* Inhaltlich imitierten sie die *Sun*. Der *New York Herald* erweiterte das Spektrum des Sensationellen um Berichte über private Skandale und Sex-Affairen. Er hatte 1836 eine Auflage von 20.000. Ähnliche Zeitungen entstanden in Boston, Philadelphia und Baltimore. Sie erzielten ebenso hohe Auflagen wie *New York Sun*.

Die Penny-Zeitungen wurden stark angegriffen, vor allem von den Journalisten der seriösen Presse: Durch die vielen Berichte über Verbrechen werde die Jugend verdorben, sie werde zur Nachahmung angestiftet. Die Penny-Zeitungen antworteten, Verbrechen seien Teil der Realität und könnten nicht ausgeblendet werden. Außerdem sei seit den Reportagen aus dem Polizeigericht die Anzahl der Verbrechen zurückgegangen, denn potentielle Verbrecher würden dadurch abgeschreckt, dass sie in der Zeitung mit vollem Namen angeprangert würden. (Bleyer, S. 154ff.)

Unterhaltung: Verlust an Qualität oder praktisches Räsonieren der Massen?

Jürgen Habermas sah in den 1960er Jahren die »Geschäftspresse« der 1830er Jahre als einen Übergang »vom kulturräsonierenden zum kulturkonsumierenden Publikum« und damit als Entwicklung zum Schlechten an: »Wenn die Gesetze des Marktes, die die Sphäre des Warenverkehrs und der gesellschaftlichen Arbeit beherrschen, auch in die den Privatleuten als Publikum vorbehaltene Sphäre eindringen, wandelt sich Raisonnement tendenziell in Konsum, und der Zusammenhang öffentlicher Kommunikation zerfällt in die wie immer gleichförmig geprägten Akte vereinzelter Kommunikation.« (1962, S. 177). Realitätsgerechtigkeit, der öffentliche Gebrauch der Vernunft, werde durch den privaten Verbrauch von Entspannungsreizen ersetzt.

Dabei ist zu beachten:

1. Es gab Sensationen und »kulturkonsumierendes« Publikum, seit es Newe Zeytungen und Flugblätter gibt, und natürlich auch vorher.

2. Es gab den rationalen Diskurs der Bürger im 17. und 18. Jahrhundert immer nur als Ideal. Tatsächlich wurde in den Kaffeehäusern viel Konversation gemacht.

Neu war an der kommerziellen Presse höchstens die Ausklammerung von Politik, die ausschließliche Konzentration auf Sensationen. Darüber die Nase zu rümpfen, weil das bloß »psychologische Erleichterung für die Arbeitermassen« sei, bringt nicht viel. *Vielleicht dienten gerade die Berichte aus dem Polizeigericht dem Nachdenken der Arbeiter über ihr Alltagsleben? Verbrechen, Selbstmorde, Alkoholismus waren den Arbeitern, Handwerkern und kleinen Ladenbesitzern vertraut.* Gustavus Myers beschrieb das so: »Viele Arbeiter wurden durch die immer schlechter werdenden Verhältnisse, unter denen sie arbeiten mussten, in Alkoholismus, Verbrechen und Selbstmord getrieben. Wenn sie nur im geringsten die Gesetze verletzten, fiel die Obrigkeit mit strengen Strafen über sie her. Die Gefängnisse waren damals voll von Handwerkern, die aus Abhängigkeit und Armut straffällig wurden. Wie geringfügig und entschuldbar das Verbrechen auch war, die Richter hatten kein Mitleid.« (S. 231).

Wenn die Zeitungen Erzählungen aus dem Polizeigericht brachten und wenn die Arbeiter darüber redeten; wenn sie damit ihre Lebensbedingungen debattierten: wenn damit allgemeine gesellschaftliche Zustände erörtert wurden – wieso soll das kein Räsonieren gewesen sein?

Nachrichten-Beschleunigung, Auflagensteigerung: Telegrafie und Drucktechnik

Ein Grund dafür, dass sich die kommerzielle Presse rasch weiterentwickelte, war die Erfindung der elektrischen Telegrafie 1837. Bis dahin waren die Zeitungen auf die Post angewiesen.

Zuvor ein Exkurs über die Voraussetzungen, über optische Telegrafie und Elektrizität.

Optische Telegrafie
Sie war 1633 in England von V. Vorcester erfunden bzw. neu erfunden worden, denn schon in der Antike hatte es optische Telegrafen gegeben. 1791 war der optische Telegraf von Claude Chappe für Frankreich neu erfunden worden. Aufgebrachtes Volk stürmte sein Haus und zerstörte den Telegrafen, durch den Brieftauben und Reiterstaffeln überflüssig geworden waren. Dennoch richtete Chappe 1794 – es war Krieg – die erste optische Telegrafenverbindung zwischen Paris und Lille ein, mit 16 Telegrafenbüros.

Um 1830 gehörte der optische Telegraf zum Alltagsbild jeder französischen Stadt. Auf Kirchen und Türmen gab es die Masten mit den beweglichen Flügeln. Damit konnte das Militär zwischen Paris und Straßburg in sechs Minuten telegrafieren. In Deutschland richtete Preußen 1832 eine Telegrafenlinie zwischen Berlin und Trier ein, mit 61 Stationen, genutzt von Militär und Polizei.

Für die Zeitungen war die Draht-Telegrafie entscheidender. Dazu musste wiederum erst der elektrische Strom entdeckt werden.

Elektrizität
Seit der Antike kannte man jene seltsame Anziehungskraft, die entstand, wenn man Wolle oder Seide an Bernstein rieb. Um 1600 gab in England William Gilbert, Leibarzt von Königin Elizabeth I, dieser Kraft den Namen Elektrizität, nach dem griechischen Wort für Bernstein, »elektron«. Mitte des 18. Jahrhunderts entdeckte man die elektrische Natur von Gewittern und funkenschlagender Energie. Und man nutzte Reibungselektrizität für Elektrisiermaschinen zur Unterhaltung der feinen Gesellschaft: Ein elektrisierter Mann ließ die Haare einer Frau zu Berge stehen. 1745 speicherte der Geistliche und Naturforscher Ewald Jürgen von Kleist Reibungselektrizität in mit Alkohol oder Quecksilber gefüllten Flaschen und erhielt dabei Stromschläge. Ein Jahr später unternahm Pieter van Muschenbroek an der Universität Leiden dasselbe Experiment, deshalb nennt man das Ganze die »Leidener Flasche«.

Um 1780 hatte Luigi Galvani, Professor für Anatomie und Gynäkologie in Bologna, präparierte Froschschenkel zum Zucken gebracht, die mit zwei getrennten Metallstücken in Kontakt gebracht wurden. Galvani vermutete in den Frosch-Resten eine organische Elektrizität. Die Romantiker, mit ihrer Suche nach dem Irrationalen, übernahmen diese Vorstellung und machten aus der Elektrizität eine »geheimnisvolle Lebenskraft«. Vor allem der romantische Naturphilosoph Friedrich Wilhelm Schelling behauptete 1799: »Alles, was für uns sensibel [erfahrbar] ist [...], ist ohne Zweifel für uns sensibel nur durch Elektrizität, und das einzig unmittelbar Sensible möchte wohl die Elektrizität sein, worauf schon die allgemeine Dualität jedes Sinnes führt, da in der Natur eigentlich nur eine Dualität ist.« (S. 45). Wenn man damals unterstreichen wollte, dass Zeitungen eine gewaltige Wirkung haben, sprach man von deren »elektrischer Kraft« (Schwarzkopf 1795, S.4). Dann setzte sich Alessantro Volta, Professor an der Universität Pavia, mit Galvanis Fröschen auseinander und meinte, dass der Strom nicht aus den Froschschenkeln kam, sondern dass er durch chemische Vorgänge beim Kontakt der Metalle verursacht wurde und dass die Froschschenkel den Strom lediglich geleitet hätten. 1800 konstruierte Volta die erste Batterie. Sie bestand aus voneinander isolierten Silber- und Zinkscheiben. Eine andere Art der Stromerzeugung fand Dominique François Jean Arago 1824 heraus, er entdeckte, dass zwischen einem Magneten und einer sich bewegenden Kupferplatte Strom entsteht. Dem waren andere Entdeckungen über Elektrodynamik vorausgegangen, 1820 von Hans Christian Oerstedt und 1822 von André Marie Ampère, die wir hier ignorieren. Und 1831 entdeckte Michael Faraday die Stromerzeugung mittels Induktion, durch Umwicklung eines Magneten mit Drähten, innerhalb derer der Magnet bewegt wurde.

Elektrische Telegrafie

Seit Voltas Erfindung der Batterie gab es viele Versuche, brauchbare Telegrafie-Apparate zu entwickeln: elektrolytischer Telegraf (1809 von Sömmerring), elektromagnetischer Telegraf (1820 von Ampère; 1835 von Gauß und Weber), schreibender Telegraf (1836 von Steinheil), Nadeltelegraf (1837 von Cooke und Wheatstone), Zeigertelegraf (1845 von Bréguet; 1847 von Siemens). Alle scheiterten an zu teurer Technik oder zu umständlicher Bedienung. (Gööck, S. 31ff).

Siegreich war der Schreibtelegraf, den der New Yorker Portraitmaler und Universitätsprofessor Samuel F.B. Morse 1837 aus all diesen Erfindungen entwickelte. 1840 erfand er das nach ihm benannte Telegrafenalphabet, bestehend aus langen und kurzen Stromimpulsen, die direkt beim Empfänger auf einen Bleistift übertragen wurden, der – in der späteren Fassung des Apparats – lange und kurze Striche auf einen fortlaufenden Papierstreifen zeichnete. Das Problem, dass der aus den Batterien stammende Strom ziemlich schwach war, überwand man mit dazwischengeschalteten Relais: der erste Stromkreis schaltete einen zweiten, von eigenen Batterien gespeisten Stromkreis ein, dieser wiederum einen dritten, und so weiter, bis man beim Empfänger war. All das war ziemlich teuer. Morse erreichte, dass der amerikanische Kongress ihm eine Telegrafenlinie zwischen Washington und Baltimore finanzierte. Sie war 1844 die erste Telegrafenlinie der Welt. 1845 erhielt Morse ein Patent.

Schon 1844 führte der Zeitungs-Herausgeber James Gordon Bennett, Besitzer der Penny-Zeitung *New York Herald*, die elektrische Telegrafie ein und begleitete das in seiner Zeitung mit großartigen Worten: »Durch die schnelle Verbreitung von Nachrichten wird das öffentliche Bewusstsein aktiver werden. Die rasche Kommunikation von Neuigkeiten über große Ereignisse wird bei den Massen ein leidenschaftlicheres Interesse an den öffentlichen Angelegenheiten bewirken. So wird der intellektuelle, philosophische und originelle Journalist ein größeres, enthusiastischeres und bewussteres Publikum haben als je zuvor.« (*New York Herald*, 12.5.1845). Ob intellektuell oder nicht, der *New York Herald* steigerte zwischen 1846 und 1849 seine Tagesauflage von 12.000 auf 33.000 Stück (Bleyer, S. 201).

In Deutschland demonstrierte Werner Siemens 1847 seinen Zeigertelegrafen erstmals auf der Strecke Berlin-Potsdam. Siemens wurde Mitglied der Preußischen Telegrafenkommission und konnte sich selbst Aufträge zuteilen. Im gleichen Jahr gründete er die Telegrafen-Bauanstalt von Siemens & Halske. Siemens wurde dafür berühmt, dass er die Isolierung der Telegrafenkabel verbesserte, mittels eines speziellen Kautschuks, Guttapercha genannt.

Schließlich entstanden auf der Basis der neuen Technik drei große Nachrichtenagenturen: Havas in Paris, Reuters in London und Wolff's in Berlin. 1870 bildeten sie ein Kartell und teilten die Welt untereinander auf.

Rotationspresse, Linotype
Ein weiterer Grund für den Aufstieg kommerzieller Zeitungen waren Mitte der 40er Jahre die Fortschritte der Drucktechnik, die es ermöglichten, schneller, aktueller zu produzieren und die Auflagen zu steigern. Die bisherigen Zeitungs-Druckmaschinen hatten Walzen zum Andrücken des Papiers auf die flachen Druckplatten. 1846 wurde die Hoe-Zylinder-Druckmaschine eingeführt, in der auch die Druckplatte – in die noch Einzelbuchstaben gesetzt wurden – wie eine riesige Walze gekrümmt war. Diese Druckwalze rollte auf Einzelblättern ab, die in die Maschine eingefüttert wurden.

1848 nahm die Londoner *Times* die erste Rotationspresse in Betrieb, die auf ein Papier-Endlosband druckte, auf riesige Papierrollen, die man in die Druckerpresse einsetzte. Sie schaffte 12.000 Exemplare pro Stunde, bei vier Seiten pro Exemplar. Die Rotationspresse wurde 1860 durch Bullock verbessert. Die Buchstaben wurden in eine Druckplatte gesetzt, dann wurde ein Papiermaché-Abdruck hergestellt, zur Walze gekrümmt und in Metall gegossen. Dieses Druckverfahren wurde ab 1872 allgemein üblich. Es ermöglichte hohe Zeitungsauflagen. Schließlich wurden 1869 Setzmaschinen eingeführt, und 1884 gab es in Baltimore die erste gebrauchsfertige Zeilenguss-Linotype-Setzmaschine von Ottmar Mergenthaler.

Es gab auch ganz andere, allgemeinere Ursachen für den Erfolg der kommerziellen Presse: die Bevölkerungsexplosion und die Schulbildung. In Europa nahm die Bevölkerung zwischen 1800 und 1914 von 180 Mio. auf 460 Mio. Menschen zu. Und in allen europäischen Staaten wurde die Schulbildung eingeführt bzw. verbessert, immer mehr Menschen konnten lesen.

Perversion der Aufklärung: erste Theorie der Massen-Manipulation bei Comte

Wie der Gründer der Soziologie die kritisch denkende Bevölkerung in »positive« Massen verwandeln wollte

Jetzt, im Zeitalter der Massengesellschaft, entstand die Gesellschaftswissenschaft, die Soziologie. Sie entstand in Frankreich in der Zeit der Restauration. Ein reaktionärer Franzose wurde ihr Namensgeber: Comte.

Auguste Comte (1798-1857) war Sozialphilosoph, Positivist. Beruflich war er freischaffender Sekretär (1817-1824); Publizist und Privatlehrer (1825-1832); Repetitor für Analysis und Mechanik an der Ecole Polytechnique in Paris (1832-1851); Examinateur d'Admission, d.h. Angestellter im Studentensekretariat der Hochschule (1837-

1844); freischaffender Autor und Privatgelehrter, der von Unterstützungen seiner englischen Anhänger lebte (1851-1857). Sein Vater war einfacher Beamter in Montpellier.

Comte wollte dem wieder erstarkten Adel und der Großbourgeoisie helfen, »Ordnung und Disziplin« herzustellen. Er wollte zwischen dem König und dem Volk, den Industriellen und dem Proletariat vermitteln. Comte folgte darin den Theoretikern der französischen Gegenrevolution, de Bonald und de Maistre.

Graf Louis de Bonald und Joseph de Maistre sahen schon im Jahr 1796 – im Exil – die Autorität von Monarchie und Kirche am besten gewährleistet, wenn das Volk in dem befangen blieb, was auch den deutschen Romantikern so gut gefiel: in Religion, Vorurteil, Aberglauben und Tradition. De Bonald wurde in den 1820er Jahren Präsident des Presseüberwachungsausschusses, und in dieser Funktion sah er in der Zensur eine »sanitäre Maßnahme, um die Gesellschaft vor der Ansteckung durch falsche Lehren zu bewahren, so wie man sich die Pest vom Leibe hält«, und er verfolgte »Glaubensfrevel« und Kritik am Gottesgnadentum des Königs Charles X als Pressevergehen.

Auch Comte wollte zurück zu den Mythen, auch er wollte gläubige Menschen, nach mittelalterlichem Vorbild. Im Sinne der Gegenaufklärung schrieb er 1822 – er war 24 Jahre alt –, dass »die Mehrzahl der Gedanken, welche von der Allgemeinheit angenommen werden sollen, von dieser nur aufgrund eines Glaubens oder Vertrauens und nicht aufgrund eines Beweises gutgeheißen werden können.« (S. 42). Die Prinzipien der Gewissensfreiheit, der Volkssouveränität, der Kritik seien zwar nützlich gewesen im Kampf gegen den Feudalismus, aber hinderlich bei der »Reorganisation« der bürgerlichen Gesellschaft. Das Prinzip der Volkssouveränität würde die »vollständige Zerstörung des politischen Körpers« bewirken und dazu führen, »dass die Macht im Staate seinen wenigst kultivierten Klassen übergeben wird« (1822, S. 44). Auch in seinen späteren Schriften stand er dem »immer und überall revolutionären Prinzip der Wahl des Vorgesetzten durch die Untergebenen« feindlich gegenüber, da es »die politische Gesellschaft umzustürzen droht.« (1854, Bd. 2, S. 458).

Comte sah die größte Errungenschaft des Mittelalters in der Herausbildung eines hierarchisch organisierten Klerus und einer allgemein gültigen Moral: Die katholische Macht hatte »spontan eine soziale Haltung angenommen, [...] indem sie kraft ihrer geheiligten Autorität den unverbrüchlichen Gehorsam gegen alle eingesetzten Regierungen vorschrieb, während sie diese selbst nicht weniger zwingend immer mehr an die strengen Grundsätze der universellen Moral band, deren wirksame Erhaltung ihr besonders zukommen musste.« (1830-1842, Bd. 2, S. 244). *Dass diese Moral mittels Folter und Scheiterhaufen aufrechterhalten wurde, interessierte in der Zeit der Romantik ohnehin niemanden. Comte suchte moderne Formen der »geheiligten Autorität«, die einen »unverbrüchlichen Gehorsam gegen alle eingesetzten Regierungen« vorschreiben konnten.*

Darin ist Comte aktuell, viele konservative Soziologen suchen heute die Chancen für »Werte« und emphatische Haltungen, die zur Akzeptanz dessen führen sollen, was Regierungen, Wirtschaftsverbände und Werbung vorgeben.

Comte hatte 1817-1824 mit dem utopischen Sozialisten Saint-Simon zusammengearbeitet, aber er war nicht dessen Schüler, sondern er wendete dessen sozialistische Ordnungsvorstellungen ins Konservative. Er entnahm dessen Lehre einige Elemente: den Glauben an die Naturwissenschaft, die vermittelnde Rolle der »Gelehrten«.

Als Mittel der freiwilligen Disziplinierung entdeckte Comte die Naturwissenschaften: »Innerhalb der Astronomie, der Physik, der Chemie, der Physiologie gibt es keine Freiheit des Gewissens. Denn jeder würde es absurd finden, nicht an die Prinzipien zu glauben, welche in diesen Wissenschaften durch kompetente Männer aufgestellt worden sind.« (1822, S. 42f.; Kursivsetzg. zusätzl.). Außerdem genießen die »kompetenten Männer« ein hohes Ansehen: »Wirft man nun einen Blick auf die Gesellschaft, so erkennt man alsbald, dass ein solcher geistiger Einfluss gegenwärtig ausschließlich seitens der Gelehrten vorhanden ist. Sie allein üben in Bezug auf die Theorie eine nicht beanstandete Autorität aus. Somit sind sie, abgesehen davon, dass sie allein die Fähigkeit zur Bildung der neuen organischen Lehre besitzen, auch ausschließlich im Besitze der nötigen moralischen Gewalt, um sie durchzuführen. Die Hindernisse, welche dieser moralischen Souveränität durch das kritische Vorurteil entgegenstehen, welches als ein angeborenes Recht jedes einzelnen Menschen betrachtet wird, wäre für alle anderen unüberwindlich, sind es aber nicht für sie. Denn die Gesellschaft hat allmählich seit der Begründung der positiven Wissenschaften die Gewohnheit angenommen, sich der Entscheidung der Forscher bezüglich aller speziellen theoretischen Ideen zu unterwerfen.« (1822, S. 68f.)

Während der Aufklärung, im 18. Jahrhundert, hatte »positive Wissenschaft« bedeutet, dass Forscher sich auf Beobachtung stützten und nicht mehr an die kirchlichen Mythen glaubten. Im damaligen Sprachgebrauch war »positiv« gleichbedeutend mit »unanfechtbar«. Positive Naturwissenschaft war die unanfechtbare, weil empirisch vorgehende Wissenschaft. *Bei Comte* wurde der Begriff ins Gegenteil verkehrt. *Comtes Idee: Man muss das naturwissenschaftliche Vorgehen auf die Beziehungen der Menschen untereinander, auf die gesellschaftlichen Verhältnisse anwenden – und schon führt das zur Unterordnung der Phantasie unter die »Natur der Dinge«*. Deshalb muss man die Sozialwissenschaft »positiv machen«. Das bedeutet folgendes: »Zunächst muss man, um die Sozialwissenschaft positiv zu machen, hier wie in den anderen Wissenschaften, das Vorwiegen der Beobachtung über die Phantasie durchführen. Zweitens muss man, damit diese Grundbedingung erfüllt wird, [...] den Gang der Kultur als einem unveränderlichen Gesetz unterworfen betrachten, welches auf der Natur der Dinge beruht.« (1822, S. 86). Für diese neue konservative Wissenschaft prägte Comte zwei Jahre danach in einem Privatbrief den Begriff »Soziologie«. Später, 1838, machte er den Namen publik (Comte 1824; 1830-1842, dt. Bd. 1, S. 184)

Schon wieder Geister: der »positive Geist«

Comte fasste die »positive« Betrachtung der gesellschaftlichen »Gesetze« durch die Massen in fünf Adjektiven zusammen: tatsächlich, nützlich, relativ, genau, gewiss (1822, S. 74ff.; 1844, S. 85ff.).

Tatsächlich
Beobachtung, wenn auf Gesellschaft angewandt, führt – so hoffte Comte – zum Ausschluss jedes Nachdenkens über die Vernünftigkeit der gesellschaftlichen Strukturen: »Die Astronomen, die Physiker, die Chemiker und die Physiologen stehen ihren Tatsachen weder anerkennend noch tadelnd gegenüber, sie beobachten sie, wie reiche Gelegenheit diese Tatsachen auch für Betrachtungen jeder Art darbieten möchten, wie viele Beispiele zeigen. Die Forscher überlassen derartige Effekte den Künstlern [...].« (1822, S. 125f.)

Relativ
»Positive« Betrachtung ist gegenüber moralischer Wertung immunisiert, denn sie betrachtet die gesellschaftliche Realität als außerhalb der persönlichen Einflussmöglichkeiten ablaufend, ist doch der »gegenwärtige Zustand stets [...] ein notwendiges Resultat der gesamten vorangehenden Entwicklung«. Durch Relativierung, so hoffte er, »werden sogleich alle bloß kritischen Tendenzen beseitigt, die mit einer gesunden historischen Auffassung unvereinbar sind« (1822, S. 119). Die existierende Gesellschaft erscheint als die Beste aller Welten.

Genau
»Positive« Betrachtung verarbeitet die gesellschaftliche Realität nach ausschließlich klassifikatorischen Gesichtspunkten, ansetzend am immer Wiederkehrenden – heute nennt man das »Strukturen« –, das zu ordnen und zu klassifizieren ist. Das positive Denken versucht nicht, die Geheimnisse hinter den invarianten Strukturen zu lüften, sondern es impliziert »die ständige Verpflichtung, all unsere Theorien auf wirklich erreichbare Forschungsobjekte zu beschränken, indem wir die wirklichen Relationen der Ähnlichkeit oder der Kausalverkettung als solche betrachten, die für uns nur allgemeine Tatsachen darstellen können, deren Zurückführung auf eine möglichst kleine Zahl stets erstrebt werden muss, ohne dass – entsprechend dem Grundcharakter des positiven Geistes – das Geheimnis ihrer Erzeugung jemals irgendwie gelüftet werden könnte. Aber wenn diese wirkliche Konstanz der natürlichen Relationen auch das einzige ist, was wir wahrhaft zu beurteilen vermögen, so genügt sie doch auch vollauf unseren wahrhaften Bedürfnissen der Kontemplation wie der Lenkung«. (1822, S. 47)

Die Festlegung der Einbildungskraft auf die Ordnung – auf die Klassifikation – der Phänomene ergibt Comtes Einteilung der Soziologie in einen Bereich, in welchem Ordnung aufgrund von Ähnlichkeit der vorgefundenen Phänomene stattfindet; die »soziale Statik« ist die Wissenschaft, in der die konstanten, invarianten Phänomene, analog zum Vorgehen der Biologie, in »Familien«, »Arten« etc. klassifiziert werden: »Die Klassifikation kennen, heißt dann, die Wissenschaft kennen, wenigstens in ihrem wichtigsten Teil.« Der zweite gesellschaftswissenschaftliche Bereich ist der, in welchem Ordnung aufgrund von Kausalverkettung stattfindet; die »soziale Dynamik« ist die Wissenschaft, die die Gesetzmäßigkeiten des sozialen Fortschritts konstatiert und die »Naturgesetze« der Kulturentwicklung »ins Licht setzt« (1822, S. 107, 119f.).

Daran ist etwas grundfalsch: Die »genauen« Klassifikationen entnehmen der gesellschaftlichen Realität lediglich die invarianten Phänomene, so als seien zum Beispiel Gesellschaften mit ihrer Klassifikation im Rahmen einer Modernisierungsskala, Gruppen mit der abstrakten Definition etwa als Jugendkultur, Individuen mit ihren Statuskategorien (Schicht, Einkommen, Alter, Milieu etc.) identisch. Die »regelmäßigen« gesellschaftlichen Phänomene sind jedoch invariant, sie verhalten sich gesetzesartig aufgrund der Strukturierung der gesellschaftlichen Realität durch ökonomische und politische Machtverhältnisse. Danach darf man aber nach Comte – und vielen heutigen Positivisten – nicht fragen.

Gewiss

Gewiss wird Erfahrung durch Intersubjektivität; diese wird garantiert durch sinnliche Gewissheit, systematische Beobachtung und durch methodische Gewissheit, durch obligatorisch einheitliches Verfahren.

Auch das ist das Programm der Aufklärung und jedes wissenschaftlichen Vorgehens – *aber Comte verdrehte das in eine Sicht, nach der jene gesellschaftlichen Instanzen, die Systematik und streng obligatorisches Verfahren zelebrieren – und damit eine formale Überparteilichkeit herstellen –, eine besondere Legitimität erhalten.* Auf heutige Verhältnisse übertragen, bedeutet das: Kritisches Nachdenken über die Vernünftigkeit gesellschaftlicher Systeme gilt nicht als Wissenschaft.

Nützlich

Das positive Vorgehen ist auf Nützlichkeit festgelegt. Vor allem in Bezug auf »positive« Kulturproduktion hatte Comte genaue Vorstellungen: Die Künstler sollen alle Freiheit haben – aber es muss ihnen verboten sein, sich über die Notwendigkeit und Zweckmäßigkeit des bestehenden Gesellschaftssystems zu äußern (1822, S. 133). Der Zweck der positiven Kulturproduktion ist nicht die »Erfindung des einzuführenden Systems, sondern die Annahme desselben, nachdem es durch die positive Politik bestimmt worden war. Ist die Phantasie auf diese Weise in Gang gebracht, so muss sie weiterhin sich vollständig überlassen bleiben. Je mehr ihre Betätigung frei und offen sein wird, um so vollständiger und segensreicher wird die unentbehrliche Wirkung sein, welche sie auszuführen hat.« (1822, S. 144).

Der Einbildungskraft solle alle formale Freiheit gestattet werden – unter Zensur.

So pervertierte Comte den Begriff »positiv« von einem aufklärerischen in einen reaktionären.

Für Comte war das keine rein wissenschaftliche Perspektive, sondern das »positive«, naturwissenschaftliche Denken sollte in der Bevölkerung praktisch werden: Die weltliche Gewalt soll bei den Industriellen liegen. Die Industriellen richten die notwendigen praktischen Mittel her, um sozialen Wandel wirksam durchzusetzen.

Die geistige Führung des neuen Systems soll nach Comte in der Hand der Sozialwissenschaftler liegen – eine Soziologenphantasie bis heute. Zur effektiven Führung der Gesellschaft werden Männer gebraucht, »deren Beruf es ist, theoretische Kombinationen in methodischer Konsequenz auszuführen, Wissenschaftler, die sich in den beobachtenden Wissenschaften betätigen« (1822, S. 65f.). Die Soziologen erstellen durch Beobachtung den Plan der gesetzmäßigen Gesellschaftsentwicklung. Die Künstler passen das Bewusstsein der Gesellschaftsmitglieder an den Plan an.

Und die Massen lernen, ihre Arbeits- und Lebenssituation als naturgesetzlich notwendig zu begreifen – wie Candide, der idealistische Dummkopf in Voltaires Roman.

Massengesellschaft – und ein neuer Problemkonflikt: aufgeklärte Mittelschicht oder Tyrannei der öffentlichen Meinung?

Juli-Revolution 1830, erste Massenzeitung in Frankreich

Die Massen waren nicht so dumm, sie ignorierten Comtes »positive« Soziologie, sie revoltierten. Die Revolution wurde ausgelöst, als König Charles X das Wahlrecht und die Presse einschränkte: In vier Verordnungen löste er die Abgeordnetenkammer auf, beschränkte das Wahlrecht auf die reichsten 25% der Wähler und verschärfte die Pressezensur. Es wurde verboten, Journale und Pamphlete mit weniger als 25 Seiten ohne Erlaubnis zu drucken. Als trotz des Verbots Zeitungen erschienen, gab es Durchsuchungen von Druckereien. Es kam zu Demonstrationen, auf den Straßen wurden Barrikaden errichtet, es gab Tote. Unter dem Druck der auf Schloss Rambouillet anmarschierenden Massen von Paris floh der König ins Exil. Der Herzog Louis Philippe von Orléans – Sohn des »Philippe Egalité«, der in der Revolution zu den Bürgern übergelaufen war – wurde zum neuen König gewählt. Er galt als neutral, weil er als General in der Revolutionsarmeee gekämpft hatte, aber 1793 – sein Vater war trotz allem von den Bürgern hingerichtet worden – zu den Österreichern übergelaufen war.

Frankreich war mehr ein Land der Handwerksbetriebe als der Industrie. Die Macht war in den Händen der Finanzaristokratie, der Besitzer von Bergwerken, großen Wäldern und vor allem der Banken. Louis Philippe (rg. 1830-1848) war kein König der Massen, als »Bürgerkönig« eröffnete er die »Ära des Börsenspiels«, und der Politiker Guillaume Guizot gab die Parole aus: »Enrichissez-vous!«, Bereichert Euch. Die starken Schwankungen der Staatsrenten-Papiere ermöglichten hohe Gewinne. Außerdem begann die Spekulation mit Eisenbahnaktien.

In den 30er Jahren begann in Frankreich allmählich die Industrialisierung: Vor allem in der Textilindustrie wurden mechanische Webstühle eingeführt; das Eisenbahnnetz vergrößerte sich 1830-1848 von 38 km auf 1.832 km; die Eisenproduktion stieg von 148.000 t auf 362.000 t, ebenso die Kohleförderung von 1,8 Mio. t auf 4,2 Mio. t. (Pariser Kommune, S. 2).

Die Revolution war aufgrund der Demonstrationen und Kämpfe der Pariser Bevölkerung, der Massen zustandegekommen, des »Drucks der Straße«. Es wurde klar, dass die Restauration – die Wiederherstellung des Absolutismus seit dem Wiener Kongress – nicht dauerhaft sein konnte.

1836 kamen in Paris die *ersten Massenzeitungen Frankreichs* heraus: *La Presse*, gegründet von Emile de Girardin, und *Le Siècle*, von Armand Dutaq. Die Nachrichten kamen von der ein Jahr zuvor gegründeten Nachrichtenagentur Havas. Beide Zeitungen senkten den jährlichen Abonnentenpreis und finanzierten sich durch mehr Anzeigen. Und sie führten den »Roman feuilleton« ein, den Fortsetzungsroman, mit berühmten Autoren: Balzac, Soulié, Sue und Dumas. Die Auflagen lagen zwischen 20.000 und 30.000.

Die ruhelos erwerbstätige, Bevormundung hinnehmende Mittelschicht und die Einsamkeit der Herzen bei Tocqueville

Als erster Theoretiker der modernen Massengesellschaft gilt Tocqueville, vor allem mit seinem Buch *Über die Demokratie in Amerika* (1835).

Alexis de Tocqueville (1805-1859) war Staats- und Gesellschaftstheoretiker und Politiker. Beruflich war er Richter (1827-1832); USA-Reisender im Auftrag des Innenministeriums (1931-1832); Privatier (1832-1836); Schlossherr und Privatgelehrter im Stammschloss Tocqueville in der Normandie (1836-1859); Abgeordneter im französischen Parlament (1839-1851); Mitglied der Académie Francaise (1841); Mitglied der Kommission für afrikanische Angelegenheiten (1842); Außenminister (1849 unter Louis Napoleon); Generalrat seines Departements (1842-1851); schließlich wieder Privatgelehrter (1851-1859). Sein Vater war Präfekt verschiedener Departements und Pair von Frankreich. Sein Onkel war Chateaubriand, der »Vater der französischen Romantik«. Sein Urgroßvater war Malesherbes, der als Directeur de Librairie unter König Louis XVI die Aufklärer vor der Zensur bewahrt und als Minister die Reformen Turgots unterstützt hatte.

Der Adlige Tocqueville stand, anders als der reaktionäre, kleinbürgerliche Comte, auf der Seite der bürgerlichen Demokratie, er führte die Tradition der französischen Aufklärung weiter: Für die Phänomene der »Massengesellschaft«, die er 1831/32 auf seinen Reisen durch die USA beobachtete, *suchte er die Erklärungen in den sozialen und ökonomischen Strukturen, und das in der Absicht, die besten gesellschaftlichen Bedingungen für das Wohl aller zu finden. In der Volkssouveränität sah er ein schöpferisches Prinzip:* »Das Volk beherrscht die politische Welt Amerikas wie Gott das Universum. Das Volk ist Anfang und Ende aller Dinge; alles geht vom Volke aus, alles in ihm auf.« (Bd. 1, 1835, S. 49).

Tocqueville sah das Volk als aufgeklärt an. Die Leute, jedenfalls in Neu-England, seien schon aufgeklärt in Amerika angekommen, sie seien gebildet und gewohnt, ihre Interessen aufmerksam wahrzunehmen. Die Regeln der Demokratie würden von den Einzelnen befolgt, weil sie ihren Interessen nützlich seien.

Die amerikanische Gesellschaft war für Tocqueville der Modellfall für die moderne bürgerliche Industriegesellschaft. Er sah deren problematische Aspekte in der Gefahr einer »Aristokratie der Industrie«: »In der gleichen Zeit [...], da die industriellen Erkenntnisse die Klasse der Arbeiter unaufhörlich hinunterdrücken, heben sie die Arbeitgeber. [...] Der eine gleicht immer mehr dem Verwalter eines umfassenden Reiches und der andere einem Vieh.« (Bd. 2, 1840, S. 176). Aber für ihn waren Grundstücksspekulanten, Geldhaie, Indianer-Ausbeuter, korrupte Politiker einerseits und das Massenelend andererseits nicht das Wichtigste an der amerikanischen Gesellschaft. *Die zukunftsweisende Sozialstruktur war für ihn die Existenz einer breiten, bürgerlichen Mittelschicht.*

Im 15. Jahrhundert hatten sich ausländische Beobachter gewundert, dass die Franzosen die neuen Steuern bereitwillig zahlten, die der Zentralstaat unter ihrem König Charles VII erhob, denn es war ungewöhnlich, dass der Staat Steuern erhob. Ähnlich wunderte sich Tocqueville im 19. Jahrhundert, *dass sich in USA alle einer mächtigen Verwaltungsbürokratie unterordneten, obwohl das Ideal der Gleichheit aller vorherrschte.* Die Bürokratie sei zwar demokratisch legitimiert, aber zwischen den Wahlen handele jene autoritär, sie bringe ihre Bürger in eine »Art von geregelter, milder und friedsamer Knechtschaft.« (Bd. 2, S. 343). Tocqueville suchte nach den *sozialstrukturellen* Gründen:

Eine Ursache lag, so beobachtete Tocqueville, in der demokratischen Freiheit selbst: Je mehr der Mittelstand anwächst, desto mehr Menschen gibt es, die wenig Macht über die Geschicke ihrer Mitmenschen haben, aber Bildung und Güter besitzen, um sich selbst genügen zu können. *Im Umkreis ihrer häuslichen Anliegen sind die Menschen ruhelos tätig. Da in der Demokratie jeder das Recht hat, unabhängig von seinen Mitmenschen zu leben und sein Geschick nach eigenem Vermögen zu gestalten, verfolgt jeder rastlos seine eigenen Interessen, vor allem das Interesse an Gelderwerb. Das Gemeinsame regeln Verträge, die aber immer aufkündbar sind.* Zufrieden sondern sich die mittelständischen Bürger mit Familie und Freunden ab, jeder bildet seine kleine Gesellschaft und überlässt die große Gesellschaft sich selbst. So führt die Demokratie den einzelnen Bürger »ständig auf sich allein zurück und droht ihn schließlich ganz und gar in der Einsamkeit seines eigenen Herzens einzuschließen.« (Bd. 2, S. 282).

Das Interesse daran, ungestört den eigenen Erwerbsinteressen nachzugehen, gerät, so schrieb Tocqueville, ständig in Konflikt zum Interesse, souverän und frei zu sein: »Unsere Zeitgenossen werden immerfort durch zwei feindliche Leidenschaften bedrängt: Sie haben das Bedürfnis, geführt zu werden, und das Verlangen, freizubleiben. Da sie weder den einen noch den anderen dieser entgegengesetzten Triebe ausrotten können, trachten sie beide zu gleicher Zeit zu befriedigen. Sie denken sich eine einzige, schützende, allmächtige Macht aus, die jedoch von den Bürgern gewählt wird. *Sie verquicken die Zentralisierung und die Volkssouveränität. Das verschafft ihnen eine gewisse Erleichterung. Sie nehmen die Bevormundung hin, indem sie sich sagen, dass sie ihre Vormünder selber ausgewählt haben.* Jeder duldet, dass man ihn fessele, weil er sieht, dass weder ein Mann noch eine Klasse, sondern das Volk selbst das Ende der Kette in Händen hält.« (Bd. 2, S. 343; Kursivsetzg. zusätzl.). Tocqueville beobachtete auch, dass Bürger vor allem der Mehrheitsmeinung folgen: »Je mehr sich die Unterschiede zwischen den Bürgern ausgleichen und je ähnlicher sie einander werden, um so weniger ist jeder geneigt, einem bestimmten Manne oder einer bestimmten Klasse blind zu glauben. Die Bereitschaft, an die Masse zu glauben, nimmt zu, und mehr und mehr lenkt die öffentliche Meinung die Welt. *Nicht nur ist die öffentliche Meinung in den demokratischen Völkern die einzige Führung, die ihnen bleibt, sondern auch eine unvergleichlich größere Macht als in irgendeinem sonst.* [...] Sie bekehrt zu ihrem Glauben nicht durch Überzeugung, sie zwingt ihn auf und läßt ihn durch eine Art von gewaltigem geistigem Druck auf den Verstand jedes einzelnen in die Gemüter eindringen.« (Bd. 2, S. 22; Kursivsetzg. zusätzl.). Das bedeute einen gefährlichen Konformitätsdruck, der die Menschen entindividualisiere.

Dass die Individuen sich der Verwaltung und dem Druck der öffentlichen Meinung unterordnen, führte der soziologisch denkende Tocqueville auf den Einfluss des Arbeitslebens zurück: Wer einen Beruf ergreife, »an ein Praktisches, umkämpftes, eintöniges Dasein gewöhnt« sei, habe keine Möglichkeit mehr, sich »geistigen Genüssen hinzugeben«. Der brauche stattdessen »flüchtige und notwendige Entspannung inmitten der Arbeiten des Lebens«, die Leute bedürften »heftiger und schneller Erregungen, plötzlicher Erhellungen, glänzender Wahrheiten oder Irrtümer, die sie augenblicklich aus sich herausreißen und sie unvermittelt, wie mit Gewalt, mitten in den Gegenstand hineinführen.« (Bd. 2, S. 72)

Das war der Beginn der Kompensationstheorie, die behauptet, die Massenkultur habe die Funktion, den Menschen, die nach der Arbeit abgeschlafft sind, eine Belebung ihrer halbtoten Psyche zu bieten. Für manche ist diese Art von Analyse der Inbegriff einer leidenschaftslosen, sachlichen, soziologischen Untersuchung. – *Aber daran ist etwas falsch:* Wenn man erklärt, am niedrigen Niveau der Massen sei das Arbeitsleben schuld, verhält man sich zwar »soziologisch verstehend«, aber die Analyse bleibt pauschal, sie vertieft sich nicht genug in ihren Gegenstand. Tocqueville beobachtete Trends, aber er setzte voraus, dass die Unterordnung der Bürger total sei, und das untermauerte er mit viel Rhetorik. *Aber die Massen waren nie vollkommen dem Druck der Verwaltungsbürokratie und der öffentlichen Meinung ergeben. Und auch die kompensatorischen Zerstreuungen waren nie bloß nichtig und niveaulos.*

Tocqueville sah die verbindlichen Werte, die die Menschen trotz der gesellschaftlichen Atomisierung verbinden, in der Religion und der »Sittlichkeit der Frauen«: Der religiöse Geist, der in der Gesellschaft der USA öffentlich wirksam sei, mäßige die Selbstsucht der Bürger, und die tugendhaften Frauen, die sich auf die Familie konzentrieren, bestimmten »die Sitte« und besänftigten die Leidenschaften des Mannes. – *Aber war nicht auch ihr Verstand ein gemeinsamer Wert, der die amerikanischen Mittelstands-Bürger und Bürgerinnen trotz gesellschaftlicher Atomisierung verband? War nicht viel von dem, was einem Beobachter als Konformismus erschien oder als Frömmigkeit oder als Familien-Sittlichkeit, das Ergebnis vernünftiger Erwägungen von Bürgerinnen und Bürgern, die sich von anständiger Reputation gute Geschäfte und Kreditwürdigkeit versprachen? Besaßen die amerikanischen Bürger nicht viel praktische Vernunft?*

Die neue Fotografie und ein neuer Interessenkampf beim Publikum: Idealisierung gegen Realismus

»Selbstabdruck der Natur«: Daguerreotypie, Kalotypie, außerdem Lithografie, Diorama

Fotografie entstand, als man daran ging, die von der Camera Obscura eingefangenen Bilder auf einem lichtempfindlichen Material aufzunehmen und zu fixieren.

Mit solchem Material wurde schon im 18. Jahrhundert experimentiert, mit Silbersalzen, Chlorsilber. Es gab Veröffentlichungen in Deutschland 1727 vom Arzt Johann Heinrich Schulze; in Italien 1757 vom Physiker Giacomo Battista Beccarius; in Schweden 1777 vom Apotheker und Forscher Carl Wilhelm Scheele. Sie kamen aber nicht auf die Idee, die Ergebnisse über lichtempfindliche Materialien mit der Camera Obscura zu verbinden, um Bilder aufzuzeichnen. Die Forscher standen in der Tradition Newtons, der sich ab 1666 mit der Zerlegung des weißen Lichts in dessen Bestandteile befasst hatte (E. Heller, S. 285f.). Sie erforschten lichtempfindliche Materialien als quantifizierbare Indikatoren für die Eigenschaften des Lichts.

Erst Thomas Wedgewood, Privatforscher, und Humphrey Davy, Leiter des chemischen Labors der Royal Institution in London, propagierten 1802 die Idee, dass man mittels Glasplatten, die mit Sibernitrat beschichtet waren, Silhouetten von Figuren herstellen könne. Wedgewood war der erste, der damit experimentierte, die Abbilder der Camera Obscura auf Papier chemisch zu fixieren, das mit Silbernitrat bestrichen war. Aber die Abbilder waren zu schwach, und sie waren nicht zu fixieren, also an der totalen Schwärzung im Licht zu hindern. (Busch 1995, S. 21, 146)

Inzwischen war auf dem Gebiet der Drucktechnik eine Innovation entstanden: die Lithografie, ein Druckverfahren, bei dem mit fetthaltiger Kreide oder Tusche direkt auf einen Stein gezeichnet und dann das Umfeld weggeätzt wird. Das Verfahren war 1796 von Aloys Senefelder in München erfunden worden – mit finanzieller Unterstützung des Offenbacher Notenverlegers Anton André, der damit seine Noten billiger drucken konnte. Die Lithografie ersetzte schnell den Holzschnitt und die Radierung und führte ab den 1810er Jahren zu einer Massenverbreitung von Drucken und Plakaten.

Die Lithografie gab 1816 den Anstoß für den Erfinder Joseph Nicéphore Niépce in Chalon-sur-Saone. Er war ein reicher Privatgelehrter, Chemiker. Niépce unternahm Experimente, in denen er mittels der Camera Obscura Abbilder direkt auf den Lithografie-Stein fixieren wollte. Dafür bestrich er den Stein – und zur Probe auch Glasplatten – mit Phosphor und Guajakaharz, schließlich mit lichtempfindlichem Asphalt. Asphalt wurde in hellem Petroleum aufgelöst, und davon wurde eine ganz dünne Schicht auf den Stein oder die Glasplatte gegossen. Bei einer Belichtungszeit von zwei bis drei Stunden erhärteten sich die hellen Abbildungsteile, die dunklen blieben unverändert und konnten mit einem Lösungsmittel aus Lavendelöl weggewaschen werden. 1824 gelang Niépce ein Landschafts-Abbild erstmals auf einem Lithografiestein: ein Blick aus seinem eigenen Zimmer in den Hof. Er nannte dieses neue Verfahren »Heliographie«. Aber die Druckplatten hatten nicht die für den Massendruck erforderliche Qualität. Niépce experimentierte weiter mit Jodsilberplatten als Grundlage der lichtempfindlichen Asphaltschicht, die Platten wurden unmittelbar vor der Aufnahme mittels Joddämpfen lichtempfindlich gemacht.

In finanzieller Bedrängnis tat er sich 1829 mit Louis Jacques Mandé Daguerre zusammen. Daguerre war ein berühmter Theatermaler und Diorama-Direktor in Paris. In seinem Diorama zeigte er Großbilder, oft mehr als 300 Quadratmeter groß, bei denen Auflicht und Hintergrundlicht wechselten. Das war eine Art Kino in zwei Bildern nach dem Schema vorher/nachher: *Das Innere der Kirche von St. Etienne*, bei Tag/und bei einer Mitternachtsmesse; oder *Der Bergrutsch, der das Dorf Goldau in der Schweiz verschüttete*, zuerst das intakte,/dann das zerstörte Dorf.

Daguerre drängte darauf, die Idee der Massenreproduktion mittels Lithografie-Steinen aufzugeben und Unikate auf Jodsilberplatten herzustellen, also sich damit zufriedenzugeben, dass man jeweils nur ein unkopierbares Foto machen konnte. Nach Niépces Tod 1833 arbeitete Daguerre mit dessen Sohn Isidore zusammen und experimentierte weiter mit den Jodsilberplatten. Durch Zufall entdeckte er, dass man diese Platten nur relativ kurz, eine halbe Stunde, belichten musste und dass sich das Bild danach unter dem Einfluss von Quecksilberdämpfen von selbst entwickelte. 1837 entdeckte er die Möglichkeit, die Bilder durch eine einfache Kochsalzlösung zu fixieren, also an der totalen Schwärzung im Licht zu hindern. Er trotzte Isidore Niépce für das Verfahren den Namen »Daguerreotypie« ab. Daguerre erkannte, dass ihm eine Patentierung nicht viel einbringen würde, denn das Verfahren, wenn erst veröffentlicht, konnte jeder leicht anwenden. Deshalb verkaufte er das technische Geheimnis 1839 an den Staat, und dieser stellte es der Öffentlichkeit zur Verfügung. Das war der Beginn der Fotografie.

Das Verfahren wurde bis 1842 durch bessere Optiken verbessert, die die Belichtungszeit auf 40 Sekunden verringerten. 1847 wurde von Abel Niépce de Saint Victor das albuminierte, mit einer dünnen Silberschicht versehenen Glasnegativ eingeführt und 1851 von dem Maler Gustave Le Gray das schnellere Collodiumverfahren und das Papiernegativ. Damit brachte der Fotograf Nadar 1856 von einem Ballon aus erstmals Aufnahmen aus der Luft zustande. Das Zeitalter der Daguerreotypie dauerte bis ca. 1860.

Die Fotografie auf Papier wurde in England von Henry Fox Talbot erfunden, einem Privatgelehrten und Parlamentsabgeordneten. Er experimentierte ab 1834 mit Silbernitrat und Chlorsilber, mit denen er Papier beschichtete, und ebenfalls mit Kochsalz als Fixiermittel. 1835 nahm er auf diese Weise sein Landhaus auf. Aufgeschreckt durch Daguerres Erfolge, veröffentlichte er 1839 seine Erfindung, vor Daguerre. 1840 entdeckte er das »latente Bild« – die kurze Belichtung von Papier, das mit Silbernitrat und Kaliumjodid präpariert war – und die Möglichkeit, jenes mit einer Bromiumkaliumlösung zu entwickeln. Das Papier musste nur noch eine halbe Minute belichtet werden. Es entstand ein Negativ auf Papier, das mit demselben Verfahren in ein Positiv kopiert werden konnte. Talbot meldete das Verfahren 1841 als Patent an. Er nannte es »Kalotypie«. 1843 eröffnete Talbot bei London die erste fotografische Manufaktur.

Eine Massenbewegung war die Fotografie damit noch nicht. Sie blieb eine Angelegenheit der Berufsfotografen. Das Kollodiumverfahren (ab 1851) und die Trockenplatte (ab 1871) ermöglichten kürzere Belichtungszeiten, damit Momentaufnahmen und damit ab den 50er Jahren ein besseres Geschäft für Portraitfotografen. Die Amateurfotografie entwickelte sich in den 60er Jahren, als die Apparate und die Verfahren einfacher wurden. Eine Massenbewegung wurde die Amateurfotografie erst in den 90er Jahren.

Materie und bürgerliches Subjekt in der Fotografie

Das Projekt der Renaissance (1420-1540) war das Erforschen der Welt mittels Beobachtung gewesen. Auch die Camera Obscura, das auf die Leinwand oder das Zeichenbrett projizierte Bild, repräsentierte nicht mehr die Idee des Göttlichen, sondern bildete das Materielle ab. Die Fotografie führte das weiter. Immer wieder betonten die Zeitgenossen, wie wunderbar sich in den Daguerrotypien »die Natur selbst abbildet«. Die ersten Fotografien in Deutschland, 1839 von Carl-August von Steinheil und Franz von Kobell, zeigten Gebäude in München: die Frauenkirche, den Bazar am Odeonsplatz, die Glyptothek. Heute sehen wir darin langweilige Postkartenbilder. Damals war das aufregend: die getreue Wiedergabe von Realität. Von den Zeitgenossen wurde gelobt, dass man auf den Daguerreotypien mit der Lupe immer neue Gegenstände sehen könne. Und Talbot schrieb über das Foto von seinem Landhaus: »Dieses Haus ist, wie ich annehme, das erste, von dem man sagen kann, dass es sein eigenes Bild gezeichnet hat.«

Das war zu vulgärmaterialistisch gedacht. Zwar werden die Dinge im Foto abgebildet, »wie sie sind«, aber die Natur bildet sich im Rahmen eines Apparats ab, der die geometrische Konstruktion der Perspektive ermöglichte, also etwas Künstliches. Aber das wurde verdrängt und das materielle Abbild gefeiert. Der Germanist und Soziologe Bernd Busch schreibt hierzu: »Das vom fotografischen Bild vermittelte Erlebnis wirklichkeitsgetreuer, selbsttätiger Abbildung garantierte, neben der Abbildbarkeit und damit der Zugänglichkeit der Gegenstände für das Subjekt, die ›Echtheit‹ der Welt selbst. [...] Die ›deiktische [hinweisende, auf Beispiele gegründete] Sprache‹ der Fotografie, ihr neuartiger Realismus, entsprechen weitgehend den Anforderungen, die von der bürgerlichen Öffentlichkeit an ein verlässliches Abbildungsinstrument gestellt wurden. *Und ein solches Werkzeug hatte, gemäß der damals geläufigen positivistischen Vorstellung vom Abbildcharakter der Erkenntnis, Tatsachen zu liefern.«* (S. 235; Kursivsetzg. zusätzl.).

Andererseits stellten sich die vom »objektiven« Charakter der Fotografie ausgegrenzten Subjekte, die Menschen, mit eigenen Inszenierungen vor das »Faktische«: Das Fotoportrait wurde Mode. In den 40er Jahren ließen sich die reicheren Bohemiens, die Intellektuellen, portraitieren. Ab den 50er Jahren wurde das Fotoportrait billiger, der Fotograf Disderi verkleinerte die Fotos auf das Format einer »carte de visite«, einer Visitenkarte (ca. 6 x 9 cm). Sie wurden sehr beliebt. Disderi verwendete Glasnegative, von denen er preiswerte Abzüge mitlieferte. Viele Berufsfotografen waren arbeitslose Minitaturisten, Graveure, Portraitmaler oder Zeichner, arm gebliebene Bohemiens, die ihren »künstlerischen« Geschmack in die Dekorationen und Fotomotive einbrachten, um die Fotografien »kulturell wertvoll« erscheinen zu lassen. Außerdem wurden die Fotos retuschiert, koloriert und bemalt.

Fotografischer Realismus, obwohl erstmals möglich, war also nicht gefragt, sondern das Subjektive, »Schöpferische«. In den Fotoateliers konnten sich die Leute portraitieren lassen, in Herrscherposen. Sie stellten sich als feiner Herr dar, als soldatischer Held, als Kaffeehaus-Bonvivant etc., ausstaffiert mit großbürgerlichem Inventar: Vorhängen mit Fransen und Troddeln, Säulen, Vasen, Waffen, Trophäen, Büchern, Gemälden, Fellen, Palmen, ausgestopften Adlern, Pfauen. Die Menschen setzten ihr Eigeninteresse an der Idealisierung ihrer Person durch. *Man muss daran nicht immer nur »schlechten, kleinbürgerlichen Geschmack« kritisieren,* wie das die Fotografie-Soziologin und Fotografin Gisèle Freund tat, die von den »ungebildeten Massen« schrieb, von »diesen Schichten« und ihrem schlechten Geschmack (1936, S. 76f.). *Die Opposition zum Dokumentarischen war auch ein Widerstand gegen das »positivistische« Überwältigtwerden vom Faktischen.*

Kämpfe um Demokratie und Pressefreiheit in Frankreich und Deutschland 1848

Absolutistischer Obrigkeitsstaat und Pressezensur in Deutschland

Auch in Bezug auf Deutschland wäre eine Geschichte der Medien ohne Beachtung der politischen Verhältnisse sinnlos, *denn der Kampf um Pressefreiheit war Teil der Kämpfe um einen von absolutistischer Kontrolle befreiten Kapitalismus und um repräsentative Demokratie,* ein Kampf der Bürger gegen die Könige, Fürsten, den Adel – und gegen die Arbeiter.

Politisch herrschte in Deutschland der preußische und habsburgische Absolutismus. 1806 wurde das Heilige Römische Reich Deutscher Nation aufgelöst, das seit 962 bestanden hatte: Sechzehn Fürsten sagten sich vom Reich los, unter Napoleon erklärten sie alle Reichsgesetze für nichtig und schlossen den Rheinbund (bis 1813). An der Spitze standen Bayern, Württemberg, Baden und Hessen-Darmstadt. Der deutsche Kaiser, der Habsburger Franz II, erklärte das Amt des Reichsoberhaupts für erloschen. 1816 wurde der Deutsche Bund gegründet, eine Vereinigung der Fürsten, mit dem von den Fürsten beherrschten »Bundestag« in Frankfurt, im Palais Thurn und Taxis, der kein demokratisches Parlament wie der heutige Deutsche Bundestag, sondern ein Gesandtenkongress war.

Anfang des 19. Jahrhunderts gab es in Deutschland ca. 200 Zeitungen, mit einer Gesamtauflage ca. 300.000 Exemplaren, die ca. 3 Mio. Leser erreichten. *Es bestand eine totale Pressezensur: Die Karlsbader Beschlüsse unterwarfen 1819 die periodische Presse einer polizeilich überwachten Präventivzensur.* Auch alle anderen Schriften bis zu 20 Bögen (320 Seiten) unterlagen der Präventivzensur. In Mainz wurde eine zentrale Untersuchungskommission eingerichtet, faktisch eine Zentrale für Presse-Bespitzelung. Der Pressefreiheits-Feind Goethe begrüßte die Karlsbader Beschlüsse ausdrücklich, er fand sie »beruhigend« (Koschwitz 1999, S. 422). Die auf den Beschlüssen basierenden Verbote führten zu einer Dezimierung der Zeitungen in Deutschland und Österreich. Die Beschlüsse hielten sich bis zum März 1848.

Zwei Drittel der Bevölkerung im Deutschen Bund lebte auf dem Land, in Preußen drei Viertel. Die Bauern erhielten die Möglichkeit, sich aus der Leibeigenschaft loszukaufen. Aber die feudalen Abgaben und Frondienste wurden beibehalten, aus ehemaligen Fronbauern wurden Landproletarier. Die freien Bauern, deren Grundrechte nicht ganz eindeutig waren, erhielten ihr Eigentumsrecht gesichert, mussten dafür aber ein Drittel oder die Hälfte ihres Grund und Bodens an die Großgrundbesitzer abgeben. Die Bauern mit sicheren Besitzrechten konnten ihre Abgabe-Pflichten und Frondienste mit hohen Summen ablösen.

Ein Lichtblick waren ab 1807 in Preußen die Steinschen und Hardenbergschen »Reformen«: Eine Städteordnung wurde erlassen, Städte erhielten die Finanz- und Schulverwaltung. Stadtverordneten-Versammlungen konnten frei gewählt werden.

In den Städten gab es eine Mittelschicht: Handwerker mit kleinen Betrieben, kleine Geschäftsleute. Es war üblich, vom »Kleinbürgertum« zu sprechen, der linke Politiker und Schriftsteller Franz Mehring schilderte es so: »Es steckte noch voller zünftischer Vorurteile, und in den zahllosen Beamten-, Militär- und Residenzstädten hing es mit seiner Kundschaft vom Hofe und von den Junkern, von den Beamten und den Soldaten ab.« (1897/98, Bd. 1, S. 369). Mehring mochte noch nicht von einem »neuen Mittelstand« reden, das sei bloß »Professorenliteratur«, denn die bessergestellten Kleinbürger seien »gesinnungslose Bedienstete der Bourgeoisie«, nur von den armen Kleinbürgern nahm er an, dass sie Bündnispartner der Arbeiter, des Proletariats werden könnten (Bd. 1, S. 342). »Das Proletariat« war allerdings, mit der jetzt in Deutschland beginnenden Industrialisierung, erst im Entstehen.

Der Übergang von der Agrar- zur Industriegesellschaft fand in Deutschland erst um 1860 statt.

Vorher gab es vereinzelte Anstöße: Die erste Industrie entwickelte sich seit dem Frieden von Lunéville (1801) im französisch besetzten, linksrheinischen Teil Deutschlands. Dort bestand der Code Civil weiter, den Napoleon eingeführt hatte, er hatte die feudalen Besitzrechte abgeschafft und die Rechtsprechung reformiert. So konnten reiche Bürger in die *Tuchindustrie,* in die *Eisengießerei, Stahlverarbeitung, Maschinenfabrikation, Bergbau* und *Rüstung* (»Waffenschmieden«) einsteigen. Es entstand hier noch keine einheitliche Industriearbeiterschaft, sondern eine Vielfalt von industriellen Mischformen mit entsprechend unterschiedlicher Handwerker- und Arbeiterschaft. In Sachsen verordnete der Großherzog Karl August von Sachsen-Weimar (rg. 1815-1828) seinem Land eine Verfassung und förderte die Manufakturen. Und in Oberschlesien entwickelten sich Kohle-Bergbau, Eisengießereien – schon 1796 wurde in Gleiwitz der erste Kokshochofen des Kontinents eingerichtet – und eine Zinkindustrie, alles in Besitz von Großgrundbesitzern und gefördert und angekurbelt vom preußischen Staat.

Was die Presse betrifft, so erschienen nach der französischen Juli-Revolution von 1830 in Baden, Hessen, Württemberg, Bayern und Rheinpfalz liberale, demokratische Zeitungen, die sofort unterdrückt wurden. Im Mai 1832 fand das Hambacher Fest statt, bei dem sich 30.000 Menschen versammelten und Freiheitsreden gehalten wurden, ein »harmloser Phrasenschwall« (Mehring). Das Fest war in Verbindung mit dem Zweibrückener Presseverein organisiert worden, der »die Organisation eines deutschen Reichs, im demokratischen Sinne« zum Ziel hatte. Für die Obrigkeit war das Hambacher Fest ein Anlass, die Diktatur zu stärken: Im Juni 1832 erließ der Frankfurter Bundestag sechs Anordnungen, die die Befugnisse der Volksvertretungen beschränkten, die Pressezensur verschärften und ein Versammlungsverbot erließen.

Einen weiteren Anstoß zur Industrialisierung Deutschlands gab 1834 die Aufhebung der kleinstaatlichen Zollschranken durch den preußisch-deutschen Zollverein. Der Wegfall der Binnengrenzen ermöglichte die Beschleunigung des Verkehrs und des Handels.

Der Eisenbahnbau wurde auch in Deutschland der entscheidende Motor der Industrialisierung. 1835 wurde die erste Eisenbahn zwischen Nürnberg und Fürth eröffnet und in Berlin die Eisengießerei und Maschinenbauanstalt Borsig gegründet. 1837 entstand die zweite Eisenbahn, zwischen Leipzig und Dresden, und in München wurde die Gießerei und Dampfwagenfabrik Maffei gegründet. Im Ruhrgebiet begannen die Eisen- und Stahlgießereien von Krupp in Essen, Hoesch in Bochum, Mannesmann in Remscheid, sie produzierten erstmals Gussstahl. In Berlin lieferte Borsig 1846 bereits 119 Lokomotiven, davon 109 für das preußische Eisenbahnnetz. Ein umfassendes Eisenbahnnetz gab es in Deutschland um 1850. In den 50er Jahren entwickelten sich einige der Firmen wie Borsig zu Montankonzernen, die Lokomotiven und Eisenbahn-Zubehör aller Art bauten, Eisenbahnbrücken errichteten, Eisenbahnnetze betrieben und Kohlebergwerke besaßen.

In den 40er Jahren wurde die Textilproduktion in Preußen, im Rheinland und in Schlesien industrialisiert. In den Berliner Fabriken gab es 1840 erst 29 Dampfmaschinen, 1849 bereits 193 (Mehring 1897/98, Bd. 1, S. 221).

Neue Maschinen verringerten den Lohn, verlängerten die Arbeitszeit und machten Tausende arbeitslos.

Unzufriedene Bürger und erstmals Arbeitermassen in Deutschland

Ländliche Hausarbeiter, städtische Industriearbeiter, heruntergekommene städtische Handwerker und die Arbeitslosen bildeten seit den 40er Jahren auch in Deutschland ein Massenproletariat. In Städten wie Berlin und Wien wurden neue Arbeitervorstädte gebaut, mit Mietskasernen. In den berüchtigten »Familienhäusern« in Berlin lebten im Durchschnitt sechs Personen in einem Raum. In Köln verdiente ein Fabrikarbeiter in der Textilindustrie nach heutiger Kaufkraft 22,28 € (43,75 DM) pro Woche (Ogger 1982, S. 213,236).

Die Bürger Preußens und seiner Provinzen waren unzufrieden. Ihre Ziele waren die Gewerbe- und Handelsfreiheit und eine demokratische Verfassung. Preußen war – wie alle deutschen Staaten – hoch verschuldet und von Krediten abhängig, deshalb konnte der Staat mit den reichen Kapitalisten und den gewerbetreibenden Bürgern nicht so despotisch umgehen wie mit den anderen Untertanen. So gestand Preußen seinen Bürgern »Landtage« zu. Das war nicht das, was wir heute unter Landtagen verstehen. Vertreten waren die Stände der Hochadligen, der Ritter, der Städte etc. Sie tagten hinter verschlossenen Türen unter der Leitung und Zensur eines Regierungsmarschalls. Sie konnten nur untertänigst Vorschläge unterbreiten.

Zugleich beklagten sich die Verleger und Buchhändler über die rigorose Zensur. Sie wurde 1841 vom neuen König Friedrich Wilhelm IV (rg. 1840-1858), dem »Romantiker auf dem Thron«, ein wenig gelockert.

Deshalb konnte in Köln – das damals zu Preußen gehörte – zum Jahresanfang 1842 die *Rheinische Zeitung für Politik, Handel und Gewerbe* etwas mehr als ein Jahr lang erscheinen, obwohl sie Forderungen erhob wie ein allgemeines Wahlgesetz; die Öffentlichkeit der Regierungshandlungen; Rechenschaft über den Staatshaushalt und Pressefreiheit. Die *Rheinische Zeitung* war »schriftstellernde Presse«. Der Hauptteil bestand aus Nachrichten, Auszügen aus anderen Zeitungen etc. Dazu kam ein Beiblatt mit Kommentaren. Anfang 1842 hatte die Zeitung 400 Abonnenten, im April 1843 waren es 3.400. Das war nicht wenig. (Friedenthal 1981, S. 150)

Die *Rheinische Zeitung* ist später dadurch berühmt geworden, dass darin ab Mai 1842 der 24jährige Karl Marx seine ersten Aufsätze veröffentlichte und ab Oktober deren Chefredakteur war, bis sie im März 1843 verboten wurde. Marx – der damals ein radikaler Liberaler, aber kein Sozialist oder Kommunist war – begann mit einer Artikelserie über die Debatten im Rheinischen Landtag. Zu dessen Tagung im Frühjahr 1842 war eine Petition eingebracht worden, die den Zutritt zu den Sitzungen forderte; die tägliche Veröffentlichung von Protokollen; die freie Berichterstattung über die Sitzungen und aller Landesangelegenheiten in der Presse; und hierfür ein Pressegesetz, das Pressefreiheit garantiert. Gegen diese Forderungen hatte ein Redner im Landtag argumentiert, dass die Stände selbst ihre Reden veröffentlichen könnten: Die Ritter veröffentlichen die Reden der Repräsentanten der Ritter, die Städte die ihrer Vertreter etc. Dagegen beharrte Marx darauf, dass die persönlichen Worte der Redner nicht wichtig seien, sondern dass es eine repräsentative Stimme *des Landes,* der preußischen Rheinprovinz, geben müsse: »Eine Repräsentanz, die dem Bewusstsein ihrer Kommitenten entzogen ist, ist keine.« (1842, S. 44). Der Zensur warf Marx vor, dass sie den »Staatsgeist« tötet: »Die Regierung hört nur ihre eigene Stimme, sie weiß, dass sie nur ihre Stimme hört und fixiert sich dennoch in der Täuschung, die Volksstimme zu hören und verlangt ebenso vom Volke, dass es sich diese Täuschung fixiere. Das Volk versinkt daher teils in politischen Aberglauben, teils in politischen Unglauben, oder, ganz vom Staatsleben abgewendet, wird es Privatpöbel.« (1842, S. 63f.)

Marx war also gegen Zensur. Aber viele Verleger und Buchhändler waren vor allem deshalb gegen Zensur, weil sie die Gewerbefreiheit behinderte, also ihre Profite schmälerte. Als ein Vertreter im Landtag dieses Argument vorbrachte, kritisierte das Marx als den falschen Weg: »Die erste Freiheit der Presse besteht darin, kein Gewerbe zu sein.« (1842, S. 71)

Allerdings war auch Marxens Zeitung ein Gewerbe, sie wurde – damals neu in Deutschland – als Aktiengesellschaft betrieben. Gesellschafter waren rheinische Geschäftsleute, der Präsident der Kölner Handelskammer – und auch der 33jährige Dagobert Oppenheim, Mitinhaber der Großbank Salomon Oppenheim. Das Verbot der Zeitung 1843 kostete Oppenheim 80% seines eingebrachten Kapitals. Er gab das Zeitungs-Verlagsgeschäft auf und wurde Eisenbahn-Finanzier.

Und wieder einmal brauchte ein absolutistischer Herrscher Geld und brauchte dafür seine Generalstände, diesmal der preußische König: Am 11. April bis 26. Juni 1847 berief Friedrich Wilhelm IV den »Vereinigten Landtag« in Berlin ein. Das war ein neues Gremium, in dem die Landtage der acht preußischen Provinzen vereinigt wurden. Wie die Landtage war auch dieser Vereinigte Landtag kein Parlament im heutigen Sinne, sondern eine ständische Versammlung. Repräsentiert waren Adel, Ritterschaft, Städte, Bauern. Seine Befugnisse bestanden nur darin, Anleihen und Steuern zu genehmigen.

Aber der Vereinigte Landtag bewilligte dem König kein Geld. Er lehnte die Bewilligung von Anleihen für eine Ost-Eisenbahn und die Einführung einer Einkommenssteuer ab und wollte zuerst seine eigenen Rechte geklärt wissen. Er wurde aufgelöst.

Dann kam die Februar-Revolution in Frankreich.

Kurze Zeit der Pressefreiheit: Februar-Revolution, März-Revolution 1848

Die Revolutionen und Gegenrevolutionen von 1848/49 fanden in ganz Europa statt. *Dank Eisenbahn, Post und Zeitungen reagierten vor allem die Deutschen schnell auf die Entwicklungen in Paris und Wien.* Deshalb ist die Geschichte hier, in der notwendigen Kürze, nur als Montage darstellbar, die chronologisch vorgeht und immer wieder zwischen Frankreich, Deutschland und Österreich wechselt.

Auch in Frankreich war das Elend der Arbeiter groß, die Arbeitszeit betrug 12-14, oft 16-17 Stunden pro Tag, Kinderarbeit war üblich und eine hohe Kindersterblichkeit die Folge. Die Löhne reichten nicht zum Leben.

Im Februar 1848 war es in Paris soweit, die Ereignisse überstürzten sich: Die verfassungstreue Opposition in der Deputiertenkammer wurde von radikalen Abgeordneten überrollt. Alexandre Ledru-Rollin forderte das allgemeine Wahlrecht; Louis Blanc eine Arbeitszeitverkürzung und Berufsgenossenschaften, die das Recht auf Arbeit garantieren. Diese Forderungen wurden unterdrückt. Die Arbeiter, Handwerker und Studenten von Paris bauten Barrikaden. Es gab Tote. Zwei Tage später schloss sich die Nationalgarde der Revolution an. Das Palais Royal und die Tuilerien wurden gestürmt. König Louis Philipe dankte zu Gunsten seines Enkels ab und ergriff die Flucht. Das Volk besetzte die Deputiertenkammer und verhinderte die Einsetzung des neuen Königs. *Frankreich wurde zum zweiten Mal Republik. Sozialisten wie Louis Blanc verkündeten das Recht auf Arbeit und forderten den 11-Stunden-Arbeitstag und die Einrichtung von Nationalwerkstätten, als Notstandsmaßnahme gegen Arbeitslosigkeit.*

Eine provisorische Regierung wurde am 24. Februar 1848 gebildet, geleitet vom Dichter Lamartine, Blanc war darin Vertreter der Linken. Die Regierung verkürzte die Arbeitszeit, verkündete das Recht auf Arbeit, beschloss die geforderten Nationalwerkstätten und schrieb Wahlen aus.

Die Februar-Revolution in Frankreich hatte Volksversammlungen und Demonstrationen in Wien, in Süddeutschland und in Berlin zur Folge. Es gab Massenversammlungen im Rheinland und Aufstände in Schlesien.

In Wien wurde am 13. März 1848 der reaktionäre Staatskanzler Metternich gestürzt, und man machte sich an die Erarbeitung einer Verfassung.

In Baden wurde die Einberufung einer deutschen Nationalversammlung in Frankfurt und die Wahl von »Männern des öffentlichen Vertrauens« gefordert.

In Berlin wurden die demonstrierenden Menschen auf den Straßen vom Militär niedergemacht. Eine Delegation aus dem Rheinland verlangte von Friedrich Wilhelm IV Reformen und drohte mit der Separation des Rheinlands von Preußen, eine Petition forderte ein Arbeitsministerium, um die Arbeitslosigkeit zu bekämpfen.

Am 18. März wurden vom Balkon des Berliner Schlosses zwei »Patente«, Verordnungen, verkündet: die Wiedereinberufung des Vereinigten Landtags und die Herstellung einer begrenzten Pressefreiheit. Aber zugleich schoss das Militär, und es kam zu Straßenkämpfen, die bis zum 19. März dauerten. Es gab 183 Tote. Übrigens war das kein Arbeiteraufstand, die meisten Aufständischen hatten Handwerksberufe: Meister, Gesellen, Arbeitsmänner, Maschinenbauer, Handlungsgehilfen, Lehrlinge.

Der König gestand schließlich den Abzug des Militärs zu und gestattete eine Bürgerwehr, die Bewaffnung von Bürgern. In den folgenden Wochen richtete sich die Bürgerwehr nicht gegen die absolutistische Obrigkeit, sondern sie terrorisierte die Arbeiter und die soeben erst freie Presse wie die *Zeitungshalle*, die den Terror der Bürgerwehr kritisiert hatte.

In Frankfurt wurde die deutsche Nationalversammlung vorbereitet: Vom 31. März bis 4. April 1848 tagte in der Paulskirche ein Vorparlament von 500 Mitgliedern, eine Versammlung von Honoratioren.

Kurzfristig Pressefreiheit in Preußen

In Preußen versprach der König eine Verfassung und allgemeine Wahlen, gesichert durch ein Wahlgesetz.

Der Schwerpunkt unseres Interesses ist der Kampf um Pressefreiheit. Jetzt gab es erstmals einen Lichtblick: Am 6. April beschloss der zweite Vereinigte Landtag die unbegrenzte Pressefreiheit. Außerdem Schwurgerichte auch für politische Vergehen; Unabhängigkeit der Richter; freies Vereins- und Versammlungsrecht; staatsbürgerliche Rechte ohne Rücksicht auf Religionszugehörigkeit; eine künftige Versammlung mit dem Recht auf Gesetzgebung; Etatverwaltung; Steuererhebung. Am 8. April wurde das allgemeine, gleiche und geheime, aber indirekte Wahlrecht gesetzlich festgelegt.

Jetzt konnte sich eine kritische Meinungspresse entwickeln: in Berlin die liberale *National-Zeitung* (1848-1938), die demokratische *Urwähler-Zeitung* (1848-1944) und die erzkonservative *Neue Preußische Zeitung* (1848-1939); in Köln die linke *Neue Rheinische Zeitung* (1848-49, mit Marx als »Redakteur en chef«). Es entstand auch eine satirische Presse: in Berlin das politisch-satirische Witzblatt *Kladderadatsch* (1848-1944. Kladderadatsch = Zusammenbruch der bestehenden Ordnung). In München entwickelte sich die schon vor 1848 gegründete politische Witz-Zeitung *Fliegende Blätter* (1844-1928), in der Wilhelm Busch zeichnete. (Koch 1987)

In Frankreich brachte die Revolution einen Börsencrash. In den Nationalwerkstätten drängten sich die Arbeitslosen. Am 23. April 1848 fanden freie und allgemeine Wahlen statt – ohne Frauenwahlrecht. Am 4. Mai trat die gewählte Nationalversammlung zusammen. Es war ein Parlament der reichen Bürger, der Notabeln, Louis Blanc war nicht mehr dabei. Das Parlament verweigerte den Sozialisten ein Arbeitsministerium und beabsichtigte, die geplanten Nationalwerkstätten zu streichen.

Bürgerliches Paulskirchen-Parlament
Am 18. Mai trat in der Paulskirche in Frankfurt die deutsche Nationalversammlung zusammen. Sie war nach allgemeinem, gleichem Wahlrecht gewählt worden. Es war dabei eine Honoratiorenversammlung herausgekommen: Unter den 568 Abgeordneten waren 319 Juristen und Verwaltungsbeamte, 104 Gelehrte, 38 Kaufleute und Vertreter der Industrie, 1 Bauer, kein Arbeiter.

Auch in Preußen kam im Mai bei den Wahlen für die verfassunggebende Versammlung ein Bürger-Parlament zustande: Gewählt wurden vor allem Beamte aus Kirche, Schule und Staat, viele ländliche Proletarier und ein Fleischermeister. Parteien gab es noch nicht. Die »Versammlung zur Vereinbarung der preußischen Staatsverfassung« trat am 22. Mai zusammen. Sie war bürgerlich-fortschrittlich, sie wollte aus Preußen einen modernen Staat machen. Sprachrohr der konstitutionellen Bürger war die *Vossische Zeitung.* Allerdings war der bürgerliche Minister Hansemann kein Freund der Pressefreiheit: Er stellte 1.600 neue Polizisten ein und ließ Oppositionelle ohne gesetzliche Grundlage verhaften, die Presse mit Prozessen überziehen und die Versammlungsfreiheit einschränken.

Gegen die Bürger organisierten sich der Adel und das Militär. Sie schlossen sich in der Konservativen Partei zusammen und schufen sich mit der *Neuen Preußischen Zeitung* (1848-1939) ihr Sprachrohr. Wegen des eisernen Kreuzes auf dem Titel wurde sie die »Kreuzzeitung« genannt (1932-1939 erschien sie unter diesem Titel).

Gegenrevolution, reaktionäre Presse

Weil die Könige und Fürsten und deren Militär ihre Macht erhalten wollten, kam es zur Gegenrevolution. Es kam auch dazu, weil die Bürger um die politische und wirtschaftliche Stabilität fürchteten und sich gegen die Arbeiter und Landarbeiter wandten. Sie fürchteten die demokratische Republik und bekämpften die Liberaldemokraten und Sozialisten. In Frankreich richteten sie eine Präsidialdiktatur ein, in Deutschland kooperierte das Paulskirchen-Parlament mit der diktatorischen preußischen Monarchie, und eine deutschnationale Euphorie übertünchte alles.

Die Wende zur Gegenrevolution kam im republikanischen Paris. Am 23.-26. Juni 1848 gab es einen Aufstand der Arbeiter, Handwerker, kleinen Ladenbesitzer gegen die Auflösung der Nationalwerkstätten. Es war ein Hungeraufstand der Verarmten. Der Aufstand wurde von General Louis Eugène Cavaignac mit schwerer Artillerie niedergeschlagen. Erstmals kämpfte das Militär nicht an den Barrikaden, sondern es durchbrach die anliegenden Häuser und fiel den Aufständischen in den Rücken. Es gab 1.147 Tote, und 15.000 Gefangene, 4.000 wurden in die überseeischen Kolonien deportiert. Am 28. Juni strich die Nationalversammlung das staatliche Arbeitsbeschaffungsprogramm, die Nationalwerkstätten. *Im Juli wurde die Versammlungs- und Pressefreiheit eingeschränkt* und die zuvor verkürzte Arbeitszeit wieder erhöht.

In Berlin stiegen die Börsenkurse.

So wie die Revolution war auch die Gegenrevolution von 1848/49 eine gesamteuropäische Angelegenheit, deshalb müssen wir auch hier zwischen den Schauplätzen hin und her wandern.

In Frankfurt wählte die deutsche Nationalversammlung am 27. Juni 1848 als Repräsentanten der deutschen Zentralgewalt den Erzherzog Johann von Österreich zum »Reichsverweser«. Was es bedeutete, dass die Demokraten ausgerechnet einen Feind der Demokratie wählten, den Stellvertreter des österreichischen Kaisers, schilderte Franz Mehring so: »Die Schafe erklärten den Wölfen: [...] aus souveräner Machtvollkommenheit wollen wir bestimmen, dass ihr uns auffressen dürft.« (1897/98, Bd. 1, S. 379). Das Auffressen begann sogleich: Als in Frankfurt linke – und nationalistisch gesinnte – Sozialrevolutionäre einen Aufstand gegen die bürgerliche Parlamentsmehrheit machten, wurde jener vom Reichsverweser mit Hilfe von preußischem Militär unterdrückt.

In Wien wurde die Arbeiterschaft, die sich zu organisieren begann, am 31. Oktober 1848 von kaiserlichen Truppen niedergeschlagen. Neben vielen anderen wurde auch Robert Blum hingerichtet, der linke Abgeordnete und Gesandte der deutschen Nationalversammlung.

In Berlin wurden die Errungenschaften der bürgerlichen Revolution zerstört: Am 10. November 1848 rückten Truppen ein, die preußische Nationalversammlung wurde geschlossen. Alle politischen Klubs und Versammlungen über 20 Personen wurden verboten, die Publikation von Plakaten, Zeitungen und anderen Schriften wurde nur noch mit Genehmigung der Polizei gestattet. Am 5. Dezember löste der König die preußische Nationalversammlung offiziell auf und verkündete eine neue Verfassung, die ein Dreiklassenwahlrecht und zwei Kammern vorsah. Sie galt in Preußen bis 1918. *Diese Verfassung zerstörte die Pressefreiheit.*

Die französische Nationalversammlung verabschiedete am 4. November die neue Verfassung, eine Verfassung gegen die »Leidenschaften und Begierden der Pariser Arbeiter«. Das von Louis Blanc geforderte Recht auf Arbeit wurde nicht in die Verfassung aufgenommen. Die Verfassung sah einen direkt gewählten, starken Präsidenten vor. Am 10. Dezember wählten die Franzosen den Neffen Napoleons, Louis Napoleon, zum französischen Präsidenten. Jener hatte sich bei den Arbeitern damit beliebt gemacht, dass er ihnen die Verteilung von neun Millionen Hektar Land versprach, und bei den Reichen damit, dass er ihnen eine Ordnung versprach, die ihren Besitz schützt. *Louis Napoleons Innenminister Dufaure schränkte die Pressefreiheit stärker ein, als es unter Napoleon I der Fall war.* Der Historiker Veit Valentin kommentiert das so: »Diktatur und Demokratie reichen sich die Hand. Das allgemeine Wahlrecht verlor seine Schrecken für die herrschenden Klassen, wenn sich die Herren des Staatsapparates der Propaganda zur Volksbeeinflussung bedienten. *Das Land der großen Revolution hatte sich für eine besondere Form der Gegenrevolution entschieden. Verfassung, Gesetze, ernsthaftes, selbständiges politisches Denken begannen unwichtig zu werden. Wichtig dagegen wurde die Erhaltung der bestehenden Gesellschaftsordnung und die Beschützung des hochkapitalistischen Unternehmertums durch eine militärisch und polizeilich gestützte Dauerdiktatur.*« (Bd. 3, S. 1076; Kursivsetzg. zusätzl.)

Der deutschen Nationalversammlung in Frankfurt war die Zerschlagung der preußischen Nationalversammlung nicht unrecht. Die Paulskirchen-Parlamentarier dachten nicht föderalistisch, sie konnten sich nicht, so wie wir das in der heutigen Bundesrepublik tun, viele Länderparlamente vorstellen, sondern nur ein einziges deutsches Parlament. Deshalb war die preußische Nationalversammlung eine Konkurrenz gewesen. Jene war jetzt zerschlagen, und so rechneten sich die Parlamentarier in Frankfurt Chancen aus, das einzige deutsche Parlament zu werden. *Am 28. Dezember 1848 proklamierten sie die »Grundrechte des deutschen Volkes«. In Artikel IV wurde – was angesichts des Terrors in Preußen keinerlei Chancen hatte – für ganz Deutschland die Pressefreiheit garantiert. Von Menschenrechten war nicht die Rede, die »Grundrechte« waren lediglich als vom Staat gewährte und bei Krieg oder »Aufruhr« zurückziehbare Rechte konzipiert.*

Am 27. März 1849 verabschiedete die deutsche Nationalversammlung die Verfassung des deutschen Reichs: Sie sah eine konstitutionelle Monarchie vor, einen erblichen deutschen Kaiser, unter Beibehaltung aller kleinstaatlichen Feudalverhältnisse; einen Reichstag, mit einem »Staatenhaus« und einem »Volkshaus«. Am 28. März wählte sie den preußischen König und Militärdiktator Friedrich Wilhelm IV zum deutschen Kaiser, doch jener lehnte ab, seine heimliche Devise war: »Gegen Demokraten helfen nur Soldaten«.

Uns interessieren die Medien-Aspekte, deshalb gehört hierher auch die Entwicklung der Telegrafie in Deutschland. Eine Folge der politischen Ereignisse war der Bau der ersten Draht-Telegrafenlinie Deutschlands, zwischen Berlin und Frankfurt. Zugleich setzte sich in Deutschland der Morse-Apparat durch: Der Text der Rede Friedrich Wilhelms IV in Frankfurt, in der er die Kaiserkrone ablehnte, wurde nach Berlin telegrafiert, sowohl mit Morse-Telegrafenapparaten als auch mit Siemens-Zeigertelegrafen. Die Übertragung der Rede dauerte mit Morses Apparaten 75 Minuten, mit den Siemens-Apparaten 7 Stunden. Da die Morse-Telegrafenapparate eine schnelle Nachrichtenübertragung gestatteten, *wurde im gleichen Jahr in Berlin als erste deutsche Nachrichtenagentur Wolff's Telegrafenbüro gegründet.*

Die neue Reichsverfassung wurde von 28 deutschen Regierungen, allen Volksvertretungen und allen fortgeschrittenen preußischen Provinzen angenommen – aber der preußische König akzeptierte sie nicht. Am 4. Mai 1849 schrieb die Frankfurter Nationalversammlung aufgrund der Reichsverfassung gesamtdeutsche Wahlen für den 15. Juli aus, was angesichts der Situation in Preußen völlig aussichtslos war. Daraufhin zerfiel das Paulskirchen-Parlament. Am 30. Mai fand die letzte Sitzung statt.

Diejenigen, die nicht ausgetreten waren, bildeten in Stuttgart ein Rumpfparlament. Am 18. Juni wurde es von württembergischem Militär vertrieben. Badische und pfälzische Volks- und Militäraufstände zwischen dem 12. Mai und dem 23. Juli wurden von preußischem Militär und deutschen Bundestruppen niedergeschlagen.

In Berlin wurden Anhänger der Frankfurter Reichsverfassung verfolgt. Das Polizei- und Spitzelwesen wurde ausgebaut, unterstützt vom Beamtentum, den Großgrundbesitzern und der protestantischen Kirche.

Am 1. September 1850 wurde der Frankfurter Bundestag, die alte reaktionäre Fürsten-Vereinigung, im Palais Thurn und Taxis wieder eröffnet. Er hob die Grundrechte wieder auf.

Ein neues preußisches Pressegesetz vom 12. Mai 1851 hob die Vorzensur formal auf. Durch Zusatzparagraphen zur Strafverfolgung von Pressedelikten wurde die Pressefreiheit jedoch faktisch der Zensur unterworfen. Es wurde eine Präventivpolizei eingerichtet, die die Zeitungen bespitzelte. Außerdem wurden die Zeitungen mit einer Stempelsteuer belastet. Die Vereins- und Versammlungsfreiheit wurde abgewürgt.

»Pressefreiheit« bestand nur für die konservative Parteienpresse, zum Beispiel für das *Wochenblatt*, ein Organ der liberal-konservativen »Wochenblattpartei« der rheinischen Aristokraten, Diplomaten und großen Herren. Sie wollten die industrielle Modernisierung Preußens. Der äußerste rechte Flügel der Konservativen, der Feudalen und Ministeriellen hatte die uns schon bekannte *Neue Preußische Zeitung*, die »Kreuzzeitung«, als Organ. Beide Parteien bekämpften die Demokratie. Aber auch die einst bürgerlich-konstitutionelle *Vossische Zeitung* ging ins Regierungslager über und bekämpfte jetzt die »verruchten Demokraten«.

Die Gegenrevolution ging in Frankreich weiter: Am 2. Dezember 1851 organisierte Louis Napoleon einen Staatsstreich und verlängerte seine Amtszeit, die von der Verfassung auf vier Jahre beschränkt worden war, um weitere zehn Jahre. Nach einem Plebiszit ließ er sich am 2. Dezember 1852 zum Kaiser Napoleon III ernennen (rg. als Präsident und Kaiser 1848-1870).

Napoleon III war eine Art staatssozialistischer Diktator, er ließ Paris modernisieren, die großen Boulevards bauen – auf denen sich keine Barrikaden mehr errichten ließen –, öffentliche Bauten, Parkanlagen, die Oper, die Hallen. Die Arbeitszeit, von der Februar-Revolution auf 10 Stunden begrenzt, wurde wieder auf 12 Stunden erhöht, auch für Kinder. Aber die Arbeiter und vor allem die Handwerker profitierten von der Bauleidenschaft Napoleons III. Und von der üppigen Eleganz der reichen Börsenspekulanten und der neuen Mittelschicht profitierten die Möbelschreiner, Seidenfabrikanten, Kutschenmacher, Restaurants, Theater und die Modebranche, für die Paris berühmt wurde. In Paris wurden die ersten großen Kaufhäuser eröffnet: Bon Marché (1852), Louvre (1855), später Printemps (1865), Samaritaine (1869).

1854 – nachdem, wie Jürgen Wilke schreibt, »der Sturm der Revolution verflogen war« – *wurde im wieder hergestellten Deutschen Bund eine formale Pressefreiheit eingeführt, die in Wirklichkeit keine war.* Es wurden »Allgemeine Bundesbestimmungen« erlassen: Die Vorzensur wurde aufgehoben, aber ohne Konzession durfte keine Zeitung betrieben werden. Außerdem bestand Kautionszwang, d.h. für etwaige Strafen musste ein hoher Geldbetrag hinterlegt werden, und eine Stempelsteuer verteuerte den Preis der Zeitungen. (Wilke 1994a, S. 156)

Andererseits wurden Freiräume für die kommerzielle und regierungstreue Presse geschaffen. 1850 war in Preußen das staatliche Anzeigenmonopol – man nannte das »Intelligenzzwang«, ein Monopol für Intelligenzpresse – aufgehoben worden. Es war zwar nie ganz respektiert worden, aber das große Anzeigengeschäft war doch stets dem Staat vorbehalten gewesen. *Jetzt konnte es sich freier entfalten. Das ermöglichte auch in Deutschland allmählich eine werbefinanzierte Presse.* Die erste deutsche Werbeagentur, »Annoncenexpedition« genannt, wurde 1855 von Ferdinand Haasenstein in Hamburg-Altona gegründet, er eröffnete Filialen in ganz Deutschland und im Ausland.

Eine wirkliche Massenpresse entstand in Deutschland erst ab den 70er Jahren.

Erstmals Nachdenken über die materielle Basis eines vernünftigen Massenbewusstseins bei Marx und Engels

Dass die Camera Obscura Bilder liefert, die auf dem Kopf stehen, hat weder die Zeitgenossen im 16. Jahrhundert noch die Fotografie-Begeisterten des 19. Jahrhunderts daran zweifeln lassen, dass in den Abbildern die materielle Realität wiedergegeben wird. Dabei war klar, dass das nicht »die Realität« war, sondern die Abbildung der Realität in perspektivischer Konstruktion. Aber niemand kam auf die Idee, das Auf-dem-Kopf-Stehen der Bilder sei eine Verfälschung.

Dagegen verwendeten Marx und Engels 1845/46 das auf den Kopf gestellte Bild als Metapher für eine illusionäre Sicht der Welt. Die Welt wurde, so Marx und Engels, von jenen philosophischen Theorien – des Hegelschen und nachhegelschen Idealismus – auf den Kopf gestellt, die behaupten, dass der Staat und die Gesellschaft eine Verkörperung von Ideen seien. Gegen diese »deutsche Ideologie« schrieben sie: »Wenn in der ganzen Ideologie [der idealistischen Philosophie] die Menschen und ihre Verhältnisse wie in einer Camera Obscura auf den Kopf gestellt erscheinen, so geht dies Phänomen ebenso aus ihrem historischen Lebensprozeß hervor, wie die Umdrehung der Gegenstände der Netzhaut aus ihrem unmittelbar physischen.« Die materialistische Wende von Marx und Engels war es, das idealistische Bild des Staats und der Gesellschaft »richtig« abzubilden, auf die Füße zu stellen, so wie die umgekehrt auf der Netzhaut ankommenden »falschen« Bilder vom Gehirn zwecks besserer Realitätstüchtigkeit auf die Füße gestellt werden. Vor dem obigen Zitat stehen die Sätze: »Die Menschen sind die Produzenten ihrer Vorstellungen, Ideen pp., aber die wirklichen, wirkenden Menschen, wie sie bedingt sind durch eine bestimmte Entwicklung ihrer Produktivkräfte und des denselben entsprechenden Verkehrs bis zu seinen weitesten Formationen hinauf. Das Bewusstsein kann nie etwas anderes sein als das bewusste Sein, und das Sein der Menschen ist ihr wirklicher Lebensprozess.« (1845/46, S. 26)

Der Beginn dieser Wende liegt nicht bei Marx und Engels. Auf die Füße gestellt wurden die Weltbilder von den Philosophen der Aufklärung. *Neu war bei Marx und Engels deren Bild von den Massen. Jene waren bisher – mit wenigen Ausnahmen (Voltaire, Saint-Simon, Tocqueville) – mystifiziert worden, als instinktgetrieben, irrational, tierisch etc. Dagegen analysierten Marx und Engels die Massen als ein Produkt ihrer materiellen Umwelt.* Und in der Tradition der Aufklärung interessierten sie sich für die Menschen als rational Handelnde. Das unterschied sich von den vielen elitären Diffamierungen der Massen im 19. Jahrhundert.

Karl Marx (1818-1883) war materialistischer Philosoph, Staats-, Gesellschafts-, Wirtschaftstheoretiker, Parteipolitiker. Beruflich war er: In Köln: Zeitungsredakteur (1842-1843). In Paris: Zeitschriftenredakteur (1843-1845). / Danach in Brüssel: Gründer eines Kommunistischen Korrespondenzkommitees (1846); Präsident der Brüsseler Gemeinde des Bundes der Kommunisten (gegründet 1847 in London, aufgelöst 1852); Gründer der Deutschen Arbeiter-Gesellschaft; Vizepräsident der Association démocratique (alles 1847-1848). / Dann in Paris: Präsident der Zentralbehörde des Bundes der Kommunisten und Gründer eines deutschen Arbeiterclubs. / In Köln: Zeitungs-Gründer und Chefredakteur; Mitglied im Zentralausschuss der Demokratischen Gesellschaft; Leiter des Kölner Arbeitervereins (alles 1848-1849). / Ab 1849 bis zu seinem Lebensende 1883 arbeitete Marx in London als Publizist, Verbandspolitiker und Privatgelehrter: Mitglied, dann Leiter der Zentralbehörde des Bundes der Kommunisten (1849); Mitbegründer der Internationalen Gesellschaft der revolutionären Kommunisten (alles 1850); führender Kopf (1864-1872) des Zentralrats der Internationalen Arbeiterassoziation, der 1. Internationale (gegründet 1864, aufgelöst 1872). Alle die genannten Organisationen muss man sich, trotz der großartigen Gremien-Namen wie »Zentralbehörde«, »Zentralrat«, als sehr kleine Vereine vorstellen, das war keine »proletarische Massenbewegung«. Marx lebte sehr schlecht vom Ertrag seiner Zeitungsartikel und Bücher, von verschiedenen Erbschaften und beträchtlichen Geldgeschenken von Engels, ab 1869 von einer Jahresrente, die Engels ihm bezahlte. Marx' Vater war Justizrat, Rechtsanwalt beim Gericht und langjähriger Vorstand der Anwaltskammer in Trier.

Friedrich Engels (1820-1895) war materialistischer Philosoph, Staats-, Gesellschafts-, Wirtschaftstheoretiker, Parteipolitiker. Beruflich war er fast sein gesamtes Leben lang Kaufmann und Fabrikant bei Ermen & Engels in Manchester (1842-1869, zuerst

Handlungsgehilfe, dann Geschäftsführer und später Kompagnon), einer Fabrik für Baumwollgarne, an der sein Vater beteiligt war. Außerdem war Engels Publizist und Verbandspolitiker: In Brüssel (1844-1848): Gründer eines kommunistischen Korrespondenzkommitees (1846) und Gründer der Deutschen Arbeiter-Gesellschaft (1847). In Köln: Zeitungsredakteur (1848). / In London: Mitbegründer der Internationalen Gesellschaft der revolutionären Kommunisten (1850); nach seinem Austritt aus Ermen & Engels reicher Privatier (1896); Sekretär der Internationalen Arbeiterassoziation in London (1870-1895). Sein Vater war Spinnereifabrik-Besitzer im Ruhrgebiet.

Marx und Engels arbeiteten seit 1844 zusammen. Sie produzierten gemeinsam Bücher, Zeitungsartikel, Korrespondenzen, und sie agierten gemeinsam parteipolitisch.

Anhand von England beobachteten Marx und Engels, dass sich die mehr als hundert Jahre zuvor entwickelten Vorstellungen von freiem Warenverkehr und freier öffentlicher Kommunikation – an die der junge Marx als Redakteur der *Rheinischen Zeitung* 1842 noch geglaubt hatte – als Illusionen erwiesen hatten: Die Wirtschaft hielt sich nicht im Gleichgewicht gleichwertiger Kleinproduzenten, sondern es entstanden Oligopole, Marktformen mit Großfirmen, die kleinere Firmen aufkauften oder zerstörten. Um 1840 gab es in England eine Wirtschaftskrise, die schlimmste des Jahrhunderts, in der viele Firmen untergingen.

Und die Ausbeutung der Arbeiter war in den 1840er Jahren offensichtlich. Die Wirtschaftskrise wurde von der britischen Regierung mit einem Armengesetz beantwortet, das Arbeitslosenhilfe abbaute und stattdessen die berüchtigten Arbeitshäuser einrichtete. Darin wurden die Arbeitslosen kaserniert, sie lebten und arbeiteten nach Geschlechtern getrennt, auch Familien wurden getrennt, gemäß der malthusianischen Devise, dass die Bevölkerungsvermehrung gestoppt werden müsse (Malthus 1798).

Gegen das Elend kämpfte die Chartistenbewegung mit ihrem Verfassungsentwurf, ihren Charten, in denen sie das allgemeine, gleiche Wahlrecht forderte; eine Parlamentsreform; jährliche Parlamentswahlen. Die Bewegung hatte ihren Höhepunkt um 1842, gerade als Engels in Manchester ankam.

Als Aufklärer suchten Marx und Engels nach den *wirtschafts- und sozialstrukturellen* Chancen für die Entwicklung einer vernünftigen Gesellschaftsordnung. Entscheidend war für sie das, was Adam Smith die »Produktivkräfte« genannt hatte, die produktiven Elemente in der industriellen Organisation der Arbeit, der Arbeitsteilung, der gesellschaftlichen Differenzierung. Auch Marx und Engels betonten immer wieder, wie enorm der Kapitalismus die Entfaltung der Produktivkräfte beschleunigt hat: »Als das rastlose Streben nach der allgemeinen Form des Reichtums treibt [...] das Kapital die Arbeit über die Grenzen ihrer Naturbedürftigkeit hinaus und schafft so die materiellen Elemente für die Entwicklung der reichen Individualität.« (1857/58, S. 231)

Sie sahen die industriellen Produktivkräfte in der bürgerlichen Gesellschaft durch veraltete Produktionsverhältnisse gefesselt, durch die Anarchie des Markts, die schlechte Rückkoppelung von Angebot und Nachfrage; durch das Privateigentum, das Machtgefälle zwischen Kapital und Arbeit; durch die hierdurch geprägte Organisation von Arbeit, Politik, Gesellschaft. Hierdurch, so meinten sie, werde die Möglichkeit einer vernünftigen, kooperativen Organisation des gesellschaftlichen Lebens verhindert. So konstruierte der 24jährige Engels 1844 – pathetisch und abstrakt – zwei Wege: »Wie die Theologie entweder zum blinden Glauben zurück-, oder zur freien Philosophie vorwärtsgehen muss, so muss die Handelsfreiheit auf der einen Seite die Restauration der Monopole, auf der anderen die Aufhebung des Privateigentums produzieren.« (S. 502). Und bei Marx hieß es 1847 – Marx war 29: »In der heutigen Gesellschaft, in der auf dem individuellen Austausch basierenden Industrie, ist die Produktionsanarchie, die Quelle so vieles Elends, gleichzeitig die Ursache allen Fortschritts. – Demnach von zwei Dingen eins: – Entweder man will die richtigen Proportionen früherer Jahrhunderte [Mangelwirtschaft, in der die Nachfrage das Angebot beherrscht] mit den Produktionsmitteln unserer Zeit, und dann ist man Reaktionär und Utopist in einem. – Oder man will den Fortschritt ohne Anarchie [mit Planung von Angebot und Nachfrage]: und dann verzichte man, um die Produktivkräfte beizubehalten, auf den individuellen Austausch.« (S. 97)

Marx und Engels sprachen stets davon, dass die Proletarier, um an die Macht zu kommen und sie zu erhalten, eine Diktatur ausüben müssten. Das sollte man nicht verharmlosen, das war damals schon undemokratisch, und damit produzierten Marx und Engels eine Rechtfertigungsideologie für die späteren Ostblock-Diktaturen.

Aber zu Marx' und Engels' Zeit war die Hoffnung auf eine Veränderung durch revolutionäre Befreiungsschläge groß, so wie die Bürger das vorgemacht hatten. Und es bestand Hoffnung, dass das Interesse der Proletarier in Richtung Vernunft geht, in die Richtung einer demokratischen Planung der industriellen und gesellschaftlichen Produktion: *Ähnlich wie im 18. Jahrhundert die Bürger das Idealmodell der freien, vernünftigen Kommunikation gleichberechtigter Warenproduzenten propagiert hatten, entwickelten Marx und Engels das Idealmodell einer vernünftigen Organisation der industriellen Gesamtproduktion, der gesamtgesellschaftlichen Leitung der Produktionsprozesse durch die Tätigkeit aller Mitglieder der Gesellschaft, geplant durch einen Staat, der im Besitz aller ist, der »vergesellschafteten Menschheit«.* Als Ziele wurden im *Kommunistischen Manifest* (1848) genannt: Konzentration von Kapital in den Händen des Staates; Staatsfabriken; allgemeine Arbeitspflicht; Enteignung von Grundbesitz; progressive Einkommenssteuern; Abschaffung des Erbrechts; eine Nationalbank als zentrales Kreditinstitut; Zentralisation des Verkehrswesens durch den Staat; Bodenverbesserung; Abschaffung der Unterschiede zwischen Stadt und Land; Abschaffung der Kinderarbeit; freie Erziehung; Verbindung der Erziehung mit industrieller Produktion.

Um das zu erreichen, war es notwendig, das gemeinsame Interesse zu definieren, das die Massen zur Revolution veranlassen könnte. Denn in der Französischen Revolution hatten nicht die Massen gemeinsame Interessen, sondern nur die Bürger Interessen wie Gewerbefreiheit, Freiheit des Handels, Informations- und Meinungsfreiheit. So schrieben Marx und Engels 1844/45: »Das Interesse der Bourgeoisie in der Revolution von 1789 [...] hat alles gewonnen und hat den eingreifendsten Erfolg gehabt [...]. Dieses Interesse war so mächtig, dass es die Feder eines Marat, die Guillotine der Terroristen, den Degen Napoleons wie das Kruzifix und das Vollblut der Bourbonen siegreich überwand. Verfehlt ist die Revolution nur für die Masse, die in der politischen Idee nicht die Idee ihres wirklichen Interesses besaß, deren wahres Lebensprinzip also mit dem Lebensprinzip der Revolution nicht zusammenfiel, deren reale Bedingungen wesentlich verschieden sind von den Bedingungen, innerhalb deren die Bourgeoisie sich und die Gesellschaft emanzipieren konnte.« (1844/45, S. 86). Die Französische Revolution sei für die Massen fehlgeschlagen, weil sie stehengeblieben war, weil sie nicht die Gesamtheit der Massen umfasste und sich deshalb kein gemeinsames materielles Interesse der Massen hergestellt habe.

Wie kann sich ein gemeinsames Interesse der Massen herstellen? Hier beginnen die Probleme.

Marx und Engels teilten die Bevölkerung in Lager mit unterschiedlichen Interessenlagen ein:

1. *»Die Kleinbürger«:* Von Teilen der Bourgeoisie, die wir heute als die untere Mittelschicht bezeichnen, nahmen sie an, dass sie ins Proletariat absinken würden: Die kleinen Händler, Kaufleute, Rentiers, Handwerker, Bauern besitzen zu wenig Kapital, sie werden von den Großfirmen ruiniert oder aufgekauft, und ihre speziellen Fertigkeiten werden durch die neuen industriellen Produktionsmethoden entwertet. Marx und Engels nahmen an, dass jene »selbst mit der Entwicklung der großen Industrie einen Zeitpunkt herannahen sehen, wo sie als selbständiger Teil der modernen Gesellschaft gänzlich verschwinden und im Handel, in der Manufaktur, in der Agrikultur durch Arbeitsaufseher und Domestiken ersetzt werden.« (1848, S. 484). »Kleinbürger« wurde für Marx und Engels ein Schimpfwort für jenen Teil der Massen, die ein »falsches Bewusstsein« hatten, weil sie keine Kommunisten werden wollten.

2. *»Das Lumpenproletariat«:* Das war eine weitere Kategorie, ebenfalls oft ein Schimpfwort, unter das Marx und Engels alle jene subsumierten, deren Leben zwar proletarisch, aber nicht von der Industriearbeit geprägt war: Straßenkehrer, Kellner, Vagabunden, Verbrecher. Das waren unsichere Leute, schwankend in ihrem »Bewusstsein«, mal arbeiterbewegt, mal »kleinbürgerlich« und von den Herrschenden käuflich.

3. *»Das Proletariat«:* Es wurde von Marx und Engels energisch als der Teil der Massen propagiert, der einheitliche Interessen hat.

Die strukturelle Chance für ein Interesse der Arbeiter an der vernünftigen Gestaltung der Gesamtgesellschaft sahen Marx und Engels in den Erfahrungen gegeben, die die industrielle Arbeit, die Lohnarbeit, bewirkt: Arbeitskonflikte, Lohnkonflikte seien Erfahrungen, die für alle Proletarier die gleichen sind, so entstehe ein Bewusstsein über gemeinsame Interessen. Aus gemeinsamen Kämpfen entstehe die Erkenntnis gleicher Klassenlage. Und die sich entfaltenden Produktivkräfte würden ein Bewusstsein davon entstehen lassen, dass der industrielle Gesamtprozess besser gesteuert werden muss, denn die Überproduktion, die immer wiederkehrenden Wirtschaftskrisen würden sich als irrational entlarven. Deshalb konstruierten

Marx und Engels die Industriearbeiter als die Träger von Rationalität – in einer Weise, die dem bürgerlichen Modell vom homo oeconomicus glich. Helmut König schreibt über die Vorstellungen von Marx und Engels: »Das Proletariat ist sozusagen die bereits zivilisierte Ausgabe der eigentumslosen, rebellischen Massen. Es stellt nicht den Prozess der Zivilisation in Frage, sondern ›nur‹ die Eigentumsordnung des Kapitalismus, es ist nicht spontan, unkalkulierbar, rebellisch und leidenschaftlich, sondern rational, diszipliniert und kontrolliert.« (1992, S. 131)

Aber das Bild vom »Proletariat«, das aktiv an der vernünftigen Gestaltung der industriellen Gesamtproduktion interessiert und hierfür zu arbeiten bereit ist – es war ein Idealbild. Die Chartistenbewegung mobilisierte zwar gewaltige Arbeitermassen, doch begann nach 1850 in England ein Wirtschaftsaufschwung, der sich auch für die Arbeiter günstig auswirkte. Die Chartistenbewegung stagnierte. In der Bewegung von Marx und Engels, im Bund der Kommunisten in London, waren vor allem Handwerker aktiv, einige Arbeiter in der Zigarrenmanufaktur, kaum Industriearbeiter, außerdem Ärzte, Anwälte, kaufmännische Angestellte. »Das Proletariat« war nicht vertreten. In Frankreich und Deutschland war die Industrie gerade erst im Entstehen, mobilisierbare Arbeitermassen gab es nicht. In beiden Ländern hatten Marx und Engels es in den 40er Jahren mit Proletariern der ersten Generation zu tun, mit Schneidern, Möbelschreinern, Buchdruckern, Schuhmachern, Uhrmachern, Malern, die durch die Maschinen überrollt worden waren (Grebing, S. 20). Hier gab es ein handwerkliches Qualitätsbewusstsein, den Stolz auf der eigenen Hände Arbeit. Sie sahen sich selbst als »das Volk, die Proletarier« – aber sie stammten aus einer vorindustriellen Produktionsweise.

Marx und Engels wussten das, sie sagten das selbst. Aber sie waren nicht nur Wissenschaftler, sondern Publizisten und Verbandspolitiker. Sie betrieben unermüdlich Parteipolitik, schrieben Zeitungsartikel, hielten Vorträge und debattierten bei Arbeitervereinen und politischen Kongressen. *Was heute an ihrem Begriff vom Proletariat weltfremd vorkommt, erschien ihnen für die Zwecke der politischen Propaganda und Ermutigung nützlich.* Deshalb kam bei Marx und Engels immer wieder die Formel vor, dass die Theorie die Massen ergreifen müsse – die Theorie von Marx und Engels natürlich. »Die Partei« gab ein Leitbild vor – zunächst nicht erfolgreich, das *Kommunistische Manifest* von 1847 war nur wenigen bekannt und geriet in den 50er und 60er Jahren in Vergessenheit. Richard Friedenthal schreibt: »Die Schrift als solche hat erst ein halbes Jahrhundert später begonnen, ihre Wirkung auszuüben, wie überhaupt das Werk des Dr. Marx. Das *Manifest* unterscheidet sich darin von anderen berühmten, als ›klassisch‹ bezeichneten Flugschriften, wie denen Luthers in seiner Kampfzeit oder denen von Thomas Paine [*Common Sense*, während der amerikanischen Revolution]. Die erschienen in für ihre Zeit gewaltigen Auflagen und hatten enorme Wirkung unmittelbar im Kampf des Tages und Jahres. Sie waren auf ein Publikum der Zeit gerichtet und ergriffen es bei Schopf und Kragen. Das Publikum des *Manifests* war noch kaum vorhanden.« (1981, S. 335)

Man kann darüber streiten, ob es erlaubt ist, die Soziologen Marx und Engels von den Politikern Marx und Engels zu trennen. Aber uns interessieren die empirischen

Medien und die empirischen Massen und deren empirische Interessen. Wir erörtern nicht die »Organisationsfrage«, wie aus dem empirischen, dem tatsächlich vorhandenen – angeblich unpolitischen – Bewusstsein der Massen ein politisches, revolutionäres »Klassenbewusstsein« werden kann, das den Führern und Theoretikern – »der Partei« oder »den Intellektuellen« – auf deren ersehntem Weg zur Macht folgen könnte. Wie die »vernünftige Gesellschaft«, die »befreite Gesellschaft« aussehen kann, wie sie sich herstellen könnte, ist nicht unser Thema.

Deshalb halten wir an der materialistischen Wende bei Marx und Engels allein den soziologischen Teil fest: *Hier wurden in der Mitte des 19. Jahrhunderts erstmals in einer umfassenden Theorie die Massen unter aufklärerischem Aspekt betrachtet: nicht als irrationale Menschen, sondern als zur Vernunft fähige Menschen wie alle anderen Menschen auch; als vernünftige Menschen, deren Leben durch sozioökonomische Bedingungen bestimmt ist, wie das aller anderen Menschen auch, mit dem Bewusstsein, dass sozioökonomische Bedingungen änderbar sind.*

Ein alter Interessenkampf neu: das wilde Populäre und die von der Obrigkeit gewünschte Disziplin

Populäre kommerzielle Unterhaltung: Music Halls

In Großbritannien wollten die Arbeiter – und auch manche Bürger – sich lieber Revuen ansehen, sich in ihren Vereinen treffen, singen und trinken und zu Pferdewetten gehen und bei den Wettbüros ihre Träume vom großen Gewinn ausleben. Für die zuerst genannten Interessen entstanden ab 1850 die »Music Halls«: Die Pubs bauten ihre Nebenräume aus, es entstanden Singing Rooms oder Concert Rooms mit einer Bühne. Künstler und Orchester traten auf, und es wurde Eintrittsgeld erhoben. Schließlich wurden große Hallen für tausend bis dreitausend Personen gebaut. Der erste Singing Room, der den Namen »Music Hall« erhielt, war 1850 in London Charles Morton's Canterbury Music Hall. Music Halls entstanden in allen größeren Provinzstädten. (Kift 1991, S. 82)

In die Music Halls gingen die Leute, Arbeiterinnen und Arbeiter, mit Arbeitskollegen, Freunden, Nachbarn, Familien. Am Anfang überwog die Gastronomie. In den Hallen standen lange Tische. Die Leute unterhielten sich laut, tranken, promenierten, Babies schrien. Vorn auf der Bühne kämpfte eine Sängerin, ein Sänger, ein Gesangschor oder ein Orchester gegen den Lärm an. In London wurde auf der Bühne der Canterbury Music Hall höhere Kultur geboten: Madrigale, Lieder, Comic Songs, Chorwerke. Die Interpreten trugen vornehme Abendkleidung, die Music Hall sollte ein Konzertsaal für die Arbeiter und Handwerker sein. Das Publikum sang die Refrains mit. Unterhalb der Bühne sorgte an einem quergestellten Tisch ein Chairman für eine gewisse Aufmerksamkeit, er kündigte die Darbietungen an und ermunterte das Publikum zum Klatschen, zum Trinken und hielt es zugleich in Schach. Auch er war gutbürgerlich gekleidet und benahm sich »vornehm«.

In den 60er und 70er Jahren boomten die Music Halls. Sie boten nicht mehr nur »Anspruchsvolles«, sondern auch Kommunikatives. In Pullman's Music Hall in Bradford wurde das Publikum in Rate- und Geschicklichkeitsspiele einbezogen. Leute aus dem Publikum mussten Münzen mit dem Mund aus einer Sirupschüssel heraussuchen oder sentimentale Lieder singen und dabei ein unruhiges kleines Schwein im Arm halten oder auf einem Esel sitzen.

Allmählich verschwand die Gastronomie in die Gaststättenräume, in den Hallen wurden feste Sitzreihen aufgestellt, *aus den Music Halls wurden Variété-Theater.* Das erste reine Variété-Theater war das Londoner Pavilion am Picadilly Circus. Allerdings war der Gastronomiebetrieb, der Alkoholausschank in den Bars neben der Music Hall, weiterhin eine wichtige Einnahmequelle. Von den Sängerinnen und Sängern wurde verlangt, dass sie sich unters Publikum mischten und viel tranken. Viele Künstler endeten als Alkoholiker.

Eine strikte Gesetzgebung bekämpfte exzessive Festveranstaltungen und Vorführungen, den Alkoholkonsum und schränkte die Feiertage ein. Und sie sorgte für ein disziplinierteres Freizeitverhalten, zum Beispiel für Sportveranstaltungen, die nicht mehr in Totschlag endeten. (Maase 1997)

Die Music Halls wurden jetzt von Aktiengesellschaften oder Besitzern ganzer Music-Hall-Ketten betrieben. Sie buchten die Künstler für Auftritte in ihrer gesamten Kette. Im Publikum überwogen jetzt die Handwerker und Gewerbetreibenden und deren Frauen, also ein Publikum aus der unteren Mittelschicht, der Schicht der Kleinbürger. Aber Arbeiter stellten weiterhin einen großen Anteil. Ein großer Teil des Publikums waren Frauen: Botenmädchen, Textilarbeiterinnen, Scherenschleiferinnen, Töpferinnen, Dienstmädchen, Hausfrauen. Viele Besucher auf den billigsten Plätzen waren Jugendliche – vor allem jugendliche Arbeiter – und Kinder.

Die vielen kleinen Music Halls in den Arbeitervorstädten Londons wurden in den 90er Jahren mittels neuer Bauvorschriften von der Stadtverwaltung bekämpft. Sie mussten schließen. (Kift, S. 22f.)

Die Idyllische, der Gesellschaftslöwe und das teuflische Lachen

Die Music Halls waren eine Schule für professionelle populäre Unterhaltung. Die Künstler hatten es mit einem ungeduldigen Publikum zu tun, das Attraktionen, packende Songs und interessante Charakterdarstellungen sehen wollte. Der Medienjournalist David Robinson schildert das so: »Eine Music Hall-Nummer musste das Publikum in kurzer Zeit – zwischen 6 und 16 Minuten – packen und fesseln und ihm unvergesslich bleiben. Das Publikum kannte keine Nachsicht, und die Konkurrenz war erbarmungslos. Der Künstler konnte nicht auf günstige Rahmenbedingungen oder Werbekampagnen zählen. Auch einer berühmten Bühnenschauspielerin wie Sarah Bernhardt konnte es passieren, dass sie unmittelbar nach einer Elefantennummer auftreten musste. Und so musste jeder Künstler hinter das Geheimnis des richtigen Zugriffs und Aufbaus kommen; er musste seiner Nummer eine Steigerung geben, einen Anfang, eine Mitte und einen rasanten Abgang. Und er musste sich vom Beifall anregen lassen und mit jeder Art von Publikum zurechtkommen, mit dem lethargischen Publikum in der ersten Montagsvorstellung genauso gut wie mit den Rowdies am Samstagabend.« (S. 25ff.). Gefiel die Darbietung, wurde, wenn möglich, der Refrain mitgesungen. Gefiel sie nicht, hagelte es Eier oder Tomaten.

Das beliebteste Genre war der Comic-Song: Es gab komische Songs über Liebe, Sex, Ehe, Familie, wobei meist die Ehe als Desaster dargestellt wurde: trinkende Ehemänner, ständig schwangere Ehefrauen. Eine beliebte komische Figur war die Schwiegermutter. Comic-Songs gab es auch über das Leben in der Stadt: über Arbeit und Freizeit; Armut und Alter; Politik und Patriotismus; über die Behörden. *Polizisten waren sehr beliebte Witzfiguren, ähnlich wie das in früheren Balladen die Pfaffen waren. Der Polizist war nicht nur Vertreter der Obrigkeit. So schreibt Dagmar Kift: »Er verkörperte auch den Typ des Aufsteigers, der seinen meist proletarischen Kontext mittels einer, wenngleich kleinen Karriere im öffentlichen Dienst zu verlassen suchte. Personen aber, die ihren sozialen Hintergrund verleugneten und nach Höherem strebten, waren dem Spott der Music Hall in ganz besonderem Maße ausgesetzt.«* (S. 49; Kursivsetzg. zusätzl.)

Eine beim Publikum beliebte Figur war »Die Idyllische«. Das war meistens eine üppige Dame, die versuchte, ein scheues Reh zu spielen. Sie erhielt viel Gelächter, wenn sie immer wieder ihr viktorianisches Kleinmädchen-Geträller unterbrach und sich mit ihrer normalen tiefen Stimme an das Publikum wandte.

Eine andere beliebte Figur war der »Lion Comique«, der Komische Partylöwe, eine Parodie auf den großbürgerlichen Dandy. Er war eitel, faul und genießerisch und sang über den Müßiggang und die Frauen. Das war auch eine Parodie auf diejenigen im Publikum, die Kleinbürger, die etwas »Besseres« darstellen wollten. *Das Publikum lachte auf Kosten der aufstiegsorientierten Nachbarn.*

Das war nicht mehr, wie zu Hobbes' Zeiten, das überhebliche Lachen zivilisierter Menschen über die Unzivilisierten. *Jetzt lachten alle, auch die Arbeiter, über die Unzulänglichkeit des Menschen.* Charles Baudelaire schrieb jetzt über das Lachen: »Das Lachen ist teuflisch, folglich ist es zutiefst menschlich. Es ist die Folge der Idee des Menschen von seiner eigenen Überlegenheit: und tatsächlich, da das Lachen im wesentlichen menschlich ist, ist es im wesentlichen ein Widerspruch, das heißt, es ist gleichzeitig ein Zeichen von unendlicher Armseligkeit, einer unendlichen Armseligkeit gegenüber dem absoluten Höchsten Wesen, dessen Fähigkeit zu denken er besitzt, und einer unendlichen Größe gegenüber den Tieren. Aus dem sich stets wiederholenden Zusammenprall dieser beiden Unendlichkeiten löst sich das Lachen aus.« (1857, S. 13f.)

Das teuflische Lachen weiß, dass die Idee von der Vollkommenheit, Überlegenheit, Göttlichkeit des Menschen meist in dessen elendiger Realität seine Grenzen findet. Weltlicher Stolz bricht zusammen. »So gehen das engelhafte und das teuflische Element miteinander Hand in Hand«, schrieb Baudelaire weiter. *Dieses Lachen ist ein Lachen über dem Abgrund, dem Abgrund des Wissens um menschliche Ideale und menschliche Unvollkommenheit. Das war das Lachen der Massen in den Music Halls.*

Übrigens ging später, nach 1914, viel von der Figur des Lion Comique auch in Charlie Chaplins Figur des Tramp ein, der stets einen heruntergekommenen Dandy-Anzug trägt, Melone und Stöckchen, und der stets darauf bedacht ist, »Würde zu wahren«. Chaplin war ein Kind der Music Halls. Seine Eltern lebten im Londoner Stadtteil Lambeth im Umfeld der Canterbury Music Hall. Chaplins Mutter Hannah trat ab 1886 als Sängerin in Music Halls auf, nicht sehr erfolgreich. Auch Chaplins Vater Charles trat als Imitator und Sänger in den Music Halls auf, mit einigem Erfolg. Als Sänger verkörperte er typische Rollen, die dem Publikum vertraut waren: den Familienvater, der sich mit der Schwiegermutter, der Vermieterin, der mekkernden Ehefrau, den schreienden Säuglingen herumschlägt. Er spielte auch Typen wie den Schürzenjäger oder das Schlitzohr. 1889 wurde Charlie Chaplin geboren. Schon mit fünf Jahren trat er in einer Music Hall mit einem Song auf. 1898 wurde er in eine Music Hall-Truppe engagiert, die Eight Lancashire Lads, und führte im Theatre Royal in Manchester einen Holzschuhtanz auf. Dann erhielt er kleine Rollen in populären Schauspielen, als erstes 1903 die Rolle eines Zeitungsjungen. (D. Robinson, S. 22ff.)

Abgesehen von den Comic Songs boten die Music Halls: Liliputaner, dressierte Tiere, Menschen als Tierdarsteller, Bauchredner, Magier, Jongleure, Akrobaten, Seil- und Trapezkünstler, Athleten, Musiker mit ungewöhnlichen Instrumenten, Opernarien-Sängerinnen, Balladen-Sängerinnen, dressierte Hunde, Inszenierungen gerade aktueller Ereignisse oder Katastrophen, später auch kuriose technische Erfindungen wie den elektrischen Telegrafen und den Kinematografen.

Raubtiere und Salto Mortale im Zirkus

1831 kamen erstmals Raubtiere in den Zirkus: Im Cirque Olympique in Paris wurde das Drama *Die Löwen von Mysore* aufgeführt: Der Dompteur Henri Martin war indisch kostümiert und zeigte Tricks mit Löwen und Tigern. Ein Tiger verfolgt ein Kind; ein friedlicher Gepard apportiert im Maul das Kind zum Dompteur; der Dompteur setzt sich mit seinen Löwen in einen vergoldeten Käfig, der von 24 Kriegern unter Fanfarenklängen aus der Manege getragen wird.

Seit den 30er Jahren kam die »Parterreakrobatik« hinzu: Gleichgewichtsübungen, Sprünge, Kraftakrobatik, Jonglieren, Pirouetten und der zweifache oder dreifache Salto Mortale. Erst ab 1870 gehörte eine Kombination verschiedener Bodenakrobatik-Nummern zum festen Programm.

Die Trapezkunst begann 1859 mit dem Auftritt des Artisten Léotard im Cirque Napoléon in Paris. Er benutzte drei Trapeze, die hoch in der Kuppel über einem Gerüst mit Matratzen aufgereiht waren. Dort vollbrachte er acht einfache Voltigen und einen einfachen Salto von Trapez zu Trapez. Léotard wurde enthusiastisch gefeiert. Im gleichen Jahr überquerte er als erster auf dem Hochseil die Niagarafälle.

Europas prächtigster stationärer Zirkus wurde nach 1850 der Zirkus Renz in Berlin. Berlins Bevölkerung hatte sich gegenüber 1800 verdoppelt. Das Publikum verlangte nach großstädtischer Unterhaltung. Renz ging aus der Konkurrenz zum Pariser Zirkus Dejan als Sieger hervor, der in Berlin eine Dependance eröffnet hatte. Renz bot Noblesse, prächtige Ausstattung, geschmackvolle Kostüme der Reiterinnen und Reiter, vornehmes Zaumzeug, einen mit Gaslicht illuminierten Bau, dessen Rundwand mit großen Gemälden verziert war. Er bot auch mehr Akrobatik und Artistik, die Reiter-Darbietungen wurden schneller, dynamischer, es gab auf dem galoppierenden Pferd mehr Balancen, Kopf- und Handstände und Überhänge kopfwärts. Der Zirkus Renz hielt sich bis 1897. Mit seinem Ende verschwand auch die Ära des Pferdezirkus: Um 1850 hatten drei Viertel der Zirkusprogramme aus Pferdenummern bestanden, um 1900 nur noch ein Viertel.

Auch die Menagerien wurden fester Bestandteil des Zirkus. In der zweiten Hälfte des 19. Jahrhunderts wurden in den festen Zirkusbauten die Gänge mit den Löwen und Elefantenkäfigen in elegante Pausen-Wandelhallen umgestaltet, deshalb nennt man die Zeit zwischen 1870 und 1900 die »Belle Epoque der Menagerien«. Auch die Menagerien der Wanderzirkusse konkurrierten erfolgreich gegen die neugegründeten Zoos. Der Zoo in Berlin wurde 1843 gegründet, in Frankfurt 1858, Köln 1860, Hamburg 1863.

Mit dem Aufkommen der Turnerbewegung und der Sportvereine seit den 1880er Jahren kamen auch Reck-Akrobaten in den Zirkus. Und 1898 trat erstmals in einem Zirkus ein Fahrrad-Akrobat auf, der berühmte Radfahrer Sid Blank beim Zirkus Cisnelli in Petersburg.

Nach der Jahrhundertwende ging es mit dem Zirkus bergab: 1900 gab es im kontinentalen Europa noch 200 große und mittlere Zirkusse, 1921 nur noch ca. 70.

Kinderspielzeug aus der Fabrik: Laterna Magica

Bis in die 30er Jahre waren die Familien, die ihren Kindern die Bildchen der Laterna Magica vorführen wollten, auf die Wandervorführer angewiesen, die sie, zusammen mit dem Leierkastenmann, in die Wohnung baten. Das änderte sich, als Auguste Lapierre 1843 in Paris mit der Fabrikation von Magischen Laternen begann. Um 1860 verschwanden die Wanderschausteller.

Die Magischen Laternen wurden immer prächtiger, sie sahen aus wie kleine Chinesische Tempel oder kostbare Möbel mit Löwenfüßen. Die Laternen erhielten ab ca. 1865 Petroleumlampen. Die Glasdias wurden handgemalt. Foto-Dias konnte es noch nicht geben, dazu musste erst in den 80er Jahren der durchsichtige Gelatinefilm erfunden werden.

Einer der Glasdia-Künstler ist bekannt: Desch in Paris. Seine Zeichnungen, die Vorlagen für das Bemalen der Glasdias, sind erhalten geblieben. Die Glasplättchen wurden auf die Zeichnungen gelegt, auf dem Glas wurden sie nachgezeichnet und koloriert.

Das damalige Laterna-Magica-Publikum waren artige Kinder, die sich auf der Leinwand kleine Streiche angucken. Der Künstler Desch produzierte für die Kinder kuriose Begebenheiten in zwei Akten: Gärtner gießt Pflanze / Gärtner hat Gießkannen-Tülle an der Nase, aus der Wasser kommt. Mann guckt Kaktus an / Kaktus springt dem Mann an die Nase etc. (Remise, S. 124). Natürlich gab es viele andere Arten von Glasdias: Bilder von Denkmälern; Motive aus der Bibel, den Fabeln von La Fontaine oder Shakespeare; aktuelle Ereignisse, später als Foto-Dias etc.

Bewegtes Bild als Kinderspielzeug: Thaumatrop, Zoetrop

Die Vorgeschichte des bewegten Bildes begann schon im 11. Jahrhundert mit den Studien des Arabers Ibn-Al-Haitham, der uns von der Camera Obscura her bekannt ist. Er hatte deren Prinzip am Beispiel der Projektion einer Sonnenfinsternis in eine dunkle Kammer beschrieben. Ibn-Al-Haitham befasste sich auch mit dem Phänomen, dass das Auge ein Bild auch dann kontinuierlich wahrnimmt, wenn es dem Betrachter nur kurz, aber in schnellen, regelmäßigen Abständen gezeigt wird.

Im christlichen Europa, das Naturwissenschaft unterdrückte, dauerte es 700 Jahre, bis Haithams Entdeckung weiterentwickelt wurde: 1824 entdeckte Peter Roget in England de »persistence of vision«, das Phänomen, dass das Auge eine Folge von kurz präsentierten Einzelbildern kontinuierlich wahrnimmt. 1829 fand Joseph Plateau heraus, dass Bildeindrücke im menschlichen Auge nicht sofort verschwinden, sondern eine Zeitlang, ein sechzehntel Sekunde bestehen bleiben.

Bis aber das erste Kino eröffnet werden konnte – das war 1895 –, mussten in der ersten Hälfte des 19. Jahrhunderts weitere Erfindungen gemacht werden:

1830 erfand Michael Faraday einen Räderapparat, bei dem sich zwei Zahnradscheiben hintereinander um eine Achse drehen. Die Zahnrad-Lücken gaben immer nur in kurzen Abständen den Blick auf ein Bild frei. Wenn man während der Dunkel-Phasen schnell das Bild wechselte – mittels einer rotierenden Scheibe mit mehreren Bildern, die unterschiedliche Phasen eines Objekts in Bewegung zeigten –, konnte man die Einzelbilder als bewegte Bilder wahrnehmen.

Aus dem Faradayschen Zahnrad entwickelten Joseph Plateau und Simon Stampfer 1832 unabhängig voneinander das »Phenakistiskop« bzw. »Lebensrad«: Durch die in Abständen auf einer sich drehenden Pappscheibe angeordneten Schlitze kann man auf die Rückseite der Pappe gezeichnete Figuren in einem Spiegel erkennen. Wenn sich die Scheibe dreht, scheinen sich die Figuren zu bewegen.

Angeregt wiederum durch Plateaus Lebensrad, entwickelte William George Horner 1834 das »Zoetrope«. Das war eine Trommel mit ebenfalls in regelmäßigen Abständen angeordneten Schlitzen, durch die man von außen einen innerhalb der Trommel angebrachten Streifen mit Bildern angucken kann, die sich bewegen. In den 60er Jahren wurde daraus ein beliebtes Kinderspielzeug.

Gründerzeit

Große Vermögen durch Betrug beim Eisenbahnbau in USA

Bis 1860 bildeten sich in USA die großen Vermögen: Astor, Vanderbilt, Gould, Hill, Morgan, Rockefeller. Der Reeder Cornelius Vanderbilt erwarb den Grundstock seines Vermögens als Monopolist der Postbeförderung auf seinen Dampfschiffen. Außerdem erhielt er für die Postbeförderung von der Regierung Millionen Dollar an Subventionen. Andere Vermögen entstanden durch Gewinne aus Grundstücks-Spekulationen, beim Eisenbahnbau und aus dem Besitz von Mietskasernen. *Der Bau der Eisenbahnen begann ab 1830 und erlebte ab 1850 einen Schub.* Es gab mehr als 50 private Eisenbahngesellschaften. Sie waren Aktiengesellschaften. Für den Eisenbahnbau erhielten sie Grundstücke aus Staatsbesitz zu Vorzugspreisen, fast geschenkt. Schiebungen und Bestechungen sorgten dafür, dass es sich nicht nur um Grundstücke für die Eisenbahn handelte, sondern man plante die Eisenbahnstrecken so, dass sie über Grund und Boden führten, die Bodenschätze aufwiesen: Kohle, Akkerland, Nutzholz. Die Bodenschätze konnten die Besitzer der Eisenbahngesellschaften meist steuerfrei ausbeuten. Außerdem monopolisierten die Eisenbahn-Gesellschaften die Besiedelung der erschlossenen Gebiete, sie verkauften den ihnen fast geschenkten Boden zu hohen Preisen an Siedler. Das spielte sich vor dem Sezessionskrieg, dem amerikanischen Bürgerkrieg (1861-1865) ab. Während des Kriegs boomte die Industrie – Eisen und Stahl, Reedereien, Textilien –, wegen der Staatsaufträge. Zugleich förderte der Krieg eine starke Zentralregierung, die zum Schutz der amerikanischen Industrie die Zölle auf Importe verstärkte und den Industriellen billiges Land und enorme Subventionsgelder gab. In einem harten Konkurrenzkampf machten sich die Familien Vanderbilt, Astor, Walton, Goelet, Gould, Huntington und Harriman zu Besitzern großer Eisenbahn-Trusts. Sie waren zwischen 1845 und 1890 der politisch einflussreichste Teil der Oberschicht.

Der Eisenbahnbau erreichte ab 1862 seinen Höhepunkt mit dem Bau der transkontinentalen Eisenbahn. Union Pacific, von Osten, und Central Pacific, von Westen, trafen 1869 in Utah zusammen. Hauptaktionär der ersteren war Jay Gould, Hauptaktionär der West-Linie war Collis P. Huntington. Cornelius Vanderbilt verdiente weitere Millionen beim Kauf der Eisenbahn-Gesellschaften in und um New York. Ebenso erwarb er, im Verein mit dem Bankier J. Pierpont Morgan, viele Kohlengruben der Eisenbahn-Gesellschaften und Monopole auf den Kohlentransport und konnte damit die Kohlepreise diktieren.

Die Eisenbahn-Gesellschaften beförderten Post, und auch dies wurde vom Staat subventioniert. Im Stil der Zeit machten sie gewaltige Profite durch Fälschung der Gewichtsangaben der beförderten Post. Außerdem erhielten sie vom Staat jährlich 5 Mio. $ für die zu Postzwecken benutzten Waggons. (Myers, S. 322)

Den Eisenbahn-Gesellschaften gehörten die neben den Schienen verlaufenden Telegrafenlinien. Die Western Union-Eisenbahn und ihr Western-Union-Telegrafen-Monopol gehörte William H. Vanderbilt. Sein Konkurrent war Jay Gould, der entlang seiner Union Pacific-Bahnlinie eine eigene Telegrafenlinie baute und schließlich die Western Union aufkaufte, mitsamt ihrer Telegrafenlinie. Damit gewann er Einfluss auf Associated Press, den amerikanischen Presseagentur-Verband.

Durch die Eisenbahnen entstand in USA ein einheitlicher Binnenmarkt. Durch die Schutzzölle auf ausländische Waren begünstigt, florierte die Eisen- und Stahlindustrie, die Erdöl-, Textil- und Maschinenindustrie. Zwischen 1860 und 1910 erhöhten die Fabriken der 13 führenden Industriebranchen im Durchschnitt ihr Kapital um das Dreizehnfache, die Zahl ihrer Arbeiter um das Siebenfache, den Verkaufswert ihrer Produkte um das Neunzehnfache (Faulkner, S. 423).

Stahlindustrie, Staatsgründung und Pressezensur in Deutschland

Ein wirtschaftlicher Aufschwung nach 1849 in Großbritannien und eine zunehmende Nachfrage nach Industrieprodukten in USA *brachte auch in Deutschland einen Exportaufschwung und damit den Übergang von der vorindustriellen, ständischen zur industriellen, bürgerlichen Gesellschaft. Jetzt gab es in Deutschland die erste große Industrialisierungswelle.*

Krupp profitierte vom Eisenbahnbau. 1856 führte Krupp das neue englische Bessemer-Verfahren ein, mit dem man – durch Anreicherung des Stahls mit Sauerstoff in der »Bessemer-Birne« – auch aus billigen Rohstoffen guten Stahl herstellen konnte. Die Eisenbahnen wurden modernisiert, statt Eisenschienen wurden Schienen aus Gussstahl verlegt. Entsprechend stieg die Zahl der bei Krupp beschäftigten Arbeiter: 1857: 704 Arbeiter; 1867: 2.000 Arbeiter und 1870: 12.000 Arbeiter (Ogger 1982, S. 257).

Lokomotiven wurden von der Berliner Firma Borsig und in Hannover vom Eisenbahn-Unternehmer Bethel Henry Strousberg, den späteren Hanomag-Werken produziert. Zum Aufschwung der deutschen Stahlindustrie trugen Preußens Kriege bei – gegen Dänemark 1863/64, gegen Österreich 1866.

Die Telegrafie-Verbindungen zu England und USA wurden ausgebaut. 1850 gab es das erste Unterseekabel Dover-Calais, acht Jahre später kam das erste transatlantische Kabel. Siemens entwickelte sich in den 60er Jahren zu einem Telegrafie- und Telefonkonzern, dem Kabelwerke, Kupferbergwerke etc. gehörten. Werner Siemens baute in Lizenz den erfolgreichen Hughes-Drucktelegrafen nach und versorgte ganz Preußen. 1868 erhielt Siemens von der britischen Regierung den Großauftrag zum Bau einer Telegrafenlie zwischen England und Indien, 1870 wurde das erste Telegramm aus London nach Kalkutta gesendet, und schon nach einer Stunde kam die Antwort zurück.

Eisenbahn und Telegrafie bewirkten eine größere Aktualität der Zeitungen. Bei Hamburger Zeitungen – *Wöchentliche Zeitung auß mehrerley örther* (1618-1678) und *Hamburgischer Unpartheyischer Correspondent* (1731-1934) – hatten zwischen dem Datum eines Ereignisses und dem Datum der Berichterstattung im Jahr 1622 meistens zwei Wochen bis ein Monat gelegen; zwischen 1674 und 1796 meistens 1-2 Wochen; 1856 stieg die Aktualitätsdichte der meisten Nachrichten auf eine Woche – aber erst 1906 erschienen die meisten Nachrichten am Tag nach dem Ereignis (Wilke 1984, S. 119).

1857 übernahm in Preußen Prinz Wilhelm die Amtsgeschäfte des geisteskranken Friedrich Wilhelm IV und wurde 1861 König Wilhelm I. Sein Ministerpräsident wurde Bismarck (rg. 1862-1890).

In Preußen wurde die Pressezensur verschärft: 1863 gründete Ferdinand Lassalle den Allgemeinen Deutschen Arbeiterverein. Im gleichen Jahr erließ Bismarck die Presseordonanzen, die die gesetzlich ohnehin beschränkte Pressefreiheit weiter einschränkten: Wegen »regierungsfeindlicher Haltung« konnten Zeitungen nach zweimaliger Verwarnung verboten werden. Dagegen konnte nicht vor Gericht geklagt werden. Die Presseordonanzen mussten im gleichen Jahr wegen des Einspruchs des Abgeordnetenhauses zurückgezogen werden, doch führte Bismarck seinen Vernichtungskampf gegen die oppositionelle Presse fort. (Mendelssohn, S. 75)

Im preußisch-österreichischen Krieg, an dem die deutschen Kleinstaaten beteiligt waren, siegte Preußen am 3. Juli 1866 in der Schlacht von Königgrätz/Sadowa. Bismarck, der Sieger, bildete am 18. August 1866 den Norddeutschen Bund, einen Bundesstaat mit Preußen und 17 Kleinstaaten, im Oktober waren es 22 Kleinstaaten, alle nördlich der Mainlinie. Der Norddeutsche Bund erhielt das allgemeine und gleiche Wahlrecht und einen Reichstag. Am 12. Februar 1867 wurde der Reichstag gewählt. In Preußen blieb das Dreiklassenwahlrecht bestehen. An der Spitze der Regierung stand ein Bundeskanzler, Bismarck, und ein Bundespräsident, der König von Preußen.

Im Reichstag des Norddeutschen Bundes saß auch der Drechslersohn August Bebel, als Abgeordneter des Allgemeinen Deutschen Arbeitervereins. Bebel gründete 1869 zusammen mit Wilhelm Liebknecht – dem Vater des 1919 ermordeten Karl Liebknecht – in Eisenach die Sozialdemokratische Arbeiterpartei. Bebel und Liebknecht wurden Reichstags-Abgeordnete. Sie ließen sich von Marx und Engels beraten, die nicht Mitglieder der deutschen Organisationen waren, sondern in London als Bewacher der reinen Lehre thronten. Die Sozialdemokratische Arbeiterpartei forderte die Trennung von Staat und Kirche; die Ersetzung stehender Heere durch eine Miliz; die direkte Gesetzgebung durch das Volk nach Schweizer Muster (Volksbegehren und Volksentscheid); die Errichtung der Republik; die Einrichtung des Normalarbeitstags. Letzteres war dringend notwendig, denn die durchschnittliche Wochen-Arbeitszeit der Arbeiter betrug 90 Stunden, die Tagesarbeitszeit für Frauen und Kinder 13 Stunden und bei Nachtarbeit 11 Stunden. Es gab keinen Sonntag und keinen Urlaub.

1869 wurden auch Gewerkschafts-Genossenschaften gegründet, aber erst 1899 gab es eine Gesamt-Gewerkschaft.

1870-71 wurde der französisch-deutsche Krieg entfesselt. Von ihm versprach sich Bismarck die Chance, die süddeutschen Staaten in den Norddeutschen Bund zu integrieren, also den deutschen Gesamtstaat zu bilden. Ein deutscher Gesamtstaat lag im Interesse der Industrie und des Handels. Deren Interessen waren beschränkt durch die unterschiedlichen Währungen der deutschen Kleinstaaten; durch die unterschiedlichen Maße, Gewichtssysteme; die unterschiedlichen Niederlassungs-Gesetze für Firmen und für Arbeiter; durch die mangelnde diplomatische Vertretung deutscher Exportinteressen im Ausland.

Napoleon III versprach sich vom Krieg die Zurückgewinnung der Grenzen von 1814 (Saar, Rheinhessen mit Mainz, Elsass, Lothringen).

Paris wurde von den Deutschen ab September 1870 belagert. In Versailles wurde am 18. Januar 1871 der Norddeutsche Bund zum Deutschen Reich erweitert, mit Wilhelm I als Kaiser (rg. bis 1888) und Bismarck als Reichskanzler.

Neuer Mythos von der Irrationalität der Massen: Pariser Commune

Nach der französischen Niederlage bei Sedan und der Gefangennahme Napoleons III am 1. September 1870 wurde am 4. September die französische Republik ausgerufen, die Dritte Republik (1870-1940). Die französische Nationalversammlung wurde am 13. Februar in Bordeaux gewählt, ihr Präsident wurde Adolphe Thiers. Später tagte sie in Versailles.

Die Stadt Paris, deren Bürger, Kleinbürger und Arbeiter, wollten die Fortsetzung des Kriegs, den Aufstand der bewaffneten Massen, die Verjagung des Feindes. Paris erkannte den Friedensvertrag nicht an. Außerdem wollten die Pariser den absolutistischen Zentralismus abschaffen. Während ihres Aufstandes (18. März bis 28. Mai

1871), wählten sie am 26. März eine demokratische und republikanische Volksvertretung, die »Commune«. Deren Programm war die Auflösung Frankreichs in eine Föderation von kleinen Gemeindeverwaltungen mit eigener Rechtsprechung, eigenem Militär und Unterrichtswesen; Verstaatlichung der Produktion; Schließung der Kirchen und Klöster. *Die Pariser Commune propagierte das imperative Mandat: die Ersetzung des gesamten bürokratischen Beamtenapparats durch direkt vom Volk gewählte Vertreter, die von den Wählern genaue Direktiven erhalten und jederzeit abwählbar sind. Für uns ist an der Pariser Commune wichtig, dass das Modell vom imperativen Mandat seither immer mitgedacht wird, wenn weiterhin von der Irrationalität der Massen die Rede ist.* Aber die Pariser Commune scheiterte nicht an der »Irrationalität der Massen«.

Trotz der Forderungen der Pariser Commune schloss die Regierung Thiers am 10. Mai 1871 den Friedensvertrag ab, in dem Frankreich auf Elsass und Lothringen verzichtete und 5 Mrd. Francs Kriegsentschädigung zahlte. In der Nationalversammlung hatten die Monarchisten das Sagen und die Vertreter der Provinzstädte und der Landbevölkerung, 80% von Frankreichs Bevölkerung waren immer noch Bauern. Richard Friedenthal schreibt über sie: »Das war keine flottierende, in sich gespaltene Menge wie in Paris, sondern eine sehr solide, festgefügte Majorität mit Traditionen, die noch weiter zurückreichten als die Große Revolution [von 1789]. Sie fühlte sich als das ›wahre Frankreich‹ und sah in Paris nur landfremde Gesellen, wurzellose, wichtigtuerische Literaten und Bohémiens am Werke, bestenfalls einen großen Jahrmarkt und eine Schaustellung für die Touristen, und jedenfalls weigerte sie sich entschieden, den politischen Führungsanspruch der Hauptstadt anzuerkennen.« (1981, S. 557). Die Landbevölkerung wollte den normalen Gang der Geschäfte, die Erhaltung ihres Eigentums, die bürgerliche Republik, Frieden, sie war mit Gebietsabtretungen (Elsass-Lothringen) an Deutschland einverstanden.

Die Nationalversammlung schickte Militär nach Paris, das die Leute niedermetzelte. Einige terroristische Kommunarden brannten daraufhin die Tuilerien, das Königsschloss, nieder, außerdem das Palais der Ehrenlegion, des Staatsrats, den Rechnungshof, das Stadthaus, den Justizpalast, das Finanzministerium, und sie erschossen über 70 Geiseln, darunter den Pariser Erzbischof.

Bei der Niederschlagung der Commune gab es 30.000 Tote, 50.000 Verschwundene, 40.000 Verhaftete. 10.000 Verurteilte wurden in die Kolonien deportiert.

Die Pariser Commune wurde nach ihrem Ende von Karl Marx zum Modellfall der von ihm ersehnten Arbeiter-Macht hochstilisiert. Mit seiner Kampfschrift *Der Bürgerkrieg in Frankreich* (1871) wurde Marx erstmals international bekannt. Marx, der strikte Anhänger einer zentralistischen Parteigewalt, der Diktatur der kommunistischen Partei, lobte jetzt den kommunalen Föderalismus und das imperative Mandat. Er feierte die Commune, ausgehend von deren vielen programmatischen Manifesten, als »Regierung der Arbeiterklasse«.

Marx tat das wider besseres Wissen, denn er hatte zu Beginn der Commune deren Aktionen für sinnlos und aussichtslos gehalten und davon abgeraten, und er wusste, dass von einer »Arbeiterklasse« in Paris nicht die Rede sein konnte.

Im Zentralrat der Pariser Commune befanden sich viele Bürger, gemäßigte Republikaner, nicht aber »die Arbeiterklasse«. Von den 90 Mitgliedern der Kommune, der Volksvertretung, waren nur 15 Mitglieder der Internationale. Paris war keine Arbeiterstadt, die Industriearbeiter befanden sich anderswo, in den Rüstungsbetrieben von Le Creuset, in der Textilindustrie von Lyon, Lille und Mulhouse, im Hafen und den Werften von Marseille. In Paris gab es Kleinbetriebe, Handwerk, kaufmännische Angestellte, Beamte. Es gab Arbeiterviertel, aber dort lebten weniger Industriearbeiter, sondern Bauarbeiter, die vom Bau der großen Boulevards profitiert hatten.

Dennoch steht die Pariser Commune – bei der die direkte Demokratie im Terror endete – bis heute im Hintergrund aller Debatten über die »Irrationalität der Massen«. Wenn jemand zu beweisen versucht, dass »die Massen« irrational sind, geht es jetzt immer auch darum, dass die Bevölkerung in ihrer angeblichen Irrationalität nicht zur direkten Demokratie fähig sei. Was sich in der Argumentation oft bloß psychologisch gibt, hat seither immer auch diesen politisch konservativen Aspekt.

Aber es gibt andere Beispiele, das der Schweiz, in denen direkte Demokratie funktioniert.

Aufschwung, große Depression, Verfolgung von Opposition und Oppositionspresse in Deutschland

Durch die 5 Mrd. Goldfrancs Reparationszahlungen aus Frankreich wurde das Börsengeschäft in Deutschland angekurbelt, Brauereien, Eisenbahnen, Hotels wurden Aktiengesellschaften, kleine Sparer kauften Aktien. Vor allem eine Bank stieg jetzt auf, die Deutsche Bank, die 1870 gegründet wurde. Im Wirtschaftsaufschwung wuchs Berlin zwischen 1870 und 1873 von 500.000 auf 900.000 Einwohner.

Im Aufschwung, 1871, gründete August Thyssen in Mülheim im Ruhrgebiet sein erstes Stahl- und Walzwerk, aus dem er bis zur Jahrhundertwende einen Konzern machte.

Und 1872 gründete Nicolaus August Otto zusammen mit dem reichen Unternehmer Eugen Langen die Gasmotorenfabrik Deutz bei Köln. 1863 hatte der französische Erfinder Jean Etienne Lenoir in Paris einen mit Leuchtgas betriebenen Gasmotor entwickelt, mit dem er ein Gefährt mit Höllenlärm und unter gewaltigem Energieverbrauch 20 Kilometer weit bewegte. Daraus hatte Otto in den 60er Jahren einen Verbrennungsmotor entwickelt. 1876 erfand Otto den Viertakt-Gasmotor, für den er berühmt wurde. Aus diesem wiederum entwickelte später dessen Mitarbeiter Gottlieb Daimler das erste Auto.

Der Aufschwung dauerte bis 1873. Dann kam – in USA und in Deutschland – die erste große Depression in der kapitalistischen Ökonomie, sie dauerte bis 1896. In Deutschland gingen 61 Banken, 116 Industrieunternehmen und 4 Eisenbahngesellschaften in Konkurs. Trotzdem ging die Industrialisierung Deutschlands weiter: Zwischen 1887 und 1914 verdoppelte sich die Zahl der Industriearbeiter. (Ogger 1982, S. 202; Grebing, S. 94)

Mit der Wirtschaftskrise hatte der »Liberalismus« ein Ende, den Bismarck vertreten hatte. Zwar verfolgte er die oppositionelle Presse, aber er hatte 1871 immerhin die Trennung von Staat und Kirche betrieben. Unter dem Druck der rechtsgerichteten Großindustriellen – die Lohnkürzungen und Massenentlassungen vornahmen und deshalb mit Streiks der aufkommenden Arbeiterbewegung konfrontiert waren – war jetzt Schluss mit Liberalismus. *1874 erließ das Deutsche Reich ein Pressegesetz. Es garantierte zwar formal die »Pressefreiheit«. Konzessionszwang, Kautionszwang und Stempelsteuer – es gab sie seit 1854 – wurden abgeschafft. Aber die sozialistische Presse wurde verboten.* Und Wolff's Telegrafenbüro, das die Zeitungen mit Nachrichten versorgte, wurde von Bismarcks Privatbankier Bleichröder aufgekauft und in eine Aktiengesellschaft umgewandelt, die Continental-Telegraphen-Compagnie. Diese Nachrichtenagentur besaß eine Monopolstellung in Deutschland. Sie schloss mit Bismarcks Regierung einen Vertrag, der der Regierung die Zensur aller Telegramme gestattete. Sie wurde ein Propagandainstrument in der Hand Bismarcks.

1875 schlossen sich der Allgemeine Deutsche Arbeiterverein (Lassalle-Anhänger) und die Sozialdemokratische Arbeiterpartei (Bebel, Liebknecht) zur Sozialistischen Arbeiterpartei Deutschlands zusammen. Prompt kamen 1878 die Sozialistengesetze, die Arbeiterpartei wurde verboten, damit auch alle sozialdemokratische Presse, auch die Parteizeitung, die in Leipzig produzierte Wochenzeitung *Vorwärts.* Die Sozialistengesetze galten, als Ausnahmerecht, bis 1890. Die Arbeiterpartei wurde 1890 als Sozialdemokratische Partei Deutschlands (SPD) wiedergegründet. Die SPD wurde in den nächsten 20 Jahren die größte und bestorganisierte Partei in Deutschland. Als Parteizeitung ging 1891 aus dem *Berliner Volksblatt* (gegründet 1884) die neue *Vorwärts* hervor.

In dieser Zeit entwickelte sich ein starkes Vereinsleben der Arbeiter. Music Halls gab es in Deutschland kaum, höchstens Tanzveranstaltungen und Biergärten. Versammlungsverbot, Koalitionsverbot und Sozialistengesetze hatten die Entwicklung öffentlicher Vergnügungs-Stätten behindert (Maase, S. 64ff.; Rüden, S. 27). Und immer wieder muss man sich daran erinnern, dass es damals kein Fernsehen, kein Kino, kein Radio, keine Schallplatten gab. Die Arbeiter bildeten Sänger-, Turner, Radfahrer-, Wander- und Theatervereine. Jene waren nicht nur der Obrigkeit ein Ärgernis, sondern auch den Arbeiterparteien und Arbeiterverbänden. Zum Ärger der politisch Aktiven, die für ihre Wahlkämpfe aktive Mitglieder brauchten, führten sie ein Eigenleben.

Teil III:
1880 bis Anfang 21. Jahrhundert

Sensationspresse, Film, Radio, Fernsehen, Internet zwischen irrationalistischer Marktsegementierung und denkendem Publikum

1880-1914
Oligopol-Kapitalismus, Massenproduktion, Aufstieg der Werbung: Klarheit und Einfachheit des Medien-Erlebens

Die erste große Depression der kapitalistischen Ökonomie in USA und Deutschland (1873-1896) hatte die Konzentration von Wirtschaftsmacht, die Bildung von Trusts, Kartellen, Syndikaten zur Folge. So wurde in den 80er Jahren aus dem Konkurrenz-Kapitalismus der Oligopol-Kapitalismus. Historiker bezeichnen die Zeit von 1880 bis 1914 als die des Imperialismus bzw. Wirtschafts-Imperialismus. Für die Mediengeschichte sind andere Folgen des Oligopol-Kapitalismus wichtiger: Es gab erstmals eine Massenproduktion von Waren; damit einen Anstieg der Werbung; damit neue Zeitungs-Oligopole.

Big Business verändert die Welt

Seit den 1890er Jahren bis heute existiert der *Oligopol-Kapitalismus:* ein System, in dem die großen Industriekonzerne entstanden und ihre Macht festigten. Die Industriekonzerne und Banken waren oder wurden meistens Aktiengesellschaften, selbst wenn jene immer noch von Unternehmerfamilien beherrscht wurden.

Trusts und Antitrust-Gesetz in USA

In den 80er Jahren wurden in USA die Industrie-Trusts mächtig. *Ein Trust – oder ein Kartell – ist ein monopolistischer Zusammenschluss von Firmen. Er kann gebildet werden, indem ein Großkapitalist alle wichtigen Firmen aufkauft oder indem sich die wichtigsten Firmen der Branche zusammentun und den Markt aufteilen.* 1882 gründete John D. Rockefeller die Standard Oil Company, einen Trust, der den amerikanischen, europäischen und lateinamerikanischen Erdölmarkt beherrschte. 1889 gründete der New Yorker Großbankier, Eisenbahn- und Kohlengruben-Besitzer John Pierpont Morgan einen Eisenbahntrust, Northern Securities Company, der die Eisenbahnlinien des Nordens monopolisierte.

Trustbildungen kamen nicht immer freiwillig zustande. *Die Mittel der Trustbildung verstießen oft gegen das Gesetz: Erpressung von kleineren Unternehmen, Gewalt gegen Konkurrenten, Bestechung von Politikern, Druck auf die freie Presse.* Northern Securities entstand, indem der Morgan-Bankentrust den kleinen Unternehmen drohte: Falls sie sich nicht aufkaufen ließen, würde Morgan ihnen eigene Eisenbahnlinien vor die Nase setzen oder sie mit Aktienmanipulationen ruinieren. Dieser Trust wurde verboten, nachdem der republikanische Präsident Theodore Roosevelt intervenierte.

Nicht verboten wurde die United Steel Corporation, ein Trust, den Morgan 1901 bildete, nachdem er den Eisen- und Stahl-Magnaten Andrew Carnegie gezwungen hatte, an ihn zu verkaufen. Der neue Stahl-Trust kontrollierte drei Fünftel der amerikanischen Stahlindustrie.

Morgans Bankentrust war die First National. Ebenso mächtig war Rockefellers National City Bank. Um 1900 kontrollierten Morgan und Rockefeller 36% des Vermögens und der Bodenschätze der USA (Guggisberg, S. 136). Trusts entstanden auf allen Gebieten: Kupfer, Blei, Landwirtschaftsmaschinen, Bauholz, Brücken und Röhren, Streichhölzer, Gas, Strom, Tabak, Zucker, Whisky, Glykose, Baumwolle, Wolle, Eis für Kühlanlagen, Biskuits, Corned Beef, Blechbüchsen. Bis 1900 hatten 320 Trusts ca. 5.300 unabhängige Unternehmen übernommen.

Trusts oder Kartelle existieren, weil sie die Industrieproduktion rationalisieren helfen und so höhere Profite ermöglichen: Durch die Fusionen ist es möglich, die Produktion auf die besten Standorte und die am besten ausgestatteten Fabriken zu konzentrieren; die Spezialisierung und Arbeitsteilung weiterzutreiben; das Management zu reduzieren; kostengünstig Forschungsabteilungen für die gesamte Branche aufzubauen.

Trusts existieren auch, weil Monopolisten es nicht nötig haben, ihre hohen Gewinnspannen über Preissenkungen an die Verbraucher weiterzugeben. Sie haben es auch nicht nötig, die Qualität ihrer Produkte oder den Service zu verbessern.

Gegen Trustbildung gingen die unterlegenen Konkurrenten gerichtlich vor. Mit ihnen verbündete sich der Mittelstand, der in zahlreichen Verbänden von Gewerbetreibenden, Maklern, kleineren Händlern organisiert war und von der Wiederherstellung der alten freien Konkurrenz träumte. Auf ihren Druck hin entstand 1890 das Sherman Antitrust-Gesetz, benannt nach Finanzminister John Sherman. Es existiert bis heute und ist bis heute die Grundlage für die Bekämpfung von Monopolen. Das Gesetz erklärte: »1. Jeder Kontrakt, jede Kombination in der Form eines Trusts oder in anderer Form oder jede Konspiration, die den Handel oder Handelsverkehr zwischen den einzelnen Staaten oder mit ausländischen Nationen einschränkt, wird hiermit für illegal erklärt. [...] 2. Jede Person, die einen Teil des Handels oder Handelsverkehrs zwischen den einzelnen Staaten oder mit ausländischen Nationen monopolisiert oder zu monopolisieren versucht oder mit einer anderen Person oder anderen Personen zwecks Monopolisierung konspiriert, wird eines Vergehens für schuldig befunden.«

Ein Problem war, dass das Gesetz nur den Handel und den Handelsverkehr umfasste, nicht aber den Aufkauf von Firmen. Außerdem wurde die Auslegung des Gesetzes den Gerichten überlassen. In der wirtschaftlichen Krisenzeit der 90er Jahre zeigten weder die Gerichte noch die Regierung ein Interesse, das Gesetz anzuwenden. Überhaupt kam das Gesetz nur durch einen typischen Kompromiss zustande: Die konservativen Senatoren im Kongress stimmten nur zu, weil zugleich der »McKinley tariff« eingeführt wurde, ein Gesetz, das hohe Importzölle zu Gunsten der einheimischen Industrie einführte. So wurde ein ineffektives Gesetz gegen Trustbildung zusammen mit einem effektiven Schutzzoll-Gesetz beschlossen, das die Trusts förderte. (Faulkner, S. 437ff.)

Ab 1900 gab es eine breite Reformbewegung, deren »Speerspitze« Wisconsins Gouverneur Robert M. La Follette war. Sie trat für die Kontrolle der Banken und

Eisenbahngesellschaften und für mehr staatliche Initiativen gegen Machtmissbrauch und Korruption ein. Präsident Theodore Roosevelt (rg. 1901-1909), außenpolitisch ein Imperialist, war innenpolitisch ein Förderer der Reformbewegung. Auf seine Initiative *richtete der Kongress ein Department of Commerce and Labor, ein Handels- und Arbeitsministerium, ein. Dazu gehörte ein Bureau of Corporations, eine zentrale Kontrollbehörde, die die Geschäfte der Konzerne durchleuchtete.* Die Antitrust-Politik wurde von den Präsidenten William H. Taft (rg. 1909-1913) und Woodrow Wilson (rg. 1913-1921) fortgesetzt. 1911 wurde Rockefellers Standard Oil-Trust dazu verurteilt, sich zu entflechten, ebenso American Tabacco. 1914 wurde das Sherman Antitrust-Gesetz auch auf Industrieunternehmen ausgeweitet und das Bureau of Corporations durch die Federal Trade Commission ersetzt, eine Überwachungsbehörde, die dem Kongress zu berichten hatte.

Die Konzerne wichen der Antitrust-Gesetzgebung aus, indem sie Holdings gründeten. Eine Holding ist eine Fusion von Firmen, in der ein Konzern andere Firmen beherrscht, indem er den *wichtigsten Anteil* ihrer Aktien besitzt. Standard Oil war die größte Holding-Gesellschaft der USA. Die jetzt getrennten Gesellschaften der früheren Standard Oil Company respektierten gegenseitig ihre Absatzgebiete und bekämpften gemeinsam andere, unabhängige Öl-Gesellschaften. Rockefeller behielt die Gesamtkontrolle.

Unterschicht in USA

Die Bevölkerung der USA wuchs zwischen 1880 und 1920 von 50,2 auf 105,7 Mio. Es gab neue Einwanderungswellen, in den 80er Jahren wanderten über 5 Mio. Menschen ein (Faulkner, S. 450; Guggisberg, S. 138).

Es war die Zeit des »Gilded Age«, des Vergoldeten Zeitalters. Das war der Titel eines Romans von Mark Twain und Charles Dudley Warner. Darin schilderten sie die Hoffnungen vieler Menschen, durch Landbesitz und Eisenbahn-Spekulation zu Wohlstand zu kommen. Sie schilderten, wieviel Unheil diese übersteigerten Hoffnungen im Leben der kleinen Leute anrichteten. Denn vergoldet war das Zeitalter nur für Big Business. In New York lebten um 1900 zwei Drittel der 3,5 Mio. Einwohner in 80.000 Mietskasernen (Guggisberg, S. 150). Ihre Arbeitsbedingungen waren ungesund und unfallreich, Investitionen in sichere Industrieanlagen gab es nicht. Die Arbeitszeiten lagen 1860 bei 11 Stunden, 1890 bei 10 Stunden pro Tag. Die Arbeiter wurden unter Existenzminimum bezahlt. Es gab keine Sozialversicherungen. (Myers 1916, S. 777)

Der *untere Teil der sozialen Schichtung, die Bevölkerungsmehrheit,* gliederte sich so:

1. *Städtische Arbeiter:* Die meisten Einwanderer arbeiteten in der Industrie oder in den Bereichen Verkehr und Transport, als Eisenbahnarbeiter, Fuhrmänner, Rollkutscher, Chauffeure, Bootsleute, Matrosen.

2. *Nichtstädtische Arbeiter:* Dazu gehörten ländliche Pächter und Landarbeiter. Ein Drittel aller amerikanischen Farmen waren Pachtfarmen, der Grund und Boden gehörte der lokalen oder regionalen Bank oder dem größten Ladenbesitzer der Gegend. Die Pächter waren verarmt. Die Landarbeiter waren von der zunehmenden

Maschinisierung bedroht. Zu den nichtstädtischen Arbeitern gehörten auch Holzarbeiter, Flößer etc. und Grubenarbeiter.

3. *Sklaven bzw. schwarze Landarbeiter.*

Elektrizität verändert die Industrie

In der Industrie brachte die Elektrizität ab ca. 1880 eine zweite industrielle Revolution, die bis ca. 1920 andauerte. Der Strom war schon vorher erfunden worden. Aber die Produktion von Strom war unrentabel, denn die frühen Generatoren und Elektromotoren arbeiteten mit Dauermagneten, oder deren Magnete mussten durch eine eigene Kraftquelle, eine Batterie gespeist werden. Erst als Werner Siemens Mitte der 60er Jahre das dynamoelektrische Prinzip entdeckte – ein Teil des erzeugten Stroms wird für die Magnete der Generatoren abgezweigt –, konnte Strom in größeren Mengen und rentabler hergestellt werden. In den 80er Jahren wurden in Deutschland, England und USA die ersten Straßenbeleuchtungen und elektrischen Straßenbahnen eingeführt.

1879 erfand Thomas Alva Edison die Glühbirne, die Kohlefadenlampe. Das Bild des »genialen Erfinders«, das Edison prägte, entsprach allerdings nicht mehr der Realität. *In der zweiten Hälfte des 19. Jahrhunderts gab es – als neues Feld der Kapitalverwertung – eine industrielle Forschung, vor allem in der Elektro- und Chemie-Industrie. Die meisten Erfindungen wurden in den Industriekonzernen gemacht.* 1881 stellte Edison die neue Glühbirne auf der Pariser Weltausstellung vor. Bedeutsamer war, dass Edison auch das Mittel der kommerziellen Auswertung entwickelte: das Elektrizitätswerk. 1882 beleuchtete er ein Stadtviertel in New York. *1889 verkaufte er seine Fabrikationsinteressen an die neugegründete Firma General Electric, heute einer der größten Elektro-, Elektronik- und Medienkonzerne der Welt.*

Die erste Straßenbahn der Welt wurde 1881 in Berlin-Lichterfelde von Werner Siemens eröffnet. 1883 erwuchs Siemens eine starke Konkurrenz durch die Deutsche Edison-Gesellschaft. 1887 wurde deren Name in Allgemeine Elektrizitäts-Aktiengesellschaft (AEG) geändert. Die AEG trieb in allen deutschen Städten die Elektrifizierung voran, sie wurde ein mächtiger Konzern. Allerdings war Strom teuer und schwer erreichbar, man brauchte einen eigenen Generator im Keller. Elektrisches Licht war etwas für Fabriken, vornehme Straßen, reiche Leute.

Erstmals Massenproduktion

Die Industriekonzerne begannen mit der Massenfabrikation von Waren. Das bedeutete die Standardisierung der Produkte und vor allem der Einzelteile eines Produkts, dessen Fabrikation damit effektiver wurde. Strumpfwaren, Strickwaren und Teppiche waren die ersten massenproduzierten Konsumgüter. Vorreiter der Massenproduktion waren in USA die Schlachthäuser und Fleischkonserven-Fabriken. Bis 1916 entwickelte sich die Fleischkonserven-Industrie zur führenden Industrie der USA, noch vor der Stahlindustrie (Faulkner, S. 395). *Seither nahmen sich die Kritiker mit Verachtung des Massenmenschen an, der sich aus Konserven ernährt.*

Auch frische Nahrungsmittel wurden in Massenproduktion hergestellt: Brot, Brötchen, Frühstücks-Nahrungsmittel, Milch, Frischfleisch. Das erscheint selbstverständlich, aber damals bedeutete das, dass die Arbeiten der privaten Haushalte wie Brotbacken, Einkochen, Fleisch konservieren, Kleidernähen, von der Industrie übernommen wurden – jedenfalls bei den Städtern. *Soziologen sprechen vom Wandel der Familie von der Produktionsgemeinschaft zur Konsumtionsgemeinschaft.*

In den Stadtzentren entstanden Kaufhäuser und große Ladenketten. In USA hatten die ersten Kaufhäuser in den 60er Jahren aufgemacht: Alexander T. Steward in New York, John Wanamaker in Philadelphia, Marshall Field in Chicago und New York. In Deutschland gründeten die Brüder Leonard und Oscar Tietz 1879 den Kaufhof und 1882, zusammen mit ihrem Onkel Hermann Tietz, die Kaufhauskette Hertie. Ihr Erfolgsrezept bestand darin, dass sie erstmals den Zwischenhandel umgingen und dadurch Billig-Angebote liefern konnten. Ihre Konkurrenten waren die Unternehmer Wertheim, Karstadt und Emden, die ebenfalls Kaufhausketten aufbauten. *In den späten 90er Jahren boomten die Kaufhäuser in USA und Europa. Jetzt wurden auch Versandhäuser gegründet. Ab 1900 entwickelte sich ein wirklicher Massenkonsum.*

In den 1880er Jahren wurde das Fahrrad zu einem Massenartikel. 1885 wurde der Kettenantrieb erfunden, 1889 der luftgefüllte Reifen. In Frankreich machte 1903 die erste Tour de France das Radfahren zum Volkssport. *Auch sonst wurden die Menschen dank der Eisenbahn und der regelmäßig verkehrenden Dampfschiffe mobiler.*

Fotoindustrie schafft Massenkonsum: die »Knipser«

In den 80er Jahren begann die Massenproduktion auf dem Gebiet der Fotografie, die Fotoindustrie schuf sich ein Publikum von Amateurfotografen. George Eastman, amerikanischer Erfinder und Unternehmer, war mit seiner Firma Kodak führend. 1884 griff Eastman eine neue Erfindung auf, den Gelatinefilm, erfunden von einem amerikanischen Geistlichen, Hannibal Goodwin. 1885 brachte Eastman den ersten Rollfilm aus Papier auf den Markt, den »Strippingfilm«, dessen Gelatine-Emulsionsschicht nach der Aufnahme vom Papier abgezogen wurde und damit ein dünnes Häutchen ergab, das man »Film« nannte. »Film« heißt »dünner Überzug«, Bedeckung, Haut. Es hat denselben sprachlichen Ursprung wie das deutsche »Fell« oder »Pelle« – »pellicule« im Französischen (Der Sprachdienst 4/1999).

Damit wurde die umständliche Fotografie mit Glasplatten überflüssig. 1888 begann Eastman mit der Produktion von Filmen aus Zelluloid. Diese Filme hatten an den Rändern noch keine Perforationen, sie wurden von Rollen angedrückt und bewegt. Im selben Jahr brachte Eastman-Kodak die erste Rollfilm-Kamera-Box auf den Markt, »The Kodak«, eine Kamera mit einem Film für 100 Aufnahmen, die runde Bilder mit 6,3 cm Durchmesser lieferte. Und er bot erstmals einen Entwicklungs-Service an: Der Konsument brauchte nur zu knipsen und die Kamera ins Werk zu schicken, dort wurde sie neu geladen und der Film entwickelt. *Damit produzierte sich Eastman durch ein geschicktes Angebot seine Massenkonsumenten,* die Amateurfotografie war entstanden.

Auch die Fotokamera wurde, wie die Konserve, für die Verächter der Massenkultur zum Negativ-Symbol: der »Knipser«, der dumme, knipsende Tourist-Banause als Massenmensch.

Neue Unterschicht-Massen: die Angestellten

Handel, Banken, Versicherungen, Immobilienunternehmen, Kaufhäuser benötigten seit den 80er Jahren immer mehr Büroangestellte und Verkaufspersonal. *Es entstand die neue Schicht der Angestellten:* untere Büroangestellte, Stenografen, Maschinenschreiber, Kopisten, Vertreter, Journalisten, Kellner, Wäscherinnen, Pförtner, Hausangestellte. *Die neuen Angestellten gehörten damals nicht zur Mittelschicht, sondern zur Unterschicht, denn ihre Arbeit war schlecht bezahlt.*

Die *Mittelschicht* bestand damals aus kleinen Ladenbesitzern und Gewerbetreibenden, aber auch Farmern.

In Deutschland hießen die höheren Angestellten »Privatbeamte«, so nannte man die Ingenieure bei Siemens ebenso wie die Warenhaus-Leiter oder die Zeitungsredakteure. Büroangestellte nannte man »Bureaubeamte«. Ihre Zahl stieg zwischen 1880 und 1895 um mehr als 100% auf eine dreiviertel Million (Ogger 1982, S. 86).

Straßenbahnen und billigere Fahrpreise der Eisenbahnen ermöglichten mehr Mobilität. Für die besserverdienenden Angestellten wurden – in USA und Europa – Ende des 19. Jahrhunderts riesige *Reihenhaus-Siedlungen in den Vorstädten* gebaut. In London stieg die Zahl der Häuser in den westlichen Außenbezirken zwischen 1851 und 1911 von ca. 3.000 auf 33.000 Häuser an.

Für ihre Angestellten und Arbeiter errichteten viele Konzerne in USA Siedlungen, in denen es ausschließlich konzerneigene Kaufhäuser gab. Es wurde das seit Beginn der Industrialisierung übliche *Trucksystem* praktiziert: Die Konzerne verlangten überhöhte Preise. So bekamen sie einen Teil der gezahlten Löhne wieder herein. Oft wurde auch ein Teil des Lohns in Form von Einkaufsgutscheinen bezahlt.

Die Schulbildung der Angestellten war sowohl in USA als auch Europa relativ niedrig. Der Zugang zu höheren Schulen und Universitäten war von Geld und Privilegien abhängig. Für die weniger »gebildeten« Angestellten entstand eine »Angestelltenliteratur«, in England durch George Bernhard Shaw oder H.G. Wells, die selbst als Angestellte gearbeitet hatten und in einer klaren, unverschnörkelten Sprache schrieben, was als »Angestellten-Englisch« diffamiert wurde (Carey 1996, S. 77ff.). Es entstanden weitere Zeitungen mit Human Interest-Stories: Besonders erfolgreich war in England die Wochenzeitung *Tit-Bits*, die 1881 gegründet wurde. Sie enthielt Fortsetzungsromane, Kurzgeschichten, Gedichte, eine Kolumne »Antworten auf Leserfragen« und Seiten über Gesellschaftsspiele, Witze, Rätsel, Berichte über Badeorte, Ausflugsziele, Radfahrgelegenheiten. Die Massen waren jetzt mobil, sie fuhren zu Sportereignissen oder zu Ausflugszielen am Wochenende (Maase 1997, S. 79ff.).

Für die reaktionären Kritiker der »Massen« wurden vor allem die angestellten Frauen, die Verkäuferinnen, Sekretärinnen, Lehrerinnen, Krankenschwestern, zum Inbegriff der Niveaulosigkeit, vor allem die Frauen in den »gesichtslosen Vorstädten«, die all ihre Ersparnisse für Kosmetika, Zigarretten und teure Dessous ausgaben (Carey, S. 62ff.).

Neues Interesse des Big Business an Design und Werbung

Große Aktiengesellschaften und Banken sind – bis heute – nicht daran interessiert, sich gegenseitig durch Preissenkungen oder Qualitätsverbesserungen Marktanteile abzuringen, denn das würde zu einer ruinösen Konkurrenz führen. Sie bevorzugen die sichere Konkurrenz, die in Wirklichkeit keine freie Konkurrenz mehr ist: Die Konzerne und Banken veränderten die Welt, indem sie Aktivitäten zur Stabilisierung der Massen-Märkte in Gang setzten:

Design
Je mehr die Oligopol-Konzerne die Absatzkanäle kontrollieren, desto mehr haben sie die Möglichkeit, billigere und bessere Alternativen auszuschalten. Statt dessen bauen sie in ihre Produkte minimale, künstliche, designerische Unterschiede ein, mittels derer sie sich von den konkurrierenden Oligopolisten differenzieren. Konzerne, die ein Marktsegement beherrschen, können die Qualität ihrer Produkte mindern und die Preise erhöhen. Die Wirtschaftswissenschaftler Baran und Sweezy beschrieben das so: »Solche relativ großen Unternehmen können den Markt mächtig in ihrem Sinne beeinflussen, indem sie zwischen ihren Produkten und denen der Konkurrenz einen deutlich ausgeprägten Unterschied herstellen und aufrechterhalten. Dieser Eindruck der Andersartigkeit wird hauptsächlich durch Werbung, Warenzeichen, Markennamen, besondere Verpackung und Produktabänderung zu erzielen versucht; glückt das, so bieten die voneinander abgehobenen Produkte in den Augen der Konsumenten immer weniger einen fast gleichwertigen Ersatz füreinander. Je größer der Erfolg dabei ist, desto mehr nähert sich der Anbieter des herausgehobenen Produkts einer Monopolstellung. Und je größer die Vorliebe des Publikums für sein besonderes Firmenzeichen wird, desto unelastischer wird die Nachfrage, mit der er zu rechnen hat, und desto besser ist er in der Lage, seinen Preis zu erhöhen, ohne eine entsprechende Ertragseinbuße hinnehmen zu müssen.« (1967, S. 118; 1968)

Künstliche Produktdifferenzierung erreicht man mittels Design. Ab den 1890er Jahren wurde Produktgestaltung wichtig. *So wurde »Modernität« das Modewort der neuen Warengesellschaft, die Konsumentinnen und Konsumenten sollten und wollten »modern« sein.* So entstand – in Opposition zum klassischen Stil – um 1900 ein neuer, »moderner« Stil, der uns heute altmodisch vorkommt, damals jedoch hochmodern war: In Frankreich hieß er »Art Nouveau«, mit verschlungenen, stilisierten Ornamenten, als Gestaltungs-Stil für kostbare Waren, Möbel, für die Pariser Métro-Eingänge, Häuser etc. In Deutschland wurde dieser Stil von der Zeitung *Jugend* (1896-1940) gepflegt, deshalb »Jugendstil«. Ausstattungshäuser warben für die moderne Frau. Die moderne Frau war »modern« gekleidet, Ringe, Kleider, Kragen, Frisuren, Haarkämme waren modern – also im Jugendstil (Gallo, S. 129). Modezeitschriften wurden populär, der Berliner Ullstein-Verlag brachte nach 1905 neue Modezeitschriften, mit Schnittmustern zum Nachschneidern, und ab 1912 *Die Dame,* das deutsche Gegenstück zu *Vogue.*

Werbung
Künstliche Produktdifferenzierung erfordert Propaganda. Es begann der Aufstieg der Werbung, vor allem als Marken-Werbung. Die jährlichen Ausgaben der Industrie für Werbung in Zeitungen und Zeitschriften stiegen in USA zwischen 1890 und 1929 von 76 Mio. $ auf 1,1 Mrd. $. Der Vergleich wird deutlicher, wenn man betrachtet, welchen Anteil am Volkseinkommen das ausmachte: von 0,59% (1890) des Volkseinkommens stieg der Anteil auf 1,38% (1929). Indirekte Kosten wie die Kosten der Marktforschung sind dabei nicht mitgerechnet (Baran und Sweezy 1968, S. 126). *Künstliche Produktdifferenzierung und Werbung wurden im Oligopol-Kapitalismus zum Motor der Erhaltung und Entwicklung des Kapitalismus – und zugleich zum Motor der kommerziellen Massenmedien.*

Konzentration auf das zu Verkaufende, auf Markenzeichen: neue Bildstruktur beim Plakat

Unzählige Plakate warben für die Massenwaren. Vor allem die neuen Pariser Boulevards – und auch die Eisenbahnstrecken – erforderten großformatige Plakate, die dem eiligen Passanten oder Reisenden das Wichtigste mitteilten. Der erste Künstler dieses neuen Genres war Jules Chéret. Er präsentierte in den 1870er Jahren leichtbekleidete Frauen, die, in flüchtiger Bewegung eingefangen, für Boulevard-Zeitungen, Lampen-Sicherheitspetroleum, Schuhcreme und für die Varieté-Stars warben. Um mit seiner 1866 gegründeten litografischen Firma konkurrenzfähig zu sein, verwendete Chéret möglichst wenige Farben – Rot, Hellgrün und Dunkelblau als Hintergrund – und erzielte damit die stärkste Fernwirkung. Bis Ende der 80er Jahre entwickelte er einen sehr sparsamen »plakativen« Stil: Im Bild eine schöne Frau, und als Text nur ein oder zwei Wörter, die auch in der Ferne lesbar waren (Gallo, S. 298; zur Westen, S. 26).

Der nackte weibliche Körper begann seine Rolle in der Werbung zu spielen, zunächst noch allegorisch, zum Beispiel als nackte Fahrrad-Göttin, die hinter einem Fahrrad herschwebt, mit wehenden Haaren. Überhaupt wurde für Fahrräder viel geworben. Meistens zeigten die Plakate und Anzeigen keine Göttinnen, sondern Familien oder Paare beim Ausflug, im Vordergrund oft Frauen auf den Fahrrädern, um zu demonstrieren, wie beweglich, frei und selbständig die Frauen beim Radfahren sein konnten. Immer fuhren die Frauen vorneweg in die freie Landschaft. (Gallo, S. 94ff.)

Die Maler Pierre Bonnard und Henri de Toulouse-Lautrec führten den »plakativen« Stil weiter. Bonnard entwarf ein Werbeplakat für die Zeitung *Revue Blanche*, das französische Gegenstück zur deutschen *Jugend*. Darauf sieht man nur zwei Personen, einen Zeitungsjungen und eine elegant gekleidete Dame, die ein Exemplar der *Revue Blanche* in der Hand hält, dazu unten die Schrift »la revue blanche«, sonst nichts (Plakat von 1894. Gallo, S. 300). Toulouse-Lautrec machte in den 90er Jahren 31 Plakate für das Pariser Varieté Moulin Rouge: Man sieht zum Beispiel die Tänzerin Jane Avril, in Tanzhaltung, Federbüsche auf dem Kopf, in einem langen

Kleid, das mit einer Schlange dekoriert ist, die sich um ihren Körper wickelt; daneben nur die Schrift »Jane Avril« (Plakat von 1898. Gallo, S. 301). Es entstand ein Plakatstil, der Bild und Text immer klarer und eindeutiger auf ihre Bedeutung für die Werbebotschaft hin festlegte. Die Worte konzentrierten sich auf den Markennamen.

Berühmt wurde ein Plakat, das für Schuhe der Marke Bata warb: Es enthielt nur: links, bis zu den Schultern, eine elegante, leicht sportlich gekleidete junge Frau mit Topfhut; sie blickt nach rechts auf einen riesigen grauen Schuh mit hohem Absatz, der die gesamte rechte Bildhälfte einnimmt; darunter, über die ganze Plakatbreite, die große Schrift »Bata«. Der Hintergrund ist dunkelblau, Hut und Bluse der Frau und der Schuh sind beigefarben, und die Bata-Schrift ist weiß (Plakat von 1914. Gallo, S. 130).

Bilder und Worte dienten einer neuen Funktion: Konzentration auf das Wichtigste, Attraktivste, zu Verkaufende.

Manipulation und Verachtung »der Masse«

Manipulierbare »Massenseele«: rassistische »Massenpsychologie« bei Le Bon

Mit dem Buch *Psychologie der Massen* von Le Bon begann 1895 ein neues Zeitalter der Massen-Verachtung. *Le Bon erfand den Mythos vom »kollektiven Unbewussten«, das angeblich durch raffinierte Suggestion beeinflussbar ist.* In seiner Schrift wurden die Massen weiterhin – wie damals üblich – als dumm, wild, niveaulos, furienhaft etc. diffamiert – aber neu war, dass sie zugleich als beherrschbar, als in ihrer Dummheit und Irrationalität manipulierbar angesehen wurden. Damit eröffnete sich eine neue, »wissenschaftliche« Perspektive für Propaganda und Werbung.

Gustave Le Bon (1841-1931) war ein populärer Sachbuch-Schriftsteller. Er war kein Wissenschaftler und kein Psychologe. Beruflich war er Diätar, d.h. unterste Hilfskraft in der Verwaltung, auf Tagegeldbasis (1860-1907); Medizinstudent ohne Abschluss (1864-1866), obwohl er sich später »Docteur« nannte; Redakteur und Autor medizinischer Schriften (bis ca. 1880). Danach schrieb er viele Bücher, zum Beispiel über naturwissenschaftliche Themen: den Tabakrauch, die Evolution der Materie, die Evolution der physikalischen Kräfte; über völkerkundliche Themen: die Zivilisation des Orients, Nepal, die Araber, die Inder. In Indien war Le Bon als Reisestipendiat des Unterrichtsministeriums. Seit den 90er Jahren war er der Initiator und Organisator eines sich regelmäßig treffendes Kreises von konservativen Wissenschaftlern, Künstlern, Militärs und Politikern. Außerdem war er Herausgeber einer bekannten Wissenschaftlichen Reihe beim Verlag Flammarion (ab 1902). Le Bons Vater war kleiner Verwaltungsbeamter.

Zunächst befasste Le Bon sich mit Physiologie. Das bedeutete damals vor allem Phrenologie, Schädelmessung: Man vermaß, entsprechend der Lehre des Arztes Franz Gall, die Schädel unterschiedlicher Menschen und zog daraus Rückschlüsse auf Charaktere und auch auf »Rassencharakter«, »Volkscharakter« – und »Geschlechtscharakter«. Dabei kam Le Bon zu dem Ergebnis, dass die niedere gesellschaftliche

Position der Frauen der kleineren Form des weiblichen Schädels entspreche. Frauen gehören einer primitiveren Stufe der biologischen Evolution an. Deshalb sei eine rechtliche Gleichstellung und höhere Schulbildung der Frauen rein physisch nicht gerechtfertigt, sie bringe nur die mütterlichen Instinkte durcheinander und mache aus den Frauen Feindinnen der Männer und der gesellschaftlichen Ordnung. Diesen Frechheiten gab er die Bezeichnung »Psychologie der Frauen« (Le Bon 1890). *Niemand kommt heute auf die Idee, sich auf die »Frauenpsychologie« Le Bons als Wissenschaft zu beziehen – aber dessen ebenso skandalös unseriöse »Massenpsychologie« wird heute noch ernst genommen* (z.B. von Moscovici 1986; Sloterdijk 2000).

Mit »Massen« meinte Le Bon:

1. sowohl die aktuellen Massen bei Streiks und Revolutionen, die »heulende, wimmelnde, elende Volksmasse, die in der Revolution von 1848 in die Tuilerien [das Königsschloss in Paris] eindrang«;
2. als auch die gesamte »Massengesellschaft«, »la voix des foules« – was man mit »die öffentliche Meinung« übersetzen kann –, »die den Königen vorschreibt, wie sie handeln sollen«.

Seine Thesen über die aktuellen Massen übernahm Le Bon von den reaktionären Kriminologen Gabriel Tarde und Scipio Sighele (Tarde 1890; Sighele 1891). Deren Interesse galt dem Verhalten von Personen bei Kollektivdelikten, bei Demonstrationen und Streiks. *Die Aktionen streikender Massen wurden von ihnen nicht aus dem Naheliegendsten erklärt, aus gemeinsamer Empörung über schlechte Lebensbedingungen, sondern sie hielten diese Massen grundsätzlich für irrational und kriminell.* Tarde führte ihr »gleichgerichtetes« Handeln auf ein Prinzip der Nachahmung zurück, auf eine Art psychische Ansteckung. Der Glaube an magnetische Kräfte, an Mesmerismus, und das Interesse an Hypnose waren in Mode.

Und was die »Massengesellschaft« betrifft, so behauptete Le Bon, »die Masse« habe einen nivellierenden Einfluss. Das mag man noch glauben, aber er meinte auch, die Individualität des Einzelnen würde sich in »der Masse« auflösen: Individuelle Eigenschaften würden zugunsten des kollektiven Unbewussten eliminiert: »Die Hauptmerkmale des einzelnen in der Masse sind also: Schwinden der bewussten Persönlichkeit, Vorherrschaft des unbewussten Wesens, Lenkung der Gedanken und Gefühle durch Beeinflussung und Übertragung in der gleichen Richtung, Neigung zu unverzüglicher Verwirklichung der eingeflößten Ideen. Der einzelne ist nicht mehr er selbst. Er ist ein Automat geworden, dessen Betrieb sein Wille nicht mehr in der Gewalt hat.« (Le Bon 1895, S. 17)

Beherrscht werde die »Masse« durch ein geheimnisvolles Ding, das Le Bon die »unbewusste Massenseele« nannte: »Die bewusste Persönlichkeit schwindet, die Gefühle und Gedanken aller Einzelnen sind nach derselben Richtung orientiert. Es bildet sich eine Gemeinschaftsseele, die wohl veränderlich, aber von ganz bestimmter Art ist.« (1895, S. 10). »Die Masse« handele immer aus unbewussten Motiven, sie agiere daher immer irrational. Geprägt wird Le Bons »Massenseele« vom »Erbgut der Rasse«, von der »Rassenseele«. *Le Bon war ein Rassist. Das könnte uns heute gleichgültig sein, doch daraus folgten Vorurteile über die Massen, die sich bis heute, vor allem in Werbung und PR, erhalten.* Le Bon verstand unter »Rasse« etwas biologisch Festgelegtes. Er glaubte, wie Lamarck, an die Vererbung erworbener Eigenschaften. Le Bon schrieb: »Die [vererbten] Überlieferungen umfassen die Ideen, Bedürfnisse und Gefühle der Vorzeit. Sie bilden die Einheit der Rasse und lasten mit ihrem ganzen Gewicht auf uns.« (1895, S. 56; Marpeau 2000, S. 66ff.). Le Bon behauptete die Existenz einer französischen Rasse, einer englischen etc. Die Rasseninstinkte der Franzosen enthielten das Bedürfnis, autoritär regiert zu werden, durch Napoleon zum Beispiel (Le Bon 1894, S. 21). Zwischen den Rassen und innerhalb der Rassen gibt es naturnotwendige Hierarchien, höhere biologische Entwicklungsformen wie die arische Rasse; und innerhalb der Rassen: Eliten, Genies. Natürlich rechnete der Kleinbürger Le Bon sich zur Elite.

Biologistisch war Le Bon auch, wenn es darum ging, den Massen Vernunft abzusprechen: »Ihre Handlungen stehen viel öfter unter dem Einfluss des Rückenmarks als unter dem des Gehirns«, alles »teilt sich durch Übertragung augenblicklich allen Gehirnen mit« (1895, S. 19, 22). Diese Verrücktheit wurde später zum Thema von Science Fiction-Filmen, und sie wurde noch in den 1980er Jahren von manchen »Werbepsychologen« ernsthaft behauptet (z.B. von Kroeber-Riel 1980). Le Bon war damit auch ein Gegner jeder sozialstaatlichen Hilfe, »debile Menschen« könnten bloß Schlechtes weiter vererben (Le Bon 1881, Bd. 2, S. 412). Im Rückenmark scheint nach Le Bon also die »unbewusste Massenseele« oder »Rassenseele« ihren Sitz zu haben. »Unbewusst« sind für ihn die »Instinkte«: »Gewiss üben die Massen ihre Wirkungskraft stets unbewusst aus. Aber vielleicht ist gerade dieses Unbewusste das Geheimnis ihrer Kraft. In der Natur gibt es Wesen, die nur aus Instinkt handeln und Taten vollbringen, deren wunderbare Mannigfaltigkeit wir anstaunen. Der Gebrauch der Vernunft ist für die Menschheit noch zu neu und zu unvollkommen, um die Gesetze des Unbewussten enthüllen zu können und besonders, um es zu ersetzen. Der Anteil des Unbewussten ist ungeheuer und der Anteil der Vernunft sehr klein. Das Unbewusste ist eine Wirkkraft, die wir noch nicht erkennen können.« (1895, S. XXVII)

Mit Freuds Begriff vom Unbewussten hatte dies nichts zu tun. Le Bon lernte die Theorien der Psychoanalyse erst Jahrzehnte später kennen (Marpeau 2000, S. 266ff.). *Diese Vorstellung von einer geheimnisvollen Wirkkraft in der Tiefe des Unbewussten kommt von Platons Vorstellungen über die »Seele« her, die irgendwo in der Tiefe des Menschen sitzt und schon vor der Geburt eines Menschen alles weiß* (hierzu: Voltaire 1792, S. 522f.)

Das alles waren Gedanken der Zeit, sie waren nicht besonders neu. Einer, der das Denken über die Massen beeinflusst hatte, war der Historiker und Geschichtsphilosoph Hippolyte Taine, der in seinem Geschichtswerk *Die Entstehung des modernen Frankreich* (1876-94) die Massen der Französischen Revolution diffamierte. Taine hatte jene als roh, unwissend, als Abschaum der Gesellschaft beschimpft, als Banditen, niedrigstes Gesindel, Straßenräuber etc. In der Masse, so Taine, würden aus Bauern, Arbeitern, Bürgern plötzlich Barbaren, wilde Tiere, blutrünstige, grinsende, schadenfrohe Affen, die hohnlächend morden (Bd. 1, S. 331). Damit wurde Taine populär.

Einflussreich war in den 70er und 80er Jahren der Sozialphilosoph Herbert Spencer, ein Sozialdarwinist, der den neu entstehenden Großunternehmern, den Trust-Bossen, bestätigte, dass sie in der gesellschaftlichen »Evolution« das Ergebnis der natürlichen Auslese beim Überleben des Stärkeren seien (Spencer 1893/94). Der Gedanke des »survival of the fittest« war in falscher Auslegung der Ergebnisse über die Evolution des Lebens auf der Erde entstanden, die Charles Darwin 1859 veröffentlicht hatte. Darwins Ergebnis: Natürliche Auslese im Kampf ums Dasein und Anpassung ist der Mechanismus hinter dieser Entwicklung des *physischen* Lebens. Das übertrug Spencer auf das *Gesellschaftsleben,* und damit machte er die gesellschaftlichen Machtstrukturen zum Ergebnis von unabänderlichen Naturgesetzen. Heute ist das bei Neoliberalen wieder sehr beliebt.

Wenn also Le Bon die Massen verachtete und deren Schicksal biologistisch als Ergebnis eines evolutionären Untergehens der Schwachen betrachtete, war das damals nicht besonders aufregend. *Neu war an Le Bon: Er hielt die willenlosen Massen für steuerbar. Kann man die »unbewussten Instinkte« der Massen packen, dann sind jene manipulierbar.* Der »geistige Tiefstand der Massen« ist nutzbar!

In der »Massengesellschaft« seien die Menschen, so meinte Le Bon, für Suggestionen aller Art empfänglich, denn sie reagierten impulsiv, sie seien leichtgläubig und zugleich kritiklos, in ihren Gefühlen simpel und fanatisch: »Die Masse ist der Spielball aller äußeren Reize, deren unaufhörlichen Wechsel sie widerspiegelt. Sie ist also Sklavin der empfangenen Anregungen.« (1895, S. 18). »Die Massen« kennen keinen Begriff des Unmöglichen. Es gebe weder Zweifel noch Ungewissheit, stattdessen herrsche ein Gefühl der Allmacht.

Vor allem aber sei »die Masse« empfänglich für Autoritäten und Führer, sie wolle beherrscht und unterdrückt werden so wie der Hypnotisierte durch den Hypnotiseur. »Die Masse ist eine Herde, die sich ohne Hirten nicht zu helfen weiß.« (1895, S. 83). Der Führer diene als Wegweiser. »Er kann zur Not, aber nur sehr unzureichend, durch Zeitungen ersetzt werden, die ihren Lesern Meinungen anfertigen und Redensarten bieten, welche alles Denken ersparen.« (1895, S. 85).

Am effektivsten beeinflusse man »die Massen«, so meinte Le Bon, durch Bilder: »Die Bilder, die in ihrem Geist durch eine Person, ein Ereignis, einen Unglücksfall hervorgerufen werden, sind fast so lebendig wie die wirklichen Dinge. Die Massen befinden sich ungefähr in der Lage eines Schläfers, dessen Denkvermögen im Augenblick aufgehoben ist, so dass in seinem Geist Bilder von äußerster Heftigkeit aufsteigen, die sich aber schnell verflüchtigen würden, wenn die Überlegung mitzureden hätte.« (1895, S. 43). Wer die Massen beeinflussen wolle, müsse packende Bilder bieten: »Sie müssen durch Verdichtung – wenn ich so sagen darf – ein packendes Bild hervorbringen, das den Geist erfüllt und ergreift. Die Kunst, die Einbildungskraft der Massen zu erregen, ist die Kunst, sie zu regieren.« (1895, S. 46)

Dagegen muss man einwenden, dass verdichtete, aufs Wesentliche konzentrierte Bilder nur dann ein Publikum packen können, wenn dahinter klare Gedanken stehen und damit Wege zum Denken, zur Vernunft des Publikums. Jede intelligente populäre Darstellung verwendet klare Bilder und klare Gedanken.

Aber derartige Einwände fegte Le Bon von vornherein mit dem Einwand beiseite, dass die Bilder in den Köpfen »der Massen« keinerlei vernünftigen oder logischen Zusammenhang hätten. Das behauptete er ohne jeden Beweis: »Kein Band logischer Übereinstimmung und Folgerichtigkeit verbindet diese Vorstellungsbilder miteinander; sie können einander vertreten wie die Gläser [Dias] der Laterna Magica, die der Vorführer der Schachtel entnimmt, in der sie übereinandergeschichtet lagen.« (1895, S. 39)

Da das Le Bons Grundannahme war, schlug er auch vor, dass man bei »den Massen« wirksam sein könne, wenn man Behauptungen aufstellt, ohne sie zu begründen. Auch Wortverdrehungen seien nützlich: Dinge, die »die Massen« unter ihren alten Bezeichnungen verabscheuen, müsse man mit volkstümlichen Namen umtaufen. Das muss man in dem Sinne verstehen wie 1999 der Kanzleramtsminister Bodo Hombach (SPD), der – um die neoliberale Politik des neuen Kanzlers Gerhard Schröder zu propagieren – überlegte, welches schönere Wort es für »Niedriglohnsektor« gibt. Er erfand das neutrale Wort: »geringfügige Arbeit«. Bei Le Bon war es das unter Napoleon verhasste Wort »taille« – die Grundsteuer, mit der Nebenbedeutung »tiefer Einschnitt«. Es wurde in »impôt« – mit der versachlichten Nebenbedeutung »Auflage« – umgetauft. Le Bon dazu: »Die Macht der Worte ist so groß, dass gutgewählte Bezeichnungen genügen, um den Massen die verhasstesten Dinge annehmbar zu machen.« (1895, S. 75). Wichtig zur Massenbeeinflussung sei auch der Nimbus, das Prestige des Beeinflussenden. Napoleon habe diesen Nimbus gehabt.

Im Alter war Le Bon ein Bewunderer des Diktators Mussolini.

Der Werbung gab Le Bon den Ratschlag, man müsse seine Behauptungen ständig wiederholen. Das ständig Wiederholte setzt sich in den »tieferen Bereichen des Unbewussten« fest: »Haben wir hundertmal gelesen, die beste Schokolade sei die Schokolade X, so bilden wir uns ein, alle Welt spreche davon, und schließlich sind wir dessen ganz sicher.« (1895, S. 89; Übersetzg. bearb.). – In diesem Zitat sprach Le Bon von »wir«, so als gehörte er selbst zu den dummen Massen. Hielt Le Bon vielleicht unbewusst – tief in seinem Rückenmark – sich selbst für dumm, einer niedrigeren Entwicklungsstufe zugehörig, litt er vielleicht unbewusst unter einem zu kleinen Schädel?

Bei Le Bon wurde nicht, wie bei Adam Smith, der aufklärerische Gedanke weiterverfolgt, dass die Leidenschaften, die Habgier, sich zum Nutzen aller auswirken könnten, wenn sie nur richtig beeinflusst, d.h. wenn sie nur in ökonomische Interessen kanalisiert werden. Bei Le Bon ging es darum, die Leidenschaften zu manipulieren, im Interesse herrschender Eliten.

Weil er in den gesellschaftlichen Hierarchien das Ergebnis biologischer Evolution sah – der Schädelgröße, der Vererbung erworbener Eigenschaften etc. –, war er dagegen, »den Massen« Bildung zu vermitteln. Auch das ist ein Gedanke, der sich heute bei manchen Neoliberalen erhält.

Le Bon wurde zum Vordenker der autoritären Bewegungen des 20. und 21. Jahrhunderts. Seine Attraktivität für reaktionäre Politiker beschreibt der Politologe

Helmut König so: »Seine Lösung läuft auf das paradox anmutende Konzept einer Politik hinaus, die zwar mit den Massen im Bunde steht, aber zugleich gegen sie gerichtet ist. Le Bon entwirft das Programm der massenverachtenden Massenbewegung, er ist der Ahnherr des Versuchs, die unzuverlässigen, amorphen Massen in treue und unterwerfungsbereite Gefolgschaften zu verwandeln.« (S.170).

Und damit war Le Bon, so muss man hinzufügen, der »Ahnherr« aller irrationalistischen Annahmen der Werbung und der kommerziellen Markt- und Meinungsforschung des 20. und 21. Jahrhunderts über dumme, gefühlsmäßig reagierende, manipulierbare »Massen«.

Theorie des Ich bei Freud

Mit einem anderen Interesse ging die Psychoanalyse – 1895 von Freud erfunden – an die Massen und das Unbewusste heran. *Freud war ein Aufklärer. Es ging darum, »das Andere der Vernunft in den vernünftigen Diskurs wieder einzubeziehen«* (Nitschke, S. 37). Für unsere Zwecke ist Freuds Theorie über die Wünsche und die Fantasie wichtig, denn sie muss man beachten, wenn man die Aneignung von Medienprodukten analysieren will.

Sigmund Freud (1856-1939) war der Begründer der Praxis und der Theorie der Psychoanalyse, wissenschaftlicher Autor und Philosoph. Beruflich war er Arzt (ab 1881); Facharzt für Nervenleiden (ab 1886); Privatdozent (ab 1885), dann Professor (ab 1902) an der Universität Wien; praktizierender Psychoanalytiker in Wien und ab 1938 in London. Sein Vater war Wollkaufmann in Freiberg/Pribor in Mähren und in Wien.

Freud hatte 1885-1886 in Paris bei dem Neurologen und Psychiater Jean-Martin Charcot das Phänomen der Hysterie studiert und sich für die therapeutische Suggestion interessiert. Hysterie, Hypnose und Suggestion waren Themen der Zeit. Die Nervenkrankheit Hysterie wurde mittels Hypnose und Suggestion behandelt. Aus seinen Studien und denen des Facharztes Josef Breuer entstand die gemeinsame Gründungsschrift der Psychoanalyse: *Studien über Hysterie* (Breuer und S. Freud 1895). Es ging um eine neue Behandlungsmethode: »Wir fanden [...], dass die einzelnen hysterischen Symptome sogleich und ohne Wiederkehr verschwanden, wenn es gelungen war, die Erinnerung an den veranlassenden Vorgang zu voller Helligkeit zu erwecken, damit auch den begleitenden Affekt wachzurufen, und wenn dann der Kranke den Vorgang in möglichst ausführlicher Weise schilderte und dem Affekt Worte gab.« (Breuer und S. Freud, S. 85). Hinter jedem Krankheits-Symptom (Angst, Zwangsvorstellungen) der Kranken wurde eine unbewusste Erinnerung vermutet; wenn jene ins Bewusstsein gebracht wurde, verschwand das Symptom. Den Patienten wurde nur dazu verholfen, ihre Erinnerung wiederzufinden, sie wurden nicht beeinflusst, nicht manipuliert. Breuer nannte das Verfahren »kathartische Methode«, die reinigende, befreiende Methode, und Freud ab 1896 erstmals »Psychoanalyse«. Auf Hypnose und Suggestion wurde schließlich verzichtet, zugunsten des Herausarbeitens der »unbewussten« Erinnerungen durch die freie Assoziation, die spontane Äußerung von Gedanken und durch die Erzählung und Analyse von Träumen.

Als »veranlassenden Vorgang« für Angstneurosen und Zwangsvorstellungen erkannte Freud zunächst Traumata, seelische Schocks, die von den Patienten vergessen, »verdrängt« worden waren. Ausschlaggebend für die Traumatisierung, so vermutete Freud, war die Sexualität der Kranken (sexuelle Abstinenz, virginale Angst oder reale Vergewaltigung im Kindesalter) (S. Freud 1895, S. 53 f.). Später, 1897, sah Freud den veranlassenden Vorgang nicht mehr in realen Traumata, sondern in unbewussten kindlichen sexuellen Fantasien: im Ödipuskomplex, dem unbewussten Wunsch des männlichen Kindes, den Platz des Vaters einzunehmen bzw. dem des weiblichen Kindes, den Platz der Mutter einzunehmen. Dahin gelangte er, weil die meisten »hysterischen« Patientinnen, die behaupteten, Opfer einer Vergewaltigung durch den Vater geworden zu sein, davon lediglich fantasierten.

Derart empirisch fundiert, von der Analyse von Krankheitsfällen ausgehend, entstand in Freuds frühen theoretischen Werken – *Die Traumdeutung* (1899), *Psychopathologie des Alltagslebens* (1901), *Drei Abhandlungen zur Sexualtheorie* und *Der Witz und seine Beziehung zum Unbewussten* (beide 1905) – eine Theorie der Persönlichkeitsstruktur auch der »normalen«, nicht kranken Personen. Sie ist für uns wichtig: *Freuds Interesse war die Herstellung des realitätstüchtigen Ich, die Konstruktion einer Rationalität jenseits von Traum und triebstrukturellen Wünschen. Das vom Ich Ausgeschlossene, das Animalische, Triebhafte, Infantile, Asoziale sollte in seinen Gesetzmäßigkeiten rekonstruiert und überwunden werden.* – Jedenfalls war das das Hauptinteresse. Freud hat den aufklärerischen Ausgangspunkt selbst verschleiert, indem er immer wieder von »Instinkten« sprach und – quasireligiös à la Platon – die Psychoanalyse als die Wissenschaft propagierte, die in die »Tiefe der Seele« einzudringen vermag. Aber Freud vermutete im Unbewussten zunächst keine besondere »Tiefe«. So suchte er in *Die Traumdeutung* (1899) im Unbewussten nichts Mystisches – auch keine Archetypen der Seele wie später C.G. Jung –, sondern verdrängtes und verändertes »normales Denken« (Mannoni, S. 60). Das Hauptinteresse war, den Grenzverkehr zwischen Unbewusstem und Bewusstem zu erforschen.

Für die neue kritische Medienforschung ist daran die Fantasietheorie wichtig. Allerdings darf das nicht missverstanden werden: Es geht nicht um die Marotte, in jedem Film einen Ödipuskomplex zu finden; es geht vielmehr um die Mechanismen der Fantasietätigkeit.

Am wichtigsten ist, dass Freud die meiste »Energie« der Sexualität zutraute: »Den Kern des von uns Liebe Geheißenen bildet natürlich, was man gemeinhin Liebe nennt und das die Dichter besingen, die Geschlechtsliebe mit dem Ziel der geschlechtlichen Vereinigung. Aber wir trennen davon nicht ab, was auch sonst an den Namen Liebe Anteil hat, einerseits die Selbstliebe, andererseits die Eltern- und Kindesliebe, die Freundschaft und die allgemeine Menschenliebe, auch nicht die Hingebung an konkrete Gegenstände und an abstrakte Ideen.« (1921, S. 85). Dass das nicht getrennt wurde, liegt daran, dass die psychoanalytische Praxis Freud gelehrt hatte, dass alles zusammenhängt und dass die gemeinsame Ursache sexuelle Strebungen sind. Freud nannte jene »Libido« (Begierde, Trieb, Liebestrieb, Sexualtrieb).

Es war das Ergebnis der Forschungen Freuds, dass die Verarbeitung der Libido – und damit die uns interessierende Fantasietätigkeit – keine harmlose Sache ist, sondern ein Kampf: Jeder Mensch hat ein »Ich«, eine Instanz, die täglich Kompromisse suchen muss:

1. mit den eigenen sexuellen Wünschen, der Triebstruktur, dem »Es«;
2. mit dem eigenen Ich-Ideal, den eigenen Vorstellungen von Vollkommenheit, dem »Über-Ich«;
3. mit äußeren Zwängen der Realität.

Jeder Mensch muss innere und äußere Reize in einem gewissen konstanten Zustand halten, für sich ein psychisches Gleichgewicht schaffen.

Ein Mittel des Ich, mit dem Leben fertigzuwerden, ist die Verdrängung des Unangenehmen oder Schädlichen oder Tabuierten aus dem Bewusstsein, ins »Unbewusste«. Es gibt unterschiedliche Abwehrmechanismen wie Verleugnung und Verdrängung (A. Freud 1936). Abwehrmechanismen sind Konfliktvermeidungs-Strategien des mit seinem Ich-Ideal kämpfenden Ich. Allerdings gelingt die Verleugnung oder Verdrängung nie vollständig. Das Verleugnete oder Verdrängte führt einen Kampf um die Wiederkehr ins Bewusstsein: bei Kranken in Neurosen, bei »Normalen« in Träumen, in Tagträumen, in Fantasien, im Witz. Wir werden im nächsten Teil darauf zurückkommen.

Der alte Problemkonflikt der Bürger: Massenverachtung bei Nietzsche

In Deutschland machte Nietzsche das »Zeitalter der Massen« verächtlich und wurde dafür berühmt.

Friedrich Nietzsche (1844-1900) war Philosoph. Beruflich war er Professor für klassische Philologie in Basel (1869); er gab später seine Professur wegen einer Erkrankung auf (1879) und lebte als Schriftsteller von seiner Pension. Sein Vater war Landpfarrer in Sachsen.

Die Industrie, schrieb Nietzsche zu Beginn der 80er Jahre, sei der Ausdruck eines lebensfeindlichen Prinzips. Sie organisiere alle Menschen, nicht nur die Arbeiter, in maschinenartige Systeme. Die Erwerbsgesellschaft atomisiere die Individuen und schaffe Menschen, die mit Betriebsamkeit ihre eigenen Zwecke verfolgen. Sie rotte alles aus, was dem Leben Reiz, Stärke und Würde gibt, sie eliminiere Größe und Heroismus. Arbeit werde zur besten Polizei: »Denn sie verbraucht außerordentlich viel Nervenkraft und entzieht dieselbe dem Nachdenken, Grübeln, Träumen, Sorgen, Lieben, Hassen, sie stellt ein kleines Ziel immer ins Auge und gewährt leichte und regelmäßige Befriedigungen. So wird eine Gesellschaft, in welcher fortwährend hart gearbeitet wird, mehr Sicherheit haben: und die Sicherheit betet man jetzt als die oberste Gottheit an.« (1880-81, S. 1130)

Das ist ein Motiv, das wir von Tocqueville kennen, das Motiv der Kompensation: die Betriebsamkeit, die es gestattet, die vom Arbeitsleben bewirkte innere Leere abzuwehren. So schrieb Nietzsche: »Denn das Leben auf der Jagd nach Gewinn zwingt fortwährend dazu, seinen Geist bis zur Erschöpfung auszugeben, im beständigen Sich-Verstellen oder Überlisten oder Zuvorkommen: die eigentliche Tugend ist jetzt, etwas in weniger Zeit zu tun als ein anderer. Und so gibt es nur selten Stunden der erlaubten Redlichkeit: in diesen aber ist man müde und möchte sich nicht nur ›gehen lassen‹, sondern lang und breit hinstrecken. [...] Gibt es noch ein Vergnügen an Gesellschaft und an Künsten, so ist es ein Vergnügen, wie es müdegearbeitete Sklaven sich zurecht machen. Oh über diese Genügsamkeit der ›Freude‹ bei unseren Gebildeten und Ungebildeten! Oh über diese zunehmende Verdächtigung aller Freude! Die Arbeit bekommt immer mehr alles gute Gewissen auf ihre Seite: der Hang zur Freude nennt sich bereits ›Bedürfnis nach Erholung‹ und fängt an, sich vor sich selber zu schämen.« (1881-82, S. 191). Die Zivilisation zähme alle, sie mache aus ihnen Herdentiere. Unter der Maxime der Gleichheit nivelliere sie die Menschen.

Nietzsche sah überall nur Pöbel: Die »lange unten gehaltenen Schichten« diffamierte er als »Träger der Niedergangs-Instinkte (des Ressentiments, der Unzufriedenheit, des Zerstörer-Triebes, des Anarchismus und Nihilismus), eingerechnet der Sklaven-Instinkte, der Feigheits-, Schlauheits- und Kanaillen-Instinkte« (1880er, S. 708). Andere Bilder für die »Masse« waren bei Nietzsche die der Tierherde, des Schwarms giftiger Fliegen, der Regentropfen und des Unkrauts, das stolze Bauten zerstört (Carey, S. 37). Für Nietzsche waren auch die Bürger »vergüldeter, verfälschter Pöbel, dessen Väter Langfinger oder Aasvögel oder Lumpensammler waren«, bloß überformt durch die Rationalität der Ökonomie, der Industrie. Nietzsches Resumee: »Pöbel oben, Pöbel unten!« (1883, S. 508)

Nietzsches Philosophie enthielt Wahres, sie hatte Witz – doch sie war auch Anti-Aufklärung.

Zwar verteidigte Nietzsche die Aufklärung gegenüber der Romantik, in der er den Versuch sah, »ältere, primitive Empfindungen und namentlich das Christentum, die Volksseele, Volkssage, Volkssprache, die Mittelalterlichkeit, das Indertum zu Ehren zu bringen.« Er verteidigte den Geist Newtons und Voltaires gegen das Bestreben deutscher Naturforscher wie Goethe, »den Gedanken einer vergöttlichten oder verteufelten Natur und ihrer durchgängigen ethischen oder symbolischen Bedeutsamkeit wieder aufrecht zu stellen.« Und er kritisierte weiter: »Der ganz große Hang der Deutschen ging gegen die Aufklärung und gegen die Revolution der Gesellschaft, welche mit grobem Missverständnis als deren Folge galt: die Pietät gegen alles noch Bestehende suchte sich in Pietät gegen alles, was bestanden hat, umzusetzen, nur damit Herz und Geist wieder einmal voll würden und keinen Raum mehr für zukünftige und neuernde Ziele hätten.« (1880-81, S. 1144f.)

Nietzsche wollte die Aufklärung weiterführen – aber er sah die zukünftigen und neuernden Ziele nicht in der Demokratie, er hielt Gleichheit für einen Aberglauben, eine Begriffs-Halluzination. Der demokratische Staat entfessele lediglich Faulheiten, Müdigkeiten, Schwächen.

In der Öffentlichkeit sei das Übel der Journalismus, denn hier mache sich das Herdentier zum Herren: »In der Journalistik nämlich fließen die beiden Richtungen zusammen: Erweiterung und Verminderung von Bildung reichen sich hier die Hand; das Journal tritt geradezu an die Stelle der Bildung, und wer [...] jetzt noch Bildungsansprüche macht, pflegt sich an jene klebrige Vermittlungsschicht anzulehnen, die zwischen allen Lebensformen, allen Ständen, allen Künsten, allen Wissenschaften die Fugen verkittet und die so fest und zuverlässig ist wie eben Journalpapier zu sein pflegt. Im Journal kulminiert die eigentümliche Bildungsabsicht der Gegenwart: wie ebenso der Journalist, der Diener des Augenblicks, an die Stelle des großen Genius, des Führers für alle Zeiten, des Erlösers vom Augenblick getreten ist.« (1872, S. 194)

Zeitungsleser benehmen sich, so meinte Nietzsche, als feierten sie fortwährend das Fest einer Weltausstellung. Der Zeitungsleser »ist zum genießenden und herumwandelnden Zuschauer geworden und in einen Zustand versetzt, an dem selbst große Kriege, große Revolutionen kaum einen Augenblick lang etwas zu ändern vermögen. Noch ist der Krieg nicht beendet, und schon ist er in bedrucktes Papier hunderttausendfach umgesetzt, schon wird er als neues Reizmittel dem ermüdeten Gaumen der nach Historie Gierigen vorgesetzt. *Es scheint fast unmöglich, dass ein starker und voller Ton selbst durch das mächtige Hineingreifen in die Saiten erzeugt werde:* sofort verhallt er wieder, im nächsten Augenblick bereits klingt er historisch zart verflüchtigt und kraftlos ab.« (1873, S. 238; Kursivsetzg. zusätzl.). Historie werde zum Gebrauchs- und Verbrauchsgut.

Für die »Massen« empfahl Nietzsche die Fortführung der Aufklärung – aber er meinte das zynisch. Denn: Aufklärung schwäche die Massen. Sie versehe die Menschen mit Schulbildung und Wissen und stoße sie damit in eine Welt ohne Sinn und ohne verbindliche Werte. Orientierungslos folgten sie den starken Führern: »Wer sich einen starken Willen bewahrt und anerzogen hat, zugleich mit einem weiten Geiste, hat günstigere Chancen denn je. Denn die Dressierbarkeit der Menschen ist in diesem demokratischen Europa sehr groß geworden; Menschen, welche leicht lernen, leicht sich fügen, sind die Regel: das Herdentier, sogar höchst intelligent, ist präpariert. Wer befehlen kann, findet die, welche gehorchen müssen, ich denke z.B: an Napoleon und Bismarck.« (1880er, S. 434). Überwältigung des Fremden und Schwächeren, Unterdrückung, Härte, Aufzwängung eigener Formen, Ausbeutung gehöre zum »Wesen des Lebendigen, als organische Grundfunktion, sie ist eine Folge des eigentlichen Willens zur Macht, der eben der Wille des Lebens ist« (1886, S. 729). Sidonia Blättler schreibt hierzu: »Aufklärung, wie er sie versteht, kritisiert gerade den Allgemeinheitsanspruch der idealistischen Aufklärungspostulate und richtet sich exklusiv an einzelne, ausgezeichnete Individuen, die sich von den gesellschaftlichen Anforderungen kritisch distanzieren und der Politik in einer Massendemokratie fernbleiben.« (1995, S. 211). Nietzsche idealisierte das Genie, den Führer, den Erlöser. Er tat das, um das Individuum zu verteidigen, und wir können diesen Anspruch hier nicht ausreichend würdigen (hierzu: Blättler, S. 211ff.).

Aber das Programm der Aufklärung war – und ist bis heute – die Verbesserung der materiellen Lebensverhältnisse aller, durch vernünftige Organisation der industriellen Produktion, der Arbeit, der Wirtschaft, der Güterverteilung und erst damit die Schaffung individueller Freiheiten. *Wir sollten heute keine Führer und Eliten idealisieren und die Massen nicht rhetorisch niedermetzeln, sondern möglichst realitätsgerecht analysieren. Wir sollten keine Pauschalurteile aufstellen, sondern die Analyse der Widersprüche versuchen, die in den materiellen Wirtschafts- und Sozialstrukturen angelegt sind.*

Zeitungs-Oligopol: Penny-Presse als erste Massenpresse in Berlin

Erfolgsstrategien von Mosse, Ullstein, Scherl

Massenwaren mussten durch Werbung abgesetzt werden. Davon profitierten als erste die Zeitungen. In Berlin entstanden in den 70er und 80er Jahren drei große Zeitungsverlage: Mosse, Ullstein und Scherl (Mendelssohn, S. 38ff.):

1. *Mosse:* Rudolf Mosse war im Anzeigengeschäft reich geworden. Er hatte einen Vertrag mit der Familienzeitung *Gartenlaube*: Ihr wurde eine getrennte Anzeigenbeilage hinzugefügt, der *Allgemeine Anzeiger*. Hierfür akquirierte Mosse in ganz Deutschland, Österreich und der Schweiz überregionale Werbung, damals vollkommen ungewöhnlich. Das gute Geschäft ermöglichte der *Gartenlaube* die Senkung der Bezugspreise, was ihre Auflage sprunghaft steigerte, was wiederum zu einem Anstieg der Anzeigenaufträge führte.

1867 gründete Mosse die »Annoncen-Expedition Rudolf Mosse«, eine Werbeagentur. Er pachtete in den großen Zeitungen und Zeitschriften ganze Anzeigenteile und nahm ihnen die Verwaltung ihrer Anzeigenteile ab, gegen hohe Rabatte oder Provisionen. Er brachte jedes Jahr einen Zeitungskatalog heraus, um den Werbekunden das Inserieren zu erleichtern. Mit seiner Werbeagentur verdiente er ein Vermögen.

Als die *Vossische Zeitung*, eine der großen Zeitungen Berlins, ihm Rabatte verweigerte, gründete Mosse 1871 das *Berliner Tageblatt*, mit dem Ziel, der Berliner Geschäftswelt eine »Inseraten-Plantage« anzubieten, die Anzeigen von der *Vossischen Zeitung* abziehen sollte. Als Attraktion bot er einen redaktionellen Handelsteil. Im ersten Jahr hatte das *Tageblatt* 7.000 Abonnenten, um 1880 das Zehnfache.

1889 erschien bei Mosse die *Berliner Morgen-Zeitung*, die ihre Abnehmer vor allem auf den Lande fand.

Noch um 1900 gab es bei Mosse nur eine einzige Schreibmaschine. Mosses Redakteure schrieben alles mit der Hand, das Handgeschriebene ging an die Setzer weiter. Die Schreibmaschine befand sich im Privatbesitz eines Sekretärs, der sie gegen einen Gehaltsaufschlag in sein Büro mitbrachte.

2. *Ullstein:* Der zweite große Berliner Pressekonzern wurde 1877 von Leopold Ullstein gegründet, der sein Geld im Papier-Großhandel gemacht hatte. 1878 kaufte er die pleitegegangene *Berliner Zeitung*. Sie wurde sein Erfolgsblatt. Die Zeitung trat gegen Bismarck auf und plädierte für konstitutionelle Freiheiten, für Pressefreiheit. Sie wurde immer wieder verboten und mit Strafprozessen überzogen. Manche Redaktionen hielten sich einen eigenen »Sitzredakteur«, der für die Redaktion die Gefängnisstrafen absitzen musste, damit unterdessen die Redaktion weiterarbeiten konnte.

Neue Druckmaschinen erforderten die Auslastung von Druckkapazitäten, und so erschien 1887 Ullsteins *Berliner Abendpost*, die sich an das Berliner Umland richtete.

1894 kaufte Ullstein die *Berliner Illustrirte Zeitung*, die wöchentlich zum Preis von 10 Pfennig erschien. Ullstein profitierte von einer technischen Entwicklung, die den Abdruck von Fotos in Zeitungen möglich machte: 1882 erfand der Münchener Kupferstecher Georg Meisenbach die »Netzätzung«, auch Autotypie genannt, den Rasterdruck von Fotos auf Zinkplatten, die dann geätzt und als Druckplatten verwendet wurden. Damit war die Voraussetzung für einen Fotojournalismus in Zeitungen und Illustrierten gegeben. Die *Berliner Illustrirte Zeitung* konzentrierte sich auf aktuelle Fotos und Bildreportagen mit überregionalen Themen. Sie wurde ein Erfolg. Ullsteins Erfolg lag auch daran, dass er erstmals den Abonnementszwang aufhob, die Bindung der Abonnenten auf mindestens ein Jahr. Uns ist die Möglichkeit, jederzeit zu kündigen, vertraut, doch war das damals neu. 1914 erreichte die Illustrierte eine Millionenauflage.

3. *Scherl:* Der dritte Großverlag wurde von August Scherl gegründet, einem gelernten Buchhändler, der viel Geld mit Groschenroman-Heftchen machte, die er über Lotterieunternehmen vertrieb. Er gründete 1883 den *Berliner Lokal-Anzeiger*, die deutsche Version der Penny-Presse, doch so nannte man das nicht, man sprach von »Anzeiger« oder »General-Anzeiger«. Die Zeitung erschien zunächst einmal wöchentlich, am Samstag Abend, als Abonnementszeitung. Der Bezug war fast kostenlos, es wurde nur eine Zustellgebühr von 10 Pfennig monatlich erhoben. Die Zeitung finanzierte sich aus ihren Anzeigen. 1885 wurde daraus eine erfolgreiche Tageszeitung. 1899 erreichte sie die Auflage von 290.000.

Ullstein wiederum reagierte auf den Erfolg von Scherls *Lokal-Anzeiger* 1898 mit einer eigenen Penny-Presse: *Berliner Morgenpost*, einer Lokalzeitung, die sich realistisch, unkompliziert und überparteilich gab. Außerdem wurde sie zum enorm niedrigen Preis von 1,6 Pfennig pro Exemplar verkauft. Ullstein machte damit zunächst nur Verluste, aber er überflügelte in einem Jahr mit 160.000 Abonnenten Scherls Zeitung, die nur 120.000 Abonnenten hatte. 1914 hatte Ullsteins *Morgenpost* eine Auflage von 400.000.

Scherl wiederum reagierte auf den Erfolg von Ullsteins *Berliner Illustrirte Zeitung* 1899 mit *Die Woche*. Sie brachte es 1914 – als Ullsteins Zeitung die Millionengrenze überschritt – aber nur auf 400.000 Auflage. Und gegen Mosse kämpfte Scherl, indem er um 1900 eine eigene »Anzeigen-Expeditionsabteilung« einrichtete, eine eigene Werbeagentur, die Mosse einen Teil des Anzeigengeschäfts wegnahm.

Erfolgsrezepte: Freisinnigkeit, aktuelle Action-Fotos, junger Stil

Der Aufstieg von Mosse, Ullstein und Scherl hatte infrastrukturelle Ursachen: Kapital; Anzeigen-Akquisition, z.B. das Pachten ganzer Anzeigenteile durch Mosses Werbeagentur; Dumping-Preise für Abonnenten. Aber die Verlags- und Zeitungsgründer mussten sich auch überlegen, mit welcher Gestaltung des redaktionellen Teils sie attraktiv sein konnten.

Mosse setzte mit dem *Berliner Tageblatt* auf die Geschäftswelt, deren Anzeigen er haben wollte.

Ullstein setzte mit der *Berliner Zeitung* auf »Freisinnigkeit«, auf politische Unabhängigkeit. Im Obrigkeitsstaat Preußen war ein bürgerlich-fortschrittliches Blatt revolutionär. Er setzte auch, dank neuester Drucktechnik, auf höchste Aktualität und auf aktuelle Illustrationen. Ullstein war der erste, der die Sport-Berichterstattung ausbaute, eine der Attraktionen seiner Zeitungen. Das aktuelle Action-Foto von Pferden, Läufern, Turnern faszinierte die Käufer. Auch aktuellste Bilder von Kriegen wie dem Burenkrieg waren attraktiv. Schließlich gab es damals, nach 1895, die ersten Kinos und damit erste Wochenschauen.

Auch Scherl versuchte in *Die Woche,* mit aktuellen Fotoreportagen erfolgreich zu sein: das neueste Foto von den Löscharbeiten beim Brand der Aufzugsfirma Flohr! Aber die Konzentration auf lokale Ereignisse hatte zur Folge, dass *Die Woche* nicht so erfolgreich wurde. Scherls *Lokal-Anzeiger* dagegen war erfolgreich, Scherl orientierte sich mit ihm an der Penny-Presse. Dort gab es keine langen Artikel, keine langatmigen Kommentare, sondern vor allem News, kurze Nachrichten. Der *Lokal-Anzeiger* übernahm nicht nur Agenturmeldungen, sondern ließ vor Ort nachrecherchieren. Ein anderes Mittel, das Scherl praktizierte, war die Technik des »Spannungs-Umbruchs« bei den Fortsetzungsromanen: Während die anderen Verleger so fair waren, den Fortsetzungsroman jeweils am Ende des Monats abzuschließen, wenn die Abonnements ausliefen, brachen die Romane in Scherls Lokal-Anzeiger am Ende des Monats an der spannendsten Stelle ab: Fortsetzung im *nächsten Monat* – bei erneuertem Abonnement.

Scherls Problem war jedoch, dass er die News nicht unparteiisch präsentierte. Er war ultakonservativ, kaisertreu, er machte Hofberichterstattung, und deshalb wurde er schließlich von seinem Konkurrenten, Ullsteins *Berliner Morgenpost,* überflügelt. Ullstein pflegte die Anteilnahme an öffentlichen Angelegenheiten, aber überparteilich. »Parteinehmer, nicht Parteigänger!« war seine Devise. Die *Berliner Morgenpost* gab sich jung, anti-traditionell. Statt Hofnachrichten brachte Ullstein internationale Sensationen. In der ersten Nummer 1898 hieß es: »Junge Kräfte brauchen wir überall an der Spitze mit jungen Gehirnen und modernen Begriffen statt der feierlichen alten Herren mit ihren vorsintflutlichen Anschauungen«. »Gesunder Wirklichkeitssinn« wurde propagiert, vorgebracht in einem kräftigen und provokanten Stil. Das kam an.

1904 brachte Ullstein die *BZ am Mittag* heraus, ein Boulevardblatt, *die erste deutsche Zeitung, die in den Straßen verkauft wurde.*

Noten-Kartell, Schallplatten-Trust

Die amerikanische Musikindustrie hatte mit dem Verkauf von Notenblättern angefangen. Das war ab 1831 ein Geschäft, als amerikanische Musikkompositionen in die Copyright-Gesetzgebung aufgenommen wurden. 1855 hatten 25 Verlage ein Kartell gebildet, den Board of Music Trade of the United States. Eigene Vertreter und Kaufhaus-Ketten übernahmen den Verkauf.

Ab den 80er Jahren wurde die Musikproduktion manufakturmäßig betrieben: Musiktitel wurden von festangestellten Songschreibern hergestellt, entweder direkt im Auftrag der Produzenten von Bühnenshows oder mit Blick auf deren Interessen und auch auf die Interessen von Amateuren. Man nannte diese Musik-Manufakturen mit Verachtung »Tin Pan Alley«, Zinnpfannen-Allee, auch Zinnpfannen waren ein verachtetes Massenprodukt.

Zwischen 1890 und 1909 verdreifachte sich der Notenblätter-Umsatz. Chöre, Orchester, Musiklehrer waren die Kundschaft und immer mehr auch Leute, die zu Hause Musik machten. Songs wurden dadurch populär, dass sie in den Music Halls gesungen wurden. Die Music Halls hießen in USA »Odeon« oder »Vaudeville-Theater«. Zwei Drittel aller amerikanischen Vaudeville-Theater gehörten der Firma B.F. Keith Exchange, andere große Theater-Ketten waren E.F. Albee und Martin Beck's Orpheum. Die Notenblätter verkauften sich besser, wenn auf der Titelseite der Music-Hall-Star gezeigt wurde. Oft wurden die Sängerinnen und Sänger von den Musikverlagen dafür bestochen, dass sie die Songs des Verlegers sangen. Nach 1900 übernahmen die Musikverlage die Kontrolle über ganze Musiktheater-Produktionen.

Die Schallplatte war ein neues Medium, das den Absatz von Notenblättern steigern half, und nur insofern waren die Musikverlage zunächst daran interessiert.

1877 hatte Thomas Alva Edison den Phonographen erfunden, den ersten Apparat, mit dem man auf kleinen Walzen Sprache und Musik aufnehmen und wiedergeben konnte. Auf den Walzen befand sich eine Zinnfolie oder Wachs, in die eine Nadel den Ton eingravierte, bzw. von der Gravur abspielte. Edisons Absicht war die Erfindung eines Diktiergeräts. Dann wandte Edison sich anderen Gebieten zu, er erfand die Glühbirne und galt seither als der berühmteste Erfinder der Welt. 1888 ließ Edison seine Phonographen-Patente vom Unternehmer Jesse H. Lipincott auswerten, der die North American Phonograph Company gründete und Lizenzen für den Verleih der Maschinen vergab, für deren Vorführung als Kuriosität. Schausteller und Vaudeville-Theater entdeckten den Phonographen als Attraktion. In kleinen Läden, in Hotels, Saloons, Bahnhöfen entstanden in USA Phonograph Parlours, Phonographen-Salons, in denen man, wenn man eine Münze einwarf, an langen Schläuchen Musik hören konnte. *Ab 1890 wurden die Phonographen verkauft.* Die Lizenznehmer-Firma Columbia, die die Vermarktung der Phonographen übernahm, produzierte Musikwalzen. Die Abspielgeräte wurden immer billiger.

Schon 1886 hatte der Phonograph Konkurrenz erhalten: *Emil Berliner erfand in den USA das Grammophon mit Schallplatten.* Die Schallplatten bestanden aus Schellack und Schiefermehl, sie hatten einen Durchmesser von 17 cm. Die Platten waren leichter als Edisons Walzen und konnten in großer Stückzahl vervielfältigt werden. Berliner gründete 1891 die American Grammophone Company, die Grammophone herstellte und deren Unterfirmen Schallplatten herstellten und vertrieben. Sein Verkaufsleiter Frank Seaman brachte das Grammophon-Geschäft unter seine Kontrolle und gründete 1901 die Victor Talking Machine Company. *1902 gab es die ersten Aufnahmen mit Enrico Caruso. Das Geschäft boomte:* Zwischen 1901 und 1909 stieg der Verkauf von Walzen und Schallplatten von 4 auf 27 Mio. Stück (Sanjek, S. 8).

Auch Edison-Lizenznehmer Columbia kaufte sich ein Schallplattenpatent, um Berliners Patent zu umgehen, und begann ebenfalls, Schallplatten zu produzieren und zu vertreiben. *1903 schlossen Victor und Columbia ein wechselseitiges Lizenzabkommen. Gemeinsam beherrschten sie den Schallplattenmarkt wie ein Trust.* Mitte der 10er Jahre war Victor die größte Plattenfirma der Welt. Danach drängten neue Firmen auf den Markt, zum Beispiel Aeolian, der Hersteller von automatischen Klavieren; und Brunswick-Balke-Collender, Hersteller von Billiardtischen und Bowling-Anlagen.

Zeitungs-Oligopol in USA – und wieder ein Anlass für den falschen Problemkonflikt zwischen edlem Räsonieren und unedler »Sensation«

Kommerzielle Interessen schaffen sowohl Schlagzeilen-Journalismus als auch investigativen Journalismus: Pulitzer, Hearst

1883 kaufte Joseph Pulitzer, ein Zeitungsbesitzer aus St. Louis, die Zwei-Penny-Zeitung *New York World*. Sie hatte der Pennsylvania-Eisenbahngesellschaft gehört und zuletzt dem Eisenbahn-Magnaten Jay Gould. Pulitzer hatte mehrere Konkurrenten: *New York Times* und *New York Tribune* (Preis: 4 Penny), *New York Herald* (3 Penny) und die uns von den 30er Jahren her bekannte *Sun* (2 Penny). Pulitzer gab auch eine Sonntagsausgabe heraus: *New York Sunday World* (3 Penny). 1887 folgte an den Werktagen eine Abendausgabe: *New York Evening World* (1 Penny). In *New York World* wurden die Sensationsmischungen der Penny-Presse aus den 30er Jahren raffinierter inszeniert: die Geschichten von tragischen Liebschaften, Kriminalität, die Berichterstattung über die Reichen und deren Bälle und Bankette.

Ein Mittel der sensationellen Aufbereitung war die Einführung von Schlagzeilen. Bei den Sensationsberichten der Penny-Presse der 30er Jahre hatte es das nicht gegeben. Erst in den 60er Jahren tauchten in der *New York Times* Überschriften in der ersten Spalte der Titelseite auf, die mit der Zeit immer größer wurden, aber nie die einzelnen Spalten übersprangen. Pulitzer richtete spaltenübergreifende Schlagzeilen ein, in denen die Dramen dieser Welt knapp konzentriert waren: »Screaming for Mercy«; »All For A Woman's Love«; »A Mother's Awful Crime«; »A Mystery of the River«; »The Wall Street Terror«; »Baptized in Blood«; »A Heroine or A Criminal?« – frei übersetzt: »Wimmern um Gnade«; »Alles für die Liebe einer Frau«; »Schreckliches Verbrechen einer Mutter«; »Geheimnisse im Fluss«; »Terror in der Wall Street«; »Getauft – in Blut«; »Heldin oder Verbrecherin?« Die tägliche Auflage lag anfangs bei 15.000 Stück; nach dem ersten Jahr stieg sie auf 61.000; nach dem zweiten Jahr auf 100.000; im dritten Jahr, 1886, erreichte sie 250.000 Stück (Bleyer, S. 329).

Außerdem verwendete Pulitzer erstmals Cartoons. Die Karikaturen hatten den Zweck, politische Tagesereignisse zuzuspitzen. Pulitzer unterstützte bei den Präsidentschaftswahlen 1884 den Demokraten Grover Cleveland. Also machte sein Karikaturist die Gegenkandidaten lächerlich.

1893 erschienen in der Sunday World die ersten Comic Strips der Welt, *The Kid of Hogan's Alley* (Das Kind aus der Hogan-Allee), gezeichnet von R.F. Outcoult. Die Comics wurden erstmals in Farbe gedruckt. Die Hauptperson war ein kleiner Junge mit abstehenden Ohren, in einem gelben Nachthemd. Die Aussagen des Kindes erschienen nicht in Sprechblasen, sondern auf dem gelben Nachthemd. Das »Yellow Kid«, das Gelbe Kind, war so einprägsam, dass nach ihm die Sensationspresse bis heute abfällig »Yellow Press« genannt wird.

Jürgen Habermas kritisierte in den 1960er Jahren die Sensationspresse mit bildungsbürgerlichem Schrecken, in den populistischen Mitteln journalistischer Darstellung kann er nur Unkultur erblicken: »Der Kulturkonsum ist freilich von literarischer Vermittlung in hohem Maße entlastet; [...] Stark aufgelockerter Umbruch und vielfältige Illustration unterstützen die Lektüre, deren Spontaneitätsspielraum überhaupt durch eine Vorformung des Stoffes (patterning, predigesting) eingeschränkt ist. [...] Sodann verändert sich der Anteil der politischen oder politisch relevanten Nachrichten: public affairs, social problems, economic matters, education, health, nach einer Einteilung amerikanischer Autoren eben die delayed reward news, werden von den immediate reward news: comic, corruption, accidence, desaster, sports, recreation, social events, human interest nicht nur zurückgedrängt, sondern [...] auch tatsächlich weniger und seltener gelesen.« (1962, S. 186)

Ich meine, dass Habermas, wie schon bei der Penny-Press der 30er Jahre, einen falschen Problemkonflikt konstruierte: eine abstrakte Entgegensetzung von Gut und Böse, von politischem Räsonieren und Sensationellem. Das erscheint mir falsch, denn *Pulitzer verband die Sensationsberichte mit massiven politischen Kreuzzügen gegen die Reichen und – mit einer Ausnahme – gegen den Krieg.* Seine Zeitung stand meistens auf der Seite der Arbeiter und der Mietskasernen-Bewohner gegen die Aristokratie des Geldes.

Anders als viele New Yorker Zeitungen brachte *New York World* Nachrichten über die Gewerkschaften, verteidigte das Streikrecht und war an sozialen Problemen interessiert. *Nur wurden jene nicht »literarisch vermittelt«, sondern konkret vermittelt in Stories aus dem Leben. Pulitzers Reporter gingen verkleidet in Gefängnisse, Krankenhäuser und Asyle und schrieben über die Missstände, die dort vorherrschten. So etwas kann man nicht unter die Rubrik »Kulturkonsum« fassen.* 1885/86 engagierte sich *New York World* gegen den Finanzminister, der Staatsanleihen unter ihrem Marktwert an den J.P. Morgan-Trust verkaufen wollte; gegen New Yorker Stadträte, die sich bei der Vergabe von Straßenbahn-Lizenzen bestechen ließen; gegen einen Bauunternehmer, der baufällige Mietshäuser errichtete; gegen einen Polizisten, der ein Mädchen misshandelte; gegen einen Hausmeister, der eine junge Frau ermordet hatte; gegen einen Astrologen, der einen Mädchenhandel betrieb. 1908 enthüllte *New York World* die imperialistischen Einmischungen der amerikanischen Regierung im Zusammenhang mit dem Bau des Panama-Kanals. Eine Journalistin, die damals als die beste Reporterin in Amerika galt, arbeitete ab 1887 für Pulitzer: Elizabeth Cochrane, die sich »Nelly Bly« nannte. Sie erregte Aufsehen, als sie eine psychische Krankheit vortäuschte und drei Ärzte davon überzeugte, dass sie in die psychiatrische Anstalt Blackwell's Island eingewiesen werden müsse. Wieder draußen, berichtete sie, man habe sie in eine Abteilung gesteckt, die »die Rattenfalle« hieß, weil dort die Patienten Abfall essen mussten. Eine Kommission bestätigte ihre Reportage, das Management wurde entlassen, und drei Millionen Dollar wurden zur Verbesserung der Zustände zur Verfügung gestellt. Nelly Bly schrieb auch Reportagen über die skandalösen Zustände in Fabriken, Mietskasernen, Krankenhäusern und Gefängnissen.

Pulitzer entwickelte erstmals einen sowohl populären als auch politisch aggressiven Journalismus. Heute nennen wir das »investigativen Journalismus«. Damals nannte man die Journalistinnen und Journalisten »Muckrackers«, »Die mit der Mistgabel« oder »Mistkratzer«. Der Ausdruck wurde vom Präsidenten Theodore Roosevelt geprägt. Als »Mistkratzer« bezeichnete man auch sozialkritische Schriftsteller wie Theodore Dreiser, Frank Norris und Upton Sinclair.

Die investigativen Reporterinnen und Reporter waren moralisierend und oft melodramatisch, aber sie gaben ein realistisches Bild der Missstände in der von den Großindustriellen und Monopolen beherrschten Industriegesellschaft.

Ein anderer Mistkratzer, der Reporter Jacob Diis, war bei einem von Pulitzers Konkurrenten, der *New York Evening Sun*. Jacob Diis erweiterte die Tradition der Polizeigerichts-Reportagen, indem er in die Straßen und die Wohnungen der Elendsviertel ging und über die Lebensbedingungen der armen Leute, der Einwanderer, berichtete.

Investigative Journalistinnen und Journalisten arbeiteten auch für kleinere Magazine, die ein breites Publikum fanden. So zum Beispiel Ida M. Tarbell, Mitherausgeberin von *McClure's Magazine*, die in ihren Reportagen 1903-1904 die Praktiken von Rockefellers Standard Oil Company, deren Erpressungen, Preismanipulationen und Begünstigungen durchleuchtete, anhand von Daten und Dokumenten. In *McClure's* schrieb Ray Stannard Baker eine Serie *Eisenbahngesellschaften auf der Anklagebank* und B.J. Hendrick über die illegalen Praktiken der Versicherungskonzerne. In *Everybody's Magazine* deckte Thomas Lawson 1905-1906 in einer Serie *Frenzied Finance* (Wahnsinnige Finanzwelt), die Finanz-Machenschaften von Wall Street auf, und im gleichen Magazin schrieb Charles Edward Russell über den Beef Trust, den Schlachterei- und Fleischkonserven-Trust.

1895 bekam Pulitzer einen ebenbürtigen Konkurrenten, als William Randolph Hearst die New Yorker Zwei-Penny-Zeitung *Morning Journal* kaufte. Hearst machte daraus das *New York Journal* und legte als erstes den Preis auf einen Penny fest (Pulitzer reduzierte daraufhin ebenfalls auf einen Penny). Hearst gab auch eine Sonntagsausgabe heraus, das *New York Sunday Journal*, und ab 1896 eine Abendausgabe. Hearst war reich, sein Vater war ein vermögender Land- und Bergwerksmagnat, und so konnte der Sohn die qualifiziertesten Leute einkaufen. Als erstes kaufte er die Herausgeber und Redakteure der Pulitzer-Presse. Er warb auch R.F. Outcoult ab, Pulitzers Zeichner des Gelben Kindes. Pulitzer führte die Yellow Kid-Comics mit dem Zeichner George B. Luks weiter, es gab jetzt zwei konkurrierende Gelbe-Kinder-Comics. Außerdem stellte Hearst die besten Journalisten und Schriftsteller der USA ein. Er griff in den Präsidentschaftswahlkampf von 1896 ein und unterstützte den Kandiaten der Demokraten, William J. Bryan, zu dessen Zielen die Kontrolle des Großkapitals und soziale Gerechtigkeit gehörten. Pulitzer, sonst Demokrat, unterstützte diesmal – wegen eines Korruptionsskandals bei den Demokraten – den Kandidaten der Republikaner, William McKinley, der 1897 Präsident wurde. Die Kampagne war auflagensteigernd: Ende 1895 hatte *New York Journal* noch eine Tagesauflage von nur 380.000 gehabt – am Tag nach der Wahl im November 1896 betrug sie über 1,5 Mio. (Pulitzers *New York World* erreichte mit seiner Kampagne dieselbe Auflage.) Auch sonst übernahm Hearst Pulitzers Rezepte, auch er brachte Berichte über Bälle der Reichen, aber auch Kampagnen gegen korrupte Stadträte.

Hearst entwickelte eine neue Form des »Aktions-Journalismus«: Seine Journalisten produzierten nicht mehr nur, wie früher, Berichte aus dem Polizeigericht, sondern Hearst setzte in seinen Zeitungen Belohnungen für das Auffinden von Mördern aus, und er bildete eine Mordaufklärungs-Einsatztruppe: Die Journalisten suchten aktiv nach dem Verbrecher und beteiligten die Leser in Artikelserien daran. Und für Evangelina Cisneros, die Nichte eines kubanischen Rebellen, die in Havanna im Gefängnis auf ihren womöglich ungerechten Prozess vor einem spanischen Gericht wartete – Kuba war eine spanische Kolonie –, wurden Petitionen mobilisiert. Zwei Monate später verhalf Karl Decker, Hearst-Korrepondent in Havanna, der Frau zur Flucht und wurde dafür von Präsident McKinley gelobt. Für diese Art des »Neuen Journalismus« erfand Hearst den Slogan: »Andere reden nur – das *Journal* handelt!« und prägte Schlagzeilen wie »Journalismus, der handelt. Überall unterstützen Männer der Tat das *Journal* in seinem Kampf für die Belange des Volkes«.

Eine der besten Reporterinnen Hearsts war Winifred Black, die sich »Annie Laurie« nannte. Sie war schon vorher beim *San Francisco Chronicle* berühmt geworden, als sie auf der Straße einen Ohnmachtsanfall vortäuschte. Damals gab es keine Krankenwagen, und so wurde sie von einem Pferde-Gefängniswagen abgeschleppt, grob ins Krankenhaus geschleift und dort auch noch mit einem Brechmittel traktiert. Ihr Bericht über die Zustände im Krankenhaus führte zur Einführung einer Ambulanz, zu besserer Behandlung von Frauen und zu Entlassungen im Krankenhaus. Für Hearst schrieb sie über die Suffragetten, die Frauenrechtlerinnen in England, über die miserable Jugend-Gerichtsbarkeit in Chicago und über Mordprozesse, worüber sie besonders tränentreibend berichtete. (Ghiglione 1990)

Für die Auflagenhöhe spielten – wie immer – Kriege eine große Rolle. Zum Beispiel ergriffen damals die USA Partei für die Revolution auf Kuba, gegen Spanien. Hearsts Zeitungen waren kriegstreiberisch, man sprach von »Jingo Spirit«, Säbelrassel-Geist. Pulitzer zog mit, um seine Auflage zu steigern. Als am 15.2.1898 im Hafen von Kuba das amerikanische Kriegsschiff »Maine« explodierte, wurde darüber von Hearsts und Pulitzers Zeitungen mit fetten Schlagzeilen berichtet und zum Krieg gegen Spanien aufgerufen. In den drei Tagen danach hatte Hearsts *New York Journal* eine Auflage von mehr als einer Million pro Tag. Auch die Tagesauflage von Pulitzers *New York World* überschritt in den zwei Monaten bis zum Ausbruch des amerikanisch-spanischen Kriegs die Millionen-Grenze.

Als nach dem Maine-Zwischenfall der amerikanische Kongress die Unabhängigkeit Kubas anerkannte, erklärte Spanien den USA den Krieg. Ein amerikanisches Geschwader errang unter Admiral George Dewey am 1.5.1898 in der Bucht von Manila den ersten Sieg. Die Schlagzeilen des *New York Journal* nahmen erstmals die gesamte Zeitungsbreite ein: »Manila ist unser!«; »Deweys Kanonen beschießen die Stadt«; »Panik in Madrid und Revolution befürchtet«. Nie gekannte Ausmaße nahm auch seine Tagesauflage an: 1,6 Mio. am 2.5.1898. Sie hielt sich bis zum Ende des Krieges im Dezember 1898 auf 1,5 Mio. pro Tag (Bleyer, S. 341 ff., 373ff.).

Nach 1900 wurde Hearst ein Großkonzern, er kaufte Zeitungen in Chicago, Boston, Atlanta, Los Angeles, Washington, Detroit, Baltimore, San Francisco und mehreren anderen Städten. *Zum Großkonzern wurde Hearst, um die fixen Kosten zu reduzieren: Druckkapazitäten mussten besser ausgelastet werden, und die variablen Kosten, die Material- und Arbeitskosten, mussten reduziert werden.* Das zwang ihn dazu, sich weitere Zeitungen und andere Medienfirmen anzugliedern. Zur effektiveren Versorgung dieser Zeitungen gründete er 1906 die Nachrichtenagentur International News Service, außerdem mehrere Syndikate, die Reportagen und Short Stories produzierten und vertrieben. 1905 kaufte er die Illustrierten *Cosmopolitan*, 1913 *Harper's Bazaar*, danach *Good Housekeeping* und zwei Motor-Zeitschriften, und er gründete eine Wochenschau-Filmproduktionsfirma, International News Reel, und eine Spielfilm-Gesellschaft, Cosmopolitan Productions.

Übrigens entstand bei Hearsts *Journal* ab 1901 auch einer der ersten »Leserbriefkästen«. Die Journalistin Dorothy Dix bot darin Lebensberatung für Leserinnen und Leser. Als eine Frau bei ihr anfragte, ob sie ihrem Verlobten gestehen solle, dass sie ein Gebiss trage, antwortete Dorothy Dix: »Heiraten Sie ihn und halten Sie den Mund«.

Gemeinsame Interessen der Oligopolisten: »objektive Berichterstattung« als gemeinsames Markenzeichen

Trotz aller Konkurrenz hatten die Zeitungskonzerne gemeinsame Interessen. Sie hatte es schon vorher gegeben, zum Beispiel mussten in den 1840er Jahren in New York alle Zeitungen eine gemeinsame Flotte von kleinen Schiffen unterhalten, die bei den aus Europa ankommenden Dampfern die neuesten Nachrichten abholten. Das führte 1848 zur Gründung der Harbour News Association, des Verbands für Hafen-Nachrichten aller New Yorker Verleger. Daraus wurde die Nachrichtenagentur Associated Press, als gemeinsame Organisation der New Yorker Zeitungen. In den 1890er Jahren wurde Associated Press zur bedeutsamsten Nachrichtenagentur. Ihr Hauptkonkurrent wurde 1906 Hearsts International News Service. Mehr Konkurrenz erwuchs ihr nicht, denn es war für die Konzerne, die Zeitungen in allen Städten des Landes besaßen, kostengünstiger, wenn alle Zeitungen dieselben Nachrichten erhielten.

Associated Press musste die Nachrichten so gestalten, dass sie politisch gegensätzliche Zeitungen als Kunden gewinnen und halten konnte. Im Bürgerkrieg (1861-1865) war die Einhaltung von Neutralität besonders schwierig. *Um keine Kunden zu verlieren, propagierte Associated Press ein neues Muster der Berichterstattung: »objective reporting«, die inhaltliche Ausgewogenheit von Nachrichten. Jetzt wurde Neutralität durch die kommerziellen Rahmenbedingungen erzwungen. Diese freiwillige Selbstzensur machte man, als »Objektivität«, zum Markenzeichen journalistischer Berichterstattung.*

Die Zeitungen erhielten ohnehin inzwischen von Pressesyndikaten dieselben Inhalte für den redaktionellen Teil, zum Beispiel Short Stories, Kurzgeschichten. Der Bedarf an Short Stories war angestiegen, weil die Anzeigenteile der Wochenendausgaben immer dicker wurden und mehr Material für die redaktionellen Teile gebraucht wurde. Und da alle aus demselben Grund immer mehr Bilder benötigten, erhielten alle dieselben Fotos. 1892 lieferte die American Press Association an über 500 Zeitungen in USA pro Woche ca. 500 Bild-Druckplatten.

Erstmals Funk-Telegrafie und Telefon

Auch die Kommunikationstechnik machte Fortschritte: 1832 hatte Michael Faraday die ersten Überlegungen über die Verbreitung elektromagnetischer Wellen angestellt. In Deutschland wurden elektromagnetische Wellen 1886 vom Physiker Heinrich Hertz entdeckt. 1895 begann Guglielmo Marconi in Italien seine Experimente zur drahtlosen telegrafischen Nachrichtenübertragung, allerdings immer nur von Morsesignalen, nicht von Sprache. Trotzdem gilt das Jahr 1895 als Geburtsjahr des Radios.

Da die italienische Post kein Interesse zeigte, ging Marconi nach England. 1897 übertrug er erstmals Morsesignale drahtlos über eine Strecke von fünf Kilometern. Er gründete die Wireless Telegraphy and Signal Company und eröffnete 1899 eine Zweigstelle in USA, mit Hilfe der Zeitungsunternehmen, die nach Alternativen für die teure Draht-Telegrafie suchten. 1907 eröffnete Marconi den ersten regelmäßigen Transatlantik-Funkservice. Das Militär war der Hauptkunde von Marconi. Er rüstete die Marine der USA, Großbritanniens und Italiens aus und besaß faktisch das Monopol über den »Äther«.

Im Gegenzug gründeten, auf Befehl des Kaisers, AEG und Siemens & Halske 1903 eine eigene Gesellschaft für Drahtlose Telegraphie, die Firma Telefunken. Wie bei Marconi ging es um die *Übersendung von Morsesignalen,* nicht um Sprache und Musik.

Die *Übertragung von Sprache über Draht* war erstmals 1858 zustandegekommen. In diesem Jahr hatte Philipp Reis, ein 27jähriger Lehrer in Friedrichsdorf bei Frankfurt, das Telefon erfunden. Das Mikrofon bestand aus einer Membran aus Schweinsdünndarm und der Empfänger aus einer mit isoliertem Draht umwickelten Stricknadel, die in einer Geige als Resonanzkasten steckte. Das Ganze beruhte auf einer Stromunterbrechungs-Technik, die, ebenso wie die Schweinsdarm-Membran, ziemlich störanfällig war. Die ersten übertragenen Worte sollen gewesen sein: »Die Sonne ist von Kupfer, das Pferd frisst keinen Gurkensalat«. Das war keine Vorwegnahme der Dada-Bewegung, mit dem seltsamen Text sollte die Überprüfung erleichtert werden, ob der Empfänger richtig gehört hatte. Reis stellte das Telefon 1861 vor dem Physikalischen Verein in Frankfurt vor. Die Versammlung hörte ein Waldhorn-Solo, das aus dem 100 Meter entfernten Bürgerhospital übertragen wurde.

1876 erfand Alexander Graham Bell in USA das erste brauchbare Telefon. Bei ihm wurden Membran-Schwingungen und Elekromagnet-Schwingungen synchronisiert, die Tonübertragung geschah also auf der Basis von unterschiedlichen Stromstärken, was eine praktikable Tonqualität erbrachte. Bell arrangierte eine Übertragung von Boston nach Cambridgeport. Dort empfing sein Assistent Watson eine Passage aus Hamlet, die Bell in Boston sprach. Im gleichen Jahr meldete Bell sein

Telefon als Patent an und gründete die Bell Telephone Company und damit eine neue Industrie. 1887 wurden New York und Philadelphia verbunden, 1892 New York und Chicago. 1890 gab es bereits 200.000 Telefonzentralen der Firma Bell. Eine Verbindung über den amerikanischen Kontinent nach San Fancisco gab es erst 1915. *Aus Bells Telefon-Firma ging 1885 die American Telephone and Telegraph Company (AT&T) hervor, die auch die Rechte am Morse-Telegrafen vertrat. Sie wurde der größte Telefonkonzern und einer der größten Medienkonzerne der Welt.*

Übrigens meldete man sich damals am Telefon nicht mit dem Namen oder mit »Hallo«, sondern mit »Ahoi, ahoi«.

Erstmals Film, erstmals Kino

Bewegtes Bild: Optisches Theater

In einer Form, die dem Kino schon sehr nah war, trat 1892 in Paris das Optische Theater von Emile Reynaud an die Öffentlichkeit. Reynaud projizierte mit einer Laterna Magica aus einem Raum hinter der Leinwand ein Hintergrundbild, zum Beispiel den Garten vor einem Haus. Mit einem zweiten Projektor blendete er auf dieses feststehende Bild bewegte Bilder ein, zum Beispiel Bilder von Pierrot und Colombine. Das waren »lebende Bilder«: Die einprojizierten, handgemalten Glasdias waren aneinandergereiht, durch Schlaufen miteinander verbunden und in einem großen Kreis angeordnet; sie wurden am zweiten Projektor vorbeigezogen; ein Spiegelungsmechanismus sorgte dafür, dass jeweils ein Bild kurz erschien, wie wir das heute vom Filmprojektor her kennen; die rasche Abfolge sorgte für die Illusion einer kontinuierlichen Bewegung. Das Optische Theater war Gast im Pariser Musée Grevin. Acht Jahre fanden täglich fünf Vorführungen statt, Sonntags zwölf, das waren 12.800 Vorstellungen und 500.000 Zuschauer.

Das war kein Horrorkabinett mehr wie hundert Jahre davor Robertsons Fantascope-Vorführungen, sondern anmutige Szenen: Pierrot springt über die Mauer, singt eine Serenade, Colombine erscheint, und Pierrot überreicht Colombine galant einen Blumenstrauß. Dazu sang hinter der Leinwand der Komponist Gaston Paulin bei jeder Vorführung die Serenade. Ein anderes Glasdia-Band zeigte einen ungebetenen Gast an einer Badekabine am Meer, der kleine Hund der belästigten Dame beißt den Herrn ins Bein. Die Szenen dauerten ca. 7 Minuten, später 15 Minuten, mit 300 bis 700 Bildern; es wurden vier Bilder pro Sekunde gezeigt. 1896 entwickelte Reynaud auch eine Kamera und zeigte in seinem Theater handkolorierte Foto-Glasdias mit akrobatischen Szenen zweier Clowns – aber da war bereits der Film erfunden. 1900 wurde das Optische Theater geschlossen. (Remise, S. 181ff.)

Anfänge des Films: Erfinder-Unternehmer

Der Film verdankt seine Entstehung reichen Erfindern und größeren Industriellen wie Edison, Eastman und Lumière, die genügend Kapital besaßen, um technische Entwicklungen zu finanzieren, gegen Konkurrenten Prozesse zu führen, Patente der Konkurrenz aufzukaufen, Studios zu bauen.

Es begann mit einem Spleen: 1878 nahm Eadweard Muybridge in Kalifornien mit zwölf Kameras die Bewegung eines Pferdes auf. Muybridge hatte mit dem Eisenbahn-Millionär Leland Standford gewettet, dass ein Pferd in vollem Galopp alle Hufe gleichzeitig vom Boden hebt. Die Fotos dokumentierten in zwölf aufeinanderfolgenden Phasen den Bewegungsablauf. Muybridge gewann die Wette: Ein galoppierendes Pferd hebt alle Hufe gleichzeitig vom Boden. Muybridges Serienfotos einer Bewegung waren der erste Schritt von der Fotografie zu den bewegten Bildern des Films.

Angeregt von Muybridges Bewegungsstudien, konstruierte 1882 der Arzt Etienne-Jules Marey, Professor am Collège de France in Paris, ein »fotografisches Gewehr«, mit dem er auf einer rotierenden fotografischen Platte in zwölf Phasen den Flug von Vögeln aufnahm. Er entwickelte eine Kamera, in der eine lichtempfindliche, mit Gelatine beschichtete Glasplatte mehrfach belichtet werden konnte, so dass ein vorbeilaufender Mensch in vielen Bewegungsphasen festgehalten werden konnte. Diesen Apparat nannte Marey »Chronophotographe«, Zeitablauf-Fotoapparat. Er fotografierte damit Sportler und Vögel.

Zum Film war es ein kleiner Schritt: Ab 1888 verwendete Marey die neuen Negativpapier-Streifen, die Eastman für seinen Kodak-Fotoapparat herstellte, und er entwickelte eine Filmkamera, in der die Papierstreifen mit sechzig Bildern pro Sekunde von einem Uhrwerk sprungweise abgerollt wurden. 1889 ersetzte er die Papierstreifen durch Zelluloidbänder. Mareys Interesse an der bewegten Fotografie galt nur der naturwissenschaftlichen Forschung. 1894 filmte er eine Katze, die er an den Pfoten hochgenommen und dann mit dem Rücken nach unten fallengelassen hatte. Die Katze war so schlau, mit den Füßen auf dem Boden zu landen, und so führte Marey den »Film« der Académie des Sciences vor, als experimentellen Beweis dafür, dass eine Katze immer auf ihre Füße fällt. Ebenso ließ Marey Hasen und Hühner fallen und nahm auf, wie sie auf die Füße oder auf den Kopf fielen.

Je mehr Erfindungen auf diesem Gebiet gemacht wurden, desto mehr wartete man auf eine Erfindung von Edison, doch der war als Unternehmer tätig und delegierte die Projekte an seine Angestellten. Erst 1888 kümmerte er sich um den Film, er beauftragte seinen Assistenten William L.K. Dickson, einen Apparat zu entwickeln, »der dem Auge das bietet, was der Phonograph dem Ohr bietet«. Das Ziel waren lebende, sprechende, singende, musizierende Fotografien. Dickson bastelte ein Jahr lang erfolglos herum. Dann besuchte Edison 1889 Marey in Frankreich. Sofort nach Edisons Rückkehr bestellte Dickson bei Eastman die neuen Zelluloid-Foto-Filmrollen in Spezialanfertigung: Er wollte lichtempfindlichere Filme, damit eine kürzere Belichtungszeit möglich wurde, außerdem ein Bildformat von 35 mal 26 mm; und vier Perforationslöcher rechts und links pro Bild. Die Perforationslöcher ermöglichten es, mittels Zahnrädern die ruckartige Bewegung des Films exakter zu machen und so einen gleichbleibenden Bildabstand zu erzielen.

Noch im gleichen Jahr präsentierte Dickson eine Filmkamera, den »Kinetophonographen«, der mit einem Phonographen gekoppelt war. Die Kamera ohne Tonankoppelung wurde »Kinetograph« genannt. Als Wiedergabegerät entwickelte Dickson einen großen Guckkasten. Darin lief als Dauerschleife ein Filmband. Immer nur ein Betrachter konnte einen Film ansehen, jeder Film war höchstens 30 Sekunden lang, dann war die Filmschleife wieder am Anfang. Daran konnte man einen Phonographen ankoppeln, um über eine Art Stethoskop die zum Film passenden Geräusche zu hören. Der Kasten wurde »Kinetoscope« genannt. Diese frühen Filme liefen mit einer Geschwindigkeit von 40 Bildern pro Sekunde, später wurden 16 Bilder pro Sekunde üblich.

1891 meldete Edison seine Kamera und die Film-Perforation als Patent an. Es wurde 1897 erteilt. Edison erhob den Anspruch, das alleinige Recht zur Vermarktung perforierter kinematographischer Filmbänder zu haben. Um die Guckkasten-Filme zu produzieren, baute Edison ein Studio in West Orange, New Jersey und gründete 1894 die Kinetoscope-Company. Zugleich wurde die Serienproduktion des Kinetoskops vorbereitet. Dickson machte auch Filme für Edison.

Peep Shows in Penny-Arkaden und das erste Kino

Im Januar 1894 war es soweit, Edison stellte sein »sprechendes Kinetoskop« der Öffentlichkeit vor. Der erste Film dieser neuen Art war *Fred Ott's Sneeze* (1894). Fred Ott, der Bruder des Laborleiters, nieste, und man konnte es synchron hören. Für das Publikum drehte man Aufregenderes: Tänzerinnen, die nackte Knöchel zeigten oder, noch skandalöser, nackte Busen; solche Szenen waren sehr beliebt und leicht mit Musik zu unterlegen. So kam das neue Medium sofort in den Ruf der Unmoral. Die meisten 30-Sekunden-Filme aber waren harmlose Unterhaltung, es wurden Akrobaten, mit Känguruhs kämpfende Boxer und zahnziehende Zahnärzte vorgeführt. Das war alles. Die Attraktion bestand darin, ein bewegtes Bild zu sehen. Gezeigt wurden die Filme in sogenannten »Peep-Show Parlours«, Jahrmarktbuden, die dem Publikum sensationelle Erlebnisse versprachen, und in kleinen Läden, die zu »Salons« umgebaut wurden, mit Phonographen und Kinetoskopen, und in der Mitte eine Edison-Büste. Weil man einen Penny in den Guckkasten werfen musste, wurden die Läden auch »Penny Arcades« genannt. Allerdings hielt die Neuigkeit der lebenden Lichtbilder im Guckkasten nicht lange an. Auch Edison kümmerte sich nicht um eine Weiterentwicklung.

Die Konkurrenz schlief nicht. In Paris sah Louis Lumière aus Lyon eine Vorführung von Edisons Kinetoskop. Lumière hatte schon als Siebzehnjähriger erfolgreiche fototechnische Erfindungen gemacht und damit zum Erfolg der Kamera- und Fotografieartikel-Firma seiner Familie beigetragen. Mit seinem Bruder Auguste baute er eine verbesserte Kamera und ein »Cinétoscope de projection«, mit dem Filme an eine Wand projiziert werden konnten. Gegen das Wort »Projektions-Kinetoskop« protestierte Edison, deshalb nannten die Brüder Lumière ihren Apparat »Cinématographe«. Dieser wurde am 13. Februar 1895 patentiert (Rittaud-Hutinet 1990). *Auf Ton-Synchronität wurde bei diesen und allen anderen Projektoren verzichtet,* es gab andere Mittel der Vertonung, auf die ich weiter unten eingehe.

Im März führten die Brüder Lumière in Paris erstmals vor einem Förderausschuss der Industrie einen Film vor. Der eine Minute lange Streifen hieß *La sortie des usines Lumière:* Scharen von Arbeiterinnen und Arbeitern werden gezeigt, wie sie Lumières Fotoapparate-Fabrik in Lyon verlassen. *Für die Filmgeschichte wichtiger war die Vorführung am 25. Dezember 1895 im Indischen Salon des Grand Café am Boulevard des Capucines in Paris. Da das Publikum für diese Vorstellung bezahlen musste, gilt sie als die erste öffentliche Kinovorführung.* Zehn Filme wurden gezeigt, auch hier *La sortie des usines Lumière* – um dem Publikum zu zeigen, wieviele Arbeiter bei Lumière beschäftigt waren. Dann als lustiger 1-Minuten-Film *L'Arroseur arrosé* (Der begossene Gärtner): Ein Junge tritt heimlich auf den Wasserschlauch eines Gärtners, das Wasser hört auf zu fließen. Der Gärtner untersucht die Spritze vom Schlauch, der Junge nimmt den Fuß vom Schlauch, dem Gärtner schießt das Wasser ins Gesicht. Dann spritzt der Gärtner den Jungen nass. Hauptattraktion aber war *L'Arrivée d'un train en gare* (Ankunft eines Zuges im Bahnhof), der im Bahnhof von La Ciotat gedreht worden war. Da raste auf der Leinwand ein Zug auf die Zuschauer zu. Das war ein völlig neues Erlebnis, das Furore machte. Zur ersten Vorführung waren nur 35 Zuschauer gekommen, nach wenigen Wochen verkaufte man täglich 2.500 Eintrittskarten.

In USA arbeitete man an der Verbesserung der Edisonschen Apparate. Die Erfinder Charles F. Jenkins und Thomas Armat entwickelten einen Filmprojektor und nannten ihn »Phantoscope«. 1895 wurde das Phantoscope bei einer Ausstellung in Atlanta vorgestellt. Nun erkannte Edison die Marktchancen. Er bot an, den Projektor von der Edison Company herstellen zu lassen und brachte das Gerät aus Verkaufs- und Prestigegründen unter seinem Namen auf den Markt. So wurde am 23. April 1896 der Projektor als »Edisons Vitascope« in der New Yorker Koster and Bial's Music Hall vorgestellt. Das war die erste öffentliche Kinoaufführung in USA. Angeblich gerieten die Leute in Panik, als in dem Streifen *Sea Waves* die Meereswellen in den Zuschauerraum zu schwappen schienen. Und als eine Tänzerin in Lebensgröße auf der Leinwand erschien, geriet das Publikum aus dem Häuschen.

Noch ohne Kontinuität: die erste Filmerzählung

Die ersten Filme bestanden nur aus einer 30 Sekunden-Szene, das genügte bald nicht mehr. 1901 kam der Filmvorführer und Kameramann Edwin S. Porter zur Edison Company und wurde schnell Chef-Produktionsleiter und Chef-Regisseur. Porter entwickelte längere Filme mit kleinen Filmhandlungen, als erstes in *The Life of an American Fireman*: Ein Feuerwehrmann sieht im Traum ein Kind in einem brennenden Zimmer. Eine Alarmglocke läutet, der Feuerwehrmann wacht auf. Feuerwehrwagen rasen durch die Stadt.

Es folgt eine Szene in einem Zimmer: Eine Mutter und ihr kleines Kind gehen zu Bett. Feuer bricht aus. Die Mutter wird gerettet, aber das Kind bleibt zurück. Der Feuerwehrmann steigt zum Fenster herein, er findet und rettet das Kind.

Dann sieht man seltsamerweise denselben Vorgang nochmals von außen: Die Mutter, die schon gerettet ist, fleht den Feuerwehrmann an, ihr Kind zu retten, das eigentlich, in der Szene davor, schon gerettet worden war. Der Feuerwehrmann steigt durch das Fenster, die Mutter ringt unten die Hände. Der Feuerwehrmann erscheint mit dem Kind am Fenster, steigt die Leiter hinunter und legt es der Mutter in die Arme.

Porter zeigte also die Handlung zweimal, einmal im brennenden Zimmer und einmal vor dem Haus. Filmhistoriker feiern diese Doppeldarstellung als »mysteriös psychologisch« (Gessner 1962), aber es war eher so, *dass eine populäre Filmsprache, die die Einheit der Handlung wahrt, erst gefunden werden musste.* Davon abgesehen, ist *The Life of an American Fireman* der »erste Film mit Filmschnitt«.

Verbrechen waren auch beim Film – wie vorher schon bei den Massenzeitungen – von Anfang an attraktiv: 1903 drehte Porter *The Great Train Robbery*. Das war der erste Western. Berühmt wurde dieser Film aus vielerlei Gründen: wegen seines damals noch nie gesehenen Aufwands – 40 Schauspieler agierten; der Film war episch lang, ganze 12 Minuten; Teile des Films waren koloriert. Und berühmt wurde das Ende dieses Films: Der Sheriff schießt direkt in die Kamera, d.h. direkt ins entsetzte Publikum. Der Erfolg war phänomenal: *The Great Train Robbery* wurde *der erfolgreichste Film der frühen Jahre.* Nach dem Zugüberfall waren Banküberfälle das Thema. Porter drehte *The Great Bank Robbery* (1904), noch im gleichen Jahr wurde der Film von der Konkurrenz mit *The Bold Bank Robbery* imitiert.

Die Filme hatten jetzt eine Vorführdauer von etwa zehn Minuten, sie waren eine Filmspule lang, Standardlänge waren 1.000 Fuß, also 305 Meter. Da die Abspielgeschwindigkeit je nach Projektor variierte, wird bei den alten Stummfilmen die Länge meist nicht in Minuten, sondern als Anzahl von Spulen angegeben.

Filmemachen bestand um 1900 im Abdrehen von Handlungen in der Totalen. Die Schauspieler wurden vor bemalten Kulissen so aufgenommen, als befänden sie sich auf einer Bühne, mit Auftritten und Abtritten jeweils von der Seite. Film war fotografiertes Theater.

Zu den beliebtesten Themen der frühen Jahre gehörten auch Filme von Operationen. Schon 1902 wurde in Frankreich eine Operation gefilmt, bei der siamesische Zwillinge getrennt wurden (Chronik des Films, S. 14). Auf alten Fotografien von Kinobuden auf Jahrmärkten ist ein Schild zu sehen: »Auch für Frauen und Kinder geeignet, keine Filme von Operationen.«

Arbeiterpublikum in den Nickelodeons

In jener Zeit bestand das Publikum aus der städtischen Unterschicht. Millionen von Einwanderern kamen in die USA. In den 90er Jahren kamen 3,7 Mio., und 1900-1910 waren es 8,8 Mio. (Guggisberg, S. 138). Vor allem Arbeiter aus armen, ländlichen Gegenden Südeuropas und Osteuropas wurden in die Städte verschlagen. Die meisten von ihnen sprachen kein Englisch, aber sie sahen sich gern Filme an.

Die Arbeiterinnen und Arbeiter in den Städten fanden ab 1894 in kleinen Läden Dutzende jener Guckkästen, in denen jeweils nur eine kurze Szene gezeigt wurde, häufig mit »skandalösem« Inhalt. Einige Music Halls zeigten neben Gesangsnummern, Musik- und Tanzdarbietungen, Schauspielstücken und Akrobatik auch Filme, aber nur als Pausenfüller oder als »Rausschmeißer«.

Das erste richtige Kino nach heutigem Verständnis war in Los Angeles, es gehörte Thomas Tally. Er besaß seit 1896 eine Penny Arcade, in der Edisons Phonographen und Kinetoscope standen und auch schon ein »Mamoth Projecting Kinetoscope«, ein Edison-Projektor, der »Mammutbilder« bot. Tallys Penny Arcade befand sich in der South Spring Street, am Rande des damals eleganten Zentrums von Los Angeles. 1902 räumte Tally die Guckkästen weg, um mehr Raum für seine »Mammutprojektionen« zu haben. In Anzeigen kündigte er seine Räume als »Tallys Phonograph and Vitascope Parlour« an: »Das Elektrische Theater, für allerneueste, erstklassige Film-Unterhaltung, besonders für Damen und Kinder«. Gezeigt wurden am laufenden Band Zehn-Minuten-Filme, musikalisch untermalt vom Phonographen oder von einem Klavierspieler.

Für die billigen Matinée-Vorstellungen verlangte Tally 5 Cent, im Volksmund einen »Nickel« genannt. Deswegen wurde sein »Elektrisches Theater« auch »Nickel-Odeon« genannt. Das kommt daher, dass man die Music Halls auch »Odeon« nannte. Dort betrug der Eintrittspreis meist 25 Cents. »Nickelodeon« bedeutete: ein Quasi-Music Hall-Erlebnis, zum Billigpreis.

Überall in den Stadtzentren entstanden jetzt Nickelodeons. Sie wurden in zeitgenössischen Berichten als enge, düstere Läden beschrieben. Im Zuschauerraum waren einfach nur Stühle aufgestellt. *Die geringe Zahl der Sitzplätze ersparte den Besitzern den Erwerb einer Lizenz für Amüsierbetriebe, so wurden die Betriebskosten niedrig gehalten.* Pro Woche wurden 20-30 Filme gezeigt. Jeden Montag kamen die neuen Filme heraus, und die Arbeiter strömten ins Kino. 1906 gab es eine leichte Wirtschafts-Rezession, was bedeutete, dass jetzt auch das Publikum der Music Halls in die Nickelodeons abwanderte.

Kleinunternehmer begannen sich für die Nickelodeons zu interessieren. Die Gewinne waren hoch, bei wöchentlichen Betriebskosten von 300-500 $ betrugen sie im Durchschnitt 1.000 $ pro Woche. Überall wurden Läden, Kneipen und Ballsäle in Nickelodeons umgewandelt. 1900 hatte es in New York 16 Kinos gegeben, 1907 gab es 500. In Chicago hatte es 1905 nur zwei Kinos gegeben, nun waren es 116. 1907 gab es in USA bereits 8.000 bis 10.000 Nickelodeons (Gomery, S. 20ff.).

Film-Polypol

Kleinfirmen und wenig Kapitaleinsatz

Die Marktform der Film-Gründerzeit war ein Polypol: Es gab viele Klein- und Mittelbetriebe, die in allen Bereichen – Produktion, Verleih und Kinobetriebe – gegeneinander konkurrierten. Keiner war in der Lage, seinen Marktanteil bedeutend zu vergrößern. Viel Kapital wurde nicht benötigt, die Produktionskosten waren niedrig. In New York, Chicago und Los Angeles, den Zentren der populären Theaterkultur, entstanden ca. 60 neue Filmfirmen. Damit deutlich wird, was damals produziert wurde, werfen wir einen Blick auf die vier Erfolgreichsten.

Vitagraph: Die Firma wurde 1896 von J. Stuart Blackton und Albert E. Smith gegründet. Sie hatten in Music-Halls Edisons Filme vorgeführt, dann erbte Smith eine Filmkamera. Zunächst drehten sie »Aktualitäten und Dokumentationen«. Zum Beispiel die Niagarafälle. Um Fahrkosten zu sparen, nahmen sie einen Wasserfall in der Nähe auf. Eine Dokumentation einer Seeschlacht drehten sie in einer Wassertonne. Ihr erster »Spielfilm« war *The Burglar on the Roof* (Der Dieb auf den Dach,

1897): Blackton spielte den Dieb und seine Freunde die anderen Rollen. Produktionskosten: 3,30 $.

Lubin: Der Firmengründer Sigmund Lubin, gelernter Optiker, nahm mit seiner selbstgebauten Kamera 1897 ein fressendes Pferd auf. Das wurde einer jener 30-Sekunden-Filmstreifen für die Guckkästen. Die Kissenschlacht zwischen seinen Töchtern ergab ebenfalls einen Filmstreifen. Für längere Filme ließ er berühmte Boxkämpfe nachstellen.

William N. Selig, ehemals Zauberer, produzierte in Chicago erste Horrorstücke wie *Dr. Jekyll und Mr. Hyde* (1908). Auch diese Filme waren eine Spule, also zehn Minuten kurz. Außerdem stellte er Tierfilmchen her. Seligs Erfolg begann 1909: Präsident Theodore Roosevelt war auf der Jagd in Afrika. Selig drehte mit einem alten Löwen, den er billig bekommen hatte, einen Kurzfilm, in dem ein als Roosevelt verkleideter Schauspieler einen Löwen tötet. Als der Film fertig war, kam die Pressenachricht, Roosevelt habe in Afrika einen Löwen erlegt. Seligs Film *Hunting Big Game in Africa* wurde ein Hit. Darauf kaufte er mehr Tiere. Schließlich hatte er einen eigenen Zoo.

Kalem: Ihr spektakulärster Film war *Ben Hur* (1907), gedreht nach einer Bühnenfassung, alles gekürzt auf zehn Minuten.

Essanay wurde 1907 gegründet, in Chicago. 1908 begann die Produktion von Western-Filmen. Der erste Cowboy der Filmgeschichte hieß Broncho-Billy, Hauptdarsteller war Firmen-Chef G.M. Anderson. Er drehte 376 Broncho-Billy-Filme, mit einer oder zwei Spulen Länge. Die Produktion der Essanay Company befand sich in einem privaten Eisenbahnzug, der durch die Gegend fuhr. Im Zug war ein Labor, dort konnten die Filme entwickelt werden.

Edison-Trust und Antitrust

Filme konnte jeder machen, doch Edison besaß die Patente für den perforierten Film, die Kameras und die Projektoren. Die Produzenten wurden 1908 von Edison gezwungen, sich zur Motion Picture Patents Company (MPPC) zusammenzufinden. Ihr gehörten an: die amerikanischen Produzenten Edison, Biograph, Vitagraph, Essanay, Selig, Lubin, Kalem und die französischen Filmimporteure Pathé Exchange, Méliès und Gaumont. Ohne den Edison-Trust durften keine Filme produziert und vorgeführt werden. Außerdem schloss der Trust einen Vertrag mit Eastman, der Filmmaterial nur an Firmen verkaufte, die eine Lizenz vom Trust hatten. Die Produzenten mussten an den Trust pro Fuß (ca. 30 cm) belichteten Film einen halben Cent zahlen. Auch von jeder Filmkopie erhielt der Trust Fuß für Fuß einen halben Cent.

Bisher waren Filme nicht verliehen worden. Die Kopien wurden verkauft, der Preis pro Meter berechnet. Nur in Frankreich gab es Filmverleihe. 1909 wurde vom Edison-Trust die Verleihfirma General Film eingerichtet. Nur Kinos, die für Vorführlizenzen bezahlten, bekamen Filme – *ein erster Versuch also, ein Monopol aufzubauen.* So konnte die MPPC einige Jahre alle Ebenen des Filmgeschäfts beherrschen. Der Trust nahm jährlich eine Million Dollar ein. Bis 1912 war das Monopol sicher. 1912 gab es in USA 9.400 Kinos, der Edison-Trust kontrollierte davon 5.000.

Dann gingen die *unabhängigen* Filmproduzenten gegen den Trust gerichtlich vor. Die Prozesse dauerten bis 1917, dann wurde der Trust wegen Verletzung des Sherman Antitrust-Gesetzes für illegal erklärt.

Die Unabhängigen, das waren Produzenten und Verleiher, die den Trust umgingen, indem sie sich nach 1912, als Edisons Patent endete, ausländische Kameras besorgten. Vor allem in Frankreich wurden Kameras gebaut und verkauft. Da der Trust immer noch bestand, drehten die Unabhängigen ihre Filme im fernen Westen der USA, weit weg von Edisons Kontrolleuren. Sie ließen sich in Hollywood bei Los Angeles nieder, von wo es nicht weit zur mexikanischen Grenze war, wohin man notfalls fliehen konnte. Der ewige Sonnenschein in Kalifornien war für die Filmleute ideal. So siedelten sich dort viele kleine Firmen an: American Mutoscope and Biograph; Kessel und Baumann; Joker; L-KO; Keystone Comedies; Sunshine Comedies; Nestor.

Der Edison-Trust begann, die Unabhängigen zu bekämpfen. Wer nicht zahlte oder die Apparate nachbaute, dem wurde von Edisons Kontrolleurs-Truppe schon mal die Kamera zerschossen. Die Unabhängigen wiederum warben dem Trust das technische und künstlerische Personal ab.

Eine dieser Unabhängigen war die *Jesse L. Lasky Feature Play Company.* Sie wurde 1913 in New York von Lasky, einem ehemaligen Kornettspieler und Vaudeville-Agenten, gegründet, zusammen mit dessen Schwager Samuel Goldfish, ehemals Handschuhverkäufer, und Cecil B. DeMille, Stückeschreiber und Schauspieler. Sie kauften die Filmrechte eines Western-Bühnenstücks, *The Squaw Man* (1913). Der Film, mit DeMille als Regisseur, wurde ein großer Erfolg, mit sechs Spulen Länge, 60 Minuten, war es nach damaligem Standard ein Kolossalfilm. Mit diesem Erfolg wurde Hollywood als Filmstadt bekannt.

Ein anderer Unabhängiger war Carl Laemmle. Er war Buchhalter in einem Kleiderladen gewesen. Mit seinen Ersparnissen, 2.500 $, eröffnete er in Chicago mehrere kleine Kinos. Als der Edison-Trust ihm keine Filme mehr lieferte, gründete er 1909 die *Independent Motion Picture Company.* 1912 kam er nach Hollywood und erwarb die kleineren Firmen Nestor, Power's Picture Plays, Bison Life Motion Pictures. Aus der Fusion dieser Firmen wurde Laemmles *Universal Film Manufacturing Company.* Universal ist heute einer der größten Medienkonzerne der Welt.

Eine Möglichkeit der Unabhängigen bestand darin, Kopien europäischer Filme zu kaufen und in USA vorzuführen. Es war die Zeit des Stummfilms, jeder Film war international. Hier tat sich Adolph Zukor hervor, ein junger Pelzhändler, der in New York eine kleine Filmfirma besaß. 1912 brachte er als Verleiher *Les amours de la reine Elisabeth* (*Queen Elizabeth*) auf den amerikanischen Markt, mit Sarah Bernhardt, dem berühmten Bühnenstar der Comédie Française, in der Hauptrolle. Zukor ließ diesen 43 Minuten langen Film in echten Theatern vorführen. *Queen Elizabeth* war ein großer Erfolg. Das lag daran, dass Zukor in seiner Werbung so tat, als würde Sarah Bernhardt in den Theatern live auftreten. Danach entschloss sich Zukor, längere Filme zu produzieren, mit berühmten Schauspielerinnen und Schauspielern. Seine Firma nannte er *Famous Players Company*. Später wurde daraus der Medienkonzern Paramount, heute ebenfalls einer der Welt-Größten.

Der französische Film war bereits eine Industrie. Es gab die Produktionsbetriebe der Brüder Lumière, der Brüder Laffitte, von Méliès, von Gaumont, und die Firma Pathé produzierte am laufenden Band. Charles Pathé begann 1894 mit dem Import und Verkauf von Edisons Phonographen. 1896 gründete er mit seinen drei Brüdern die Firma Pathé Frères. Ab 1901 begann die Firma mit der Filmproduktion. 1905 brachte er eine eigene Filmkamera auf den Markt und begann mit der Fabrikation von Kameras, filmtechnischen Geräten aller Art, von Film-Rohmaterial und baute Filmentwicklungs-Laboratorien, Studios, Kinos in aller Welt. *1908 war Pathé ein internationaler Konzern, der größte Filmproduzent der Welt,* der doppelt so viele Filme in die USA verkaufte wie alle amerikanischen Firmen zusammen herstellten. *Pathé stellte die ersten Wochenschauen her und richtete ein weltweites Netz von Wochenschau-Kameramännern ein.* (Pathé 1939)

Was Spielfilme betrifft, besaß Pathé einen Monopolvertrag, der ihm die Filmrechte über den größten Teil des französischen Bühnenrepertoires sicherte. Überhaupt waren die Franzosen den Amerikanern darin voraus, dass sie schon Filme nach literarischen Vorlagen, mit berühmten Bühnenstars und echten Theaterkulissen produzierten. Darunter waren viele historische Melodramen. Sie machten nicht nur dem Theater, den Romanen, sondern auch der Historien- und Genremalerei Konkurrenz. Und anders als die amerikanischen Kurzfilme waren das echte Spielfilme, das sind, nach noch heute gültigem Standard, Filme von mindestens 40 Minuten Länge. *Da die längeren Spielfilme nicht nur von der Metermenge her, sondern vor allem auch in den Produktionskosten pro Meter, bedeutend teurer waren, begann Pathé 1907, noch vor dem Edison-Trust, Filme an Kinos zu verleihen. Pathé entwickelte ein weltweites Verleihnetz.*

Dezentrales Produktionssystem mit Regisseurs-Macht

Zuerst drehten die Firmenbesitzer selbst, oder ihr Kameramann. Diese in den Anfangsjahren übliche Produktionsweise wird von der Filmwissenschaftlerin Janet Staiger als »cameraman system of production« bezeichnet, als Produktionssystem, in dem der Kameramann bestimmt.

Ab ca. 1905, als in den größeren Filmfirmen Ein-Spulen-Filme und dann Zwei-Spulen-Filme am laufenden Band produziert wurden, arbeiteten in den meisten Firmen mehrere Regisseure, und jeder hatte seinen eigenen Stab von Fachkräften. Innerhalb dieser Produktionseinheiten hatten die Regisseure das Sagen. Staiger nennt diese neue Produktionsweise »director-unit system«, d.h. der Regisseur hatte alle Macht, aber nur über seinen Film. Sinngemäß übersetzt also: *dezentrales Produktionssytem mit Regisseurs-Macht.* Dezentral deshalb, weil es in den Firmen viele Regisseure gab. Manche dieser Produktionseinheiten drehten außerhalb der Studios in aller Welt. (Staiger 1985, S. 85ff.)

Trotz ihrer Macht über Filmthemen, Kameramänner und Darsteller wurden die Regisseure natürlich von den Besitzern der Film-Firmen kontrolliert. Sie standen unter Zeitdruck, sie mussten meist zwei Filme pro Woche herstellen. Meist wurde der Filmschnitt dem Regisseur entzogen. Künstlerische Freiheiten mussten erkämpft werden. Freiheiten erhielt nur, wer Kasseneinnahmen brachte.

Produktives Chaos: Sennetts Slapsticks

Viel mehr Freiheiten hatten Regisseure, denen es gelang, eine eigene Firma zu gründen und ihr eigener Produzent zu werden. Einer, der es schaffte, war Mack Sennett, Produzent und Regisseur der berühmten Slapstickfilme. Er konnte – trotz allen Kostendrucks, der auch damals bestand – intensiv mit seinen Dramaturgen, Ausstattern, Schauspielerinnen, Schauspielern und Kameramännern arbeiten. Bei der Keystone Company, die er später kaufte, stellte er ab 1912 eine fabelhafte Komödiantentruppe zusammen: Fatty Arbuckle, Mary Pickford, Ben Turpin, Larry Semon, Mabel Normand.

1914 kam der 24jährige Charles Chaplin dazu, der Sketche und lustige Szenen vorführen konnte und in einer Clownstruppe auf USA-Tournee gewesen war. Sennett hatte ihn in der Music-Hall gesehen und ihm ein Engagement angeboten. Chaplin schrieb über die Arbeitsweise seines neuen Chefs: »Eine Bemerkung von Mack Sennett, an meinem ersten Tag im Studio, hatte meine Fantasie angeregt. Er hatte nämlich gesagt: › *Wir haben kein Drehbuch. Wir suchen eine Idee, und wenn wir sie gefunden haben, lassen wir den Dingen ihren natürlichen Lauf.*‹ [...] ›Was halten Sie von diesem Einfall?‹ pflegte er zu sagen, oder: ›In der Stadt gibt's eine Überflutung, in der Main Street ...‹, und mit solchen Bemerkungen nahmen die einzelnen Keystone-Komödien ihren Anfang. Alles war gelockert und ungezwungen, *es gab nichts Schriftliches, keine Vorlagen und keine Autoren. Man hatte einen Einfall, gruppierte ein paar Gags herum, und beim Weiterarbeiten entstand die Geschichte.*« (S. 136; Kursivsetzg. zusätzl.)

So ganz gelockert war das nicht, Sennett hatte die absolute Macht. *Bei ihm wurde in Produktionsgruppen produziert. Eine Produktionsgruppe bestand aus dem Kameramann und den Schauspielern. Entweder führte der Kameramann oder einer der Schauspieler Regie. Sie wurden von Sennett eingeteilt, es hing also von seiner Gnade und Laune ab, wer Regie führte.*

Sennett schätzte absurde Szenen und ein rasches, sich steigerndes Tempo. Er ließ für Verfolgungsjagden, bei denen Autos umherschleuderten, ganze Straßen mit Seife einsprühen. Eines seiner Themen waren ungeschickte Handwerker, die ganze Häuser mit ihrer Arbeit zerstören.

Chaplin blieb vom Februar bis Dezember 1914 und *entwickelte hier seinen berühmten Typ des tragisch-komischen Tramps.* Sein Kostüm, Bowlerhut, Frack und Stöckchen, war ein Typ aus der Music Hall: der »komische Gesellschaftslöwe«. Es war die Abendkleidung eines reichen Herrn der damaligen Zeit. Chaplin trägt sie abgerissen, auf der Landstraße, er verkörperte den kleinen Mann, der etwas Besseres sein will; oder auch den feinen Herrn, der bessere Zeiten erlebt hat.

In den wenigen Monaten bei Sennett trat Chaplin in 35 Kurzfilmen auf, lieferte Ideen für Filme, führte Regie und machte Sennett reich. Bei Keystone verdiente Chaplin 135 $ pro Woche. Danach ging er zu Essanay, weil er dort 1.200 $ pro Woche bekam. Man räumte ihm auch größere Freiheiten ein. Chaplin wollte etwas Besseres machen als diese Verfolgungsjagden, die Sennett in jedem Film haben wollte.

Obwohl Sennett soviel mit Chaplin verdient hatte, versuchte er nicht, ihn zu halten, er befürchtete, dann würden die anderen Schauspieler höhere Gagen fordern.

Lachen, Rührung und Schrecken und erste Filmstars

Slapsticks und nochmals das teuflische Lachen

Der Slapstickfilm hatte seinen Namen von den Gummiknüppeln der Polizisten – »Slapstick« heißt Schlagstock –, die in diesen Filmen wie Narrenpritschen ständig jemand auf den Kopf gehauen wurden, ohne irgendwelche Schäden beim jeweiligen Opfer zu hinterlassen. Heute werden solche Filme, wenn überhaupt, im Kinderprogramm gezeigt. *Aber gemacht waren sie für erwachsene Arbeiterinnen und Arbeiter. Das Interesse jener Einwanderergeneration an fantasievollen Absurditäten hatte seinen Grund darin, dass ihnen die Neue Welt fremd war.* Die schnell wachsenden, chaotischen Städte, der Abriss alter Stadtviertel, die neuen, unvorstellbar hohen Gebäude, immer mehr Automobile und das Agieren der Polizei muss ihnen so absurd vorgekommen sein wie die Handlungen in den Slapstickfilmen.

In den Slapstickfilmen erhielt sich das teuflische Lachen, wie es in den Music Halls gelacht wurde: In einem Slapstickfilm tobt eine Sahnetortenschlacht. Ein Polizist erscheint in sauberer Uniform, Amtswürde im Gesicht, ein Mensch, der zu herrschen gewohnt ist. Er will Ordnung schaffen, setzt zum Sprechen an – doch plötzlich beraubt ihn eine dicke Sahnetorte seines Gesichts, seiner Würde. Das Publikum tobt vor Lachen. Auch dieses Lachen enthält ein Wissen über die Realität des Menschen, es weiß, dass die Idee von der Vollkommenheit, Überlegenheit des Menschen meist in dessen tierischer Realität seine Grenzen findet. Der sich überlegen glaubende Polizist findet sich schlagartig auf ein gesichtsloses zweibeiniges Tier reduziert.

Die größte Sahnetortenschlacht der Filmgeschichte gab es in *Die Schlacht des Jahrhunderts* (1927/28 – ein späterer Slapstickfilm, doch bringt diese Szene den Slapstickfilm auf den Begriff), mit Stan Laurel und Oliver Hardy: Ein schlauer Boxmanager hat einen jungen Boxer unter Vertrag, der darin geübt ist, zum Schein k.o. zu gehen. Für ihn schließt der Boxmanager eine Versicherung ab, die ihm bei Arm- und Beinbruch beträchtliche Zahlungen garantiert. Deshalb will er einen Versicherungsfall vortäuschen, der Boxer soll auf einer Bananenschale ausrutschen. In *Reclams Film-Führer* wird der Fortgang so beschrieben, wobei man wissen muss, dass die Sahnetorten aus einem sehr dünnen Kuchenboden und darauf viel Schlagsahne bestehen: »Als Waffe benutzt er eine Bananenschale. Doch auf der rutscht ein Konditor aus, der eine Torte trägt; und die Torte landet auf der stattlichen Gestalt des Managers. Der Boxer rächt das Mißgeschick des väterlichen Freundes, indem er dem Konditor eine Torte ins Gesicht klatscht. Der will Vergeltung üben, trifft aber einen Passanten. Und nun entwickelt sich wohl die größte Tortenschlacht der Filmgeschichte, an der ein ganzes Stadtviertel beteiligt ist und für die 3.000 ›Torten‹ bereitgestellt werden mussten. Schließlich erscheint ein Polizist, der den Boxer und seinen Manager verhaftet. Aber er rutscht auf der Bananenschale aus und fällt in einen Kanalisationsschacht.« (Krusche, S. 75). Der Manager, der Konditor und jede Menge ehrenwerter Passanten werden in gesichtslose zweibeinige Tiere verwandelt, und schließlich, wenn die Ursache des Ganzen, die Bananenschale schon fast vergessen ist, erscheint der Polizist, und er – jeder erwartet das – wird aus der Höhe seiner Würde in den Abgrund befördert. Das Lachen über dem Abgrund, das der Slapstickfilm auslöst, wird noch menschlich-teuflischer dadurch, dass die Kenner im Publikum stets wissen, dass schon das Auftreten einer würdevollen Person automatisch dazu führt, dass sich eine Sahnetorte deren Gesicht zum Ziel nehmen wird. Das teuflische Lachen ist das Lachen illusionsloser Kenner der Materie.

Der alte Interessenkampf zwischen offizieller Tugend und erregender Darstellung des Lasters: moralische Melodramen

Neben den Slapstickfilmen gab es soziale Melodramen, Geschichten von Leuten, die ihre Menschenwürde bewahren wollen, aber mit bigotten, grausamen Autoritäten zu kämpfen haben. Es wurde immer für die kleinen Leute Partei ergriffen. Die Filme übten Kritik an öffentlichen Missständen. Sie sahen ihre Aufgabe in der Stärkung der öffentlichen Moral.

Vor allem die Filme des Regisseurs David W. Griffith kamen gut an, denn er war besser als die anderen. Er baute seine Filmhandlungen besser auf, und er erfand Szenen, die ans Herz gingen. In *A Flash of Light* (1910) hat das von der herrschenden Moral abweichende Verhalten einer Frau grässliche Folgen: Ihr Mann, ein Chemiker, ist nach einer Explosion erblindet. Ungerührt ergreift die Frau einen Beruf, sie wird Schauspielerin. Der Zwischentitel lautet: »Sie verlässt ihren Ehemann, um sich der eitlen Welt hinzugeben«. Es kommt noch schlimmer: Während sie heimlich die Scheidung vorbereitet, gibt eine Operation ihrem Mann das Augenlicht zurück. Der Augenverband wird ihm abgenommen. Das Zimmer ist verdunkelt, denn seine Augen vertragen noch kein Licht. Im Dunkeln nähert sich der Mann seiner ungetreuen Ehefrau. Von schlechtem Gewissen getrieben, weicht sie zurück, klammert sich an den zugezogenen Vorhang, der Vorhang fällt zu Boden, das grelle Sonnenlicht blendet den Frischoperierten. Er erblindet wieder, und nun gibt es keine Hoffnung auf Heilung mehr.

Melodramen waren fürs weibliche Publikum gedacht, entsprechend wurde Moral mit herzbewegender Rührung übermittelt. Im Englischen heißen Melodramen auch »weepies«. Je Mehr Tränen flossen, desto attraktiver der Film. Auch im Deutschen sagte man früher über eine Attraktion: »Das ist ein Heuler«.

Die Filme stellten auch die Gefahr des Absinkens ins Elend dar – meistens verursacht durch Sexualität. Die Soziologin Emilie Altenloh schrieb 1914 über die damaligen Kino-Dramen: »Meist wird in diesen Dramen der Kampf einer Frau geschildert zwischen ihren natürlichen, weiblichen Instinkten und den diesen entgegenstehenden sozialen Zuständen. Auf der einen Seite steht für sie das Dirnentum, auf der anderen die Möglichkeit einer Ehe an der Seite eines Mannes, der meist einer bedeutend höheren oder niedrigeren sozialen Stufe entstammt.« (1914, S. 58). Anne Billson beschreibt die Konventionen des Melodrams: »Charaktere waren Stereotypen von Gut und Böse. Wahre Liebe galt als Lohn der Tugend, Sex war das Instrument sündiger Männer und Frauen, um die Guten vom rechten Weg abzulocken.« Und Billson weist auf eine Faszination hin, die wir von den Roman-Bestsellern des 18. Jahrhunderts, den Briefromanen kennen: »*Ein ehernes Filmgesetz etablierte sich: Das Publikum wünscht, die moralischen Lehren in erregender Verpackung serviert zu bekommen. Zuletzt soll zwar die Tugend siegen, doch es sind das Laster und die schaurige Schilderung seiner Details, die die Zuschauer fesseln.«* (1990, S. 17)

Die namenlosen Stars der frühen Filme

Dem Publikum gefielen die hübschen Mädchen, die in den Ein-Spulen-Filmen von Biograph und Kalem auftraten. Die Girls hatten keine Namen, und das war Absicht, denn die Firmen wollten ihre Schauspielerinnen nicht bekannt machen, weil jene sonst höhere Gagen gefordert hätten. Da der Firmenname im Titelvorspann erschien, wurde er zur Bezeichnung der Leinwandlieblinge: das »Vitagraph Girl«; die »Kalem Girls«; das »Biograph Girl«. Auch das blonde Lockenköpfchen Mary Pickford begann als anonymes Biograph Girl. Pickford, geboren 1893, war damals fast noch ein Kind. 1909 spielte sie – das ging aus den Zwischentiteln hervor – die »little Mary«, also wurde sie als »Little Mary« bekannt. Die Girls verdienten 40 $ pro Woche.

Carl Laemmle, Besitzer der Independent Motion Picture Company, warb mit einer Gage von 250 $ pro Woche das Biograph-Girl Florence Lawrence ab. Er versuchte zunächst, sie mit den Initialen seiner Firma als »The IMP Girl« zu verkaufen. Das Publikum wollte jedoch endlich wissen, wie diese Girls hießen. Laemmle spürte das Publikumsinteresse und machte Public Relations für Florence Lawrence. Im März 1910 ließ er in den Zeitungen von St. Louis verbreiten: Das IMP-Girl Florence Lawrence ist tot – überfahren von einer Straßenbahn. Am nächsten Tag setzte er eine Anzeige in die Zeitungen: Die Pressemitteilung vom Tod des bekannten IMP-Girls sei von den Feinden der IMP verbreitet worden. Florence Lawrence lebt! Und hiermit kündigt die IMP den nächsten Film mit Florence Lawrence an: *The Broken Path*. Als Lawrence sich danach in St. Louis in der Öffentlichkeit zeigte, wurde sie von erleichterten Fans gefeiert. *Laemmle hatte das Star-System initiiert.*

Aber man sollte sich von dieser Publicity-Geschichte nicht täuschen lassen: *Stars wurden in jener Zeit noch nicht künstlich gemacht.* Natürlich hatten die Publikumslieblinge ihre charakteristischen Merkmale: Mary Pickford – die Laemmle damals ebenfalls von der American Biograph abwarb, bei 175 $ pro Woche – war mit ihrem lebenslang kindlichen Gesicht der Typ des süßen Kleinstadtmädchens, »America's Sweethart«. *Aber es wurde darum herum noch kein Star-Image gebaut. Und noch hatte kein PR-Manager oder Maskenbildner ein Recht auf die Gestaltung des Aussehens und Charakters des Stars.* Jede Schauspielerin entwickelte ihren Typ nach ihren eigenen Vorstellungen. Das Publikum entschied, wer Star wurde. Es entschied sich für Mary Pickford. Ab 1914 war sie zehn Jahre lang nicht nur »Die beliebteste Schauspielerin Amerikas«, sie war »Der Liebling der Welt«. Außerdem war sie die geschäftstüchtigste Schauspielerin der Welt. 1915 verdiente sie 200.000 $ pro Jahr. Ein Jahr später über eine Million pro Jahr.

Der Ton des Stummfilms

Sieht man heute Vorführungen historischer Stummfilme, sind sie stumm. Das erscheint natürlich, aber *in Wirklichkeit war der Film niemals stumm.* Für die kleinen Kinos wurden Walzen und Platten mit Filmmusik angeboten oder Noten für den

Klavierspieler, auch in den kleinen Kinos gab es mindestens einen Mann am Klavier. Er machte auch Geräusche: Wenn in Slapstickfilmen Porzellan zerdeppert wurde, haute er mit dem Hammer in die Porzellankiste. Genauso ließ man Scheiben klirren, imitierte mit Kokosnüssen Pferdegetrappel, ließ Sirenen heulen und Autos hupen.

Oft gab es einen Stehgeiger und einen Sänger, der auf der Bühne stand und zum Bild sang, Personal war damals billig zu haben. Der Sänger oder der Mann am Klavier las auch die Zwischentitel der Filme vor, denn der große Teil des frühen Kinopublikums konnte nicht lesen, jedenfalls kein Englisch. Bei ausländischen Filmen mussten die Zwischentitel ohnehin übersetzt werden. Bei den Stummfilmen mit aufwändiger Handlung bestand oft die Hälfte des Films aus Texttafeln.

Es gab auch Musikautomaten, das kleine Pianola, in das Walzen mit gelochten Papierbändern eingelegt wurden. In den 20er Jahren kam das gigantische Orgel-Orchestrion, auf dem Virtuosen jeden beliebigen Sound erzeugen konnten, vom Vogelgezwitscher bis zur Lokomotive. In den großen Kinos der 20er Jahre spielten immer Orchester, das gehörte zur Attraktion des Kinos – es war nicht so weit von der traditionellen Kultur entfernt.

Je komplexer die Filmhandlungen wurden, desto mehr wurde es üblich, dass Film-Erklärer die Handlung begleiteten. Es gab Schauspieltruppen, die mit beliebten Filmen durch die Lande reisten und hinter der Leinwand synchron die Dialoge der Leinwandfiguren sprachen und zum Film passende Geräusche produzierten. Wenn man heute immer wieder liest, bei den ersten Tonfilmen hätte das Publikum geglaubt, hinter der Leinwand seien Schauspieler versteckt, so war das keine Dummheit, sondern abgeklärte Erfahrung.

Von der Zeitung ins Kino: die ersten Serien

Die ersten Filmserien entstanden aus dem Konkurrenzkampf der Zeitungen. Um Leser zu gewinnen, ließen die Zeitungen ihre Fortsetzungsgeschichten verfilmen. McClure's Magazin *The Ladies World* druckte 1912 die Serie *What Happened to Mary?,* und dazu gab es mehrere Filme. Sie waren 10 Minuten lang und wurden in den Nickelodeons vorgeführt. Die ums Überleben kämpfende Chicagoer Zeitung *Tribune* finanzierte 1913 das erste wirkliche Film-Serial mit endlos fortlaufender Handlung: *The Adventures of Kathlyn.* Es wurde von der Chicagoer Firma Selig produziert, die ihren Privat-Zoo ausnutzen musste, weshalb sich ihr Star Kathlyn Williams jede Woche als »Mädchen ohne Furcht« vor Tigern und Löwen retten musste – die Auflage der *Tribune* stieg um zehn Prozent.

Weitere Serien mit zwei Spulen langen Filmen folgten: *Who Will Marry Mary?; Dolly of the Dailies; Our Mutual Girl.* Letztere hatte 250 Folgen. Sehr erfolgreich war die Serie *The Million Dollar Mystery,* sie hatte 125.000 $ gekostet und spielte 1,5 Mio. $ ein. In Großbritannien gab es *Lieutenant Rose,* in Frankreich die Detektivserie *Nat Pinkerton* und die berühmte *Fantomas*-Serie von Louis Feuillade.

Die erfolgreichste Serie der 10er Jahre war *The Perils of Pauline* (Die Abenteuer der Pauline). Sie wurde von Pathé in New York produziert, finanziert von Hearst und in dessen Zeitungen veröffentlicht. Die erste Folge sah so aus:

Stanford Marvin ist gestorben und hat ein enormes Vermögen hinterlassen. Das soll zwischen seinem Sohn Harry und seinem Mündel Pauline aufgeteilt werden, wenn beide in einem Jahr heiraten. Falls aber Pauline vorher stirbt, erbt Raymond Owen, Marvins Sekretär. Owen setzt alles daran, Pauline umzubringen. Zum Beispiel bittet Owen Pauline in den Korb eines am Boden verankerten Fesselflugballons, um ein Foto zu machen. Ein Komplize Owens verursacht unter den Zuschauern eine Panik. Im allgemeinen Durcheinander zerschneidet Owen das Seil, das den Ballon am Boden festhält. Pauline entschwindet in die gefährlichen Lüfte ...

Zwanzigmal hieß es nach solchen Abenteuern: »Fortsetzung in Ihrer Zeitung.«

Stabilisierungs-Interessen der Oligopol-Konzerne

Erstmals Stabilisierung der Medien-Märkte: gemeinsame Standards der Zeitungs-Konzerne

Der Nachfrage seitens der Industrie nach intensivierter Verkaufsförderung kamen die Zeitungskonzerne nach, indem sie einen stabilisierten Werbemarkt anboten – trotz ihrer heftigen Konkurrenz. Die amerikanische Presse war »weiter« als der Film, da sie sich durch Werbung finanzierte. Die Pressekonzerne gründeten Dachverbände: 1887 die American Newspaper Publishers Association, den Dachverband der Zeitungsverleger und 1898 die International Circulation Managers Association, den Dachverband der Vertriebsmanager. Nach der Gründung der Dachverbände wurde der Anzeigenmarkt geregelt. Seit ihrem Bestehen war die Presse immer wieder wegen der Unseriosität der Anzeigen angegriffen worden. *Jetzt gab es bei den Pressekonzernen und den Anzeigenkunden das gemeinsame Interesse, einheitliche Absatzgebiete abzusichern.*

Erst einmal musste der Markt für die Anzeigenkunden transparenter werden. 1912 kam es zum Burne Newspaper Publicity-Gesetz. Darin wurden die Tageszeitungen verpflichtet, zwei Mal im Jahr ihre durchschnittliche tägliche Auflagenzahl für das letzte Halbjahr zu veröffentlichen, außerdem den Namen des Verlegers, des Herausgebers und der Aktionäre. 1913 gründeten Verleger, Werbeagenturen und Werbung-Auftraggeber das Audit Bureau of Circulations. Es veröffentlichte einmal jährlich Daten über verkaufte Auflagen, gegliedert nach Innenstadt, Vorstadt, Land; über die Zahl der Freiexemplare; über absatzfördernde Werbekampagnen, Wettbewerbe etc. *Das war eine Vorform der heutigen Marktforschungsinstitute.*

Umgekehrt einigten sich die Advertising Clubs, die Verbände der Werbungtreibenden, auf *Standards für »ehrliche Werbung«.* Sie wurden 1913 von ihrem Dachverband, Associated Advertising Club, erlassen. Zugleich wurde ein National Vigilance Committee gegründet, ein Nationales Wachsamkeits-Komitee, das Missbrauch verfolgen sollte. *Das war eine Vorform der »Medienethik«-Regelungen,* als Institution vergleichbar mit dem heutigen Deutschen Werberat, der die Einhaltung von Verfahrensregeln über Werbung kontrolliert. *Internationale Standards für Zeitungswerbung wurden 1914 vom Weltverband der Vereinten Werbeclubs beschlossen: Schutz der ehrlichen Werbungtreibenden und der Leser vor unehrlicher Wer-*

bung; Offenlegung der Zirkulation der Zeitungen mittels standardisierter Daten; Ablehnung von Werbung, die gegen das öffentliche Wohl gerichtet ist; Kooperation der Zeitungen mit ihren Konkurrenten mit dem Ziel, diese Standards durchzusetzen.

1920 entstand der Dachverband der Anzeigen-Manager in den Zeitungen, Newspaper Classified Advertising Managers. 1922 bildete sich schließlich die American Society of Newspaper Editors, der Dachverband der Zeitungs-Chefredakteure. Dieser Verband verabschiedete Regeln über »ethisches Verhalten« von Journalisten. (Bleyer, S. 396ff.)

Die Dachverbände; die Veröffentlichung abgesicherter Auflagen-Daten; die Moral-Regeln hatten vor allem einen Zweck: Die Zeitungs-Märkte zu stabilisieren, zwecks effektiverer Akquisition der jetzt einfließenden Werbeaufträge.

Propaganda für Oligopol-Konzerne: erstmals Public Relations

Die Angriffe der »Mistkratzer« auf die Trusts um 1900 führten bei jenen zu neuen Strategien der Beeinflussung der Öffentlichkeit, es entstand »Public Relations«, PR. Wenn man Propaganda für Staat oder Kirche mit unter diesen Begriff fasst, hat es PR schon lang gegeben. In Deutschland haben Preußens Könige seit dem 18. Jahrhundert für sich nach innen und außen Propanda gemacht (Kunczik 1997). Wenn man aber PR als Propaganda bzw. Imagebildung von Konzernen ansieht, gibt es PR erstmals um 1900 in größerem Ausmaß (Bentele 1997). Es wurden Journalisten damit beauftragt, für die Trusts Propaganda zu machen.

In USA engagierte Rockefeller 1905 den Journalisten Ivy Ledbetter Lee als Propagandisten, das gilt in USA als Geburtsstunde der PR. Jener gründete im gleichen Jahr die PR-Agentur Parker und Lee. Ein anderer Journalist, James D. Ellsworth, wurde 1907 vom AT&T-Konzern zwecks Public Relations eingestellt. *Nach 1920 schossen die Public-Relations-Agenturen aus dem Boden.*

Übrigens war Lee später, ab 1929, PR-Berater des deutschen I.G. Farben-Konzerns. In dieser Funktion war er auch PR-Berater der Nazis, er wurde von Hitler und Goebbels empfangen und verfasste Vorschläge für die Verbesserung des Images der Nazi-Diktatur in USA. (Kunczik 1997, S. 298ff.; zur faschistischen Tradition in PR: Heinelt 1999)

In Deutschland holte sich der Krupp-Konzern den Chefredakteur der *Berliner Neuesten Nachrichten,* Victor Schweinburg, als Rüstungs-Propagandisten. Mit der PR von Krupp eng verbunden war auch Alfred Hugenberg. Er kam 1909 in einer Funktion zu Krupp, die man heute als PR-Manager bezeichnen würde.

Am Beispiel von Hugenberg sieht man, dass PR keine harmlose Imagepflege ist, die mit Argumenten um »Vertrauen« wirbt, wie das heute immer noch verharmlost wird. 1912 wurde er Vorsitzender des Bergbaulichen Vereins, einer Schwerindustriellen-Gruppe, die die Vergabe von Industriespenden zwecks Unterstützung rechtsgerichteter Politik koordinierte. Daraus entstand 1912 die »Gruppe Hugenberg«. Sie gründete 1914 eine Finanzierungsgesellschaft, Ausland GmbH, zwecks Erhaltung und Stärkung der nationalistischen Presse. Sie erwarb Anteile an Wolff's Telegraphenbureau – der bedeutendsten deutschen Nachrichtenagentur – und gründete eine Anzeigenvermittlungsstelle, die rechtsgerichtete Zeitungen bevorzugt mit Anzeigen versorgte. 1916 kaufte die Gruppe den ultrakonservativen Scherl-Zeitungskonzern und die Telegraphen Union, die zweitgrößte Nachrichtenagentur in Deutschland. (Kunczik 1997, S. 118ff., 188ff., 198ff.). Später wurde Hugenberg einer der mächtigsten Wegbereiter Hitlers.

1914-1945
Fordismus, Massenkaufkraft, stabilisierter Oligopol-Kapitalismus: Stabilisierung der Konsumenten-Märkte, sicheres Spiel mit dem Unvertrauten

Für Historiker endet die Neuzeit mit dem Jahr 1914, dem Beginn des ersten Weltkriegs, der die Russische und Deutsche Revolution brachte. Die Zeit bis ca. 1970 wird die »Moderne« genannt.

1914 begann auch eine Entwicklung der Industrie: Das Fließband wurde eingeführt. Nicht das Jahr ist wichtig, sondern die aus der Fließbandarbeit hervorgehende Veränderung des Kapitalismus, die man »Fordismus« nennt. Sie führte zu mehr Kaufkraft; zur Intensivierung von Werbung; zu neuen kommerziellen Massenmedien.

Visualisierte Propaganda: Sowjetfilm

Russische Revolution

Während der Medienaspekt der vorherigen Revolutionen in den Kämpfen um Pressefreiheit bestand, stand in der Russischen Revolution – natürlich neben allen Machtkämpfen – der Film im Vordergrund: die Möglichkeit eines »proletarischen Films« und damit einer »Arbeiterkultur«, von »Intellektuellen« für »das Proletariat« geschaffen.

Die Russische Revolution hat ihre Ursprünge im Massenelend, verursacht durch die Industrialisierung, und in der Unterdrückung von Arbeiterstreiks 1895 durch Zar Nikolaus II (rg. 1894-1917). Das führte in Petersburg zur Gründung des Kampfbundes zur Befreiung der Arbeiterklasse durch Wladimir Iljitsch Lenin. Die Mitglieder wurden verhaftet. 1898 entstand die Sozialdemokratische Arbeiterpartei Russlands. In ihr bildeten sich 1903 auf dem Parteitag in London zwei Fraktionen: eine gemäßigte »Minderheit«, auf Russisch: »Menschewiki«, und eine marxistische »Mehrheit«, »Bolschewiki«.

Im Januar 1905 wurde eine Demonstration niedergeschossen, die vom Zaren eine Volksvertretung und Agrarreformen verlangte. Im Juni kam es zum Aufstand auf dem Panzerkreuzer Potemkin, die Mannschaft meuterte und hisste die rote Fahne. Im Oktober kam es zu einem Generalstreik, mit dem Ziel der Errichtung einer bürgerlichen Republik. Es gab Straßenkämpfe. In Petersburg, Moskau und weiteren Städten wurden Selbstverwaltungs-Gremien, d.h. Räte der Arbeiter- und Soldatendeputierten gebildet, nach dem Vorbild der Pariser Commune. Sie wurden »Sowjets« genannt. Der Zar garantierte eine konstituierende Versammlung, die Reichsduma, »Duma« heißt in Russland das Parlament. Es bilden sich bürgerliche Parteien. Im

Dezember wurde in Moskau ein Aufstand niedergeschlagen, und damit war die Revolution erst einmal beendet.

Die These von Marx und Engels, dass vor allem die industriellen Bedingungen die Massen dazu bringen könnten, ein »Klassenbewusstsein« zu entwickeln, sich zu organisieren und die Gesellschaft revolutionär zu verändern, war das Thema der Grundsatzdebatten jener Zeit. Festzuhalten ist, dass in Russland die Mehrheit der Arbeiter keine Revolutionäre waren. Die Bauern gaben sich mit einer Agrarreform zufrieden, und die Soldaten schossen auf Befehl die Aufständischen nieder. Das schien Lenin Recht zu geben, der in seinen Büchern *Was tun?* (1902); *Ein Schritt vorwärts, zwei Schritte zurück* (1904) und *Zwei Taktiken der Sozialdemokratie in der demokratischen Revolution* (1905) die Konzeption einer zentralistischen Kaderpartei entwickelt hatte: Partei und Intellektuelle sollten stellvertretend für »das Proletariat« das richtige Bewusstsein verkörpern. *Hier haben wir sie wieder, die dummen Massen, die der Führung bedürfen.* 1912 machten die Bolschewiki auf ihrer 6. Gesamtrussischen Konferenz in Prag Lenin zum Vorsitzenden ihres Zentralkomitees. Als Parteizeitung gründeten sie die *Prawda*. Die Bolschewiki kontrollierten zunehmend die Gewerkschaftsbewegung und organisierten, vor allem ab 1914, Massenstreiks.

Das alles muss man wissen, wenn man die Film-Agit-Züge und »Proletkult«-Filme verstehen will, zu denen wir gleich kommen.

Februar-Revolution 1917

Ab 1915 waren Zar und Adel durch den Weltkrieg geschwächt, die Wirtschaft in der Krise, die Soldaten an der Front schlecht versorgt. 1917 kam es zur Revolution. Sie begann im März, doch man nennt das die »Februar-Revolution«, wegen der Zeitverschiebung im damaligen russischen Kalender gegenüber unserer Zeitrechnung. Die Versorgung der Bevölkerung mit Lebensmitteln war katastrophal, die Arbeiter streikten, und die Soldaten weigerten sich jetzt, gegen die Streikenden vorzugehen. In Petersburg und Moskau bildeten sich in den Betrieben und Garnisonen Selbstverwaltungs-Räte, »Sowjets«. In Petersburg schlossen sie sich zur revolutionären Stadtverwaltung zusammen. Es kam zu einer bürgerlichen Palastrevolte, in der Nikolaus II zur Abdankung gezwungen wurde. Es entstand eine provisorische Regierung der bürgerlichen Linken. Sie wurde mit der Hungersnot nicht fertig.

Im April – nach unserer Zeitrechnung – kehrte Lenin aus dem schweizer Exil zurück. Aus der sibirischen Verbannung kam Josef Dschugaschwili, Stalin, und wurde Chefredakteur der Parteizeitung *Prawda*.

Demonstrationen unter Führung der Bolschewiki im Juli wurden von der bürgerlichen Regierung niedergeschlagen. Im August legten sich die Bolschewiki bei einem illegalen Kongress in Petersburg auf die Strategie des bewaffneten Aufstands fest. Sie erkämpften Mehrheiten in den Sowjets der größten russischen Städte.

Oktober-Revolution 1917

Am 6. November – im russischen Kalender: 26. Oktober, deshalb »Oktober-Revolution« – kam es in Petersburg zum bewaffneten Aufstand revolutionärer Matrosen und Soldaten, der Roten Garden unter der Führung Leo Trotzkis. Der Gesamtrussische Sowjetkongress in Petersburg übernahm die Macht und bildete die Regierung, den Rat der Volkskommissare. Deren Vorsitzender wurde Lenin. Am 8. November wurde die Russische Sozialistische Föderative Sowjetrepublik gegründet, mit der Hauptstadt Moskau. Bei den Wahlen zur Verfassunggebenden Versammlung am 25. November erhielten die Bolschewiki nur 25% der Stimmen. Daraufhin wurde das neue Parlament bei dessen erstem Zusammentreten im Januar 1918 von Truppen der Bolschewiki auseinandergetrieben. Lenin propagierte die »Diktatur des Proletariats«. Jetzt waren die Bolschewiki an der Macht. Die Industrie wurde verstaatlicht, die Großgrundbesitzer wurden enteignet. Die Rote Armee wurde aufgebaut. Obwohl sich der neue Staat »Sowjetrepublik«, also Räterepublik«, nannte, war das keine Räterepublik, also keine Basisdemokratie. Es war überhaupt keine Demokratie, sondern die Diktatur der Partei der Bolschewiki. Im März 1918 nannten sich die Bolschewiki »Kommunistische Partei«.

1918-1921 herrschte Krieg gegen die Interventionsmächte und Bürgerkrieg. Die Kommunisten behaupteten sich mit der Roten Armee gegen »weiße«, d.h. antibolschewistische Generäle und gegen Interventionen der Großmächte. 1922 wurde die Sowjetunion gegründet (UdSSR: Russland, Ukraine, Belorussland, Transkaukasische Föderation), mit Lenin als Regierungschef (rg. 1922-1924).

Neue Form der commedia dell'arte: Agit-Züge und »Proletkult« beim Film

Vom neuen Medium Film versprach sich Lenin eine Zerstörung alter Mythen und eine Propagierung technologischen Fortschritts, wie sie die Sowjetunion in Industrie und Landwirtschaft benötigte (Dahlke und Kaufmann 1970). Aber die russische Filmindustrie war zerstört, die Filmproduzenten waren emigriert, sie hatten die Studios und Kinos demoliert, Ausrüstung und Filmmaterial mitgenommen. Noch im November 1917 bildete der Erziehungskommissar Anatoli Lunatscharskij eine Filmabteilung, die von Nadeshda Krupskaja, Lenins Frau, geleitet wurde. 1918 wurden zwei Filmhochschulen eingerichtet, in Petersburg und Moskau.

Da es vor allem wichtig war, die Bauern und Soldaten bei der Stange zu halten, organisierten die Kommunistische Partei und »Intellektuelle« im Sommer 1918 eine Agitations-Bewegung von Filmschaffenden. Filmemacher fuhren in einem Eisenbahnzug durch das Land und machten Wochenschaufilme. Jene wurden in Moskau zu kurzen Agitationsfilmen zusammengeschnitten, die für die Revolution warben. Damit fuhr der Eisenbahnzug zur Westfront. Es gab mehrere solche Züge. In ihnen wurden auch Plakate und Zeitungen präsentiert, und es wurden Agitationsreden gehalten.

Heute steht im Londoner Filmmuseum, dem Museum of the Moving Image, die Nachbildung eines solchen Agitations-Eisenbahnwagons, darin werden die alten Filme gezeigt. Vor dem Wagon stehen Animateure des Museums mit roten Halstüchern und rufen den Touristen zu: »Kommt her, Genossen! Reiht Euch ein in die Arbeiterklasse!« *So weltfremd, wie uns das heute vorkommt, muss es auch den Bauern damals vorgekommen sein.*

Ab 1922 konnte Rohfilmmaterial aus Deutschland importiert werden. Im gleichen Jahr wurde der staatliche Filmtrust Goskino gegründet, der seine Profite vor allem beim Filmimport und Filmverleih erwirtschaftete. Er wurde 1924 in den Staatstrust Sovkino eingegliedert.

Nach Lenins Tod wurde Stalin Regierungschef (rg. 1924-1953). Er betrieb eine rigorose Industrialisierung und Kollektivierung der Landwirtschaft und kümmerte sich nicht um den Film.

Sovkino, mit seinem Goskino-Studio in Moskau, eröffnete vielen Filmemachern, die für die Agitations-Produktionen gearbeitet hatten, die Möglichkeit, Spielfilme zu drehen: z.B. Lew Kuleschow, Sergei Eisenstein, Wsewolod Pudowkin. Die Zensur wurde unter dem Erziehungskommissar Lunatscharskij – er war ein bekannter Literaturwissenschaftler und Kritiker – locker gehandhabt, er unterstützte künstlerische Experimente. Seine tolerante Kulturpolitik wurde 1925 vom Zentralkomitee der KP offiziell abgesichert. (Huaco, S. 95ff.)

Eisenstein wurde mit seinen Filmen *Streik; Panzerkreuzer Potemkin* (beide 1925) und *Oktober* (1928) berühmt und ebenso als Filmtheoretiker. *Streik* wurde von einer avantgardistischen Theatergruppe produziert, die sich »Proletkult« nannte und eine »proletarische Kultur« in Theater und Film entwickeln wollte. Eisenstein und die Proletkult-Gruppe orientierten sich an der commedia dell'arte, statt individueller Helden gab es Typen: »Die Arbeiter«, »Die Fabrikbesitzer und Manager«, »Die Polizei und deren kriminelle Helfer«, »Das Lumpenproletariat«.

Eisenstein entwarf eine Theorie der »Attraktionsmontage« (Eisenstein 1923). Montage sei die theoretisch interpretierte Zusammenfügung realistischer Elemente, die Verfremdung der Realität durch Komposition, durch Interpretation mit naturalistischen Mitteln. Die »Widersprüche des Existierenden« sollten den Zuschauern erfahrbar gemacht werden, Widersprüche zwischen »natürlichem Dasein« und »schaffender Tendenz« oder zwischen »organischer Trägheit« und »selbstbewusster Initiative« (1929, S. 66). Das ist kein schlechtes Programm, doch *tatsächlich zeigte Eisenstein in seinen berühmtesten Montagen weniger reale Kontraste als vielmehr Metaphern:* So zeigte er Soldaten, die in die Arbeitermassen hineinreiten / und nach dem Schnitt: einen Großaktionär, der eine Zitronenpresse zusammendrückt. Oder er zeigte Polizei, die auf streikende Arbeiter schießt / und nach dem Schnitt: einen Ochsen, der im Schlachthaus getötet wird. Derartige Schockmontagen sollten »Denken auslösen«. Dahinter stand ein einfaches dichotomisches Gesellschaftsbild: Die Herrschenden dort oben und wir Beherrschte hier unten.

Die klassische commedia dell'arte hatte Witz, weil sie Charaktere zeigte. *Eisensteins Inszenierungen dagegen waren Belege dogmatischer Theorie, Illustrationen für Eisensteins dichotomisches Gesellschaftsbild und für den zentralistischen Leninschen Parteityp.* Es fehlte der Bezug zur Realität. Durch Illustration dogmatischer Theorie findet man keinen Weg zu den empirischen Erfahrungen des Publikums.

Das Problem ist allerdings, dass der vernachlässigte Realismus damals von den Gefolgsleuten des Diktators Stalin eingefordert wurde. Auf einem gesamtsowjetischen KP-Kongress über Filmpolitik 1928 wurde gefordert, Filme dürften nicht durch zu viel experimentelle Gestaltung an den realen Erfahrungen des Publikums vorbeigehen. Sie müssten in einer Form gestaltet sein, die von Millionen Menschen verstanden werden kann (Huaco, S. 120f.). Das ist sicherlich richtig, doch damals waren solche Argumente die Vorboten des noch dogmatischeren »sozialistischen Realismus«, in dessen Namen ab Anfang der 30er Jahre alle Kultur zensiert wurde.

Anfang 1930, als Stalin seine Gegner ermordet hatte, wandte er sich der Kulturpolitik zu. Der Sovkino-Trust wurde aufgelöst, der Film dem liberalen Erziehungskommissariat entzogen und direkt dem Obersten Wirtschaftsrat unterstellt. Alles wurde in ein neues Film-Fotografie-Kombinat eingegliedert, Sojuschkino. Zum Chef von Sojuschkino wurde Boris Schumiatzkij ernannt. Der fuhr nach Hollywood und holte sich bei den Medienkonzernen Anregungen für die wirtschaftliche Neuorganisation des sowjetischen Films.

Die Anregungen gingen allerdings nicht so weit, die in Hollywood gegebenen kreativen Freiheiten zu beachten.

Visualisierte Publikumsfantasien: Hollywood

Arbeit mit den Fantasien des Publikums bei Griffith

Niemand hat die Filmkunst so beeinflusst wie der Regisseur David W. Griffith, darin sind sich alle Filmwissenschaftler und Filmkritiker einig. Er hatte bis 1910 die meisten Gestaltungsmittel des Films entwickelt: den Schnitt von der Totalen zu einem Kopfbild; den Wechsel des Blickwinkels; den Filmkran; die Landschaftsaufnahme über extreme Entfernungen; Gegenlichtaufnahmen; das Auf- und Abblenden; die Parallelmontage; die Beschleunigung der Handlung durch schneller werdende Schnittabfolgen. (Schickel 1984)

Griffiths Monumentalfilm *Birth of a Nation* (1915) wurde mit 10 Mio. $ Kasseneinnahmen der größte kommerzielle Erfolg der Stummfilmzeit. Sein zweiter Monumentalfilm, *Intolerance* (1916), kommerziell ein Flop, gilt als einer der besten Filme aller Zeiten. In beiden Filmen praktizierte Griffith die neue Technik der Parallelmontage und der Beschleunigung der Handlung durch Schnitt. »Parallelmontage« bedeutet, dass filmisch und erzählerisch zwischen mehreren Handlungslinien gewechselt wird. Sie wurde richtungsweisend, *hier sah man eine Sprache des Films, die nicht nur Kopie des Theaters war.*

Sehen wir uns das am Beispiel von *Intolerance* an. Darin werden vier Handlungen verflochten. In jeder werden die Beziehungen einfacher, ehrlicher Menschen durch die Intoleranz anderer gefährdet.

Eine Handlungslinie spielt in der Gegenwart der 10er Jahre: Eine Gruppe vornehmer Damen widmet sich dem Kampf gegen Ausschweifungen und Alkoholismus – Vorboten der Prohibition von 1919, des totalen Verbots der Herstellung und des Verkaufs von alkoholischen Getränken. In der Gruppe ist Mary Jenkins, Schwester eines Fabrikbesitzers, des einzigen Arbeitgebers am Ort. Sie bittet ihren Bruder um Geld für die moralische Säuberungskampagne. Jenkins gibt das Geld, dafür kürzt er die Löhne seiner Arbeiter. Ein Streik ist die Folge. Auftritt von »The Dear One« – so wird sie in den Untertiteln genannt –, eines jungen, unschuldigen Mädchens, ihr Vater ist Arbeiter in der Fabrik. Die Polizei schießt auf die streikenden Arbeiter. Ein junger Arbeiter tritt auf. Sein Vater wird von der Polizei erschossen. Alle Streikenden werden entlassen. Auch der Vater des jungen Mädchens. Sie müssen in die Großstadt gehen und sich dort durchschlagen. Der junge Mann schließt sich einer Diebesbande an. / Nun beginnt die biblische Handlungslinie. Die Pharisäer kommen zur Hochzeit von Kanaa. Jesus vollbringt das Wunder der Verwandlung von Wasser in Wein. Die Pharisäer verschwören sich aus religiöser Intoleranz und persönlichem Machtstreben. / Die dritte Handlungslinie spielt in Babylon. König Belsazar hat den Angriff von Kyros, dem Perserkönig, zurückgeschlagen. Belsazars machtgieriger Hoherpriester schleicht heimlich ins Lager von Kyros und bietet diesem an, ihm das Stadttor von Babylon zu öffnen, während die Stadt das große Siegesfest feiert. Ein Mädchen hört zufällig den Verrat des Hohenpriesters und will den babylonischen König warnen. / Die vierte Handlungslinie spielt 1572 in Frankreich, die Ermordung der Hugenotten, die Bartholomäusnacht, wird vorbereitet, einem Hugenottenmädchen droht von einem der fanatischen katholischen Soldaten Vergewaltigung und Tod. / Fortsetzung der Gegenwarts-Handlung: Das junge Mädchen und der junge Mann lernen sich in der Großstadt kennen, sie heiraten. Er will kein Verbrecher mehr sein und gibt seine Pistole dem Bandenchef zurück. Die junge Frau ist allein zu Hause. Der Bandenchef kommt, versucht, sie zu vergewaltigen. Dabei wird er von seiner eifersüchtigen Ex-Geliebten beobachtet, sie kommt ins Haus, erschießt den Bandenchef, flieht. Die Pistole läßt sie liegen. Der junge Mann kommt nach Hause, sieht den Bandenchef tot am Boden liegen, hebt die Pistole auf. In diesem Moment trifft die Polizei ein, der junge Mann wird als Mörder verhaftet. Er wird zum Tod verurteilt. Die Mörderin schleicht, von schlechtem Gewissen getrieben, um die Wohnung der jungen Frau. Diese fährt zum Gouverneur, um ihn um Gnade anzuflehen. Die Mörderin fährt hinterher. Das Flehen der jungen Frau ist vergeblich, der Gouverneur reist ab. Vor dem Gouverneurspalast gesteht die Mörderin der jungen Frau ihre Tat. Aber der Gouverneur, der als einziger die Hinrichtung des Unschuldigen verhindern könnte, ist schon mit dem Zug abgefahren. Es findet sich ein Rennfahrer, er rast mit der jungen Frau und der Mörderin dem Zug hinterher. / Zwischen den Handlungslinien wird gegen Ende immer schneller gewechselt: In Babylon findet das Siegesgelage statt. Fünftausend Menschen feiern im Palast. Unzählige leicht bekleidete Mädchen tanzen. Belsazar schickt seiner Gemahlin auf der Festtafel einen kleinen, von zwei Tauben gezogenen Wagen mit einer Rose. Niemand ahnt den bevorstehenden Angriff. Das tapfere Mädchen, das Belsazar warnen will, rast in einem Wagen nach Babylon, verfolgt von der persischen Armee. / In der Gegenwarts-Handlung verfolgt der Rennwagen den Zug, in dem der Gouverneur sitzt. Mittels Parallelmontage wird in immer kürzeren und immer schnelleren Sequenzen immer wieder in die anderen Handlungslinien hineingeschnitten: Der Zug braust optisch über / das Bacchanal von Babylon hinweg, wo Belsazar ein auf Lust, Sinnlichkeit und Toleranz begründetes neues Reich errichten möchte. / Gleichzeitig rast das Heer des Despoten Kyros, das Babylon zerstören wird, optisch / über das Leben jenes jungen Arbeiters – und der hat bereits den Strick um den Hals, und die Messer sind schon angesetzt, um die Schnüre der Falltür zu durchschneiden. / Auch in den anderen anderen Handlungslinien sind die Katastrophen nicht mehr aufzuhalten. Jesus wird gekreuzigt. / Das Hugenottenmädchen stirbt. /

In Babylon stirbt das tapfere Mädchen bei der Eroberung der Stadt. Belsazar stirbt. / Nur das Leben des jungen Arbeiters wird im letzten Augenblick gerettet.

Kritiker warfen Griffith vor, ein zu einfaches Gesellschaftsbild zu propagieren. Eisenstein selbst kritisierte: »Die Struktur, die sich im Konzept der Griffithschen Montage zeigt, ist die Struktur der bürgerlichen Gesellschaft. [...] Und sein Gesellschaftsbild, in dem es bloß den Kontrast zwischen denen gibt, die haben und denen, die nicht haben, führt bei Griffith lediglich zum Bild eines Wettrennens zwischen zwei parallelen Linien.« (1944, S. 203; Übersetzg. bearb.)

Tatsächlich sind für einen Betrachter, der mit den Maßstäben des Klassenstandpunkts, des proletarischen Helden, des sozialistischen Realismus oder der Belehrung misst, die Filme Griffiths ärgerlich: Für die Übel dieser Welt wird nicht der Kapitalismus verantwortlich gemacht, und ein Klassenstandpunkt fehlt. Statt dessen interessierte Griffith sich für Beziehungsprobleme und individuelle Heldentaten.

Seine Filme enden mit Happy-End statt mit einem politischen Aufruf. Nach den Maßstäben dieser Medienkritik war Griffith ein Reaktionär. Aber die gesellschaftlichen Kontraste sind bei ihm differenzierter dargestellt. *Griffith hatte ähnliche Interessen wie die Massenpresse,* er behandelte Thematiken, die das Publikum mehr interessierte als Politik: Lebenshoffnungen, Liebe, Heirat, Hungersnot, Träume von Reichtum, mutige Taten, Streit, Herrschsucht, Lustfeindlichkeit, Alkoholismus, Tod, Rache, das Hineingeraten in ausweglose Katastrophen. *Griffith beabsichtigte, die Menschen humaner zu machen. Damit wurde es für ihn wichtig, vorhandene Fantasien zu bearbeiten, und das tat er, indem er sie breit ausmalte.* Er gab dem Publikum auch Sensationen: Sex-Orgien, Bacchanale, Gewalt, Blut spritzt, Köpfe werden abgeschlagen, Leichen fallen von der Mauer, Türme brechen zusammen und begraben Kämpfer unter sich. Griffith untersucht, wie die Individuen ihre meist gutgemeinten Ziele isoliert verfolgen und wie sie dadurch in Situationen kommen, die ihre ursprünglichen Absichten pervertieren. Die Anarchie des Gesamtsystems wird thematisiert, in dem nie zusammentrifft, was zusammentreffen sollte. Mittels der Rettung in letzter Minute – im »Den richtigen Zeitpunkt finden, in dem Handeln erforderlich ist« – wird thematisiert; dass das Glück am Faden hängt; dass selbst mutige Tat immer mit dem Schicksal zu kämpfen hat; dass es stets einen Punkt gibt, an dem alles unwiederbringlich dahin ist.

So sind Griffiths Parallelmontagen nicht nur, wie Eisenstein meinte, Kopie eines dualistischen Weltbilds. Die schicksalhaften Momente sind vom Zusammenspiel der unterschiedlichsten materiellen und ideellen Faktoren abhängig. *Griffiths gesellschaftspolitische Botschaft bezieht sich auf solidarische Beziehungen. Vor allem besteht Griffith auf individueller Moral. Er kritisiert die Verkrüppelung durch Hass und Wut: Liebe und Arbeit als Antwort auf Aggression und Konkurrenz sind seine befreienden Prinzipien.*

Ausschweifen der Fantasie ins Unvertraute: Stars, Luxus und gelockerte Moral bei DeMille

Besonders erfolgreich war der Regisseur Cecil B. DeMille. Er nahm die frühen moralischen Melodramen auf, er empörte sich in seinen Filmen über Unmoral – und beschrieb sie so ausführlich wie möglich. *Er bot eine gelockerte Moral, die nicht mehr so eindeutig zwischen Gut und Böse unterschied.* DeMille und sein Publikum interessierte alles, was man nicht tun durfte. In den Filmen *Why Change your Wife?* (1920); *Something to Think About* (1920); *The Affairs of Anatol* (1921) oder *The Golden Bed* (1925) wurde mit der »Unmoral« gespielt, mit der Möglichkeit eines Ehebruchs kokettiert. Damit hatte DeMille Erfolg, andere ahmten dieses Muster nach.

Außerdem ließ er das Publikum in die unvertraute Welt der Reichen und Schönen blicken. Er inszenierte erstmals Stars in luxuriösem Ambiente. Seine Stars, z.B. Bebe Daniels, Geraldine Farrar, Gloria Swanson trugen fantastische Kleider, fantastische Hüte, fantastische Juwelen. Die berühmtesten Pariser Modeschöpfer statteten sie aus. Die Kleider wurden in Modezeitungen zum Nachschneiden gezeigt und begeistert kopiert.

DeMille wollte die luxuriöse Übertreibung in allen Bereichen. In einer Zeit, als die meisten Wohnungen kein Bad hatten und man sich in der Küche wusch, setzte er Trends für das Badezimmer-Design. Der Siegeszug des Hollywood-Luxus-Badezimmers in der Filmgeschichte begann in DeMilles *Old Wives for New* (1918), vor allem aber mit einer längeren Szene in *Male and Female* (1919): Gloria Swanson steigt in eine im Boden eingelassene Luxuswanne. Alles deutet darauf hin, dass man sie gleich nackt sehen wird, aber zwei Dienstmädchen schirmen sie mit einem Badetuch ab, und als sie im Badeschaum sitzt, kann man nur einen Blick auf ihre Schulter erhaschen. Die Moralapostel ereiferten sich trotzdem darüber.

Verordnete Kultur: Deutschland

Deutsche November-Revolution

Auch in Deutschland bestand 1917, mitten im Krieg, eine katastrophale Versorgungslage, die Brot-Rationen wurden gekürzt, im April kam es zu Massenstreiks. In Leipzig bildeten sich Arbeiterräte, sie forderten Frieden und freie und gleiche Wahlen. Ihnen wurde die Anwendung des Kriegsrechts angedroht.

1917 gründete die Oberste Heeresleitung, auf Betreiben des rechtsgerichteten Generals Ludendorff – des Leiters der »Informationsabteilung« der obersten Heeresleitung – die Filmgesellschaft UFA, als ein Mittel der Public Relations, der »Volksbeeinflussung«. Der größte Teil des Firmenvermögens wurde von den Banken bereitgestellt. Später wird sie vom Hugenberg-Konzern aufgekauft werden.

Ab dem 5. November 1918 bildeten sich Arbeiter- und Soldatenräte in vielen deutschen Städten und entmachteten in den Landeshauptstädten die Könige und Herzöge. Arbeiterräte übernahmen in den Fabriken die Betriebsleitung. Die Räte forderten ein Ende des Kriegs.

Der amerikanische Präsident Wilson gab bekannt, dass er nur mit einer republikanischen, demokratischen deutschen Regierung verhandeln werde und forderte die Abdankung Kaiser Wilhelms II. Sie geschah am 9. November. Am selben Tag übergab der amtierende Reichskanzler Max von Baden die Macht an den SPD-Vorsitzenden Friedrich Ebert. Der Abgeordnete Philipp Scheidemann (SPD) rief vom Berliner Reichstag aus die Republik aus, gegen den Willen von Ebert. Zwei Stunden später rief der Unabhängige Sozialist Karl Liebknecht (USPD) vom Berliner Schloss aus die freie sozialistische Republik aus. Er berief sich auf die Arbeiter- und Soldatenräte, die in ganz Deutschland zumindest den verbalen Anspruch hatten, die eigentlichen Souveräne zu sein.

Am 10. November bildete eine Koalition von USPD und SPD einen »Rat der Volksbeauftragten«, der in Wirklichkeit kein Rat war, sondern ein aus sechs Personen bestehendes Komitee. Dieses Komitee erhielt vom Großberliner Arbeiter- und Soldatenrat den Regierungsauftrag. Es besaß damit die uneingeschränkte legislative und exekutive Gewalt. Der Reichstag wurde nicht aufgelöst, aber ausgeschaltet. Ebert sicherte sich den Vorrang und wurde Reichskanzler.

Am 11. November endete mit dem Waffenstillstand in Compiègne der erste Weltkrieg.

Am 12. November beschloss der Rat – das Komitee – der Volksbeauftragten die bürgerlichen Freiheitsrechte: Vereins- und Versammlungsfreiheit, Meinungsfreiheit, Religionsfreiheit. Dazu gehörte die Abschaffung der Filmzensur.

Im Dezember tagte der Allgemeine Deutsche Rätekongress in Berlin. Er entschied sich gegen ein Rätesystem – wie es in der Sowjetrepublik nur auf dem Papier bestand – und für eine repräsentative Demokratie: Er beschloss, das Komitee der Volksbeauftragten zu unterstützen und stimmte für die Wahl einer Nationalversammlung. Die Wahlen zur Nationalversammlung am 19. Januar 1919 brachten für die Sozialdemokraten und Sozialisten keine Mehrheit. Es entstand eine Koalition aus SPD, katholischem Zentrum und der linksliberalen DDP. Am 6. Februar trat die neue Nationalversammlung in Weimar zusammen, und die Regierung der Volksbeauftragten gab an sie die Macht ab. Am 11. Februar wurde Ebert (SPD) erster deutscher Reichspräsident (rg. 1919-1925) und Scheidemann (SPD) Reichskanzler. Das ging nicht ohne Streiks und Aufstände der unterlegenen Linken. Gegen sie agierte Gustav Noske (SPD), Mitglied des Komitees der Volksbeauftragten und danach Reichswehrminister, er verbündete sich mit kaiserlichen Generälen. Zwischen Januar 1919 und April 1920 ließ er alle Räte- und Streikbewegungen durch Militär niedermachen, es gab Tausende Tote.

Am 28. Juni 1919 wurde der Friedensvertrag von Versailles unterzeichnet. *Am 31. Juli beschloss die Weimarer Nationalversammlung eine republikanische Reichsverfassung. Deren Artikel 118 garantierte die Pressefreiheit.*

»Massenpsychologische« Diffamierung des Films in Deutschland

Nach der Abschaffung der Zensur 1918 gab es in Deutschland eine Welle von »gewagten« Filmen. Zum Großteil waren das importierte amerikanische Filme, zum Beispiel die Filme von Cecil B. DeMille, Luxusfilme mit gelockerter Moral. Deutsche Moralapostel sprachen von »Sexualfilmen«, dabei wurde darin nur ein wenig Oberschulter gezeigt. Sofort begannen rechtsgerichtete Juristen und Kunstwissenschaftler, besonders der Tübinger Professor Konrad Lange, eine Diskussion über die gefährlichen Wirkungen des Films. Er forderte Zensurmaßnahmen, denn: »Der großen Masse der Kinobesucher ist natürlich nichts willkommener als eine Schilderung, bei der sexuelle Vergehen als etwas Selbstverständliches und Gewöhnliches erscheinen, wovon vernünftige Menschen nicht viel Aufhebens machen. Sie entnimmt daraus die Lehre: Gehet hin und tuet desgleichen.« (1920, S. 129). Die aufreizenden Darstellungen, Entblößungen und Entkleidungen, würden die »heiligsten Gesetze der Ehe« verhöhnen. Darum ging es, es ging gar nicht um die entblößten Schultern, *es ging darum, dass Ehefrauen in diesen Filmen fremd gingen.*

Die Rechtsradikalen befürchteten auch, der Film könne ein politisches Artikulationsmedium der Arbeitermassen werden. Eine suggestive, asoziale Wirkung wurde vor allem bei Filmen vermutet, die in einander entgegengesetzten Gesellschaftskreisen spielen: Arm und reich, Hütte und Schloss, Hinterhaus und Vorderhaus würden stets als moralische Gegensätze dargestellt. Die Armen würden immer als treu und brav, die Reichen stets als faul und lasterhaft dargestellt. Bei den Arbeitern, so meinte Lange, seien Müßiggang und Streiklust, Abneigung gegen Arbeit und Pflichterfüllung weit verbreitet. Für sie sei das Kino eine »Schule des Verbrechens« (Lange 1918, S. 46. 81).

Le Bons »Massenpsychologie« war den rechtsradikalen Wissenschaftlern zwecks Dämonisierung des Films gerade recht. Besonders die Jugendlichen der Unterschicht seien gefährdet: Der Knabe und der halbwüchsige Jüngling, der keine gute Kinderstube gehabt habe und an dem der Konfirmationsunterricht spurlos vorübergegangen sei, sie fielen der Eindruckskraft der Bewegungsfotografie willenlos zum Opfer. Ohne staatliche Zensur, so Konrad Lange, »werden wir ein Kino haben, in dem die wilden, ungezügelten Massen Nahrung für ihren Zerstörungstrieb finden werden. Dieses Kino der Zukunft wird im Dienste des Terrors stehen.« (1920, S. 129f.).

Heute wissen wir, dass derartige Thesen von der »Eindruckskraft«, der Suggestivkraft des Films empirisch nicht zu halten sind. Filme sind nicht Auslöser, sondern nur Medium der Artikulation bereits vorhandener Tendenzen, die sich ohne den Film anderswo artikulieren würden. Es kommt darauf an, welche Interessen durch die Arbeits- und Alltagserfahrung der Menschen entstehen. »Massenpsychologische« Argumente ignorieren das, sie dienen immer nur der Rechtfertigung von Zensur. Vor allem die deutschnationale Partei arbeitete auf eine Staatszensur hin. Sie hatte Erfolg: *1920 führte das Reichslichtspielgesetz die Filmzensur wieder ein.*

Die Vereinnahmung des Films ging weiter: 1927 wurde der deutsche Film von Alfred Hugenberg übernommen: Sein Konzern kaufte den größten deutschen Filmkonzern, die UFA, und gliederte ihn in seinen Konzern ein. Ein Jahr später wurde Hugenberg Vorsitzender der Deutschnationalen Volkspartei, die dazu beitrug, dass Hitler an die Macht kam. (Holzbach 1981)

Ignorante »Massenpsychologie« bei Freud – und eine bedeutsame Fantasietheorie

Alle Vorurteile Le Bons noch einmal

Le Bons rassistische »Massenpsychologie« war nicht nur bei den Rechtsradikalen in Deutschland beliebt. Auch das Aufkommen der Werbung förderte ihre Beliebtheit. Da sie die Hoffnung nährte, man könne Konsumenten bis ins Unbewusste hinein manipulieren, wurde sie bis heute in der Werbung der dominante Glauben. Einer, der diesen falschen Glauben auf fatale Weise nährte, war Sigmund Freud.

Obwohl er die Psychoanalyse als Aufklärer begonnen hatte, traute Freud im Alter, 65-jährig, den »Massen« keinen Verstand zu. Im Gegenteil erwies er sich als ein Anhänger Le Bons: In *Massenpsychologie und Ich-Analyse* (1921) griff er auf alle Mystifikationen Le Bons zurück, begeistert über Le Bons »glänzende psychologische Charakteristik der Massenseele«, über dieses »mit Recht berühmt gewordene Buch«.

Freud schrieb: »[...] wenden wir uns zur Beschreibung der Massenseele, wie Le Bon sie entwirft. Es ist kein Zug darin, dessen Ableitung und Unterbringung dem Psychoanalytiker Schwierigkeiten bereiten würde. Le Bon weist uns den Weg, indem er auf die Übereinstimmung mit dem Seelenleben der Primitiven und der Kinder hinweist. – Die Masse ist impulsiv, wandelbar und reizbar. Sie wird fast ausschließlich vom Unbewussten geleitet.« Nur eins kritisierte Freud an Le Bons Begriff des Unbewussten: Für Freud war das Wichtigste am Unbewussten nicht die »Rassenseele« oder »Volksseele«, sondern das »unbewusste Verdrängte«. Das Verdrängte fehle bei Le Bon. (1921, S. 69)

Ansonsten hielt auch Freud – Anfang der 20er Jahre, zwei Jahre war es her, dass die Räte-Demokraten mit Hilfe der regierenden SPD und des rechtsgerichteten Militärs niedergemacht worden waren – »die Masse« für wild und dumm: »Nichts ist bei ihr vorbedacht. Wenn sie auch die Dinge leidenschaftlich begehrt, so doch nie für lange, sie ist unfähig zu einem Dauerwillen. Sie verträgt keinen Aufschub zwischen ihrem Begehren und der Verwirklichung des Begehrten. Sie hat das Gefühl der Allmacht, für das Individuum in der Masse verschwindet der Begriff des Unmöglichen.«

Fast wörtlich gab Freud Le Bon wieder: »Die Masse ist außerordentlich beeinflussbar und leichtgläubig, sie ist kritiklos, das Unwahrscheinliche existiert für sie nicht. Sie denkt in Bildern, die einander assoziativ hervorrufen, wie sie sich beim Einzelnen in Zuständen des freien Fantasierens einstellen, und die von keiner verständigen Instanz an der Übereinstimmung mit der Wirklichkeit gemessen werden. Die Gefühle der Masse sind stets sehr einfach und sehr überschwänglich.« (1921, S. 72)

Le Bons unverschämte Diffamierungen der Massen erschienen bei Freud so, als bezeichneten sie Fakten: Schwinden der bewussten Persönlichkeit, Hemmung der intellektuellen Leistung, Steigerung der Affektivität, Empfänglichkeit gegenüber Gefühlsansteckung, Suggestion, Idealisierung von Führern bis zur Aufgabe des eigenen Denkens, Gewalttätigkeit, primitive Seelentätigkeit. *Freud hielt das – ohne Be-*

weis – für Tatsachen: »Kein Zweifel, dass alle vorhin beschriebenen Phänomene der Massenseele richtig beobachtet worden sind.« (1921, S. 77). –

»Massenseele«!

Und an anderer Stelle heißt es bei Freud: »[...] die Züge von Schwächung der intellektuellen Leistung, von Ungehemmtheit der Affektivität, die Unfähigkeit zur Mäßigung und zum Aufschub, die Neigung zur Überschreitung aller Schranken in der Gefühlsäußerung und zur vollen Abfuhr derselben in Handlung, dies und alles Ähnliche, was wir bei Le Bon so eindrucksvoll geschildert finden, ergibt ein unverkennbares Bild von Regression der seelischen Tätigkeit auf eine frühere Stufe, wie wir sie bei Wilden oder bei Kindern zu finden nicht erstaunt sind.« Und: »Wir werden daran erinnert, wieviel von diesen Phänomenen der Abhängigkeit zur normalen Konstitution der menschlichen Gesellschaft gehört, wie wenig Originalität und persönlicher Mut sich in ihr findet, wie sehr jeder Einzelne durch die Einstellungen einer Massenseele beherrscht wird, die sich als Rasseneigentümlichkeiten, Standesvorurteile, öffentliche Meinung und dergleichen kundgeben.« (1921, S. 109). –

»Rasseneigentümlichkeiten«!

Vor allem aber sei der Führer der Beherrscher der Massen. Denn die Masse wolle »von unbeschränkter Gewalt beherrscht werden, sie ist im höchsten Grade autoritätssüchtig, hat nach Le Bons Ausdruck den Durst nach Unterwerfung.« (1921, S. 112, 119) –

»Durst nach Unterwerfung«!

Sigmund Freud hielt auch die revolutionären Massen der Französischen Revolution für irrational, und den Wegfall der »landesväterlichen Autorität« nach der deutschen Revolution sah Freud lediglich unter dem Aspekt, dass hierdurch »rücksichtslose und feindselige Impulse« zum Vorschein gekommen seien. Ob die Forderungen dieser Menschen danach, nicht zu hungern, berechtigt waren – darüber machte sich der Psychoanalytiker keine Gedanken. Freuds Biographen bescheinigen ihm konservative Haltungen, so James Strachey: »Bei aller geistigen Feinnervigkeit war er seiner Natur nach gutgläubig, so dass sein kritisches Vermögen manchmal in verblüffender Weise versagte.« (S. 18)

Immer wieder setzte Freud »die Masse« mit »den Primitiven« gleich. *Aber auch »die Primitiven« hüpfen nicht ständig in Trance um Totempfähle, sondern sie verfolgen rationale Interessen:* Nahrung finden und aufbereiten, Tiere jagen, den Acker bestellen, Werkzeuge herstellen, Hütten bauen, Nahrung zubereiten und Kinder aufziehen. *Daran ist nichts Dummes, Ich-Reduziertes. Es besteht ebensowenig ein Anlass, den »Primitiven« ein waches, realitätstüchtiges Ich und Vernunft abzusprechen wie den »Massen«.*

An eine »Massenseele« sollten wir nicht glauben. Und »Massensuggestion« ist ein wackeliges Konzept. Wenn Gruppen oder Bevölkerungsmehrheiten gleichartig handeln, sollten wir lieber gemeinsame materielle Interessenlagen vermuten. Freud tat das nicht, und damit wurde auch er, wie Le Bon, zum Wegbereiter der Propaganda der Werbung, dass man mittels des Unbewussten die dummen Massen steuern könne.

Erste Theorie der Fantasietätigkeit: Elemente des Spiels mit dem Unvertrauten

So unakzeptabel die »Massenpsychologie« Sigmund Freuds ist – in *Massenpsychologie und Ich-Analyse* von 1921 finden sich Kategorien, die für die Analyse der Fantasietätigkeit unentbehrlich sind: Identifizierung, Idealisierung, Faszination. Sie sind wichtig, weil sie auf empirische Tatbestände hinführen.

Identifikation mit Vertrautem

Freud nannte als wichtiges Strukturelement der »Masse« deren Identifizierung mit »Führern«. *Wir sollten das als These über das Publikum und sein Verhältnis zu Idolen ansehen, zu Stars oder zu in den Medien inszenierten Szenen.*

Schon das Kind schlägt sich durchs Leben, indem es sich identifiziert. Freud stellte das so dar: Das männliche Kind identifiziert sich mit dem Vater. Zugleich entwickelt es eine sexuelle Objektbesetzung gegenüber der Mutter. Das weibliche Kind entwickelt die sexuelle Objektbesetzung gegenüber dem Vater, es will die Mutter beim Vater ersetzen. So entsteht der Ödipuskomplex: »Alle Gefühle, welche das Kind für seine Eltern und Pflegepersonen empfindet, setzen sich ohne Schranke in die Wünsche fort, welche dem Sexualstreben des Kindes Ausdruck geben. Das Kind verlangt von diesen geliebten Personen alle Zärtlichkeiten, die ihm bekannt sind, will sie küssen, berühren, beschauen, ist neugierig, ihre Genitalien zu sehen und bei ihren intimen Exkretionsverrichtungen anwesend zu sein, es verspricht, die Mutter oder Pflegerin zu heiraten, was immer es sich darunter vorstellen mag, setzt sich vor, dem Vater ein Kind zu gebären usw.« (1921, S. 128)

Je mehr sich das Kind entwickelt, um so mehr merkt es, dass ihm der Vater – bzw. beim weiblichen Kind die Mutter – im Wege steht: »Die Identifizierung ist eben von Anfang an ambivalent, sie kann sich ebenso zum Ausdruck der Zärtlichkeit wie zum Wunsch der Beseitigung wenden.« (1921, S. 98).

Je realistischer das Kind wird – je mehr es merkt, dass es für seine sexuellen Wünsche keine Erfüllung finden kann –, desto mehr entwickelt es, um damit fertigzuwerden, folgende Strategien: Zunächst einmal muss es seine Sexual-Interessen ins Unbewusste verdrängen, die sexuelle Latenzphase dauert bis zur Pubertät. Außerdem entwickelt es gegenüber den »verlorenen Objekten« – der Mutter bzw. dem Vater – zärtliche Gefühle. Oder es sucht einen Ersatz, es identifiziert sich mit anderen Personen. Oder es introjiziert, verinnerlicht die »verlorenen Objekte« – die Mutter bzw. den Vater –, so wie ein kleines Mädchen, das ein Kätzchen verloren hat, selbst das Kätzchen spielt.

Identifikationen dieser Art finden sich auch beim Erwachsenen und auch beim Medien-Publikum. Natürlich muss nicht jede Identifikation des Medien-Publikums immer auf die ödipale Kindheitssituation zurückgeführt werden; die Gefahr des Erschlagens des zu Interpretierenden mit psychoanalytischer Schlaumeierei ist groß. Oft genügt es, wenn man sich statt dessen vorstellt, dass Rezipienten, wenn sie sich mit Stars oder Szenen identifizieren, damit Personen oder Szenen suchen, die ihnen vertraut sind oder waren.

Idealisierung des Außergewöhnlichen

Auch hier ging Freud von der Sexualitäts-Entwicklung aus. In der Pubertät entwickelt das Kind allmählich ein Interesse an direkten Sexualzielen, zugleich aber am Beibehalten der »zärtlichen« Identifikationen, die es gegenüber den imaginierten elterlichen Sexualzielen entwickeln musste. Vor allem im Zustand der Verliebtheit wird das ins Blickfeld genommene »Sexualobjekt« mit zärtlichen Gefühlen überhäuft, also idealisiert: »Bei einigermaßen wirksamer Verdrängung oder Zurücksetzung der sinnlichen Strebungen kommt die Täuschung zustande, dass das Objekt seiner seelischen Vorzüge wegen auch sinnlich geliebt wird, während umgekehrt erst das sinnliche Wohlgefallen ihm diese Vorzüge verliehen haben mag.« Oft sind diese Idealisierungen narzisstisch besetzt, man deutet in die geliebte Person eine Vollkommenheit hinein, die man für sich selbst anstrebt. Das kann so weit gehen, dass das Sexualziel immer weiter zurückgedrängt wird: »[...] das Ich wird immer anspruchsloser, bescheidener, das Objekt immer großartiger, wertvoller; es gelangt schließlich in den Besitz der gesamten Selbstliebe des Ichs, so dass dessen Selbstaufopferung zur natürlichen Konsequenz wird. Das Objekt hat das Ich sozusagen aufgezehrt.« (1921, S. 105f.). *Im Fall der extremen Verliebtheit steigert sich das bis zu einem Zustand, den Freud »Faszination« nannte: Das geliebte Objekt wird an die Stelle des Ichs oder des Ich-Ideals gesetzt.*

Freud steuerte damit in eine Richtung, die wir ablehnen sollten, nämlich zur These über die willenlosen, von Führern hypnotisierten Massen, die eigentlich der »Urhorde« gleichen, und er folgerte: »Der Urvater ist das Massenideal, das [bei den Massen] an Stelle des Ich-Ideals das Ich beherrscht.« (1921, S. 119). *Aber diese Schlussfolgerung müssen wir nicht mitmachen. Auch hier genügt es, festzuhalten, dass, wer idealisiert und sich faszinieren lässt, oft das ungewöhnliche Andere sucht; dass er sein Ich-Ideal von Vollkommenheit auf die von den Medien gebotenen Stars oder Szenen projiziert.*

Zwei wichtige Aspekte der Fantasietätigkeit behandelte Freud in *Massenpsychologie und Ich-Analyse* nicht, obwohl sie Bestandteile seiner Theorie sind: formalisierte und realitätstüchtige Fantasie.

Formalisierte Fantasie

Ein Mechanismus, der in *Massenpsychologie und Ich-Analyse* weggelassen wurde, aber Teil der psychoanalytischen Fantasietheorie ist, ist das Vergnügen an formalisierten Abläufen: Das Ich macht Fantasien moralisch ungefährlich, indem es die emotionalen Bedeutungen des Objekts der Fantasie verdrängt. Das Individuum bleibt emotional unbeteiligt und genießt ein formales, nach Regeln ablaufendes Spiel: beim Kartenspiel, beim Schachspiel, beim Sport, bei der Betrachtung der Sportsendungen und der Krimis im Fernsehen, der Action-Filme etc. Einen solchen Genuss vermutete Freud bei den dummen Massen nicht – aber das Phänomen kannte er wohl: Er schrieb in *Massenpsychologie und Ich-Analyse* über die römischen Saturnalien und über den Karneval, dass jene Feste die sonst heiligen Gebote übertreten, und das bedeutet, dass das Ich für kurze Zeit vom Druck seines Ich-Ideals befreit wird. Freud schrieb hierzu: »Das Ich-Ideal umfasst [...] die Summe aller Einschränkungen, denen das Ich sich fügen soll, und darum müsste die Einziehung des Ideals ein großartiges Fest für das Ich sein, das dann wieder einmal mit sich selbst zufrieden sein dürfte.«

Ein solches Entlastungs-Fest feiert das Ich auch beim Genuss formaler Abläufe. Dieses Vergnügen kann um so größer sein, je mehr Kennerschaft man besitzt, denn Kennerschaft bedeutet, in Freuds Kategorien, dass man Ich-Ideale aufbaut: Ist man ein Kenner vieler Krimis, entwickelt man den Ehrgeiz, die Lösung des Falls zu erraten. Hat man richtig geraten, freut sich das Ich, weil es dem Ich-Ideal entsprochen hat. Ist man ein Fachmann für Fußball und ist die Mannschaft gut, mit der man sich identifiziert, kann man deren Sieg mit Hochgefühl genießen. Freud schrieb: »Es kommt immer zu einer Empfindung von Triumph, wenn etwas im Ich mit dem Ich-Ideal zusammenfällt.« (1921, S. 122)

Das war damals schon eine produktive Theorie – *aber nur, wenn man akzeptiert, dass Menschen, die sich »unterhalten«, d.h. sich zeitweilig psychisch entlasten, deswegen noch lange nicht nicht Teil einer »willenlosen Masse« sind. Das Interesse am Unvertrauten und an psychischer Entlastung ist ein realitätstüchtiges Interesse.*

Realitätstüchtige, »präsentative« Fantasie

Man muss davon ausgehen, dass das »normale« Publikum im Allgemeinen realitätstüchtig ist, dass es Fachkenntnisse, einen Sachverstand und Vernunft besitzt; auch darin, dass es Identifizierungen und Idealisierungen *in gewissen Grenzen* zulässt. Autoren, Regisseure, Journalisten sind in der Lage, intelligent mit Publikums-Fantasien zu spielen, sie zu bearbeiten. Und ebenso besitzt das Publikum die Fähigkeit, sich auf intelligente Weise dem Spiel der Fantasie auszusetzen.

Für Freud ist der realitätstüchtige Erwachsene einer, der »sublimiert« (sublim = »erhaben«, »fein«). Wer sublimiert, verwandelt Teile der Sexualität, statt sie zu befriedigen, in etwas Erhabenes, Feines, in kulturelle Leistungen. Er wendet seine Fantasietätigkeit nicht in Richtung kindliche Fantasien, sondern in Richtung Realität, geleitet vom realitätsorientierten Ich.

Was hier Realitätstüchtigkeit genannt wird, nennen Soziologen die Fähigkeit, sich in andere hinein zu versetzen und sozial, d.h. an anderen orientiert, zu handeln. Das muss nicht immer auf der Ebene der sprachlichen Ausformulierung geschehen. Die realitätstüchige Verarbeitung von Erfahrung kann auch auf der »präsentativen Ebene« stattfinden, also auf einer Ebene von imaginierten Personen und Szenen. Deswegen ist es unsinnig, davon zu reden, dass »die Masse immer nur assoziativ in Bildern denkt«, denn auch Bilder können realitätstüchtig sein.

Fließband-Produktion verändert die Welt

Fordismus, Taylorismus

In USA machte die industrielle Massenproduktion Fortschritte. Ab den 10er Jahren wurden nicht nur Textilien, Nahrungsmittel, Konserven massenproduziert, sondern auch Maschinen, hochverarbeitete Endprodukte. Das war der Standardisierung und

Rationalisierung der industriellen Produktionsvorgänge zu verdanken. Sie wurde nach 1900 vom Ingenieur, Betriebspsychologen und Betriebsorganisator Frederick W. Taylor als »Scientific Management« propagiert, als »Wissenschaftliche Betriebsführung« (Taylor 1911).

Ein Element des »Taylorismus« war die Fließbandarbeit, bei der die Arbeit in kleinste, schnell zu wiederholende Bewegungen zerlegt und deren Ausführung von Ingenieuren und Managern – den »geistigen Arbeitern« – kontrolliert wurde. Diese »wissenschaftliche« Durchorganisierung der Arbeit schloss alle fachliche Kompetenz der Arbeiter aus, faktisch lief das auf eine Zerschlagung der handwerklich geschulten, gewerkschaftlich mit Qualitätsbewusstsein auftretenden Arbeiterschaft hinaus. Zugleich steigerte das die Arbeitsproduktivität, denn die gewerkschaftlich organisierten Arbeiter hatten sich auch viele Nischen geschaffen, um dem Leistungsdruck auszuweichen. Sie fielen jetzt fort. Fließbandarbeit wurde in einer neuen, entscheidenden Branche eingeführt: der Autoindustrie.

Das Auto war in den 1880er Jahren entwickelt worden. Der Verbrennungsmotor wurde 1883 von Gottlieb Daimler erfunden. 1885/86 konstruierte Carl Friedrich Benz ein dreirädriges Auto mit einem Einzylinder-Viertakt-Benzinmotor, das erste Auto der Welt. 1887 entwickelte Daimler ein vierrädriges Auto. Vorreiter in USA war Henry Ford. Er begann 1908 mit der Produktion von Standard-Autos. 1910 bis 1914 wurde in der Modellfabrik von Ford, Highland Park, die Fließband-Massenprodukion entwickelt. Verbreitung fand das Auto in USA ab Mitte der 20er Jahre.

Henry Ford führte nicht nur die Fließbandarbeit ein, sondern auch relativ höhere Löhne, niedrigere Arbeitszeiten und das Auto als Massenprodukt zu relativ niedrigen Preisen (Ford 1923). *Das förderte die Akzeptanz des Systems bei den Arbeitern. Massenproduktion hochwertiger Güter, Ankurbelung des Massenkonsums – das war modellhaft für die gesamte Industrie. Die Strategie erhielt in den 20er Jahren den Namen »Fordismus«.* In den 20er Jahren wurde die Fließbandarbeit in vielen Bereichen der Industrie eingeführt. (Conert 1998, S. 275ff.; Hirsch und Roth 1986, S. 45ff.)

In Deutschland waren die 20er Jahre – beginnend mit der Währungskatastrophe von 1922/23 – eine Zeit der Wirtschaftskrise, der Inflation, des Abstiegs der Mittelschicht und der Arbeitslosigkeit von Millionen Menschen. Hier begann der Fordismus zwischen 1924 und 1930. Als amerikanisches Kapital nach Deutschland floss, wurden Fließbandarbeit und Rationalisierung eingeführt. Zugleich war das die Zeit der Ausbildung von Trusts und Kartellen in den Bereichen Bergbau, Chemie, Stahl und Elektro.

Erstmals in der Geschichte: Massenkaufkraft – und die Mobilisierung von Konsumwünschen

Die Massenproduktion hochwertiger Güter erfordert die Ankurbelung des Massenkonsums. Lohnerhöhungen – in Grenzen – waren jetzt im Interesse der Unternehmen. Erstmals in der Geschichte führte das zu einer allmählichen Steigerung der Massenkaufkraft.

Nicht zuletzt wegen der fordistischen Strategie nahm in USA bis Mitte der 20er Jahre der Anteil der Angestellten zu. *Die Angestellten wurden besser bezahlt, ab den 20er Jahren kann man die Angestellten zum »neuen Mittelstand« zählen.* In Deutschland betrug Mitte der 20er Jahre der Anteil der Arbeiter an den Lohnempfängern 51%, der Anteil der Angestellten 16% (Conert, S. 242).

Natürlich war die Entwicklung von Massenkaufkraft eine gute Sache. Aber die fordistische Strategie war vom Massenkonsum abhängig, und das bedeutete, dass ständig neue Wünsche und Bedürfnisse nach Konsum geschaffen werden mussten. *So wundert es nicht, dass seit den 20er Jahren in den Hollywoodfilmen ständig die neuesten Autos gefahren, in modernsten Möbeln gewohnt, in Marmor-Badezimmern gebadet, in perfekt ausgestatteten Küchen gekocht, schicke Kleider getragen und bei den schönsten Gelegenheiten geraucht und getrunken wurde. Das war nicht der »american way of life«, das war der Fordismus, der das wünschenswert machte.*

Erster »Wertewandel« der Moderne: erstmals Spaßgesellschaft

Mit dem neuen fordistischen Kapitalismus; der Erhöhung der Massenkaufkraft; der Propagierung neuer Konsuminteressen durch die zunehmende Werbung; mit der verbesserten Situation der Angestellten hing die Veränderung der Moral, der Wertvorstellungen zusammen. Das ist zum Beispiel an den Stories in Illustrierten ablesbar. Martin U. Martel und George J. McCall (1964) haben in den Stories von *American*, *Cosmopolitan*, *Ladies Home Journal* und *Saturday Evening Post* untersucht, wie sich in den 20er Jahren die Ideale änderten: *Werte wie Selbstkontrolle und Fleiß wurden ersetzt durch Werte wie Selbstverwirklichung und Vergnügen.* Martel und McCall untersuchten, wie stark die in den Illustrierten-Stories vorkommenden Personen zu verschiedenen Zeiten vergnügungsorientiert waren, sie nannten das »fun morality«.

Das Ergebnis in Kurzfassung: Die in den Illustrierten zitierten Frauen und Männer wollten in den 20er Jahren mehr Spaß haben als noch in den 1880er Jahren. Die Gleichheit der Geschlechter, die in den 1880er Jahren wenig Zustimmung gefunden hatte, wurde in den 20er Jahren voll befürwortet. Eine starke Abwertung erfuhr die »Ehe als Sakrament«.

In den Illustrierten verschwanden um 1920 die klassischen puritanischen Heldenfiguren wie der Tellerwäscher, der durch eigene Leistung zum Wirtschafts-Tycoon aufsteigt, zu Gunsten von Filmstars und Sportlern. Leo Löwenthal analysierte diese Veränderung anhand von Prominenten-Kurzbiographien in Illustrierten: »*Wir haben die Helden der Vergangenheit als ›Idole der Produktion‹ bezeichnet: wir fühlen uns berechtigt, die gegenwärtigen Zeitschriften-Helden als ›Idole des Konsums‹ zu bezeichnen.* Tatsächlich steht beinahe jeder von ihnen direkt oder indirekt mit der Freizeitgestaltung in Beziehung: entweder übt er keinen der Berufe aus, die die Grundbedürfnisse der Gesellschaft befriedigen (die Helden aus der Welt der Unterhaltung und des Sports), oder er stellt mehr oder weniger nur eine Karikatur eines gesellschaftlich produktiven Menschen dar. Wenn wir zu den 69 Personen aus der Welt der Unterhaltung und des Sports, die zehn Journalisten und Radioleute, das Fotomodell, den Erfinder von Sportgeräten, den Quacksalber, den Pferdewetter, die Erfinder von Spielereien, den Besitzer des Inselkurortes und den Besitzer der Kette von Restaurants hinzuzählen, dann sind 87 von den 490 unpolitischen Helden unmittelbar in und für die Welt der Konsumenten tätig.« (1944, S. 258; Kursivsetzg. zusätzl.)

Man sollte nicht davon ausgehen, dass dies – wie Soziologen es sich gern vorstellen – ein »Wertewandel« war. Er kam nicht aus der Luft. Er hatte etwas mit der neuen fordistischen Strategie zu tun: durchrationalisierte Produktion plus Anhebung des Massenkonsums. Allerdings sollte man auch nicht davon ausgehen, dass »der Fordismus die Menschen manipulierte«. Vergnügungsorientierte Moral und Idole des Konsums sind lediglich ein Indikator dafür, dass der Fordismus von einer Bevölkerungsmehrheit akzeptiert wurde.

Film-Oligopol

Kapitalintensive Machtmittel der Oligopolisten: Stars, Ausstattung, Kinoketten

Der amerikanische Filmmarkt – er interessiert uns, weil dort die mächtigsten Filmkonzerne agierten – hatte zwischen 1920 und 1935 die Struktur eines Oligopols. Als Oligopol bezeichnet man eine Marktform, in der nur wenige Anbieter konkurrieren. Aber gerade deshalb finden im Oligopol Konkurrenzkämpfe statt, denn es geht darum, den anderen Marktanteile abzuringen. Allerdings darf man nicht vergessen, dass das keine freie Konkurrenz ist, denn die wenigen großen Anbieter sind in der Lage, sich trotz ihres Konkurrenzkampfs gegen andere, kleinere Konkurrenten zusammenzuschließen und den Markt abzuschotten. Im Hintergrund eines Oligopols lauert stets ein Monopol.

Zunehmende Konkurrenz und wachsende Kosten führten in USA zu einem Prozess der Konzentration, bei dem sich Konzerne herausbildeten: Famous Players-Lasky, die später in der Paramount aufging; Loew's, später als Metro-Goldwyn-Mayer bekannt; Fox, die spätere Twentieth Century-Fox; Universal; Warner Bros. Das waren die Major Companies.

Die Konzerne kämpften gegeneinander, indem sie ihre Produktion modernisierten. Sie führten rationellere Produktionsmethoden ein; sie investierten viel Kapital in Ausstattungsfilme, aufwändige Dekoration, ferne Drehorte, viel Komparsen und hohe Star-Gagen. Mit steigendem Aufwand wurden die Filme länger, sechs Spulen, eine Stunde lang, oder mehr. Die Kosten pro Film multiplizierten sich. *Wer jetzt noch Filme machen wollte, brauchte viel Kapital.*

Vor allem Adolph Zukor, der Besitzer der Famous Players Company, investierte in Ausstattungsfilme mit Publikumslieblingen. Zusammen mit Jesse L. Lasky, Besitzer der Lasky Feature Play Company, gründete er 1914 die Firma *Famous Players-Lasky.* Zukor hatte in der Firma eine starke Position, denn er besaß noch eine weitere Firma: *Paramount,* einen Filmverleih, zu dem auch Kinoketten gehörten. Mit diesem Immobilienbesitz galt Zukor bei den Banken als kreditwürdig. So konnte er es sich leisten, die teuersten Stars einzukaufen. 1914 bekam er für 104.000 $ pro Jahr Amerikas Liebling Mary Pickford unter Vertrag (Conant, S. 21). Das war damals eine ungeheure Summe. Zwei Jahre später wurden der geschäftstüchtigen Pickford die Hälfte der Gewinne aus ihren Filmen garantiert, zusätzlich 10.000 $ pro

Woche als Minimum, plus 300.000 $ jährlich als Sonderzahlung, plus 150.000 $ als Zahlung an ihre Mutter, plus 40.000 $ fürs Drehbuchlesen vor Vertragsabschluss (Robertson 1993). Der 300 Pfund fette Komiker Fatty Arbuckle erhielt von Zukor einen Vertrag, der ihm innerhalb von drei Jahren 3 Mio. Dollar garantierte. Mit derartigen Gagen konnte Zukor drei Viertel der großen Stars unter Vertrag bekommen.

Die Stars zu gewinnen, erforderte zwar hohe Investitionen, brachte aber hohe und relativ sichere Profite: Pickford war eine Goldmine und brachte Zukor zwölfmal Rekord-Einnahmen. *Zugleich waren die Vertragsstars gegenüber den Kreditgebern Grundlage für eine längerfristige Finanzplanung. So wurden die 20er Jahre die erste große Zeit der Stars. Große Stars in teuren Ausstattungsfilmen, am besten Romanverfilmungen – das war die Formel, um Marktanteile zu gewinnen.*

Da die Fixkosten anstiegen, lag allmählich das Hauptgeschäft nicht mehr in der Herstellung und im Verleih, sondern in den Kino-Kasseneinnahmen. 1919 betrugen die Brutto-Einnahmen der amerikanischen Filmproduktions-Firmen 90 Mio. $, die der Kinos dagegen 800 Mio. $ (Mercillon, S. 15). Allmählich gingen die Banken dazu über, die höchsten Kredite dem Filmhersteller zu geben, dem die meisten Kinos gehörten, *und damit verstärkten sie die vertikale Konzentration.* Zukor begann ab 1919, zentral gelegene, luxuriös ausgestattete Erstaufführungskinos zu bauen. Damals waren die Stadtzentren elegant, mit großen Kaufhäusern, Luxusläden und Luxushotels. Deshalb hoffte Zukor, mit seinen Kinopalästen neue Käuferschichten anzusprechen. Sein Slogan: »Erlesene Filme für ein erlesenes Publikum«. Dann bot er unabhängigen Filmproduzenten eine Verleih- und Abspielgarantie an. Mit dieser Garantie konnten jene sich Kredite besorgen. Zukors Garantie war für viele Produzenten überlebensnotwendig, und dafür verlangte er 35% ihrer Netto-Einnahmen.

Die Kinos, die ihm nicht gehörten, aber seine attraktiven Filme zeigen wollten, konnte Zukor dazu zwingen, ihm zusätzlich zu den Kassenfüllern eine Menge minderwertige Filme abzunehmen. »Blockbuchen« nennt man dieses – illegale – Verfahren. 1927 war Zukor mit seiner Verleih- und Kinoketten-Firma Paramount so mächtig, dass er in der Produktions-Firma Famous Players-Lasky seinen Kompagnon Lasky entmachtete und Produktion, Verleih und Kinos zum *Paramount-Konzern* zusammenfasste.

Andere betrieben die vertikale Konzentration von der Kinoseite her: Schon 1917 gründeten 26 der größten Kinobesitzer die *First National* Exhibitors Circuit, eine Produktions- und Verleihfirma. Wie Zukor beschlossen sie, für Verleih- und Abspielgarantien von den unabhängigen Filmproduzenten zu kassieren. Sie errichteten ein großes Studio in Burbank, nordöstlich von Hollywood, das ihnen exklusiv attraktive Filme liefern sollte. Sie erwarben die Rechte an allen Chaplin-Filmen, außerdem wurde Chaplin verpflichtet, Filme für First National zu produzieren. Mit der Abwerbung bekannter Stars machte First National Zukor dessen Star-Power streitig. Aber First National bestand nur bis 1926, dann wurde sie von Zukor verschlungen.

Auch *Metro-Goldwyn-Mayer* entstand aus dem Interesse, über die Konzentration von Produktion, Verleih und Kinoketten eine Marktmacht aufzubauen: Der Kinoketten-Besitzer Marcus Loew brauchte Filme für seine Kinos und kaufte die drei kleineren Produktionsfirmen Metro; Goldwyn Company; und Louis B. Mayer Pictures. Aus ihnen machte er 1924 Metro-Goldwyn-Mayer (MGM). Louis B. Mayer wurde Studio-Boss. Samuel Goldwyn wurde aus der Firma hinausgedrängt. MGM machte den brüllenden Löwen zu seinem Markenzeichen. Der Löwe wies darauf hin, dass alles Loew gehörte.

Mitte der 20er Jahre verteilten sich die größten Marktanteile auf dem Verleihmarkt auf Paramount (12%), Universal (12%), Fox (11%), Metro-Goldwyn-Mayer (11,5%) und First National (7%) (Conant, S. 23).

Chaplins Kampf mit den Major Companies

Das Problem der Bosse der Major Companies waren die Forderungen ihrer Stars nach Höchstgagen und künstlerischer Autonomie. Viele Stars hatten eigene Gestaltungsinteressen, die Erfolgreichsten machten sich selbständig. Charlie Chaplin galt als Präzedenzfall. Er hatte die Charles Chaplin Film Co. gegründet und sich sein eigenes Studio gebaut. Er war bei seinen Produktionen unabhängig. Sein Vertrag von 1917 mit First National ermöglichte es ihm, die Filme, die er First National zu liefern hatte, selbst zu produzieren. Darüber hinaus war er ein geschickter Verhandlungspartner, der Höchstgagen verlangte und damit die Preise verdarb. Bei First National handelte er einen Vertrag aus, der ihn zur Hälfte am Nettogewinn seiner Filme beteiligte: Chaplin verpflichtete sich, acht Filme pro Jahr zu drehen. Für jeden fertigen Film bekam er 125.000 $ Vorschuss, von dem er auch die Gagen seiner Schauspieler zahlen musste. Bei Filmen, die länger als zwei Rollen waren, erhielt er für jede weitere Rolle zusätzlich 15.000 $ Vorschuss. Die Kosten für Kopien und Werbung wurden von First National getragen. Die Rechte an den Filmen gingen nach fünf Jahren auf Chaplin über. Sein Film *The Kid* (1919) wurde nach Griffiths *Birth of a Nation* der zweitgrößte kommerzielle Erfolg der Stummfilmzeit.

Chaplin leistete sich optimale Arbeitsbedingungen: endlose Wiederholungen ein und derselben Szene, endlose Produktionszeiten, und wenn ihm nichts einfiel, ließ er bei voller Bezahlung alle Techniker, Kamerateams, Komparsen und Schauspieler warten, manchmal monatelang. Er entwickelte die Handlung erst bei den Dreharbeiten, um so eine möglichst klare Logik des Handlungsablaufs zu erreichen. Perfektionistisch wie er war, wollte Chaplin das gesamte Rohmaterial für *Shoulder Arms* (1918), seinen Antikriegsfilm, in den Mülleimer werfen. Nur weil sein Freund Douglas Fairbanks protestierte, wurde der Film von Chaplin der First National zur Auswertung übergeben.

Wenn jeder so handeln würde, was würde dann aus dem Geschäft? Also entschieden die Bosse, zu verhindern, dass noch mehr Stars unabhängig werden konnten. Sie planten, sich zu einem Dachverband zusammenzuschließen. Chaplin bekam das zu spüren: *Shoulder Arms* hatte wegen besonders aufwändiger Dreharbeiten mehr gekostet als im Vertrag vorgesehen. Chaplin forderte als Ausgleich für seine Extrakosten 10.000 bis 15.000 $ nach. Das war nicht besonders viel. Chaplin war sicher, dass dieser Betrag bewilligt würde. First National lehnte jedoch ab. Das machte Chaplin hellhörig. Er entwickelte eine Gegenstrategie. *Er gründete, zusammen mit Fairbanks,*

Pickford und Star-Regisseur Griffith, im April 1919 eine gemeinsame Produktions- und Vertriebsgesellschaft, United Artists – Star-Power zu Beginn der 20er Jahre.

Neues Interesse an flapper girls und sensiblen Männern: die »business class«, das Publikum der Zwanziger Jahre

Jetzt stellte sich das »erlesene Publikum« ein, das Adolph Zukor mit seinen Luxus-Erstaufführungskinos anlocken wollte. Das war nichts mehr für die Arbeiter. *Das typische Kino-Publikum der 20er Jahre kam aus der Mittelschicht.*

Empirische Publikumsstudien gab es noch nicht. Aber es entstanden erste ethnografische Gemeindestudien, z.B. 1925 Robert S. und Helen M. Lynds *Middletown.* In der durchschnittlichen Stadt Muncie, Indiana, mit neun Kinos, *gingen Angehörige der »business class«, d.h. Geschäftsleute und Angestellte, bereits häufiger ins Kino als die »working class«.* Die Lynds unternahmen 1935 eine zweite Studie. Jetzt hatte Muncie im Zentrum ein prächtiges Kino mit »big city«-Atmosphäre. Es wurde von der business class besucht. Von den früher neun Kinos waren sechs übriggeblieben, darunter drei »second run«-Kinos, in denen ältere Filme liefen, das waren die Kinos für Arbeiter. (Lynd und Lynd 1929; 1937)

Das neue Kinopublikum bestand aus den Yuppies der Zwanziger Jahre. Aufwärtsmobil, mit guter Allgemeinbildung, erwartete es von den Filmhelden Beweglichkeit und Flexibilität statt altväterliche Moral. Es wollte moderne Frauen sehen, die den Männern auf der Nase herumtanzen. Die Zeiten hatten sich geändert: Seit 1920 hatten die Frauen in USA das Wahlrecht, in Deutschland seit 1918. 1923 führte Colleen Moore in *Flaming Youth* die Bubikopf-Frisur ein, diese »männliche« Frisur war damals eine Provokation. Zwei Jahre später trugen die modernen Frauen in aller Welt den Bubikopf. *Es war das »flapper girl«, das bei den Zuschauerinnen und Zuschauern ankam: das sportliche, tanzfreudige Mädchen, das sich in Verhalten und Kleidung über die Konventionen hinwegsetzt und sich überall zurechtfindet.* Sie ist nicht von den Männern abhängig, aber trotzdem so clever, sich einen reichen Mann zu angeln. Colleen Moore, Clara Bow, Louise Brooks, Gloria Swanson, Marion Davies und Joan Crawford verkörperten diese Frauen voller Energie und Witz.

Von den Frauen wurde kein anderer Schauspieler der Stummfilmzeit so geliebt wie Rudolph Valentino – und so gehasst von den Männern. Valentino spielte den sensiblen, erfahrenen Liebhaber mit einer Mischung aus Leidenschaft und Melancholie. Er liebte in seinen Filmen unabhängige, mutige Frauen, denen er ein Partner war. *Das lag daran, dass eine Frau, June Mathis, die Drehbücher schrieb.* Der Film *The Four Horsemen of the Apocalypse* (1921) wurde ein immenser Kassenerfolg und machte Valentino zum Superstar. Im gleichen Jahr drehte er *The Sheik* (1921), das Drehbuch schrieb wieder June Mathis. Auch dieser Film wurde ein Riesenerfolg. Die arabischen Filmkostüme wurden allgemein Mode.

Man sagt, Valentinos Erfolg beruhte darauf, dass er der Star war, den Frauen geschaffen hatten. Männliche Kritiker verspotteten ihn als Bubi und unmännliche Puderquaste. Als er 1926 mit 31 Jahren überraschend starb, folgten Hunderttausende weinender Frauen seinem Sarg.

Zensur (Fortsetzung): Verbände fordern die Zensur, Oligopolisten kooperieren

Kirchen und konservative Frauenverbände hatten 1919 die Prohibition durchgesetzt. Das nächste Angriffsziel der Konservativen war die angebliche Unmoral Hollywoods, *sie drohten mit Boykotten. Außerdem bestand die Gefahr, dass bundesweit restriktive Gesetze erlassen würden. Die auf breite Akzeptanz ihrer teuren Filme angewiesenen Oligopolisten reagierten mit größter Empfindlichkeit. Obwohl im Konkurrenzkampf, bildeten die Großfirmen 1922 ihren Dachverband,* die Motion Picture Producers and Distributors of America (MPPDA). Präsident wurde der ehemalige Postminister Will H. Hays. Hays listete alles Unerwünschte, »Unmoralische« auf. Seine Regeln für Produzenten wurden von der Federal Trade Commission offiziell abgesegnet. Vieles war unerwünscht, zum Beispiel sollten die Worte »God«, »Lord«, »Jesus«, »Christ« nur in Ehrerbietung und bei religiösen Zeremonien benutzt werden. Worte wie »hell«, »damn«, und jeder andere vulgäre und respektlose Ausdruck sollten unterbleiben. Unerwünscht war »jede anzügliche und unanständige Nacktheit, sei es in offener Darstellung oder lediglich durch Zeigen der Schattenbilder, oder jede schmutzige, anzügliche Bemerkung darüber.« Unerwünscht waren »ausgedehnte oder wollüstige Kuss-Szenen, besonders dann, wenn einer der Darsteller ein prominenter Filmstar ist.« (Inglis, S. 192f.)

Die vielen Code-Regeln wurden nur halbherzig befolgt, sonst wären die Filme zu langweilig geworden. Die Publikumsverbände verstärkten ihre Boykottdrohungen.

Instrument der Werbung und Propaganda: erstmals Radio

Monopol der Elektrokonzerne

Der Erste, der drahtlos Sprache und Musik sendete, war 1906 Reginald Fessenden in Massachussets. Er las aus der Bibel vor, spielte Geige und legte Schallplatten auf, zur Überraschung der an Morsesignale gewöhnten Funker auf den Schiffen. Er nannte das »radio telephone« und »radiophone«, abgekürzt »radio«. *Seine Patente wurden von Westinghouse Electric aufgekauft,* einer Fabrik für elektrische Apparate sowie Lampen und Glühbirnen, die während des ersten Weltkriegs auf Radio-Röhren umstieg. Heute ist das einer der größten Elektrokonzerne der Welt.

1907 begann Lee deForest, Angestellter bei der Elektrofirma Western Electric, in New York Versuchssendungen mit Radio-Röhren. Auch das waren nur Experimente. *Seine Patente wurden von AT&T (American Telephone and Telegraph Company) aufgekauft.* Heute ist das der größte Telefon- und einer der größten Medienkonzerne der Welt.

1912 wurde der Funk in USA dem Handelsministerium unterstellt. 1917, mit Kriegseintritt der USA, wurden alle Sender der Marine untergeordnet. Gegen diese Verstaatlichung bildete sich Widerstand, angeführt vom Elektrokonzern General Electric (GE). *GE forderte die Vergabe der Funk-Lizenzen an ein kommerzielles Unternehmen, dessen Aktienmehrheit von GE und AT&T gehalten werden sollten – also ein staatlich sanktioniertes Radio-Monopol beider Konzerne. Es kam 1919 mit der Gründung des Radio-Elektrokonzerns Radio Corporation of America (RCA) zustande.* Mit Unterstützung von Regierung und Militär wurde der Nichtamerikaner Marconi – Erfinder der drahtlosen Morsetelegrafie und damit wichtigster Patente-Inhaber – gezwungen, seine amerikanische Firma an RCA zu verkaufen. Auch die Konkurrenz Westinghouse Electric trat RCA bei, nachdem sie 1920 in Pittsburgh den ersten öffentlichen Radiosender eröffnet hatte.

Jetzt kam das Radio in Schwung, allerdings erst bei Funk-Amateuren und Bastlern, die in viele Clubs zusammengeschlossen waren, es war das modernste Hobby der Zeit. Auf dem Markt gab es noch keine Radioapparate. Aber bei RCA forcierte ein junger Mitarbeiter, David Sarnoff, die Produktion von »Radio Music Boxes«. Der Radioapparate-Verkauf lief ab 1921 gut an, und Sarnoff stieg zum obersten Manager von RCA auf.

Radio-Werbung, Radio-Networks

Ab 1922 wurde das Radio populär. Gesendet wurde vor allem Musik und Comedy. *WEAF, gegründet 1922, war die erste Sendestation, die über den Verkauf von Werbezeiten finanziert wurde. Sie gehörte AT&T.* Schon damals mochte das Publikum die Werbung nicht. Deshalb ging WEAF 1923 dazu über, seine von der Happiness Candy Company bezahlte Comedy-Radioshow mit zwei Komikern als *Die Happiness Boys* zu verkaufen und damit Schleichwerbung zu machen. (Smullyan, S. 93 ff.)

1923 wurde die National Association of Broadcasters gegründet, ein Dachverband, dem es um die Vertretung gemeinsamer Interessen beim Streit um die Struktur des amerikanischen Radiosystems ging. Er endete im Radiogesetz von 1927, in der Festschreibung des kommerziellen Systems.

Der Aufbau von Sendernetzen begann. 1925 hatte AT&T bereits 26 Sendestationen und verdiente 750.000 $ mit dem Verkauf von Werbezeiten.

Aus Interesse an Werbung wurde 1925 auch die berühmte Sendung *Grand Old Opry* eingeführt: Die Versicherungsgesellschaft National Life and Accident Insurance wollte der Landbevölkerung Versicherungen verkaufen und gründete deshalb in Nashville, Tennessee die Radiostation WSM (We Shield Millions; Wir beschützen Millionen Menschen). Ihr Countrymusik-Programm, in dem viel über Alltagsprobleme gesungen wurde, war hochbeliebt, nicht nur bei der Landbevölkerung, sondern auch bei den Städtern, die sich nach der guten alten Zeit sehnten. Ab 1928 verkaufte WSM Werbezeiten. (Smullyan, S. 30ff.)

Jetzt entstanden die Networks, wie wir sie heute kennen. 1926 gründete der Radio-Elektrokonzern RCA – er gehörte General Electric, AT&T und Westinghouse Electric – das erste kommerzielle Radio-Network: NBC (National Broadcasting Company). NBC übernahm für eine Million Dollar das Kabel- und Sendernetz von AT&T. NBC versorgte nicht nur eigene Sender-Stationen mit Programmen, sondern kaufte auch Sendezeit bei vertraglich assoziierten Sender-Stationen, um so überregional senden zu können. Umgekehrt kassierte NBC bei den Stationen für NBC-Sendungen ohne nationale Werbung, in denen die Stationen lokale Werbung unterbringen konnten.

Das Radiogesetz von 1927 regelte die Vergabe von Radio-Sendelizenzen. Der Kongress richtete eine Aufsichtsbehörde ein, die Federal Radio Commission. Sie soll-

te die Lizenzvergabe überwachen und die Monopolisierung des Radios verhindern. Das brachte die RCA in Bedrängnis, die alle Radiopatente besaß und Konkurrenten ausschalten konnte. Tatsächlich verklagte das Justizministerium 1930 die beteiligten Firmen wegen der Bildung eines Patentmonopols. Um eine Verurteilung abzuwenden, zogen sich General Electric und Westinghouse 1932 von RCA und NBC zurück.

1927 wurde ein weiteres Radio-Network gegründet, mit finanzieller Hilfe der Schallplattenfirma Columbia Records. 1928 kaufte William S. Paley, Sohn eines Zigaretten- und Zigarrenfabrikanten, die Aktienmehrheit. Er nannte das Network CBS, Columbia Broadcasting System, und er schuf CBS eine Kapitalbasis, indem er 49% der Aktien an den Filmkonzern Paramount verkaufte.

Jetzt interessierten sich die großen Unternehmen, die ihre Markenartikel verkaufen wollten, für das Radio. Die Zahl der von Werbung-Auftraggebern bezahlten Programme nahm ab 1928 zu. Geworben wurde für Zahnpasta, Kosmetika, Reifen, Zigaretten, Suppen etc. Manche Werbung-Auftraggeber richteten Radio-Produktionsabteilungen in ihren eigenen Werbe-Departments ein. Vehikel der Werbung waren Musiksendungen, Übertragungen von Konzerten, vor allem aus Hotels und Clubs und Studioauftritten. *Ende der 20er Jahre war das Radio ein Massenmedium, die Hälfte der amerikanischen Haushalte hatte ein Radio.*

Siegeszug der Schallplatte

Nach 1920 waren die Schallplatten, nicht mehr die Notenblätter, das Hauptmedium zur Vermarktung von Musik. Zugleich verlagerte sich die Marktmacht von den Musikverlagen auf die Schallplattenhersteller. 1921 betrug der Schallplattenumsatz in USA bereits 106,5 Mio. $, davon nahm Victor 55 Mio. $ ein, Edison 26 Mio. $ und den Rest Columbia und 200 weitere Firmen.

Die Plattenhersteller kooperierten von Anfang an mit dem Radio. 1924 begann der Plattenhersteller Brunswick-Balke-Collender, Platten von Radio-Stars herauszubringen und zugleich Radiosendungen mit den Stars der Firma zu produzieren. 1925 bot der Plattenhersteller Victor dem Telefonkonzern AT&T, damals noch Inhaber von Sender-Stationen, ein Arrangement an: Victor produzierte die Musiksendung *World's Greatest Music*, mit Victor-Stars und bot sie AT&T kostenlos an, so hatte AT&T Sendematerial und Victor ein Werbemedium.

Film, Radio, Schallplatte brachten in den 20er Jahren das Ende der Music Halls und Variétés. Es entstanden aber auch neue Theater, die Revuen anboten, die Vorformen heutiger Musicals. Und es entstanden neue Tanzpaläste, in denen die Leute begeistert Charleston tanzen.

Nachdem Ende der 20er Jahre der Tonfilm entstanden war, gingen die Musikverlage in den Besitz der Film- und Radioindustrie über. Die Schallplatten-Marktführer Brunswick und Victor wurden in den 30er Jahren von Warner Bros. und RCA aufgekauft.

Rechtsgerichteter Beamtenfunk: Radio in Deutschland

In Deutschland wurde 1920 die erste Radio-Probesendung vom Reichspostministerium organisiert. Von einer Funkstelle in Königs-Wusterhausen wurden Zeitungstexte verlesen, Schallplatten gespielt, Postbeamte gaben ein Konzert. 1921 wurde *Madame Butterfly* live aus der Berliner Staatsoper übertragen. Die ersten regelmäßigen Sendungen fanden 1923 in Berlin statt, von der Firma Radio-Stunde, die der Vox-Schallplatten- und Sprechmaschinen AG gehörte. Der Vox-Konzern verkaufte Radioapparate und Schallplatten, für die in den Sendungen und auch in der eigenen Programmzeitschrift Reklame gemacht wurde (Riedel, S. 22). Die Radio-Stunde änderte 1924 ihren Namen, dem Reichspostministerium war das undeutsche Wort »Radio« unerwünscht. Künftig hieß die Firma »Funk-Stunde« und das Radio »Hörfunk« oder »Rundfunk«.

1924 wurden Radioanstalten in Leipzig, München, Frankfurt, Stuttgart, Breslau, Königsberg und Köln gegründet. 1926 kam die Deutsche Welle dazu, als Zentralsender mit ganz Deutschland als Sendegebiet. *Die Radiofirmen waren Aktiengesellschaften, Aktieninhaber waren Banken, Industrie- und Handelsunternehmen. Aber anders als in USA besaßen nicht sie die Macht, sondern die Deutsche Reichspost.* Sie erzwang 1925 als Dachorganisation die Reichs-Rundfunkgesellschaft: Ihr mussten die Radio-Firmen die Majorität ihrer Anteile übertragen, und dies kostenlos. Geleitet wurde die Reichs-Rundfunkgesellschaft von dem nationalkonservativen Staatskommissar Hans Bredow. Die Reichs-Rundfunkgesellschaft wiederum musste 51% der in ihrem Besitz befindlichen Anteile kostenlos der Reichspost übertragen. *So entstand ein Staatsrundfunk, ein Radio der rechtsgerichteten Beamtenschaft.*

Anders als in USA zog die Post in Deutschland von Anfang an Gebühren ein. Sie waren extrem hoch: 1923 musste eine Genehmigungsgebühr von 25 Mark bezahlt werden, 1924 sogar von 60 Mark. Ein kleiner Angestellter verdiente 160 Mark im Monat. Aber mehr als 60% der Arbeiter und Angestellten waren arbeitslos oder auf Kurzarbeit gesetzt. Außerdem waren die Radioapparate extrem teuer: Ein einfaches Gerät kostete 70 Mark, ein optimales 400-500 Mark (Dahl, S. 50f.). Im Dezember 1923 gab es erst knapp 500 zahlende Teilnehmer, wenn auch eine Menge Schwarzhörer, Radio-Amateure, die ihre Radios selbst bastelten und meist mit Kopfhörern zuhörten, Lautsprecher waren zu teuer.

Ab April 1924 entfiel die Genehmigungsgebühr, es mussten monatlich 2 Mark bezahlt werden. Ende 1924 gab es rund 500.000 angemeldete Radiohörer. 1925 wurden auch die Apparate billiger: Ein einfaches Gerät kostete etwa 20 Mark, ein sehr gutes etwa 200-300 Mark. Ende 1925 gab es eine Million angemeldete Radiohörer und Ende 1927 rund zwei Millionen. Unter den Radiohörern waren Beamte und Angestellte überrepräsentiert, während Arbeiter, die 43% der Bevölkerung ausmachten, nur 26% der Hörer stellten (Riedel, S. 61).

Und wieder einmal in Deutschland: »Überparteilichkeit«

Im obrigkeitsstaatlichen Beamtenfunk gab es, außer der Bekanntgabe von Lebensmittelpreisen und einer Presseschau, kaum Nachrichtensendungen, sondern nur Musik, Morgengymnastik, Dramen und Hörspiele (Lerg, S. 149f., 250f., 394ff.). *Staat-*

liche Zensurausschüsse sorgten für den angeblich unpolitischen, in Wirklichkeit aber immer rechts orientierten Charakter der Sendungen, was dann »strenge Überparteilichkeit« genannt wurde. Der Publizistikwissenschaftler Winfried B. Lerg schreibt hierzu: »Das zweifelhafte Neutralitätsverständnis, das die Gründer des Weimarer Rundfunks dem Medium mitgegeben hatten, beeinträchtigte nicht nur die rundfunkpublizistische Wahrnehmung politischer Ereignisse während der Wahlkämpfe. Auch Wahlsendungen der Parteien, wie sie heute selbstverständlich sind, durften – von anfänglichen Ausnahmen abgesehen – bis 1932 im Rundfunk nicht stattfinden. *Über die Kandidaten für die Wahlen zum Reichspräsidentenamt, über die Parteien und ihre Kandidaten bei den Reichstags- und Landtagswahlen konnte die Hörerschaft des ersten Rundfunkjahrzehnts nur Zufälliges erfahren.*« (S. 386; Kursivsetzg. zusätzl.)

Auf diesem Hintergrund ist Brechts Forderung Ende der 20er Jahre zu verstehen, aus dem Radio einen Kommunikationsapparat aller zu machen. Diese Forderung war nicht als harmloses interaktives Spiel gemeint, Brechts Forderung richtete sich gegen den rechtsgerichteten, obrigkeitsstaatlichen Beamtenfunk: Jeder, *der dazu professionell in der Lage war,* sollte senden dürfen. (Brecht 1927-1932)

Luxuriöse Experimente beim Film

Die kurze Freiheit der Luxus-Regisseure

Was das neue Mittelschichtpublikum im Kino sehen wollte, wusste in den 20er Jahren niemand genau. Die Bildende Kunst befand sich in einem epochalen Umbruch, durch die Konkurrenz der Fotografie hatte sich die Malerei verändert, war zunehmend abstrakt geworden (Kubismus, Expressionismus etc.). Die Entwicklungen der Kunst erregten die Allgemeinheit, also durften die erfolgreichen Regisseure viel ausprobieren, es war für sie die Zeit großer künstlerischer Freiheit. Vor allem deutsche Regisseure trieben in Hollywood einen gewaltigen Aufwand. Sie hatten ihre Filme mit expressionistischen Pappkulissen und bizarren Kamerapositionen zum Exportschlager gemacht (Kracauer 1947). In Hollywood nannte man das den »Teutonen-Stil«. Man mochte diese Regisseure nicht, traute ihnen aber Publikumserfolge zu und ließ sie viel Geld ausgeben.

Ein Beispiel hierfür war Josef von Sternberg, der sich das adlige »von« selbst verliehen hatte. Er war der Entdecker Marlene Dietrichs, der Lola in seinem *Blauen Engel* (1930, UFA). Sternberg bot in seinen Filmen Prunk, erlesene Dekorationen und Kostüme. Die Fotografie war die beste Hollywoods: helle Grautöne, dramatisches Helldunkel. Sternbergs Vorstellungen vom Filmemachen wichen von der in Hollywood üblichen Praxis ab: Die Beleuchter, Maskenbildner und Kameramänner waren darauf spezialisiert, jede Einstellung so zu drehen, dass die Stars vorteilhaft aussahen, aber sie waren nicht in der Lage, Bilder mit Raumtiefe und Nuancen zu ermöglichen. Sternberg kämpfte erfolgreich gegen flache Beleuchtung, gegen maskenhaftes Makeup, das den Gesichtern keine Tiefe ließ, gegen bedeutungslose Papp-Kulissen. Licht und Schatten – beim Schwarzweißfilm wichtige Gestaltungselemente

– wurden bei ihm zum Teil der Handlung. Sternberg war ein Künstler, der seine Filme malte. Er liebte es, Gesichter hinter Schleiern, Nebel, Rauch aufzunehmen. Zwischen 1927 und 1935, als er sechs Filme mit Marlene Dietrich drehte, lag Hollywood dem Künstler zu Füßen. Dann wurde er den Konzernen zu teuer und bekam keine Aufträge mehr.

Macht der Banken, entmachtete Regisseure, Fordismus / Taylorismus jetzt auch beim Film: zentrales Produktionssystem mit Produzenten-Macht

Die luxuriösen Freiheiten der Regisseure führten nicht zu Kassenerfolgen. *Mitte der 20er Jahre begannen die Banken, das Filmgeschäft auf Effektivität zu kontrollieren.* Der Filmstar Louise Brooks, Kennerin der Filmindustrie, schreibt: »Bis zu diesem Zeitpunkt sich bescheiden zu einer Politik des Nichteingreifens bekennend, hatten die Bankiers die Bemühungen der Filmproduktions-Firmen finanziert, die 20.500 Filmtheater des Landes aufzukaufen, und sie ermutigt, 250 Mio. $ im Jahr für den Bau neuer Kinos auszugeben. Nun aber saßen die Bankiers in den Aufsichtsräten und gaben den Produzenten Befehle.« (1986, S. 112; Übersetzg. bearb.).

Deshalb wurde eine neue Produktionsweise eingeführt: von den Managements eingesetzte »producer-supervisors«, Produzenten als Überwacher der Regisseure hatten nun das Sagen. Die Supervisors waren Fachleute für »Wissenschaftliche Betriebsführung« im Sinne des Taylorismus. Sie verlangten Drehbücher, die Szene für Szene die Handlung detailliert darstellen. Die Drehbücher wurden zur Grundlage einer exakten Kosten-Kalkulation, jeder im Drehbuch festgelegte Take wurde nummeriert, wurde zur Planungseinheit. Für jede Szene wurden Kostenschätzungen erstellt, auch für jedes Detail der Ausstattungen, für jede Tür, jedes Treppengeländer. Das Drehbuch wurde in ein »location book«, ein »Drehort-Buch« umgesetzt, in dem die Drehorte nicht mehr nach dem Ablauf der Filmhandlung, sondern nach Kostenaufwand geplant wurden. Die Drehbücher enthielten genaue technische Instruktionen über Spezialeffekte und Lichtführung und Hinweise für den Cutter. Das neue System entmachtete die künstlerisch interessierten Regisseure. Es brachte für jene Regisseure Vorteile, denen nicht an der künstlerischen Gesamtkonzeption gelegen war. Sie konnten sich auf die Schauspieler und das Aufnahmeteam konzentrieren. *Die Folge des neuen Produktionssystems war eine zentral gesteuerte Bürokratie: Wall Street herrschte über Hollywood.*

Die Befehlsgewalt über die Produktion lag jetzt beim Management, oder, wie Organisations-Soziologen sagen würden, die »Verwaltungsautorität« hatte Macht gewonnen über die »Fachautorität« der Künstler. Wegen dieses Aufbaus nennt Janet Staiger diese neue Produktions-Struktur das »central producer system«, »zentrales Produktionssystem mit Produzenten-Macht«. (S. 128ff.). Sie datiert es von 1914-1931. Das ist richtig, doch setzte es sich erst Mitte der 20er Jahre durch.

Die Herstellung wurde effektiver, schneller – aber natürlich förderte diese neue Arbeitsweise eher die Star-Filme, die sicheren Erfolgsrezepte, die Genrefilme, oder, wie man sagte, die formula pictures, heute würde man sagen: die Formatierung.

Inszenierung eines göttlichen Stars: Garbo

Ein Star-Image zu entwerfen, ist eine Kunst. Das ist etwas anderes als einen Typ zu verkörpern, wie das Mary Pickford als »Amerikas Liebling« oder Chaplin als »Charlie der Tramp« machten. *Ein »Image« ist nichts Böses, es ergibt sich durch die Herstellung einer emotionalen Vorstellung, die wir von einer Ware oder einem Menschen haben sollen. Das Image eines Stars schaffen, heißt, bei den Zuschauern ein unverwechselbares Gefühl gegenüber dem Star zu wecken. Die Kunst des Image-Machens besteht darin, Merkmale zu finden, die unverwechselbar sind, aber trotzdem attraktiv und zeitgemäß.*

Der Entwurf eines Image hat nur Erfolg, wenn alle Spezialisten zusammenarbeiten: Star, Regisseur, Kameramann, PR-Abteilung. Bei MGM begann man 1925, das neue Bild der Frau an einer 20jährigen Schauspielerin auszuprobieren, die der aus Schweden kommende Star-Regiseur Mauritz Stiller mitgebracht hatte: Greta Gutafson, genannt Greta Garbo. (Gronowicz 1993). MGM-Chef Mayer wollte sie zuerst gar nicht unter Vertrag nehmen: »Die amerikanischen Männer mögen keine dicken Frauen«, sagte er über Greta Garbo.

Die Publicity-Abteilung nahm sich ihrer an. Es gibt Probefotos von 1925, auf denen Greta Garbo im Dirndl die Unschuld aus dem alten Europa mimt. Das war zu altmodisch. Auf anderen Fotos blickt sie verrucht wie ein Vamp. Aber der klassische »Vamp«, die böse Frau, die blutsaugerisch wie ein Vampir – deshalb »Vamp« – die Männer ruiniert, war angesichts der neuen, selbständigen Frauengeneration lächerlich geworden. Man überlegte, ob man Greta Garbo dem Publikum als sportlichen Typ nahebringen konnte und fotografierte sie als Sportlerin. Die sportliche, berufstätige Frau lag im Trend. Doch dafür gab es härtere, dynamischere Gesichter.

Schließlich entstand das Bild der Garbo als einer sinnlich-sensiblen Problemfrau. Einer Frau, deren Sinnlichkeit den Männern Probleme bereitet, aber sie ist nicht absichtsvoll hinterhältig wie der klassische Vamp. Sie scheint schuldlos an den Problemen, die ihre Sinnlichkeit erzeugt.

Mit den Regisseuren Mauritz Stiller und Fred Niblo drehte Garbo ihren zweiten Hollywood-Film, *The Temptress* (1926). Darin fand sie ihren typischen Stil. Der Filmwissenschaftler Alexander Walker beschreibt ihn so, und man merkt seine Begeisterung: »[Der Film] beginnt mit dem vornehmen Maskenball und zeigt die Garbo in dramatischer Folge als unglücklich verheiratete Frau, die ihren letzten Liebhaber verächtlich abweist und dann wie ein weißes Ausrufungszeichen durch das Meer der Zecher flieht. Ihr schlanker, hoch aufgeschossener Körper und die raschen Bewegungen ihrer Beine erfüllen ihre Flucht mit einer Spannung, die die erregende Wirkung noch erhöht. [...] Und dann ist man beeindruckt von einem seltsamen Gesichtsausdruck – einem müden, angestrengten Zug in ihrem bleichen Gesicht, über dem sie eine weiße Halbmaske trägt. Bei jeder anderen Schauspielerin würde eine solche Miene der Ermattung den Anschein von Schlaffheit erwecken. Bei der Garbo jedoch ist es eine sehnsüchtig erwartungsvolle Spannung, die sich dramatisch gegen die Verzweiflung einer Frau abhebt, deren Unglück es ist, dass alle Männer, denen sie begegnet, in Liebe zu ihr entbrennen, manche ihr sogar schicksalhaft verfallen, während sie in hoffnungslos nymphomanischer Zwanghaftigkeit darauf reagiert.

Sie umschlingt Moreno [ihren Liebhaber]. [...] Hier erscheint erstmals der berühmte Garbo-Griff der begehrenden Frau, die als erste den Arm ausstreckt. Für sie war die Liebe von Anfang an immer intensiv, wenn auch nicht immer unbedingt eine verzehrende Leidenschaft. Sie überrascht uns, wenn sie plötzlich einen leichten Schauer von Küssen regentropfengleich auf Morenos Wangen haucht. Ihm mit der Hand die Sicht verdeckend, drückt sie ihm einen längeren Kuss auf die Lippen, dann ist sie auf und davon – fliegt phosphoreszierend durch sich prismatisch zerplitternde Mondlichtflecken im Wald.« (S. 46ff.).

Zur Inszenierung des Image der Garbo als einer sensiblen Göttlichen trug die Arbeit des Kameramanns William Daniels bei. Kameramänner sind auch für die Ausleuchtung der Szene verantwortlich, dabei helfen ihnen Beleuchter, aber der Kameramann inszeniert das Licht. Daniels leuchtete Garbos Gesicht voll aus, so dass es von innen her zu leuchten schien, und mittels eines Gegenlichts ließ er um ihren Kopf eine Licht-Aura erscheinen.

Um eine Aura von »Göttlichkeit« aufzubauen, brauchte man auch einen PR-Mann. Das war Harry Eddington. Er strich ihren Vornamen. Aus Greta Garbo wurde »Die Garbo«. *Ein Markenzeichen war entstanden.* Außerdem erklärte er Greta Garbo zur »Unnahbaren«, sie durfte nur ganz selten Interviews geben. Sie wurde die »Geheimnisvolle Fremde«, die »Schwedische Sphinx«. Damit löste er das Problem, dass sich Greta Garbo Presseleuten gegenüber sehr ungeschickt verhielt. Wenn man sie reden ließ, bestand höchste Gefahr, dass sie ihr Image ruinierte. So sagte sie nach dem Film *The Temptress*: »Ich möchte keine alberne Verführerin sein. Ich kann keinen Sinn darin sehen, mich herauszuputzen und weiter nichts zu tun, als im Film die Männer zu verführen.« Bei MGM ging man auf diese Klage nicht ein, sondern drohte, man werde dafür sorgen, dass ihre Aufenthaltsgenehmigung für die USA nicht verlängert wird, falls sie nicht den Mund hält.

Die Radio, Telefon- und Elektrokonzerne greifen nach dem Film: Anfänge des Tonfilms

Um die Kosten pro Film zu senken, begannen die Konzerne, Filme in Massen zu produzieren. Immer mehr vom Gleichen war die Devise. Dies führte zu einem Überangebot. *Nach zu vielen standardisierten Filmen ließ das Publikumsinteresse nach. Die Kasseneinnahmen sanken Mitte der 20er Jahre so sehr, dass der Zusammenbruch der gesamten Filmindustrie drohte.*

Vor allem die Brüder Harry, Jack, Sam und Albert Warner, Besitzer der Firma Warner Bros., hatten den Ruin vor Augen. In dieser Situation der Verzweiflung sprachen Leute von der Bell Telephone Company vor und boten wieder einmal ihr Tonfilm-System »Vitaphone« an. Bei diesem System wurde der Ton auf Schallplatten aufgenommen, synchron zum Bild. Die Bell Telephone Company hatte es schon oft und überall angeboten, aber niemand hatte sich für den Tonfilm interessiert, denn die Kosten einer Umstellung waren zu hoch.

In einem oligopolistischen Markt ist immer einer der Schwächste, in einer Situation, in der er entweder untergeht oder kämpfen, Neues wagen muss. Den Ruin vor Augen, unterschrieben die Warners 1926 einen Tonfilm-Exklusivvertrag mit Bell Telephone. Das kostete sie 800.000 $ für eine Ein-Jahres-Lizenz.

Bell Telephone gehörte AT&T, und AT&T war zugleich Besitzer des Elektrokonzerns Western Electric. Deshalb schloss Warner Bros. auch mit Western Electric einen Vertrag: Western Electric stellte die Vitaphone-Tonfilm-Aufnahmeapparate und Wiedergabegeräte her. Warner Bros. produzierte die Tonfilme für diese Apparate und bekam dafür Prozente für jedes verkaufte Tonfilmgerät. Dann rafften die Warner-Brüder ihr letztes Geld zusammen und stellten eilig einige Tonfilme her. Sie kamen beim Publikum nicht besonders an, denn dass Musikuntermalung direkt mit dem Film gekoppelt war, statt dass ein Angestellter des Kinos Schallplatten auflegte, machte für das Publikum keinen Unterschied. Die Dialoge waren nach wie vor auf Schrifttafeln abzulesen. Aber am 6. Oktober 1927 hatte der erste Spielfilm Premiere, in dem ein Schauspieler wirklich lippensynchron sprechend zu sehen war: *The Jazz Singer* mit dem bekannten Entertainer Al Jolson in der Hauptrolle. *The Jazz Singer* war nur teilweise vertont, anfangs unterschied er sich nicht von einem Stummfilm. Al Jolson spielte den Sohn eines Geistlichen, der gegen den Willen seines Vaters Jazzsänger werden will. Man sieht ihn am Klavier, man hört das Klavier spielen, aber das war nichts Neues, Klavierspiel hörte man in jedem Kino. Aber dann drehte sich Al Jolson auf der Leinwand dem Publikum zu und sagte: »Halt! Halt! Sie haben ja noch nichts gehört!« Das war der erste Satz des Tonfilms. Dann sah man Al Jolson auch richtig synchron singen. Bis sein Vater kommt und ruft »Stop!« Ab dieser Stelle erschienen die Dialoge wieder als Schrifttafeln. Aber dieses »Stop« war das Ende des Stummfilms. Von nun an wollte das Publikum keine Stummfilme mehr sehen.

The Jazz *Singer* brachte 2,5 Mio. $ ein, bei Produktionskosten von 500.000 $. Jetzt wurden von allen Kinos Tonfilmausrüstungen gekauft.

Im Frühjahr 1928 gab es den ersten durchgängig vertonten Film *The Lights of New York*. Überall zogen selbst schlechte Tonfilme mehr Publikum an als Stummfilme allerbester Qualität. *1928 gab es in USA 20.000 Stummfilmkinos und 500 Tonkinos. Im Jahr darauf waren es bereits 5.200 Tonkinos.* Die Attraktion war nicht das Erlebnis, einen Sänger oder ein großes Orchester zu hören, das kannte man längst als Stummfilm-Tonbegleitung. Die Attraktion des Tonfilms war es, das bisher Ungehörte zu hören: Wenn ein Spiegelei in einer Pfanne briet und man hörte es richtig brutzeln, war das Publikum begeistert.

Bell Telephone und Western Electric konnten nun 90% der Filmindustrie durch Verträge verpflichten, ausschließlich ihre Apparaturen zur Tonfilm-Produktion und Projektion zu verwenden. Die Warners hatten ihre Firma vor dem Ruin bewahrt und zugleich eine Investitionswelle ausgelöst.

Weltwirtschaftskrise

Dann kam die Weltwirtschaftskrise, die im Oktober 1929 mit dem New Yorker Börsencrash begann, 1932/33 ihren Höhepunkt hatte und bis ca. 1934 dauerte. Ausgelöst wurde der Crash durch die Liquiditätsprobleme einer Großbank. Alle Banken kündigten ihre kurzfristigen Kredite. Viele Aktionäre hatten ihre Spekulationen mit Krediten finanziert und mussten Aktien verkaufen. Die amerikanischen Banken zogen ihre kurzfristigen Auslandsanleihen zurück. So entstand eine weltweite Krise.

Gangsterfilme fürs Publikum in der Wirtschaftskrise

1930 waren in USA wöchentlich noch 115 Mio. Kinokarten verkauft worden. *Dann wurde die Weltwirtschaftskrise mit Massenarbeitslosigkeit auch zur Krise des Kinos:* 1933 mussten ein Drittel der amerikanischen Kinos schließen, nur noch 50 Mio. Kinokarten wurden wöchentlich verkauft (Chronik des Films, S. 168). Entsprechend reduzierten sich die Gewinne: Die fünf größten Filmkonzerne, die 1927-1930 zwischen 31 und 40 Mio. $ Gewinne machten, hatten 1932 nur noch 3 Mio. $ Gewinn. Nimmt man die acht größten Filmkonzerne, sieht es noch drastischer aus: 1930 noch 55 Mio. $ Gewinn, 1931 nur noch 7 Mio. $ Gewinn – aber immerhin ein Gewinn, denn 1932 gab es bei den acht größten Filmkonzernen ein Minus von 26 Mio. $ (Schatz 1989, S. 55). Dazu kam, dass der Tonfilm die Produktionskosten in die Höhe trieb. Im Durchschnitt vervierfachten sie sich (Rosten 1942, S. 374).

5.000 Kinos mussten schließen. Die Kurse der Film-Aktien sanken. RKO und Universal gingen in Konkurs, Paramount war fast bankrott. Die Fox Corporation musste durchrationalisiert werden. Warner begrenzte die Drehzeiten pro Film auf 19 Tage und begann gründlich zu prüfen, welcher Star wirklich ein Kassenmagnet war.

Weitere Spar- und Erfolgsrezepte wurden gebraucht. Das war bei Warner die Stunde des Produzenten Darryl F. Zanuck (Mosley 1984). Er hatte sich mit *Rin Tin Tin*-Filmen profiliert. Rin Tin Tin war ein Scotchterrier und als Hundestar der Vorläufer von Lassie.

1928 wurde Zanuck Produktionschef bei Warner Bros. Die Leitlinie seiner neuen Produktionspolitik: *Drehbuchautoren mussten ihre Motive aus Zeitungs-Schlagzeilen beziehen.* Damit löste Zanuck eine Welle von Gangsterfilmen aus, denn die Zeitungen waren voll von Meldungen über das organisierte Verbrechen. Es war die Zeit der Prohibition (1919-1933), Alkoholschmuggel und -herstellung wurden von der Mafia organisiert.

Bei Warner gelang es dem Regisseur Mervyn LeRoy, mit dem Gangsterfilm *Little Caesar* (1930), das Genre zu prägen. Gangsterfilme – z.B. auch: *The Public Enemy* (1931, Regie: Wellman) oder *Scarface* (1932, Regie: Hawks) – *waren für Zuschauer gemacht, die sich in Wirtschaftskrise und Massenarbeitslosigkeit durchschlagen mussten.* Der zeittypische Film-Gangster war ein skrupelloser Aufsteiger, der sich in der Manier eines rücksichtslosen Geschäftsmannes eine Bande aufbaut und dabei über Leichen geht. Er ist ständig aktiv und verliert niemals die allgegenwärtige Gefahr aus dem Auge. Das Ende naht für den Gangster, sobald er menschlich wird und von Liebe träumt. Dann wird er verraten und stirbt im Kugelhagel der Polizei. In diesen Filmen siegt nicht das Gute. Ihre Botschaft: »Nicht Fairness und Tüchtigkeit verhelfen zu Wohlstand und Sicherheit, sondern Egoismus und Brutalität.« (Chronik des Films, S. 86) – Kommt uns das heute nicht bekannt vor?

Keynesianischer Sozialstaat: New Deal in USA – und der neue Mythos von der starken Medienwirkung

In USA wurde Franklin D. Roosevelt zum Präsidenten gewählt (rg. 1933-1945). Er leitete Reformen zur Überwindung der Krise ein. Seine Politik der staatlichen Intervention nannte sich »New Deal«. Es war eine nachfrageorientierte Politik, es ging um die Förderung des Massenkonsums durch Erhöhung der Kaufkraft; um staatliche Bereitstellung von Infrastrukturen; um staatlich finanzierte Beschäftigungsprogramme; die Regelung von Tarifauseinandersetzungen, Löhnen, Normabsprachen. Manche nennen auch diese Politik »Fordismus« (Conert 1998, S. 275ff.; Hirsch und Roth 1986, S. 45ff.), in Erweiterung des in den 20er Jahren gebrauchten Begriffs, der sich primär auf Taylorismus, Fließbandarbeit, Löhne und Arbeitszeiten bezogen hatte. Ob das sinnvoll ist, sei dahingestellt. Henry Ford hatte damals nicht den entwickelten Wohlfahrtsstaat im Sinn gehabt.

Roosevelt hielt sich viel mehr an das Programm des Wirtschaftswissenschaftlers John Maynard Keynes, der für ein ständiges Ankurbeln wirtschaftlichen Wachstums und die Stärkung der Nachfrage durch staatliche Intervention und Regulierung plädierte. Deren Hauptmerkmal war – und ist – die antizyklische Finanzpolitik, die Erhöhung der Staatsausgaben in Zeiten der Flaute – auch wenn dabei Haushaltsdefizite produziert werden – und die Senkung der Staatsausgaben in Zeiten der Konjunktur. Außerdem gehört dazu die Politik, mittels Staatsausgaben einen öffentlichen Sektor zu stärken, also Aufgaben von öffentlichem Interesse – Gesundheitswesen, Verkehrswesen, Soziales, Infrastruktur, Grundlagenforschung, Ausbildung, Qualifikation der Bevölkerung, Umwelt etc. – nicht den »Marktkräften« zu überlassen. »Keynesianische Sozialstaatspolitik« ist für den New Deal wohl der adäquatere Begriff als »Fordismus«.

Roosevelt war auch verantwortlich für einen neuen Medien-Mythos: Beim Präsidentschaftswahlkampf von 1932 hatte Roosevelt, Kandidat der Demokratischen Partei, gegen eine konservative Pressemacht zu kämpfen, die von den Republikanern beherrscht wurde. *Roosevelt wandte sich über das Radio direkt an das Publikum – und wurde völlig unerwartet Präsident. Sicherlich lag das nicht am Radio, sondern an der Wirtschaftskrise und daran, dass die Wähler auf eine sozialstaatliche Politik hofften – aber seither galt das Radio als mächtiges Mittel der Massenbeeinflussung. Da die neue kommerzielle Markt- und Medienforschung – auf sie komme ich weiter unten – nicht zugeben wollte, dass die Wähler rationale Gründe hatten, entstand der Mythos von der gewaltigen Wirkung der Medien.*

»Arbeiterkultur«? Parteikultur ohne Massenbasis in Deutschland

Nachdem in Deutschland die Rätebewegungen und damit alle Versuche direkter Demokratie niedergeschlagen waren, organisierte die SPD mit Unterstützung der Gewerkschaften das, was sie »Arbeiterkultur« nannte. Sie tat das, um »unser Proletariat, unsere Massen höherzubringen«, d.h. an die höhere Kultur heranzuführen. Arbeiterchöre führten zusammen mit Opernorchestern Beethoven auf. Höhepunkt dieser »Arbeiterkultur« waren in Frankfurt um 1930 große Massenschauspiele, mit Hunderten von Laiendarstellern und Sängern. Darin wurde stets zunächst das Elend der Arbeit dramatisiert, die Darsteller schleppten Steine und Ketten, und der Chor der Werktätigen rief: »Kette! Kette! Wann ist Ende?« Also: Wann hört die Unterdrückung der Arbeiterklasse endlich auf? Es traten, als negative Heldinnen, verblendete Arbeiterinnen auf, die ein »falsches Bewusstsein« hatten, d.h. sie träumten von einem Luxusleben an der Seite eines jungen, autofahrenden Angestellten und verachteten deshalb ihre kämpfenden Arbeiterkollegen. – Dann kam stets die »Wende im Bewusstsein«: Sie wurde z.B. durch das Erscheinen eines großen Marx-Kopfs auf einer Leinwand verursacht. Der Marx-Kopf verkündete, dass er eine bessere Welt wolle. Oder es erschienen große, von Scheinwerfern angestrahlte rote Fahnen. Das beim Anblick des Marx-Kopfs und der Fahnen klassenbewusst gewordene Proletariat nahm Marschformation an und reckte die Hände in Richtung der großen roten Fahnen, proletarische Kampflieder erklangen. Am Ende sangen alle die Internationale. (Stübling, S. 32ff.)

So berauschend das für die Anwesenden gewesen sein mag, diese »Arbeiterkultur« von oben blieb wirkungslos. Viele von Arbeitslosigkeit bedrohte Arbeiter wählten rechtsradikal.

Nazi-Diktatur in Deutschland

Die Folge der Arbeitslosigkeit in Deutschland war, dass bei den Wahlen von 1930 die Nazis die Reichstagswahlen gewannen. Die Krise wurde von der Minderheits-Regierung Brüning (Zentrum; rg. 1930-1932) mit – anti-keynesianischen – Sparmaßnahmen beantwortet: Sozialabbau, Lohnkürzungen, Entlassungen im öffentlichen Dienst, restriktive Geld- und Kreditpolitik. Die Folge waren Nachfrage- und Produktionsrückgang und Massenarbeitslosigkeit.

Bei den Wahlen im Juli 1932 gewannen die Nazis und die Deutschnationalen des Medienkonzern-Chefs Hugenberg, der die wichtigsten deutschen Nachrichtenagenturen kontrollierte; den Scherl-Zeitungskonzern; und den wichtigsten deutschen Filmkonzern, die UFA. Es folgten die rechten Kurz-Regierungen von Papen und Schleicher, dann gewannen im Dezember 1932 wieder die Nazis und die Deutschnationalen. Die konservativ-liberalen Wähler – sie kamen zum Großteil aus den Mittelschichten, dem »Mittelstand« – waren zu den Nazis übergewandert. Im Januar 1933 wurde Hitler Reichkanzler (rg. 1933-1945), und Hugenberg wurde Wirtschaftsminister (bis Juni 1933). Im Februar wurde die sozialdemokratische und kommunistische Presse verboten.

Die Reichstagswahlen vom März 1933 brachten trotz – oder wegen – des Nazi-Terrors einen erneuten, knappen Wahlerfolg der Nazis und der Hugenberg-Partei.

In Dachau wurde das erste Konzentrationslager eingerichtet. Ende März brachte das Ermächtigungsgesetz die von deutschen Industrie-Konzernen unterstützte Nazi-Diktatur und damit das Ende der Weimarer Demokratie.

Diktatur bedeutete nicht nur die Unterdrückung von demokratischen Parteien; das Verbot von Gewerkschaften; den Rassismus-Terror. Es bedeutete auch: Verlängerung von Arbeitszeiten; Umstellung der Wirtschaft auf Rüstungsproduktion; Vernachlässigung der privaten Kaufkraft. Die durch Rüstungsproduktion angekurbelte Wirtschaft war nicht von der Konsumenten-Nachfrage abhängig.

Zensur (Fortsetzung): Unterdrückung des Radios in Nazi-Deutschland

In Deutschland war das Radio schon 1932 durch die rechte Regierung von Papen verstaatlicht worden, die Anteile der Reichsrundfunkgesellschaft wurden zu 51% dem Reichspostministerium und zu 49% den Ländern zugeteilt. *Die Überwachung wurde einem Rundfunkkommissar des Innenministeriums übertragen, der das Recht auf Zensur erhielt.* Die Ausführungsbestimmungen sahen vor, dass die bisher kommerziellen Radio-Aktiengesellschaften in GmbHs umgewandelt wurden. Die Aktionäre wurden – obwohl sie, wie der Frankfurter Aktionär Carl Schleußner, rechtsgerichtet waren – durch die Kündigung der Lizenzen zum Verkauf ihrer restlichen Aktien gezwungen. Sie besaßen ohnehin nur Minoritäten, die Majorität besaß längst die Reichsrundfunkgesellschaft und damit die Reichspost. (Lerg, S. 500ff.)

Was die Zahl der Radiohörer betrifft, befand sich Deutschland 1932 mit 4 Mio. angemeldeten Radiohörern international an dritter Stelle, nach USA (16 Mio.) und Großbritannien (4,7 Mio.). Danach folgten Japan mit einer Million und Frankreich mit 900.000 Teilnehmern (Lerg, S. 145, 524ff.).

Mit dem Ermächtigungsgesetz von 1933 setzte die terroristische Gleichschaltung des Radios ein, die schon durch die »Neuregelung« von 1932 vorbereitet worden war. Goebbels wurde Reichsminister für »Volksaufklärung und Propaganda«. Er übernahm die Rundfunkkompetenzen des Innenministeriums und des Postministeriums. Im November 1933 bildete Goebbels die Reichskulturkammer, darunter die Reichspressekammer, die Journalisten zum »Dienst am Staat« verpflichtete. 1934 wurden die Radio-GmbHs, die ohnehin der Reichsrundfunkgesellschaft gehörten, zu Zweigstellen der Reichsrundfunkgesellschaft. Jene ging in den Besitz des Propagandaministeriums über. Manche der früheren Radio-Direktoren wurden ins KZ Oranienburg deportiert.

Die Nazis förderten und erzwangen die Produktion billiger Radioapparate, mit denen man nur die deutschen Nazi-Sender hören konnte. Im August 1933 wurde der billige Volksempfänger vorgestellt, gleich am ersten Tag wurden 100.000 davon verkauft. So stieg die Zahl der Radiohörer an: 1934 gab es 5 Mio. angemeldete Radiohörer, 1936: 8 Mio., 1938: 9 Mio. und 1939 schon 10 Mio.

Und die großen Masseninszenierungen fanden jetzt nicht mehr bei der »Arbeiterkultur« statt, sondern auf den Reichsparteitagen der Nazis. Hitlers Filmregisseurin Leni Riefenstahl konnte in *Triumph des Willens* (1935) Marschformationen heroisieren.

Erstmals stabilisierter Medien-Oligopol-Kapitalismus in USA

Zensur (Fortsetzung): Selbstzensur der Oligopolisten zwecks Absicherung des Markts
In USA hielten viele die Gangsterfilme für jugendgefährdend, denn die Skrupellosigkeit der Gangster wurde positiv dargestellt. Außerdem liefen zur gleichen Zeit zahlreiche sozialkritische Filme, in denen Politiker als skrupellose Stimmenfänger dargestellt wurden oder die Bestechlichkeit von Rechtsanwälten und Journalisten unter die Lupe genommen wurde. Aus »Sorge um die Moral« schalteten sich Kirchen, Frauenverbände und Industriellen-Clubs ein.

Der Film verdirbt die Sitten – das war die Überzeugung der Moralapostel. Und das war nicht falsch, denn *in den wirtschaftlich schlechten Zeiten waren die Oligopolisten, um sich vor dem Ruin zu retten, bereit, Filme zu produzieren, in denen Sex und Brutalität eine erhebliche Rolle spielten.* Aber der Dachverband der Konzerne musste etwas tun, denn *je mehr den Publikumswünschen nach Sex and Crime nachgegeben wurde, desto stärker wurde der Widerstand der konservativen Kreise.*

Im Dezember 1933 wurde die Prohibition aufgehoben, das Alkoholverbot, das seit 1919 bestanden hatte. Um Amerika trotzdem vor dem »moralischen Verfall« zu retten, gründeten katholische Bischöfe die National Legion of Decency, eine Nationale Legion für Anstand und Sitte. Das war ein besonders militanter Verband, der seine Aufgabe darin sah, alle »unmoralischen« Filme zu boykottieren. Die Katholiken wurden von protestantischen und jüdischen Kirchen unterstützt. Dazu kam der Abstinenzverein Christlicher Frauen. Soziologen nennen so etwas das »effektiv organisierte Publikum«. *Gemeinsam zwangen Kirchen und konservative Verbände die Filmindustrie, Moral-Regeln aufzustellen. Sie setzten durch, dass jedem Film eine Bescheinigung ausgestellt werden musste, die die Einhaltung der Moral-Regeln garantierte. Fehlte die Bescheinigung, kostete das 25.000 $ Strafe, und der Film wurde gesperrt.*

Schon 1927 hatte Will Hays, Präsident des Dachverbandes der Filmkonzerne, begonnen, alle regional unterschiedlichen Zensurvorschriften zu sammeln. So waren im Bundesstaat Pennsylvania nur vertikale Filmküsse erlaubt, horizontale waren verboten. In den meisten Bundesstaaten durften Küsse maximal 3 Sekunden dauern. Außerdem hatte Hays eine »Dont's and be Carefuls«-Liste verbreitet, also eine Liste mit Themen, die zu unterlassen und Themen, die mit Vorsicht zu behandeln waren. Daraus entstand der Motion Picture Production Code. Zugleich gründete der Dachverband 1930 eine eigene Selbstzensur-Organisation, die den Moral-Code gegenüber den Mitgliedfirmen energischer als bisher durchsetzen sollte.

Der Motion Picture Production Code trat im Juni 1934 in Kraft und blieb es bis 1966: »Als Grundsatz gilt: Es darf kein Film hergestellt werden, der die Moral des Publikums untergraben könnte.« Das Publikum sollte niemals mit Verbrechen, Fehlverhalten, Unmoral und Sünde sympathisieren. Hier nur einige Ausschnitte aus den Regelungen (ausführlich: Inglis 1951, S. 333ff.): Recht und Gesetz dürfen nicht verhöhnt werden, Rechtsverletzung darf nicht positiv dargestellt werden. – Mord darf nur in einer Weise dargestellt werden, die eine Nachahmung ausschließt. – Racheakte dürfen in Gegenwarts-Filmen nicht als gerechtfertigt dargestellt werden. – Das

Aufbrechen eines Tresors, In-die-Luft-Sprengen von Zügen, Gebäuden etc. darf nicht zur Nachahmung anleiten. Dasselbe gilt für Brandstiftung. Die Darstellung von Schusswaffen darf keine Details zeigen. Schmuggelmethoden dürfen nicht gezeigt werden. / Ehe und Familie sollen als Grundwerte geachtet werden. Es darf nicht der Eindruck entstehen, dass »niedrige Formen des Geschlechtslebens« Anerkennung genießen. Ehebruch oder unerlaubte sexuelle Beziehungen dürfen nicht exzessiv oder als gerechtfertigt oder erstrebenswert dargestellt werden. – Lange oder wollüstige Kuss-Szenen, wollüstige Umarmungen, unanständige Stellungen und Gebärden dürfen nicht gezeigt werden. – Allgemein gilt, dass die Darstellung sexueller Leidenschaft, wo sie unumgänglich ist, keine niederen und gemeingefährlichen Instinkte wecken darf. – Verführungen und Vergewaltigungen dürfen höchstens angedeutet werden, und das nur, wenn dies zum Verständnis der Handlung wesentlich ist. – Sexuelle Beziehungen zwischen unterschiedlichen Rassen dürfen nicht gezeigt werden. / Bewegungen: Tänze, die eine sexuelle Handlung andeuten oder versinnbildlichen oder unanständige Gefühle ausdrücken, sind nicht erlaubt. / Kostüme: Nicht gestattet sind unangebrachte Entblößungen und vollständige Nacktheit. / Kulissen: Die Darstellung von Schlafzimmern sollte mit gutem Geschmack und Feingefühl erfolgen.

Der Code berücksichtigte die Normen aller Gruppen, von denen Druck zu erwarten war. Film-Bösewichte mussten nun ohne religiöse, berufliche, ethnische und gewerkschaftliche Bindungen sein, um keine der einflussreichen Gruppen zu beleidigen. Bei den Dreharbeiten liefen jetzt seriöse Herren umher und prüften Dekolletés.

Einführung des Farbfilms

1932 kam die revolutionäre Dreistreifen-Kamera der Firma Technicolor auf den Markt. In dieser Kamera wurde das Licht durch ein Prisma in die Filmgrundfarben Grün-Blau-Rot aufgeteilt und auf drei Filmen aufgenommen. Die drei Negativfilme wurden zusammenkopiert. Den ersten Spielfilm ganz in Technicolor drehte Rouben Mamoulian 1935: *Becky Sharp*, eine Verfilmung von Thackerays Roman *Jahrmarkt der Eitelkeit*. Das Publikum war begeistert von der Farbenpracht. Nur ein Kritiker monierte, die Schauspielerinnen und Schauspieler würden aussehen wie gekochter Lachs mit Mayonnaise.

Der endgültige Durchbruch des Farbfilms kam 1939, mit *Vom Winde verweht* in Technicolor. In Technicolor kamen Rot und Gelb besonders brillant, das brennende Atlanta war für die damaligen Zuschauer auch ein sensationelles Farbenspektakel.

Der Farbfilm machte die Filme beträchtlich teurer. Teuer waren nicht nur die Kameras und das Filmmaterial, es war auch bedeutend zeitaufwändiger, Farbfilme zu machen. Außenaufnahmen waren zeitlich begrenzt, da man nur bei gleichen Lichtverhältnissen gleiche Farben bekam. Die Produktionskosten lagen im Durchschnitt bei 0,5 bis 1 Million Dollar. *Vom Winde verweht* hatte 4,3 Mio. $ gekostet. Weil der Farbfilm anfangs so extrem teuer war, löste er den Schwarzweißfilm nicht so schnell ab wie der Stummfilm den Tonfilm. Noch bis in die 50er Jahre wurden die Hälfte aller neuen Filme schwarzweiß gedreht.

Verschärfung der internationalen Konkurrenz

Die hohen Kosten ließen sich auf dem amerikanischen Markt nicht mehr hereinholen, die Filmkonzerne mussten sich mehr als bisher dem Auslandsmarkt zuwenden.

Um ihre Kosten zu decken, überschwemmten die Hollywood-Firmen den europäischen Markt mit Niedrigpreis-Angeboten für den Verleih. 1939 lieferte Hollywood 65 % aller in der Welt konsumierten Filme. Dann veränderte der zweite Weltkrieg (1939-1945) die Märkte. Die amerikanische Firmen drosselten ihre Produktion und intensivierten ihren Export nach Lateinamerika.

Außerdem konnten sich die amerikanischen Konzerne durch Kredite an ausländische Firmen Absatzmärkte sichern. Paramount und MGM hatten schon 1926 den Kapitalmangel der deutschen Filmwirtschaft genutzt und einen Vertrag mit der deutschen UFA geschlossen, in dem die UFA 17 Mio. Reichsmark erhielt. Dafür übernahm die UFA den Verleih von 20 Filmen von Paramount und MGM, außerdem musste sie in den UFA-Kinos diesen Filmen die Hälfte des Programms einräumen. Auf diese Weise wurde auch der Markt für die UFA verkleinert, sie konnte weniger Filme produzieren und wurde als Konkurrent ungefährlicher.

Zugleich nutzten die amerikanischen Konzerne ihr Kapital, um in Europa Schauspielerinnen, Schauspieler und Regisseure aufzukaufen. Zur Glanzzeit Hollywoods, um 1938, stammten 29% der Regisseure, 25% der Schauspieler, 17% der Produzenten und 14% der Autoren aus dem Ausland.

Film-Monopol

In den 30er Jahren bildeten die Film-Oligopolisten ein Monopol. Ein Monopol liegt vor, wenn der Markt für eine Ware, für die es im Urteil der Nachfrager keinen Ersatz gibt, von einem Anbieter beherrscht wird. Das muss nicht immer ein einziger Alleinanbieter sein, auch mehrere große Anbieter können den Markt untereinander aufteilen, zusammen wie ein Anbieter auftreten und den anderen Konkurrenten den Zugang zum Markt versperren. Die Oligopolisten, die das Monopol bildeten, waren:

1. fünf größere Filmkonzerne: Paramount; Metro-Goldwyn-Mayer (MGM); Twentieth Century-Fox; Warner Bros.; Radio-Keith-Orpheum (RKO) und
2. drei kleinere: Universal; Columbia und United Artists.

Sie produzierten zwischen 1934 und 1939 62% aller amerikanischen Spielfilme, zwischen 1939 und 1945 70% (Conant, S. 36).

Nicht am Monopol beteiligt waren die Unabhängigen. Das waren drei größere Produzenten: Samuel Goldwyn, Hal Roach und Walt Disney. Alle anderen unabhängigen Filmproduktions-Firmen waren unbedeutend, ihnen blieb es überlassen, billige Filme herzustellen, die in den erstklassigen Kinos nicht gezeigt wurden. Die Unabhängigen waren in der Society of Independent Motion Picture Producers organisiert.

Wie schwierig es für einen Unabhängigen war, erfuhr besonders David O. Selznick, Produzent bei MGM. Er war der Schwiegersohn von MGM-Boss Louis B. Mayer. 1931 wollte er eine eigene Produktionsfirma aufmachen und seine Filme den Großfirmen anbieten. Wie er später feststellte, war es sein Schwiegervater, der in einer Konferenz der Filmkonzerne verlangte, dass man die Filme Selznicks nicht ins Verleihnetz aufnahm. Wo käme man hin, wenn alle Produzenten und Regisseure ihre eigene Firma haben wollten, dann bräche das Studiosystem zusammen. Dennoch gelang es Selznick, als Unabhängiger erfolgreich zu sein (Haver 1981). Selznicks Erfolgsrezept bestand in der Produktion weniger, aufwändiger Filme, die er geschickt als Medienereignisse auf den Markt brachte. Vor allem sein *Vom Winde verweht* (1939) wurde der mit weitem Abstand profitabelste Film aller Zeiten. Er spielte das 25fache seiner Kosten ein. Das schaffte bis heute kein Film. (Robertson, S. 38)

Die Monopolisten vermieden aus kartellrechtlichen Gründen eine offensichtliche Monopol-Organisation. Aber zwischen den größten Firmen gab es eine Reihe von Arrangements. In einem Gerichtsurteil, das 1948 nach mehrjährigem Prozess gefällt wurde und als »Anti Block Booking Decision« bekannt wurde – oder deutsch: »Entflechtungsurteil« – wurden die Firmen der Verletzung des amerikanischen Anti-Kartell-Gesetzes für schuldig befunden.

Verleih-Kartell

Das Gericht stellte fest, dass die Konzerne ein Verleihkartell gebildet und damit den unabhängigen Filmproduzenten den Zugang zu den Kinos versperrt hatten. Die fünf größten Firmen produzierten zwar 1948 nur noch 40% aller Filme – das Fernsehen war an diesem Rückgang schuld –, aber sie besaßen 70% der Erstaufführungskinos, und die Marktchancen eines Films hingen vom Erfolg in den Erstaufführungskinos ab. *Dazu muss man wissen, dass damals von einem Film weniger Kopien gezogen wurden als heute.* Heute sind die attraktiven Filme sofort weltweit in allen Kinos zu sehen. Damals ging das ganze Kapital in Stars und Ausstattung, und *deshalb hatten die Erstaufführungskinos diese Bedeutung: In ihnen wurden die ersten Verkaufserfolge gemacht,* die Kritiker berichteten über sie, und dann konnten die Kopien durch die anderen Kinos ziehen und dort, oft Wochen später, mit ihrem Erstaufführungs-Renommé das Publikum anziehen.

Jeder Oligopolist besaß seine eigenen Erstaufführungskinos – in allen wurden nur Filme der Kartell-Mitglieder gezeigt. Die Fox-Kinos befanden sich an der Westküste, in den Mountainstaaten und im Mittelwesten, RKO hatte seine Kinos in New York, New Jersey, Ohio und Michigan, MGM besaß Kinos vor allem in New York City, Connecticut und Ohio. Im Entflechtungsurteil hieß es: »Der Prozentsatz des Besitzes von Erstaufführungskinos und der Prozentsatz von Verleiheinnahmen auf dem Binnenmarkt der Hauptangeklagten, zusammen mit den strategischen Vorteilen der vertikalen Integration [d.h. des Besitzes von Produktion, Verleih und Erstaufführungskinos] haben eine Machtmöglichkeit geschaffen, die, wenn dies gewünscht wird, auf eine Unterbindung des Wettbewerbs auf der Verleih- und Kino-Ebene hinausläuft.«

So konnten bis 1948 die fünf größten Konzerne 95% aller Verleih-Einnahmen einstreichen.

Selbstzensur-Kartell

Für die Monopol-Konzerne, die die Production Code Administration in der Hand hatten, hatte die Selbstzensur einen erfreulichen Nebeneffekt: *Sie konnten unabhängige Filmhersteller ausschalten, indem sie deren Filmen die Bescheinigung über die Einhaltung der Moralregeln verweigerten. Damit konnte der Film nicht in den Erstaufführungskinos gezeigt werden,* aber auch kaum in Second-run-Kinos, da die meisten Kinobesitzer nur Filme aufführten, die zuvor in den Erstaufführungskinos bewiesen hatten, dass sie profitabel waren.

Der Filmwirtschafts-Experte Michael Conant schreibt hierzu: »Der Code setzte mit einigen wenigen Ausnahmen die Konformität mit einem strengen und repetitiven Schema für Filmhandlungen und Filmgestaltung durch und verhinderte so neue Erzählweisen und Gestaltungen. *Der unabhängige Produzent, der gehofft hatte, sich einen Namen bzw. ein Geschäft mit einem Film über so wichtige soziale Probleme wie Rassenbeziehungen oder extremistische Politik zu machen, wurde mittels der Production Code Administration wirkungsvoll vom Markt ferngehalten.*« (S. 41f.)

So war die Selbstzensur auch eine Machtstrategie der Monopolisten.

Erwachsene gehen dreimal bis fünfmal im Monat ins Kino

1934 war die Wirtschaftskrise überwunden, es wurden 75 Mio. Kinokarten wöchentlich verkauft. 1939 war das Rekordjahr des Tonfilms, das Jahr, als *Vom Winde verweht* in die Kinos kam; 90 Mio. Karten wurden verkauft. In den folgenden Jahren waren es 80 Mio. Karten wöchentlich. *Das bedeutet: Jeder erwachsene Amerikaner ging im Normalfall dreimal pro Monat ins Kino – heute unvorstellbar.* Diese Besucherzahl wurde bis 1947 gehalten.

Die Amerikanerinnen und Amerikaner gaben 17-25% ihres Freizeit-Budgets für Kinobesuche aus. Während des Weltkriegs wurden weniger hochwertige Gebrauchsgüter wie Autos oder Waschmaschinen gekauft. Und aus Angst vor Inflation machte es keinen Sinn, zu sparen. Das überschüssige Geld wurde auch an den Kinokassen ausgegeben. *Das gilt auch für Deutschland. Hier war 1942 das Rekordjahr:* 19 Mio. Kinokarten wurden wöchentlich verkauft, über 100% mehr als 1939. (Chronik des Films, S. 168)

In USA gab es jetzt Daten über das Kinopublikum. Der häufigste Kinobesuch – das variiert zwischen einmal pro Woche und zwei- bis dreimal im Monat – fand sich bei den Jüngeren, unter 20-25-Jährigen und bei Personen mit höherer Schulbildung. Was das Einkommen betrifft, gingen alle Einkommens-Schichten häufig ins Kino, zwei- bis fünfmal im Monat. Wer mehr Einkommen hatte, ging noch häufiger ins Kino. (Handel, S. 107; Lazarsfeld 1947, S. 162; Roper 0065)

Neue Produktstruktur im stabilisierten Medien-Oligopol-Kapitalismus: erfolgreiche medienkulturelle Muster

Klarheit durch kontinuierliche Erzählstruktur

Auch der Film entwickelte jetzt die Klarheit und Einfachheit in Inhalt und Gestaltung, die wir bei Zeitungen und Plakaten ab den 1880er Jahren feststellten. Die Filmemacher orientierten sich an den klassischen Mechanismen des Erzählens.

Die Philologen David Bordwell, Janet Staiger und Kristin Thompson analysierten die im »klassischen Hollywoodstil« entstandenen Erzählweisen und Gestaltungsweisen, die Merkmale der Charaktere, die Gestaltung von Zeit und Raum, wie sie sich in unterschiedlichen Genres ausgeprägt hatten. Die Autoren datierten den klassischen Hollywoodfilm von 1917-1960, doch kann man davon ausgehen, dass die 30er Jahre die Zeit der Perfektionierung sind. Sie wählten 100 repräsentative Filme aus, die zwischen 1917 und 1960 produziert wurden. In der Auswahl waren Filme aller Genres enthalten. Am Schneidetisch wurden die allgemeinen Merkmale herausgearbeitet. Folgende Strukturmerkmale waren für alle Filme typisch (Bordwell et al. 1985):

1. *Narrativität und Klarheit:* Die Filme sind »narrativ«, d.h. *sie erzählen Geschichten, und sie erzählen sie verständlich und eindeutig.* Es gibt in den Handlungen keine Brüche oder Verrätselungen, der Zuschauer ist in der Lage, während des ganzen Films die Handlung zu verstehen, die Handlungen kommen zu einem eindeutigen Ende. Am Ende herrscht für die Zuschauer vollkommene Klarheit.

2. *Psychologische Kausalität:* Der Begriff »Kausalität« bezeichnet die Grundlage für den Fortgang der Handlung. »Psychologische Kausalität« bedeutet, *dass Personen im Mittelpunkt stehen, besonders Stars, die typische Charaktermerkmale haben.* Zum Beispiel: der ungebundene Millionär und die Prostituierte, die sich den Millionär angeln will und deshalb lernt, sich wie eine Dame der feinen Gesellschaft zu bewegen – *die Handlung entwickelt sich aufgrund solcher Merkmalsausstattungen. Die Charaktermerkmale der Hauptpersonen werden zu Beginn des Films vorgestellt, damit werden eindeutige Erwartungen über den Fortgang der Handlung geschaffen. Die Ereignisse werden zum Stärketest für die Hauptpersonen, der Hindernislauf der Hauptpersonen steht im Mittelpunkt der Dramatisierung.*

3. *Realismus:* Die Handlungen und Personen sind realistisch. Dieser »Realismus« ist kein dokumentarischer Realismus, sondern eine spezielle Inszenierung mit Hilfsfunktion: *Die »realistische« Inszenierung macht den Fortgang der Handlung – die sich aufgrund psychologischer Kausalität entwickelt – plausibel, die Ziele und die Hindernisse glaubwürdig.*

4. *Kontinuität: In den Filmen bleibt die Einheit der Handlung und der Zeit gewahrt.* »Diese zielorientierte Bewegung von der Ursache zur Wirkung ist der Grund, warum Hollywood Kontinuität so sehr schätzt. Koinzidenzen und Zufälle als Grund für den Fortgang der Ereignisse stören nur die Einheit des Films und verwirren die Zuschauer. Die Verknüpfung der Ereignisse erfordert [...] eine fließende, leichte Bewegung ohne Erschütterungen, Warteschleifen, Verzögerungen.« (Bordwell et al., S. 18)

5. *Unsichtbarkeit der Erzählinstanz: In fast allen Filmen gibt es eine allwissende, meist verborgene Erzählinstanz,* d.h. einen Erzähler, der alles über die gesamte Geschichte weiß, aber nicht als reale Person auftritt. Im Film übernimmt die Kamera die Funktion des allwissenden Erzählers: Sie ist immer genau da, wo sich die wichtigen Szenen abspielen und sieht sie aus dem für die Zuschauer interessantesten Blickwinkel.

Diese Kategorien können als Grundlage für allgemeine Aussagen über die populäre Produktstruktur gelten, denn der klassische Hollywoodstil ist die populäre Medien-Produktstruktur schlechthin.

Die moderne, oligopolistische Form der alten Saturnalien: das sichere Spiel mit dem Unvertrauten

Ich möchte der Analyse von Bordwell et al. ein weiteres, inhaltliches Moment hinzufügen, das ich das »sichere Spiel mit dem Unvertrauten« nennen möchte (Prokop 2000, S. 214ff.). Die Rezeption populärer Medienprodukte hat seit den 30er Jahren folgende Strukturelemente:

1. *Bruch mit dem Alltag, Blicke ins Unvertraute: Die Zuschauer können ihre Wünsche aufs Unvertraute projizieren.* Deswegen sind jene Genres besonders beliebt, die aus dem Alltag entrücken. Dokumentarisch-realistische und sozial engagierte Filme, die den Bruch mit dem Alltag nicht ermöglichen, werden von den meisten Zuschauern abgelehnt, besonders wenn der Alltag als unveränderbar und hoffnungslos dargestellt wird.

2. Rückholgarantie, *sicheres Spiel: Populäre Unterhaltungsfilme heben zwar geltende Normen und Werte für eine bestimmte Zeit auf, doch darf die Ausnahmesituation nicht zu weit gehen, die Zuschauer brauchen Personen oder Szenen, mit denen sie sich identifizieren können. Wegen dieser Notwendigkeit, sich nicht zu sehr von der Lebenswelt der Zuschauer zu entfernen, darf ein Film, wenn er populär sein will, keine extremen Ausnahmesituationen zeigen.* Horror-Autor Stephen King hat auf einen Film hingewiesen, in dem das Rückholen aus dem Außergewöhnlichen nicht funktionierte und der deshalb ein kommerzieller Flop wurde: *Freaks* (1932), von Tod Browning bei MGM gedreht. »Freak« ist ein Vulgärausdruck, wie »Krüppel«. *Freaks* ist ein Film, dessen Darsteller reale »freaks« sind, die sich selbst als Zirkus-Attraktionen spielen: ein Mensch ohne Arme und Beine, genannt der »Lebende Torso«; ein Mensch ohne Arme, genannt das »Armlose Wunder«; siamesische Zwillinge, genannt die »Hilton Sisters«; Liliputaner; eine bärtige Frau etc. Die Bösen in diesem Film sind eine körperlich normale Frau, die Akrobatin Kleopatra, und der Kraftmensch Herkules. Kleopatra ist mit Herkules liiert, heiratet jedoch aus Geldgier den wohlhabenden Liliputaner Hans aus der Freaks-Truppe, den sie dann mit Hilfe von Herkules zu vergiften versucht. »Die anderen Freaks finden heraus, was im Gange ist, und nehmen eine fast unaussprechliche Rache an dem Paar. Herkules wird getötet (Gerüchte wollen wissen, dass Browning ursprünglich vorhatte, den Muskelmann kastrieren zu lassen), die wunderschöne Kleopatra wird in eine gefiederte und beinlose Vogel-Frau verwandelt. [...] Der Höhepunkt von *Freaks*, als der Lebende Torso, das Armlose Wunder und die Hilton Sisters – siame-

sische Zwillinge – und viele andere durch den Schlamm kriechen und gleiten und die kreischende Kleopatra verfolgen, war einfach zuviel. Sogar einige MGM-hörige Vorführer weigerten sich standhaft, den Film zu zeigen [...]« (King 1981, S. 59f.). In vielen Ländern wurde *Freaks* verboten. In Großbritannien wurde das Verbot erst 1963 aufgehoben. Heute sind erfolgreiche Horrorfilme noch schrecklicher. Das Publikum ist an das Genre gewöhnt. Freiwillig erträgt man den künstlich geschaffenen Schrecken, um die eigene Belastbarkeit zu testen und die Schrecken des eigenen Lebens zu verdrängen. Aber selbst der ärgste Genre-Horror wird nur genossen, wenn es eine Rückholgarantie gibt.

Aus der Mischung von außergewöhnlichen Elementen, auf die das Publikum seine Wünsche projizieren kann und von gleichartigen Elementen, mit denen es sich identifizieren kann – und die die Rückholgarantie geben –, ergibt sich der »unterhaltende« Effekt eines populären Medienprodukts (ausführlich: Prokop 2000, S. 206ff.).

Mittels Medientechnik und Kontrastmontage zum Klassenbewusstsein? Idealisierungen bei Benjamin

Von Benjamin wurde der Film noch in den 30er Jahren zum revolutionären, weil »technisch reproduzierbaren« Medium stilisiert.

Walter Benjamin (1892-1940) war Philosoph und Kritiker im Umkreis des Frankfurter Instituts für Sozialforschung. Beruflich war er freier Schriftsteller und Übersetzer. Sein Vater war Kaufmann in Berlin.

Benjamin bewunderte den Regisseur Eisenstein, der die Massen dekorativ arrangierte, dekorativ im Elend wie im Kampf. Das beeindruckte Benjamin, der 1927 begeistert schrieb: »Das Proletariat ist [bei Eisenstein] der Held jener Räume, an deren Abenteuer klopfenden Herzens im Kino sich der Bürger verschenkt, weil er das ›Schöne‹ auch und gerade dort, wo es ihm von Vernichtung seiner Klasse spricht, genießen muss. Das Proletariat ist aber Kollektivum, wie diese Räume Räume des Kollektivs sind.« (1927, S. 51). Vor allem in den Kontrastmontagen, in denen Arm und Reich, streikende Massen und Soldaten aneinandergeschnitten wurden, sah Benjamin eine Chance für Aufklärung: Der Film mit harten, unvermittelten Schnittfolgen gestatte dem Betrachter keinen individuellen Assoziationsablauf, denn durch die »Schockwirkung« der Schnitte würden die individuellen Assoziationen ständig abgebrochen: »Man vergleiche die Leinwand, auf der der Film abrollt, mit der Leinwand, auf der sich das Gemälde befindet. Das letztere lädt den Betrachter zur Kontemplation ein; vor ihm kann er sich seinem Assoziationsablauf überlassen. Vor der Filmaufnahme kann er das nicht. Kaum hat er sie ins Auge gefasst, so hat sie sich schon verändert. Sie kann nicht fixiert werden.« (1936, S. 43f.). Filme genieße man nicht.

Schon die mit der Fotografie gegebene Möglichkeit der technischen Reproduzierbarkeit von Kunstwerken führe zum Verlust ihrer Aura: Das Original sei nicht mehr in magische, religiöse oder säkularisierte Kulte eingebettet, wie beim »auratischen Kunstwerk«. Das neue, technisch reproduzierbare Kunstwerk verhindere die individuelle Versenkung ins Werk, »die in der Entartung des Bürgertums eine Schule asozialen Verhaltens wurde.«

Wegen des raschen Bildwechsels beim Film, so meinte Benjamin, sei der Filmbetrachter ein zerstreuter Betrachter: Wie ein Passant den Straßenverkehr oder die Architektur durch Gebrauch und durch Gewohnheit nach »taktischen«, d.h. für ihn nützlichen Gesichtspunkten wahrnimmt, so übe sich der zerstreute Kinozuschauer in der »taktischen Rezeption«: »Die Rezeption in der Zerstreuung, die sich mit wachsendem Nachdruck auf allen Gebieten der Kunst bemerkbar macht und das Symptom von tiefgreifenden Veränderungen der Apperzeption ist, hat am Film ihr eigentliches Übungsinstrument. In seiner Schockwirkung kommt der Film dieser Rezeptionsform entgegen. Der Film drängt den Kultwert nicht nur dadurch zurück, dass er das Publikum in eine begutachtende Haltung bringt, sondern auch dadurch, dass die begutachtende Haltung im Kino Aufmerksamkeit nicht einschließt. Das Publikum ist ein Examinator, doch ein zerstreuter.« (S. 48).

Benjamin setzte noch 1936 ein klassenbewusstes Proletariat als existent voraus und erhoffte deshalb aus dem technisch reproduzierten Kunstwerk und dessen Massenverbreitung, dass sich hierüber ein Bewusstsein artikuliere, das nur durch »kollektive Praxis«, d.h. durch eine revolutionäre Umgestaltung der Gesellschaft, zu befriedigen wäre. *Diese Wirkung gab es nicht. Seine Kategorien waren, so behaupte ich, falsch.*

Walter Benjamins Kategorien der technischen Reproduzierbarkeit, der individuellen Versenkung und der Zerstreutheit sind unzulängliche Analyseinstrumente: »Technische Reproduzierbarkeit« gibt es nicht erst beim Film, sondern seit der Münzprägung, den Holzdrucken und Kupferstichen. Technische Reproduzierbarkeit schafft die Aura nicht prinzipiell ab. Wie der Mythos der vera icon, des »echten Abdrucks« des Gesichts des toten Jesus auf einem Leichentuch zeigt, kann sie auch eine Aura schaffen. Auch der Begriff der »individuellen Versenkung« ist schief, denn wer versenkt sich denn in ein Kunstwerk? *Kein geübter Kunstbetrachter folgt seinen freien Assoziationen, die Betrachtung von Kunstwerken ist ein Studium der Eigengesetzlichkeiten von Stilen, der Entwicklung von Formen und Inhalten, der darin angelegten Kontraste, Widersprüche. Was manche Bürger seit der Romantik als »Kunstgenuss« zelebrierten – das angeblich intuitive Verstehen –, war als Abgrenzung gegen die verachteten »Massen« gedacht. In Wahrheit ist der Umgang mit Kunst ein rationales Spiel des Vergleichs ähnlicher Kunstwerke, des Wiedererkennens von Zitaten und Symbolen, kurz: das Expertentum der intertextuellen Wahrnehmung.* Das gilt genauso für die Betrachtung von Filmen. Was Benjamins »zerstreutes« Publikum betrifft, so gilt auch hier, *dass kein einigermaßen erfahrener Kinobesucher den Bildabläufen zerstreut folgt, sondern die Betrachtung von Filmen ist eine rationale Wahrnehmung und Beurteilung der Glaubwürdigkeit von Schauspielerleistungen, der Angemessenheit von Inszenierungen, der Qualität von Genres.* Die Ideen der »taktischen Rezeption« und der »zerstreuten Wahrnehmung« waren in Wirklichkeit nur ein anderes Etikett für die – unhaltbare – Behauptung, Medienrezeption sei eine Wahrnehmung außerhalb rationaler Kriterien.

Radio-Formate machen die Publikumsbedürfnisse kalkulierbar

In den 30er Jahren wurde das Radio in USA ein Massenmedium und Werbemedium. NBC und CBS hatten 1930: 40 Mio. $ Werbeeinnahmen, 1935 waren es 79 Mio., 1940 schon 155 Mio. und 1945: 310 Mio. $ (Summers und Summers, S. 45f.).

Die Werbung-Auftraggeber bezahlten zunächst belehrende Radiosendungen über ihre Produkte. Die Sendungen hießen *Unsere tägliche Nahrung* oder *Mundhygiene*. Das langweilte die Zuhörer. Bemühungen um ein attraktiveres Programm setzten ein. Es bildeten sich Genres aus – heute nennt man das »Formate«: Hörspiel-Dramen, Seifenopern, Variety-Shows, Radio-Gameshows, Talkshows, Hitparaden.

Variety-Shows waren Unterhaltungsprogramme, die sich meist auf einen Entertainer, einen Star, einen Komiker konzentrierten. 1934 boten die Networks pro Woche mehr als ein Dutzend Variety-Shows mit Auftritten berühmter Stars.

In wöchentlichen *Comedy-Sendungen* wurde eine Handlung um berühmte Komiker aufgebaut.

Eingeführt wurden auch Programme mit *Country- und Western Music*, sie wurden vor allem in den Vormittagsprogrammen gesendet, beispielsweise im *Frühstücksclub* des Blue Network von NBC.

Eine neue Idee gab es 1935 mit der Einführung der *Hitparade* bei NBC, bezahlt von American Tabacco, deshalb umrahmt von Werbung für Lucky Strike. Die Auswahlkriterien für die Hits wurden nicht bekanntgegeben. Ab 1940 wurden Hitlisten in der Branchenzeitschrift *Billboard* publiziert.

1940 wurden *Quiz-Programme* erfunden.

Die *Nachrichtenmagazine*, die 1930 im Abendprogramm nur 1,5 Wochenstunden eingenommen hatten, füllten 1940 bereits 19 Wochenstunden.

Vor allem die *Seifenopern* wurden in den 30er Jahren erfolgreich: Serien-Kurzdramen, die Vorläufer der Nachmittags-Fernsehserien für Hausfrauen. Die Sendezeit betrug 15 Minuten, gesendet wurde live. Dazwischen kamen die Werbespots, anfangs von Seifen- und Waschmittelkonzernen, vor allem Procter and Gamble, deshalb nannte man ihre Sendungen, mit viel gesungener Werbung, Seifenopern.

Die erste Radio-Seifenoper war *Amos and Andy* (1929) bei NBC, in der es um zwei junge Schwarze aus der Provinz ging, die sich in der Großstadt zurechtfinden mussten. *Amos and Andy* lief an sechs Tagen in der Woche, die Straßen waren leer, wenn sie gesendet wurde. Sie erreichte bis zu 60% aller Hörer, das waren 40 Mio. Hörer. Pepsodent war der Werbung-Auftraggeber. Erfolgreich wurde bei NBC *Clara, Lu, and Em (*1932). Ebenso der erste Dauerrenner, *Betty and Bob*, bezahlt von General Mills, einer Frühstücksflocken-Firma. 1935 gab es 12 Wochenstunden lang Seifenopern, jeden Nachmittag mindestens vier hintereinander, 1940 gab es bereits 75 Wochenstunden Seifenopern. (Cantor und Pingree, S. 226ff.)

Zu den Gesetzen des Seifenopern-Formats gehört es, dass man so tut, als würde die Zeit in den Seifenopern kontinuierlich ablaufen, wie im realen Leben. Es gibt keine Zeitsprünge. Bei nicht täglich gesendeten Seifenopern tut man so, als seien die vergangenen Wochentage auch in der Seifenopern-Handlung vergangen. Handlungszeit ist Echtzeit, so bekommt die Seifenoper den Realitätsbezug. Es gibt immer mehrere Handlungsstränge, die miteinander verwoben werden, meist über Telefonanrufe oder Begegnungen auf Straßen, in Kneipen, Restaurants oder in Treppenhäusern. Die Geschichten sind unendlich.

An Seifenopern kann man nicht kritisieren, dass sie Realität falsch wiedergeben, denn Seifenopern sind keine journalistischen Dokumentationen. Sie enthalten viel Realität darin, dass sie Probleme zeigen – viel zu viele. Rudolf Arnheim untersuchte 1941 drei Wochen lang Radio-Seifenopern. Sein Ergebnis: Die Hauptpersonen handelten in einem engmaschigen Netz von Beziehungen, oft waren es ganze Familienclans, die in den Seifenopern auftraten. Es ging stets um aneinandergereihte, »störende« Einzelereignisse: Beziehungsprobleme; Heirat; Eheprobleme; Probleme mit Familie oder Freunden; um berufliche Probleme; um Verbrechen, Krankheit, Unfälle.

1940 – es gab kaum einen Haushalt mehr ohne Radio – hörten ungefähr 20 Mio. Hausfrauen täglich zwei oder mehr Stunden lang Radio-Seifenopern. Das war der Höhepunkt dieses Radio-Formats.

Erstmals der Problemkonflikt zwischen kommerzieller und kritischer Medienforschung

Kritik der Kulturindustrie bei Adorno

Mitte der 40er Jahre kritisierte Adorno den Film, das Radio, die Comics, den Jazz und die Illustrierten als »Kulturindustrie«.

Theodor W. Adorno (1903-1969) war Philosoph und Soziologe, Mitbegründer der kritischen Theorie der »Frankfurter Schule«. Beruflich war er Redakteur einer Wiener Musikzeitschrift (1928); Mitarbeiter an Forschungsprojekten in New York (1938) und Los Angeles (1941); Professor für Philosophie und Soziologie an der Universität Frankfurt (1949-1969) und Direktor des Instituts für Sozialforschung. Sein Vater war Wein-Großhändler in Frankfurt, seine Mutter kaiserliche Hof-Opernsängerin.

Man kann davon ausgehen, dass Adorno in dem gemeinsam mit Horkheimer verfassten Buch *Dialektik der Aufklärung* (1944) das Kapitel »Kulturindustrie« verfasst hat. (Negt 1973; Steinert 1992, 1998). *Diese Analyse kondensierte sich in dem Satz: »In der Tat ist es der Zirkel von Manipulation und rückwirkendem Bedürfnis, in dem die Einheit des Systems immer dichter zusammenschießt.«* Damit war gemeint, dass die standardisierten Medienprodukte nicht aus der Notwendigkeit entstanden, viele Menschen gleichzeitig zu beliefern, und auch nicht aus den Bedürfnissen der Konsumenten, sondern aufgrund kapitalistischer Interessenlagen: »Die Abhängigkeit der mächtigsten Sendegesellschaften von der Elektroindustrie, oder die des Films von den Banken, charakterisiert die ganze Sphäre, deren einzelne Branchen wiederum untereinander ökonomisch verfilzt sind.« Deren Interesse besteht darin, durch Formate das Publikum planbar zu machen: *»Für alle ist etwas vorgesehen, damit keiner ausweichen kann, die Unterschiede werden eingeschliffen und propagiert. Jeder soll sich gleichsam spontan seinem vorweg durch Indizien bestimmten ›level‹ gemäß verhalten und nach der Kategorie des Massenprodukts greifen,* *die für seinen Typ fabriziert ist.«* (Horkheimer und Adorno 1944, S. 145ff.; Kursivsetzg. zusätzl.)

Adorno kritisierte, dass im kommerziellen Musikbetrieb und beim Film die kulturellen Werke immer standardisierter und immer mehr vom Profitinteresse geprägt wurden: »Die gesamte Praxis der Kulturindustrie überträgt das Profitmotiv blank auf die geistigen Gebilde.« Und dass dadurch sowohl die hohe Kunst als auch die Volkskultur abgeschliffen, nivelliert wurden: »Kulturindustrie [...] zwingt auch die jahrtausendelang getrennten Bereiche hoher und niederer Kunst zusammen. Zu ihrer beider Schaden. Die hohe wird durch die Spekulation auf den Effekt um ihren Ernst gebracht; die niedrige durch ihre zivilisatorische Bändigung um das ungebärdig Widerstehende, das ihr innewohnte, solange die gesellschaftliche Kontrolle nicht total war.« (1963, S. 60)

Wenn man sieht, wie sich die Monopolfirmen mit den mächtigen Publikumsverbänden einigten; wie sich das »sichere Spiel mit dem Unvertrauten« stabilisierte; wie die Radio-Genres bzw. -Formate das Publikum in Marktsegmente einteilten, erscheint diese Analyse plausibel. Theodor W. Adorno ist es zu verdanken, dass der Gesamtzusammenhang von Marktstrukturen, Produktionsweisen, Publikumsstrukturen und Produktstrukturen seither – vor allem in den 50er und 60er Jahren – in die Diskussion kam, und dass Medienforschung nicht vollständig zur pragmatischen, kommerziellen Publikumsforschung verkam.

Um Adornos Kritik einzuordnen, muss man sowohl etwas über die jetzt einsetzende kommerzielle Medienforschung als auch die kritische Theorie erfahren. Danach komme ich auf Adorno zurück.

Irrationalisierung und Entmachtung des Publikums durch kommerzielle, tayloristische Forschung

Je mehr die Medien von den Industriekonzernen als Werbemedien gebraucht wurden, desto mehr finanzierten in USA Industrie-Stiftungen eine kommerzielle Forschung, die auf die Interessen der Industrie an den oberflächlichen Konsumenten-Vorlieben ausgerichtet war. Sie sah im Publikum nur »Einstellungen«, Gefühle, die zu beeinflussen sind.

Die Erkenntnisinteressen der kommerziellen empirischen Forschung waren von unterschiedlichen Richtungen her geprägt:

1. *In der wissenschaftlichen Beschäftigung mit der »öffentlichen Meinung« hatten sich die Ideen von Locke und Tocqueville über die »Tyrannei der öffentlichen Meinung« inzwischen in einem Begriff objektiviert, der sich bis heute hält: dem der »sozialen Kontrolle«.* Um 1900 hatte Edward Ross angenommen, es sei ein gesellschaftliches Gesetz, dass Andersdenkende in ihren Meinungen von Mehrheiten unter Druck gesetzt werden. Die »soziale Kontrolle« besteht, so meinte er, darin, dass die unterdrückten Andersdenkenden den Druck gefühlsmäßig spüren und deshalb schweigen (Ross 1901). Ob das wirklich so ist, ist bis heute umstritten.

2. *Die kommerzielle Medienforschung wurde von der experimentellen Sozialpsychologie geprägt.* 1926 führte Stuart A. Rice ein Experiment durch, in dem er Versuchspersonen vielerlei Porträts zeigte, die Berufskategorien zuzuordnen waren: Es

stellte sich heraus, dass alle Versuchspersonen ihre Vorstellungen darüber hatten, wie der typische Senator, typische Sowjetagent, Großindustrielle, Arbeiterführer aussah (Rice 1926). Rice verwendete für diese gleichartigen Vorstellungen den Begriff des »Stereotyps«. Der Begriff war bereits in der Diskussion, er wurde vom Journalisten Walter Lippmann verwendet, um damit einfache Denkschemata zu bezeichnen, die den Menschen die Orientierung erleichtern (Lippmann 1922). 1929 begann der Sozialpsychologe Lewis L. Thurstone, diese stereotypen Vorstellungen, die er »Attitüden« nannte, auf einer Skala zu messen (Thurstone und Chave 1929).

Die Begriffe »Stereotyp« und »Attitüde« benannten schwer veränderbare Meinungen und Einstellungen im Publikum. Allerdings fragten sich die Forscher nie, ob die festgefahrenen Einstellungen des Publikums rational erklärbar seien. Jene können sich auch ergeben, weil soziale Ungerechtigkeiten festgefahren bleiben. Statt dessen behaupteten die »empirischen Forscher«, es gebe irrationale »Prädispositionen«, die gegenüber allen Einflüssen resistent sind. *So wurde die »empirische« Medienforschung darauf vorbereitet, sich auf irrationale Kräfte im Publikum zu konzentrieren.*

Die sozialpsychologische Forschung zum Medienbereich nahm auch nie die Fantasietheorie Freuds zur Kenntnis, mittels derer man hinter die Kulissen dessen hätte blicken können, was das Wort »Prädispositionen« oberflächlich benennt.

Anfang der 30er Jahre, als die krisengebeutelte und von Großbanken übernommene Filmindustrie mehr Sex and Crime zeigte, begann die Erforschung der Medien, mit den »Payne Fund Studies« (Moley 1938), durchgeführt vom Motion Picture Research Council. Sie sollten die alte Frage nach der Suggestivkraft des Films wissenschaftlich untersuchen. In vielen empirischen Einzelstudien wurden untersucht: die Auswirkungen von Filmen auf den Schlaf von Kindern; die Einstellungen von Filmfans; die emotionalen Reaktionen von Kindern in der Vorführsituation und vor allem: Einflüsse von Filmen auf Straffälligkeit und moralische Standards. Die Studien ergaben, was man bestätigt haben wollte: Die oberflächlichen Meinungen von Kindern und Jugendlichen waren durch Filme beeinflussbar. Aber ob die Filme wirklich Gewalthandlungen bewirkten, blieb offen.

3. *Die »empirische« Markt- und Meinungsforschung entstand 1935, als George Gallup seine Markt- und Meinungsforschungsfirma Audience Research Inc. gründete.* Aufgrund eines neuen Stichprobenverfahrens, des Quoten-Verfahrens, gelang es ihm, mit viel weniger Befragten als bei Zeitungsumfragen üblich, den Ausgang der nächsten Präsidentschaftswahlen vorauszusagen. Und im Gegensatz zu den Zeitungsumfragen mit Hunderttausenden von Befragten – die alle der gleichen politischen Richtung anhingen und deshalb die gleiche Zeitung lasen – waren seine Prognosen mit 2.000 repräsentativ ausgewählten Befragten richtig.

Ein Jahr später begann der Marktforscher Arthur C. Nielsen damit, Radio-Reichweiten zu erforschen. »Ratings«, Radio-Einschaltquoten, waren schon Ende der 20er Jahre von der Firma Archibald Crossley regelmäßig gemessen worden, sie waren als »die Crossleys« bekannt. Nielsen präsentierte 1936 ein Messgerät, mit dem bei ausgewählten Personen im Minutenabstand festgestellt werden konnte, ob der Apparat eingeschaltet ist. Ab 1942 veröffentlichte er einen Radio Index, basierend auf 800 repräsentativen Haushalten. Die Firma Nielsen liefert bis heute die Einschaltquoten-Messungen in USA.

4. *Zur gleichen Zeit entstand das Interesse an der Erforschung der »likes and dislikes«*, der Vorlieben und Antipathien der Wähler und Konsumenten. 1937 arbeitete der Sozialforscher Paul F. Lazarsfeld an der Universität Pittsburgh, am Institut für Einzelhandelsforschung, an der Frage, *nach welchen gefühlsmäßigen Gesichtspunkten Konsumenten entschieden*, wo sie Kleider kaufen oder wie Autofahrer ihre Benzinmarke finden. Im gleichen Jahr wurde Lazarsfeld von der Rockefeller-Stiftung mit Radioforschungs-Projekten – mit Sitz an der Universität Princeton – beauftragt. Von der Stiftung wurden Empfehlungen für die Auftraggeber von Radio-Werbung erwartet: Welche Personen hören Radio? Wieviel hören Radio und aus welchen Gründen? Wie werden sie beeinflusst? (Lazarsfeld 1975, S. 173ff.; Pollak, S. 169ff.). *Die Musik-Vorlieben der Hörer waren der Ansatzpunkt für die kommerziellen Radios, denn über sie konnten Hörer am Apparat fixiert werden, und am Apparat fixierte Hörer konnten an die Werbeagenturen verkauft werden.* Dabei kam es zu einer Kontroverse mit Adorno, der von Lazarsfeld eingestellt worden war: Lazarsfeld wollte »die musikalische Struktur eines Liedes zu den gefühlsmäßigen Reaktionen der Hörer in Beziehung setzen« (Lazarsfeld 1975, S. 205) – durch empirische Forschung, die »likes and dislikes«, Zustimmung und Ablehnung registriert. Adorno wollte den Warencharakter, den Fetischcharakter der Musik analysieren – durch Theorie, die die gefühlsmäßigen Reaktionen der Hörer allenfalls als Symptome des Warenfetischismus deutet, ansetzend an Phänomenen wie dem Weinen bei besonders gefühlvollen Stellen: »Das Weinen des Amateurs, der sich Musik anhört (der Musiker selbst wird praktisch nie weinen) ist eines der wichtigsten Objekte für die Analyse der emotionalen Aspekte der Musik.« (Adorno in einem internen Papier, zit. bei Lazarsfeld 1975, S. 202; zur Erklärung des Fetischcharakters: Prokop 2000, S. 281ff.). Fetischcharakter und weinende Hörer, das war kein verkaufbares Forschungsobjekt, Adorno musste das Projekt verlassen.

1939 wurden Lazarsfelds Forschungsprojekte an die Columbia University in New York verlegt und erhielten später den Namen Bureau of Applied Social Research. 1940 wurde Roosevelts dritter Präsidentschaftswahlkampf von Lazarsfelds Institut analysiert, anhand von Befragungen in Erie County, Ohio. *Die Frage war auch hier die nach den irrationalen Überredungs-Faktoren.* Aus Lazarsfelds Forschung ging die berühmte These vom »two-step flow of communication«, vom zweistufigen Kommunikationsprozess hervor: Unentschlossene Wähler ließen sich nicht von Zeitungen und Radio zu einem Parteienwechsel überreden, sondern von angesehenen Leuten aus ihrem Bekanntenkreis, jedenfalls sagten sie das. Lazarsfeld nannte diese Leute »opinion leaders«, »Meinungsführer«. Es stellte sich heraus, dass diese Meinungsführer besonders aktive Zeitungsleser und Radiohörer waren. Wer bei den Massen, den »followers« erfolgreich sein wollte, musste bei den opinion-leaders werben. (Lazarsfeld, Berelson, Gaudet, S. 192ff.). *Meinungsführer und Gefolge – das erinnerte nicht ohne Grund an Le Bons ichschwache Massen. Lazarsfeld wollte Forschungsgelder: Je irrationaler die Massen, desto notwendiger die kommerzielle Auftrags-Medienforschung.*

In Deutschland wurde jetzt der bisher verwendete Begriff der »Reklame« – das Anpreisen der nützlichen Eigenschaften einer Ware – durch den der »Werbung« ersetzt. Auch dies hat mit der Vorstellung zu tun, dass man sich nicht mehr mit der Präsentierung von Waren und Markenartikel-Zeichen begnügen dürfe, sondern sich an die Gefühle der Konsumenten wenden müsse.

5. *Auch in der Filmindustrie, die nicht von Werbegeldern abhängig war, setzte sich die irrationalistische Markt- und Meinungsforschung durch.* Die Filmproduzenten merkten, dass sie bei den Banken höhere Kredite erhielten, wenn sie eine Meinungsumfrage vorlegen konnten, die die emotionale Zustimmung des Publikums zum Filmtitel oder zu den Stars des Films »wissenschaftlich« bewies.

Vorher war jeder Film, bevor er aufgeführt wurde, in einem oder mehreren Kinos probeweise vorgeführt worden. »Preview« nannte man diese Probevorführungen. Sie fanden direkt in Los Angeles und Umgebung statt, in der Nähe der Filmstudios. Heute sind Previews etwas anderes, da kann man in allen Großstädten den fertigen Film vorab sehen, ohne Einflussmöglichkeiten auf Inhalt und Gestaltung. Die damaligen Preview-Zuschauer äußerten während der Vorführung lautes Missfallen oder Beifall, beobachtet von den zitternden Produzenten und Regisseuren. Danach schrieb jeder seine Meinung auf eine Karte. Das Publikum urteilte als Sachkenner. Beim Preview des Films *Dancing Lady* (1933) meinten zum Beispiel die Zuschauer, dass Clark Gable in einigen Szenen zu schlecht aussehe. Tatsächlich waren diese Szenen an einem Tag gedreht worden, an dem Gable krank war. Es passte nicht zu seiner Rolle, dass er so elend wirkte. Die Zuschauer, die nicht an der Produktion beteiligt waren, sahen die Dinge unvoreingenommener. Also wurden die Szenen noch einmal gedreht.

Bei den neuen Meinungsforschungstests aber war das Publikum nicht mehr als Sachkenner gefragt. Man setzte voraus, das Publikum sei nur von Gefühlen geleitet, was zugleich suggerierte, dass nur die Meinungsforscher diese Gefühle richtig interpretieren könnten. Um keine Zweifel an dieser »Philosophie« aufkommen zu lassen, wurde nicht mehr die Publikumsreaktion auf ganze Filme berücksichtigt, man fragte jetzt nur noch nach Gefühlen, die einzelne Filmtitel oder Star-Besetzungen auslösten. Oder man fragte nach den »likes and dislikes«, den Vorlieben und Abneigungen des Kinopublikums. Die Befragten durften Ja oder Nein sagen zu vorgegebenen Formaten: Musicals; Gesellschaftskomödien; Slapstickfilme; Liebesfilme; Filme mit Kinderstars; Tierfilme; Abenteuerfilme; Action-Filme; Western; Gangsterfilme; Historienfilme und biografische Filme; Kriegsfilme; ernste Dramen; sozial engagierte Filme; geheimnisvolle Geschichten und Horrorfilme; fantastische Filme etc.

Was jetzt interessierte, war die Zustimmung und Ablehnung gegenüber Kategorien, die von den Forschern vorgegeben wurden. Das war eine Taylorisierung des Publikums durch die Forschung: So wie die Fließbandarbeit die handwerklich-sachkundigen Arbeiter und Gewerkschaftsvertreter entmachtete und die Organisation der Arbeit den Ingenieuren und Managern überließ, wurde jetzt das Publikum auf kleinste Bewegungen seiner Gefühle reduziert und deren Interpretation den Ingenieuren der Meinungsforschung überlassen. Natürlich war das Publikum so sachkundig wie zuvor – nur interessierte das niemanden mehr.

Manipulatives Interesse der »Wissenschaftlichen Rhetorik«

Um das instrumentelle Interesse der in jener Zeit entstehenden empirischen Forschung deutlich zu machen, greifen wir auf den Anfang der 50er Jahre vor:

Der Sozialpsychologe Carl I. Hovland und seine Mitarbeiter entwickelten um 1950 die »wissenschaftliche Rhetorik« (Hovland, Lumsdaine, Sheffield 1949; Hovland, Janis, Kelley 1953; Hovland et al. 1957; Hovland und Janis 1959). Ihr Interesse war es, die Strukturelemente von »Überredungskommunikation« zu entdecken. *Es ging darum, herauszufinden, wie man Filme, Radiosendungen, Radiowerbespots und Anzeigentexte so gestaltet, dass sie das Kaufverhalten lenken.* Zum Beispiel: Lösen negative Appelle Widerstände aus? Gibt es bei der Strukturierung des Inhalts eine ideale Reihenfolge der Argumente? Welche Variablen sind für eine Überredung nützlich, welche verhindern sie? Welche Rolle spielen die Einstellungen und der Bildungsgrad des Publikums?

Ich fasse einige Ergebnisse zusammen: Es geht um das Problem, wie man Argumente zusammenstellen sollte. Es gibt zwei Grundmöglichkeiten:

1. Es werden nur Pro-Argumente genannt, also nur Argumente, die für das neue, erwünschte Verhalten sprechen: sogenannte einseitige Argumentation.
2. Es werden auch Kontra-Argumente aufgeführt, also Argumente, die gegen das erwünschte Verhalten sprechen: sogenannte zweiseitige Argumentation.

Ergebnis der Forschung: Eine Aussage mit Pro- und Kontra-Argumenten (zweiseitige Argumentation) bewirkt einen stärkeren Einstellungswandel als eine Aussage, die nur Pro-Argumente enthält (einseitige Argumentation).

Wenn es nicht um Einstellungsveränderung, sondern um Einstellungsverstärkung geht, dann hat eine Aussage, die nur Pro-Argumente enthält, bei einem Rezipienten mit Pro-Einstellung eine stärkere Wirkung als die entsprechende Aussage mit zweiseitiger Argumentation.

Eine zweiseitige Argumentation ist bei höherer Bildungsschicht effektiver als bei Rezipienten aus niedrigeren Bildungsschichten. Umgekehrt: Einseitige Argumentation ist bei niedrigeren Bildungsschichten effektiver.

Einseitige Argumentation ist am effektivsten bei niedrigeren Bildungsschichten mit Pro-Einstellung, am ineffektivsten bei Rezipienten mit höherer Bildung und Kontra-Einstellung.

Wenn Pro- und Kontra-Argumente zu einem Thema dargestellt werden und eine Woche später nur Kontra-Argumente, sind die Kontra-Argumente weniger effektiv als bei Rezipienten, die zuerst nur Pro-Aussagen und eine Woche später nur Kontra-Aussagen hören und dann zu entscheiden haben, welcher Meinung sie sind.

Eine andere Forschungsfrage war, ob man in einer Medien-Botschaft explizit Schlussfolgerungen ziehen soll oder ob man sie dem Rezipienten überlassen soll, und wie dies wirkt. Das entsprechende Ergebnis lautete:

Eine Aussage, die die zentralen Einstellungen des Rezipienten nicht stark betrifft (geringes »Ego-involvement«) und die eine Reihe komplizierter Argumente enthält, ist effektiver, wenn die Schlussfolgerungen vom Kommunikator gezogen werden, als wenn es dem Rezipienten überlassen wird, selbst Schlussfolgerungen zu ziehen.

Ähnliche Ergebnisse gab es zur Frage, ob drohende und furchterregende Botschaften eine Einstellungsänderung erzielen. Furchterregende Aussagen finden sich auch in Werbespots, beispielsweise wenn mit dem Ausfallen der Zähne gedroht wird, falls man nicht die beworbene Zahnpasta kauft. Ergebnis: Je furchterregender die Aussageinhalte sind, desto mehr haben die Rezipienten die Tendenz, sie zu verdrängen, sie sind also ineffektiv.

Das Ziel der »wissenschaftlichen Rhetorik« war die Manipulation der Rezipienten.

Ignoriert wurde der Gesamtzusammenhang der Werbung, und die Rolle der Forschung wurde nicht reflektiert. Man sah sich zu dieser Forschung gezwungen, weil man feststellte, dass Werbebotschaften zunehmend wirkungsloser wurden. Das liegt weniger an den psychischen Strukturen der Rezipienten, auch weniger an den Strukturen der Kommunikation, entscheidend ist die Rationalität des Faktischen: Je mehr Werbung es für Zahnpasta gibt, desto mehr Werbung ist ineffektiv, denn die Leute kaufen nicht mehr Zahnpasta, als sie brauchen. *Das Interesse der wissenschaftlichen Rhetorik, die Strukturen eines Einstellungswandels herauszufinden, bezieht sich auf Einstellungen zu Konsum-Nebensächlichkeiten – Sollte ich die Zahnpasta wechseln? Und wenn ja, warum? – auf Einstellungen also, die vielen Leuten gar keine Meinung wert ist.*

Programm der kritischen Theorie bei Horkheimer

Gegen den Pragmatismus der neuen kommerziellen Sozialforschung propagierte Horkheimer die kritische Theorie der Gesellschaft.

Max Horkheimer (1895-1973) war Sozialphilosoph und Hauptbegründer der kritischen Theorie der »Frankfurter Schule«. Beruflich war er Privatdozent (1926); Professor für Sozialphilosophie an der Universität Frankfurt und Direktor des Instituts für Sozialforschung (1930); Direktor des Institute of Social Research bei der Columbia University in New York (1934); Professor und Institutsdirektor in Frankfurt (1949-1959); Rektor der Universität Frankfurt (1951-1953); gleichzeitig Professor in Chicago (1954-1959). Sein Vater war Textilfabrikant in Stuttgart.

In dem Aufsatz *Traditionelle und kritische Theorie* (1937) wandte sich Horkheimer dagegen, gesellschaftliche Phänomene als Naturtatsachen zu betrachten, wie das die »traditionelle Theorie« tat.

Traditionelle Theorie ist, so meinte Horkheimer, jede Art von Sozialwissenschaft, die gesellschaftliches Leben behandeln will, wie ein Naturwissenschaftler die materielle Welt behandelt, ohne Rücksicht darauf, wie das gesellschaftliche Leben selbst gesellschaftlich entsteht. Horkheimer schrieb: »Theorie im traditionellen von Descartes begründeten Sinn, wie sie im Betrieb der Fachwissenschaften überall lebendig ist, organisiert die Erfahrung auf Grund von Fragestellungen, die sich mit der Reproduktion des Lebens innerhalb der gegenwärtigen Gesellschaft ergeben. Die Systeme der Disziplinen enthalten die Kenntnisse in einer Form, die sie unter den gegebenen Umständen für möglichst viele Anlässe verwertbar macht. *Die soziale Genesis der Probleme, die realen Situationen, in denen die Wissenschaft gebraucht, die Zwecke, zu denen sie angewandt wird, gelten ihr selbst als äußerlich.*« (1937,

S. 57). *Die traditionelle Wissenschaft nähere sich den Objekten, um sie zu klassifizieren und ein Wissen um die Gesetzmäßigkeiten ihrer Bewegung zu etablieren. Sie betrachte die Dinge und die Menschen unter einem Verwertungsinteresse:* »Auch der botanisierende Gelehrte ist nicht wertfrei. Er möchte ja die Dinge in eine verwertbare Ordnung bringen.«

Gegen die traditionelle Theorie propagierte Horkheimer die kritische Theorie: Natürlich ist das kritische Denken nicht gegen das Herausfinden von Gesetzmäßigkeiten oder gegen empirische Beobachtung – aber gegen deren Verabsolutierung. Kritisches Denken ist sich dessen bewusst, dass die »Herrschaft in der Sphäre des Begriffs«, dass kategoriales Denken seinen Ursprung im Interesse an der Beherrschung von Menschen hat. Die kritische Theorie betont den geschichtlichen Charakter gesellschaftlicher Phänomene und damit deren prinzipielle objektive Veränderbarkeit: »Die kritische Theorie der Gesellschaft hat [...] die Menschen als die Produzenten ihrer gesamten historischen Lebensformen zum Gegenstand. *Die Verhältnisse der Wirklichkeit, von denen die Wissenschaft ausgeht, erscheinen ihr nicht als Gegebenheiten, die bloß festzustellen und nach den Gesetzen der Wahrscheinlichkeit vorauszuberechnen wären. Was jeweils gegeben ist, hängt nicht allein von der Natur ab, sondern auch davon, was der Mensch über sie vermag.* Die Gegenstände und die Art der Wahrnehmung, die Fragestellung und der Sinn der Beantwortung zeugen von menschlicher Aktivität und dem Grund ihrer Macht.« Die Gesellschaft, so wie sie ist, sei Ergebnis von Macht und Herrschaft und nicht das Produkt von bewusster, demokratischer Planung.

Das Wichtige an Horkheimers Wissenschaftsprogramm war seine Forderung nach einem Bezug der Analyse zum Ganzen der Wirklichkeit und zu dessen weitertreibenden Tendenzen. An der traditionellen Theorie vermisste Horkheimer die Verbundenheit mit der Entwicklung des Ganzen und dessen Logik und Vernünftigkeit: »Wenn strenge Untersuchung seit je die Isolierung von Strukturen erfordert hat, so bilden heute nicht mehr wie bei Adam Smith bewusste, weitertreibende historische Interessen dabei den Leitfaden; *die Zugehörigkeit moderner Analysen zu irgendeinem auf wirkliche Geschichte zielenden Ganzen der Erkenntnis ist verschwunden.* Man überlässt es anderen oder einer späteren Zeit oder dem Zufall, die Beziehung zur Wirklichkeit und zu irgendwelchen Zwecken herzustellen. Solange für sie selbst gesellschaftliche Nachfrage und Anerkennung vorhanden ist, beunruhigen sich die Wissenschaften darüber nicht, oder sie schieben die Sorge auf andere Disziplinen, zum Beispiel auf Soziologie und Fachphilosophie, die ihrerseits wieder dasselbe tun. Die Kräfte, die in der Gesellschaft den Ausschlag geben, die jeweilige Herrschaft wird damit stillschweigend von der Wissenschaft selbst als Richter über ihren Sieg und Wert bestätigt und die Erkenntnis für ohnmächtig erklärt.« (S. 59). *Dabei ist die Vernünftigkeit des gesellschaftlichen Ganzen für die kritische Theorie nicht nur als individuelle Perspektive im Ideenhimmel möglich, sondern vor allem in der Organisation der Arbeit, der Produktion: »Indem nun in der neueren Geschichte von jedem Individuum gefordert ist, dass es die Zwecke des Ganzen zu den eigenen mache und diese im Ganzen wiedererkenne, besteht die Möglichkeit, dass die ohne bestimmte Theorie als Resultante disparater Kräfte eingeschlagene Richtung des ge-*

sellschaftlichen Arbeitsprozesses, an deren Wendepunkten zuweilen die Verzweiflung der Massen ausschlaggebend war, ins Bewusstsein aufgenommen und zum Ziel gemacht wird.« (S. 32). Produktion unter den Bedingungen einer »befreiten Gesellschaft« bedeutet für die kritische Theorie nicht nur ökonomische Produktion, sondern auch die Produktion menschlicher Verhältnisse: »Die Ökonomie ist die erste Ursache des Elends, und die theoretische und praktische Kritik hat sich zunächst auf sie zu richten. Aber es wäre mechanistisches, nicht dialektisches Denken, auch die Formen der zukünftigen Gesellschaft einzig nach ihrer Wirtschaft zu beurteilen. Die geschichtliche Veränderung lässt das Verhältnis der Kultursphären nicht unberührt, und wenn beim gegenwärtigen Zustand der Gesellschaft die Wirtschaft die Menschen beherrscht und daher den Hebel bildet, durch den er umzuwälzen ist, so sollen in Zukunft die Menschen angesichts der natürlichen Notwendigkeiten ihre gesamten Beziehungen selbst bestimmen; abgelöste ökonomische Daten werden daher auch nicht das Maß bilden, an dem ihre Gemeinschaft zu messen ist.« (S. 61; Kursivsetzg. zusätzl.)

Was es heißt, sich die Zwecke des Ganze zu eigen zu machen – womit nicht die Unterwerfung unter die »Nation« oder unter Industrie-Interessen gemeint ist, sondern ein vernünftiges Ganzes –, blieb unklar. Es wurde von Horkheimer auch nicht erörtert, dass nicht nur die Macht der Industriekonzerne, die Interessen des Militärs, sondern auch die Eigeninteressen von staatlichen Bürokratien das »vernünftige Ganze« verhindern.

Aber das Programm der kritischen Theorie ist heute ebenso aktuell wie damals.

Das nur halb realisierte kritische Programm: nochmals zur Kritik der Kulturindustrie bei Adorno

Die Kritik der Kulturindustrie war widersprüchlich:

Einerseits konstruierte Adorno aus seinen Beobachtungen ein geschlossenes System, aus dem es für manipulierte Massen kein Entrinnen gibt: »Die Konsumenten sind die Arbeiter und Angestellten, die Farmer [Bauern] und Kleinbürger. Die kapitalistische Produktion hält sie mit Leib und Seele so eingeschlossen, dass sie dem, was ihnen geboten wird, widerstandslos verfallen. *Wie freilich die Beherrschten die Moral, die ihnen von den Herrschenden kam, stets ernster nahmen als diese selbst, verfallen heute die betrogenen Massen mehr noch als die Erfolgreichen dem Mythos des Erfolgs. Sie haben ihre Wünsche. Unbeirrbar bestehen sie auf der Ideologie, durch die man sie versklavt.«* (Horkheimer und Adorno, S. 159; Kursivsetzg. zusätzl.). Adorno konstruierte ein Reich des Bösen, in dem alle Kreativität unterdrückt wird. Er betonte, dass die Produkte »planvoll hergestellt« seien, dass ein Primat der »genau durchgerechneten Wirkung« bestehe, dass alles nach »abgefeimt-psychologisch kalkulierten Schnittmustern« ablaufe (Adorno 1963, S. 60f., 78f.).

Andererseits sah Adorno das Übel in der »hemmenden Rücksicht auf die Publikumsmassen, über die hinwegzusetzen nur ohnmächtige Unschuld sich zutraut«. (1953, S. 69). Und im Publikum sah er vor allem Unbewusstes am Werk. Deshalb habe es gar keinen Zweck, Fernsehzuschauer direkt zu befragen: »Da das Material [die Fernsehsendungen] aufs Unbewusste spekuliert, hülfe direkte Befragung nicht.

Vorbewusste oder unbewusste Wirkungen entziehen sich der unmittelbaren sprachlichen Kundgabe durch die Befragten. Diese werden entweder Rationalisierungen oder abstrakte Aussagen wie die dass der Fernsehapparat sie ›unterhalte‹, vorbringen.« (1953, S. 76f.).

Dagegen ist zu sagen:

1. *Es gibt künstlerische und journalistische Kreativität auch beim Film und Fernsehen, und zwar auch bei den populären und sich gut verkaufenden Produkten.*

2. *Die »Publikumsmassen« sind nicht dumm. Es ist besser, anzunehmen, dass die Rezipienten Filme, Radiosendungen, Tanzmusik, Fernsehsendungen und Illustrierte konsumieren, weil deren produktive Aspekte sie erfreuen, ihr Leben bereichern, sie weiterbringen. Natürlich nicht so weit, »wie die produktiven Kräfte des Zeitalters [...] erlaubten« (1963, S. 70), aber doch so weit, wie ihr Realitätssinn es ihnen gestattet.*

3. *Die Medien waren nie ein total geschlossenes Ganzes, an dem alles falsch ist. Darin toben Tag für Tag Konflikte, immer wieder werden Kompromissen neu geschlossen, und immer wieder brechen Kompromisse auf.*

Hierzu finden sich in Adornos Musiksoziologie interessantere Einsichten, hier werden die kreativen Prozesse beachtet. Schon in seinem Aufsatz *Zur gesellschaftlichen Lage in der Musik* (1933), vor allem aber in *Einleitung in die Musiksoziologie* (1962) analysierte er den Bereich der kommerziellen Interessen als »Produktionsverhältnisse« *und den Bereich des kreativen Arbeitens als »Produktivkräfte«* und verstand Musik aus dem Konflikt zwischen beiden.

Produktionsverhältnisse in der Musik sind »die wirtschaftlichen und ideologischen Bedingungen, in die jeder Ton, und die Reaktion auf einen jeden, eingespannt ist. [...] ein Aspekt der Produktionsverhältnisse [ist] auch die musikalische Mentalität und der Geschmack der Hörer.«

Produktivkräfte, das ist eigentlich ein in der Politischen Ökonomie gebrauchter Begriff für technische Rationalität, die die technischen Mittel der Arbeit verbessert. Adorno übertrug mit dem Begriff auch die Hoffnung der kritischen Theoretiker der 30er Jahre, dass die industriellen Produktivkräfte jene materielle Sprengkraft entfalten würden, die zu einer vernünftigeren Gesellschaftsordnung führt. Der Blick sollte auf die utopischen Möglichkeiten der Entfesselung der Produktivkräfte gelenkt werden (Schwarz 1980, S. 456f.; Wiggershaus, S. 134ff.). Anfang der 60er Jahre war das als analytisches Instrument zu verstehen. Als Produktivkräfte fasste Adorno die künstlerischen Gestaltungsmittel der Musik: »Zur Produktivkraft rechnet dabei nicht nur Produktion im engeren musikalischen Sinn, das Komponieren, sondern auch die lebendige künstlerische Arbeit der Reproduzierenden und die gesamte, in sich inhomogen zusammengesetzte Technik: die innermusikalisch-kompositorische, das Spielvermögen der Reproduzierenden und die Verfahrungsweisen der mechanischen Reproduktion, denen heute eminente Bedeutung zukommt.« *Unter Produktivkräften muss man sich alles vorstellen, was künstlerische Kreativität ermöglicht. Dazu gehören auch Techniken und Eigengesetzlichkeiten des Materials.*

Inhaltlich ist Produktivkraft alles, was sich gegen die Standardisierungen, die Typen und Gattungen wehrt: »Als ein Geistiges ist musikalische Produktion selbst gesellschaftlich vermittelt, kein Unmittelbares. Strengen Sinnes ist Produktivkraft an ihr allein die von den Vermittlungen nicht abzulösende Spontaneität. Unter gesellschaftlichem Blickpunkt wäre es die Kraft, die über die bloße Wiederholung der von den Typen und Gattungen vertretenen Produktionsverhältnisse hinausgeht. [...] In ihr stecken stets gesellschaftliche Produktivkräfte, die von der Gesellschaft in ihren realen Formen noch nicht absorbiert worden ist.« (1962, S. 234ff.)

In Adornos Kritik der Kulturindustrie blieben seine musiksoziologischen Erkenntnisse unbeachtet.

Von der kritischen Theorie nicht beachtet: Medien-Produktivkräfte

Produktivkräfte der Spontaneität, kreative Tendenzen, die sich gegen das Schematische wehren, gibt es auch in den Medien. Immer gibt es einen Widerstand künstlerischen Ausdrucks oder auch journalistischer Berichterstattung gegenüber dem, was in die Produkte zwecks Verkäuflichkeit eingebaut werden muss. Oft ist der Widerstand erfolgreich, denn die Standards der Verkäuflichkeit sind oft nur Konventionen, keine realen Erkenntnisse, schon gar nicht ewige Wahrheiten. Die Kriterien der Verkäuflichkeit ändern sich ständig mit den Erfahrungen des Publikums.

Medien-Produktivkräfte haben sich sogar – und oft gerade – im Rahmen der oligopolistischen Medienindustrie entwickelt. So haben die Oligopolisten differenzierte Formen arbeitsteiliger Produktion, die in kreativer Hinsicht einen Fortschritt darstellen, überhaupt erst ermöglicht.

Aber selbst »Standardisierungen«, sich wiederholende Inhalte und Formen, sollten nicht vom Ideal des ständig Neues schaffenden Künstlergenies her diskutiert werden. Ohnehin ist dieses moderne, romantisierende Ideal ohne Realitätsbezug. Schon die klassische Kunst, wie z.B. die Malerei der Renaissance, erfand keine neuen Themen, sondern variierte altbekannte Geschichten durch neue Perspektiven, neue Zusammenhänge, neue Charakterausdeutungen. Die Kunst aller Zeiten macht das. Für das Publikum ist es reizvoll, dass sich in der Massenkultur so vieles immer wiederholt, dass man die Dinge kennt. Auch innerhalb des Konventionellen, in der intelligenten Kombination bekannter Versatzstücke, werden die Dinge weitergetrieben, auch das sind Produktivkräfte.

Der Blick auf den Widerspruch von Produktivkräften und Produktionsverhältnissen ist das Wichtige, weil er den historischen Entwicklungsstand der Gestaltungsmittel beachtet und damit einen Maßstab für Qualität bietet, der über individuelle Vorurteile und individuellen Geschmack hinausführt.

Flexibilisierung der Filmproduktion

Mittel gegen langweilige Standardisierung: Produktionssystem mit dezentralen Produktionseinheiten

Vor den 30er Jahren, im zentralen Produktionssystem mit Produzenten-Macht (1925-1931), hatten Überwacher auf die strikte Einhaltung der Kostenpläne, geachtet und die strikt die Dreharbeiten ausführenden Regisseure machte standardisierte Filme, denn jedes Experiment war ein Kostenrisiko.

Dann hatte das Publikum genug von den standardisierten Filmen, und die Manager mussten umdenken. *Die zentrale Produktionsleitung, die nur Routine-Entscheidungen fällte, wurde bei einigen Filmen abgeschafft, Macht wurde dezentralisiert. Staiger nennt die neue Produktionsweise »producer-unit system of production«, Produktionssystem mit dezentralen Produktionseinheiten* (S. 320ff.). Sie datiert dieses System von 1931 bis 1955. Für jeden Film gab es jetzt einen speziellen Produzenten mit eigener Entscheidungsbefugnis, den »Unit Producer« oder »Associate Producer«. Er war auch am Gewinn beteiligt, arbeitete intensiv mit dem Regisseur zusammen, um ihn zum Kostensparen zu veranlassen, was aber nicht unbedingt eine Beschränkung von Regisseurs-Freiheiten bedeuten musste.

Die Unit Producer oder Associate Producer nahmen auch eigene künstlerische Interessen wahr. Ihre wichtigste Funktion war es, schon im Vorfeld der Produktion die richtigen Leute auzusuchen: Autoren, Bühnenbildner, Ausstatter, Schauspieler, Regisseure etc. Diesen Job gut zu machen, war eine kreative Leistung.

Zum Teil war die neue Produktionsweise durch die Entwicklung der Filmtechnik bedingt. So setzte die Firma Technicolor durch, dass zu jeder Produktion ein Technicolor-Assistent kam, der sich um die täglichen Farbtests kümmerte. Das Beispiel zeigt, dass der Produktionsprozess immer komplizierter wurde und immer weniger von einem zentralen Chef-Produktionsleiter zu überschauen war.

Durch die Einführung dezentraler Produktionssysteme und der erforderlichen Arbeitsteilung nahm die Spezialisierung zu. Die Festschreibung von Spezialisierungen kam auch auf Druck der Gewerkschaften zustande. Nachdem viele Studios die Wirtschaftskrise zum Anlass für Lohnkürzungen genommen hatten, entstanden als Gegenreaktion: die Association of Actors and Artists (AAA); die Gewerkschaft der Schauspieler und Künstler; die National Alliance of Theatrical Stage Employees (IATSE); die Gewerkschaft aller Film- und Theaterangestellten, ausgenommen Schauspieler; die Screen Writers Guild, die Gewerkschaft der Drehbuchautoren; die Screen Directors Guild, die Gewerkschaft der Regisseure.

Nicht überall wurden die zentralen Produktionsleitungen abgeschafft, meist gab es Mischformen:

Bei *Metro-Goldwyn-Mayer* war Irving Thalberg ein zentraler Herrscher über die Produktion, bis er krank wurde und Studio-Boss Louis B. Mayer ihn entmachtete. Mayer bildete 1932 dezentrale Produktionseinheiten, die jeweils von Associate Producers kontrolliert wurden. Thalberg musste Associate Producer werden, gleichberechtigt mit David O. Selznick, Walter Wanger und Joseph L. Mankiewicz. Die Associate Producers waren nur Mayer direkt verantwortlich. Sie betreuten selbständig mehrere Filmprojekte pro Jahr, deren Konzeption sie – und das war neu – selbst entwickelten.

Bei *Paramount* blieb die zentrale Produktionsleitung erhalten, aber die Regisseure hatten mehr Freiheiten als anderswo, sie besaßen vollständigen Einfluss auf den Schnitt. Neben dem zentralen Produktionschef gab es sieben autonome Associate Producers. Diese kontrollierten die Regisseure – aber es kam auch vor, dass ein erfolgreicher Regisseur zugleich Associate Producer wurde, sich also selbst überwachte. Einer der Associate Producers wurde der Regisseur Ernst Lubitsch.

Warner Bros. dagegen hatte ab 1930 ein dezentrales Produktionssystem, mit sechs autonomen Associate Producers und außerdem spezialisierten Produzenten. Einer befasste sich nur mit Gangsterfilmen; ein anderer konzentrierte sich auf biografische Filme.

Auch bei *Twentieth Century-Fox* fand der Wandel um 1930 statt, aber als 1935 Darryl F. Zanuck Studioboss wurde, führte er für teure Produktionen wieder die zentrale Kontrolle ein. Zanuck kümmerte sich persönlich um die Vorbereitung von Filmproduktionen, um Story-Kauf, Star-Besetzung. Beim Drehen überließ er manchen Regisseuren völlige Freiheit, anderen wieder nicht. Er behielt sich die Verfügungsgewalt über das gedrehte Material vor und gab den Cuttern Anweisungen.

Corporate Identity und Kreativität: Art Déco, Streamline

Eine besondere Macht erhielten die Art-Directors, die »Ausstattungs-Regisseure«. Wenn ein Drehbuch zur Verfilmung akzeptiert wurde, wurde nicht mehr zuerst ein Regisseur beauftragt, sich über die Möglichkeiten der visuellen Umsetzung Gedanken zu machen, zuerst wurde nun das Art Department herangezogen, um die Ausstattungsqualität und den Stil des geplanten Films festzulegen. Art Directors prägten und beaufsichtigen den Stil ihrer Produktionsfirma. Auf die Ausstattung einzelner Filme hatten sie nur indirekten, doch entscheidenden Einfluss: Sie wählten die Unit-Art-Directors aus, die die eigentliche Arbeit an den Filmen machten. Die Unit-Art-Directors waren die Ansprechpartner für die Handwerker, die Illustratoren, die Special-Effects-Leute. Sie koordinierten alle visuellen Momente, gaben Kamerawinkel an, kümmerten sich um die Beleuchtung. (Hambley und Downing 1979; Mandelbaum und Myers 1985)

Der Stil der Zeit war Art Déco. 1925 hatte in Paris die »Exposition des Arts Décoratifs et Industriels Modernes« stattgefunden und Kunstgeschichte gemacht. Art Décoratif, abgekürzt »Art Déco«, löste den verschnörkelten, naturbezogenen Jugendstil ab. Art Déco, auch »Modernismus«, »Internationaler Stil« oder »Konstruktivismus« genannt, feierte die Technik, das industrielle Ideal. Die Gebrauchsgegenstände waren gekennzeichnet durch glatte Oberflächen, geometrische Gliederung, maschinengerechte Formen, maschinengerechte Materialien: moderne Kunststoffe statt Glas, verchromtes Material statt Holz. Cedric Gibbons, Art Director bei *Metro-Goldwyn-Mayer*, brachte Art Déco von Paris nach Hollywood. »Class« haben, Stil zeigen, das war das große Motto. Für den neuen Stil von MGM standen Kulissen, die ganz in Weiß gehalten waren, alles war glänzend-glanzvoll. Gefragt war die »Up to the minute-Modernity« von Möbeln und Menschen.

In *Our Dancing Daughters* (1928) stellte Joan Crawford den neuen, modernen Frauentyp dar, das flapper girl. Der Mode-Designer Gilbert Adrian ergänzte die weißen Art Déco-Architekturen um weiße, schwarze und schwarzweiße Kostüme. Joan Crawfords breitschultrige Kostüme waren seine Erfindung. Für Norma Shearer und Jean Harlow entwarf er enganliegende, glatte Satin-Roben. Er prägte die Garbo-Filme *Grand Hotel* (1932) oder *The Two-Faced Woman* (1941), Garbos letzten Film. *Art Déco wurde zur Corporate Identity von MGM.*

Paramounts Art Director war Hans Dreier. Er gab ab 1930 den Filmen seiner Firma ebenfalls ihren unverkennbaren Stil: schattenumhüllte Atmosphäre, mit vielen Zwischentönen, genau das Gegenteil von MGM. Dieser differenziertere Stil prägte die Filme von Ernst Lubitsch, Josef von Sternberg, Mitchell Leisen und Billy Wilder.

Warner Bros., mit seinen Art Directors Anton Grot und William Cameron Menzies, hatte zwar einen eigenen, aber bescheideneren Stil. Warner machte Filme für Arbeiter, vor allem Gangsterfilme. Sie zeichneten sich aus durch Action, rasche Schnittfolge und durch eine Beleuchtung, die man »Low Key« nannte: Das »Key Light«, das Hauptlicht, mit dem man die gesamte Szenerie zunächst ausleuchtet, war bei Warner stets dunkler als üblich, die Firma wollte sparen. Da die gesamte Szene weniger beleuchtet war, mussten die Details stärker beleuchtet werden, das schuf eine gefahrenumwitterte Atmosphäre.

Berühmt wurde Warner auch mit den Film-Musicals von Busby Berkeley. Das Musical war das neue Filmgenre, das der Tonfilm hervorgebracht hatte. Berkeleys Musicals waren ultramodern in Ausstattung und Choreografie. Üppige Kulissen, bei denen jedes Detail in Art Déco gestylt war. Auch seine Choreografie spiegelte den Geist des Art Déco: Tanzformationen, in denen sich Armeen von Tänzerinnen präzise wie Maschinen bewegen. Durch Spiegelungen, sich drehende Treppen und Podeste wird das Aufgebot der Tänzerinnen unendlich vervielfältigt, die Szenen werden zu kaleidoskopischen Mustern. In *Gold Diggers of 1933* schreiten unzählige Tänzerinnen in weißen Abendkleidern geigenspielend eine Treppe herunter. Die Konturen sämtlicher Geigen sind mit Neonröhren erleuchtet. In *Fashions of 1934* bilden unzählige Tänzerinnen mit einer Unmenge weißer Federn ein Muster schäumender Ozeanwellen. Überall sprühen Wasserfontänen, natürlich in ausgeklügelten Art-Déco-Mustern. In *Gold Diggers of 1935* spielen zahllose junge Damen in weißen Abendkleidern an zahllosen weißen Flügeln Klavier, die Flügel tanzen unsichtbar bewegt, mitsamt Pianistinnen, und bilden Ornamente. Alles gibt es massenweise und in sich steigernden Effekten. Höhepunkt war der »Berkeley top shot«. Das ist eine besondere Kamera-Einstellung, in der man die vielen Tänzerinnen von oben sehen kann, wie sie mit ihren Körpern Ornamente bilden. Das war Berkeleys innovative Leistung: Er befreite das Film-Musical von den Konventionen und Perspektiven des Bühnenmusicals. Bei ihm wurde die zunächst starre Tonfilmkamera wieder beweglich, und mehr noch, sie zeigte noch nie Gesehenes.

Der Designer Norman Bel Geddes führte 1932 den Begriff der »Streamline Moderne« ein. Seine Stromlinien-Ausstattungen wurden überall verwendet. Streamline war weniger fantastisch als Art Déco, dafür funktionaler und dynamischer. Schnelligkeit und Dynamik war das neue Motto. Es war die Zeit der Passagierflüge im Zeppelin über den Atlantik und die Zeit der großen Luxusdampfer.

Freiheiten für kommerziell Erfolgreiche

Es war eine Frage des Marktwerts: Je erfolgreicher ein Regisseur, eine Schauspielerin, ein Schauspieler war, desto mehr Freiräume konnten sie durchsetzen. Die Erfolgreichen hatten längerfristige Verträge, meist über mehrere Jahre. Falls die Firma keine Filme produzieren wollte, mussten die Schauspieler dennoch bezahlt werden. Die vertraglich gebundenen Schauspieler konnten in begrenztem Umfang ihre Rollen auswählen, zwei von drei Angeboten durften sie ablehnen. Außerdem erlaubten es die Verträge, dass die Schauspieler unbezahlten Urlaub nahmen und als selbständige Produzenten mit einer Firma Filme machten.

Es kam sogar vor, dass besonders erfolgreiche Stars während ihres bezahlten Arbeitsverhältnisses bei der Großfirma zugleich in ihrer eigenen Firma arbeiten durften: 1933 fürchtete Metro-Goldwyn-Mayer, dass Greta Garbo, die sich nicht länger bevormunden lassen wollte, kündigen könnte. Deshalb gestattete man ihr eine eigene Produktionsfirma, Canyon Productions. *Abgesehen von traumhaften Honoraren erhielt sie Einfluss auf die Wahl des Regisseurs und die Auswahl der Schauspieler, die neben ihr auftraten.* Garbos Supervertrag wurde geheim gehalten, er musste die Ausnahme bleiben.

Auch Frank Capra, Star-Regisseur bei Columbia, arbeitete frei von Beschränkungen, sowohl als Autor als auch beim Schnitt. Er machte unterhaltende und zugleich witzig sozialkritische Filme: *It Happened One Night* (1934); *Mr. Deeds Goes to Town* (1936); *Mr. Smith Goes to Washington* (1939).

Vollkommen unabhängig – allerdings nur für einen Film – war der Regisseur Orson Welles. Er war 1938 mit dem Hörspiel *Krieg der Welten* berühmt geworden, das eine Landung der Marsmenschen vortäuschte. Die RKO nahm ihn zu sensationellen Bedingungen unter Vertrag, Welles bekam vollkommene künstlerische Freiheit, als er für RKO *Citizen Kane* (1941) drehte, einen Film über einen Zeitungs-Boss, Charles Forster Kane, dessen Aufstieg zur Macht und über dessen Geliebte, aus der er eine große Sängerin machen will, obwohl sie nicht singen kann. Eine Geschichte, in der das damalige Publikum den Zeitungskonzern-Besitzer William Randolph Hearst erkannte, der seine Geliebte Marion Davies zum Filmstar machte. *Citizen Kane* war damals die unabhängigste aller Hollywood-Produktionen. (Carringer 1985). Völlig ungewöhnlich war, dass Orson Welles das Drehbuch schon vor den Dreharbeiten mit seinem Kameramann Gregg Toland abstimmte. Toland hatte ein halbes Jahr Zeit für Vorbereitungen. Welles wollte, dass alle Szenen ineinanderfließen. Kamerafahrten mussten geplant werden, die kontinuierliche Übergänge möglich machten. Welles stimmte das Drehbuch auch mit seinem Komponisten Bernhard Hermann ab. Dieser schrieb zunächst Musikstücke für einzelne Szenen, der Film wurde entsprechend der Musik geschnitten. Diese Art von kooperativer Planung war die absolute Ausnahme.

Citizen Kane wurde ein kommerzieller Misserfolg, er wurde in der Hearst-Presse verrissen. Daraufhin kündigte RKO 1942 den Vertrag. Welles musste sich jahrelang mit Auftragsarbeiten durchschlagen. Heute gilt *Citizen Kane* bei allen Kritikern als einer der besten Filme aller Zeiten.

Anfänge des Fernsehens beim Radio-Elektrokonzern RCA

In der Forschungsabteilung der Radio Corporation of America (RCA) stand das Fernsehen auf der Tagesordnung. Man erwartete, dass das »visuelle Radio« große Faszination ausüben würde, und man erwartete Profite beim Verkauf von Aufnahmetechnik, Sendetechnik, Fernsehapparaten. 1928 erhielt RCA die Lizenz zum Betrieb eines Fernsehsenders bei New York und begann mit dem Sendebetrieb, der nur der Forschung diente. Im Versuchsstudio drehte sich eine kleine Plastikfigur unablässig auf einer Scheibe: Felix the Cat, eine beliebte Cartoon-Figur.

Die Fernsehpioniere arbeiteten mit der »Nipkow-Scheibe«, 1884 in Berlin erfunden, in der spiralförmig kleine Löcher angeordnet waren. Auf diese Scheibe wurde das Bild projiziert. Rotierte die Scheibe sehr schnell, wirkten diese Löcher wie ein Scanner, der das zu übertragende Bild Zeile für Zeile abtastete. Aber Fernsehapparate mit rotierenden Scheiben waren wenig praktikabel, deshalb stellte man sich auf ein elektronisches System um, das mit einem von Vladimir Zvorkin entwickelten »elektronischen Auge« arbeitete, Iconoscope genannt, und einer Röhre zum Empfang der Bilder, Kinescope genannt, dem Vorläufer der heutigen Fernseh-Bildschirme. Zvorkin erfand das Iconoscope 1923, das Kinescope 1929. Er machte seine Erfindungen bei Westinghouse, ging aber danach zu RCA, wo er mit allen Mitteln ausgestattet wurde. *Insgesamt kostete RCA die Entwicklung des Fernsehens rund 10 Mio. $.*

1931 eröffnete CBS das erste regelmäßige Fernsehprogramm der USA, mit Nipkow-Scheiben. Aber wegen der Wirtschaftskrise gab es kein Geld für die Weiterentwicklung, und Fernsehapparate konnte sich niemand leisten. *Außerdem wandelte die neue Roosevelt-Regierung die Federal Radio Commission in eine Federal Communications Commission um, die zunächst Grundsatzfragen diskutierte: ob wirklich ein kommerzielles, von den Werbe-Aufträgen der Industrie abhängiges Fernsehsystem wünschenswert sei.* Das verzögerte einheitliche Standards für das Fernsehen.

1936 begann NBC, mit Zvorkins vollelektronischer Technik, mit dem Fernsehbetrieb, mit einer Show des Komikers Ed Wynn, aber das war noch kein Durchbruch, denn nur ein paar Fernsehtechniker in New York besaßen Fernsehempfänger. Und erst musste ein Netz von Sendern aufgebaut werden, und es mussten von AT&T spezielle Kabel verlegt werden. Erstes Fernsehereignis wurde 1939 die Übertragung der Eröffnung der New Yorker Weltausstellung durch Präsident Roosevelt – sie wurde nur von 200 Fernsehapparaten in New York empfangen, die größtenteils Technikern von RCA gehörten. Am Tag danach kamen die ersten vollelektronischen Fernsehapparate auf den Markt, doch sie verkauften sich nicht, es fehlten immer noch die Empfangsmöglichkeiten.

1941 traten die USA in den zweiten Weltkrieg ein, RCA musste sich auf Kriegsproduktion umstellen, das Fernsehen kam nicht voran. (Barnouw 1990; Castleman und Podrazik 1982)

In Deutschland stellte Manfred von Ardenne 1930 mit der Braunschen Röhre ein vollelektronisches Fernsehbild her. Auf der Funkausstellung 1933 gab es eine Fernsehvorführung. Peter Dahl beschreibt sie: »Ein Versuchssender strahlte ununterbrochen eine Filmschleife aus, die sich alle drei Minuten wiederholte. Inhalt: Hitler tritt auf eine Tribüne und sagt: ›Eine Große Zeit ist angebrochen.‹« (S. 198f.). Zwei Jahre später begann die Reichsrundfunkgesellschaft ein Versuchsprogramm. Der Höhepunkt des Vorkriegsfernsehens war die Übertragung der Olympischen Spiele in Berlin 1936. Da es kaum Fernsehapparate gab, wurde in »Fernsehstuben« übertragen, in öffentliche Räume. In Berlin gab es 25 solche Räume, in Leipzig zwei.

Organisatorisch war der »Fernseh-Rundfunk« dem Propagandaministerium unterstellt, ebenso die Zensur. Die gesamte Technik blieb dem Postministerium unterstellt (Diller, S. 184ff.). Der Sendebetrieb, acht Stunden täglich, wurde nach den Olympischen Spielen fortgesetzt, aber unter Ausschluss der Öffentlichkeit, denn nur einige Parteifunktionäre, Staatsbeamte und Journalisten besaßen Fernsehapparate. 1939 wurden »Fernseh-Volksempfänger« vorgestellt, die 650 Mark kosten sollten. Es wurden davon nur fünfzig Stück produziert. Das Fernsehen kam während des Kriegs zum Erliegen. Erst 1954 gab es das erste deutsche Nachkriegsprogramm.

In Großbritannien begann die British Broadcasting Corporation (BBC) 1929 mit Versuchssendungen. 1936 startete die BBC das reguläre Fernsehprogramm, mit der Übertragung einer Rede des Postministers. Täglich wurden zunächst nur zwei Stunden Programm gesendet.

Das erste Fernsehereignis war in Großbritannien 1937 die Übertragung der Krönung König Georges IV. Durch kilometerlange Kabel ans BBC-Studio angeschlossene Kameras verfolgen den Festzug. Die Zahl der Fernsehgeräte stieg anlässlich der Krönung von 400 auf 2.000. 1939 wurde das Fernsehen wegen des Kriegs eingestellt.

1945-1970
Soziale Marktwirtschaft, Motorisierung, Freizeitgesellschaft: Privatisierung des Lebens

Fordismus und Keynesianismus bestanden weiter. Einen Abschnitt kann man hier machen, weil sich nach dem zweiten Weltkrieg (1939-1945) in USA und Europa neue gesellschaftliche Strukturen durchsetzten: Motorisierung, Stadtflucht, d.h. Wohnung im Grünen, Aufstieg des Fernsehens, Privatisierung der Interessen vor allem der Massen, der Arbeiter und Angestellten. Außerdem wurden in Westdeutschland Demokratie und öffentlich-rechtlicher Rundfunk eingeführt.

Neu in Deutschland: Informations- und Meinungsfreiheit als Menschenrecht

Soziale Marktwirtschaft, rheinischer Kapitalismus, keynesianischer Staat

Es gab immer noch den fordistischen, stabilisierten Oligpol-Kapitalismus. Er konsolidierte sich in den 50er Jahren in den westeuropäischen Industriegesellschaften. In manchen Staaten herrschte mehr die fordistische Komponente vor – Taylorismus, Fließbandarbeit, relativ hohe Löhne und niedrige Arbeitszeiten –, in anderen kam die Komponente des keynesianischen Sozialstaats hinzu, vor allem in Westdeutschland, wo man das »soziale Marktwirtschaft« nannte: die Sozialbindung des Eigentums; die sozialstaatliche Absicherung gegen Arbeitslosigkeit, Armut, Krankheit, Alter; die gesetzliche Regelung der Aushandlung von Tarifverträgen. Sie wurden im Grundgesetz festgeschrieben.

Dazu kamen weitere Elemente des keynesianischen Staats: die staatliche Förderung von Wachstum, Unternehmens-Investitionen und von Kaufkraft; Exportförderung; die Beförderung von Geldwertstabilität durch die Zentralbanken; die staatliche Finanzierung von Grundlagenforschung und neuen Technologien, von Ausbildung und Qualifikation; und die staatliche, »korporatistische« Förderung des Interessenausgleichs zwischen Arbeitgebern und Arbeitnehmern. Exemplarisch hierfür war die »konzertierte Aktion« des SPD-Wirtschaftsministers Karl Schiller (rg. 1966-1972). Voraussetzung dieser Politik waren unter anderem relativ niedrige Ölpreise und die boomende Autoindustrie, in der viele Arbeit fanden. Außerdem übten die Gewerkschaften Zurückhaltung bei Lohnforderungen, solange Arbeitsplätze geschaffen wurden – auch für immer mehr Frauen, was wiederum die Kaufkraft der Arbeiterfamilien erhöhte. Dieser »rheinische Kapitalismus« war bis Anfang der 70er Jahre der Grund für das Funktionieren und die Akzeptanz des Oligopol-Kapitalismus.

Das Grundgesetz

In Westdeutschland wurde – erstmals in Deutschland – die Meinungs- und Informationsfreiheit ein in der Verfassung verankertes, unveräußerliches Menschenrecht. In Art. 5 des Grundgesetzes von 1949 steht: »Jeder hat das Recht, seine Meinung in Wort, Schrift und Bild frei zu äußern und zu verbreiten und sich aus allgemein zugänglichen Quellen ungehindert zu unterrichten. Die Pressefreiheit und die Freiheit der Berichterstattung durch Rundfunk und Film werden gewährleistet. Eine Zensur findet nicht statt.« Geschützt wird sowohl die Meinungsfreiheit als objektives Prinzip, als auch der Kommunikationsprozess. Meinungsfreiheit impliziert einen *Bildungsauftrag* an die Massenmedien, die mündigen Bürger müssen von den Medien frei, umfassend und wahrheitsgemäß informiert werden. Die Medien müssen eine *Vielfalt der Informationen und Meinungen* anbieten, *es darf keine »vorherrschende Meinungsmacht« geben, d.h. es darf nicht dazu kommen, dass ein Anbieter die Möglichkeiten der Meinungsbildung beherrscht.* (Hoffmann-Riem 1994; Schuler-Harms 1996/97)

Demokratische Repräsentanz: das öffentlich-rechtliche Prinzip

Nach dem zweiten Weltkrieg wusste man, dass Monopolgefahren von den kommerziellen Systemen drohen. In USA hatte es das Gerichtsverfahren gegen das Monopol in der Filmindustrie gegeben. Auch war das kommerzielle Fernseh- und Radio-System der USA, mit drei Oligopolisten, den kommerziellen Networks, den Grundgesetzgebern kein Vorbild. In Deutschland hatte der Medienkapitalist Hugenberg die Nazis an die Macht gebracht. Man wollte auch keinen staatlichen Rundfunk, denn der Nazi-Staat hatte 1933-1945 die Massenmedien zu einem Propagandainstrument gemacht. Es gab bei den Grundgesetzgebern ein Misstrauen sowohl gegenüber kommerziellen als auch gegenüber staatlichen Mediensystemen. Sie wollten die Vielfalt der Informationen und Meinungen – unerlässliche Voraussetzung für freie Meinungsbildung – als Grundversorgung der Bevölkerung absichern, indem sie bei Radio und Fernsehen das demokratische Machtspiel der gesellschaftlich relevanten Gruppen organisatorisch absicherten: der Parteien, Unternehmerverbände, Gewerkschaften, Kirchen, Universitäten etc. So wurde 1948 in Westdeutschland – nach dem Vorbild der BBC – das öffentlich-rechtliche System eingerichtet.

Für die Umsetzung des Grundgesetzauftrags waren die Bundesländer zuständig, sie haben die Kulturhoheit. Aus Militärsendern wurden Rundfunkanstalten öffentlichen Rechts: Nordwestdeutscher Rundfunk (NWDR), Bayerischer Rundfunk, Südwestfunk. 1950 wurde die ARD (Arbeitsgemeinschaft der öffentlich-rechtlichen Rundfunkanstalten Deutschlands) gegründet. 1961 kam durch Staatsvertrag der Länder das ZDF (Zweites Deutsches Fernsehen) dazu, das ab 1963 sendete. Die Öffentlich-Rechtlichen finanzieren sich zum größeren Teil durch Gebühren, der kleinere Teil stammt aus Werbeeinnahmen.

Das öffentlich-rechtliche System verkrustete schnell, der Einfluss der CDU und der SPD nahm in allen Gremien zu. Die Parteien unterwanderten das öffentlich-rechtliche Prinzip, indem sie in allen gesellschaftlich relevanten Gruppen Freundeskreise gründeten. Verkrustet wurde vieles, nicht nur wegen des Parteienproporzes, sondern wegen der starren Gliederung in Ressorts. *Andererseits war und ist im öffentlich-rechtlichen System ein demokratisches Prinzip wirksam: der Interessenausgleich aller gesellschaftlich relevanten Gruppen, faktisch wenigstens der Interessenausgleich zwischen den Parteien.*

Erste Revolution des Rundfunks: Fernsehen

Aufstieg des Fernsehens

In USA hatte das Fernsehen 1945 mit 8.000 Geräten begonnen. Im nächsten Jahr waren es erst 17.000, die Geräte waren teuer, entsprechend langsam breitete sich das Fernsehen aus, 1947: 200.000 Geräte; 1948: 750.000 Geräte. *Dann kam der Durchbruch: 1949: 4 Mio.; 1951: 15,8 Mio.; 1954: 31,7 Mio., damit hatten 65% der Haushalte ein Fernsehgerät.* 1954 kam in USA das Farbfernsehen auf den Markt, auch diese Geräte waren zunächst teuer und störanfällig, bis 1965 wurden 5 Mio. Farbfernseher verkauft. Der Durchbruch des Farbfernsehens kam bis 1970: 37 Mio. Farbfernseher von insgesamt 70 Mio. Fernsehgeräten. *1983 war mit 172 Mio. Geräten die totale Fernsehversorgung der USA erreicht:* Auf 1.000 Einwohner, Kleinkinder mitgerechnet, kamen 741 TV-Geräte.

In Großbritannien begann das Fernsehen der BBC im Juni 1946, für die Zuschauer an 14.000 angemeldeten Fernsehapparaten. 1953, bei der Übertragung der Krönung von Königin Elizabeth II, gab es schon 2,5 Mio. Fernsehapparate.

In der Bundesrepublik Deutschland begann das Fernsehen 1954. Es gab 11.658 angemeldete Fernsehapparate. Die Hälfte davon gehörten Rundfunkhändlern und Gastwirten. Schilder an den Lokaltüren verkündeten die neuen Attraktionen: »Hier Fernsehen und Coca Cola«. *Bis 1960 stieg die Zahl der angemeldeten Fernsehapparate auf 4,6 Mio., das waren 17,5% aller westdeutschen Haushalte.* 1967 kam das Farbfernsehen. (Hans Bredow-Institut 1988, S. 10f.; Wilhelm 1955, S. 203)

Kino verliert gegen Fernsehen

Die amerikanische Filmindustrie hatte 1946 ihr profitabelstes Jahr. Damals gingen die Leute alle drei Wochen ins Kino, das waren 88 Mio. Kinobesuche wöchentlich. *Danach ging es abwärts: Die wöchentliche Besucherzahl sank bis 1958 auf 22 Mio. Zuschauer.* Nach dem Krieg hatte es 200.000 Kinos gegeben, 1959 gab es nur noch 11.000. (Conant 1960, S. 10; DeFleur 1970, S. 68)

Eine Ursache für den Rückgang war die nach 1945 einsetzende totale Motorisierung, die andere Freizeitaktivitäten möglich machte. Mit der Motorisierung ging ein anderer Trend einher, der Bau von Vorstädten, der Exodus aus den Städten nach Suburbia. Autos und Eigenheime belasteten die Familienbudgets. Außerdem gab es nach dem Krieg eine hohe Geburtenrate, viele junge Ehepaare waren ans Haus gefesselt – ans Fernsehen.

In keinem europäischen Land blieb die Beeinträchtigung des Kinos aus. Die Filmindustrie in der damaligen EWG (Frankreich, Belgien, Italien, Bundesrepublik Deutschland und Niederlande) verlor zwischen 1956 und 1961 473 Mio. Zuschauer

(21,5%). 1960 gab es häufigen Kinobesuch nur noch in Ländern mit relativ niedrigem Pro-Kopf-Einkommen: in Hong Kong, Libanon, Australien, Israel, UdSSR, Neuseeland, mit 16-22 Kinobesuchen im Jahr (U.N. 1962). Die Zahl der jährlichen Kinobesuche je Einwohner in der Bundesrepublik lag 1957 noch bei 15 Besuchen pro Jahr, 1960 bei 9 Besuchen, 1966 waren es nur noch 5. (AWA 1967, S. 113; SPIO 1967, S. 14)

Stabilisierter Fernseh-Oligopol-Kapitalismus

Networks
Der Fernsehmarkt war in USA von Anfang an oligopolistisch strukturiert, die drei großen Radio-Networks konkurrierten um das Fernsehpublikum:

NBC: Die Firma profilierte sich mit Unterhaltungs-Shows, vor allem Milton Berles *Texaco Star Theater* – wir kommen gleich darauf – oder mit Perry Comos Musikshow *Supper Club.* NBCs erste Fernseh-Seifenoper, *These Are My Children,* begann 1949. Drei Jahre später begann *Dragnet,* die erste Krimi-Fernsehserie. Nachrichten bestritt NBC mit der Fox-Wochenschau Movietone. 1949 startete die journalistische Reihe *Meet the Press.* Ab 1956 gab es bei NBC auch *The Price is Right,* das Preise-Raten von bekannten Produkten, Vorläufer von *Der Preis ist heiß* (RTL).

CBS: Bei CBS begann 1948 der beliebte Showmaster Ed Sullivan, er hielt seine Show 23 Jahre durch. Auch die *Ed Wynn-Show* entstand bei CBS. Ab 1951 waren Lucille Ball und Desi Arnaz – dazu kommen wir gleich – die ersten Fernseh-Sitcom-Superstars in *I Love Lucy.* Nachrichten-Bilder bekam CBS von der Film-Wochenschau Telenews. 1951 begann bei CBS die journalistische Magazin-Reihe *See It Now* mit Edward R. Murrow, hervorgegangen aus Murrows Radio-Sendereihe *Hear It Now,* hochgeachtet wegen ihrer authentischen Berichterstattung im Zweiten Weltkrieg. 1953 startete Murrow bei CBS die Reihe *Person to Person,* in der Prominente vom Fernsehen zu Hause besucht wurden, sie sprachen in die Fernsehkamera, zeigten ihre Wohnung, und Murrow interviewte sie live vom Studio aus, derartige Direktschaltungen waren damals eine Sensation. Die CBS-Journalisten machten ab 1954 auch die Politik-Interview-Reihe *Face the Nation.*

ABC: Die American Broadcasting Company entstand 1945 aus einem der zwei Radio-Networks von NBC, dem Blue Network, das NBC wegen des Antitrust-Gesetzes verkaufen musste. ABC brachte als erstes Network die Country-Music-Reihe *The Grand Ole Opry* und erstmals Fußball- und Quizsendungen. ABC fand seine finanzielle Basis 1953 durch Fusion mit United Paramount Theaters, der Kinokette, von der sich die Film-Firma Paramount trennen musste. Um das Network bekannt und beliebt zu machen, beteiligte sich ABC am damals neuen Disneyland-Vergnügungspark und wurde zum Mickey-Mouse-Sender.

Außerdem gab es noch die kleineren Fernseh-Networks Dumont und KTLA.

Auch die Fernseh-Networks stabilisierten den Markt mittels Moral-Regeln. Ihr Dachverband, die National Association of Broadcasters, verabschiedete 1951 den Television Code: »1. Shows dürfen nicht mit dem Bösen sympathisieren. 2. Shows dürfen

Ehrlichkeit, Frömmigkeit und Unschuld nicht herabsetzen. 3. Autoritäten, die das Gesetz vertreten, dürfen nicht lächerlich gemacht werden. 4. Personen, die gegen das Gesetz verstoßen, dürfen nicht unbestraft bleiben.« (Castleman und Podrazik, S. 71)

Die amerikanischen Fernsehanstalten werden »Networks«, Netzwerke genannt, weil sie mit Sendestationen, Senderechte-Händlern und Produzenten vernetzt sind, komplizierter als in Deutschland. Im amerikanischen System gehörten die speziellen Fernsehkabelnetze, über die die Sendungen zu den Sender-Stationen übertragen werden, von Anfang an kommerziellen Telefongesellschaften, die meisten AT&T, und die Sender-Stationen gehörten einzelnen Unternehmern oder Firmen, die ganze Senderketten besaßen. Das ist bis heute so.

Alle, ob Networks oder Sendestationen, finanzieren sich ausschließlich durch Werbung.

Sender-Stationen

Die Sender-Stationen, »Stations« genannt, können selbst Werbezeit verkaufen, denn sie verfügen über einen Markt potienzieller Zuschauer von der Größe ihres Sendegebiets. Die wichtigsten Fernseh-Märkte sind die Großstädte, die zehn profitabelsten in der Reihenfolge ihrer Bedeutung: New York, Los Angeles, Chicago, Philadelphia, San Francisco, Boston, Dallas, Detroit, Washington und Houston. Die Sender-Stationen machen ein regionales Programm und regionale Werbung – aber nicht für *die »Primetime«, die Zeit zwischen 19 und 23 Uhr. Sie wird von den Stationen im Block an die Networks verkauft, die in dieser Zeit USA-weit senden.*

Es gibt Stationen, die ihre Sendezeit nur an ein Network verkaufen (affiliated stations) und andere, die mit mehreren Networks Verträge abgeschlossen haben, heute auch anderen Zulieferern wie Kabel-Superstations. Der Preis der Sendezeit richtet sich nach Marktgröße und Einschaltquote.

Geworben wird ca. 15 Minuten pro Stunde. Damit auch regionale Firmen zur Primetime werben können, verkaufen wiederum die Networks den regionalen Sender-Stationen ungefähr 90 Sekunden jeder Primetime-Stunde. In festgelegten Intervallen wird das USA-weite Programm unterbrochen, und jede Sendestation bringt ihre regionalen Werbespots.

Die Networks besitzen auf den zehn wichtigsten Märkten auch eigene Sender-Stationen, sogenannte »O&Os«, Owned and Operated Stations, aber um Monopolbildungen zu verhindern, durfte früher jedes Network nur fünf Sender-Stationen besitzen. (Diese Regulierung besteht heute nicht mehr: Prokop 2000, S. 176ff.)

Senderechte-Händler

Für die Primetime machten die Networks in den 40er und 50er Jahren ihr eigenes Programm, es gab viele Eigenproduktionen.

Seit 1960 mieten die Networks das Programm an, sie kaufen zeitlich begrenzte Senderechte von den Produzenten der Sendungen, bzw. von Firmen, die mit Senderechten handeln – »Syndikate« genannt, deshalb nennt man dieses Verfahren »Syndication« und die Senderechte-Händler »Syndicators«.

Die Networks einigten sich auf eine gemeinsame Politik gegenüber den Senderechte-Händlern, damit jene die Preise nicht zu hoch treiben konnten.

Umgekehrt waren die Produzenten und die Senderechte-Händler gegenüber den Networks geschützt. 1970 hatte die Federal Communications Commission zwei Beschränkungen erlassen: 1. *Die Primetime-Accesss Rule.* Sie besagte, dass die Networks zwar den größten Teil der Primetime erhalten – montags bis samstags 20-23 Uhr, sonntags 19-23 Uhr –, dass aber zur Primetime wochentags 19-20 Uhr keine Network-Programme gesendet werden dürfen, sondern nur eingekaufte Programme. 2. *Die Financial Interest and Syndication Rules, auch »finsyn rules« genannt.* Danach durften die Networks eigene Programme und von ihnen gekaufte Programme nur zweimal senden, danach mussten sie auf dem Senderechte-Markt angeboten werden. (Auch diese Regulierungen bestehen nicht mehr: Prokop 2000, S. 176ff.)

Werbung

Die Networks finanzierten und finanzieren sich durch Werbung. Sie sind zu einem großen Teil Verkaufsorganisationen für Primetime-Werbezeit. Käufer von Werbezeit sind die Wirtschaftsunternehmen, vertreten durch Werbeagenturen. Jene geben Werbespots in Auftrag und liefern sie den Networks. Da sich der Preis der Werbezeit nach der Zahl der Zuschauer im Werbeumfeld richtet, weisen die Networks ihren Geschäftspartnern täglich die Einschaltquoten nach, »Ratings« genannt. Sie werden durch Marktforschungsinstitute wie Nielsen und Arbitron anhand von repräsentativen Stichproben ermittelt. (Einschaltquoten: Prokop 2000, S. 141ff.)

Oft wird die Zeit für ganze Programmblöcke, einschließlich der dazugehörigen Werbung, an Sponsoren verkauft, d.h. an Unternehmen, die ganze Programme finanzieren, wofür ihr Name genannt und wenn möglich während des Programms Schleichwerbung gemacht wird. In den 50er Jahren planten die Werbung-Auftraggeber diese Programme, einschließlich der redaktionellen Arbeit und der Produktion der Sendung, oft in ihren eigenen Werbeabteilungen, oder sie beauftragen Werbeagenturen damit.

Von Anfang an hatten die Werbung-Auftraggeber Einfluss auf die Programmgestaltung. So wurde zum Beispiel die live aus dem Studio gesendete Fernsehspiel-Serie *Man Against Crime* (CBS, ab 1949) von Camel bezahlt. Den Autoren wurde vorgeschrieben, dass nur die positiven Helden rauchen durften, Bösewichte dagegen nicht. Es musste immer genussvoll geraucht, nie durfte nervös gepafft werden.

Neue populäre Fernsehkultur

Slapstick fürs Fernsehen: Milton Berles »Texaco Star Theater«

Glanzlichter der Fernsehunterhaltung am Beginn der Fernseh-Ära waren die *Sitcoms.* Das sind Shows, in denen Komiker ständig in absurde Situationen geraten. Die Sitcom-Show, die zu Beginn des Fernsehens die Straßen leerfegte, war das *Texaco Star Theater.* Werbung-Auftraggeber war der Mineralölkonzern Texaco. Er bezahlte eine Stunde Unterhaltung und erhielt dafür sechs Minuten Werbezeit, außerdem konnte er seinen Firmennamen im Titel der Sendereihe unterbringen. Die Stars, die in dieser Show auftraten, wurden von der Agentur William Morris engagiert. Hauptstar war der Entertainer Milton Berle, er war Moderator für die Auftritte der Stars, und er spielte Sketche, allein oder mit anderen. (Museum of Broadcasting 1985)

Die Shows wurden in New York live produziert. Sie sind auf Film erhalten, weil sie vom Bildschirm abgefilmt wurden. Da es keine Kabelverbindung mit Amerikas Westen gab, wurden diese Filmaufzeichnungen dorthin geflogen und dort gesendet.

Die Show begann am 15. März 1949 so: Ein Vorhang geht auf. Mehrere Tankwarte stehen vor einer Texaco-Tankstelle und singen: »Wir sind die Männer von Texaco, / wir arbeiten von Maine bis Mexico. / Es gibt nichts Besseres als unser Texaco. / Unsere Show heute abend ist ne Wucht, / wir haben ne Menge Stars heut ausgesucht. / Wir sind die Männer von Texaco, / heut' abend sind wir in der Show, / aber morgen gehts nur um ihr Auto!« Einer der Sketche in dieser Show beginnt so: Der berühmte Klaviervirtuose Albert Ginseldorfer wird angekündigt – Auftritt von Milton Berle in einer Fantasieuniform. Als Professor Ginseldorfer soll er eine Sängerin am Klavier begleiten. Sie beginnt – da schnellt beim ersten Tastendruck ein Boxhandschuh aus dem Klavier und haut den Professor vom Stuhl. Ginseldorfer rappelt sich hoch, setzt sich wieder. Die Sängerin wartet erneut auf ihren Einsatz, sie beginnt – da ergießt sich aus einem Siphon, der auf dem Klavier steht, eine Wasserfontäne auf den Professor. Ginseldorfer rafft sich wieder auf, wagt sich aber nicht mehr ans Klavier. Plötzlich kommt aus dem Klavier eine Hand und macht Lockbewegungen: Ginseldorfer möge ihr die Hand geben. Er schlägt, zögernd, schließlich ein – und hält den Arm einer Schaufensterpuppe in der Hand, den er entsetzt wegwirft. Das Studiopublikum tobte vor Vergnügen.

Berle hatte traumhafte Einschaltquoten: Dienstagabends um 20 Uhr hatten 95% aller Fernsehteilnehmer das *Texaco Star Theater* eingeschaltet. *Berles Erfolg hing damit zusammen, dass das Fernsehen zwischen 1948 und 1951 nur in den Großstädten empfangen werden konnte. Die Großstädterinnen und Großstädter hatten viel Sinn für absurden Slapstick.* Berle wurde der Ehrentitel »Mister Television« verliehen, so sehr war er der Inbegriff der Fernsehunterhaltung.

Lucille Ball und »I Love Lucy«

Ab 1951 gab es bei CBS jeden Montagabend einen weiteren Straßenfeger: die Comedy-Show *I Love Lucy.* Auch sie bestand aus Sketchen und Star-Auftritten. »Lucy« wurde von Lucille Ball gespielt, Filmschauspielerin und Radiostar (Andrews 1985; Oppenheimer o.J., S. 29ff.). Lucys Ehemann wurde von Lucille Balls Ehemann Desi Arnaz verkörpert, der auch als Bandleader bekannt war. Lucille Ball tat alles, um die Zuschauer zu überzeugen, ihr reales Leben und ihre Fernsehrollen seien identisch. Als sie ein Kind erwartete, wurde natürlich auch die Fernseh-Lucy schwanger – ein Höhepunkt in der amerikanischen Fernsehgeschichte.

Lucille Balls Show wurde von ihrer Firma in Hollywood, Desilu Productions, fast unter Live-Bedingungen hergestellt: Lucy und Desi führten ihre Sketche im Studio vor Publikum auf, und drei Filmkameras nahmen aus drei Blickwinkeln auf. Das konnte schnell zusammengeschnitten und gesendet werden. Werbung-Auftraggeber war die Zigarettenfirma Philip Morris, deshalb wurde die Sendung von einem Ansager in Philip Morris-Uniform eingeleitet, und während der Sketche wurde viel geraucht.

Politik im Fernsehen: McCarthys Ende

Den parlamentarischen Ausschuss zur Untersuchung sowjetischer Infiltration, das »House Committee on Un-American Activities« (HCUA), Komitee zur Untersuchung unamerikanischer Umtriebe, gab es seit 1938, als die Öffentlichkeit davon überzeugt war, alles Unheil, auch die Weltwirtschaftskrise, sei durch kommunistische Unterwanderung entstanden. Louis B. Mayer forderte Schauspieler und Drehbuchautoren mit sozialistischen Überzeugungen auf, Hollywood zu verlassen, »nach Moskau zurückzugehen«. Schon nach seiner Gründung machte sich der Ausschuss lächerlich: Die damals zehnjährige Shirley Temple, der Kinderstar, wurde der Unterstützung des Kommunismus beschuldigt. Danach übte das Komitee einige Jahre Zurückhaltung (Chronik des Films, S. 122, 135). Als 1950 Senator Joseph McCarthy Vorsitzender des Ausschusses wurde, begann eine Ära der Unterdrückung.

Das HCUA schikanierte Hollywoods Filmindustrie. Bei dieser den Film betreffenden Inquisition führte nicht McCarthy den Vorsitz, sondern J. Parnell Thomas. Jeder, der eine liberale Gesinnung zeigte oder sonst aufmüpfig war, wurde als Kommunist verdächtigt. Die Studiobosse denunzierten Schauspielerinnen und Schauspieler, die ihnen nicht passten. Auch Schauspieler denunzierten die Kollegen. Adolphe Menjou, der stets elegante Herren spielte, tat sich besonders hervor. Und Ronald Reagan. Ihre Behauptungen bedeuteten für viele Kollegen Gefängnis und das Ende ihrer Karriere.

Die Verhöre zogen sich über Jahre hin. Über 400 Schriftsteller, Regisseure und Schauspieler standen auf einer Schwarzen Liste, was Arbeitsverbot bedeutete.

Auch beim Fernsehen gab es eine Schwarze Liste für Autoren, Schauspieler und Regisseure. Wenn Schauspieler, die auf der Liste standen, in von der Werbewirtschaft bezahlten Sendungen auftraten, riefen Kommunistenjäger zum Boykott der Waren des Werbung-Auftraggebers auf. CBS beschäftigte keinen, der auf der Liste stand.

Als Charlie Chaplin 1952 Urlaub machte, wurde ihm mitgeteilt, dass ihm die Rückreise verweigert würde. Seine Filme seien unmoralisch, das war gleichbedeutend mit unamerikanisch, kommunistisch. Chaplin blieb in Großbritannien.

Es war nicht zuletzt das Fernsehen, das mit der Ära des rechtsradikalen McCarthy aufräumte. In New York, der Hochburg des politischen Fernsehjournalismus, startete der Politik-Journalist Edward R. Murrow in seiner CBS-Reihe *See It Now* am 9. März 1954 einen Frontalangriff. (Sperber 1987)

An diesem Tag war McCarthy erstmals im amerikanischen Senat von einem Mitglied seiner eigenen Partei, vom republikanischen Senator Flanders angegriffen worden. Das allein hätte wohl wenig Konsequenzen gehabt. Aber am Abend zeigte Murrow in seinem Magazin Filmteile mit McCarthys Reden. Zwischen jedem Filmteil wies Murrow nach, dass McCarthy die Tatsachen verdreht hatte. Dann sagte er:

»Parlamentarische Untersuchungsausschüsse sind notwendig, bevor man Gesetze macht. Aber die Grenze zwischen Untersuchung und Verfolgung ist schmal [...]. Anschuldigungen sind keine Beweise. Wer uns überzeugen will, muss Beweise vorlegen und sich an die Gesetze halten. [...] Dies ist nicht die Zeit, angesichts der Methoden von Senator McCarthy zu schweigen.« Das war ein Meisterwerk des politischen Fernsehjournalismus: sachliche Berichterstattung und engagierter Kommentar.

Ein paar Wochen später erhielt McCarthy in Murrows Fernsehreihe die Gelegenheit zu einer Erwiderung. Darin entlarvte er sich selbst: Laut, fast schreiend, sagte er den Untergang der amerikanischen Nation voraus.

Später verstieg sich McCarthy zu der Behauptung, Kommunisten hätten auch die Armee und die Regierung infiltriert. Und er verlangte ein ständiges Rederecht im Fernsehen. Die HCUA-Hearings McCarthys gegen die Armee, live übertragen, entlarvten McCarthy als besessenen Machtpolitiker. Seine Ausfälle vor den Fernsehkameras führten zur Absetzung des HCUA und zur Demontage McCarthys als Politiker. Die Schwarzen Listen allerdings hielten sich bis in die 60er Jahre.

Murrows engagierter Politik-Journalismus fand innerhalb der kommerziellen Mechanismen statt. Schon der Beginn seiner Karriere als Rundfunkjournalist hing eng mit dem Werbung-Auftraggeber Campbell Soup zusammen, die Suppen-Firma hatte Murrow als Moderator seines Radio-Politikmagazins *Hear It Now* haben wollen. Murrow hatte einen Vertrag mit seinem Arbeitgeber CBS, und CBS wiederum, jeweils für eine Saison, einen Vertrag mit Campbell. Gegenüber dem Werbung-Auftraggeber musste Murrow sich auch zu werbewirksamen Auftritten in der Öffentlichkeit verpflichten. *Inhaltliche Einflussnahmen auf seine Sendungen verbat sich Murrow, doch wurde er nach jeder kritischen Sendung von der Ward Wheelock-Agentur, die Campbells Interessen vertrat, darauf hingewiesen, dass man Ärger mit den Aktionären von Campbell Soup bekommen könne. Von denen gab es Boykottdrohungen.*

Murrows Fernsehmagazin *See It Now* wurde vom Aluminiumhersteller Alcoa bezahlt. Alcoa kam der kritische Impetus Murrows sehr gelegen, denn die Firma war wegen des Versuchs einer Kartellbildung verurteilt worden und wollte ihr angeschlagenes Image aufpolieren – deshalb die Toleranz gegenüber Murrows Angriffen auf McCarthy, Alcoa nahm den Druck der Aktionäre bewusst in Kauf.

Trotzdem kündigte Alcoa schließlich den Vertrag – wegen einer kritischen Reportage Murrows über die Südstaaten, in denen Alcoa geschäftliche Interessen hatte.

Sicheres Spiel mit dem Unvertrauten: Fernseh-Seifenopern

Ein Format, das sich wegen seiner Beliebtheit besonders als Werbeumfeld eignete, waren gleich zu Beginn des Fernsehens die vorabendlichen Seifenopern. 1950 entschloss sich erstmals einer der großen Werbung-Auftraggeber, Procter and Gamble, Seifenopern beim Network CBS zu senden. 1951 gab es schon fünf neue Fernseh-Seifenopern, 1954 dreizehn. Das Fernsehen wurde auf Kosten des Radios groß: Von den Radio-Seifenopern zogen sich die Werbung-Auftraggeber zurück, 1959 beendete ABC die Radio-Seifenopern, 1961 strahlte CBS die letzte aus. Anfangs hatten die Fernseh-Seifenopern eine Länge von 15 Minuten, bis 1968 wurde daraus eine halbe Stunde, und seit 1982 sind die meisten eine Stunde lang, davon 15 Minuten Werbung. (Stedman, S. 534)

Bruch mit dem Alltag

Seifenopern sind beliebt, weil sie das sichere Spiel mit dem Unvertrauten ermöglichen: Sie ermöglichen Blicke in ungewohnte Bereiche, denn *in ihnen kommen Probleme jeder Art in geballter Form vor.* Nathan Katzman hat amerikanische Seifenopern untersucht, die im April 1970 gesendet wurden. J.S.R. Goodlad tat dasselbe für Großbritannien. Er untersuchte 76 Seifenopern und populäre Serien der BBC und außerdem 38 populäre Schauspiele, die zwischen 1955 und 1965 gesendet bzw. aufgeführt wurden (Katzman 1972/73; Goodlad 1971). Danach kamen folgende Probleme vor:

Soziale Probleme: geschäftliche Schwierigkeiten, Arbeitslosigkeit, Alkoholismus, Drogensucht, Verschuldung, uneheliche Kinder, Kindsadoption, Tod.

Probleme aus dem medizinischen Bereich: Geisteskrankheiten, psychosomatische Krankheiten, unheilbare Krankheiten, bedeutsame medizinische Forschungserfolge.

Liebes- und Eheprobleme: Machtkonflikte um Liebe, Eifersucht, Untreue, Dreiecksbeziehungen, Verhinderung einer Liebe durch bösartige Andere, Einmischung von Eltern in das Eheleben Jungverheirateter, Schwangerschaften, eheliche Untreue, mögliche eheliche Untreue, Bigamie, Scheidungen, Versöhnungen, geplante Heiraten, Überschreitung sexueller Normen.

All dies natürlich kombiniert mit dem ganzen Spektrum *krimineller und unerwünschter Aktivitäten:* von Mord bis Machtmissbrauch, von Geldgier bis Verschwendungssucht. Seifenopern waren stets problembeladen.

Rückholgarantie

Zugleich wurden die Probleme als lösbar dargestellt: Die Konfliktparteien versöhnten sich, die Normabweichler zeigten Einsicht, die Bösewichte wurden verfolgt und bestraft. Am Ende stand die Wiederherstellung der bedrohten, in Frage gestellten Ordnung.

Die Wiederherstellung der Ordnung entsprach den Interessen der Werbung-Auftraggeber, die Kopfschmerztabletten, Zahnpasta, Shampoos oder Waschmittel als Mittel zur leichten Problemlösung anboten. Dramen, in denen Menschen in ausweglose Situationen gerieten, waren der Werbewirtschaft zuwider, und die Werbung-Auftraggeber mischten sich massiv ein, um kompliziertere Dramen zu verhindern.

In den Anfangsjahren verstand sich das Fernsehen als Familienmedium. Anders als die Kinofilme, die auf spezielle Publikumsgruppen zugeschnitten waren, sollten die Fernsehserien für alle attraktiv sein. Für die Kleinen gab es Fernsehserien mit dem Hund Lassie, dem Delphin Flipper oder Disneys Zeichentrick-Charakteren. Zusammen sah sich die ganze Familie die Western-Serie *Gunsmoke* (*Rauchende Colts,*

1955-60; CBS) an, in der Marshall Dillon für Recht und Ordnung in der Western-Kleinstadt sorgte; außerdem *Father Knows Best* (*Vater ist der Beste,* 1954-59; Columbia/CBS), eine Serie über das Leben der Vorstadt-Familie Anderson. Der Titel war ein wenig ironisch gemeint. Eigentlich blickte die Mutter besser durch, aber das wurde nicht ausgespielt, damit Vaters Autorität ungeschoren blieb. Die Kinder Betty, Bud und Kathy waren Idealkinder, nie launisch, unmäßig, bösartig, auch nie unglücklich. Alle ihre kleinen Krisen wurden mit den Eltern besprochen und mit deren Hilfe gelöst. Das Fernsehen zeigte Familien, in denen man sich arrangierte – eine freundliche Übersteigerung der realen Verhältnisse. Die galt auch für die Einrichtungen der Wohnzimmer und Küchen, denn was man da sah, lag weit über dem durchschnittlichen Lebensstandard. Das Fernsehen schuf Konsumanreize und Konsum-Maßstäbe. Es war die Zeit des Fordismus, Konsum wurde groß geschrieben.

Neuer Interessenkampf: Macht der Filmstars und der Agenturen

Zusammenbruch des Film-Monopols

Entflechtungsurteil

Am 3. Mai 1948 beendete ein Urteil des Obersten Bundesgerichts der USA den zehn Jahre währenden Prozess des Justizministeriums gegen die Filmkonzerne. *Paramount, Metro-Goldwyn-Mayer (MGM, mit ihrer Loew's-Kinokette), Twentieth Century-Fox, Warner Bros. und Radio-Keith-Orpheum (RKO) wurden der Monopolbildung für schuldig befunden. Sie wurden dazu verurteilt, sich von ihren jeweiligen Kinoketten zu trennen.*

Jetzt mussten die von den Konzernen verkauften Erstaufführungskinos auch Filme von unabhängigen Filmherstellern spielen. Umgekehrt erhielten die unabhängigen Kinos freien Zugang zu den Filmen der Konzerne. Die Konzerne konnten die Kinos nicht mehr zwingen, Filme noch vor ihrer Produktion ins Programm aufzunehmen (Blindbuchen) oder zusammen mit einem attraktiven Film eine Reihe von schlechten Filmen zu übernehmen (Blockbuchen). (Conant, S. 94ff., 110f., 219f.; Pryluck, S. 44)

Das Entflechtungsurteil hatte das Wiederaufleben unabhängiger Firmen zur Folge: 1945 gab es in USA 40 unabhängige Produzenten, 1946: 70, 1947: 100 und 1957 bereits 165. Der Dachverband der Konzerne hatte jetzt nicht mehr allein die Macht über die Distribution, er musste sie sich mit der Society of Independent Picture Producers teilen (25 größere Firmen) und mit der Independent Motion Picture Producers Association (32 kleinere Firmen). *Zugleich konnten jetzt auch unabhängige Verleihfirmen europäische Filme in die amerikanischen Kinos bringen.* Fellini, Bergmann, Bunuel und Kurosawa konnten auf dem amerikanischen Markt erscheinen. Filme wie *Und immer lockt das Weib* (1956), mit Brigitte Bardot, oder *La dolce vita* (1960), mit Anita Eckberg, hatten in USA Erfolg.

Run-away production
Eine weitere Entwicklung, die die Macht der Hollywood-Studios brach: Die europäischen Staaten wollten nach dem Krieg ihre eigenen Filmfirmen schützen, sie besteuerten Filmimporte. Außerdem konnten die in Europa gemachten Gewinne nur zum Teil in die USA transferiert werden. Die britische Regierung erlaubte nur die Ausfuhr von 17 Mio. $, mehr als 60 Mio. $ mussten in Großbritannien bleiben. In Frankreich wurden 1949 ungefähr 10 Mio. $ blockiert. Vor Kriegsende hatten die amerikanischen Filmkonzerne 68 Mio. $ Auslandseinkünfte pro Jahr erwirtschaftet, nach 1945 waren es nur 17 Mio. $.

Da das in Europa verdiente Geld nicht mehr exportiert werden durfte, mussten die amerikanischen Firmen, um an ihre Gewinne zu kommen, in Europa produzieren. Die Verlagerung der Produktionen nach Europa nannte man »run-away production«.

Star-Power

Mit dem Entflechtungsurteil ging die Macht von den Studio-Bossen auf die Stars über. Sie erhielten die Chance, ohne Zustimmung der Konzerne Filme zu produzieren und diese in allen Kinos vorzuführen. Falls sie weiter für die Konzerne arbeiteten, konnten sie höhere Honorare fordern und Einfluss auf die Filmgestaltung nehmen.

Zu den Stars, die selbst Filme produzierten, gehörte Henry Fonda. Er war Produzent und Hauptdarsteller des Films *12 Angry Men* (*Die zwölf Geschworenen*, 1957). Der Film handelte von Geschworenen, die über einen Mann urteilen sollen, der des Mordes angeklagt ist. Nach amerikanischem Recht muss das Urteil einstimmig gefällt werden. Elf Geschworene plädieren für »schuldig« und damit für die Todesstrafe. Nur einer stemmt sich gegen die allgemeine Meinung – die McCarthy-Ära war gerade erst vorbei – und verlangt wirkliche Beweise. Es stellt sich heraus, dass es die Beweise nicht gibt. Die Rolle des kritischen Geschworenen spielte Henry Fonda selbst. Als Regisseur engagierte er Sidney Lumet, der bei CBS eine Reihe von Fernsehspielen inszeniert hatte. Vom Fernsehen her war Lumet an knappe Budgets und kurze Produktionszeiten gewöhnt. *Die zwölf Geschworenen* wurde ein Film, wie man ihn im Fernsehen hätte zeigen können: mit wenigen, klar typisierten Personen und geringem Aufwand an Ausstattung und Kulissen. *Sparsamkeit, Klarheit und soziales Engagement, das waren die hervorstechenden Merkmale der neuen Hollywood-Filme, die unter dem Einfluss von Star-Macht und Fernsehen entstanden.*

Auch Regisseure konnten sich jetzt als Produzenten selbständig machen. So trennte sich Alfred Hitchcock 1947 vom Produzenten Selznick, der ihn stets bevormundet hatte, und produzierte bis 1960 einen Film pro Jahr, bei dem er Regie führte. Er hatte einen festen Mitarbeiterstab, kaufte die Rechte an Stories auf und suchte sich seine Schauspieler auf dem freien Markt.

1951 kauften die Rechtsanwälte Arthur Krim und Robert Benjamin die Filmverleih-Firma United Artists von Pickford und Chaplin. Krim und Benjamin waren im Agenturgeschäft tätig, sie brauchten einen Filmverleih für die unabhängigen Produzenten. *Denn die Unabhängigen hatten zwar Zugang zu allen Kinos, aber die großen Konzerne besaßen weiterhin ein weltweit effektives Verleihsystem, und ohne Verleihgarantie erhielt kein unabhängiger Produzent von den Banken Kredite zur Finanzierung der Filmproduktion.* United Artists wurde der Verleih für die Unabhängigen. Die ersten Verträge wurden mit dem Star Burt Lancaster und mit dem Regisseur und Produzenten Stanley Kramer abgeschlossen. Kramer wurde vor allem mit *The Defiant Ones* (*Flucht in Ketten,* 1958) bekannt. Der Film erzählte die Geschichte zweier Kettensträflinge, eines Weißen und eines Schwarzen, ihnen gelingt die Flucht aus einem Arbeitslager, jedoch aneinandergekettet. Sie können sich nicht ausstehen, aber sie müssen einen gemeinsamen Weg finden. Ein soziales Thema wurde hier klar und sparsam inszeniert. Soziale Fragen machte auch der Regisseur und Produzent Otto Preminger zum Gegenstand seiner Filme: Rassenprobleme in *Carmen Jones* (1954) und Drogenabhängigkeit in *Der Mann mit dem goldenen Arm* (1956) – in den konservativen 50er Jahren sensationelle Themen.

Eigeninszenierung einer »Sex-Bombe«: Marilyn Monroe

1952 stellte der Oberste Gerichtshof der USA in einem Grundsatzurteil fest, dass Filme Presse-Erzeugnisse sind und damit die von der Verfassung garantierte Pressefreiheit auch für Filme gilt. Damit wurde jede Form der Zensur von Filmen für unrechtmäßig erklärt. Eine Folge dieser Auflösung war eine freiere Sexualmoral, es begann die Zeit der Busenstars. In der damaligen Begeisterung für die Atombombe lag es nahe, der Begeisterung durch die Bezeichnung »Sex-Bomben« Ausdruck zu verleihen. Die zulässige Form von Kino-Sex bestand im Zurschaustellen von großem Busen, wespenschmaler Taille und deutlich rundem Hinterteil. Während diese Attribute bei Jayne Mansfield überdimensional dargeboten wurden, präsentierte Jane Russell die Sexbombe mit sportlich-elegantem Touch; Rita Hayworth stilisierte sich mit ihrem Sex-Appeal zur femme fatale, und Marilyn Monroe war witzig-ordinär.

Als Marilyn Monroe als Fotomodell anfing, hieß sie Norma Jean Baker und hatte braune Haare. Sie wurde 1944 von einem Fotografen der Army entdeckt, der von ihr Pin-ups für Soldaten machte. 1946 bekam sie zwar einen Einjahresvertrag bei Twentieth Century-Fox, aber ihre Wochengage betrug nur 125 $, und sie hatte nur winzige Rollen. 1948 war sie wieder arbeitslos und posierte, um nicht zu verhungern, für einen Kalender mit Nacktfotos. Monroe verdiente damit 50 $, der Kalenderhersteller 750.000 $. 1950 begann ihr Aufstieg, 1954 war Marilyn Monroe der größte Star Hollywoods.

Marilyn Monroe war genausowenig ein Naturprodukt wie die Garbo. Sie war mit Filmen von Jean Harlow, Joan Crawford, Bette Davis und Marlene Dietrich aufgewachsen, das waren, in dieser Reihenfolge, ihre Idole. Sie hatte stilisierte Star-Bilder in sich aufgenommen und entwickelte ihr Image aus der Kenntnis von Star-Gesten. Der Illustriertenfotograf André de Dienes (1985) brachte Monroe Fotoposen bei: ständiges Lächeln, das niemals übertrieben sein durfte, strahlende Augen und die Betonung des Busens und der Hüfte. *Auf ihren Fotos, die sie noch berühmter machten als ihre Filme, verstand sie es, vieles in einer Aufnahme unterzubringen: Neben Sex verkörperte sie auch Intelligenz, neben Billigkeit auch Perfektion, sie wirkte unbeholfen und gleichzeitig selbstbewusst, war Jugendliche und Erwachsene in einem, durch die gestylte Künstlichkeit schimmerte immer etwas Natürliches, Authentisches hindurch. Marilyn Monroe vereinigte viele Phantasiewerte und hielt diese zugleich in Balance.*

Auch an der Stilisierung ihres Film-Gesichts, jenes bleichen Teints, den später die Sängerin Madonna imitierte, hat ein Fotograf mitgewirkt: Milton Greene. Mit ihm zusammen *besaß Monroe eine Zeitlang die Firma Marilyn Monroe Productions.* Sie hatte zwar bei Twentieth Century-Fox einen langfristigen Vertrag, aber den kündigte sie. Fox musste das akzeptieren, denn Monroe war inzwischen ein Star – nicht zuletzt durch Billy Wilders *The Seven Year Itch* (*Das verflixte 7. Jahr,* 1955) –, und Zwangsmittel hatte Fox nach dem Entflechtungsurteil nicht mehr. *Der Prinz und die Tänzerin* (1957), mit Laurence Olivier als Prinz, wurde von Marilyn Monroe Productions produziert und nicht bei Fox verliehen, sondern bei Warner.

Mit ihrer eigenen Firma im Rücken, wehrte sich Monroe dagegen, im Rahmen ihres Fox-Vertrags als dumme Blondine verheizt und schlecht bezahlt zu werden, sie handelte das Recht aus, Regisseure und Kameramänner abzulehnen, und ihre Firma erhielt für jeden von Twentieth Century-Fox produzierten Monroe-Film 100.000 $. Der erste Film bei Fox zu diesen neuen Bedingungen war *Bus Stop* (1956), in dem sie erfolgreich gegen ihr Dumme-Blondine-Image anspielte.

Das neue, bis heute existierende System der Package Deals und der Paket-Produktionseinheiten

Im Filmarchiv der University of California, Los Angeles, werden Wochenschau-Reste vom Besuch Chruschtschows 1959 bei Twentieth Century-Fox aufbewahrt, unter anderem Aufnahmen von den Reden bei einem Bankett, die nie gezeigt wurden. Darin sagt Spyros Skouras, Präsident von Twentieth Century-Fox, zu Chruschtschow – offensichtlich angeheitert: »Jetzt möchte ich etwas sagen, was nicht in meinem Manuskript steht: Ihr Land ist der größte Konzern, die größte kapitalistische Firma, das größte Monopol, das die Welt je gesehen hat.« Chruschtschow winkt den Gästen geschmeichelt zu und ruft: »Ein sehr gutes Monopol!« Alle lachen, und Skouras ruft mit großer, wegwerfender Geste: »Das sind wir auch, das sind wir auch!« Wieder großes Gelächter. Man verstand sich von Monopolist zu Monopolist. – Aber Skouras hatte mit seiner Antwort ein wenig gezögert, denn er wusste, dass er in Wirklichkeit kein Monopolist mehr war.

Die neuen Machtinhaber Hollywoods waren jetzt die drei großen Agenturen der Stars: William Morris; Music Corporation of America (MCA) und International Creative Management (ICM).

Die wichtigste Agentur war in den 50er Jahren MCA. Sie hatte Stars wie Marlon Brando, Montgomery Clift, Dean Martin, Gregory Peck und Charlton Heston unter Vertrag. Sie besaß die MCA Artists-Talentagentur in Hollywood; MCA-TV, eine Fernseh-Vertriebsfirma; die Management Corporation of America, die live-Fernsehshows machte und Revue Productions, eine Produktionsfirma für Fernsehfilme.

Den Rechtsanwälten der Agenturen überließen die Stars die Verhandlungen mit den Regisseuren und Produzenten. Ihre Rechtsanwälte, Agenten und Finanzierungsfachleute machten das große Geschäft für die Stars und mit den Stars, und das ist bis heute so. In den Agenturen wird über jeden Film verhandelt. *Die Agenturen sind daran interessiert, möglichst viele ihrer Vertragsstars in einem Film unterzubringen, sie bieten deshalb dem Regisseur und Produzenten ein »Paket« an, d.h. es sollen mehrere Stars einer Agentur als Darsteller verpflichtet werden. Deswegen nennt man solche Verhandlungsangebote »Package Deals«, Paketgeschäfte.* (Pirie, S. 40ff.)

Die Regisseure und Produzenten gehen nicht mehr in große Studios, sondern sie leasen oder kaufen Kostüme, Kameras, Spezialeffekte-Technik, Beleuchtungs- und Ton-Equipment, sie verpflichten die Kamerateams, Techniker, Cutterinnen für jeden einzelnen Film von unabhängigen Firmen. Auch hierbei werden günstige Bedingungen ausgehandel, »Pakete geschnürt«, auch diese Verhandlungen nennt man Package Deals. Deshalb charakterisiert Janet Staiger die jetzt vorherrschende Produktionweise als »package unit system of production«, als System der Paket-Produktionseinheiten. (S. 330ff.)

Film-Oligopolisten gegen Fernseh-Oligopolisten

Technische Neuerungen

Die Film-Oligopolisten brachten Breitwand-Filme auf den Markt. *1952 wurde das erste Cinerama-Kino in New York eröffnet.* Cinerama ist ein System mit drei Kameras bzw. drei Projektoren und einer gekrümmten Leinwand. Twentieth Century-Fox brachte CinemaScope als Neuerung heraus: Darryl F. Zanuck hatte die Dreharbeiten zu *The Robe* gestoppt und alles noch einmal im CinemaScope-Breitwandverfahren drehen lassen. Hierbei erfolgt die Aufnahme und die Wiedergabe mit Speziallinsen, die das Bild bei der Aufnahme zusammenschrumpfen und es bei der Projektion wieder entzerren. *The Robe* wurde *1953 der erste CinemaScope-Film.*

Autokinos wurden eröffnet. 1959 brachten die 4.700 Autokinos der USA 25% der Gesamteinnahmen der amerikanischen Filmwirtschaft ein. 20% des verlorenen Publikums konnten dadurch wiedergewonnen werden (Batz, S. 15).

Die Konzerne intensivierten ihre Werbung. Hauptthema waren die technischen Neuerungen des Films.

Wegen dieser Strategie, mit viel Kapital die Konkurrenz des Fernsehens und auch der unabhängigen Filmfirmen zu übertrumpfen, stiegen die Produktionskosten weiter an. Bei Paramount hatte 1945 ein Film durchschnittlich eine Million Dollar gekostet. Bis 1955 stiegen die durchschnittlichen Kosten pro Film wegen der neuen Breitwand- und Farbfilmtechniken auf 2,2 Mio. $ (Conant, S. 124).

Ausstattungsfilme

Mittels hoher Investitionen gelang es den Konzernen, den Ruf ihrer Produkte als großer Ausstattungsschau zu sichern. Columbia machte 1954/55 mit wenigen Filmen Gewinne: *From Here to Eternity* (*Verdammt in alle Ewigkeit*), *The Caine Mutiny* (*Die Caine war ihr Schicksal*) und *On the Waterfront* (*Die Faust im Nacken*). 1959 wurde nach zwölf Jahren wieder eine Belebung des Kinobesuchs verzeichnet.

Cecil B. DeMille, Regisseur und Produzent der alten Garde, drehte luxuriös ausgestattete Monumentalfilme. In der Nachkriegszeit gab es bei ihm zwei kommerzielle und künstlerische Höhepunkte, *Samson and Delilah* (1949) und *The Ten Commandments* (*Die zehn Gebote*, 1956), in Breitwand, mit Drehorten und Massenszenen in Ägypten. DeMille hatte seinen Chef, den Paramount-Boss Adolph Zukor, dazu überredet, ihm freie Hand zu geben, der Film wurde 12,5 Mio. $ teuer. DeMilles Monumentalfilme waren für die Riesenleinwände der Autokinos besonders gut geeignet.

Verleihstrategien
Nachdem die Konzerne den Import ausländischer Filme in die USA nicht aufhalten konnten, kauften sie die Verleihrechte der zugkräftigsten europäischen und japanischen Filme auf. So nahmen schließlich 1961 die zehn größten amerikanischen Konzerne aus dem Verleih von 62 ausländischen Filmen 47 Mio. $ ein, dagegen machten die unabhängigen Verleiher mit 880 ausländischen Filmen nur 22,5 Mio. $ Gewinn.

Schließlich arrangierten sich die Film-Bosse mit dem Fernsehen und verkauften die Senderechte an ihren alten Spielfilmen. Mit Filmen von Warner bestritt ABC 1960 ein Viertel seines Programms. Universal gab Filme an NBC. Bis 1960 hatten die Filmkonzerne 10.000 Filme an das Fernsehen verliehen. Sie machten dabei einen Gewinn von 270 Mio. $ (Conant, S. 26, 50).

Produktionsstrategien
Außerdem begannen die Filmkonzerne ab 1955, selbst Fernsehfilme herzustellen, vor allem Serien. Sie gründeten dafür eigene Filialen – Columbia schuf sich Screen Gems – oder kauften Fernsehproduktions-Firmen auf: United Artists kaufte das Radio/Fernsehsyndikat Ziv; MGM erwarb Telestudios; Paramount die Firma Talent Associates. Die Fernsehfilme der Filmkonzerne nahmen 1960 im Abendprogramm der drei Fernseh-Networks 80% des Programms ein, sie konnten aus dem Fernsehfilm-Geschäft 155 Mio. $ erzielen. Das war mehr als die Hälfte dessen, was sie in USA aus dem Filmgeschäft erwirtschafteten (Batz, S. 24f., 29, 39f.).

Zweiter »Wertewandel« in Richtung Selbstverwirklichung: die Jugend und die Neuen Arbeiter

Nach dem Weltkrieg, in den 50er und 60er Jahren, breite sich der Fordismus in Europa aus. Das bedeutete nicht nur mehr Fabriken mit Fließbandarbeit, sondern auch niedrigere Arbeitszeiten und relativ höhere Löhne – und damit mehr Möglichkeiten zu individuellem Konsum. Wie in den 20er Jahren wurde das – nach den Jahren der Entbehrung durch Krieg und Naziterror – als mehr Freiheit zur Selbstverwirklichung erlebt, vor allem bei der Jugend und den Arbeitern.

Die Erfindung der Teenager

In Milton Berles *Texaco Star Theater* trat 1956 Elvis Presley auf. Er sang *You Ain't Nothing But a Hound Dog.* Als er seinen Song beendet hatte, kam Berle vor die Kamera und imitierte ihn: Er brüllte fürchterlich und wackelte mit den Hüften. Berle war fünfzig, Presley zwanzig. Für Berle war Presley ein »Halbstarker«.

Mit Elvis begann ein Kampf der Generationen. Elvis' Vorgänger Bill Haley hatte mit *Rock Around the Clock* 1954 den Rock'n'Roll populär gemacht, aber Haley war eine Vaterfigur, ältlich, verheiratet, Auftritt im Smoking. Dass er ein jugendliches Publikum begeisterte, lag nur daran, dass man noch nichts anderes kannte. Junge Männer waren noch gekleidet wie ihre Väter, Anzug mit Bügelfalte, junge Mädchen, damals »Backfisch« genannt, trugen Hut und Kostüm wie Mama. Eine Jugendmode gab es nicht. Erst mit dem Rock'n'Roll von Elvis Presley wurden die Teenager erfunden. In den prüden 50er Jahren war der Rock'n'Roll ein Ventil für sexuelle Phantasien. Das Hüftenwackeln von »Elvis the Pelvis«, »Elvis das Becken«, enthielt eindeutige sexuelle Anspielungen, das regte die Teenager auf und die Erwachsenen. Seine Auftritte wurden in vielen Städten wegen Obszönität verboten.

Es begann ein Kampf der Generationen, wie es ihn zuvor nicht gegeben hatte. Das war ein anderer Generationenkampf als das romantische Zurück-ins-Mittelalter der Jugend des frühen 19. Jahrhunderts. Die Jugendlichen der 50er Jahre blickten vorwärts, sie wollten zeigen, dass sie anders waren als ihre konformistischen, vom Krieg geprägten Eltern, deren eigener Protest aus den Wilden Zwanziger Jahren in Wirtschaftskrise und Krieg untergegangen oder in Deutschland von den Nazis vereinnahmt worden war. Die fordistische Konsumorientierung kanalisierte ihren Protest: Am eindrucksvollsten lässt sich Gesinnung in der Kleidung demonstrieren. Elvis' Song *Don't Step on My Blue Suede Shoes* setzte neue Maßstäbe. Was war das wichtigste im Leben? Blaue Wildlederschuhe. Und Bluejeans wurden zur Universalmode. Die Jugendlichen wollten ihre eigenen Konsumgüter haben, und bald gab es alles in teenagergemäßer Ausführung.

Die Jugendlichen suchten nach Identität. Sie waren ruhelos, idealistisch, aber ohne Ideale. James Dean, dreiundzwanzigjährig, war auf der Leinwand die Verkörperung all dessen. Mit nur drei Hauptrollen – in Filmen des Warner-Konzerns – wurde James Dean die Symbolfigur einer ganzen Generation. Er war die Personifikation des *Rebel Without a Cause* (*... denn sie wissen nicht, was sie tun,* 1955; Regie: Nicholas Ray). So hieß sein berühmtester Film. Er spielt darin einen von seinen Eltern unverstandenen Einzelgänger, der sich, um nicht so angepasst wie sein Vater zu werden, in sinnlose Aktionen stürzt. Berühmteste Szene ist die Mutprobe, bei der James Dean, im Film Jim, und sein Freund Buzz in gestohlenen Autos, deren Bremsen außer Funktion sind, auf einen Abgrund zurasen. Wer zuerst aus dem Auto springt, ist der Feigling. Buzz kommt um.

In *East of Eden* (1955) spielte Dean einen Jugendlichen, der gegen seinen Vater, einen traditionell denkenden Farmer rebelliert. Kurz vor Abschluss seines dritten Films *Giant* (1956) verunglückte Dean tödlich, er war mit seinem Porsche auf dem Weg zu einem Autorennen. Viele Fans weigerten sich, seinen Tod zu akzeptieren, ein James Dean-Kult entstand.

Auch Marlon Brando verkörperte die neue Generation. In *The Wild One* (*Der Wilde,* 1954) spielte er ein Mitglied einer Motorrad-Gang, die eine Kleinstadt terrorisiert. Stephen King schreibt: »Es war ein Jahrzehnt, in dem alle Eltern vor dem Gespenst der Jugendkriminalität erzitterten: vor dem mythischen Teenager-Schuft, der in Unserer Kleinen Stadt unter der Tür des Süßwarenladens lehnte, das Haar mit Vitalis oder Brylcreme glänzend gemacht hatte, der eine frische Packung Lukkies unter der Schulterklappe seiner Motorradjacke und eine Kippe im Mundwinkel hatte, sowie ein nagelneues Klappmesser in der Gesäßtasche und der nur auf ein Kind wartete, das er verprügeln konnte, auf Eltern, die es zu beleidigen oder peinlich zu berühren galt, auf Mädchen, die er angreifen konnte, oder auf einen Hund, den er vergewaltigen konnte ... oder vielleicht umgekehrt. [...] in jener Zeit sahen die Zeitungen und Zeitschriften der populären Presse überall jugendliche Straftäter, ebenso wie dieselben Organe ein paar Jahre zuvor überall Kommunisten gesehen hatten. [...] Marlon Brando war der erste, der diesem leerköpfigen Nihilisten eine Stimme gab – in einem Film mit dem Titel *The Wild One.* ›Wogegen rebellierst du?‹ fragt ihn das hübsche Mädchen. Antwortet Marlon: ›Was hast du denn anzubieten?‹« (S. 69)

Ein Darsteller der neuen Generation war auch Anthony Perkins. Er spielte in *Fear Strikes Out* (1958) einen jungen Mann, der den Wunsch seines Vaters, er solle Baseballstar werden, nicht erfüllen kann und psychisch zusammenbricht. Auch Alfred Hitchcocks *Psycho* (1960) sprach das junge Publikum an, die Hauptperson Alan Bates, gespielt von Perkins, betreibt ein kleines Motel, Bates Motel. Dahinter ragt die unheimliche Villa auf, in der angeblich seine alte Mutter wohnt. Nachdem er einen Mord begangen hat, stellt sich heraus, dass der junge Mann schizophren ist: Seine Mutter, deren mumifizierte Leiche man im Haus findet, war ihm zur zweiten Identität geworden. So krass der Film auch psychologisierte, er artikulierte ein Lebensgefühl der Jugend: Er suchte die Ursachen des Horrors mitten in der Familie, die vorher immer als intakt dargestellt wurde.

Die Welt war jetzt in Jugend und Erwachsene gespalten. Die Medien mussten ihren Weg zwischen diesen auseinander driftenden Polen finden.

Privatisierung der Neuen Arbeiter durch Konsum in der Wegwerfgesellschaft

Motorisierung, Urbanisierung und auch Vollbeschäftigung sorgten für den Nachkriegserfolg des Fordismus, und entsprechend veränderten sich die Arbeiter: *In den 60er Jahren bildete sich eine neue soziale Schicht: die »Neuen Arbeiter«, Facharbeiter mit gut bezahlten Stellen.* Wichtigstes Merkmal der neuen Arbeiter war, dass sie nicht – wie die »klassischen« Arbeiter – aus dem Bewusstsein ihrer Leistung als Arbeiter eine Identität gewannen, sie hatten kein »Arbeiterbewusstsein«. Sie nahmen gegenüber ihrer Arbeit eine instrumentelle Haltung ein. »Instrumentell« bedeutet, dass sie ihre Arbeit nur als Mittel zum Geldverdienen betrachteten, sie dachten »materialistisch«. Das Einkommen ihrer Familien setzte sich oft aus zwei Gehältern zusammen plus Überstunden und Schwarzarbeit, deshalb nannte man sie auch die »wohlhabenden Arbeiter«. Sie hatten die Gewerkschaften hinter sich und sahen jene als Interessenvertretung in der Lohnpolitik. Sie zeigten eine Tendenz zum Rückzug aus allen jenen Bereichen, die früher die proletarische Öffentlichkeit ausmachten, ein Desinteresse an gesellschaftlichen Problemen. (Bahrdt 1962; Goldthorpe, Lockwood et al. 1968)

Mit zunehmendem Wohlstand entstand ein Interesse an Konsum-Statussymbolen und eine zunehmende Familienzentriertheit. Für die Neuen Arbeiter spielte die Wohnung und die Einrichtung die bedeutendste Rolle. Alles sollte modern sein. Modernität bedeutete all das, was man in einem gehobenen sozialen Status vermutete. Das galt vor allem für die Frauen in der Unterschicht, sie suchten die Möglichkeit, sich zu verwandeln, mit der Zeit zu gehen (Rainwater 1959). Das Altmodische wurde stark abgelehnt. *Damals begann die Plastik-Ära, die Wegwerfgesellschaft. »Öfter mal was Neues« war die Devise.* Ferdynand Zweig hat die Veränderungen in der Unterschicht in Großbritannien in zwei Studien untersucht, die erste erschien 1952, die zweite 1962. Zweig zeigte, warum sich bei den neuen Arbeitern Nachbarschaftskontakte reduzierten: *weil auch die Frauen berufstätig wurden und deshalb keine Zeit mehr hatten; weil man durch die allgemeine Automobilisierung nicht mehr auf Nachbarschaft angewiesen war; weil in den Neubaugebieten keine Schichthomogenität mehr bestand; weil die Verbesserung der Wohnqualität zur Reduzierung außerhäuslicher Aktivitäten führte. Und vor allem weil das Fernsehen immer wichtiger wurde.* So sagten die befragten Arbeiter: »Gespräche mit Nachbarn sind uninteressant im Vergleich zum Fernsehen.«

Und wieder Massenverachtung: Mystifikation des Massenkonsums in der Wissenschaft

»Participation mystique« bei den Filmsoziologen

Die Soziologie behandelte zwar die Neuen Arbeiter in sehr sachlichen, ethnografischen Studien – nicht aber die Medien. Nach dem Weltkrieg, den Erfahrungen mit dem Faschismus, fürchteten die Konservativen eine allzu kritische Bevölkerung. Daher teilten viele Wissenschaftler den Wunsch des Gegenreformators Pascal aus dem 17. Jahrhundert, die Menschen mögen in die Kirchen gehen und die mystische Versenkung ins Göttliche suchen – statt ihren Verstand zu gebrauchen. Es wurde ein Trend der 50er und 60er Jahre, sich das Filme-Angucken im Kino als eine quasireligiöse Handlung vorzustellen. Der katholische Filmwissenschaftler Gilbert Cohen-Séat nahm an, dass der Film seine Adressaten in einen »innerlichen Taumel« versetzt: »Auf diesem spezifischen Hintergrund löst der Film in fast ununterbrochener Folge Emotionen aus: leichte oder lebhafte, gelegentlich starke Gefühle in rapidem Ablauf [...]. Das Gesetz, dem dieser Typ von Erregung untersteht, braucht nicht erst für den Film erfunden zu werden. Es ist jenes, welches den innerlichen Taumel definiert.« Und: »Vom Leben isoliert, von Dunkelheit umgeben, in Träumen sich wiegend, gegenwärtig mit Auge und Ohr, mit der ganzen Aufnahmefähigkeit und selbst mit dem Unbewussten ist diese Massenansammlung Sklave einer mechanischen Intervention.« (1962, S. 25, 99).

Der Wunsch nach sklavischen, vom Unbewussten beherrschten Massen führte zur Mystifikation des irrationalen »Wesens« des Films. In der Dunkelheit der Kinos, den »Kathedralen der Schatten und des Lichts«, waberte angeblich das kollektive Unbewusste. So schrieb der Kulturtheoretiker Edgar Morin über den Film: »Diese so massive Realität wird, wenn man sich ihr nähert, wenn man sich ihrem Ursprung zuwendet, ein Spiel der Schatten und des Lichts, ein nicht zu fassender Reflex: der Reflex einer Gesellschaft, die sie hervorbrachte, der Reflex der davor seienden kollektiven Träume.« (1954, S. 104).

Der Filmsoziologe J. P. Mayer behauptete, der Betrachter stehe zum Film im Verhältnis der »mystischen Partizipation«: »In diesem Sinne sind wir alle Wilde. Jeder, der mit der Kinderpsychologie vertraut ist, weiß, dass der nicht-rationale Charakter der kindlichen Reaktionen auch dann noch anhält, wenn das Bewusstsein des Kindes bereits durchrationalisiert ist. Dasselbe trifft auch für den Erwachsenen zu. [...] Spiel, participation mystique, Verhaltensmuster und Handlungsweisen gehen sicherlich ineinander über. Diese Interdependenz meine ich, wenn ich vom mystischen Element in unserer Passion für den Film spreche.« (1946, S. 19). Der Begriff der »participation mystique« stammt vom Ethnologen Lucien Lévy-Bruhl und hat seine Wurzeln in Emile Durkheims Theorie der mechanischen Solidarität (1892. Kritik: Adorno 1967b). Damit hatte Durkheim – einer der Gründer der Soziologie in den 1890er Jahren – das traditionelle Verhalten primitiver Stämme charakterisiert. *Typisch für das ahistorische Denken, behandelte Mayer primitive Stammeskulturen mit den gleichen Kategorien wie Industriegesellschaften.*

Aber es gibt keine empirischen Beweise dafür, dass beim Betrachten von Filmen die Ich-Leistung reduziert ist. Für eine Infantilisierung der Rezipienten durch das Medium selbst gibt es keine Belege. Wer sich entspannen will, muss nicht zwangsläufig ein schwaches Ich, eine infantilisierte Psyche haben oder in der Dunkelheit des Kinos auf mystische Weise ichschwach werden.

»Tiefwurzelndes Kollektivbewusstsein« bei Kracauer

Selbst kritische Soziologen, frustriert von »den Massen«, die Unterhaltung statt Sozialismus wollten, glaubten an verborgene Kräfte in den Tiefen der Publikums-Seelen, allen voran Kracauer.

Siegfried Kracauer (1889-1966) war Journalist, Soziologe, Schriftsteller, Sachbuchautor. Er wird zum Umkreis der Frankfurter Schule gerechnet. Beruflich war er Architekt; Feuilleton-Redakteur, Literatur- und Filmkritiker bei der Frankfurter Zeitung (ab 1921); nach 1933 freier Publizist in Paris; in USA Stipendiat von Forschungsinstituten (ab 1941); Forschungsdirektor am Bureau of Applied Social Research der Columbia University (1952-1958). Er schieb Romane, soziologische Sachbücher, filmtheoretische Bücher. Kracauers Vater war Kaufmann in Frankfurt.

Schon in den 20er Jahren, als Filmkritiker, hatte Kracauer die Abkehr des Publikums vom seriösen Problemfilm, die Hinwendung zum Unterhaltungsfilm als Sündenfall empfunden, dem das Publikum hätte widerstehen müssen. Träger des angeblich irrationalen Bewusstseins waren für ihn die »depossedierten Mittelschichten«, d.h. die unteren Angestellten, die kleinen Geschäftsleute, denen die Wirtschaftskrise der 20er Jahre Gehalt und sozialen Status genommen hatte. Sie sah er besonders stark von »Vereinzelung« und »Relativismus« betroffen. Bei ihnen fand er Anzeichen ideologischen Verfalls, falsches Bewusstsein, das Fehlen von Humanität. Ihr »zurückgebliebenes Bewusstsein« war für ihn das Haupthindernis für eine künstlerische Selbstbesinnung des Films: »Der Stand der Filmproduktion ist ja nur ein Zeichen der allgemeinen Verfassung des stabilisierten Ungeistes.« (1963, S. 69; hierzu auch 1929; 1963, 83, 71, 102, 309f.; 1974)

Sicher war das nicht falsch – *doch damit erschien es überflüssig, nach den Qualitäten zu suchen, aufgrund derer es den Filmfirmen gelungen war, das Publikum zu faszinieren, beispielsweise die Qualitäten der Ausstattung und der schauspielerischen Perfektion. Dann hätte man immer noch viel an diesen Filmen kritisieren können. Aber es durfte nichts Gutes an den Hollywood-Filmen geben. Deshalb war es auch für Kracauer klar, dass das Kinopublikum etwas besonders Irrationales suchen müsse.*

Diese Vorurteile baute Kracauer in seinem Buch *Von Caligari zu Hitler* (1947) weiter aus. So nahm er in verschiedenen Filmen wiederkehrende Motive, zum Beispiel das Tyrannen-Motiv wie im Expressionismus-Schocker *Das Kabinett des Dr. Caligari* (1920), als Indizien für ein zum Faschismus sich entwickelndes »Kollektivbewusstsein des deutschen Volkes«: »Die Hartnäckigkeit, mit der die filmische Einbildungskraft in jenen Jahren auf dieses Thema zurückkam, spricht eindeutig dafür, dass die Frage absoluter Autorität für das Kollektivbewusstsein von zentralem Belang war.« In anderen Filmen vermutetete er tiefwurzelnde Vorahnungen von Hitlers Machtergreifung: »Im Jahre 1932 ließ Fritz Lang im *Testament des Dr. Mabuse* seinen verbrecherischen Übermenschen wieder auferstehen, um Hitlers unverkennbare Ähnlichkeit mit Mabuse zu spiegeln. Durch diesen zweiten Mabuse-Film wird eindeutig klar, dass der erste weniger ein Dokument als vielmehr eine jener tiefwurzelnden Vorahnungen ist [...]« (1947, S. 91ff.)

Da Kracauer die Vorlieben des Publikums aus dessen angeblicher Realitätsuntauglichkeit erklärte, kam auch er in *Theorie des Films* (1960) zur reaktionären These, der Zuschauer müsse sich beim Betrachten eines Films wie hypnotisiert im Zustand der Egoschwächung, der herabgesetzten Selbstbeherrschung und der reduzierten Denkfähigkeit befinden: »Das Ich des Kinobesuchers, das die Quelle seiner Gedanken und Entscheidungen ist, zieht sich von der Szene zurück.« So schrieb Kracauer über die regelmäßigen Kinogänger: »Sie gehen nicht aus dem Wunsch ins Kino, einen bestimmten Film zu sehen oder angenehm unterhalten zu werden; wonach sie wirklich verlangen, ist, einmal vom Zugriff des Bewusstseins erlöst zu werden, ihr Ich im Dunkeln zu verlieren und die Bilder, wie sie gerade auf der Leinwand einander folgen, mit geöffneten Sinnen zu absorbieren.« Die starke Suggestivkraft des Films komme diesem Bedürfnis entgegen. Filme, so Kracauer, »tendieren dazu, das Bewusstsein zu schwächen.« (1960, S. 217f.)

Kracauer wollte nicht wahrhaben, dass der Wunsch nach Unterhaltung legitim und rational sein kann.

Ideologie des freien Markts bei Jarvie

Der Glaube an mystische Partizipation, an die Herrschaft des kollektiven Unbewussten in den dunklen Kino-Kathedralen bewahrte die Wissenschaftler davor, den Medien-Oligopol-Kapitalismus wahrzunehmen. Stattdessen konnten sie davon träumen, es gebe noch den freien Markt.

Erhält das Publikum das, was es will oder das, was ihm vorgesetzt wird? Diese Frage wurde vom Soziologen I.C. Jarvie mit einem energischen »Was es will« beantwortet (1970; 1971. Heute findet sich dieselbe Auffassung z.B. bei Saxer 1999. Kritik: Prokop 2000, S. 167f.). Nach Jarvies Auffassung ist die Filmindustrie Sprachrohr der Publikumswünsche: »Einige der größten Kassenerfolge aller Zeiten kamen in den letzten acht Jahren zustande. Dies scheint mir prima facie stark dafür zu sprechen, dass die Leute im Großen und Ganzen das sehen, was sie wollen. Wenn das nicht der Fall ist, so wüsste ich nicht, wie man das herausfinden könnte. Auf einem Markt findet eine ständige Abstimmung an der Kasse statt.« (1971, S. 218)

Qualitätsfragen umging Jarvie, indem auch er den Film als totales Identifikationsmedium definierte: »Das Kino ist ein Medium, das die Umgebung total einbezieht, und je breiter die Leinwand und je größer die Lautstärke, desto mehr hat man das Gefühl, darin aufgeschluckt zu werden. Es ist ein Medium, bei dem wir uns mit denen, die auftreten und mit dem, was geschieht, identifizieren.« (1970, S. 14)

Jarvie schätzte den standardisierten, konventionellen, Identifikation fordernden Film als höchste Entwicklung: »Rückblickend nehmen sich die russischen Stummfilme und die englischen Dokumentarfilme wie schöne Nebengleise aus, im Grunde filmfremd. Seinen höchsten Ausdruck findet der Film in weitgehend formal und konventionell gestalteten Gattungen, wie dem Musical oder dem Zeichentrickfilm und in der besonderen Tradition der Western-, Gangster- und Horrorfilme. Das Wesentliche an ihnen besteht in der strikten Verwendung konventionalisierter Aussagen [...]. Es dauert eine Weile, aber schließlich hat man eingesehen, dass Kameras ebensowenig [Realitäts-] Aufnahmemaschinen wie Computer Denkmaschinen sind. Beides sind Apparate, die sorgfältig gestellte, streng begrenzte Aufgaben ausführen. Diese Aufgaben spiegeln unsere Interessen und Wertvorstellungen wider.« (1971, S. 209ff.). Künstler, die nach mehr Freiheit rufen, könnten nicht verlangen, dass ihnen die Verantwortung für derart hohe Summen übertragen werde, wie sie bei Filmproduktionen ausgegeben würden, so argumentierte Jarvie. *An diesen Thesen war vor allem problematisch, dass dem Publikum die gleichen Interessen unterstellt wurden, die die Produzenten haben.*

Ideologie des freien Markts bei der soziologischen Handlungstheorie

Die Gleichsetzung von Publikumsinteressen und Machtstrukturen hat in der Soziologie ihre Tradition in der Handlungstheorie, der Vorläuferin der heutigen Systemtheorie. Die Handlungstheorie stellte sich die Gesellschaftsmitglieder als Actors, als Handelnde vor, mit bestimmten Präferenzen ausgestattet, die mehr oder weniger mit dem gesamtgesellschaftlichen Normsystem identisch sind. Die Handlungstheorie sprach nicht vom kollektiven Unbewussten, aber sie stellte sich den gesellschaftlichen Zusammenhang nicht weniger irrationalistisch vor, als »institutionalisiertes

Wert- und Normsystem« (Parsons 1951, S. 5f.), eine sich in Handlungsmustern niederschlagende Wert- und Normstruktur, die die Handelnden mehr oder weniger blind übernehmen, internalisieren. *So kam die Handlungstheorie dazu, Macht- und Marktstrukturen als nebensächlich anzusehen und sich kulturelle Produkte als »Symbolsysteme« vorzustellen, die das Ergebnis von in freier Kommunikation »ausgehandelten Synthesen« sind.*

Das wurde von Kommunikationswissenschaftlern übernommen: Theodore Peterson vertrat diese Auffassung: »Wenn man die Massenmedien als kulturelle Institutionen betrachtet, so erkennt man, dass sie nur ein Aspekt menschlicher Kommunikation im Ganzen sind. Wie der Zeichentelegraf und die Buschtrommel sind sie technische Erweiterungen dieses primären sozialen Prozesses. [...] Als Lieferanten von Symbolen tragen die Massenmedien zum Funktionieren der Gesellschaft bei. Sie sind Träger der Werte, der Überzeugungen [...] der Gesellschaft, in der sie operieren.« (1966, S. 56ff. Nichts anderes behauptet heute: Luhmann 1996). Die kulturellen Muster ergeben sich hiernach aufgrund einer wechselseitigen Beeinflussung Gleichberechtigter. Auch Raymond A. Bauer war dieser Auffassung: »Natürlich hat das Publikum keine absolute Handlungsfreiheit: Es muss aus dem vorhandenen Angebot wählen. Doch sogar hier hat das Publikum einen gewissen Einfluss, denn das Kommunikationsangebot richtet sich nach den Dingen, auf die das Publikum nach aller Wahrscheinlichkeit reagiert. Man muss den sozialen Kommunikationsprozess und den Einflussprozess als einen wechselseitigen Vorgang sehen (transactionism).« (1964, S. 164). Diese Vorstellung wurde um 1990 wiederbelebt, im »dynamisch-transaktionalen Modell«, das dafür eintritt, die »Transaktionen« – d.h. die Systeme von Leistung und Gegenleistung zwischen der Produktions-Seite und der Publikums-Seite – zu beachten. (Früh 1991; Schönbach 1992, S. 109ff.).

Dass die Handlungstheoretiker vorgegebene Wahlmöglichkeiten schon für Demokratie hielten, kommt daher, dass sie die im Fordismus mögliche und notwendige Konsumorientierung für naturnotwendig hielten: die – durch Konsumbeteiligung, Ausgaben im Freizeitbereich und Wahlbeteiligung messbare – Bereitschaft, Vorgaben aus Industrie und Politik ohne Diskurs zu übernehmen. Sie glaubten an die »Participant Society«, die Teilhabe-Gesellschaft aufgeschlossener Menschen, in der »Emphatie« vorherrscht. So schrieb der damalige Ideologe der »Participant Society«, Daniel Lerner: »Das typische Verhalten, das die moderne Gesellschaft entwickelt, ist durch Emphatie charakterisiert: die stark entwickelte Fähigkeit, das Persönlichkeitssystem binnen kurzer Frist umzustrukturieren. Während die isolierten Gemeinden traditioneller Gesellschaften auch auf der Basis eines äußerst statischen Persönlichkeitstyps funktionieren konnten, erfordern die interdependenten Bereiche der modernen Gesellschaft eine breite Partizipation. Dies setzt wiederum ein expansives und anpassungsfähiges Persönlichkeitssystem voraus, das in der Lage ist, neue Rollen zu lernen und öffentliche Probleme zu seinen persönlichen Anliegen zu machen.« (1965, S. 51. Heute nennt man das »Flexibilisierung«; dazu kritisch: Sennett 2000)

Dagegen ist zu sagen, dass selbst die uneingeschränkteste Zugänglichkeit zu vielen *vorgegebenen* Alternativen noch keine Demokratie ergibt.

Das Ideologische des Versuchs, im Medien-Oligopol-Kapitalismus so zu tun, als gebe es noch einen freien Markt – ähnlich wie man heute trotz supranationaler Konzentrationsprozesse von »freier Marktwirtschaft« spricht – besteht darin, dass das selektive Aufgreifen der den Konzernen nützlichen Bedürfnisse undifferenziert als »gesellschaftliches« Bedürfnis betrachtet wird. Alternative Entwicklungsmöglichkeiten werden von der Warte der vollzogenen Tatsachen aus ignoriert. Auch wenn das Publikum über Kassenerfolge und Einschaltquoten mitentscheidet, so bietet doch diese Art der Abstimmung nicht jedem etwas, sondern im Gegenteil, sie eliminiert von vornherein jenes Mehrheitsfähige, das sich gegen die Schnellverwertung oder die etablierte Herrschaft sperrt (Ausführlicher: Prokop 1998).

Abgrenzung vom Massengeschmack durch Kritik der formalisierten Zeichen bei Barthes

In den 60er Jahren wurde die Semiotik beliebt, weil sie so schön unverständlich war und so schöne komplizierte Konstruktionen über die »Zeichensysteme der Warengesellschaft« bot und schon deshalb eine Abgrenzung der Theoretiker von »den Massen« ermöglichte.

»Zeichen« ist in der Semiotik ein wertneutraler Begriff, der ein Element in dem Bestreben ist, die grammatikalische Grundstruktur von Sprache zu beschreiben, nach der alle konkreten Sprechakte geformt sind (Saussure 1916). »Zeichen« wird von der Semiotik verstanden als Träger von Kommunikation, der zwischen dem Wort vermittelt, das etwas bedeutet – dem Bedeutenden (Signifikant) und dem, was bedeutet wird – dem Bedeuteten (Signifikat). Semiotiker interessieren sich für die Grammatik, die Gesetzmäßigkeit und Regelhaftigkeit, die den Beziehungen zwischen den Zeichen zugrundeliegt. Die verschiedenen wissenschaftlichen Tätigkeitsbereiche sind abgesteckt: Die Semantik erforscht die Beziehungen zwischen den Zeichen und ihren Bedeutungen. Die Syntax untersucht die Beziehungen zwischen Zeichen und anderen Zeichen. Die Pragmatik geht den Beziehungen zwischen den Zeichen und deren Produzenten und Empfängern nach. Die Sigmatik stellt die Frage, wie sich die Zeichen zu dem verhalten, was sie bezeichnen.

Auf die Medien ist das nicht anwendbar. Die »Mediensprache« ist nicht ahistorisch erfassbar, und eine Sprache »des Films als solchem« zu suchen, ist sinnlos, denn das führt zu pedantischen Klassifikationen aller Mittel der Filmgestaltung: der Handlungsführung, der Kamerabewegung, des Schnitts, der Einstellungslänge, der Einstellungsgröße, der Einstellungsprofile, der Anzahl der Totalen oder der Nahaufnahmen pro Filmabschnitt (Beispiel für semiotische Pedanterie: Metz 1972; 1973). Manche Semiotiker arbeiteten sich an der Deutung des Bedeuteten ab, aber wer braucht eine Medien-Semiotik, die einem erklärt, dass die Kamera bei Liebesszenen deshalb näher herangeht, weil das »ein eingehenderes Interesse« bedeutet?

Einer versuchte, die Inhaltsleere semiotischer Deutungen zu überwinden: *Roland Barthes (1915-1980), Semiotiker und Kulturkritiker. Beruflich war er Dozent für Literatur (ab 1939) und zuletzt Professor am Collège de France in Paris.*

Barthes erfasste die gesamte Warengesellschaft der späten 50er Jahre als »Mythos«: »Mythen« sah Barthes überall: in einer Predigt von Billy Graham, in Illustrierten-Covers, in Schockfotos, im Striptease, im Gesicht der Garbo oder in der Karosserie des Citroën. Den »Mythos« definierte Barthes als spezielles Verhältnis von Bedeutendem, Bedeutetem und Zeichen.

Im sprachlichen Normalfall ist das Zeichen der Träger eines Bedeuteten: Ein Rosenstrauß, der Leidenschaft ausdrücken soll, wird dadurch zum Zeichen, dass Rosen und Leidenschaft miteinander assoziiert werden.

Beim »Mythos« sind die Zeichen etwas Spezielles: Die Zeichen sind formalisiert, sie schaffen ein »einfaches Bedeutetes«: »Im Mythos findet man das [...] dreidimensionale Schema wieder: das Bedeutende, das Bedeutete und das Zeichen. Aber der Mythos ist insofern ein besonderes System, als er auf einer semiologischen Kette aufbaut, die bereits vor ihm existiert; er ist ein sekundäres semiologisches System. Was im ersten System Zeichen ist (das heißt assoziatives Ganzes eines Begriffs und eines Bildes), ist einfaches Bedeutendes im zweiten.« (1957, S. 92).

Beim Gesicht der Garbo: »Es ist [...] ein gipsartiges Gesicht, an der Oberfläche verschlossen durch die Farbe und nicht durch seine Linien. In diesen zugleich verletzlichen und kompakten Schnee sind allein die Augen – schwarz wie seltsames Fruchtfleisch, doch keineswegs expressiv – zwei ein wenig zitternde Verletzungen.« Und: »Die Garbo offenbarte so etwas wie eine platonische Idee der Kreatur, und das erklärt, warum ihr Gesicht fast entsexualisiert ist, ohne deshalb zweifelhaft zu sein.« (S. 73f.). Wir haben also beim Gesicht der Garbo keinen Normalfall vorliegen. Der Normalfall wäre: Ein Gesicht, das »Göttlichkeit« ausdrücken soll, wird dadurch zum Zeichen, dass das Gesicht und Göttlichkeit miteinander assoziiert werden. Das Gesicht der Garbo, so meinte Barthes, ist jedoch ein Zeichen der zweiten Art, ein »Mythos«. Zum Mythos wird das Gesicht der Garbo, weil es eine Reduktion auf einen Archetyp darstellt und damit eine reine Form: »Indem er Form wird, verliert der Sinn seine Beliebigkeit; er leert sich, verarmt, die Geschichte verflüchtigt sich, es bleibt nur noch der Buchstabe. Es geht hier eine paradoxe Vertauschung der Leseoperationen vor sich, eine anomale Regression vom Sinn zur Form, vom linguistischen Zeichen zum mythischen Bedeuteten.« (S. 44f.).

Barthes meinte also: Alles an der Warengesellschaft ist funktionalisiert, alles wird auf klare Bedeutungen festgelegt, damit wird alles Diffuse, Lebendige ausgeschlossen, und das ist eine geistige Verarmung.

Dagegen ist zu sagen: 1. Es bringt nichts, Medienprodukte als »formalisiert« zu kritisieren, die etwas anbieten, was ein sehr produktives Prinzip ist: die Klarheit ihrer Aussage. Erst sie ermöglicht es, Spannungen und Widersprüche deutlich zu machen. 2. Bei aller »Formalisierung« finden jene – die Spannungen und Widersprüche – sich auch in den populären Medienprodukten. Man denke an das Gesicht der Monroe, das stets sowohl Künstlichkeit als auch Authentizität zeigte. Da war nicht nur »Mythos«.

Die erfolgreichen Medienprodukte waren schon damals differenzierter als die Kritik. Es war schon damals nicht gut, wenn aus der schlechten Realität der Warengesellschaft immer nur der Kritiker als moralischer Sieger hervorgeht.

Internationalisierung und Krise der Filmindustrie

Weltweite Filmverleih-Macht der Hollywood-Konzerne

Die europäischen Staaten boten den amerikanischen Konzernen günstige Investitionsmöglichkeiten in die geschwächten europäischen Filmindustrien. *Hollywoods Oligopolisten kauften europäische Produktions- und Verleihfirmen auf oder gründeten Firmen-Partnerschaften. Auf diese Weise kamen sie sogar in den Genuss staatlicher Subventionen, und sie konnten die Einfuhrquoten für amerikanische Filme umgehen, die zum Schutz der europäischen Filmindustrien von den Europäern eingerichtet worden waren.*

Um ihre Interessen auf dem Weltmarkt durchzusetzen, bildeten Hollywoods Filmkonzerne eine gemeinsame Dachgesellschaft der Filmexporteure, die Motion Picture Export Association (MPEA). *Die MPEA war und ist eine Art Außenministerium der amerikanischen Oligopolisten. Ihr offizielles Ziel ist, alles zu verhindern, was dem Export amerikanischer Filme schaden könnte; dazu kommt das inoffizielle Ziel, außerhalb der USA staatliche nationale Filmförderungen zu verhindern.* Um 1970 gehörten folgende fünfzehn Staaten in dieser Reihenfolge zu den Hauptabnehmern amerikanischer Filme: Großbritannien, Italien, Kanada, Bundesrepublik Deutschland, Frankreich, Japan, Spanien, Australien, Südafrika, Brasilien, Mexiko, Argentinien, Schweden, Belgien und Venezuela. Die Mitglieder der MPEA unterhielten in 117 Staaten Geschäftsbeziehungen. Sie bezogen 53% ihrer Gewinne, jährlich 250 Mio. $, aus dem Ausland. Dabei stammten 65-75% der Exportgewinne aus dem Filmverleih und der Rest aus Senderechte-Verkäufen an Fernsehanstalten. Um 1970 gingen in Frankreich von den Kinoeinnahmen 43% an amerikanische Gesellschaften, den Rest teilten sich die 115 französischen Verleiher. In Großbritannien gingen 84% aller Filmeinkünfte an amerikanische Verleiher. (Guback 1974, S. 70ff.)

1970 gründeten Paramount und Universal die Cinema International Corporation (CIC), die größte Filmverleih-Gesellschaft der Welt, die auch Kinos in Westeuropa, in Afrika und Südamerika unterhält.

Bis heute können die amerikanischen Konzerne, mit ihrer starken Position auf dem Welt-Verleihmarkt, europäische, japanische und lateinamerikanische Produktionsfirmen dominieren, denn sie bestimmen, wer welche Filme macht und welche davon in den Verleih kommen. Doch ihr weltweites Verleihnetz bringt auch den Produzenten in Rom, München oder London Vorteile: Es erspart ihnen, von unbekannten Verleihern in Japan oder in Brasilien übervorteilt zu werden. Außerdem besitzen die amerikanischen Konzerne das Vertrauen der Banken überall in der Welt. Allerdings interessiert sich niemand dafür, ob diese Macht vorteilhaft für die kulturelle Identität der betroffenen Länder ist.

Das gleiche gilt fürs Fernsehen: Schon 1959 begannen die Filmkonzerne, auch Fernsehfilme und Fernsehbeiträge zu exportieren. Ein Jahr später gründeten die Fernseh-Networks eine eigene Export-Organisation. *Die amerikanischen Firmen konnten Fernsehfilme weit unter Preis anbieten, denn sie amortisierten sich bereits auf dem amerikanischen Markt. Mit einem Senderechte-Preis von 1.000 bis 2.000 $ für eine halbe Sendestunde konnte kein Produzent außerhalb der USA konkurrie-*

ren, sie mussten zehnmal höhere Preise verlangen. 1960 hatten die amerikanischen Firmen aus dem Fernseh-Auslandsgeschäft 30 Mio. $ eingenommen, 1968 waren es bereits 80 Mio. $. (Barnouw 1990, S. 234f., 407)

Frankreich, Großbritannien, Kanada, Australien und Japan erließen Quotenregelungen, die den Import amerikanischer Fernsehsendungen beschränkten, *aber die einheimischen Fernsehanstalten, die auf die billigen Primetime-Serien aus USA angewiesen waren, unterwanderten alle Quotenregelungen, indem sie auf amerikanische Talkshows und Kochrezepte-Sendungen verzichteten, nicht aber auf die publikumsattraktiven Serien.*

Zuschauerschwund: Geh mal wieder ins Kino

Der Kinobesuch war in den 60er Jahren nur noch eine unter vielen Möglichkeiten der Freizeitgestaltung. Das Kino war nicht mehr, wie in den 50er Jahren, das einzig mögliche Wochenend-Vergnügen, als man auch ins Kino ging, wenn der Film nicht interessierte, nur des Knutschens im Dunkeln wegen, wie es in dem Song *Saturday Night in the Movies* hieß. Nun hatten die Jugendlichen Autos. Statt ins Kino an der Ecke zu gehen, fuhren sie zu Rock'n'Roll-Konzerten, dort konnten sie auch knutschen, und alles war viel aufregender.

Auch in der Bundesrepublik musste ab Mitte der 60er Jahre jedes zweite Kino schließen. 1960 war jeder Bundesbürger im Durchschnitt pro Jahr noch elfmal ins Kino gegangen, 1977 nur noch zweimal. Die Zahl der Kinos ging zwischen 1963 und 1973 von 6.000 auf 3.100 Kinos zurück. Die Zahl der Kinobesucher sank von 366 Mio. auf 161 Mio. Besucher. (Decker 1976, S. 82)

Alle Versuche, ein neues Publikum zu finden, scheiterten: Das alte Publikum war zu alt geworden, die jungen Familien mussten oder wollten sowieso zu Hause bleiben, und so blieben nur die Jungen, Unverheirateten. Der Anteil der häufigen Kinogänger war nur noch bei Jugendlichen hoch, die in der Berufsausbildung standen und noch bei ihren Eltern wohnten – damals noch ohne Zweitfernseher und ohne eigenes Auto. Ein- bis dreimal im Monat gingen 1961 immerhin noch 46% aller in der Berufsausbildung befindlichen Personen ins Kino. (Conant 1960, S. 5; Yankelovich-Report 1968, S. 13)

Untersucht man das damalige westdeutsche Publikum nach seiner Schichtzugehörigkeit, ist festzustellen, dass es in keiner sozialen Schicht mehr einen bedeutsamen Anteil an häufigen Kinogängern gab, d.h. an Zuschauern, die mindestens einmal pro Woche ins Kino gingen, wie es das früher gegeben hatte. Die mittleren Angestellten, die früher, in den 40er Jahren, den größten Anteil der häufigen Kinobesucher stellten, gingen nun kaum mehr ins Kino, weniger als einmal im Monat (GfK 1961, 1965). *Kinobesuche sind seither zufällig, ihre Funktion ist dieselbe wie ein Jahrmarktbesuch: Man geht gelegentlich hin und lässt sich von den Attraktionen faszinieren, mehr nicht.*

Industrie-Mischkonzerne kaufen die Filmkonzerne

Die Filmkonzerne wurden in den 60er Jahren Unter-Abteilungen großer Industrie-Mischkonzerne. Jene hielten es für imagefördernd, sich zwecks Steigerung ihres

Aktienwerts mit Hollywoods immer noch vorhandenem Glamour zu schmücken. Die Film-Unterabteilungen der Mischkonzerne traten weiterhin als Film-Firmen auf, und sie blieben weiterhin in ihrem Dachverband, der Motion Picture Association of America, organisiert, so als sei nichts gewesen.

Paramount wurde 1966 von Gulf+Western gekauft, einem Konzern, der mit Zucker, Zimt, Auto-Ersatzteilen, Immobilien, Finanzierungen, Zigarren, Papier, Baustoffen, Socken und vielem anderem handelte. Paramount wurde eine von vielen Abteilungen der Freizeitgruppe des Konzerns. Dazu gehörten neben 400 Kinos in Kanada und 60 Kinos in Frankreich auch Buchverlage, Sportmannschaften, ein Sportzentrum.

Metro-Goldwyn-Mayer wurde 1969 von Kirk Kerkorian gekauft, einem Multimillionär, der in Las Vegas zwei Hotels und eine Fluglinie besaß. Kerkorian reduzierte das Personal von 10.000 auf 5.000 Mitarbeiter. Er rechtfertigte sich so: »Ich bin ein MGM-Aktionär, und wenn beschlossen würde, dass MGM sich vollständig aus dem Filmgeschäft zurückzieht und in Kugellager umsteigt, um Geld zu machen, wäre ich begeistert.« (Guback 1974, S. 74). 1970 ließ er versteigern, was sich in fünfzig Jahren an Ausstattungen angesammelt hatte.

United Artists wurde 1967 vom Versicherungs-Konzern Transamerica aufgekauft. Der Filmökonom Thomas H. Guback schrieb über den Konzern: »Kinofilmerlöse und Entgelte für Fernsehfilme sowie Musikhonorare erbrachten 11% der Einnahmen von Transamerica im Jahre 1978. United Artists Corporation ist in Filmverleih und -finanzierung, im Musikverlagsgeschäft sowie in der Schallplattenbranche tätig und wertet kommerziell Symbolfiguren ihrer Filme aus. Der *Pink Panther* z.B. findet sich auf etwa 400 Spielen, Spielzeug- und Bekleidungsartikeln, die in der ganzen Welt verkauft werden. Zu den weiteren Geschäftsbereichen von Transamerica gehören Verbraucherkredite, Versicherung, Luftfahrt, Immobilienhandel und Datenverarbeitung.«

Andere Filmkonzerne blieben in der Medienbranche oder diversifizierten ihre Interessen selbst:

Universal war 1951 von Decca Records, der Schallplattenfirma, gekauft worden und 1962 von MCA (Music Corporation of America), der Agentur der Stars aus der Film- und Musikbranche. »MCA ist zusätzlich zur Produktion und dem Vertrieb von Kinos und Fernsehfilmen im Musikverlagsgeschäft sowie in der Schallplatten- und Kassettenbranche tätig. Andere Töchter arbeiten im Buchverlag, in der Bildplattenentwicklung, im Einzelhandel, Versandgeschäft, Finanzierungsservice, Immobiliengeschäft, in der Touristik und der Datenverarbeitung.« (Guback 1979, S. 454f.)

Twentieth Century-Fox stellte zwar noch Filme her und war noch ein mächtiger Filmverleih, betätigte sich aber auch in Bereichen wie Filmentwicklung und besaß Kinos in Neuseeland und Australien. Die Firma hatte Anteile an drei Fernsehstationen, an Firmen im Schallplatten- und Musikverlagsgeschäft, einer Softdrink-Firma und an einer Gesellschaft für Ski-Tourismus.

Warner Bros. ging 1967 in den Besitz des Produzenten Ray Stark über, dessen Firma Seven Arts für 32 Mio. $ Jack Warners Aktienanteile kaufte. Die Firma hieß für kurze Zeit »Warner-Seven Arts«. Sie kaufte Atlantic Records und wurde damit, nach CBS und EMI, der drittgrößte Schallplattenproduzent der Welt. 1970 verkaufte Stark Warner-Seven Arts an die Kinney-Firmengruppe des Ex-Fußballstars Steve Ross, der sein Geld im Bestattungsgeschäft seines Schwiegervaters gemacht hatte. Ross nannte seine neue Firma »Warner Communications«. Er kaufte im gleichen Jahr Electra Records und 1972 Asylum Records dazu und bildete die Schallplatten-Vertriebsorganisation WEA (Warner, Electra, Atlantic). Mit Schallplatten, aber auch mit den Sparten Musikinstrumente, optische Ausrüstungen, Bücher und Zeitschriften, Videospiele, Kabelfernsehen und mit der Fußballmannschaft Cosmos erwirtschaftete der neue Konzern seine Gewinne.

Marktlücke für Kreativität: Billigfilme, New American Movie, Road Movies

Neben den großen Studios, die mit reduziertem Personal wenige kapitalintensive Filme und zunehmend Fernsehserien herstellten, gab es im Großraum Los Angeles viele Kleinfirmen, die sich auf jene Märkte spezialisierten, für die sich die Konzerne nicht interessierten: Fernseh-Kinderfilme, Motorsportfilme für regionale Zielgruppen, Pornofilme etc. Sie produzierten billiger, weil sie, klein wie sie waren, die Gewerkschaften umgingen und ihre Mitarbeiter schlecht bezahlten.

Eine war American International Pictures (AIP). Der Firmenname suggerierte eine Orientierung am Weltmarkt, aber tatsächlich stellte AIP Billigfilme für die amerikanischen Teenager her, eine Zielgruppe, die von den Konzernen als Konsumentengruppe noch nicht ernst genommen wurde. Diese Billigfilme waren zunächst »Strandfilme«, in denen nicht mehr geschah, als dass junge Leute Parties am Strand feierten. Dann Gruselfilme. AIP verfilmte vor allem Edgar Allen Poe; für die Vorlagen lang verstorbener Autoren muss man kein Copyright bezahlen. Danach kamen »Motorradfilme«, und in den späten 60er Jahren kamen »Drogenfilme« hinzu. Es wurden nur zwei bis drei Tage Drehzeit benötigt. (Schnelle 1993)

Wichtigster Produzent und Regisseur bei AIP war Roger Corman. Er entdeckte viele Talente, die billig zu haben waren, nebenbei auch für seine eigene Produktionsfirma Film Group. Corman machte vielbeachtete Horrorfilme wie *Little Shop of Horrors* (1960), und nach Geschichten von Edgar Allen Poe u.a. *House of Usher (Die Verfluchten*, 1960), *Das Pendel des Todes* (1961), *Der Rabe* (1963). Er war in den 60er Jahren der große Anreger des New American Movie, bei ihm fingen viele an, die Star-Regisseure und Star-Schauspieler wurden: Francis Ford Coppola mit seinem Film *Dementia 13* (1962), Peter Bogdanovich mit *Targets, USA (Bewegliche Ziele*, 1967), Martin Scorsese mit *Boxcar Bertha* (1972). Der Schauspieler Jack Nicholson begann als Drehbuchautor bei Corman. Er schrieb für ihn das Drehbuch zu *The Trip* (1967). Der Film handelt von einem Regisseur, der seinem Alltag mittels LSD entfliehen will. Peter Fonda und Dennis Hopper spielten darin die Hauptrollen. Bei Corman fing auch Silvester Stallone an.

Unter Jugendlichen grassierte die Angst, in Vietnam sterben zu müssen. Der Widerstand gegen den Vietnamkrieg und die Hippie-Bewegung schufen die politische und kreative Atmosphäre, in der die alternativen Filme des »New American Movie«

entstanden, Filme wie *Mean Street (Hexenkessel,* 1973; Regie: Scorsese); *Thieves like us (Diebe wie wir,* 1973; Regie: Altman); *American Graffiti* (1973; Regie: Lucas), *Alice doesn't live here any more (Alice lebt hier nicht mehr,* 1974; Regie: Scorsese). Das waren Filme, die von alternativen Helden handelten, die auf dem Motorrad oder als Tramps der etablierten Gesellschaft entkommen wollen und dann doch von Gewalt und Konformismus eingeholt werden. Idealisiert wurde nicht das Happy End, sondern das Unterwegssein, die Flucht von allem. »Freiheit bedeutet, nichts mehr verlieren zu können«, sang Janis Joplin, und das war das Programm.

Eine neue Produktionsweise ermöglichte die New American Movies: Man brauchte keine Kulissen, man filmte Landschaft, das war billiger. Man konnte das, weil die professionellen Filmkameras kleiner geworden waren. Alle Geräte konnte man in einigen Bussen unterbringen. Man war unterwegs. Um der Gesellschaft den Rücken zu kehren, um sich selbst zu finden oder einen Lebenssinn zu suchen. Deshalb entstand das neue Genre der Road Movies, z.B. *Rain People* (1968) des AIP-Mitarbeiters Francis Ford Coppola. Sein Thema: Eine Frau, die aus bürgerlichem Milieu ausbricht und nach Kalifornien trampt. Auf der Landstraße gerät sie zuerst an einen Nervenkranken, dann an einen herrschsüchtigen Polizisten, der in ihr nur seine ehemalige Frau sieht, die bei einem Brand ums Leben gekommen ist. Nach seinem Erfolg mit *Rain People* gründete Coppola 1969 als neuen Talentschuppen die Firma American Zoetrope. Firmensitz war zuerst San Francisco, dann Hollywood.

1969 entstand der Szene-Film *Easy Rider*: Zwei ausgeflippte junge Männer fahren mit ihren Harley Davidsons durch die USA, auf der Suche nach dem alten Amerika der unbegrenzten Freiheit. Überall werden sie mit Spießertum und Gewalttätigkeit konfrontiert. Und sie selbst werden Opfer sinnloser Gewalt. Regie führte Dennis Hopper, der neben Peter Fonda auch einer der beiden Hauptdarsteller war. Produziert wurde der Film von Peter Fonda für die kleine Firma BBS. Bei Columbia merkte jemand, dass dieser Film nicht nur das amerikanische Lebensgefühl traf, und nahm den Film unter Verleih. Es lohnte sich: *Easy Rider* wurde weltweit zum Kultfilm. Bei Produktionskosten von nur 400.000 $ machte der Film einen Gewinn von 19 Mio. $.

American Graffiti, ein Film über das Lebensgefühl Jugendlicher in den 60er Jahren, von George Lucas, dem früheren Assistenten von Coppola, kostete nur 750.000 $, gedreht wurde der Film in nur 28 Tagen mit unbekannten Schauspielern – und spielte allein in USA 55 Mio. $ ein.

Abgesehen von den genannten Filmen, wurden den jungen Unabhängigen von den Verleih-Oligopolisten wenig Chancen gegeben. *Die Konzerne hätten auf eine geduldigere Verleihstrategie für begrenzte Zielgruppen bauen müssen, auf Off-Kinos und Kinos der Universitätsstädte, bei langsamerer Amortisation der Filme. Aber dafür fehlte ihnen die Lust und die Ausdauer, denn als gut galt nur, was schnell Millionen Dollar einfuhr. Das ist heute noch so.*

Zensur (Fortsetzung): Flexibilisierung der Film-Selbstzensur

Filme unabhängiger Produzenten konnten jetzt in die Kinos kommen, ohne die Moral-Zensur der Production Code Administration durchlaufen zu haben, Verleiher Metro-Goldwyn-Mayer verlangte beim Film *Blow Up* (1966) vom Regisseur Antonioni Schnitte, Vanessa Redgrave war oben ohne zu sehen. Aber Antonioni weigerte sich. Die Konzerne mussten ein neues System der Selbstzensur finden – natürlich wieder ein System, das ihre Filme begünstigte. 1968 führten die in der Motion Picture Association of America (MPAA) zusammengefassten Großfirmen ein »Orientierungssystem« ein, das bis heute praktiziert wird: Jeder Film wird von einer Jury der MPAA kontrolliert, diese Jury nennt sich »Code and Rating Administration« und vergibt Film-Klassifikationen. Die heute gültigen Klassifikationen sind:

»G« – general audience: für alle geeignet

»PG« – parental guidance: für Kinder wird die Begleitung Erwachsener empfohlen

»PG-13« – für Kinder bis 13 Jahren wird die Begleitung Erwachsener empfohlen

»R« – restricted: Kinder und Jugendliche unter 16 Jahren nur in Begleitung Erwachsener

»X« – Das steht für »unerlaubt« und und »unmoralisch.

Nur Filme, die von der Code and Rating Administration mit einem »G«, »PG« »PG-13« oder »R« bewertet wurden, erhalten zugleich ein weiteres Gütesiegel, einen Globus mit Filmrollen. Dieses Siegel muss, zusammen mit dem Zeichen, überall gezeigt werden: auf den Filmkopien, auf Plakaten, Standfotos, Anzeigen. Es wurde angeblich zum Kriterium für eine »verantwortungsbewusste Wahl des kritischen Konsumenten«. Filme, die von der Code and Rating Administration abgelehnt werden, erhalten nur das »X«, keinen Globus. Das »X« muss ebenfalls in den Filmen und auf allem Werbematerial sichtbar angebracht werden. »X« ist gleichbedeutend mit »schlechten Filmen«.

So harmlos und demokratisch das Orientierungssystem zu sein scheint – mit ihm können die Konzerne ihre Konkurrenten kleinhalten: Unabhängige Firmen, die ihre Filme nicht der Code and Rating Administration vorlegen, bekommen automatisch das Prädikat »X«.

In der Sexfilm-Ära der 70er Jahre wurde die »X«-Kategorie von unabhängigen Pornofilm-Produzenten als Werbung ausgebaut. Sie verliehen ihren Filmen gerne ein »XX« oder »XXX«, um Interessenten noch mehr Sex und Verbotenes zu signalisieren. Die MPAA benutzt seit Anfang der 90er Jahre das »X« nicht mehr, um die Filme der Hollywood-Großfirmen nicht nach den gleichen Maßstäben zu kategorisieren wie Underground-Pornos. Seitdem gibt es die Kategorie »NC-17« – no children«: freigegeben ab 17 Jahren. Die Abgrenzung zu den Sexfilmen blieb: Nun wundert sich Amerikas Publikum, dass Filme trotz brutaler Gewaltszenen als »PG« eingestuft werden, aber schon etwas Sex genügt, um als »R« oder »NC-17« klassifiziert zu werden.

Erstmals postmoderne Mediensprache für den internationalen Markt: Italo-Western

Wer weltweiten Markterfolg wollte, durfte dem weltweiten Publikum nicht mit alten Genres kommen.

Der klassische amerikanische Western war in den 60er Jahren für Welterfolge untauglich geworden, das Genre litt unter Alterserscheinungen: Die Westernhelden waren zu alt geworden, die Mythen veraltet. Satirisch auf die Spitze getrieben wurde diese Entwicklung in *Cat Ballou* (1965): Im Moment, in dem es zum Showdown hätte kommen sollen, lehnt das alte Pferd erschlafft an der Hauswand, mit dem besoffenen Cowboy darauf, von ihm ist keine Heldentat mehr zu erwarten. Der Mythos vom Hüter über Recht und Ordnung, vom ewigen Sieg der Gerechtigkeit – wer sollte damit noch etwas anfangen? Das jugendliche Welt-Publikum bevorzugte den Italo-Western.

Es begann mit Sergio Leones *Für eine Handvoll Dollar* (1964). Hier gab es keine edlen Helden, keine echten Gefühle, keine schöne Landschaft. Der Held ist ein brutaler Egoist, sein Motiv Geld, auch die Landschaft ist brutal und lebensfeindlich. Ohne jede Werbung wurde dieser italienische Film nur durch Mundpropaganda zum Erfolg in Italien, in Europa und dann in Amerika. *Eine neue picture-formula war entdeckt.* Als Höhepunkt dieses Genres gilt Sergio Leones *Spiel mir das Lied vom Tod* (1968). *Django* (1966) von Sergio Corbucci mit dem gleichnamigen Helden wurde zum Synonym für Italo-Western. Zwischen 1966 und 1970 wurden allein in der Bundesrepublik 25 Filme gezeigt, in deren Titel der Name »Django« vorkam. Es dauerte nicht lange, bis die Konzerne Italo-Western produzierten, in Italien, mit italienischen Regisseuren und Schauspielern, aber oft mit Hollywood-Stars in der Hauptrolle.

Mit dem Italo-Western wurde der klassische Western entrümpelt, aktualisiert für ein Publikum, das mit Fernsehwerbung aufgewachsen war und das die Welt als großen Markt begriff, auf dem man Geld hatte oder keines. Der Italo-Western spekulierte auf diese Illusionslosigkeit: kein Gewissen, statt dessen Geld und Gewalt; keine Verantwortung, nur Mittel, um Interessen durchzusetzen. Von den alten Westerntypen blieben nur Gangster-Cowboys übrig, die für ein bisschen Geld alles niederknallen. Da gibt es keinen John Wayne, Gary Cooper oder James Stewart, der aus edlen Motiven ein Verbrechen rächt. Die Hauptfiguren dieser Filme sind geschäftsmäßige Mörder. Wenn Django ins Bild kommt und einen Sarg hinter sich her zieht, ist das ein Motiv, das auf die Erwartung eingeht: Der Rächer kommt. Aber im Sarg liegt kein unschuldiges Opfer, im Sarg liegt Djangos Maschinengewehr. Der liberale Sheriff, der entsprechend den klassischen Western-Konventionen ungeschoren bleiben müsste, krepiert. Und die Hauptperson, die nach alter Sitte doch alles im Griff haben müsste, bleibt sprachlos und wird am Schluss zusammengeschossen.

Man kann darüber streiten, was narzisstische Gesten und Gewalt-Orgien bei den Zuschauern bewirken. Aber die Erneuerung des Genres war ein Fortschritt der Medien-Gestaltung. Der Italo-Western montierte verkäufliche Versatzstücke aneinander, die für den Kenner das alte Genre zitierten und parodierten – ein paar Jahre später wird man das »postmodern« nennen.

Gegenöffentlichkeit 68: abstrakte Ideale

Während der Studentendemonstrationen von 1968 spielte die Kritik der Medien, der Springer-Presse, eine große Rolle. Kritisiert wurde die »Refeudalisierung der Öffentlichkeit«, d.h. die Macht der großen Massenparteien, Industrie-Konzerne, Großverbände und Medienkonzerne, so wie Jürgen Habermas das in *Strukturwandel der Öffentlichkeit* (1962) festgestellt hatte. Propagiert wurde die »Gegenöffentlichkeit«. Das Problem daran war, dass man Ideale vor sich hertrug.

Rationaler Diskurs als Ideal bürgerlicher Öffentlichkeit
Es war – und ist bis heute – falsch, der schlechten Realität das Ideal der »räsonierenden Öffentlichkeit« entgegenzusetzen, denn jene war auch im 18. Jahrhundert mehr ein Ideal als Realität. Das aber taten Kritiker. So vertrat der Soziologe C. Wright Mills das Modell der Kommunikation aller mit allen. Er stellte sich den gelungenen Fall von Öffentlichkeit so vor: Es gibt im Durchschnitt genauso viele Menschen, die Meinungen formulieren, wie Menschen, die Meinungen entgegennehmen. Die Informationsmittel sind derart organisiert, dass unmittelbar Widerspruch gegen eine geäußerte Meinung möglich ist. Und vor allem: In der öffentlichen Diskussion für gut befundene Meinungen können ohne Behinderung in wirksames Handeln umgesetzt werden, wenn erforderlich auch gegen die eingesetzte Autorität. Der Staat nimmt keinen Einfluss auf die Öffentlichkeit, diese ist autonom (1956, S. 342f.; auch: Enzensberger 1970).

Das Problem aller Modelle vom rationalen Diskurs ist jedoch, dass sie zwar die Subtsanz von Demokratie adäquat definieren, aber dennoch kein Maßstab der Kritik des »schlechten« – aber lebendigen – Bestehenden sein können, denn das führt zur Pauschalkritik und zu abstrakten Forderungen.

Kreativität als Ideal direkter Öffentlichkeit
Andere beriefen sich um 1968 nicht auf die Ideale bürgerlicher Öffentlichkeit, sondern auf die direkte Demokratie, wie es sie bei allen revolutionären Veränderungen gab: die Levellers in der Armee während der Englischen Revolution; die Sansculotten in der Französischen Revolution; die Pariser Commune 1871; die russischen und deutschen Rätebewegungen von 1905 und 1917/18.

Das Selbstverständnis der direkten Demokratie lässt sich zusammenfassen in den Forderungen: Dezentralisierung der Staatsmacht und Selbstverwaltung in den Betrieben bei demokratischer Planung des Wirtschaftsprozesses. Elemente davon fanden sich im Mai 1968 in Frankreich bei den Etats Généraux du Cinéma, der Generalversammlung des Kinos. Es handelte sich hierbei um den Versuch, eine Art Räte-Parlament der Filmschaffenden Frankreichs einzurichten. So hieß es in einer verabschiedeten Proklamation: »Die Etats Généraux du Cinéma sind aus einer Volksbewegung entstanden, die den Kampf gegen die bestehende ökonomische, soziale und ideologische Ordnung – die des Kapitals, beschützt vom Staatsapparat – aufgenommen hat. Die Etats Généraux haben den Zweck, aus dem kulturellen Leben, und daher aus dem Film [...] eine Einrichtung im Dienste der Öffentlichkeit zu machen.«

Die Ziele: 1. Zerstörung der Monopole, Schaffung eines Verleih- und Auswertungsapparats. 2. Selbstbestimmung. Die Verantwortlichen werden auf allen Ebenen für eine begrenzte Zeit gewählt, sie werden kontrolliert und sind jederzeit von den Instanzen, die sie gewählt haben, abwählbar. 3. Schaffung von selbstbestimmten Produktionsgruppen, die nicht dem kapitalistischen Profitprinzip unterworfen sind (Etats Généraux, S. 23ff.). Strukturpläne der Etats Généraux du Cinéma wurden im Mai 1968 auf drei Generalversammlungen in Surèsnes diskutiert. Man wollte: mobile Produktionseinheiten mit finanzieller Eigenverantwortung, d.h. ohne finanzielle Abhängigkeit von den Verleihern, auf diese Weise sollte eine maximale Differenzierung der Filmproduktion erzielt werden; Zusammenfassung der Produktionseinheiten in einem ständig tagenden Rat der Generalstände; ein Filmvertriebsorgan, in dem die Produktionseinheiten, die Techniker und die unmittelbar an den Dreharbeiten Beteiligten vertreten sind; die Verstaatlichung der Kinos; Abschaffung der Zensur; Förderung eines neuen Publikums durch die Herabsetzung der Kinopreise mittels eines Subventionssystems; Abschaffung des Erstaufführungssystems. Diese Pläne hatten keine Realisierungschancen, es blieb bei der Proklamation von Grundsätzen.

Zu den direkten Öffentlichkeiten gehörten auch die Redaktionsstatuten-Bewegung der 70er Jahre; Künstler-, Autoren- und Verlagssyndikate etc.

Auch die direkten Öffentlichkeiten hatten und haben ihr Idealbild: die kreative Arbeit, ein Interesse an lebendiger Aneignung. Aber auch hier sah und sieht die Realität anders aus: Die Fiktion eines gemeinsamen Interesses an Kreativität scheitert meist am Problem der notwendigen Permanenz der Aktivität und an der Frage der Zentralisation, d.h. an Funktionären, die die Macht an sich reißen. Kritischer Punkt ist außerdem stets die Tendenz zur »Lagerbildung«, die sektiererische Abgrenzung der jeweiligen Gruppen. Die Strategien der direkten Aktionen, des Drucks auf die bestehenden Instanzen verlaufen sich, bei Erfolg wie Misserfolg, schnell. Die Strategie der Abwahl bestehender Einrichtungen, der Versuch, selbst Gremienarbeit zu leisten, scheitern an überregionalen Organisationen, die stärker sind.

Ein weiteres Problem direkter Öffentlichkeiten ist die geringe Realitätskontrolle. Die »bürgerliche« – oligopolistische – Öffentlichkeit der Verbände, Parteien und Unternehmen ist zur Realitätstüchtigkeit gezwungen, die Strategien, die im Rahmen dieser Öffentlichkeit entworfen werden, müssen effektiv sein. Sie müssen den Firmen Profite, den Parteien Wählerstimmen und den Verbänden Steuergelder oder Spenden bringen. Dagegen sind die direkten Öffentlichkeiten der Realitätskontrolle häufig nicht ausgesetzt, oder sie lehnen Realitätskontrolle ab. *Aus den eigenen, meist handwerklichen Produktionsweisen verselbständigen sich einfache Vorstellungen vom »Selbermachen«, die oft zu Ideologien verkommen. Für die direkten Öffentlichkeiten besteht die Gefahr, in Sektenbildung zu stagnieren.*

Deshalb taugt auch das Ideal der direkten Öffentlichkeiten, die kreative Arbeit, nicht als Kriterium der Kritik der Medien, denn es handelt sich hierbei um ein kaum zu realisierendes Idealbild, das letztlich ebenfalls nur den moralisch einwandfreien Kritiker feiert, der vom Rest der Welt Tugenden einklagt. Habermas nennt das die »ethische Engführung politischer Diskurse« (1999, S. 283).

Betrachtet man kreative Fähigkeiten nicht als angeborene, von überirdischen Mächten verliehene Gabe, die sich nach überirdischem Willen verteilt, dann muss festgestellt werden, dass auf breiter Basis künstlerische und journalistische Fähigkeiten das Ergebnis von Infrastrukturen waren. Das waren die Infrastrukturen der Praxis, die Märkte der frühen Presse, des Sensationsjournalismus ebenso wie des schriftstellernden Journalismus; oder der Zirkus und die Music Halls; außerdem Ausbildungs-Institutionen wie Kunstakademien, Filmschulen, Journalistenschulen. *Das alles waren Institutionen, die meistens vom Effizienzzwang der Märkte profitierten. Deshalb muss Kritik sich mit den Märkten befassen und darf jene nicht pauschal verdammen.*

1970-1990
Postfordismus, Dienstleistungsgesellschaft: Segmentierung der Konsumenten-Märkte, Grenzerweiterungen im Spiel mit dem Unvertrauten

Die erste industrielle Revolution hatte in den 1770er Jahren mit der Dampfkraft begonnen, die zweite in den 1880er Jahren mit Elektrizität und Massenproduktion. *Ab den 1970er Jahren begann die dritte industrielle Revolution mit der Entwicklung der Computer- und Satellitentechnik.* Natürlich waren das keine rein technischen Umwälzungen, sondern ökonomische, politische, gesellschaftliche.

Im Bereich der Medien kam weltweit die zweite Revolution des Rundfunks: das Kabel- und Satellitenfernsehen.

Konzerne, Computer und flexible Industrieproduktion verändern die Welt

»Fordismus« ist ein politökonomischer Begriff, der Strukturelemente der seit den 1910er Jahren veränderten industriellen Arbeit benennt – z.B. Fließbandarbeit, Automatisierung – und außerdem Strukturelemente staatsinterventionistischer, nachfrageorientierter, keynesianischer Politik. *Seit den 70er Jahren begann in den westlichen Industrieländern allmählich, seit den 90er Jahren massiv, die Phase des »Postfordismus«* (Hirsch 1995). Die Entwicklung hatte folgende Dimensionen:

1. Die Ölpreiskrise von 1973/74 markierte die »Grenzen des Wachstums«: Höhere Ölpreise, zusammen mit weltweiter Inflation, verringerten die disponible Masse an Geld und Ressourcen, damit verschärften sich die Verteilungskämpfe von Kapital und Arbeit.

2. Zwischen 1971 und 1974 brach das seit 1944 bestehende Bretton-Woods-Systems der festen internationalen Währungs-Wechselkurse zusammen. Darin war die DM unterbewertet, was die technologisch hochentwickelte deutsche Exportwirtschaft begünstigt hatte. Jetzt gingen die Auslandsaufträge zurück. Die Abschwächung des Wirtschaftswachstums war die Folge (Zinn 2000a, S. 19ff.). Außerdem wurde durch die freie Konkurrenz auf den internationalen Währungs- und Finanzmärkten die keynesianische Politik geschwächt, wie sie in der Bundesrepublik vom SPD-Wirtschaftsminister Karl Schiller (rg. 1966-1972) vertreten wurde. Die nationalen Instrumente der Steuerung des Wirtschaftsprozesses durch Kredit- und Finanzpolitik – man spricht von »Fiskalismus« oder »Interventionalismus« – griffen nicht mehr. So begann der Aufstieg der Monetaristen, der Vertreter des Neoliberalismus, der die oligopolistischen Märkte dem »freien Spiel der Kräfte« überlässt. Die neoliberale Politik wurde von der Regierung Margaret Thatcher (rg. 1979-1990) durchgesetzt, abgeschwächter von Ronald Reagan (rg. 1981-1989).

3. Viele Industriekonzerne verlagerten Teile ihrer Industrieproduktion in Gebiete mit niedrigen Lohnkosten und niedrigen Rohstoffkosten, nach Lateinamerika und Asien. Sie hatten damit in den 50er Jahren begonnen; das Ende des Wachstums verstärkte diesen Trend. Heute nennt man das »Globalisierung« und tut so, als sei das etwas ganz Neues.

4. *Aus der Internationalisierung der industriellen Produktion entstand ein Interesse an einer verbesserten Informationsübertragung. Für die dezentralisierten Konzerne wurden Telekommunikation und Computer unentbehrlich. Computer-Verbundnetze halfen Kosten senken, und sie ermöglichten Markttransparenz. Der Soziologe Daniel Bell sprach von der »Informationsgesellschaft«:* Die dominanten Ressourcen seien jetzt nicht mehr Rohstoffe und Energie (Dampfkraft, Elektrizität), sondern Informationen. Die neue Technologie sei nicht mehr arbeitsintensiv oder kapitalintensiv, sondern wissensintensiv (Bell 1973). Heute können die Manager der supranationalen Konzerne ihre weltweit verstreuten Unternehmen mit der SIMS-Software, die den Simcity-Computerspielen ähnelt, in Echtzeit kontrollieren.

5. Computer verbreiteten sich und wurden billiger. Neue Speicher-Chips-Technik, Technik der Daten-Verdichtung und dezentrale Netztechnik steigerten in den 90er Jahren die Kapazitäten und verbilligten die weltweite Kommunikation. Ein Aspekt dieser Entwicklung war die zunehmende Bedeutung von Computer-Wissen, von Software-Produktion und damit die Ausweitung entsprechender Dienstleistungsberufe. Computer-Know-How wurde ein entscheidender Produktionsfaktor.

6. Die Informationsrevolution beschleunigte bei Industrie, Handel, Banken die Automatisierung und »Rationalisierung«, die als »Re-engineering« beschönigt wird. Computer, Automaten, Roboter ersetzen Menschen. Die Folge ist eine Produktivitätsrevolution: Die Arbeitsmenge sinkt, das Bruttoinlandsprodukt steigt. Die Folge sind Millionen von Arbeitslosen.

7. Mittels der Computertechnologien kann die Konstruktion, Herstellung und Steuerung von Maschinen automatisiert werden. Computer-Integrated Manufacturing, die flexible Fabrik wurde möglich, die sich schnell an veränderte Nachfrage anpasst. Eine neue, weltweite Industrieproduktion entstand auf den Gebieten der Autoproduktion, der Telekommunikation, der Mikroelektronik, der Computerindustrie, der Luftfahrt, der Biotechnologie. *Die starre, unflexible Fließbandproduktion – Merkmal der fordistischen Phase – wurde aufgegeben zugunsten flexiblerer Produktionsweisen in industriellen Fertigungsinseln, man nennt das »arbeitszentrierte Produktionskonzepte«. Diese neue Struktur der industriellen Arbeit ist »postfordistisch«* (Conert, S. 343ff.; Gueck et al. 1992. Auswirkungen auf das Bewusstsein: Sennett 2000). Da diese flexible Produktion unter anderem bei Toyota praktiziert wird, sprechen manche von »Toyotismus«.

8. *Ab den 70er Jahren veränderten sich in den hochindustrialisierten Ländern – als Folge der Stagnationstendenzen auf den Industriegütermärkten, also der Wirtschaftskrise (Zinn 2000a, S. 20ff.) – die Berufsstrukturen:* Die entscheidende Strukturveränderung bestand im starken Absinken der Zahl der Erwerbstätigen im »primären Sektor« der Wirtschaft, d.h. der Landwirtschaft, der Forstwirtschaft und der

Fischerei; sie bestand im weniger starken, aber doch beträchtlichen Absinken der Zahl der Erwerbstätigen im »sekundären Sektor«, in der Industrie, im Handwerk und im Bergbau; *und im starken Anstieg der Zahl der Erwerbstätigen im »tertiären Sektor«, d.h. im Dienstleistungsbereich. In den 70er Jahren überholte der tertiäre Sektor den sekundären. Aus fordistischen Industriegesellschaften wurden »Dienstleistungsgesellschaften«.* In der Bundesrepublik Deutschland waren 1960 noch 48% aller Erwerbstätigen im sekundären Sektor (Industrie etc.) beschäftigt und 39% aller Erwerbstätigen im tertiären (Dienstleistungen). 1994 waren bereits 59% aller Erwerbstätigen in Dienstleistungsberufen beschäftigt und nur noch 38% in Industrie, Handwerk, Bergwerken. Entsprechend nahm die Zahl der Angestellten zu: Es gab ab Mitte der 90er Jahre in Deutschland mehr Angestellte (46,7%) als Arbeiter (43,6%) (Datenreport 1997, S. 86). Inzwischen arbeiten fast 90% aller Erwerbstätigen als abhängig Beschäftigte.

Dabei muss man beachten, dass *ca. 60 % aller Dienstleistungsberufe nur ein Niedrigeinkommen haben* (Hradil 1999; Geißler 1996; zur Problematik: Conert 1998, S. 356ff., 369ff.). Die Hoffnung war illusorisch, dass sich statt der im sekundären Sektor wegfallenden Arbeitsplätze dauerhaft genügend Dienstleistungs-Arbeitsplätze finden würden. Ab Mitte der 80er Jahre wurde der Dienstleistungssektor computerisiert und durchrationalisiert, auch hier gab es Massenentlassungen.

Dritter »Wertewandel«: postmaterialistisch, postmodern

Um 1970 begannen weitere Veränderungen. Studenten hatten gegen den Vietnamkrieg, gegen Rassismus und gegen das Establishment protestiert. Soziologen untersuchten den Protest unter dem Aspekt der »Wertvorstellungen« und fanden einen mystischen »Wandel«, den »Wertewandel« (Inglehart 1977): Die ältere Generation habe noch »Pflicht- und Akzeptanzwerte« im Kopf, sie sei »materialistisch«, da sie nichts als Gelderwerb und Konsum im Kopf habe. Dagegen schätze die junge Generation neue »postmaterialistische« Werte wie Selbstverwirklichung im Privatleben. *Wie wir sahen, war das nicht neu, Selbstverwirklichung hatten schon die jungen Leute in den 20er und 50er Jahren angestrebt.*

Man sollte bei dieser neuen Form der »Selbstverwirklichung« nicht nur an Flower Power und Haschisch denken, denn man könnte auch sagen: Statt aus Pflichtgefühl in Vietnam zu sterben oder in sinnlosen Jobs zu arbeiten, gebrauchten die »postmaterialistisch« denkenden jungen Leute ihren Verstand und lehnten blinde Pflichterfüllung ab. So etwas können sich Soziologen schwer vorstellen, die glauben, Menschen würden handeln, weil sie »Werte« im Kopf haben. Menschen handeln auch, weil sie einen Verstand haben.

Wer in der postindustriellen Dienstleistungsgesellschaft aufgrund besserer Ausbildung und qualifizierterer Berufe seinen Verstand mehr gebraucht, entwickelt ein unorthodoxes Verhältnis gegenüber der Kultur, lässt sich nicht durch allumfassende Entwürfe beeindrucken, auch nicht durch »die Moderne«. *Der unabhängige Verstand, der die ganze Kultur als Spielmaterial gebrauchte, war »postmodern«.* Ab

Mitte der 70er Jahre entstand eine Architektur, die die gesamte Kultur als Zitate-Fundus verwendete, als Versatzstücke für kreative Neumontagen. Später wurde dieses Zitieren im Film, in der Popmusik und im Videoclip praktiziert. (Koslowski 1988; Kroker und Cook 1986; Lash 1990)

Wer postmodern denkt, will das auch gegenüber vorher tabuierten Bereichen tun: Wer beruflich flexibler sein musste und sein konnte, hatte kein Verständnis gegenüber der sexuellen Prüderie der 50er Jahre und wollte eine freiere Sexualität, auch in den Medien. Wer im Fernsehen die Massaker in Vietnam sah, dank freier Berichterstattung, konnte die Zensur von Gewalt in Horrorfilmen nur als verlogen ansehen. Die Grenzen wurden erweitert, Zensurgesetze fielen: Sexuelle Fragen wurden öffentlich diskutiert, die Mode wurde freizügiger, die Illustriertenfotos gewagter. Die Postmoderne wurde eine Ära der Befreiung.

Das postmoderne New Hollywood

Wiederaufstieg der Filmfirmen: neues Distributionssystem, neues Marketing und Merchandizing

Mit dem Kapital der Mischkonzerne, die sie aufgekauft hatten, waren die Filmkonzerne wieder in der Lage, kapitalintensive Attraktionsfilme zu machen und ihre Position auf dem Markt zu festigen. Sie fanden einen Weg aus der Krise, indem sie ihre alten Verleih-Strategien aufgaben und neue Marketing-Strategien entwickelten.

Bisher waren neue Filme immer nur in wenigen exklusiven Erstaufführungskinos gezeigt worden, dann wurden sie weitergereicht, von den Großstädten zu den mittleren Städten. Bis sie in einer Kleinstadt gezeigt wurden, dauerte es ein Jahr oder länger.

Die neue Marketing-Idee war es, so viele Kopien zu ziehen, dass Filme USA-weit in allen Städten gleichzeitig uraufgeführt werden konnten. Außerdem wurden große Werbekampagnen gestartet. Die Filmverleih-Konzerne boten ihren Vertragsproduzenten weltweite Werbekampagnen, Großanzeigen in Zeitungen, Illustrierten und Werbespots im Fernsehen. 1972 gaben die Hollywood-Konzerne 32 Mio. $ für Fernsehwerbung aus, 1974 bereits 60 Mio. $. Darauf waren branchenfremde Firmen bereit, ins Filmgeschäft einzusteigen. Mehr und mehr wurden Filme zum Marketing- und Merchandizing-Event. Zum Film gibt es aufwändig gemachte Programmhefte, das Buch zum Film, die Filmmusik, T-Shirts, Spielzeug, Anstecker und Aufkleber. Jeder durfte zum Werbeträger für den Film werden. Als 1975 Spielbergs *Jaws* (*Der weiße Hai*; Universal) in die Kinos kam, veranlasste der gigantische Handel mit Jaws-Andenken Universal zu einer Zeitungsanzeige, in der ironisch darauf hingewiesen wurde, dass es zu all den Jaws-Requisiten auch einen Film gebe: »It's a film too!« Für die Filme wurden Logos entwickelt, die überall als Erkennungszeichen auftauchten. Bei *Jaws* war es ein stilisiertes Haifischmaul.

Die Filmkonzerne begannen auch, Videokassetten zu verkaufen. Videorecorder für die privaten Haushalte kamen in USA und Europa 1965 auf den Markt. Ab 1975 gab es eine funktionierende Infrastruktur für den Verleih von Videokassetten. Sie wurden ein wichtiges Nebengeschäft. Nachdem die Film-Videos nicht mehr teurer als ein Buch waren, begannen viele, statt Büchern Videokassetten zu kaufen. Vor allem auf dem Kindermarkt wurden sie zum großen Geschäft. Die Einnahmen aus dem Videoverkauf machten bei Columbia 1987 bereits 53% des Gesamtumsatzes aus. Und die Einnahmen von Disneys *The Beauty and the Beast* (1991) aus den Videoverkäufen übertrafen sogar die Kinoeinnahmen jedes bisherigen Films.

Film-Flegel bieten neue Kinoerlebnisse: die Regisseure von »New Hollywood«

Mit wenigen, extrem aufwändigen Attraktionsfilmen machten die Filmkonzerne wieder Geschäfte, bessere als je zuvor. Es begann die Ära »New Hollywood«. Die neue Kapitalbasis wurde dazu verwendet, kleinere unabhängige Regisseure / Produzenten bei der Suche nach neuen Erfolgsformeln zu unterstützen. Wenn unabhängige Produzenten den breiten Markt erreichen wollten, waren sie auf die großen Konzerne angewiesen. Das ist bis heute so. *Die entscheidende Garantie für die Banken ist die Zusage eines Konzerns, die Finanzierung eines Films zu garantieren bzw. ihn in sein Vertriebssystem aufzunehmen. Die im Filmgeschäft tätigen Banken geben ihre Kredite seltener einem wirklich unabhängigen Produzenten, sondern eher dem »abhängigen« Unabhängigen. Es entstand eine neue Regisseurs-Generation, man nannte diese Regisseure die »Movie Brats«, die »Film-Flegel«.*

Als der Paramount-Verleih neue Filme brauchte, beteiligte er sich an einer kleinen Gesellschaft, die 1972 von den Regisseuren Coppola, Friedkin und Bogdanovich gegründet worden war: die »Directors Company«. Paramount bekam 50% der Anteile und stellte eine Finanzgarantie von 31,5 Mio. $ zur Verfügung. Dafür musste jeder innerhalb der nächsten 12 Jahre vier Filme drehen und bei Paramount vertreiben.

Francis Ford Coppola, damals 33 Jahre alt, machte für Paramount 1972 *The Godfather* (*Der Pate*), mit Marlon Brando in der Hauptrolle. Der Film wurde mit Einnahmen von 86 Mio. $ unerwartet zum größten Kassenerfolg. Der Nachfolgefilm *The Godfather II* (1974) war ebenso erfolgreich, er bekam sieben Oscars.

Ein anderer Film-Flegel war William Friedkin, geb. 1939. Er hatte zehn Jahre lang Hunderte von Beiträgen und Dokumentationen für das Fernsehen und einige unbeachtete Filme gemacht, bis ihm 1971 mit *French Connection* (*Brennpunkt Brooklyn,* 1971) der Durchbruch gelang, einem Film über Heroin-Dealer in New York. Zwei Polizisten des Rauschgiftdezernats, Russo und Doyle, verfolgen den Killer Nicoli. Polizist Doyle ist ein schießwütiger Fanatiker, genauso eine Gefahr für die Allgemeinheit wie der Gangster. Der Film wurde, wie Dieter Krusche schrieb, »Vorläufer einer Welle amerikanischer Filme, in denen die Polizeiarbeit ähnlich fragwürdig und brutal erscheint, in denen die Polizei eher Konkurrent als Korrektiv der Verbrecher zu sein scheint.« (1993, S. 210). 1973 hatte Friedkin mit *The Exorcist* den großen Erfolg. Das hat damit zu tun, dass er die Grenzen zum Geschmacklosen überschritt. *The Exorcist* war ein Film über ein vom Teufel besessenes Mädchen. Das besessene Mädchen bespuckte den Exorzisten mit Schwaden von grünem Erbrochenen. Dass diese Grenzüberschreitung in der realen Welt ihre Grenzen hat, wurde 1994 deutlich, als der Film bei RTL gesendet wurde, mit Werbeunterbrechungen natürlich: Da folgte unmittelbar auf die Szene mit dem Schwall von grünlichem Erbrochenem ein Werbespot für Unox-Dosensuppe nach Gutsherrenart, in dem eine intakte Kleinfamilie glücklich in einer ebenso grünlichen Suppe rührt. Unox protestierte.

Ein anderer Film-Flegel, George Lucas, geboren 1945, machte 1977 seinen Kassenhit *Star Wars* (*Krieg der Sterne*), bei Twentieth Century-Fox, der 194 Mio. $ einspielte und damals der größte Kassenhit der Filmgeschichte wurde. *Star Wars* gewann sieben Oscars, unter anderem die Oscars für beste visuelle Spezialeffekte, für Toneffekte und für Ausstattung. Der Nachfolgefilm *The Empire Strikes Back* (*Das Imperium schlägt zurück*, 1980) brachte 142 Mio. $ Einnahmen, und der dritte Teil *Return of the Jedi* (*Rückkehr der Jedi-Ritter*, 1983) 169 Mio. $.

Der erfolgreichste von allen wurde der jüngste Film-Flegel, Steven Spielberg, geboren 1947. Spielbergs *Jaws* (1975) brachte in USA und Kanada 130 Mio. $ ein, und damit erzielte Universal erstmals seit Jahren wieder mehr Einnahmen aus dem Kinoverleih als aus dem Fernsehen. Für Columbia machte Spielberg 1977 *Close Encounters of the Third Kind* (*Unheimliche Begegnung der dritten Art*), mit 83 Mio. $ Einnahmen. Sein erfolgreichster Filme war *E.T. The Extra-Terrestrial* (1982), für Universal. Er spielte 228 Mio. $ ein und war jahrelang der finanziell erfolgreichste Film der Filmgeschichte. Dann übertraf Spielberg 1993 alle Erfolge der Filmgeschichte mit *Jurassic Park*, der für Universal schon ein Jahr später in USA und Kanada 208 Mio. $, auf dem Weltmarkt sogar 900 Mio. $ einbrachte.

Auch mit anderen, heute im Fernsehen gezeigten Filmen hatten die Konzerne in den 70er Jahren Erfolge.

Universal machte Millionengewinne mit Desasterfilmen, dem typischen Genre der 70er Jahre. Es war nicht nur das Lebensgefühl der Veränderung, Desasterfilme boten auch neue Erlebnisse, nämlich neuen Sound. Vor allem *Earthquake* (*Erdbeben,* 1974) bot neue Effekte. Das damals neue Tonsystem »Sensurround« produziert so tiefe Töne, dass die Schwingungen vom ganzen Körper wahrgenommen werden und der Zuschauer das Gefühl hat, auch die Kinositze, das ganze Gebäude würden vibrieren und man selbst sei im Zentrum des Erdbebens. Weitere Erfolgsfilme von Universal: *Airport '75* (1974); *Airport '77* (1977); *The Jerk* (1979).

Twentieth Century-Fox hatte Erfolge mit Robert Altmans *M.A.S.H.* (1970) – nach dem Film wurde 1972 die sehr erfolgreiche Fernsehserie konzipiert – und 1979 mit dem Science Fiction-Schocker *Alien*.

Paramounts Millionen-Hits waren *Love Story* (1971); Roman Polanskis *Chinatown* (1974); *Star Trek* (*Raumschiff Enterprise,* 1979) und die Disco-Musik-Filme *Saturday Night Fever* (1977) und *Grease* (1978) mit John Travolta.

Warners Hits waren Peter Bogdanovichs *What's Up Doc?* (1972) und *Superman* (1979).

Columbia hatte *Shampoo* (1975); *Funny Lady* (1975); *Taxi Driver* (1976) und *The China Syndrome* (1979).

United Artists hatte Erfolge wie *One Flew Over the Cuckoo's Nest* (*Einer flog über das Kuckucksnest,* 1975); *Rocky* (1976) mit Silvester Stallone. Außerdem hatte United Artists die Erfolgs-Reihe der *Pink Panther*-Filme.

MGM hatte *2001: A Space Odyssey* (1968) von Stanley Kubrick; *Network* (1976); *Coma* (1978).

Das Referenzielle als erfolgreiches medienkulturelles Muster: postmoderne Produktstruktur

In den Filmen New Hollywoods trug jedes Detail die Visitenkarte des Kameramanns, des Beleuchters, des Ausstatters, des Special Effects-Fachmanns. Alle waren perfekt und profilierten sich damit für den nächsten Auftrag. Doch die Regisseure/Produzenten arbeiteten wenig an der Weiterentwicklung der Genres. Sie verbanden bekannte Klischees mit modernsten Spezialeffekten, futuristischen Science Fiction-Szenen, nie gesehenen Stunts und Gewaltszenen. Der Medienwissenschaftler Scott Lash schreibt hierzu: »In den *Indiana Jones*-Filmen, in *Ghostbusters*, in den Filmen von Stallone und Schwarzenegger zum Beispiel, die sich an ein sehr junges Publikum richten, wird die Handlung nur noch zum Vorwand genommen für die Aneinanderreihung von spektakulären Ereignissen« (1990, S. 188). Für Lash ist das ein Merkmal postmoderner Produktstruktur schlechthin. Die Regisseure, die an den renommierten Filmabteilungen der UCLA und USC, den Universitäten in Los Angeles, studiert hatten, nahmen die Filmhandlungen zum Vorwand, ihre Filmkennerschaft zu zeigen. *Sie zitierten und parodierten Genres, weswegen man auch von »referenzieller« Produktstruktur spricht. Darin waren die Filme New Hollywoods postmodern.*

Baby-Moguln, Superhit-Mentalität: die neuen Manager in der Package-Deal-Ära

In Hollywood gab es keine Moguln mehr wie Louis B. Mayer oder Jack Warner. Die neuen Konzern-Bosse wie Barry Diller, Grant Tinker, Leonard Goldberg, Ned Tanen, Sherry Lansing, Frank Price, Alan Ladd Jr., Robert Evans, Frank Yablans wurden jetzt »Baby-Moguln« genannt, sie besaßen nicht mehr die Machtfülle der früheren Potentaten. Das lag daran, dass sie nie länger als ein Jahr auf ihrem Posten blieben, dann wurden sie entweder von einem neuen Hauptaktionär gefeuert, oder von einer anderen Firma abgeworben. Keiner der Manager hatte eine emotionale Bindung an seine gegenwärtige Firma, sie empfanden sich eher als Mitglieder einer Berufsgruppe. *Diese neuen Manager hatten nur ein Interesse: Verträge abzuschließen, die auf dem Papier gut aussehen. Das bedeutet, dass man in den Package Deals mit den Agenturen vor allem berühmte Stars kombinierte, selbst wenn deren Kombination wenig Sinn machte.* Für sie war es kein Unglück, wenn ein Aufsehen erregender Millionen-Deal sich in einem Film realisierte, der ein Flop wurde. Bis der Film fertig war, hatte der verhandelnde Manager seinen Ruf als guter Deal-Maker längst in einen Vertrag mit einer anderen Firma umgemünzt. Und selbst Flops schadeten dem Ansehen nicht: Wer Millionen in den Sand setzte, galt immer noch als jemand, der Millionen auftreiben konnte. So konnte ein Top-Manager viel Geld verdienen, auch wenn er eine Menge Flops produzierte. (Bach 1985; Litwak 1986; Pirie 1981; Pye 1980)

Dieses strukturell bewirkte Desinteresse von Hollywoods Baby Moguln führt dazu, dass sie nur an Projekten interessiert sind, die versprechen, schnellstens Riesensum-

men einzuspielen. Man nennt das »blockbuster-mentality«, die Superhit-Mentalität. Ein Superhit wurde zum Beispiel *Batman* (1989; Warner), mit einer sicheren Erfolg versprechenden Comic-Figur und mit Jack Nicholson, als sicheren Erfolg versprechendem Star, verbunden mit viel Merchandizing – Batman-Hemden, Batman-Puppen etc.

Weniger Schlaf und sechs Minuten weniger für das Haustier: mehr Fernsehen

Trotz aller Erfolge New Hollywoods ging in den 70er Jahren im Durchschnitt nur noch die Hälfte der amerikanischen Bevölkerung ins Kino, und das auch nur einmal im Jahr. Relativ am häufigsten ins Kino gingen jüngere Personen mit höherer Schulbildung, höherem Familieneinkommen und mit städtischer Lebensweise.

Sieger im Kampf der Medien blieb das Fernsehen. Es gewann nicht nur gegenüber dem Film an Terrain, sondern auch gegenüber anderen Freizeitaktivitäten: Personen mit Fernsehapparat unterhielten sich Anfang der 70er Jahre pro Tag im Durchschnitt 5 Minuten weniger, nahmen 11 Minuten weniger an Geselligkeit außerhalb ihrer Wohnung teil, ruhten sich eine Minute weniger aus, schliefen 12,5 Minuten weniger, nahmen sich 6 Minuten weniger Zeit für ihre Haustiere und ihren Garten und widmeten ihrer persönlichen Hygiene 4,5 Minuten und dem Wäschewaschen 5 Minuten weniger. Zu diesen Ergebnissen kam eine amerikanische Studie beim Vergleich von Besitzern und Nichtbesitzern von Fernsehapparaten. (J. P. Robinson 1972, S. 419)

Dabei ist zu berücksichtigen, dass jene Personen, die 1972 in USA noch keinen Fernsehapparat besaßen, keineswegs ausschließlich sozial Schwache waren. Auch die obere Mittelschicht der Bildungsbürger sträubte sich lange gegen das kulturferne oder kulturzerstörende kommerzielle Medium. Hier wurde das Fernsehen lange als Politik-Zusatzinformations-Medium geduldet. Der Apparat war möglichst klein und nur schwarzweiß.

Noch bis in die 80er Jahre hinein waren die Arbeiterhaushalte mit besseren Geräten und häufiger mit Farbfernseher ausgestattet als die Haushalte mit den höchsten Einkommen.

Zweite Revolution des Rundfunks: Kabel- und Satellitenfernsehen, Pay-TV

Als Nebenfolge der dritten industriellen Revolution entstanden um 1970 in USA neue Medien-Märkte: das Kabelfernsehen, das Satellitenfernsehen und Pay-TV.

Zunächst gab es Fernseh-Kabelnetze nur in Gebieten mit schlechtem Fernsehempfang. Allmählich wurden die regionalen Kabelnetze über Satelliten miteinander verbunden, jedes einzelne Kabelnetz erhielt eine große Empfangsschüssel, über die das Satellitenprogramm ins Kabel eingespeist wurde. 1977 bestanden 500 Kabelnetze, die über Satelliten miteinander verbunden waren, 1982 waren es 5.000.

Ab 1972 gab es in USA Pay-TV, werbungfreie Programme, zuerst von HBO, einer Tochter der Verlagsgruppe Time-Life. HBO, Home Box Office, heißt soviel wie »Kinokasse im Wohnzimmer«, und damit sind die Absichten der Firma benannt. HBO wurde die Haupteinnahmequelle von Time-Life.

1975 begann der Unternehmer Ted Turner, seine unabhängige Sender-Station in »Amerikas ersten Supersender« umzuwandeln: TBS (Turner Broadcasting System). Er sendete über Kabel alte Filme und Sport. Sein Einzugsbereich war der Süden der USA. 1976 sendete Turner über Satellit in alle anderen, über die USA verstreuten Kabelnetze.

TBS wurde die erste Konkurrenz für ABC, CBS und NBC. Ab 1980 nannte der Sender sich CNN (Cable News Network) und begann, rund um die Uhr Nachrichten, Berichte, Interviews und Talkshows zu senden. Mit einer Reichweite von nur 1,7 Mio. US-Kabelhaushalten wurde CNN 1980 nicht ernst genommen. 1985 brachte CNN erstmals Gewinne, bei einer Reichweite von 33 Mio. Haushalten in USA. Jetzt gründete Turner den weltweit sendenden Kanal CNN International. Den Geldschub brachte Anfang 1991 der Golfkrieg, CNN wurde von 65 Mio. Haushalten in 39 Ländern gesehen und konnte 30 Sekunden Werbezeit statt für 3.500 $ für 20.000 $ verkaufen.

Der Zuschauermarkt vergrößerte sich: Waren 1980 nur 20% aller amerikanischen Haushalte verkabelt, so hatten 1988 bereits 54% einen Kabelanschluss. Für ca. 12 $ im Monat gab es die Programme von ABC, CBS, NBC und außerdem alle lokalen und unabhängigen Sender. 1980 standen im Durchschnitt zehn Kanäle zur Verfügung, 1990 bereits 32 (Baldwin und Mc Coy, S. 115ff.). *Die Marktdynamik bestand darin, dass die Kabel- und Satelliten-Netze den etablierten, terrestrisch sendenden Networks das Publikum und damit die entscheidenden Gelder der Werbekunden abzogen.* Bei den Primetime-News der Networks ging die Reichweite zwischen 1976 und 1986 von 70% auf 60% der Zuschauer zurück.

Die Initiative für die Verkabelung der Bundesrepublik Deutschland begann 1973, als von der SPD/FDP-Bundesregierung die »Kommission für den Ausbau des technischen Kommunikationssystems« eingesetzt wurde. Sie sollte darlegen, welche Chancen die Einführung neuer Medien hat. 1978 wurden vier Kabel-Pilotprojekte beschlossen: München, Berlin, Ludwigshafen und Dortmund. Im Rahmen der Pilotprojekte entstanden entweder öffentlich-rechtliche Organisationsformen wie die Anstalt für Kabelkommunikation in Ludwigshafen oder – das war in der Bundesrepublik neu – kommerzielle wie die Münchener Pilotgesellschaft für Kabel-Kommunikation. Sie vergaben Sendelizenzen an Firmen, Kirchen, Privatpersonen, ohne in deren Programm einzugreifen.

Neu war die eigene Programmverantwortung, die den kommerziellen Firmen zugestanden wurde. Ihnen wurde außerdem gestattet, zur Finanzierung ihres Programms Werbung zu machen und ihre Programme durch Sponsoren finanzieren zu lassen.

Grenzerweiterungen beim Fernsehen

Neue, illusionslose Fernsehserien

Die auf Veränderungen eingestellten Menschen in der postfordistischen Dienstleistungsgesellschaft dachten nüchterner, realistischer, und deshalb setzte sich ab den 70er Jahren in den Fernseh-Familienserien ein neuer Trend durch: Intakte Familien waren nicht gefragt, ungetrübtes Glück war nicht erwünscht. Der neue Trend in USA waren tapfere Frauen, die sich durchs Leben schlugen. Das begann mit der Serie *The Partridge Family* (1970-1973; Columbia/ABC): Eine junge, verzweifelte Witwe – während des Vietnamkriegs eine Erfahrung vieler amerikanischer Frauen – wird von ihren Kindern, die im Keller eine Popmusik-Band auf die Beine stellten, dazu überredet, sich ihnen anzuschließen und mit ihnen über Land zu fahren und mit Auftritten Geld zu verdienen.

Eine andere Art, realistischer zu sein, wurde in *All in the Family* (1971-1977; CBS) geboten, in der Familienoberhaupt Archie Bunker sich durchs Leben fluchte, wie später die Väter in den deutschen Serien *Motzki* und *Die Trotzkis.* Strategie der Serie war es, Themen aufzugreifen, in denen es um grundlegende Konflikte ging – Tabuthemen wie Ehen zwischen Schwarzen und Weißen oder Abtreibung –, diese aber als Komödie zu inszenieren. *All in the Family* wurde der Hit der Saison 1973/74.

Die beste Krimiserie war *Kojak (Einsatz in Manhattan,* 1973-77; Universal/CBS), mit einer klaren Zeichnung der Personen und eindeutigen Handlungslinien. Kojak, der Polizist im Dschungel Manhattans, ist kein Held auf den ersten Blick: Er hat ein Gesicht wie ein Gangster, und wenn er mit Verbrechern zu tun hat, ist er nicht zimperlich. Aber Kojak will keine Rache, sondern das Verbrechen bekämpfen. Es gab viele unterschiedliche Krimi-Formate: Da gab es McCloud, den Western-Sheriff, der zu Pferd durch New York City reitet (*McCloud,* 1974-1977; Universal/NBC); den Detektiv Cannon, dessen Leidenschaft riesige Sandwiches sind und der entsprechend fett ist – für die in USA große Zielgruppe enorm fetter Menschen (*Cannon,* ab 1970; CBS); und schließlich Columbo, den unterwürfigen, aber hartnäckigen Inspektor, der mit gebückter Haltung, schmuddeligem Trenchcoat, Zigarrenstummel und vielen scheinbar dummen Fragen den Verbrechern auf die Spur kommt (*Columbo,* 1971-1977; Universal/NBC).

Sehr beliebt war *The Mary Tyler Moore Show* (1970-1974; MTM/CBS), eine Comedy-Serie, deren Hauptperson eine Fernsehnachrichten-Moderatorin ist, gespielt von Mary Tyler Moore. Die Serienheldin ist unverheiratet, beruflich ehrgeizig, und sie geht illusionslos durchs Berufsleben. Immer geht es darum, sich nichts vorzumachen und nicht auf Intrigen hereinzufallen. Eine andere Serie, *Lou Grant* (1977-82; MTM/CBS), spielte in einer Zeitungsredaktion und stellte die Schwierigkeiten dar, investigativen Journalismus zu betreiben. Das gab Gelegenheit, viele soziale Probleme darzustellen.

Eine beliebte Serie war seit 1972 *M*A*S*H* (TCF/CBS), eine Comedy-Serie über ein Lazarett von amerikanischen Ärztinnen und Ärzten in Korea, mit jeder Menge Ärzte-Witze.

1980 hatte *Dallas* (1978-1990; Lorimar/CBS) die höchsten Einschaltquoten überhaupt: 37%. Das Drama der Intrigen der Familie des Ölmilliardärs Ewing war an einem Höhepunkt angelangt, als Clan-Chef J.R. vor der Sommerpause Opfer eines Attentats wurde. Die Frage, wer auf J.R. geschossen hatte, beschäftigte die Nation. Auch *Dynasty* (*Der Denver-Clan,* 1981-1989; Spelling, Fox-Cat/ABC) war eine der populärsten Fernsehserien. Die drei Hauptpersonen: Ölbaron Blake Carrington; seine geschiedene Frau, die energische, selbstbewusste Alexis, und seine zweite Frau, die sanfte Krystle. Zusammen mit den Kindern Fallon, Steven und Adams durchleben sie Familiendramen. Geschäftlich konkurriert die Carrington-Dynastie mit der Dynastie der Colbys, was noch verwickelter wird, als Alexis den alten Colby heiratet, beerbt und Chefin der Colby-Firma wird. Zusätzlich heiratet Fallon Carrington den jungen Colby. 1987 war der Höhepunkt des *Denver-Clan.* Die Hauptdarsteller, John Forsythe, Joan Collins und Linda Evans waren populärer als alle andern Stars von Film und Fernsehen. *Hier bestand das Vergnügen der Zuschauer darin, zuzusehen, wie die Reichen und Schönen in ihrem göttlichen Olymp unter Intrigen zu leiden haben.*

Die populären Serien für die Primetime wurden jetzt nicht mehr von den Fernseh-Networks produziert, sondern von größeren, unabhängigen Fernseh-Produktionsfirmen wie Norman Lear, Aaron Spelling, Leonard Goldberg, Lorimar, Tandem, MTM und Steven J. Cannell. Auch die Fernseh-Produktionsfirmen der Filmkonzerne stellten Serien im Auftrag der Networks her, 1985 produzierten sie fast die Hälfte des Primetime-Programms von ABC, CBS und NBC.

Die Produzenten schlossen Fünfjahres-Lizenzverträge mit den Networks ab. Danach wurden die Serien über Senderechte-Händler vertrieben. Vertrieb bedeutet: Vermietung der Senderechte.

Besitzerwechsel und Entlassungen bei den Fernseh-Networks

1985 wurde – im Rahmen der Deregulierungspolitik Ronald Reagans (rg. 1981-1989) – den drei großen amerikanischen Fernseh-Networks ABC, CBS und NBC erlaubt, zwölf Sender-Stationen zu besitzen, statt der bisherigen fünf. *Damit war Kapital erforderlich, das die Networks nicht hatten. Sie waren finanziell geschwächt, denn viele Zuschauer waren zum Kabel- und Satellitenfernsehen abgewandert.* In den Kabelnetzen wurden die Networks zwar gesendet, waren darin sogar die meistgesehenen Kanäle, aber trotzdem gingen ihre Werbeeinnahmen zurück (Stipp 1991, S. 26).

Geschwächte Konzerne sind interessant für Aufkäufer, die marode Firmen erwerben, Personal entlassen und sie wieder profitabel machen. Dieses Schicksal traf jetzt die Networks.

Als erstes wurde 1985 *ABC* verkauft. Außer dem *Denver Clan* hatte ABC keine Knüller im Rennen. Aufkäufer war Thomas Murphy, Besitzer von Capital Cities, einer Firma, die viele Fernseh-Sender-Stationen besaß. Einige davon waren bei ABC unter Vertrag. Murphy hatte sein Geld damit gemacht, dass er Sender-Stationen, die nicht mehr profitabel waren, zusammengekauft hatte. Murphy hatte die aufgekauften Stationen mit rigorosen Rationalisierungen und Entlassungen reorganisiert, bis sie Gewinne erwirtschafteten. Obwohl ABC auf 4,6 Mrd. $ taxiert wurde, erhielt Murphy das Network für 3,5 Mrd. $. Er entließ sofort 10% der Mitarbeiter.

Anders liefen die Dinge bei *CBS:* Ted Turner, Besitzer von CNN, der damals noch nicht die starke Position auf dem Weltmarkt hatte, versuchte, auf dem inneramerikanischen Markt zu expandieren. Er kaufte 1985 das Filmarchiv von Metro-Goldwyn-Mayer, das 3.650 Filme umfasste. Damit hatte er genügend Sendematerial, um eine Expansion ins Unterhaltungsfernsehen zu wagen. Turner versuchte, CBS in einer feindlichen Übernahme zu kaufen.

Eine feindliche Übernahme besteht darin, Aktien nicht an der Börse zu kaufen, sondern heimlich mit jedem Aktionär Kontakt aufzunehmen und ihm mehr zu bieten, als er an der Börse erhalten würde. So etwas gilt als unfein, vor allem weil Turner die Aktionäre erst auszahlen wollte, wenn er bei CBS durch Rationalisierung mehr Gewinne erwirtschaftet hätte. Das war den Aktionären zu riskant, die feindliche Übernahme kam nicht zustande.

Unterdessen kaufte Lawrence Tisch, Besitzer von Luxushotels, Zigarettenfabriken und Versicherungen, an der Börse ohne viel Aufsehen – und mit Duldung des durch Turner verängstigten CBS-Managements – für 951 Mio. $ CBS-Aktien, einen Anteil von 29%. Tisch reservierte für sich den einflussreicheren Posten des Hauptgeschäftsführers. Dann realisierte er die Pläne Turners: Budgetkürzungen und Entlassungen. Er kündigte 30% der Angestellten und 10% der Redakteure.

Auch bei *NBC* gab es 1985 Veränderungen: Die Radio Corporation of America wurde – Reagans Deregulierungspolitik machte es möglich – jetzt wieder von General Electric aufgekauft, für 6,3 Mrd. $, und dadurch kam General Electric in den Alleinbesitz von NBC. Sofort wurde einer der Topmanager von General Electric, Robert Wright, zum Chef von NBC ernannt. Gegen die streikende Gewerkschaft setzte er 1987 rigorose Stellenstreichungen durch.

Postmoderner Zitate-Pool und Talentpool-Karrieren in der Popmusik: Videoclips, MTV

Videoclips sind kurze, meist drei- bis fünfminütige Videofilme. Sie visualisieren Popmusikstücke, auch »Acts« genannt. Gesendet wurden sie in den 80er Jahren vor allem in dem Welt-Satelliten-Kabelkanal MTV (Music Television), der dem amerikanischen Kabel-Network Viacom gehörte. MTV sendete Tag und Nacht Musik-Videoclips, Interviews mit Musikern und Nachrichten aus der Welt der Popmusik und richtete sich an alle jungen Zielgruppen. Der Kanal war 1981 von Warner Communications gegründet worden, um deren Tonträger-Verkauf zu steigern. 1984 wurde MTV Japan gegründet. 1985 verkaufte Warner MTV an das große Kabel-Network Viacom, und jenes setzte die weltweite Expansion fort: 1986 wurde MTV Australia gegründet, 1987 MTV Europe, 1990 MTV Brazil, 1991 MTV USSR, MTV Internacional (Lateinamerika) und MTV Asia.

MTV erhielt Clips von allen Musikkonzernen gratis, von den größten wie Bertelsmann Music Group, Polygram, EMI, Sony Music ebenso wie von den kleineren Firmen wie Virgin, Geffen und Island, *denn das war für die Musikfirmen Werbung. Videoclips ermöglichen es, Acts – den Song, die Interpreten, die Aufführung – sofort weltweit bekannt zu machen.*

Es gibt Clips, in denen die Musikergruppe real gezeigt wird, deshalb heißen sie »Performance Clips«, Aufführungs-Clips. Ein anderes Format sind Clips, in denen Themen des Songs inszeniert werden, deswegen nennt man sie »Concept Clips«, Themen-Clips (Diederichsen 1985). Sie bieten Zusammenschnitte von assoziativen Montagen zum Song, Bildfetzen, Computer-Animation und oft auch sehr aufwändige Inszenierungen, Clips von Michael Jackson oder Madonna hatten Produktionskosten von bis zu 2 Mio. $.

MTV veränderte ab Mitte der 80er Jahre die Produktionsweisen in der Popmusik:

In der Vor-Videoclip-Ära gab es Karriere-Leitern, auf denen sich die Pop-Gruppen hocharbeiteten: Zuerst Kneipenauftritte in Eigenregie. Dann die erste Stufe: regional arbeitende Promoter und selbstproduziertes Demo-Band, regionale Auftritte, regionale Verkäufe und Plattenverträge bei Kleinfirmen. Die nächste Stufe: nationale Hits, Auftritte im Fernsehen und Plattenverträge bei den Großfirmen. Nächste Stufe: nationale Stars, nationale Promoter und große Tourneen. Schließlich internationale Hits und internationale Tourneen und der Superstar-Gipfel. Natürlich gibt es auch heute Stars, die nach diesem Pyramiden-Modell Karriere machen.

Seit MTV sein weltweites Publikum fand, gibt es einen neuen Typ von »Talentpool-Karrieren«, unbekannte Musikgruppen, die von den Produzenten von vornherein für den Weltmarkt zusammengestellt und in deren Videoclip-Produktionen hohe Summen investiert werden.

Mit MTV und den Videoclips entstand auch hier – wie zuvor im Italo-Western und in den Filmen New Hollywoods – die neue referenzielle Gestaltungsweise: Die Popmusik begann, sich auf ihre eigene Pop-Geschichte zu beziehen, es entwickelte sich ein zitierender Stil, der die gesamte populäre Musik – und alle Töne und Bilder dieser Welt – als »Zitate-Pool« begreift. Es gibt viele Möglichkeiten des Zitierens: Man kann Sounds oder Gruppen aus früheren Zeiten imitieren. Man kann den Geist vergangener Zeiten neu inszenieren, zum Beispiel zitierte Lenny Kravitz Ende der 80er Jahre die vergangene Epoche der psychedelischen Popmusik der späten 60er Jahre. Dieses bewusste Zitieren von Stilen und Markenzeichen wurde zum innovativen Element vieler Videoclips. Beispielhaft waren von Madonna die Marilyn Monroe-Zitate im Clip *Material Girl* (1985) und *True Blue* (1986) oder ihre Nachinszenierung der Eleganz der Mode- und Star-Fotografie der 40er Jahre in *Vogue* (1989).

Diese Entwicklungen gingen auf neue Computer-Techniken, die Digitalisierung von Tönen und Bildern zurück, durch die kostengünstige Montagen möglich wurden. *Die Zitate-Pool-Produktionsweise in der Popmusik war eine Absage an die alte Produktionsweise, die sich um ständige Steigerung authentischer Effekte bemühte.* Das hatte damit begonnen, dass Schlagzeuger fester draufhauten, Bassisten die Saiten schlugen anstatt zu zupfen, Gitarristen ihren Verstärker lauter drehten, überdrehten und schließlich die Gitarren zertrümmerten; dass Sänger immer lauter sangen und, wie die Gruppe Sex Pistols, nur noch schrien. Diese Steigerung des authentischen Ausdrucks ist im Zitate-Pool-Zeitalter nicht mehr gefragt.

Global Player: Murdoch

Andere Grenzerweiterungen, im Journalismus und bei den Fernsehserien kamen durch die Aktivitäten des Medienindustriellen Rupert Murdoch zustande. (Koschnick 1990; Shawcross 1992)

Murdoch gehört die australische Cruden Investment, in deren Besitz sich mit mehr als 40% die News Corporation befindet. Der News Corporation gehören 70% der Zeitungen in Australien und 40% der Zeitungen in Großbritannien, darunter *The Sun*, *The Times* und *News of the World* – und viele andere Zeitungen weltweit, von der *New York Post* bis zur *Fiji Times* auf den Fidschi-Inseln. *Murdochs Erfolgsrezept bestand darin, dass er marode Zeitungen aufkaufte, rationalisierte, Personal entließ, die Chefredakteure feuerte und alles auf einen rüden Sensationsjournalismus umstellte,* auf Meldungen über das Intimleben von Königsfamilien und anderen Prominenten und auf Geschichten wie jener über einen Mann, der aus Rache den Hamster seiner Freundin auffraß. Damit brachte er die Zeitungen wieder in die Gewinnzone.

Den Aufkauf der Zeitungen finanzierte Murdoch, indem er die niedrigsten Dividenden zahlte, Gewinne nicht ausschüttete und mit einer Verschuldungsrate arbeitete, die man für unmöglich und unseriös hielt. *Da die Gewinne, die er aufgrund rigoroser Sanierung machte, nicht zur Tilgung der Kredite ausreichten, musste er ständig weitere marode Verlage kaufen, auf Sensationsjournalismus umstellen, sanieren. Murdoch musste ständig expandieren und schnell Kasse machen, um anderswo seine Rechnungen bezahlen zu können – ein Schneeball-Verfahren.*

1983 erreichte Murdochs Expansionsdrang das Fernsehen. Er kaufte in Großbritannien SATV, die das erste DTH-Satelliten-Fernsehprogramm (DTH = direct to home) ausgestrahlt und sich damit übernommen hatte. SATV war noch keine Programmgesellschaft, sondern ein Sender, der über einen Satelliten verfügte und europaweit sendete. Murdoch nannte ihn »Sky Television«. 1989 eröffnete Murdoch vier neue DTH-Pay-TV-Satellitenkanäle: den Popmusik-Kanal Sky One, Sky News, Sky Movies und Eurosport. Bei Pay-TV über DTH zahlt man entweder allgemeine Gebühren, oder ein Empfangsgerät registriert die Einschaltzeiten und meldet sie zwecks Gebührenabrechnung über Telefon an ein Rechenzentrum.

Murdoch machte damit der BSB (British Satellite Broadcasting) Konkurrenz, einem Konsortium aus Granada, Pearson, Anglia Television, Virgin Records und Amstrad. Am empfindlichsten traf er seine Konkurrenten damit, dass er billigere Empfangsschüsseln anbot: Großbritannien war noch wenig verkabelt, billige Empfangsschüsseln waren entscheidend für den Markterfolg eines Direktsatelliten-Networks. 1990 schloss sich Murdoch mit der geschwächten BSB zur »BSkyB« zusammen. (Collins 1992, S. 116ff.)

In USA gelangte Murdoch 1985 in den Besitz von Twentieth Century-Fox, die inzwischen Marvin Davis gehörte. Davis war ein milliardenschwerer Ölmagnat, der durch die Ölpreis-Erhöhungen der OPEC reich geworden war und sich daraufhin 1981 Twentieth Century-Fox gekauft hatte. Inzwischen hatte er aber genug vom Filmgeschäft und verkaufte an Murdoch 50% der Fox-Aktien, für 250 Mio. $ geradezu spottbillig. Einige Monate später verkaufte er Murdoch für 362 Mio. $ die restlichen Anteile. Damit besaß Murdoch einen Filmkonzern mit Produktionskapazitäten und einem Bestand von 2.000 Filmen, aber noch kein Fernseh-Network.

Um ein Network aufbauen zu können, musste Murdoch amerikanischer Staatsbürger werden, das wurde er 1986. Ansatzpunkt für die Gründung eines Networks waren die »Independents«, unabhängige Sender-Stationen. 1986 gab es 260 Independents. Sieben davon gehörten der Metromedia-Gruppe, die Murdoch kaufte. Zugleich gründete er die Firma Fox Television.

Nun warb er »affiliated stations« ab, mit den Networks assoziierte Sender-Stationen. Insgesamt schlossen sich 130 Sender-Stationen Murdochs Fox TV an. Auch die Kabelnetze waren für Murdoch interessant. Die meisten gehörten großen Konzernen.

1990 schloss Murdoch ein Abkommen mit Telecommunications Inc. (TCI) und gewann damit Zugang zu deren Kabelfernseh-Netz, dem größten der USA.

Realismus und Authentizität als erfolgreiche medienkulturelle Muster: drastisches Fernsehen für junge Zielgruppen

Der große Renner wurde die für Fox TV entwickelte Zeichentrick-Serie *The Simpsons*, eine Serie über eine monsterähnliche Kleinfamilie aus der Kleinstadt Springfield. Das Oberhaupt, Homer Simpson, ist Arbeiter im Atomkraftwerk. *The Simpsons* ist eine Familienserie neuer Art: Es herrschen zwischen den Familienmitgliedern rein materielle Interessen vor, die drastisch ausgesprochen werden. Ebenso drastisch geht es in der Serie *Married... with Children* (*Eine schrecklich nette Familie*) zu, die Fox TV 1987 startete. Al Bundy ist der von allen verachtete Familienvater, Schuhverkäufer von Beruf. Seine Frau Peg und die Kinder Kelly und Bud wollen von ihm nur eins: Geld. Jeder findet in dieser Familie die anderen dumm, unfähig, hässlich, und sie sagen sich das ständig. Ihr einziges gemeinsames Interesse: Konsumieren und Fernsehen. Das Ganze ist als comedy inszeniert, mit witzigen Dialogen, die mit eingespielten Lachern gesendet werden.

Das Erfolgsrezept von Fox bestand darin, die Formate in Richtung Realität weiterzutreiben, weiter als die anderen Networks sich trauten. Die neuen Serien zeigen, wie das Leben wirklich ist, d.h. was die jungen Hedonistinnen und Hedonisten in der neuen »Ich-Zuerst-Gesellschaft« wirklich denken. Die Serien gefielen vor allem den Männern: Die *Schrecklich nette Familie* und die *Simpsons* rangierten 1991 bei den Männern auf Platz 24 und 29 der bevorzugten Sendungen, bei den Frauen dagegen nur auf Platz 75 und 72 (Variety, 25.2.1991, S. 59).

Attraktiv wurde Fox TV auch durch »Reality TV«, ein neues Genre, das Reportage mit Katastrophen-Voyeurismus verbindet. Das sind Sendungen, in denen reale Personen auftreten, reale Katastrophen mit realen Opfern gezeigt werden oder Szenen entsprechend realen Ereignissen nachgespielt werden: »Wahre Geschichten werden geboten, live gefilmt am Ort des Geschehens, Videos von Amateuren, Erlebnisberichte von Katastrophenopfern und Polizisten, angereichert mit nachgestellten Szenen. Brandeinsätze der Feuerwehr, eingequetschte Unfallopfer, nachgespielte Banküberfälle, von Naturgewalten überraschte Menschen, blutige Rettungseinsätze.« (Gehrmann und Kostede 1993, S. 17)

Fox begann mit der Serie *America's Most Wanted*, einer Art *Aktenzeichen XY*, mit dem Akzent auf Verfolgung und Bestrafung von Verbrechern. Diese Serie wurde ein Publikumsrenner. 1989 entstand die Reality TV-Serie *Cops*, in der, wenn möglich, reale Verbrechen gezeigt wurden, Kamerateams begleiteten Polizisten zu den Orten des Verbrechens und nahmen ungeniert Opfer und Tatverdächtige auf. Um dem Publikum etwas zu bieten, wurden aus Tatverdächtigen im Schema der Berichterstattung schnell die Verbrecher. In derselben Manier ging Fox Themen an wie Satanskulte, Prostitution, Kindesmisshandlung.

Auch die ab 1987 abendliche Fox-Nachrichten-Show *A Current Affair* berichtete über Sensationen und Human-Interest-Themen. Im Vordergrund standen Nachrichten wie der Fall einer Frau, die mittels künstlicher Befruchtung für ein fremdes Ehepaar ein Kind ausgetragen hatte, es aber gegen die Vereinbarung behalten will. Andere Nachrichtenbeiträge zeigten einen Mörder, der seine Tat fürs Fernsehen nachstellt. Die Grenzen zwischen Dokumentation und inszenierter Show wurden verwischt, zugunsten der Show, man nennt das »Infotainment« oder »Docutainment«, Fox selbst nennt das »Reality News«.

Den Kritikern gefiel das nicht – wohl aber dem jüngeren Publikum, um das Fox TV bemüht war. 1990 bestand das Publikum von Fox TV bereits zu 49% aus der Altersgruppe zwischen 12 und 34 Jahren, dagegen bei ABC nur zu 37%, bei NBC nur zu 31% und bei CBS nur zu 25%. Die Werbung-Auftraggeber honorierten die Entwicklung, so konnte Fox seine Werbe-Einnahmen zwischen 1988 und 1989 verdreifachen: auf 325 Mio. $, und 1990 betrugen die Werbe-Einnahmen von Fox bereits 550 Mio. $. (Shawcross, S. 422, 430)

Ausklammerung des Publikums-Verstands, Reduktion auf Wertvorstellungen und Gefühle in der Forschung und beim Formatradio

Taylorismus in postfordistisch-flexibilisierter Form: kommerzielle Zielgruppen- und Milieu-Forschung

Die flexible, postfordistische industrielle Produktion veränderte seit den 70er Jahren die Interessen der Werbung-Auftraggeber, denn jene konnten jetzt flexibel auf sich verändernde oder speziellere Konsumenten-Wünsche eingehen bzw. jene schaffen. Die flexiblen Internehmen wollten wissen, wo sie ein flexibles Publikum finden. Und die zweite Revolution des Rundfunks, die Kabel- und Satellitentechnik, ermöglichte Spartenkanäle und damit die Voraussetzung, die Publikumsmärkte zu segmentieren.

Fernsehwerbung am Abend, wenn auch die Berufstätigen sehen, ist teurer als Werbung zu Sendezeiten, wenn nur Nicht-Berufstätige, Rentner und Arbeitslose fernsehen. Werbeagenturen buchen Sendezeit aufgrund von Einschaltquoten, je teurer die Werbespots, desto mehr wollen sie wissen, welches Publikum ihre Werbung erreicht. Weil sich die Generationen gegeneinander abgrenzten; die sozialen Schichten sich vermischten; die Berufskarrieren »flexibler« wurden, wurde es auch für die Werbeagenturen wichtig, über die Konsumenten mehr zu erfahren. Für den Preis der Sendezeit eines Werbespots oder den Preis einer Anzeige war jetzt nicht nur die absolute Zahl der Zuschauer entscheidend. *Die Mediaplaner in den Werbeagenturen mussten jetzt wissen, welche Gruppen von Rezipienten welche Konsumvorlieben haben und mit welchem Medienverhalten und welchen Medienvorlieben jene einher gehen. Sie brauchten medienspezifische »Zielgruppen«.* Deshalb bieten seit den 70er Jahren die Werbeträger, die Fernsehsender – und auch die Zeitschriftenverlage – den Werbeagenturen »qualitative Daten«, womit sie Daten über Kaufinteressen und Kaufwilligkeit meinten. Das musste anders erfasst werden als über soziodemografische Merkmale wie Alter, Beruf, Einkommen, Schulbildung.

Seither bieten die Werbeträger den Werbeagenturen »psychografische« Forschungsergebnisse – von kommerziellen Forschungsinstituten – über Typen von gefühlsmäßigen Bindungen und Konsum-Vorlieben an. Die Forscher stellen fest, welche gefühlsmäßige Einstellungen die Konsumenten zu bestimmten Zielen und Wünschen haben. Personen, die dem Statement zustimmen: »Aufregend und abwechslungsreich soll das Leben sein« oder »Ich will Spaß haben«, kann man besser als Konsumorientierte verkaufen als Personen, die dem Statement zustimmen: »Ich führe gern ein häusliches Familienleben« oder »Ich mache nie Urlaub«. Zielgruppen werden gebildet, indem Personen, deren Konsumverhalten ähnlich ist, zusammengefasst werden. Der Fernsehsender kann der Werbeagentur sagen: »Ihr Werbung-Auftraggeber will X Mio. Euro für seine neue Kosmetik ausgeben? Angesprochen werden sollen Frauen zwischen 18 und 34 Jahren, berufstätig, mit hohem Einkommen? Wir können Ihnen xtausend Frauen der gewünschten Zielgruppe mit diesen Merkmalen und mit Interesse an neuen Kosmetika liefern.«

Natürlich weiß der Fernsehsender und auch die Werbeagentur, dass auch die raffiniertest hergestellten Zielgruppen keine Garantie für ein Kaufinteresse bieten. Deshalb bürgerte sich der verschleiernde Begriff »Lifestyle« ein (Kramer 1991). »Lifestyle-Typen« enthalten sowohl kulturelle Orientierungen als auch sozialstrukturelle Merkmale. Aus beidem konstruieren die kommerziellen Forscher im Auftrag der Werbeträger (Illustrierte, Fernsehsender) Typen von Konsumvorlieben und Kaufkraft. Am bekanntesten sind die SINUS-Milieus geworden (SINUS = das kommerzielle Sozialwissenschaftliche Institut Nowak und Sörgel, Heidelberg). Ich nehme hier die aktuellste Studie für Westdeutschland im Jahr 2000 (BAC Burda Advertising Center 2000):

1. *In der Oberschicht und oberen Mittelschicht* gibt es die »gesellschaftlichen Leitmilieus«:

Etabliertes Milieu: »Die erfolgsorientierte Konsum-Elite unserer Gesellschaft mit ausgeprägten Exklusivitätsansprüchen«.

Intellektuelles Milieu: »Die aufgeklärte, postmateriell orientierte Werte-Avantgarde unserer Gesellschaft«.

2. *In der mittleren und unteren Mittelschicht* gibt es ein wenig »Leitmilieu«, viel »traditionellen Mainstream« und viel »modernen Mainstream«.

2. A. *Als Teil der »Leitmilieus«:*

Postmodernes Milieu: »Die individualistische, ›multi-optionale‹ Lifestyle-Avantgarde unserer Gesellschaft«.

2. B. *Als Teil des »traditionellen Mainstreams«:*

Traditionelles bürgerliches Milieu: »Die Sicherheits- und Status quo-orientierte Kriegsgeneration, die an traditionellen Werten wie Pflicht und Ordnung festhält«.

2. C. *Als Teil des »modernen Mainstream«:*

Statusorientiertes Milieu: »Die beruflich und sozial aufstrebende untere Mitte – die Erfolgsinsignien unserer Konsumgesellschaft im Blick«.

Adaptives Milieu: »Der gut ausgebildete, mobile und pragmatische Mainstream der jungen modernen Mitte«.

Modernes bürgerliches Milieu: »Die konventionelle neue Mitte, die nach einem harmonischen, behüteten Leben in gesicherten Verhältnissen strebt«.

3. *Zwischen unterer Mittelschicht und Unterschicht, beide Schichten überlappend* gibt es etwas »traditionellen Mainstream« und viel »moderne Unterschicht«:

3. A. *Als Teil des »traditionellen Mainstream«:*

Traditionelles Arbeitermilieu: »Die an den Notwendigkeiten des Lebens ausgerichtete traditionelle Arbeiterkultur, Kleintierzüchter und Schützenvereine.«

3. B. *Als Teil der »modernen Unterschicht«:*

Stark in die untere Mittelschicht überlappend:

Hedonistisches Milieu: »Die unangepasste junge Unterschicht, die Spaß haben will und sich den Konventionen und Verhaltenserwartungen der Leistungsgesellschaft verweigert«.

Weniger in die untere Mittelschicht überlappend:

Konsum-materialistisches Milieu: »Die stark materialistisch geprägte Unterschicht, die Anschluss halten will an die Konsum-Standards der breiten Mitte«.

(Vorherige Zielgruppenstudien: Conrad und Burnett 1991; Sinus Institut 1995, 1998; Das Beste Verlag 1996. Ausführlicher: Prokop 2000, S. 70ff.).

An der Zielgruppenforschung ist nichts zu kritisieren, solange man nur die kommerziellen Interessen der Werbungtreibenden im Blickfeld hat. Es ist eine Forschung, die – vielleicht – dazu verhilft, die von Werbung-Auftraggebern gewünschten Publika zu finden.

Die Massenmedien sind jedoch nicht nur ein Instrument von Werbung-Auftraggebern, Programmdirektoren, Zeitschriften-Herausgebern und Mediaplanern. Sie sind auch ein Artikulationsmittel von Entertainern, Künstlern, Journalisten, Kreativen, die Erfolg beim Publikum, auch kommerziellen Erfolg wollen. Sie haben ein anderes Interesse als die Werbungtreibenden. Auch sie folgen Trends oder auch kurzfristigen Moden im Publikum, aber zugleich folgen sie den Gesetzen der Gestaltung, der Genres, oder sie wollen ihr Publikum gut informieren, aufklären. *Hat man diese kreativen und aufklärerischen Interessen im Blick, muss man feststellen: Die Zielgruppenforschung ist – wie die kommerzielle Medienforschung seit den 30er Jahren – tayloristisch: Die »geistigen Arbeiter«, die Manager und die Forscher weisen dem Bild vom Publikum – selbst wenn sie jenes postfordistisch-fexibel in Milieus segmentieren – eine tayloristisch zerstückelte Bewusstseinstätigkeit zu: Es soll keine geistige Arbeit mehr leisten, sondern nichts im Kopf haben als Markenkennnisse, Konsuminteressen, Wertvorstellungen, Gefühle.*

Die von der Werbung vorgegebenen Klassifikationen von Lebenszielen sind jedoch nicht identisch mit den realen Lebenszielen der Rezipienten. Die Arbeit ihrer Phantasie und ihres Verstands interessiert die Zielgruppenforschung nicht. Selbst in Bezug auf Konsuminteressen bleibt die Zielgruppenforschung interesselos: Die Befragten werden nie als Konsum-Experten befragt, sondern immer nur als Träger von Emotionen. Die Menschen schalten jedoch, wenn sie Werbung im Fernsehen sehen, ihren Verstand ab.

Emotions-Management: Formatradio

Formatradios sind angewandte kommerzielle Zielgruppenforschung. Sie sehen im Publikum nur noch emotionale Stimmungen. »Formatradio« ist die moderne Form des kommerziellen, Werbegelder akquirierenden Radios, es handelt sich um ein Programmkonzept: Im Gegensatz zu den klassischen öffentlich-rechtlichen Radios konzentrieren sich die Formatradios auf ein einziges Genre, meistens auf dynamische Musik (Görlitzer 1996). Vorläufer war das Format der *Top 40.* Dabei wurden die vierzig kommerziell erfolgreichsten Schallplatten-Hits des Monats gesendet. Die *Top 40* gibt es in USA seit 1955. Anfang der 60er Jahre entstanden Sender, die ausschließlich »beautiful music« sendeten oder nur Nachrichten. Als Anfang der 80er Jahre der Wettbewerb schärfer wurde, entstanden viele segmentierte Radioprogramme: All-Comedy, Kinder-Radio, All-Sports, All-Weather, All-Business etc. (Keith 1987; Keith und Krause 1989). In der Bundesrepublik entstanden »zielgerichtete« Programme in den 70er Jahren als öffentlich-rechtliche »Servicewellen«, Verkehrsnachrichten-Programme mit Unterhaltungsmusik. Die Begleitmusik-Programme erzielten hohe Reichweiten – vor allem der berühmte SWF 3, der in die dynamische Musik auch kurze Reportagen, Interviews, Kurzfeatures einstreute –, und so wurden sie für die Werbewirtschaft interessant. Als Mitte der 80er Jahre der Rundfunk kommerzialisiert wurde, entstanden die eigentlichen Formatradios. Sie sind meistens auf Regionen oder Großstädte konzentriert.

»Formate« nennt man das, was früher Programmkonzeption oder Genre hieß. Formate sind: Klassik und Kultur; Volkstümliche Musik; »Jugend«-Sender; Popwellen; Talkradio. *Die Wunschvorstellung ist, dass die Hörer »formatiert« sind oder sich »formatieren« lassen, wie man eine Computer-Festplatte formatiert; aber tatsächlich sind »Formate« nichts anderes als ein paar Gliederungs-Gesichtspunkte der Programmplaner.* Bei den Formatradios, die vor allem Musik senden, gibt es Formate wie Adult Contemporary (AC); Contemporary Hit Radio (CHR), Album-Oriented-Rock (AOR); Easy Listening (EZ); Middle-of-the-road (MOR) etc. Bei den Formatradios, die vor allem AC senden, gibt es Unterformate wie Oldie-based-AC; Current-based-AC; Europ-AC; Soft-AC; Hot-AC. Bei CHR gibt es Mainstream CHR; Rock-oriented CHR; Dance oriented CHR. Die Mittel der »Formatierung« sind Musik, Moderation, Nachrichten, knappe Wortbeiträge, Promotion und Spiele, Werbespots, Verpackungselemente, Image und Erscheinungsbild, Vermarktung des Senders, technische Studioausstattung, akustische Bearbeitung.

Für die Gestaltung dieser Elemente sind Marketingkonzepte und Reichweiten das Wichtigste.

Die Formatradios profitieren von der Tatsache, dass die Hörer heute das Radio nicht mehr gezielt einschalten, sondern zufällig. Sie lassen das Radio nebenbei laufen, durchschnittliche Nutzer ca. 3 Stunden, Radiofans ca. 4 Stunden täglich. Am häufigsten wird während des Frühstücks und Mittagessens gehört, bei Arbeiten in der Wohnung und bei Freizeittätigkeiten (Baldauf und Klingler 1993). Die Hörer erwarten, ihren Geschmack sofort vorzufinden, sonst schalten sie um. Die Formatradios wenden sich an möglichst breite Werbung-Zielgruppen, bei zwei Drittel aller Sender in Deutschland sind das die 25-49-Jährigen. Die Jugendlichen dagegen waren Ende der 80er Jahre zum Fernsehen abgewandert, vermutlich in Richtung MTV und anderer Videoclip-Sender. Was die soziale Schichtung betrifft, bestand um 1990 das Publikum der Formatradios aus Personen mit unterdurchschnittlicher Schulbildung (Berg und Kiefer 1992, S. 56ff., 96).

Die Hörer werden meistens mit dem AC-Format bedient, mit aktueller Unterhaltungsmusik für Erwachsene. Das an zweiter Stelle erfolgreichste Format ist CHR, die Sendung der Top Hits. Angestrebt wird eine ständige Dynamik, ein heißer, schneller Klang, der die Hörer am Wegschalten hindern soll.

Redaktionelle Beiträge gelten als »Wegschaltfaktor« und werden entsprechend kurz gehalten. Statt Moderationen gibt es oft Jingles – akustische Markenzeichen des Senders – oder Nennungen des Radio-Namens, zwecks Eigenwerbung.

Der Radiobetrieb ist billig und automatisiert. Thomas Görlitzer schildert das so: »Bis in die 90er Jahre hinein [...] suchte ein Musikredakteur nach eigenen Vorstellungen Titel zusammen, was dann mehr die situative Gefühlssituation des Redakteurs als die ›Musikfarbe‹ [das Image] des Senders widerspiegelte. [...] Inzwischen kann mit Hilfe der Musikresearches [kommerzieller Publikumsforschung] erkannt werden, wann welche Titel erfolgreich sind und wann er zum Burn-out wird (die Hörer haben ihn so oft gehört, dass er zum Ausschaltfaktor werden kann). Daraufhin wird auf der Basis dieser Ergebnisse in den Musikredaktionen eine Playlist erstellt, die vor allem die Interessen der Zielgruppe berücksichtigt. Um zusätzliche Vorgaben der Musikplanung [der Image-Planung für den Sender, ›Programming‹ genannt] einfließen lassen zu können und sich dabei nicht weiter auf die Zufallsauswahl der Redakteure verlassen zu müssen, werden Computer eingesetzt.« (Görlitzer 1996). Anzumerken ist, dass die Auswahl von Redakteuren keine »Zufallsauswahl«, sondern eine Auswahl durch Musik-Kenner ist.

Der Computer erhält eine »Musikuhr« vorgegeben. Darin wird die Programmabfolge für den Tag festgelegt. Dabei werden nicht die einzelnen Titel vorgegeben, sondern Stimmungen. Die Musiktitel sind nach Stimmungswerten klassifiziert: melodisch – rhythmisch; Dur – Moll; Gruppe – Solo; männlich – weiblich; Intensität – Tempo; Art des Anfangs- und Schlussarrangements.

Dann werden in der Computer-Musikuhr die gewünschten Kategorien eingegeben, mit denen man glaubt, Zielgruppen ansprechen zu können: »Aktuell, dynamisch, englische Gruppe, männlich, hohes Tempo« oder »Aktuell, dynamisch, englisch, weiblich, Solo, mittleres Tempo«. Das Ziel der Musikuhr ist es, beim Hörer zielgruppengerechte emotionale Wellenbewegungen hervorzurufen.

Der Computer sucht die zu sendenden Titel selbsttätig aus.

Obwohl die Formatradios im Vergleich zu den öffentlich-rechtlichen Radios höhere Reichweiten erzielen, ging die Radio-Nutzung Mitte der 90er Jahre zurück. Vor allem verlor das Radio, gerade in der Radio-Primetime – der Frühstückszeit – einen beträchtlichen Anteil an jüngeren Volks- und Hauptschul-Absolventen, was wohl daran liegt, dass jene andere Medien wie CDs, Kassetten, das Frühstücksfernsehen und Musik-Fernsehkanäle nutzen.

Mystifikation des Massenbeliebten als »Simulation« bei Baudrillard

Um 1990 arbeitete Jean Baudrillard – Soziologe an der Universität Nanterre bei Paris – mit den Begriffen der Simulation, der Fraktale und Viren, um darzulegen, dass die Welt total durchkommerzialisiert sei und dass es nichts »Echtes« mehr gebe. Dabei zelebrierte er eine Sprache, die nur Eingeweihte verstehen: »Im [...] fraktalen oder vielmehr viralen, noch besser bestrahlten Stadium des Werts gibt es überhaupt keinen Bezugspunkt mehr, der Wert strahlt in alle Richtungen, in alle Lücken, ohne irgendeine Bezugnahme auf irgend etwas [...].« (1992, S. 11; 1978)

Mit »Wert« meinte Baudrillard die Tatsache, dass Waren verkaufbar sind. Aber warum erklärte er die gesamte moderne Zeit zum »bestrahlten Stadium des Werts«, und wieso »strahlt der Wert in alle Richtungen«? Damit meinte Baudrillard – ohne es zu beweisen –, dass es in den heutigen Medien nur abstrakte Verkaufbarkeit gebe; dass der Wert der Medien-Waren wichtiger geworden sei als ihr Inhalt; dass es keine Inhalte mehr gebe; dass alles nur eine Simulation, eine Vortäuschung sei. Baudrillard meinte, dass alle Medienbotschaften nur noch so tun, als seien da Inhalte. Szenen, die Realität dort vortäuschen, nannte Baudrillard »Simulakren«. »Fraktal« oder »viral« heißt bei ihm, dass alle kulturellen Angebote heute zerstückelt sind, verwertbare Versatzstücke. Deswegen sprechen manche Kritiker auch von »Häppchenkultur«, aber das klingt zu altmodisch, während »Fraktale« und »Viren« den Anschluss an heutige Naturwissenschaft und heutige Schrecken versprechen.

Baudrillard hat mit seinen Fraktalen, Viren und Wertstrahlungen Medienphilosophen zur Produktion von Wort-Ungetümen veranlasst, zum Beispiel Dieter Fuder: »Mit der Überführung in die kulturell zu leistende Zeichenarbeit, aus der niemand sich herausnehmen kann, weil er gesellschaftlich aus der quasitranszendental-simulatorischen Zeichenarbeit nicht herausfallen kann, verfällt das Subjekt dem ›Fetischismus des Signifikats‹ im ›Fetischismus des Signifikanten‹ und ergreift in der ›Leidenschaft des Codes‹ die Vorstellungssimulakren des Objekts – konnotative Wertsimulakren, die Subjektsimulationen bewirken. [...] An die Stelle von Warenverdinglichung ist verführungslogisch Zeichenverdinglichung getreten.« (S. 38).

Es gibt also – angeblich – Null Inhalt, weshalb Baudrillard von der »Nullität des Realen« sprach (1989. Kritik: Kraemer 1994). Null heißt auf Lateinisch »Zero«, und so sprachen seine Schüler von der »Zerologik des Realen« (Fuder, S. 44). Das ist wohl auch der Grund, dass Hans Magnus Enzensberger behauptete, das Fernsehen sei ein »Nullmedium«, das Gehirnwäsche zur Folge habe (1988) – was nun wirklich Unsinn ist.

Es gibt einen realistischen Kern an Baudrillards Medienkritik: Man hat es heute mit Waren zu tun, die unter oligopolistischen Markt- und Produktionsbedingungen hergestellt und vertrieben werden. Es ist den Anbietern möglich, ihre Waren auf optimale Verkaufbarkeit bei klar umrissenen Zielgruppen hin zu stylen – jedenfalls versuchen sie es. Sie bieten oft nur eine äußere, verkaufbare Hülle ohne viel Qualität, eine Ansammlung an verkaufbaren Versatzstücken. Oligopolisten haben die Macht, jene qualitätslosen Waren auf dem Markt durchzusetzen und andere, bessere Produkte auszuschalten – jedenfalls ist das eine Tendenz.

Aber es ist falsch, diese Tendenz zur einzigen zu machen. Es gibt immer auch Gegenbewegungen. Dass es in den Medien-Waren nur noch den abstrakten »Wert« geben soll, nur noch »Simulation«, ist falsch. Es ist schlimm, dass die Medienphilosophen alles als »Null Inhalt« entwerten, was die Mehrheit der Bevölkerung interessiert. Wieso muss man denn annehmen, dass das Publikum so dumm ist, einen falschen Schein, eine inhaltsleere Simulation nicht zu erkennen?

Und wieso soll eine witzige Latenight-Show »Null Inhalt« enthalten? Wieso sollen Regisseure, wenn sie unterhaltsame Filme machen, bloß »Schein« produzieren? Wieso sollen Fernsehjournalisten, die sich um realitätsgerechte Berichterstattung bemühen, nichts als »Simulation« produzieren? *Jedes kulturelle Produkt, jede Ware ist immer ein Ergebnis von gesellschaftlichen Widersprüchen und Auseinandersetzungen und enthält damit viele produktive Aspekte. Auch die beliebten, gut verkaufbaren Waren sind oft intelligent und kreativ. Zu einer intelligenten Medienanalyse kommt man nur, wenn man die realen Kämpfe zwischen den unproduktiven und den produktiven Tendenzen untersucht.*

1990 bis Anfang 21. Jahrhundert
Supranationaler Kapitalismus, ungeduldiges Kapital, Gegenreform: Flexibilisierung, Lebenskampf und das neue Zeitalter der Medien-Taylorisierung

Immer noch kann man von »Postfordismus« sprechen, jener besteht weiter. Eine Zäsur kann man hier machen, weil seit den 90er Jahren, aufbauend auf den neuen Informations- und Kommunikationstechniken, wirtschaftliche und gesellschaftliche Veränderungen stattfinden, die man »Globalisierung« oder »transnationalen Kapitalismus« nennt (Rothschild 1999; Zinn 2000a, 2000b). Ich halte »supranational« für das bessere Wort. Anfang des 21. Jahrhunderts sind diese Veränderungen dominierend.

Eine Zäsur kann man auch machen, weil 1989-1991 die sich sozialistisch nennenden Partei-Diktaturen untergingen. In der DDR ruinierte eine überhastete DM-Währungsunion die ostdeutsche Wirtschaft. 1990 wurden, nach freien Wahlen, in der DDR Bundesländer gebildet, die der Bundesrepublik Deutschland beitraten. Seither befinden sich die ostdeutschen Bundesländer auf dem »Marsch in den Mezzogiorno«, d.h. in Arbeitslosigkeit, Entvölkerung, defizitäre Wirtschaftsstrukturen und permanente staatliche Subvention. Bund, Länder, Sozialversicherungen und EU überwiesen zwischen 1991 und 2000 nach Ostdeutschland 511.300 Mrd. € (1.300 Mrd. DM). (Noé 2000)

Zu Beginn der 90er Jahre setzte sich in Deutschland das kommerzielle Radio und Fernsehen durch und schwächte den öffentlich-rechtlichen Rundfunk.

Anfang des 21. Jahrhunderts fiel in die neue Kommerzlandschaft die dritte Rundfunk-Revolution: das Internet. Und es beginnt die Umwandlung von Redaktionen und Lektoraten in Profit Centers und damit ein neues Zeitalter der »Medien-Taylorisierung«.

Fernseh-Oligopol in Deutschland

1985 hatte SAT 1 als erstes kommerzielles Fernsehprogramm den Sendebetrieb aufgenommen. Im gleichen Jahr hatte RTL den Sendebetrieb begonnen. Seither besteht in Deutschland eine »duale Rundfunkordnung«, d.h. öffentlich-rechtliche und kommerzielle Sender bestehen nebeneinander. Da die öffentlich-rechtlichen Anstalten sich zum größten Teil aus Gebühren finanzieren, dürfen sie täglich nur 20 Minuten Werbung senden, und das nur an Werktagen und nur vor 20 Uhr (weshalb ARD und ZDF die Freigabe von Werbung nach 20 Uhr fordern). Selbst diese Zeit war, trotz beträchtlicher Preisnachlässe, ab 1991 nicht mehr ausgebucht, ARD und ZDF verloren 1992 Werbeeinnahmen in Höhe von 766.038 Mrd. € (1,5 Mrd. DM). *Hat-*

ten ARD und ZDF 1986 noch einen Anteil an den gesamten Radio- und Fernseh-Werbeeinnahmen von 70%, so waren es 1991: 40% und 1993 nur noch 14%. Dagegen stieg der Anteil der kommerziellen Kanäle von 1886 mit 2% bis 1991 auf 40% und bis 1993 auf 68% (Debus 1994, S. 289).

Kommerzielle Kanäle dürfen in Deutschland rund um die Uhr Werbung senden. Einzige Beschränkung: Die Werbung darf maximal 20% der Gesamtsendezeit betragen. Deswegen bieten die kommerziellen Kanäle rund um die Uhr Programm, und so konnte RTL ab 1991 zur Hauptsendezeit von jeder Stunde 12 Minuten Werbung senden. Nun wurde auch die Konkurrenz der kommerziellen Kanäle untereinander immer stärker. Was die Marktanteile betrifft (Zuschauer ab 6 Jahre, Montag bis Sonntag durchgehend, in allen Fernsehanstalten Deutschlands), so lagen im November 1994 RTL mit 18,8% und SAT 1 mit 16,4% vorn, vor ARD (15,4%) und ZDF (14,8%). Marktführer wurden nach 1994 also RTL und SAT 1 und damit der Bertelsmann-Konzern und der Kirch-Konzern. (Überblicke über die Besitzverhältnisse: Hachmeister 2000; Meyn 1999; Röper 1999. Hachmeister ist als Jahrbuch konzipiert. Röper bringt jedes Jahr einen neuen Überblick in Media Perspektiven. Die jeweils neuesten Daten sind auch nachzuschlagen in Media Perspektiven, Basisdaten; sie erscheinen jährlich).

Der *Bertelsmann-Konzern – einer der welt-größten Medienkonzerne* – gehört der Familie Mohn und Stiftungen. Er ist zu einem großen Teil ein amerikanischer Medienkonzern. Er besitzt seit 1986 die Bantam Doubleday Dell Publishing Group, seit 1998 den Random House-Verlag – den größten Englisch-publizierenden Verlag der Welt – und außerdem Bertelsmann Music Group (BMG). Dazu gehört auch die amerikanische RCA Records und die eigene Musikfirma Ariola.

Bertelsmann besitzt seit 2001 die RTL-Group und damit die RTL-Kanäle. Seit 2000 gehört Bertelsmann der Fernsehkanal Vox.

Außerdem besitzt Bertelsmann einen Buch- und Schallplattenclub mit 25 Mio. Mitgliedern; dazu Gruner+Jahr, den größten Zeitschriftenverlag in Europa (in Deutschland z.B. *Stern, Brigitte, Gala, Eltern, Schöner Wohnen, Geo, TV Today*). Und noch viel mehr: die Verlage Goldmann, Siedler, den Berlin Verlag; Zeitungen; Druckereibetriebe; grafische Betriebe; Call-Center etc.

Bertelsmann setzt seit 1999 auf Multimedia/Internet, d.h. weltweite Computer-Netze, die Fernsehen, Radio, Tonträger und Computer miteinander verbinden und einen über Online-Dienste weltweit zugänglichen Medien-Kiosk schaffen. Ende 2000 kaufte Bertelsmann sich mit einem Kredit bei der Internet-Firma Napster ein, bei der täglich weltweit 38 Mio. Nutzer umsonst und illegal Musik in ihren eigenen Computer downloaden. Das Ziel ist, die illegalen Nutzer in zahlende Abonnenten von BMG, der Bertelsmann Music Group, zu verwandeln.

Der *Kirch-Konzern* gehört dem Produzenten und Rechte-Kaufmann Leo Kirch. Kirchs Free-TV-Firmen sind unter dem Dach der Holding KirchMedia zusammengefasst. Dazu gehören neben SAT 1 (Familiensender; Zielgruppe: 30-49-Jährige) auch die Fernsehkanäle PRO 7 (Serien- und Filmkanal; 14-29-Jährige); Kabel 1 (Filme und Shows; über 50-Jährige); Deutsches Sportfernsehen (DSF) und der Nachrichtensender N 24.

Ursprungs-Kern des Kirch-Konzerns war die Programmrechte-Gesellschaft BetaFilm – jetzt Teil von KirchMedia –, eines der größten Filmrechte-Vertriebs-Unternehmen der Welt, das langfristige Verwertungs-Verträge mit allen Hollywood-Produktions- und Vertriebs-Konzernen abgeschlossen hat. Kirch verfügt über den größten Filmbestand Europas, mit ca. 16.000 Filmen, ca. 52.500 Stunden Fernsehsendungen und 1.000 Programmstunden Zeichentrickfilmen für Kinder. Außerdem produzieren Kirchs Beta-Firmen selbst pro Jahr ungefähr 370 Programmstunden. Zu Kirch gehört auch eine Merchandizing-Firma, sie vermarktete unter anderem *Biene Maja* und *Alf*. Dazu kommen Beteiligungen an vielen Fernsehkanälen und Programmen, z.B. in den Bereichen Sportfernsehen, Home Order Television, Spielshows (*Glücksrad*).

Kirchs Pay-TV-Firmen (analog und digital) sind unter dem Dach der Holding KirchPay TV zusammengefasst. *Kirch besitzt in Deutschland seit 1999 ein Monopol für digitales Pay-TV: das digitale Fernseh-Network Premiere World. Das ist ein Network ohne jede Politik- und Informationssendungen.* Im Network senden auch andere, zum Beispiel Disney Channel und Universal Studios Network. Ende 1999 kaufte sich Murdoch einen Anteil von 24% an KirchPay TV und damit an Premiere World.

1996 erwarb Kirch vom Welt-Fußballverband, der FIFA, für 1,7 Mrd. € (3,4 Mrd. DM) die Fernseh-Übertragungsrechte der Fußball-Weltmeisterschaften für die Jahre 2002-2006, mit einer Option auf 2010, und damit die Möglichkeit, die deutsche Fernsehnation vor seine Pay-TV-Kanäle zu zwingen. Dagegen beschlossen die EU und die deutschen Bundesländer Schutzlisten – Listen kostenfrei zu übertragender Spiele –, um wichtige Spiele Kirchs Pay-TV entziehen zu können. Anfang 2000 erwarb Kirch vom Deutschen Fußballbund die Internet-Rechte an der höchsten Spielklasse. Kirch besitzt auch die Übertragungsrechte an Formel 1 bis 2013.

RTL und SAT 1 imitierten Murdochs Weg zum Erfolg. Sie berichteten kaum über brisante politische und gesellschaftliche Themen; SAT 1 war politisch konservativ – sie zeichneten sich jedoch auch dadurch aus, dass sie spannende neue Sendeformen entwickelten.

Im Genre Talkshow setzten RTL und SAT 1 den öffentlich-rechtlichen Gesprächsrunden Talkshows entgegen, in denen wild gestritten wurde: Ulrich Meyers *Einspruch* (SAT 1) und Olaf Krachts *Der heiße Stuhl* (RTL). Die Qualität der Debatten litt durch das Geschrei nicht, im Gegenteil, manche Politiker und Funktionäre wurden durch die emotionalen Angriffe erst lebendig. Auch das alte Fernseh-Magazin wurde mit einer Fülle von Human-Interest-Themen erweitert und wieder interessant gemacht: In *Explosiv – Das Magazin* (RTL) gibt es Themen wie den Aids-Beißer, der seine Zähne in jeden Arm schlägt, der ihn im Kaufhaus am Stehlen hindern will. *Natürlich ist das »Sensations-Fernsehen«, und natürlich wäre es besser, es würde über die wichtigen politischen und sozialpolitischen Auseinandersetzungen mehr berichtet – aber es sind zugleich packende journalistische und narrative Sendeformen, und es ist nicht das Schlechteste, wenn es gelingt, ein Publikum zu faszinieren, zu packen.*

Supranationale Konzerne, Banken und Welt-Computernetze verändern die Welt

Das weltweite Börsen-Casino: Globalisierung

Seit Mitte der 90er Jahre spricht man von Globalisierung. Globalisiert sind die Finanzmärkte; global sind die Fusionen von Banken, Auto-, Chemie-Konzernen; global sind ca. 37.000 supranationale Konzerne, die ihre Arbeitsteilung international organisieren, darunter auch Teile der Industrieproduktion. Weniger globalisiert sind Direktinvestitionen, Warenmärkte und Arbeitsmärkte, hier bedeutet Globalisierung: Konzentration auf die Triade USA, Westeuropa, Japan (Bruch und Krebs 1996; Lafontaine und Müller 1998; Martin und Schumann 1996; Thurow 1996, Zinn 2000a, 2000b). Globalisierung ist nichts Neues, sondern die Fortsetzung der langfristigen Internationalisierung der Volkswirtschaften (Zinn 2000a, S. 25ff.), mit folgenden Aspekten:

1. In USA, Japan, Arabien, Europa hatte sich eine Menge Kapital angehäuft, das national nicht investiert werden konnte und deshalb internationale Firmen-Übernahmen zur Folge hatte. Seit den 80er Jahren stiegen die Auslands-Investitionen in der Weltwirtschaft. Die Gewinne aus Investitionen wurden wichtiger als die aus dem Welthandel.

2. Weltweite Handelsbeziehungen und deren Krisen hat es stets gegeben, das ist nicht neu. Jetzt drängt jedoch das angehäufte Kapital auch auf die internationalen Finanzmärkte (Zinn 2000a, S. 16ff.). *Dank der schnellen Computernetze entstand das eigentlich Neue der Globalisierung: der weltweite, simultane Geld- und Aktienmarkt.* Das weltweite Börsen-Casino (Strange 1986) ist zwischen Tokio-Hongkong-Singapur, London-Frankfurt-Paris und New York immer geöffnet.

Das hatte wiederum die stärkere Orientierung auch europäischer Industriekonzerne am »shareholder value«, d.h. an Mehrung des Aktienkapitals, zur Folge. Wir haben es jetzt mit »ungeduldigem Kapital« zu tun (Sennett 2000, S. 26). Aktionäre wollen schnelle Rendite, gleich woher sie kommt. Sie kommt von den größten Konzernen, die bei ihren Fusionen Kapital für Investitionen in Automation und »Rationalisierung« freimachen.

3. Seit Mitte der 90er Jahre begaben sich die Industriekonzerne weltweit auf die Suche nach unerschlossenen Märkten und günstigen Produktionsstandorten; nach Niedriglöhnen; nach neu erschließbarer Kaufkraft. Auto-Hersteller verlagerten ihre Produktionen in die USA, um vom Dollar-Boom zu profitieren. Oder sie bauten Montagefabriken in Ländern wie Indonesien, die hohe Einfuhrzölle auf den Import ganzer Autos eingeführt hatten, aber niedrige Einfuhrzölle für den Import von Einzelteilen anboten. Die Öffnung und Demokratisierung der Länder des Ostblocks hat die Entwicklung beschleunigt. Manche dieser Länder gestatten unbegrenzte Maschinen-Laufzeiten für automatisierte Fabriken. Niedriglöhne sind die Attraktion von Ländern wie China. Mittels neuer Kommunikationstechnik wurde es möglich, billige Computersoftware-Spezialisten oder Konstrukteure in Indien einzustellen, die über weltweite Datennetze ihre Ergebnisse in USA oder Europa abliefern können.

4. Die supranationalen Konzerne waren in der Lage, sich Standortvorteile zu verschaffen, weil sie ab Mitte der 90er Jahre ein Drittel des Welthandels innerhalb der konzerneigenen Firmen abwickelten, so konnten sie Gewinne in den Staaten verbuchen, in denen die Steuern niedrig sind oder der Währungskurs günstig ist.

Neoliberale Politik: Flexibilisierung der Märkte

Globalisierung ist kein naturgesetzlich ablaufender Wirtschaftsprozess, keine »Evolution«, sondern eine bewusst von Politikern gemachte, neoliberale, konservative Politik. Deren Ziel ist das, was Konservative »Deregulierung« oder auch »Liberalisierung« nennen: die Abschaffung von Schutzzöllen, Handels- und Investitionsbeschränkungen (hierzu: Zinn 2000a).

Globalisierung hat eine Schwächung der Politik zur Folge. Politik – vor allem keynesianische Sozialstaatspolitik – findet in Nationalstaaten statt. Aber das Kapital der Aktionäre und der Konzerne ist nicht von nationalen Räumen abhängig. Nicht mehr Nationen sind von Bedeutung, sondern internationale Marktregionen, Amerika, Europa, Asien – letztere durch die Finanzkrise von 1998 geschwächt – und Industrie- und Dienstleistungsregionen, die gegeneinander um Standortvorteile konkurrieren. Die weltweit agierenden Industriekonzerne gewinnen an Macht. Manager können Politiker und Gewerkschaften erpressen, wenn es um niedrige Löhne und den Abbau von Sozialleistungen geht; Unternehmerverbände drohen in permanenten PR-Kampagnen mit der Standortverlagerung ganzer Industrien. Auch die anonymen Anleger auf den Geld- und Aktienmärkten können ihr Geld aus einer Währung oder einem Land abziehen.

Trotzdem wehren sich die Nationalstaaten nicht gegen die Globalisierung, sondern jene wurde von den neoliberalen, anti-keynesianischen Regierungen in den OECD-Staaten aktiv betrieben, der die wichtigsten Industrieländer angehören.

Motor der Globalisierung sind seit 1995 die in der WTO (World Trade Organization, Welthandelsorganisation) zusammenarbeitenden Staaten. Seit es die WTO gibt, können Regierungen feststellen lassen, ob die Rechtsprechung eines anderen Staates ein Handelshindernis darstellt. Dagegen kann die WTO Sanktionen erlassen. Die WTO ist die Nachfolge-Organisation des Zoll- und Handelsabkommens GATT (General Agreement on Tariffs and Trade), das es seit 1947 gibt. Es war gegen jede Art von Protektionismus im Welthandel gerichtet. Das GATT betraf den Handel mit Industriegütern. Später wurden auch Agrarprodukte, der Handel und Investitionen im Dienstleistungssektor (Banken, Versicherungen) und geistige Eigentumsrechte einbezogen.

Eine andere derartige Organisation ist das 1994 gegründete Nordamerikanische Freihandelsabkommen (NAFTA) zwischen USA, Kanada und Mexiko. NAFTA gibt den supranationalen Konzernen das Recht, Staaten wegen Behinderung des freien Handels zu verklagen. Das hört sich gerecht an, aber das gilt auch für den Fall, dass ein Staat seine Bevölkerung vor schädlichen Waren schützen will.

Nach dem Vorbild der NAFTA wird ein weltweites Abkommen über Investitionen angestrebt. Ende der 90er Jahre hieß dieses Abkommen MAI (Multilateral Agreement on Investment). Die Verhandlungen hierüber wurden bei der OECD geführt.

Sie wurden von einer kommerziellen internationalen Vereinigung unterstützt, der ICC (International Chamber of Commerce), einem Verband nationaler Wirtschaftsorganisationen – nicht der Handelskammern – und supranationaler Konzerne wie Asea, British Petroleum, Bayer, Dow Chemical, General Motors, Nestlé, Shell, Toshiba etc. Es werden nationale Gesetze bekämpft, die Staaten zum Schutz der eigenen Bevölkerung erlassen, zum Beispiel Gesetze zur sozialen Sicherung. Wenn ein Staat Gesetze über Mindestlöhne erlässt oder Gesetze, die Abfindungen für entlassene Arbeiter vorsehen, oder Umweltschutzgesetze, sollen supranationale Konzerne den Staat wegen mangelnden Schutzes ihrer Investitionen verklagen können. Wenn eine Stadt sich weigert, einen Industriekonzern in einem Wohngebiet anzusiedeln, kann das als Diskriminierung des Konzerns ausgelegt werden. Staaten haben für ein »sicheres Investitionsklima« zu sorgen. Wenn Investoren in einem Staat durch Streiks oder Aufstände behindert werden, wären – nach dem Entwurf des MAI – Staaten dazu verpflichtet, den Investor zu entschädigen. (Mies und Werlhof 1999)

Wegen vielfältiger Proteste kam es nicht zum MAI. Die darin vertretenen Interessen wurden 1999 in der WTO weiter verhandelt. Eine Rolle spielte hierbei der TABD (Transatlantic Business Dialogue), ein Lobby-Verband von amerikanischen und europäischen Konzernen – Boeing, IBM, Ford, GM, Motorola, Westinghouse, Procter&Gamble, DaimlerChrysler, Bayer –, auf den die Regierungen und die EU hören. Er setzt sich für eine transatlantische Freihandelszone ein.

Globalisierung bedeutet, dass supranationale Konzerne den demokratisch gewählten Nationalstaaten rechtlich gleichgestellt werden. Supranationale Konzerne sind bekanntlich nicht demokratisch gewählt. Freier Welthandel bedeutet keine Freiheit für alle, sondern Freiheit für die supranationalen Konzerne; und eine Verringerung der Macht der nationalen Kartellämter und Aufsichtsbehörden. Im Fadenkreuz befinden sich auch nationale Gesetze zum Schutz der eigenen Kultur, zum Beispiel, wie in Frankreich, Quoten zum Schutz der nationalen Medienindustrie vor den supranationalen Medienunternehmen. Öffentlich-rechtliche Systeme, die in Großbritannien und Deutschland durch Gebühren finanziert werden, befinden sich auf der Abschussliste der neoliberalen Politiker.

Gegenreform: Flexibilisierung der Menschen, neue Genügsamkeit

Globalisierung, wie sie Anfang des 21. Jahrhunderts betrieben wird, ist eine Politik der Gegenreform, ihr Ziel ist die Rückkehr zum Laissez-faire-Kapitalismus des 19. Jahrhunderts, die Abschaffung des sozialen Kapitalismus, der gesellschaftlichen Kompromisse über Löhne, Steuern, Sozialleistungen, Gesundheitswesen, Renten – kurz: die Kündigung aller Gesellschaftsverträge, das Ende des Massenwohlstands.

Die Politik der globalen Gegenreform will die Einschränkung der Macht der Gewerkschaften, die Abschaffung von Subventionen für bedrohte Industrien (Stahlindustrie, Werften, Bergbau, Landwirtschaft) und die Privatisierung staatlicher Betriebe (Eisenbahn, Post, Gas-, Elektrizitäts-, Wasserwerke, Krankenhäuser), ob das den Menschen nützt oder nicht – natürlich nützt es ihnen nicht, außer reichen Menschen. Ansatzpunkt der Gegenreform ist die Steuerpolitik, denn hier geht es um die Frage der Verteilung. Es ist die Strategie von Konzernen und Banken, ihren Steuersatz und damit ihre Beiträge zur öffentlichen Wohlfahrt zu senken. Das alles hat Folgen:

1. *Die flexible Produktion braucht flexible Menschen.* Die postfordistische – globalisierte, neoliberale – Gesellschaft ist eine Gesellschaft der Automation, der Wegrationalisierung von Arbeitsplätzen, der Schaffung weniger neuer, qualifizierter Arbeitsplätze und vieler Billigjobs ohne Sozialversicherung. Sie braucht flexible Berufstätige. Zu ihrer Arbeit haben die Flexibilisierten eine oberflächliche Beziehung. »Das ist die Verbindung des Flexiblen, des Fließenden mit dem Oberflächlichen«, schreibt Richard Sennett (2000, S. 97). Es werden Menschen gebraucht, die nicht mehr an Lebenskarrieren denken, sondern daran, sich ständig umzustellen, ständig Jobs, Wohnorte und Beziehungen zu wechseln. Das hat soziale Folgen:

Die Familienformen haben sich drastisch verändert, die Zahl der Ein-Personen-Haushalte hat im 20. Jahrhundert zugenommen: 1900: 7,1% aller Haushalte, 1995: 35,9%. Nicht alle sind junge Singles, in ca. 40% aller Ein-Personen-Haushalte leben Menschen über 65 Jahre. Die Zahl der Mehr-Personen-Haushalte ist gesunken, besonders drastisch ist das bei den 5-Personen-Haushalten: 1900: 44,4%, 1995: 5%.

Die Zahl der Eheschließungen hat sich zwischen 1960 und 1995 fast halbiert. Die Zahl der nicht-ehelichen Lebensgemeinschaften ist beträchtlich gestiegen. Um 1990 wurden in Deutschland ein Drittel aller Ehen geschieden. 16% aller Eltern mit Kindern waren alleinerziehend, davon wiederum waren 45,5% der Eltern geschieden und 32,5% ledig, der Rest getrennt lebend oder verwitwet. (Datenreport 1997, S. 33, 38, 67; N. F. Schneider 1994, S. 190)

Manche Soziologen beschönigen das als »Individualisierung« oder als »reflexive Moderne«, d.h. eine Moderne, die sich durch »hergestellte Unsicherheit« immer wieder in Frage stellt (U. Beck 1986; Beck, Giddens und Lash 1996; Hradil 1999. Kritik: Prokop 2000, S. 70ff.). Ich halte den Begriff »Flexibilisierung« für realitätsgerechter.

2. *Außerdem braucht die flexible Produktion flexible Konsumenten,* die immer das haben wollen, was gerade »In«, cool und geil ist. Die Medienunternehmen suchen das bei allen Kaufkraft-Zielgruppen, bei den Reichen und bei denen mit wenig Kaufkraft. Die Reichen kriegen werbungs-freies Pay-TV, und die Jüngeren unter den weniger Kaufkräftigen, die 14-29-Jährigen, kriegen Werbespots, Love Parades und *Big Brother.* Auch hierfür wird der Begriff der »Individualisierung« gebraucht. Ich halte »Marktsegmentierung« für realitätsgerechter.

Manche Wissenschaftler verwenden den Begriff des »aktiven Nutzers« (Luhmann 1996; Merten, Schmidt und Weischenberg 1994; Rusch und Schmidt 1999; R. Winter 1995. Kritik: Prokop 2000, S. 68ff.). Wenn jedoch Leute, die bei der Love Parade tanzen, sich piercen und tattooen lassen oder sich sexuell irgendwie »anders« verhalten, sollte man bedenken, dass das nicht viel kostet; dass viele nicht viel mehr Möglichkeiten haben, als ihren Körper einzusetzen; dass die Leute sich auf das beim Niedriglohn Mögliche beschränken. Das ist Aktivität in aller Bescheidenheit.

Postfordistischer Lebenskampf als erfolgreiches medienkulturelles Muster: »Big Brother«

Big Brother wird seit 2000 von der niederländischen Produktionsfirma Endemol produziert – sie gehört dem spanischen Medienkonzern Telefonica – und vom Fernsehkanal RTL 2 gesendet. RTL 2 zielt auf die angeblich kaufkräftigen, jedenfalls jungen Leute, der Marktanteil der 14-29-Jährigen liegt bei 12,5%, der 14-49-Jährigen bei 8,5%. Verschwiegen wird gern, dass das Publikum aller kommerziellen Kanäle eher niedriges Einkommen und niedrige Schulbildung hat (hierzu: Klingler et al. 1998, S. 23, 144).

Von der ersten Staffel vom März bis Juni 2000 soll hier die Rede sein. In *Big Brother* wurden fünf Frauen und fünf Männer gezeigt, die sich für 100 Tage in eine Baracke einsperren ließen, in der sie Tag und Nacht von Kameras beobachtet wurden (In der zweiten Staffel, die von September bis Dezember lief, waren es 12 Personen und 106 Tage). Die Zusammenfassung der Beobachtungen eines Tages werden am nächsten Tag gezeigt, jeden Abend. Alle 14 Tage muss ein Teilnehmer die Baracke verlassen. Das war in der ersten Staffel so geregelt, dass zuerst die Eingesperrten zwei ihrer Mitbewohner benennen, »Nominierung« wurde das genannt. Dann hatten die Zuschauer eine Woche Zeit, per Telefon einen der beiden rauszuwählen. Die *Anrufe kosten 0,49 € (0,96 DM) pro Anruf, RTL 2 / Endemol verdient daran recht gut* (Deshalb wurde das »Wahlrecht« der Zuschauer in der zweiten Staffel erweitert, sie konnten jetzt in beiden Wochen vor dem Rausschmiss anrufen). Wer in der Baracke am Ende übrigbleibt, erhält 250.000 DM (127.823 €). Für RTL II sind das Peanuts, denn die erste Staffel brachte einen Gewinn von 102 Mio. € (20 Mio. DM). Die erste Staffel von *Big Brother* erreichte bei den für die Werbung attraktiven 14-29-Jährigen einen Marktanteil von 30-40%. 36% aller Zuschauer waren Schülerinnen und Schüler. Bei den Erwerbstätigen überwogen die Angestellten. Die Hälfte der Big-Brother-Seher hatte eine niedrige Schulbildung. (Mikos et al. 2000, S. 153ff.)

Erniedrigung
An *Big Brother* interessiert das sportliche Wettspiel: Es geht darum, die Überlebenschancen der Handelnden abzuschätzen und Prognosen aufzustellen, wer mehr, wer weniger Chancen hat. Solche Spiele werden überall gespielt, im Actionfilm, beim Fußball. Natürlich hat das seinen Reiz, und es ist falsch, das Angucken derartiger Spiele »Voyeurismus« zu nennen. »Voyeurismus« ist ein Begriff, den man auf das Enthüllen und Betrachten des Verborgenen, Geheimen anwenden sollte, auf das Betrachten von Intimität. Das ist nicht das Thema von *Big Brother*, denn:

Erste These: In »Big Brother« werden die Teilnehmer erniedrigt, aber nicht so weit, dass das Wort »Voyeurismus« notwendig wäre, sondern nur so weit, wie es notwendig ist, um »Lebenskampf« zu dramatisieren.

Der Große Bruder ist überall. Er zeigt die Leute im Schlafzimmer, beim Duschen und auch beim Kloputzen – immer in der Überwacherperspektive. Das ist erniedrigend. Erniedrigend sind auch die kindischen Aufgaben, die den Teilnehmern gestellt werden: Sackhüpfen, dumme Zwergenhütchen basteln etc. Aber das Betrachten von Erniedrigung ist nur ein Element unter vielen. Genau so häufig wird auch Glück gezeigt: Die Leute tanzen, sie freuen sich, wenn eine Aufgabe gelingt, sie liegen in der Sonne, sie streicheln die Baracken-Katze. Aber ein gewisses Maß an Erniedrigung ist dramaturgisch notwendig, schließlich sollen die Beteiligten nicht nur in der Sonne liegen, sie sollen als Lebenskämpfer inszeniert werden. Deswegen müssen sie auch »back to basics«: mit knappem Warmwasser und Brennholz auskommen, sparsam haushalten, Brot selbst backen, Hühnereier direkt vom Huhn holen (in einem Verschlag leben ein paar irritierte Hühner).

Außerdem haben die Lebenskämpfer an Problemen zu arbeiten: Der arbeitslose Zimmermann John hatte eine schwere Kindheit; der ebenfalls arbeitslose Arbeiter Slatko giert nach den 250.000 DM Siegerprämie, während alle anderen beteuern, dass sie ganz und gar nicht ans Geld denken. Sabrina, die Dachdeckerin, hat Schulden und keinen Freund. Alex, der Edelkneipenbesitzer und Kerstin, die Schauspielschülerin, suchen »Herausforderungen«. Jürgen, der Facharbeiter, will seiner kleinen Tochter zeigen, dass er durchhält. Andrea, die Freischaffende ohne Karriereglück, erträgt keinen Gruppendruck, nimmt aber »ihr Schicksal in der Gruppe auf sich«. Deswegen ist es auch falsch, in *Big Brother* eine große Puppenstube zu sehen. In Puppenstuben gibt es nur artige Rollen. Hier aber gab es Erniedrigte, Probleme und Lebenskampf. Man betrachtet eine Inszenierung, mit von der Regie klar heraus gearbeiteten Charakteren und Handlungslinien.

Die Eingesperrten machen viel Alltags-Konversation. Meistens geht es um die eigenen Gefühlchen und Befindlichkeiten. Die Beobachteten dürfen etwas im kommerziellen Fernsehen längst Akzeptiertes zur Schau stellen: Narzissmus. Ungenierte Selbstdarstellung ist gesellschaftlich gestattet. Jeder darf in den Talkshows sein Inneres veröffentlichen. Jeder darf ein wenig Aufsehen erregen – solange er nicht mehr präsentiert als seine persönliche Deformation. Indem sie alles Problematische ausklammern, erhoffen sich die Erniedrigten das Überleben.

Abschießen der Unangepassten

Zweite These: Für die Zuschauer ist Big Brother ein Abschieß-Spiel. Wir dürfen abschätzen, wer im Lebenskampf stark und wer schwach ist, und wir dürfen die Schwachen rauskicken.

Dritte These: Die Big Brother-Shows tun so, als gehörten sie zum Format der Seifenopern, Docusoaps. In Wirklichkeit sind es Talkshows – ohne Talkmaster.

Kein Talkmaster sorgt als Instanz der ausgleichenden Gerechtigkeit dafür, dass alle Beteiligten die gleichen Chancen haben. Jetzt gibt es nur noch Kameras, die das freie Spiel der Kräfte beobachten, Starke und Schwache. *Darin ist Big Brother ein Modell der postfordistischen Flexibilisierung: Abgeschossen werden die Schwachen. Das sind die Unbeholfenen, die ständig jammern; schwach sind aber auch die Unbescheidenen und Größenwahnsinnigen.* Slatko fliegt raus, weil er unbescheiden wurde, Jürgen siegt nicht, weil er größenwahnsinnig geworden war. Als Zuschauer schätzen wir ab, wer angepasst genug ist, um zu überleben. Oder wie John, der Sieger, es sagt: »Positiv denken, sonst kann man das nicht durchziehen.« Und bescheiden sein. John machte sich nützlich und hielt das Maul. Der Mitläufer hat gesiegt.

Reaktionäres
Vierte These: Big Brother fasziniert, weil darin ein populistischer Diktator falsche Hoffnungen macht.

In Orwells Roman *1984* war der Große Bruder ein Schreckensbild der Diktatur. Jetzt maskiert er sich. Er wird als Helfer inszeniert, er »lässt einen nicht allein«, er »ist immer da«. Aber man kann diesem Großen Helfer nicht trauen. *Sieht man genauer hin, ist dieser Big Brother nichts anderes als das Schicksal im Zeitalter des Postfordismus.* Auf diesen Container-Inseln werden keine neuen Welten eingerichtet, wie sich Robinson Crusoe, frei von absolutistischen Fesseln, eine neue, bürgerliche Welt einrichten konnte. Er war allein. Dass der Große Bruder einen »nicht allein lässt«, ist dagegen als Warnung gemeint: Das neoliberale Kampfschema ist vorgegeben. Der Große Bruder »ist immer da« – als Bedrohung von Ruhe, Sicherheit, Zufriedenheit und Karrierehoffnung. Er schafft immer neue Aufgaben, Hindernisse, die zu bewältigen sind, wenn man Erfolg haben will. Wenn die Teilnehmer bei einer Aufgabe versagen, kriegen sie weniger Haushaltsgeld. Die Aufgaben, die BigBrother schafft, werden als erniedrigend und willkürlich empfunden.

Die Lebenskämpfer haben den Überwacher und Diktator ständig zu besingen: Sie singen: *Big Brother ist OK.* Vielleicht wollten die Veranstalter sehen, wie weit sie gehen können, was Menschen, die nach Erfolg gieren, alles schlucken. Keiner der Eingesperrten widersetzt sich. Insofern sind die Eingesperrten Testkaninchen, Experimentier-Ratten. »Wir machen ja alles mit«, sagen sie danach, und man spürt, dass es ihnen auf die Nerven geht.

Fünfte These: Weil Big Brother größenwahnsinnige Fantasien anspricht, wird ihm eine gewaltige Marketing-Macht unterstellt. Erstaunlich ist der Glaube in der Öffentlichkeit an das Raffinierte der Vermarktungstechniken der Fernsehfirmen Endemol und RTL 2. Der Erfolg des Arbeiters Slatko, der mit seinem *Ich vermiss dich wie die Hölle*-Song angeblich Millionen gemacht hat, scheint das zu bestätigen. In den Monaten danach stehen Slatko und Jürgen mit dem Song *Du bist mein Großer Bruder* auf Platz 1 der Hitliste. Die Schnellverwertung löst bei vielen von Arbeitslosigkeit Bedrohten Erlösungsfantasien aus. Der Diktator gibt seinen Untertanen Hoffnung: Er lässt sie hoffen, sie könnten allein durch ihn superreich und berühmt werden. Mittels Vermarktung scheint alles möglich, und das auch noch ohne Anstrengung, ohne Qualifikation. Die Erlösungshoffnungen wurden in den nachbereitenden Sendungen in Einkaufsfantasien kanalisiert: Kaum aus dem Container raus, gehen die frisch gemachten Stars in die Boutiquen: »Endlich ein paar geile Klamotten!«. So schafft RTL 2 das freundliche Umfeld für Werbung, bereit für Werbeaufträge, ausgerichtet auf die Zielgruppe der Konsumfreudigen.

Und wir, die Zuschauer und Objekt dieser Akquisitionsstrategie, erhalten den Ratschlag: »Leb, ja, leb wie Du dich fühlst, ja, ja«. So lautete der Titelsong von *Big Brother.* Das war ein Lied der Gegenreform: Verlass Dich nicht auf Deinen Verstand. Sei voll Gefühl.

Ein Diktator als Helfer in der Not, Medienkonzerne mit unbegrenzter Marketing-Macht und viel Zuschauer-Gefühl: Das ist die schöne neue Fantasiewelt.

Befreiendes
Wie immer bei den Medien, gibt es auch hier einen Anteil an produktiven Aspekten, die man nicht vernachlässigen darf.

Sechste These: Big Brother fasziniert auch, weil es darin freiheitliche Momente gibt: die Suche nach dem Glück im Hier und Jetzt.

Wir, die Zuschauer, sind nicht nur brutale Moorhuhn-Abknaller und Zocker. Wir sehen immerhin fasziniert zu, wie Menschen durch taktische Kommunikationsarbeit etwas aus sich machen wollen. Das sind Leute, die die Erlösung im Hier und Jetzt suchen. Es sind Leute, deren Erlösung in Geld und Anerkennung besteht. Sie versuchen, sich selbst aus dem Sumpf zu ziehen, indem sie kommunizieren und taktieren.

Manche lehnen *Big Brother* als »kulturlos« ab, solchen Mist sehen sie sich nicht an: Ablehnung wird zum Intelligenznachweis. Demgegenüber halte ich die Zuschauer, die den »Trash« ansehen, für die Intelligenteren: Das ist nicht mehr das Publikum von *Dallas* und *Denver Clan*, das die Leiden von göttergleichen Reichen und Schönen beobachtete und sich daran erfreute, dass es Göttern dreckig geht. *Wenn Fernsehzuschauer, selbst vom Leben geplagt, keine Götter, keine leidenden göttlichen Stars mehr brauchen, wenn die Stellvertreter ihrer Leiden jetzt reale Menschen sind – ist das nicht ein Fortschritt?*

Dass dieser Fortschritt nicht tadellos sauber zu haben ist, also ohne die reaktionären Fantasien vom erlösenden Diktator, liegt daran, dass Fantasien so sind wie die Gesellschaft, aus der sie hervorgehen.

Dritte Revolution des Rundfunks: Multimedia, Internet, E-Commerce

Dramatische Umstellung: digitale Kompression, digitale Direktsatelliten

In den 90er Jahren wurde von den großen Elektro- und Telefonkonzernen, u.a. Philips, Siemens, AT&T, GE, Westinghouse, Sony, die Medientechnik weiterentwickelt. Einige waren zugleich Besitzer von Medienkonzernen. Sie investierten in digitale Technik. Digitale Übertragungsverfahren ermöglichen das Senden von Radio, Fernsehen und Daten über die gleichen Sende- und Empfangsanlagen. Das funktionierte bei Radio- und Datenübertragungen, aber die Übertragung eines digitalisierten Videobilds erfordert ca. 216 Megabites pro Sekunde, was bis 1990 nur mit Hochleistungs-Computern möglich war.

Seit 1990 gibt es digitale Kompression, entwickelt vom Elektronik-Unternehmen General Instruments: Es werden nur jene Teile des Bilds übertragen, die sich im Vergleich zum vorherigen Bild bewegten. Bildteile, die sich nicht bewegten, z.B. Hintergründe oder Standfotos, werden nur einmal statt 25mal pro Sekunde übertragen, dazu die Information, wie lang das Bild auf dem Empfängerbildschirm zu sehen sein soll. Jetzt konnte man Filme über Telefonkabel übertragen. Die digitale Kompressionstechnik führte 1994 zu MPEG-2, der Welt-Norm für digital komprimiertes Fernsehen. MPEG-2 kann – je nach erwünschter Qualität – 125 bis 1 Million Megabites pro Sekunde übertragen, die auf 2 bis 8 Megabites pro Sekunde komprimiert werden können. Die Übertragungskapazität der Satelliten wurde um das Zehnfache gesteigert. Die Übertragungskosten sanken. Direktsendende Satellitensysteme wurden zum großen Geschäft. Das begann 1994 in USA mit DirecTV, dem Satellitensystem von Hughes Electronics, einer Firma von General Motors.

Bei der Entwicklung der MPEG-2-Geräte konkurrierten die Konzerne um die Art der Endgeräte, darum, welche Serviceleistungen den Konsumenten geboten werden sollten: Nur Radio und Fernsehen, Pay-TV, Video on Demand oder auch Daten-Onlinedienste wie Internet, E-Mail.

Neue »interaktive« Distributionsmedien: Multimedia und Internet

Mit digitaler Kompression konnten Radio, Fernsehen, Computer und Telefon zusammenwachsen. Das nannte man »*Multimedia*«. Man sprach auch von »interaktivem Fernsehen«, aber es ging nicht nur um Fernsehen, sondern auch um die Übertragung von Radio, Musikstücken, Zeitungen und Daten. Das Neue ist: Jeder Teilnehmer hat einen individuellen Rückkanal zu einem Zentralcomputer, so wie man beim Telefon mit einer Telefonzentrale verbunden ist. Man wird vom Zentralcomputer mit allen Arten von Anbietern vermittelt, das können Fernsehkanäle sein, Versandhäuser, Warenanbieter, Informationsanbieter. Man ruft einen Katalog aller angebotenen Filme, Shows, Nachrichtensendungen, Musikstücke oder auch Daten ab und wählt, was man sehen will. Das erhält man individuell übers Kabel geschickt, gegen Bezahlung. Über den Rückkanal kann man auch Waren bestellen, die man ins Haus geliefert bekommt. Die Anbieter erfahren – im Idealfall – schnellstens, ob für ihre Waren ein Markt vorhanden ist und wie groß er ist. Oft werden die Waren erst produziert, wenn hinreichend viele Konsumenten bestellt haben.

Multimedia war in den Pilotprojekten nicht so erfolgreich wie erwartet (hierzu: Beckert und Kubicek 1999): 1994-1996 betrieb der Medienkonzern Time Warner in Orlando, Florida, das Pilotprojekt Full Service Network, mit 4.000 Haushalten. Dort hielt man für Video on Demand 150 Filme zum Abrufen bereit, für 5-7 $ pro Film. Außerdem gab es Rockkonzerte (für 14 $); Boxkämpfe (66 $); Videospiele (3 $) und »interaktives« Shopping, Kaufen per Fernbedienung. Die Teilnehmer waren junge Familien mit Kindern und Institutionen wie Schulen, Krankenhäuser, High-Tech-Unternehmen. Das ernüchternde Ergebnis: Die Teilnehmer bestellten alle drei Monate einen Spielfilm. Am meisten wurde Pizza bestellt.

Das *Internet* funktionierte zunächst nur über Telefonkabel, über sie wurden weltweit ca. 100 Mio. Datenspeicher verbunden. *Anfang des 21. Jahrhunderts wachsen Fernseh-Kabelnetz und Telefonnetz zusammen, auch die Telefonkabel werden dank Glasfaser-Verkabelung immer leistungsfähiger. Damit wird allmählich das heutige Internet mit dem identisch, was man Multimedia nannte.*

Das Internet entstand 1969 als Projekt des amerikanischen Verteidigungsministeriums unter dem Namen ARPA-Net (Advanced Research Project Agency). Ein dezentrales Computernetz sollte auch nach einem Atomschlag dem Militär Kommunikation ermöglichen. Forschungsinstitute und Universitäten entwickelten das Projekt. Ab 1982 hieß das Netz »Internet«, ab 1989 gab es die Software, die weltweit die gleichartige Nutzung möglich machte, das Worldwide Web. Mitte der 90er Jahre wurde das Internet ein weltweites – mehr die hochindustrialisierten Länder umfassendes – Computernetz, damals mit ca. 40 Mio. Teilnehmern.

Man gelangt in das Netz, indem man mit dem eigenen Computer über das Telefonnetz eine Zentrale, eine Anschlussstelle anwählt, »Provider« genannt. Sie vermittelt zu allen weltweit angeschlossenen Computern.

In den Computern – meist denen der Provider, aber auch in den eigenen – kann jeder eine Homepage eröffnen, eine Seite mit Texten, Bildern, Tönen, Videos und auch mit Werbung-Fenstern, die man »Banner« nennt. Trotz digitaler Kompression sind die Übertragungs- und Speicherkapazitäten begrenzt, es wird erst allmählich möglich, ganze Filme zu übertragen. Aber doch bereits Musik, die »persönliche CD«, die man sich aus dem Internet zusammenstellt. Es gibt auch Diskussionsforen aller Art, »virtuelle Gemeinschaften« genannt. Wie man weiß, kann man über Internet Post aller Art verschicken, E-Mail. Dies ist zur Zeit die häufigste Nutzung des Internet.

Neu ist am Internet, dass man von einem Angebot direkt zu vielen anderen Angeboten kommen kann, falls entsprechende Links eingerichtet sind. Es sind nichtlineare Erzählformen möglich, die dem Interesse am zappenden Herumirren entgegenkommen, das man gern als sportliches »Surfen« beschönigt.

Neu ist auch, dass eine Software – ein »intelligenter Agent« – Nutzerprofile erstellen und automatisch das für den Konsumenten Wichtige heraussuchen kann. Das kann jede Art von Hobby betreffen. Auch die ganz persönliche E-Mail-Zeitung kann so zustande kommen – in USA heißt das *The Daily Me*, Täglich Mir.

Die Nutzer zahlen den Providern eine Grundgebühr und Gebühren für die Dauer der Nutzung; außerdem zahlen sie Telefongebühren. Auch die Homepage-Anbieter können seit 1998 Gebühren erheben. Noch ist vieles kostenlos nutzbar, *doch möchten die kommerziellen Anbieter das Internet zum Pay-Internet machen.* Aber wie bei Multimedia scheitern die meisten Versuche des Pay-Internet am Desinteresse, d.h. an mangelnder Kaufkraft des Publikums.

Eine Zensur gibt es nicht – aber auch keine Kontrolle, was Probleme aufwirft, denn in den Computern sind Rezepte zum Bombenbasteln, rassistische Hetze, Nazi-Propaganda, Pornografie etc. abrufbar. Probleme wirft auch das Fehlen internationaler Handels-Aufsichts-Regeln und Instanzen auf. Gefährliche Arzneimittel kommen illegal in den Handel etc.

Im Internet haben folgende Instanzen die Macht:

1. *Die publikumsattraktiven Provider:* Die größten sind AOL (America Online), Yahoo, Microsoft und Lycos. Sie erreichen ca. 30-60 Mio. Web Hits pro Monat. Ein Web Hit ist die Anklick-Quote der portal site, also der Eingangs-Homepage. In Zukunft werden jene Provider den Markt anführen, die den schnellsten Service, d.h. Zugang zu den schnellsten Breitband-Kabelnetzen bieten.

2. *Die Kabel-Betreiber:* Die Kabelnetze-Betreiber stellen die »Abspielbasis« dar, also das, was in den traditionellen Medien z.B. Kinoketten sind. Die Kosten für das Betreiben von Netzen wurden zunächst von Stiftungen, Forschungseinrichtungen und Universitäten getragen. In USA wurde das Internet bis 1995 von der National Science Foundation finanziert. 1995 übergab die Foundation das Kabelsystem an

kommerzielle Telefongesellschaften: Alternet, ANS, MCI, Sprint. Seither ist das Internet, was die Netzbetreiber betrifft, ein kommerzieller Betrieb. Eine starke Marktposition haben Unternehmen, die schnelle Technik bereitstellen, auch Satelliten-Betreiber.

3. *Die publikumsattraktiven Suchmaschinen:* Das sind Software-Anbieter, die die Suche im Internet erleichtern: AOL, Yahoo, Lycos, Infoseek etc. Sie haben eine hohe Web Hit-Rate, entsprechend gut verdienen sie an der Banner-Werbung. Dort kann Werbung nämlich zielgruppenspezifisch sein: Man sucht einen Begriff, zum Beispiel eine Musikgruppe, und sofort erscheint im Banner die Werbung des CD-Versands oder der Plattenfirma der Gruppe. Die Suchmaschinen kriegen Prozente für die Vermittlung beim E-Commerce, dem Handel über das Internet.

4. *Die amerikanischen Dachverbände:* Das World Wide Web Consortium (W3C), ein Zusammenschluss von Wissenschaftlern und Managern in USA, entwickelt die technischen Standards des Internet. Der Betrieb wird von der amerikanischen Internet Society (ISOC) kontrolliert, die Grundsatzentscheidungen über technische Standards trifft und damit entscheidet, wer die großen Profite macht. Eine andere amerikanische Organisation, ICANN (Internet Corporation for Assigned Names and Numbers) vergibt und verwaltet weltweit die Internet-Adressen. Ende 2000 vergab sie neue Top-Level-Domains, gültig ab Mitte 2001: Großkonzerne erhielten das ».biz« am Ende, um sich von den Kleinhändlern des bisherigen ».com« unterscheiden zu können; Fluglinien erhielten ».aero«, Medienunternehmen bekamen ».info« – und die Gewerkschaften, die ein ».union« beantragt hatten, wurden abgeschmettert.

5. *Die Aufsichtsbehörden:* Dazu gehören Justizministerien, Kartellbehörden, die Wettbewerbsaufsicht der EU etc. Ihre Aufgabe ist die Verhinderung von Monopolbildungen in den Netzen.

6. *Die supranationalen Medienkonzerne:* Seit die elektronische Unterschrift sicherer wurde, wird das Internet zu einem weltweiten Programm-, Werbungs- und Handels-Marktplatz. Sobald die Technik es gestattet, werden die Mächtigen auf diesem Marktplatz die großen Medienkonzerne sein. Dann geht es um den Verkauf von allem, was wir als Medienprodukte kennen.

Der supranationale, stabilisierte Medien-Oligopol-Kapitalismus

Staatliche Deregulierung

Die Aufsichtsbehörde, die in USA Monopole verhindern soll, ist die Federal Communications Commission (FCC). Faktisch ist die FCC jedoch ein Instrument der staatlichen Deregulierungspolitik, bei den Republikanern Reagan (rg. 1981-1989) und Bush (rg. 1989-1993) war das ebenso der Fall wie beim Demokraten Clinton (rg. 1993-2001). 1993 erlaubte die FCC den Telefongesellschaften, auch Fernsehen und Mediendienste anzubieten. Als die Clinton-Regierung 1995 die Fusion von Fernseh-Networks mit Filmkonzernen erlaubte, setzte eine neue Fusionswelle ein. Zugleich wurden die »finsyn-rules« abgeschafft, was bedeutete, dass auch Fernseh-

Networks selbst Serien produzieren und verwerten konnten. Das förderte die Konzentration von Fernseh- und Filmkonzernen.

1996 führte ein neues Mediengesetz, Telecommunications Act, die Deregulierung fort. Es hob die Limitierung der Anzahl von Radio- und Fernsehstationen auf, die eine Person oder Firma besitzen darf. Es erhöhte den zulässigen Zuschauermarkt-Anteil der Medienunternehmen von 20% auf 35%. Es gestattete den terrestrisch sendenden Networks, auch Kabelsysteme zu besitzen. Es erlaubte den Kabelsystemen, ab 1999 ihre Gebühren selbst festzulegen. Und es gestattete den Telefongesellschaften, den Kabel-TV-Gesellschaften Konkurrenz zu machen. Damit setzten neue Fusionswellen ein.

Kosten sparen, Profite erhöhen: Medienkonzentration

Der Medien-Weltmarkt hat die Form eines Oligopols: *Weltweit beherrschen supranationale, größtenteils in USA ansässige Medienkonzerne – AOL Time Warner, Disney, Bertelsmann, Murdoch, AT&T, Sony, Vivendi Universal etc. – einen Primärmarkt der teuren Attraktionen, und hierfür verlangen sie von den Rechte-Verwertern oder vom Publikum Höchstpreise.* Daneben gibt es viele kleinere Firmen, die sich den Sekundärmarkt der Special-Interest-Programme teilen, die sich für die Großen nicht lohnen. (Neueste Daten über die größten Medienkonzerne der Welt: Hachmeister und Rager 2000. Das Buch ist als Jahrbuch konzipiert. Auch die Branchen-Zeitschrift *Variety* bringt regelmäßig Daten.)

Weltweit läuft das Konzerne-Aufkaufs-Karussell auf Hochtouren: Kapitalkräftige Konzerne kaufen Musik-, Film- und Fernseh-Konzerne auf; die kleineren bilden übernationale Produktionsgemeinschaften für Koproduktionen; die Medien-Konzerne investieren Milliarden in neue Distributionsformen wie digitale Satellitentechnik und Internet/Multimedia.

Das Kapital für Aufkäufe und Investitionen kommt aus erfolgreichen Medienbranchen (Online-Dienste, Kabelfernsehen, Zeitungen, Zeitschriften), aus anderen Branchen (Telefongesellschaften, Elektrokonzerne, Getränkekonzerne, Hotelketten, Kommunikationstechnik- und Rüstungsindustrie), die sich aus Fusionen Rationalisierungs- und Synergie-Effekte versprechen und zugleich zu langfristigen Investitionen in neue Techniken bereit sind.

Die Global Players betreiben:

1. *vertikale Konzentration,* d.h. sie besitzen Firmen im Bereich der Produktion und Distribution – was früher wegen der Monopolgefahr verboten war. Die Monopolgefahr besteht immer noch, doch erhoffen sich die Deregulierer, durch mehr »Wettbewerb« von Großkonzernen, d.h. durch Mobilisierung von Kapital, die neuen Multimedia-Daten-Autobahnen zu schaffen. *Wichtig sind für die Oligopolisten die vertikalen Verwertungsketten:* Sie können ihre Produkte in eigenen Film- und Fernsehproduktionsfirmen oder Zeitungs-, Zeitschriften- und Buchverlagen herstellen; in eigenen Filmverleih-Konzernen, Kinoketten, Buchclubs, Fernsehsendern, Internet-Providern vertreiben; dafür in eigenen Fernsehsendern, Programmzeitschriften, Zeitungen, Zeitschriften, Buchclubs und Internet-Providern Werbung machen.

Vertikale Konzentration gibt den Konzernen die Möglichkeit, Leistungen dem Markt zu entziehen. Zum Beispiel muss ein Buchclub, der eine Videokassette eines konzerneigenen Films verkauft, die Rechte hierfür nicht zu Marktpreisen einkaufen. Man kann Konzernprodukte intern subventionieren, um ihnen bessere Startchancen zu verschaffen; man kann Senderechte zu überhöhten Preisen ergattern, weil man Verluste konzern-intern ausgleichen kann; Welt-Filmverleiher, die zugleich Filme finanzieren, kaufen damit auch die Urheberrechte, sie müssen also keine Lizenzgebühren bezahlen etc. – alles Vorteile, die kleinere Unternehmen nicht haben.

Und die Konzerne können zum Beispiel Serien-Stars die Gagen oder Serien-Produzenten die Gewinnanteile kürzen, weil sie sowohl die Produktion als auch die Distribution kontrollieren – was illegal ist, aber praktiziert wird. Immer wieder gehen deswegen die Serien-Stars vor Gericht.

2. *horizontale Konzentration,* d.h. die Oligpolisten besitzen mehrere Firmen in einer Sparte, z.B. mehrere Fernsehkanäle: Bertelsmann besitzt RTL Group; jene besitzt RTL, RTL 2, Super-RTL, Vox.

Die Vorteile horizontaler Konzentration: Ein horizontal konzentrierter Konzern kann zum Beispiel Filme oder Fernsehserien mehrfach verwerten, Kirch kann einen Film erst im Pay-TV-Kanal Premiere World zeigen, dann bei PRO 7 und als Wiederholung in Kabel 1. Dadurch kann man für exklusive Senderechte höhere Preise bezahlen als Konkurrenten, die keine Mehrfachverwertungsmöglichkeit haben. (Altmeppen 1996; Dohmen 1998; Golding und Murdock 1997; Heinrich 1994, 1999; Karmasin 1998; Knoche 1999)

Allerdings erklärt sich aus derartigen Kategorien noch nicht die Dynamik des Ganzen. Neue kritische Medienforschung muss die strategischen Interessenlagen im Medien-Oligopol-Kapitalismus analysieren.

Strategische Interessen der Global Players

Die aktuellen Hauptinteressen der Global Players sehen wie folgt aus:

1. *Sie müssen sich langfristig gegen Verluste bei ihren klassischen Einnahme- und Werbequellen schützen.* Einige Konzerne hatten ihren traditionellen Kernbereich in Zeitungs- und Illustrierten-Verlagen. Das Publikum – vor allem die 14-29-Jährigen – und die Werbekunden wanderten zum kommerziellen Radio und Fernsehen, heute zum Internet ab. Deshalb sind fast alle Medienkonzerne heute im Fernsehgeschäft engagiert, und deshalb investieren sie Millionen in Kabel-, Satelliten-und Computersysteme, und das mit hohen Anfangsverlusten.

2. *Die Konzerne müssen ihre gesamte Technik auf Digitalisierung umstellen. Das ist eine Umstellung von ähnlicher Dramatik wie 1927 die Umstellung vom Stummfilm auf den Tonfilm. Viele kleinere Unternehmen mit geringer Kapitalausstattung gehen unter.*

3. Zugleich *müssen die Konzerne ihre gesamte Technik auf Internet / Multimedia umstellen.* Die Umstellung erfordert viel Kapital.

4. *Die Global Players stärken ihre Marktposition durch Beschleunigung der Distribution.* Sie kaufen Filmproduktionsfirmen, um die Filme möglichst noch vor der Kino-Erstaufführung zu höheren Preisen in ihren Pay-Per-View-Kanälen verkau-

fen zu können. Sie können schneller sein als Fernsehkonzerne ohne Filmstudios, denn jene erhalten die attraktiven Filme erst, nachdem sie im Kino gelaufen sind.

Die supranationalen Konzerne, die in USA ansässig sind, sind vor allem an der *neuen, digitalen* Direct-to-home-Satellitentechnik interessiert, weil sie, wenn sie weltweit über eigene Satelliten-Kanäle direkt senden, die Gelder der Werbung-Auftraggeber selbst kassieren bzw. die für Pay-TV vorhandene Publikums-Kaufkraft selbst abschöpfen können.

5. *Das Interesse an neuen Techniken besteht auch, weil irgendwann die Grenze für werbefinanzierte Programme erreicht sein wird.* Wenn es immer mehr Niedriglohn-Beschäftigte, Arbeitslose, Rentnerinnen und Rentner gibt, werden weniger Werbegelder ins traditionelle Fernsehen fließen. Die Special interest-Kanäle (Sportkanal, Frauenkanal) sind ein Verlustgeschäft. *Für die Medienfirmen werden Gewinne nur noch erreichbar sein, wenn man von den kaufkräftigeren Zuschauern direkt kassiert.* Dann wird es notwendig sein, einen weltweiten Medien-Kiosk aufzumachen, an dem es nur gegen Bezahlung etwas gibt: Pay-TV, Pay per View und Video/ Music on Demand, Pay-Internet, E-Commerce. *Dabei müssen die Konsumenten immer mehr für vereinzelte Dienste bezahlen, sie zahlen z.B. nicht mehr für Nachrichtensendungen, sondern für einzelne, nach persönlichem Bedarf zusammengestellte Nachrichten.*

Das wird nur funktionieren, wenn man diesen Zuschauern die billigeren Alternativen wegnimmt. Die Kämpfe um Fußball-Übertragungsrechte und deren Sendung über Pay-TV und Pay-Internet sind der Beginn dieser Entwicklung.

6. *Die Global Players brauchen Programme, die weltweit attraktiv sind.* Deshalb kaufen Kabelfernsehkonzerne sich Filmkonzerne, Filmkonzerne sich Fernsehfirmen, und deshalb interessieren sich die Internet-Provider und Telefonkonzerne für die Medienindustrie. Immer geht es um die »Software« und um deren Verwertung.

Interessen der Telefongesellschaften und Internet-Provider

Die kapitalkräftigsten Spieler sind die Telefongesellschaften und die Internet-Provider. Sie sind enorm reich, sie haben Milliarden Dollar Reingewinne gemacht oder an der Börse gewonnen.

1999 kaufte die größte Telefongesellschaft der Welt, AT&T, den größten Kabelfernsehkonzern der USA, TCI (Telecommunications Inc.), für 52 Mrd. $, und wurde damit zu einem der größten Medienkonzerne der Welt. Daraus ging AT&T BIS hervor, ein mächtiges Telefon-, Kabelfernseh- und Teleshopping-Imperium. Dazu gehören die Pay-TV-Kanäle Request Television. 1999/2000 kaufte AT&T für 62 Mrd. $ das Kabelnetz MediaOne und gewann 3 Mio. Kabelzuschauer dazu. Zum Konzern gehören Showtime Network (50%); das Home Shopping Network, ein Fernseh-Versandhaus; und Liberty Media Group, die sich auf interaktive Medien konzentriert. Was das Internet betrifft, besitzt AT&T den besonders schnellen Provider @Home. Der kooperiert mit Microsoft bei der Einrichtung des über das Internet empfangbaren, interaktiven Windows-Multimedia.

2000 kaufte der Internet-Provider AOL den größten Medienkonzern der Welt, Time Warner, für 156 Mrd. $, ausbezahlt in AOL-Aktien. Zum Konzern gehören auch der Internet-Provider Compuserve und der Browser-Produzent Netscape. 1999 hatte AOL 1.5 Mrd. $ in die Satelliten-Firma DirecTV von Hughes – in Besitz von General Motors (GM) investiert, AOL hatte GM-Aktien erhalten –, um die schnelle, digitale Übertragung von Internet-Daten über Satelliten weiter zu treiben und damit den Breitband-Kabelnetz-Betreibern das Wasser abzugraben. Außerdem befasste sich AOL schon vor der Fusion mit der Übertragung von Video über Internet. Die Fusion mit Time Warner bringt für AOL den Zugang zu dessen vielfältigem Medienangebot und zu dessen Kabelfernsehnetz, und damit die Möglichkeit, auch über Breitband-Kabel den schnellsten Internet Provider anzubieten.

Mit der Gründung des neuen Konzerns AOL Time Warner ist das Internet – das Worldwide Web – ein Massenmedium: Es hat seine Logik, dass AOL Time Warner sofort nach ihrer Fusion den Musikkonzern EMI kaufte: Der Verkauf von Medienprodukten über Internet – oder Multimedia – wird für Musikstücke oder Nachrichten leichter sein als für Filme, denn, abgesehen von den technischen Problemen: Woher soll die Kaufkraft für Filme etc. kommen? Music on Demand ist noch das Wahrscheinlichste.

Der Machtkampf der Kapitalkräftigsten

Im Kampf der Konzerne gibt es unterschiedliche Interessenlagen:

1. *Für die Telefonkonzerne und die Internet-Provider besteht eine Option darin, den Kabelfernseh-Konzernen das Wasser abzugraben, indem man die eigene Telefon- und Internet-Technik film- und fernsehtauglich macht.*

Außerdem geht es darum, viel Kapital zu investieren, um die schnellsten Übertragungsmöglichkeiten anzubieten, auf der Glasfaserkabel- ebenso wie auf der Satelliten-Ebene. Die schnellsten Provider für Internet / Multimedia werden die meisten Kunden finden.

2. *Umgekehrt hatten selbst so große Kabelfernseh-Gesellschaften wie TCI ein Interesse daran, sich von Telefongesellschaften wie AT&T aufkaufen zu lassen, weil sie von anderen Mächtigen bedroht sind:* Konzerne, die man bis vor kurzem noch als branchenfremd bezeichnet hätte, machen sich ebenfalls ans Wasser-Abgraben, z.B. der Satelliten- und Militärelektronik-Konzern Hughes und General Motors: Ihnen gehört die Satelliten-Firma DirecTV, die wiederum eigene TV-Pay-per-view-Kanäle betreibt. Sie schloss 1999 Verträge mit DreamWorks und HBO (Time Warner) über die Lieferung digitalisierter Filme. DirecTV ist mit AOL Time Warner verbunden.

3. *Alle, die Telefonkonzerne, die Internet- / Multimedia-Provider, die Kabelfernseh-Konzerne und die terrestrisch sendenden Networks werden durch den Murdochs Sky Digital bedroht, ein neues, digitales Direct-to-home-Satellitensystem,* als nicht-interaktives Pay-TV, das überall auf der Welt mit sehr kleinen Schüsseln empfangen werden kann. Dagegen gibt es großen Widerstand in USA. Diese neuen, digitalen Direktsatelliten bedrohen vor allem jene Kabelgesellschaften, die in der alten, analogen Technik senden.

Deshalb sind die Kabelgesellschaften daran interessiert, ihre Kapazitäten auszuweiten, sich auf Digitalisierung umzustellen und effektive Glasfasernetze aufzubauen.

Das können sie nur, wenn sie mit den Telefongesellschaften kooperieren oder fusionieren, die das notwendige Kapital dafür haben.

Selbst der größte Medienkonzern der Welt ließ sich vom größten Internet-Provider der Welt aufkaufen – Time Warner von AOL –, weil der Provider mehr Internet-Know-How hat, *um gegen das weltweite, nicht interaktive Direct-to-Home-Fernsehen-Satelliten-Netz das weltweite, interaktive Internet-Multimedia-Satelliten-und-Glasfaserkabel-Netz ins Spiel zu bringen.*

So sind diejenigen, die das meiste Kapital investieren können, die Herrscher über die Medien der Zukunft.

Stabilisierungs-Strategien

Trotz allen Kampfs befindet sich der neue Medien-Oligopol-Kapitalismus in einem relativ stabilisierten Zustand. Wichtig ist es für die Medienkonzerne nicht, ihre Konkurrenten fertigzumachen, sondern sich gemeinsam gewinnbringende Märkte zu erschließen, teils konkurrierend, teils koalierend. Die Konzerne arrangieren sich, so wie das Oligopolisten auch sonst tun. Es gibt zwar Aufkäufe, Fusionen, Konflikte zwischen Konzernen, aber keine Konkurrenz in dem Sinne, dass man sich gegenseitig derart vernichten würde, dass der Beste siegt – schon gar nicht derjenige, der die beste Qualität zum niedrigsten Preis brächte. Statt dessen gibt es den *stabilisierten* Medien-Oligopol-Kapitalismus.

Die Mittel der Stabilisierung sind:

1. *Organisatorische Mittel:* Joint Ventures, Kooperationen am Rande zur Monopolbildung; Aufkauf von Anteilen, Beteiligungen, gemeinsame Dachverbände.

2. *Politische Mittel:* Gemeinsame Dachverbände betreiben Lobbyarbeit zu Gunsten der Medienkonzerne, z.B. arbeiten sie an der Verhinderung von Regulierung, die kleinere Anbieter schützen würde.

3. *Technikpolitische Mittel:* Bei den neuen, kapitalintensiven Medientechniken streben die Konzerne von vornherein eine Einigung auf gemeinsame Standards an, sie vermeiden also ruinöse Wettkämpfe. Ohnehin können nur die kapitalstarken Konzerne mitmachen, kleine Konkurrenten nicht.

4. *»Ethische« Mittel:* die Vereinbarung von Moral-Codes, die alles ausschließen, was einflussreiche Publikumsgruppen – Kirchen, Pädagogen, Eltern, Nichtraucher – dazu veranlassen könnte, durch öffentliche Aktionen die Publikumsmärkte zu gefährden.

5. *Marktstrategische Mittel:* Allen geht es darum, zu jeder Werbung das richtige Publikum bereitzustellen. Die Medien-Märkte sollen kalkulierbarer werden, zwecks Akquisition von Werbeaufträgen. Man versucht, die Märkte kalkulierbarer zu machen, indem man das Publikum in Zielgruppen segmentiert; indem man die entsprechende kommerzielle Forschung gemeinsam finanziert; indem man für gemeinsame Standards (»Währungen«) für die werbungsrelevante Erfassung des kaufkräftigen Publikums sorgt.

6. *Gestalterische Mittel:* die Einrichtung von Formaten, mittels derer die Vorlieben der Zielgruppen kalkulierbarer bedient werden.

Gefahren des Medien-Oligopols: Qualitätsminderung des Populären

Die Herrschaft der Global Players ist nicht die Beste aller Welten, aus folgenden Gründen:

1. *Das Ziel von Oligopolisten ist nicht die Konkurrenz, sondern das Monopol. Monopole sind Marktformen, in denen ein Anbieter oder mehrere Anbieter gemeinsam den Zugang zur Produktion oder zum Markt einschränken.* Es können sich mehrere Oligopolisten zusammentun, die eine starke Position auf der Produktionsebene haben: Filmproduktion, Fernsehproduktion, Filmarchiv-Besitz, Senderechte-Besitz. Sie können gemeinsam ein Monopol auf der Distributionsebene bilden. Sie können das tun durch Alleinbesitz oder gemeinsame Kontrolle eines entscheidenden Prozentsatzes von attraktiven Fernsehkanälen, Pay-TV-Kanälen, digitalen Satelliten, digitalen Decodern, schnellen und programm-attraktiven Internet-Providern etc. *Wichtig ist, dass Monopole – meist auf der Distributionsebene – andere Anbieter vom Markt der publikumsattraktiven Produkte ausschließen.* Dabei kann weiterhin Vielfalt bei den nicht so publikumsattraktiven Nebenprodukten herrschen, für die sich die Monopolisten weniger interessieren.

Auch beim Internet können Distributions-Monopole entstehen: Zum Beispiel kann ein Monopol darin bestehen, dass ein Global Player sein Breitband-Netz nur für den eigenen schnellen Provider und die eigenen Firmen öffnet. Eine andere Möglichkeit besteht darin, dass die Provider-Software den Zugang zu anderen Internet-Providern und Internet-Anbietern erschwert oder ausschließt.

Im Allgemeinen verhindern Gesetze, dass ein Trust oder Konzern wichtige Ebenen der Distribution kontrolliert, doch wäre die Vorstellung naiv, Monopole könne es nicht geben, weil sie verboten sind. Auch muss ein Monopol nicht immer wie ein Monopol aussehen. Auch die Verflechtung von Konzernen, die sich spektakulär bekämpfen, kann sich einem Monopol annähern, wenn die Konzerne durch wechselseitige Beteiligungen, gemeinsame Joint Venture-Firmen etc. untereinander verflochten sind.

2. *Medien-Oligopol-Konzerne können, ohne sich gegenseitig abzusprechen, aufgrund gleicher Interessenlagen eine vorherrschende Meinungsmacht bilden. Das gefährdet die Möglichkeit der demokratischen Meinungs- und Willensbildung.* Wenn zum Beispiel eine Regierung verlangt, dass Arbeitgeber ihren frei angestellten Niedriglohnjob-Arbeitenden Sozialversicherungsbeiträge zahlen müssen, dann ist es schon geschehen, dass alle Zeitungs-Oligopolisten – die viele Leute in Niedriglohnjobs beschäftigen – die regierenden Politiker übel diffamieren. Solche Vorfälle widersprechen dem Verfassungsauftrag der Massenmedien. Es darf keine vorherschende Meinungsmacht geben.

3. *Medien-Oligopol-Konzerne hören auf die Werbung-Auftraggeber. Diese wollen, dass in den Werberahmenprogrammen – und in allen anderen Programmen – Konsumfreundlichkeit vorherrscht.* Immer schon wollten die Werbung betreibenden Unternehmen, dass im Werberahmenprogramm problematische Themen ausgespart werden. Heute wollen sie vor allem Product Placement, d.h. Schleichwerbung im redaktionellen Programm. Das ist schlimm, weil es dem Publikum die

Möglichkeit nimmt, sich ein unabhängiges Urteil zu bilden. Genauer gesagt: Wenn Werbung nicht mehr als solche erkennbar ist, wird das Publikum übers Ohr gehauen.

4. *Oligopolisten tendieren dazu, den Zuschauern die billigeren Alternativen wegzunehmen,* siehe die Monopolisierung der Fußball-Übertragungsrechte durch den kapitalkräftigsten Player, den Kirch-Konzern. Das Monopol besteht auch dann, wenn Konsumenten dem Druck ausweichen und sich gemeinsam ein Premiere World-Abonnnement teilen oder Fußball in der Kneipe sehen.

5. *Medien-Oligopolisten verlangen überhöhte Preise und bieten verminderte Qualität.* Sie tun das auch im Fall flexibler Preis-Strategien, die sich angeblich ganz demokratisch »an die Kaufkraft der jeweiligen Konsumenten anpassen«.

6. *Medien-Oligopolisten nehmen es mit der journalistischen Sorgfaltspflicht nicht genau,* im Zweifelsfall siegt das Blutbad über die Sach-Berichterstatttung.

7. *Was von den Oligopol-Konzernen produziert wird, ist meistens die auf den großen Märkten verkaufbare und möglichst schnell amortisierbare Qualität* (Hindes 1997). Am liebsten haben sie Filme wie *Independence Day* und *Jurassic Park*, die innerhalb von sechs Tagen 100 Mio. $ einspielten. Oder die Schnellplatzierung auf der Hitliste, wie bei den *Big Brother*-Eintagsfliegen-Stars. Vernachlässigt und unterdrückt werden jene Special-interest-Märkte, auf denen Interesse an geistiger und gestalterischer Qualität besteht. Medienprodukte, die diesem Interesse entgegenkommen, bedürfen der geduldigen Vermarktung. Aber die Abzocker in den Konzernen – und die Aktionäre – sind nicht bereit, auf den Gewinn zu warten.

8. Die Medien-Oligopolisten zerstören die kreativen Potenziale in ihren Konzernen, indem sie Redaktionen, Lektorate etc. in »Profit-Center« verwandeln, in denen es keine qualitätsbewussten, sachorientierten Redakteure, Lektoren etc. mehr gibt, sondern Marketing-Fachleute das Sagen haben, die stur am shareholder value, d.h. am Schnellprofit, orientiert sind. Selbstverständlich hatten auch die Redakteure, Lektoren etc. Profite erwirtschaftet, nur nicht so schnell.

9. *Medien-Oligopol-Konzerne sind an Marktsegmentierung interessiert, sie nehmen Publikumsbedürfnisse selektiv auf, d.h. sie berücksichtigen nur die Interessen von kaufkräftigen Zielgruppen, und auch an jenen nur deren Konsuminteressen.* Wer die schnelle Dollarmillion sucht, versucht das, indem er möglichst weltweit – bei entsprechenden Zielgruppen – vorhandene Gefühlswerte anspricht, was manchmal funktioniert, oft aber auch nicht. Diese Spekulation auf die Einfühlungsbereitschaft im Publikum produziert oft Qualität in Bezug auf schöne Bilder, Psychodramen, Gewaltszenen und Special Effects, *zugleich aber produziert sie oft mindere Qualität in Bezug auf gesellschaftliche Realitätsnähe und Intelligenz der Drehbücher und Inszenierungen. Man produziert Stimmungswerte für Zielgruppen, bei denen man ausschließlich Stimmungen vermutet. Man hält das Publikum für dumm.*

Wiederkehr der gegenreformatorischen Gespenster: Problemkonflikte in der Medienwissenschaft im 21. Jahrhundert

Heute ist die Wissenschaft von den Medien derart facettenreich, dass es zum Ende des Buchs nicht ausreichen würde, wenn man einen oder zwei »Ansätze« präsentieren würde. Andererseits entspräche es nicht dem Sinn dieses Buchs, wenn wir am Schluss alles kurz darstellten: Stimulus-Response-Ansatz; Persuasionsansatz; Nutzen- und Belohnungsansatz; Cultivation Analysis; Political Economy; Medienökonomie; Neue Politische Ökonomie; Television economics; Cultural Studies; kritischer Rationalismus; rezipientenorientierter Ansatz; Qualitätsforschung; wahrnehmungsorientierter Ansatz; parasozialer Ansatz; Transaktionismus; dynamisch-transaktionaler Ansatz; Schweigespiralen-Ansatz; dialogtheoretischer Ansatz; radikaler Konstruktivismus; Systemtheorie; Diskursethik; Mediologie; neue kritische Medienforschung.

Wir wollen die Mediengeschichte nicht in der Pedanterie von Ansätzen und Modellen enden lassen. Ich habe keine »Ansätze« dargestellt, sondern Problemkonflikte, die die Massen und das Massenbeliebte betrafen. Comte oder Le Bon präsentierten keine »Ansätze«, sie waren Reaktionäre, die überlegten, wie man das kritische Bewusstsein der Massen klein kriegen kann. Heute ist das nicht anders, hinter vielem, was sich neokantianisch-idealistisch als »Ansatz« selbst relativiert, findet sich dasselbe reaktionäre Interesse wie bei Comte oder Le Bon: das kritische Bewusstsein der Massen kaputtzumachen oder zumindest, es durch entsprechende »empirische« Methoden am Erscheinen in der Wissenschaft zu hindern.

Wichtiger, als den Lagerbildungen der sich selbst propagierenden Ansätze zu folgen, erscheint es mir, einige Überlegungen darüber anzustellen, wie die heutige Medienwissenschaft mit den Grundinteressen umgeht, die wir in der Mediengeschichte fanden.

Wenn wir zum Schluss Grundinteressen resümieren, die sich durch die Mediengeschichte hindurchziehen, dann ist klar, dass das keine ahistorischen, anthropologischen, mythischen Konstanten sind, sondern durchgängige und zugleich historisch variierende Interessen der Herrschenden oder der Massen.

Zum Grundinteresse am Räsonieren: Konstruktivisten, Systemtheoretiker und Medienökonomen gegen Diskursethik

Ein durchgängiges Interesse ist das Räsonieren, d.h. das öffentliche Debattieren – und Aushandeln – von Angelegenheiten des Gemeinwohls.

Vor dem öffentlichen Räsonieren stand das private rationale Handeln. Es begann mit dem Feilschen gegenüber dem Überirdischen. Die von Erlösungshoffnungen geleiteten Menschen spielten schon lang das Tauschgeschäft mit dem Göttlichen, indem sie Bilder, goldene Hände, Statuen verehrten, in der Hoffnung, dafür einen Gegenwert in Form von Heilung, Gesundheit etc. zu erhalten. Das war zumindest bauernschlau. Öffentlicher waren schon die Rollenspiele des Tauschens mit dem Aufkommen von Handel, Märkten und Städten seit dem 11. Jahrhundert. Hierin bildete sich ein Bewusstsein vom Warenwert und vom eigenen Wert, damit Individualität. »Ab dem 12. Jahrhundert begannen wir zu räsonieren«, schrieb Voltaire (1745/1756, Bd. 1, S. 95).

Öffentliches Räsonieren entfaltete sich für kurze Zeit im 16. Jahrhundert in den Debatten der Reformation, den protestantischen Flugschriften, auch in den protestantischen Lehrbildern über den »richtigen Weg«. In den englischen Kaffeehäusern und Zeitungen des frühen 18. Jahrhunderts fand öffentliches Räsonieren einen Höhepunkt. Im späten 17., im 18. und 19. Jahrhundert erkämpften die englischen, amerikanischen und französischen Bürger das Recht auf Meinungs- und Pressefreiheit. Im 20. Jahrhundert wurde die Meinungs- und Pressefreiheit, das Recht auf Räsonieren, einerseits als Grundrecht verankert; andererseits wurde es zum Teil zurückgenommen, als der stabilisierte Medien-Oligopol-Kapitalismus die freiwillige Selbstzensur der Medien-Konzerne hervorbrachte. Sie arrangieren sich mit den Publikumsgruppen, die ihnen das Geschäft verderben könnten – auf Kosten der Mehrheit des Publikums. Demokratisch ist das nicht, denn es bedeutet das Vorherrschen von Wertvorstellungen jener Publikumsgruppen, die das größte Drohpotenzial aufbauen: Kirchen, konservative Verbände und Pädagogen. Dazu kommt der Ausschluss des Räsonierens durch die oligopolistischen Marktmechanismen.

Heute werfen Konstruktivisten und Systemtheoretiker das öffentliche Räsonieren über Bord. Konstruktivisten betonen das Anti-Mimetische, die Losgelöstheit aller gesellschaftlichen Phänomene von der Realität (Rusch und Schmidt 1999). Meist tritt dieser Relativismus in Form der Systemtheorie auf, in Deutschland zentriert um Niklas Luhmann (z.B. 1970, 1997). Es gebe, so behaupten die Systemtheoretiker, keine »Vorzugswirklichkeit«, sondern nur konstruierte Wirklichkeiten. Damit ist gemeint, dass der Mensch sich die Realität der Welt erst durch seine Wahrnehmung erschaffe, er konstruiere sich aus dem vorgegebenen Angebot eine »eigene Realität«. So meint Niklas Luhmann, »dass kognitive Systeme nicht in der Lage sind, zwischen Bedingungen der Existenz von Realobjekten und Bedingungen ihrer Erkenntnis zu unterscheiden, weil sie keinen erkenntnisunabhängigen Zugang zu solchen Realobjekten haben.« (1996, S. 17). Realität sei immer nur das, was ein Beobachter als solche beobachtet, sie sei Ergebnis des Teilsystems, aus dem sie hervorgeht. Deshalb habe die – konstruierte – »Realität der Medien« nichts mit Räsonieren zu tun, denn eine reale Realität gebe es nicht (Werber 2000, S. 333ff.; Kritik: Gebauer 2000).

Dahinter verbirgt sich die Einsicht, dass Erfahrung stets selektiv ist. *Das ist jedoch die halbe Wahrheit, denn sowohl Journalisten und Künstler als auch die Menschen im Publikum haben heute genügend Verstand, um zu durchschauen, wem gesellschaftliche Phänomene nützen und wem nicht.*

Außerdem sind die »Teilsysteme«, in die sich angeblich die heutige »Mediengesellschaft« auflöst, selbst eine selektive Wahrnehmung der Welt durch kommerzielle Markforschungsinstitute, die die Menschen ausschließlich nach Konsumbereitschaft in »soziale Milieus« segmentieren und das Interesse der Menschen am Räsonieren ignorieren. Das wird von den Konstruktivisten nicht beachtet, ihre Relativierungsbereitschaft endet bei der kommerziellen Marktforschung.

Auch unter Medienökonomen wird heute die Vorstellung, Medien hätten etwas mit einer räsonierenden publizistischen Öffentlichkeit zu tun, als Zumutung von vorgestern empfunden. Medienökonomie glaubt von sich, dass sie das Allerwichtigste behandelt, das Wirtschaftliche, das sie als Handeln von Unternehmen begreift (Heinrich 1999; Karmasin 1998). Das Publikum ist für sie keine Öffentlichkeit, sondern »Sozialkapital«. Pierre Bourdieu hatte mit diesem Begriff Fähigkeiten und Potenziale gemeint, die die Leute im Lauf ihres Lebens erwerben (1982, 1983). Medienökonomen machen daraus einen Zweckbegriff für die Manipulation von Konsumenten. Wirtschaftliches Handeln im Medienbereich ist für sie die Akquisition von Werbeaufträgen, für die man leider Gottes auch redaktionelle Teile herstellen muss, als Werbeumfeld. Die zunehmende Medienkonzentration ist für den Wirtschaftswissenschaftler Jürgen Heinrich lediglich »Integration«. »Rückwärtsintegration« sichert den Programm-Input, und »Vorwärtsintegration« sichert den Verkauf des Output (2000, S. 28). Dass Medienkonzentration gefährlich sein könnte, wird demonstrativ ignoriert. Wer das kritisiert, erhält Sonntagsreden über Unternehmens-Ethik, Stakeholders und all das Gute, das supranationale Unternehmen leisten. Den Verfassungsauftrag der Medien, Information, Bildung, Meinungsvielfalt, anspruchsvolle Unterhaltung zu bieten, ignorieren die Medienökonomen ohnehin. Sie möchten Medienforschung und Publizistikwissenschaft auf »Aufmerksamkeitsökonomie« und Eventmarketing reduzieren, d.h. eine Wissenschaft, die die Herstellung von Aufmerksamkeit für Werbung bzw. im Werbeumfeld zum Gegenstand hat.

Dem ist entgegen zu setzen, dass das Ökonomische nur eine unter anderen gesellschaftlichen Ressourcen ist. Die Menschen wollten immer auch Befreiung, Menschenrechte. Die Bürger haben Verfassungen durchgesetzt, die jene garantieren. Meinungs- und Informationsfreiheit ist so ein Recht. Über das Ökonomische sind Recht und Gesetz zu stellen – und das Gesellschaftliche, das öffentliche Aushandeln des für das Gemeinwohl Notwendigen.

Die Diskursethik von Jürgen Habermas (1991, 1992, 1999) hat das ausgeführt. Sie sagt, dass Demokratie in der Zivilgesellschaft ein Prozess der Regulierung sein muss, in dem freiheitliche Moral – Solidarität – durch autonome Öffentlichkeiten gesichert sein muss. Habermas schreibt: »Aus diesem Demokratieverständnis ergibt sich normativ die Forderung nach einer Gewichtsverschiebung im Verhältnis jener drei Ressourcen Geld, administrative Macht und Solidarität, aus denen moderne Gesellschaften ihren Integrations- und Steuerungsbedarf befriedigen. Die normativen Implikationen liegen auf der Hand: Die sozialintegrative Gewalt der Solidarität [...] soll sich über weit ausgefächerte autonome Öffentlichkeiten und rechtsstaatliche institutionalisierte Verfahren der demokratischen Meinungs- und Willensbildung entfalten und gegen die beiden anderen Gewalten, Geld und administrative Macht, behaupten können.« (1999, S. 288f.). *Warum Solidarität? Weil dies, kurz gesagt, eine kooperative Kommunikations- und Entscheidungsform ist, die über alle partikularen Lebensformen hinausweist und eine für potenziell alle akzeptable, demokratische Verallgemeinerung anstrebt* (1999, S. 58ff.).

Das impliziert: Wer autonome Öffentlichkeiten als vorgestrig ablehnt; wer das Räsonieren des Publikums aus der Wissenschaft ausklammern und die Medien auf die Herstellung von Empathie, von Aufmerksamkeit für Lifestyle und Werbung konzentrieren will, klinkt damit Demokratie und Solidarität zu Gunsten von Geld und administrativer Macht aus der Wissenschaft aus.

Zu den Grundinteressen an Rührung, Schrecken, Lachen: Verachtung bei den Kritikern und Freude am Kollektiv bei den Vergnügungs-Wissenschaftlern

In der Mediengeschichte sind Rührung und Schrecken, die Einfühlung in das Leiden, durchgängige Interessen. Vieles spricht für die These des Aristoteles, dass sie die Befreiung der Gefühle, Identität schaffen. Rührung und Schrecken wurden vom Theater der Griechen und Römer bewirkt, wozu neben Tragödien auch Gladiatorenkämpfe und Tierhetzen gehörten. Die Christen bauten auf Rührung und Schrecken gegenüber dem fleischgewordenen Gott kommerzielle Unternehmungen auf, mit dem Ablasshandel. Die Leute litten mit Jesus, Maria und den Heiligen – und gewannen Identität. Seit dem Beginn der Zeitungen war Rührung und Schrecken eine Kuriositätenschau, die neue Presse säkularisierte die alte Einfühldramatik der Bilder des Leidens, Hexen und Ketzer am Scheiterhaufen wurden zum Event, später die Angeklagten im Polizeigericht. Außerdem durften die Leute die Privilegien der Herrschaften bewundern und beneiden. Die Human Interests gewannen an Bedeutung, vor allem später, in der Penny Press des frühen 19. Jahrhunderts. Bei Pulitzer und Hearst war das Sensationelle zugleich investigativer Journalismus.

Ab den 1930er Jahren machte der stabilisierte Medien-Oligopol-Kapitalismus aus Rührung und Schrecken das »sichere Spiel mit dem Unvertrauten«, einen geregelten Bruch mit dem Alltag, bei ebenso geregelter Rückholgarantie. Das Unvertraute ist der Bereich des Luxus, der sexuellen Libertinage, der Regression in Glück oder Albtraum und immer noch des Leidens, der Erniedrigung der Schwachen.

Ein weiteres Grundinteresse ist das Lachen. Es wurde gesellschaftlich erlaubt und reglementiert in den verkehrten Welten der Feste. Seit Platon gab es Medientheorien, die behaupteten, alle Unterhaltung mache die Leute dumm, deshalb sei sie der Zensur zu unterwerfen. *Doch Unterhaltung bewegte stets auch den Verstand.* Das Lachen wurde im 13. Jahrhundert, als städtische Freiheiten und Märkte es möglich machten, selbständiger in der Satire, die die Herrschenden nicht mehr ernst nahm. Heute ist das Lachen als sitcom und comedy domestiziert. Auch diese Fernseh-Unterhaltung hat befreiende Sprengkraft. Nicht ohne Grund macht sich jeder Politiker lächerlich, der mit autoritärem Pathos auftritt. Das Lachen richtet sich bis heute mehr gegen die Herrschenden, als ihnen lieb ist.

Viele kritische Wissenschaftler haben für die lebendigen Formen der Human Interests nichts übrig. In der Fernsehkritik des kritischen Soziologen Pierre Bourdieu findet sich bloß die alte Verachtung: Seine Kritik setzt an der Beobachtung an, dass Journalisten eine Auswahl treffen, »und aus dem, was sie ausgewählt haben, errichten sie ein Konstrukt.« Dann errichtet er ein Konstrukt: »Das Auswahlprinzip ist die Suche nach dem Sensationellen, dem Spektakulären.« (1998, S. 25) – das ist das übliche Totschlag-Argument der falsch verstandenen Aufklärung. Es ist unakzeptabel. *Denn gute Journalisten suchen immer das Sensationelle, und wenn sie gut sind, zeigen sie daran gesellschaftliche Missstände auf.*

Jürgen Habermas revidierte 1990 in seinem Vorwort zur Neuauflage von *Strukturwandel der Öffentlichkeit* seine Pauschalkritik am Unterhaltungskonsum, die er anhand der Penny-Presse der 1830er Jahre entwickelt hatte. Jetzt sah er ein kritisches Potenzial auch im Massenpublikum: »[...] meine Diagnose einer geradlinigen Entwicklung vom politisch aktiven zum privatistischen, ›vom kulturräsonierenden zum kulturkonsumierenden Publikum‹ greift zu kurz.« Und: »Die Resistenzfähigkeit und vor allem das kritische Potenzial eines in seinen kulturellen Gewohnheiten aus Klassenschranken hervortretenden, pluralistischen, nach innen weit differenzierten Massenpublikums habe ich seinerzeit zu pessimistisch beurteilt.« (1990, S. 30). Allerdings hatte Habermas in seiner *Theorie des kommunikativen Handelns* die Human Interests als Wertvorstellungen unter der Rubrik »Lebenswelt« abgelegt – in den Unter-Rubriken »Lebensweltpathologien«, »eigensinnige kommunikative Strukturen«, »Protestpotenziale« (1981, Bd. 2, S. 171ff.; 575ff.). Damit gerät aus dem Blickfeld, dass sich das kritische Potenzial des Massenpublikums nicht nur in den Nischen des politisch protestierenden Publikum zeigt, sondern *dass öffentlicher Diskurs auch in den verachteten Human Interests stattfindet.* Wenn sich die Menschen weltweit von einer Prinzessin in Rührung und Schrecken versetzen lassen, die als Königin der Herzen den Armen und Verachteten Hoffnung geben möchte, ist das eine solidarische Kommunikationsform mit universalem Anspruch.

Neuerdings werden die Human Interests wieder entdeckt, die »Lebenswelten« wieder ausgegraben (Mikos et al. 2000, S. 41f.). Meist stellt man sich ein Publikum vor, das – wie sich das der Cultural Studies-Soziologe Steward Hall dachte – zwischen eigenen Interessen und dem Medienangebot Kompromisse aushandelt (Hall 1973; Hepp 1998; Hepp und Winter 1997; R. Winter 1995). Immer wieder wird betont, dass der flexible Mensch beim Medienkonsum Spaß und Vergnügen habe, sogar ein Lebenskünstler sein könne. So schreiben Göttlich und Winter: »Die Symbole und Mythen der Gegenwart dienen als Ressource für Sinn, Identität und Stilisierung der eigenen Existenz. So impliziert etwa die Präferenz für eine Musikrichtung einen spezifischen Lebensstil, die Markierung einer Differenz zu anderen und vor allen Dingen das Gefühl, einer Gemeinschaft anzugehören. Eine wichtige Rolle spielen dabei die lustvollen, bisweilen ekstatischen Erlebnisse und das Vergnügen, die bei der Medienrezeption, der Teilnahme an Events oder beim Warenkonsum entstehen.« (2000, S. 9).

Es ist erfreulich, wenn Wissenschaftler anerkennen, wie faszinierend Medien sind. Das Problem ist jedoch, dass die Annahme, Medien böten »Orientierung«, »Identität« etc., die entscheidenden Fragen ausklammert: Wird eine richtige oder eine falsche Orientierung oder Identität geboten? Ist das Produkt gut oder schlecht, fortgeschritten oder konventionell? Es wird ignoriert, wie drastisch, destruktiv, gelegentlich revolutionär der Spaß der Ventilsitten oft war und wie vulgär, provokant, oft horrormäßig, das »Spiel mit dem Unvertrauten« heute ist. Das hat sowohl produktive als auch unproduktive Aspekte. Die Vergnügungs-Wissenschaft ist jedoch gleichgültig gegenüber Qualitäten. *Mit der Betonung von Symbolen, Mythen und Gemeinschaftsgefühlen wollen die Vergnügungs-Wissenschaftler das Kollektiv un-*

bedingt als nützlich und vergnüglich deuten. Der Kenner aller Horror- oder Raumschiff-Enterprise-Filme; das Kind, das Pokemons sammelt: diese subkulturellen Konformisten werden zu »something special«, »individualisiert« – weil sie an Gemeinschaften teilhaben und ein für die Gemeinschaft nützliches Bewusstsein haben. Das ist positivistisches Denken im Sinne Comtes.

Ich meine, dass man den Prozess der Aneignung nur mit Hilfe von folgenden Theoriebereichen adäquat analysieren kann: Man braucht die Theorien über rationales Handeln, wie sie in der neueren Ökonomik entwickelt wurden, die soziologischer orientiert sind und soziale Angemessenheit als Bestandteil des Handelns des homo oeconomicus anerkennen (Kiefer 2001; Kirchgässner 1991, 1999; J.W.N. Watkins 1978; Becker 1982; hierzu: Pies und Leschke 1998; Prokop 2000, S. 206ff.). Man braucht die Theorie des objektiv vernünftigen Handelns, wie sie von der kritischen Theorie angestrebt wird. Damit gerät die Tatsache ins Blickfeld, *dass Aneignung ein rationaler Prozess ist,* bei dem das »sichere Spiel mit dem Unvertrauten« innerhalb gesellschaftlich bestimmter, heute erweiterter Grenzen zugelassen wird (Horkheimer 1962; Habermas 1981, 1999; hierzu: Prokop 2000, S. 225ff.). Man braucht die Fantasietheorie, wie sie die kritische, materialistische Richtung in der psychoanalytischen Theorie entwickelt hat (Lorenzer 1970a, 1970b, 1972). Allein ein Rückblick auf das Kapitel über Freuds Fantasietheorie zeigt, wie differenziert sich die Aneignung der Welt – auch der Medienprodukte – zwischen den Mechanismen der Identifikation mit Vertrautem; der Idealisierung des Außergewöhnlichen; der formalisierten Fantasie; und realitätstüchtiger, »präsentativer« Fantasie hin- und herbewegt. Hinzu kommen die Aspekte des Verdrängten und dessen Wiederkehr, als Glücksfantasie oder als Albtraum.

Die Vergnügungs-Wissenschaftler setzen voraus, dass Identität leicht zustande kommt, als hätte Anpassung keinen Preis. Ekstatische Erlebnisse bei Love-Parade-Mega-Events? Von Soziologen sollte man erwarten, dass sie daran den Anteil des Drogenkonsums recherchieren. Bei den Vergnügungs-Wissenschaftlern kein Wort davon. Sie sehen nur, dass die Grenzen zum Rausch, zum Dionysischen, zur Regression, heute gelockert sind. Das finden sie gut. Sie sehen nicht den Preis, der in der Anpassung besteht. Erniedrigung bei *Big Brother*? Die Vergnügungs-Wissenschaftler setzen sich darüber hinweg: In derartigen Spielshows, so behaupten Mikos et al., würden die Teilnehmer »gerade ihre Subjektivität entfalten, sich im Rahmen der Inszenierung mit ihrer Persönlichkeit präsentieren. [...] Denn gerade in dieser Entfaltung ihrer Subjektivität und Persönlichkeit liegt ein wesentlicher Reiz solcher verhaltens- und persönlichkeitsorientierter Spielshows. Die Show lebt also gerade davon, dass die teilnehmenden Menschen nicht zu Objekten degradiert werden.« (2000, S. 187). Das Absingen von *Big Brother ist OK* als Entfaltung von Subjektivität und Persönlichkeit? Gerade?

Medien-Aneignung – das Spiel mit dem Unvertrauten – ist jedoch kein reines Vergnügen. Es sind oft Szenen des Leidens, der Erniedrigung, der Opfer, die da betrachtet werden (Prokop 2000, S. 31ff., 41ff., 114ff.). Es ist ein mühsames, oft brutales Spiel, mit reaktionären und destruktiven Momenten. In den heutigen Medien schwingen immer noch Fantasien mit, die einst das Publikum erfüllten, das Hinrichtungen attraktiv fand und auf Erlöser hoffte. Sie befinden sich im Kampf mit den produktiven, emanzipatorischen Momenten. Beides nehmen die Vergnügungs-Wissenschaftler nicht wahr.

Adorno sagte einmal: »Dass es bloßes Spiel sei, hilft stets zur Rationalisierung des Schlimmsten.« (1964, S. 19)

Zum Grundinteresse an Repräsentanz: der Heilige Geist bei den Systemtheoretikern und die Reduktion von Meinungsfreiheit auf die Idiotie von sozialen Milieus bei den Neoreaktionären

Despotische Staaten, die Kaiser, Könige und Fürsten, hatten stets das Interesse, Macht als etwas Gutes, Tugendhaftes darzustellen, das »Vertrauen« verdient. Dabei legitimierte sich Macht – flankiert von Scheiterhaufen und Hinrichtungs-Rädern – als Verkörperung einer höheren, geistigen, apollinischen, göttlichen Ordnung. Das implizierte auch die Kontrolle von Sexualität und Gewalt. Das Publikum konnte die gärenden Dämpfe im Dionysischen der periodisch wiederkehrenden, verkehrten Welten ablassen, bei wechselnden Toleranzgrenzen. Außerhalb der Ventilsitten wurde alle Freizügigkeit von der Zensur bekämpft. Bei den Konflikten um die öffentliche Äußerung oder Darstellung von Sexualität und Gewalt ging es darum, wer die Macht der öffentlichen Repräsentanz hat. Nicht immer blieb es dabei, dass Narren auf den Festen den Leuten Schweinsblasen ins Gesicht schlugen, immer wieder wollten die als Narren verkleideten Handwerker den Rathausschlüssel nicht nur symbolisch überreicht bekommen.

Auch das Räsonieren hatte seine Repräsentanz-Aspekte. Im 13. Jahrhundert waren es die Allegorien der Bürger, die öffentlichen Lehrbilder über die von Recht und Gesetz beherrschte Stadtregierung, die das Räsonieren öffentlich repräsentierten. Seit der Renaissance blickten zumindest die Gebildeten auf die realistischen Abbilder von der Welt, die das Räsonieren ermöglichten, in der Malerei, der Camera Obscura und im Guckkasten. Sie sahen Bilder, die nicht mehr die Idee des Göttlichen, nicht mehr die Macht von Herrschern verkörpern mussten. Auch der Boom der Flugschriften, Flugblätter und Zeitungen im 16. Jahrhundert war eine räsonierende Repräsentanz, eine der Bürger. Ihr nahm im 17. Jahrhundert die gegenreformatorische, barocke Propaganda des einfachen, konformistischen Gemüts den Wind aus den Segeln, in der Romantik noch einmal die Gefühlsstürme der aufkommenden Massenliteratur. Mit den Kämpfen der Bürger um repräsentative Demokratie und Pressefreiheit gab es wieder allegorische Bilder und zunehmend auch anderes wie Fahnen, Aufmärsche etc. Im 20. Jahrhundert fand vieles davon Eingang in die Emblematik der Diktaturen.

Seit dem 20. Jahrhundert wurde demokratische Repräsentanz von Macht eine Sache der großen Parteien und die nicht demokratisch kontrollierte Repräsentanz eine Sache der Wirtschaftsunternehmen. Beide haben den privilegierten, weil kapitalkräftigen Zugang zu den Medien. Sie folgen dem Rat »massenpsychologisch« bornierter Werbungs- und PR-Fachleute, und zahlen Millionen an die Stars des Sports, der Mode und der Medien, in der vagen Hoffnung, dass schnell mobilisierbare Gefühlswerte ihre Wahlchancen, Gewinne und Aktienwerte schnell steigern helfen.

Entsprechend wird von vielen in der Medienwissenschaft heute Repräsentanz als natürlicherweise irrationalistische aufgefasst. Die Bibel der Irrationalisten ist ein Bändchen des Systemtheoretikers Niklas Luhmann, der sich auch über Massenmedien äußerte (1996; Werber 2000) – ausgehend von unkritisch übernommenem und oberflächlich hingeworfenem Altmaterial der kommerziellen, positivistischen Medienforschung.

Systemtheorie ist umfassend, und wir befassen uns nur mit dem Medienaspekt. Systemtheorie hatte sich seit den 70er Jahren aus der Handlungstheorie entwickelt (zur Entwicklung: Habermas 1981, Bd. 2, S. 304ff.; Straub und Werbik 1999), Rufen wir uns das Kapitel über Handlungstheorie ins Gedächtnis: Jene stellte sich den Kern des gesellschaftlichen Zusammenhangs als »institutionalisierte Wertvorstellungen« vor, also als etwas, was das Kollektiv den Einzelnen aufprägt. Die Systemtheorie hat das scheinbar aufgegeben und behauptet, Gesellschaft bestehe aus voneinander unabhängigen »Teilsystemen«, die, jedes für sich, jeweils ihre »Gesellschaft« konstruieren. Nicht aufgegeben hat sie jedoch den Kern der Handlungstheorie, die verbindenden Werte. Hier kommen die Massenmedien ins Spiel: Die »Teilsysteme« kommunizieren über die Massenmedien. Jene schaffen mehr oder weniger verbindende Wertvorstellungen, heute sind das pluralistische, die die Vielfalt der »Mileus« teilsystem-übergreifend vermitteln. Die Massenmedien sind, so behauptet Luhmann, ein Mittel zum »Dirigieren der Selbstbeobachtung des Gesellschaftssystems«, sie müssen verblassende Wertvorstellungen, die »das System« braucht, immer wieder bestätigen, reimprägnieren (1996, S. 76f., 173).

Immer finden sich bei den Luhmannisten zwei Behauptungen:

1. Wir leben in einer immer komplexer werdenden Welt; in einer zunehmend individualisierten, flexibilisierten Welt; in einer fragmentierten Welt, in der traditionelle Sinngebungsfunktionen nicht mehr greifen, etc. Das ist nicht zu leugnen. Allerdings sagte das schon Montaigne im 16. Jahrhundert – und er sah darin Chancen für das aufgeklärte Individuum.

2. Darin erfüllen die Medien eine Orientierungsfunktion; eine performative Funktion; eine Identitätsfunktion; sie dienen der Reduktion von Komplexität; der Reimprägnation von Werten etc. Auch das ist nicht zu leugnen. Das sagte aber schon Pascal im 17. Jahrhundert – und er hatte dafür seine reaktionären Gründe.

Die Systemtheorie zeigt dasselbe Argumentationsmuster wie der katholische Gegenreformator: Erst wird die Welt propagandistisch als Chaos dramatisiert, dann wird das Kollektiv als Lösung angeboten. Bei Pascal bestand die Lösung in katholischer Mystik; bei der Systemtheorie ist es die »Wir-Kommunikation«. Auch die Vergnügungs-Wissenschaft hängt diesem gegenreformatorischen Propagandaschema an: Hier sind es die von den Medien-Unternehmern inszenierten kultigen Events, die angeblich zu »neuen Formen der Vergemeinschaftung«, zu »sozialer Orientierung«, zu »neuen Identitätsmustern« führen. Bei Mikos et al. liest sich das so: »*Big Brother* ist Ausdruck der gesellschaftlichen Entwicklungen, die als ›reflexive Moderne‹ bezeichnet werden. Diese sind gekennzeichnet durch eine immer weiter fortschreitende Ausdifferenzierung der Gesellschaft in pluralisierte Lebensstile und Lebensformen.« So weit könnte man das unterschreiben, doch im nächsten Satz stimmen Mikos et al. Pascals Lied an: »In der pluralistischen Gesellschaft können die traditionellen Institutionen keine allgemein gültigen Werte und Normen sowie Sinnvorgaben mehr bereit stellen, so dass die Menschen zunehmend gezwungen sind, selbst Sinn in ihr Leben zu bringen. Dieser vermehrte subjektive Aufwand geht zugleich mit Orientierungslosigkeit einher.« In dieser Situation biete das Fernsehen »eine immer wichtigere Funktion für die soziale Orientierung«, ein »Angebot von neuen Identitätsmustern«, was wichtig sei, denn: »Der in der pluralisierten Gesellschaft geforderte ›flexible Mensch‹ muss sich auf dem ›Identitätsmarkt‹ präsentieren, um in der Gesellschaft anschlussfähig zu bleiben.« (Mikos et al. 2000, S. 55f.). Den »Anschluss« stellt man sich gern wie Pascal als mystisches Erlebnis vor, so schreibt der Vergnügungs-Soziologe Rainer Winter über das Filme-Angucken im Kino heute noch ernsthaft: »Der verdunkelte Raum, die Isolation des Einzelnen in einer anonymen Masse, die meist nicht mehr gemeinsam hat als das Interesse für den Film und (zumindest früher) die quasi-religiöse Dimension des Erlebens in den großen Filmpalästen, den ›Kathedralen des Lichts‹, bringen den Zuschauer in einen prä-hypnotischen Zustand.« (1992, S. 60) – *Klingt das nicht wie in den katholisch-konservativen 1950er Jahren?*

Es gibt heute sogar Neo-Pascalisten wie Jo Reichertz, der im kommerziellen Fernsehen eine Form der Diesseitsreligion sieht, die sich seit 2000 Jahren nicht geändert habe: Das Fernsehen liefere eine Liturgie, mit Höhepunkten an Ostern und Weihnachten; es sei der Zeitgeber unserer Tage. Die Welt werde nach Guten und Bösen eingeteilt. Jeder könne in den Nachmittags-Talkshows die Beichte ablegen, um Verzeihung bitten. Jeder könne im Fernsehen Wunder sehen. Wie Religion helfe das Fernsehen bei der Identitätsfindung. Es schaffe eine Gemeinschaft von Gläubigen, Sinnstiftung und Trost in unserer so zerrissenen Zeit (Reichertz 2000). Das ist die alte gegenreformatorische Predigt. Seltsam ist, dass Reichertz diesseitige Formen von Dogmatismus, Inquisition und Scheiterhaufen nicht wahrnehmen möchte.

Heute gibt es in Bezug auf das Grundinteresse an Repräsentanz eine vordemokratische, neoreaktionäre Richtung – in der Wissenschaft ansatzübergreifend, in der Politik parteienübergreifend –, die behauptet, dass »Informationsfreiheit« und »Meinungsfreiheit« Begriffe aus dem 18. Jahrhundert und überflüssig seien. Manche erklären auf dieser Basis das Grundgesetz, das freie Meinungsbildung als Grundrecht garantiert, für überholungsbedürftig. Der Medienjurist Thomas Vesting (1997; 1999) meint, dass der Begriff der Meinungsfreiheit in der heutigen »komplexen, fragmentierten, segmentierten Wissens- und Mediengesellschaft« obsolet sei, weil »die Medien« bzw. »das Fernsehen« vor allem Bilder und Szenen auf der Gefühlsebene transportieren. Da jene inhaltsleer und gefühlsbetont seien, könne das Fernsehen kein Mittel der Meinungsbildung, d.h. des Räsonierens sein. In der Kultur des Bildes gebe es – das meint Vesting ohne jeden Beweis – nur Ströme von Bildern und Klängen. Der Emotionalität der Bilder korrespondiere ein Publikum, das natürlicherweise emotional, irrational, im Bewusstsein fragmentiert und bewusstlos im jeweiligen sozialen Mileu befangen sei, als Subjekt tot etc. Auf dieser Basis greift Vesting den nach Objektivität, Sachlichkeit und Wahrheit suchenden Journalismus an: Er habe sich heute in »kontextuell variierende Sichtweisen aufgelöst« (1997, S. 280). Publizistische Öffentlichkeit sei in der Relativität sozialer Milieus verschwunden.

Da er hierfür keine empirischen Beweise hat, setzt Vesting die Autoritäten der »verdienstvollen bürgerlichen Kulturkritik« ein, Adorno, Horkheimer – die materialistische Fundierung ihrer Kulturindustrie-Kritik verschweigt er –, Günter Anders, Christopher Lash etc., die ihm bestätigen, dass die Medien standardisiert, subjektlos etc. und die Menschen antiquiert, narzisstisch etc. seien. Vesting hat nichts dagegen, die gesamte Palette kritischer Medienkritik aufzugreifen, all die Klagen über die Standardisierungen, inhaltsleeren Simulationen, das Ende des Individuums, den Tod des Subjekts etc. Vesting greift sich heraus, was in den Kram passt. Dann pervertiert er die Intentionen der Kritiker und behauptet, da mittels »der Medien« keine rationale öffentliche Diskussion mehr möglich sei, könne Art 5 Abs.1, Satz 2 des Grundgesetzes, der die Freiheit der Berichterstattung und die Meinungsfreiheit garantiert, vernachlässigt werden: Angesichts der Segmentierung des Publikums dürfe die massendemokratische Öffentlichkeit nicht mehr als einheitlicher Raum der auf die res publica bezogenen Meinungsbildung gedacht werden. »Die Medien«, diese niveaulosen Unterhaltungsmedien, sollen in einem geänderten Grundgesetz auf die »Berücksichtigung und Pflege des Facettenreichtums der kulturellen Überlieferungen« festgelegt werden. (1997, S. 223ff.) Das hört sich schön an, aber im Klartext bedeutet das: *Das Grundgesetz soll darauf eingestellt werden, dass die Medien lediglich die Vielfalt der Gefühls-Stimmungen widerzuspiegeln haben. Der geforderte Schutz der »kulturellen Reproduktion der Gesellschaft« ist ein Schutz von irrationalistischen Marketingstrategien, die die Gesellschaft nach kommerziellen Gesichtspunkten in Stimmungs-Milieus zu segmentieren versuchen. Unter dem Deckmantel der »Toleranz für Heterogenität« und der »Erhaltung von Strukturreichtum« entfiele damit der grundgesetzliche Schutz des solidarischen Diskurses über die Vernünftigkeit der gesellschaftlichen Gesamtordnung.* In diesen Kreisen zitiert man ungeniert den Nazi-Staatsideologen Carl Schmitt, der Politik als Aufbau von Freud-Feind-Verhältnissen ansah, über die Überflüssigkeit von Parlamenten schrieb und in den Medien – damals im Film – kein Mittel der Meinungsäußerung sah.

Zugrunde liegt der neuen Tendenz, so schreibt der kritische Soziologe Hauke Brunkhorst, »die vordemokratische Unterscheidung von Staat und Gesellschaft, hier die Institutionen der Staatssubstanz, Hobbes' ›sterblichen Gottes‹, dort die substanzlosen Interessen des Subjekts, die sich zu Verbänden und Parteien zusammenrotten, den Staat belagern, um ihn […] ›in den Staub des Irdisch-Kleinlichen‹ zu ziehen.« (2000, S.13) *Die Vertreter dieser vordemokratischen Tendenz entwerten die Massenmedien – jenes Mittel der »Staats-Belagerer« –, indem sie sie als prinzipiell unterhaltend erklären. »Die Massen« sollen sich gefälligst dort aufhalten, wo sie nach Zielgruppen sortierte Untertanen sind: Schutz des Staates durch Staatsschutz für SINUS-Mileus. Schwächung der Demokratie durch Förderung der Idiotie der Subkulturen.*

Systemtheoretiker und Neoreaktionäre sehen die Menschen, da sie »Werten« anhängen, von einer Gläubigkeit geprägt, die dem Verstand keine besondere Bedeutung übrig lässt. *Das Denkmodell fällt noch vor Pascal zurück, zu Platons Höhle:* Die Menschen sind gefesselt, diesmal nicht an Pfähle, sondern an »Teilsysteme«. Sie sehen an der Wand die Medien, diese Schatten. Jene werden produziert von Akteuren aus anderen »Teilsystemen«, die hinter den Gefesselten auf jenem Weg promenieren und »relevante Themen« aus Politik, Werbung und PR an die Wand projizieren. Welche Interessen sie dabei verfolgen und warum sie den Gefesselten keine befreienden Botschaften übermitteln, die sie über ihr Gefesseltsein aufklären, bleibt ebenso unklar wie bei Platon. Die Gefesselten tun gut daran, an die Schatten zu glauben, denn sie erhalten »Anschlusskommunikation«. Beim Kommunikationswissenschaftler Otfried Jarren liest sich das so: »Anschlusskommunikation wird weitgehend über die Massenmedien möglich, weil sie aus einer Vielzahl diversifizierter und auch dissoziierter Kommunikationsbeziehungen relevante Themen auswählen, durch ihre Auswahl und Deutung Kommunikationsbeziehungen erhalten oder neue knüpfen. Die ihnen als Funktion zugeschriebene Ermöglichung der Selbstbeobachtung der Gesellschaft wird durch die Möglichkeit teilsystemübergreifenden Anschlusses an Massenkommunikation realisiert.« (2000, S. 30). So vollziehen sich in dieser Sado-Höhle, die angeblich die »moderne Mediengesellschaft« sein soll, die Mysterien der »Selbstbeobachtung der Gesellschaft« und der »Re-Imprägnation« von Werten. Sogar der Heilige Geist ist anwesend: »Die öffentliche Meinung ist«, so schreibt Luhmann, »[...] [heute] weder die bloße Mode der Meinungen, wie man im 17. Jahrhundert meinte; noch ist sie das Medium rationaler Aufklärung oder die ›puissance invisible‹, von denen man im 18. Jahrhundert ein Sichherauslösen aus den Traditionen erwartet hatte. Sie ist das Medium der Selbst- und Weltbeschreibung der modernen Gesellschaft. Sie ist der ›Heilige Geist‹ des Systems, die kommunikative Verfügbarkeit der Resultate von Kommunikation.« *Dieser Heilige Geist hat nicht das Ganze im Sinn – und schon gar nicht dessen Vernünftigkeit, wie sollte ein Heiliger Geist das auch –, sondern die Markt-Segmentierung,* denn, so schreibt Luhmann weiter: »Anders als in den Erwartungen des 18. Jahrhunderts geht es also nicht mehr darum, die Einheit in der Einheit repräsentativ (oder doch vernünftig, oder doch mächtig) zum Ausdruck zu bringen. Es geht um das laufende Prozessieren struktureller Differenzen und semantischer Unterscheidungen.« (1997, Bd. 2, S. 1107f.). *»Gesellschaft« ist auch für Luhmann die von Marketing-Experten segmentierte Gesellschaft. Luhmanns Heiliger Geist ist nichts anderes als die kommerzielle, die Menschen irrationalisierende Milieuforschung.*

Systemtheorie und Neoreaktionäre ersetzen den alten Mythos von den irrationalen Massen durch den neuen Mythos von den Medien als Gottesdienst an der marketinggerecht segmentierten Gesellschaft. Das ist undemokratisch gedacht.

Mediologische Klagen über das Visuelle

An der heutigen Bilderfülle setzt die Mediologie an (Debray 1999), die sich als neue Medienwissenschaft propagiert. Sie ist interessant, denn sie überschreitet die Grenzen etablierter Wissenschaften und interessiert sich für die Gestaltungsweisen und für das gesamte Umfeld von kulturellen Phänomenen, einschließlich der jeweiligen Technik. Ihr Gründer, Regis Debray – Che Guevara-Mitkämpfer, Berater des Präsidenten Mitterand, Philosoph –, *interessiert sich für den Erfahrungsmodus, der heute praktisch entsteht, wenn wir so sehr von Bildern umgeben sind wie wir es sind.* Und er sieht das in historischer Perspektive:

In Antike und Mittelalter, im Zeitalter der Theokratien und des Idols, »darf ich den sichtbaren Anschein in Frage stellen, nicht aber, dass ein Jenseits des Sichtbaren existiert und dass ich meinen spirituellen Blick darauf zu fokussieren habe.« (Debray 1999, S. 379f.). Es war ein »Blick ohne Subjektbezug« (S. 239). – Ich habe dasselbe unter der Überschrift »Repräsentanz der Idee des Göttlichen« zusammengefasst.

Seit der frühen Neuzeit, im Zeitalter der Ideokratie und der Kunst, »darf ich an den Göttern und den Götzenbildern zweifeln, aber nicht an der Wahrheit und auch nicht daran, dass diese aus dem großen Buch der Welt herausgelesen werden muss, indem man die sichtbaren Phänomene zu unsichtbaren Gesetzen in Beziehung setzt.« (Debray, S. 379f.). Es war ein Blick, hinter dem sich ein Subjekt befindet (S. 239). – Ich hatte dafür die Überschrift »Hinwendung zur realen Welt«.

Nach ca. 1970, im Zeitalter des Visuellen oder der Videokratie – Debray spricht nicht von Postfordismus und Globalisierung –, »darf ich die Diskurse über Wahrheit und Heil ignorieren und die Universalien und Ideale in Frage stellen, aber nicht den Wert der Bilder. Die unbestreitbare Annahme ist der Gemeinplatz einer Epoche. Sie beherrscht um so stärker das Denken, je weniger sie als solche gedacht wird. Jede herrschende Autorität gibt sich als selbstverständlich. Das, was uns die Welt sehen lässt, ist auch das, was uns gegen sie blind macht: unsere ›Ideologie‹. Letztere, die stets am heftigsten wirkt, wenn sie sich der Ideen entledigen will, wohnt in unseren Augen.« (S. 380). Die Augen sind näher am Leben – jedenfalls ist das der neue Glaube.

An anderer Stelle schreibt Debray: »Die Aussage der christlichen Ikone war: Euer Gott ist gegenwärtig. Die nachchristliche Ikone [gemeint ist die heutige Medien-Bildkultur] sagt: Auf dass die Gegenwart Euer Gott sei.« (S. 316). Das heißt: Wenn wir nur Bilder und Bildbeweise akzeptieren, ignorieren wir das hinter dem Sichtbaren Existierende, die Probleme, die Hintergründe. Ein Beispiel: Wenn wir nur die Bilder von zusammengepferchten Geiseln im Dschungel sehen; wenn in den Nachrichten nur die Bilder der Opfer gezeigt werden, verlieren wir die wichtigen Dinge aus den Augen, z.B. die Frage, ob die Geiselnehmer Rebellen mit berechtigten Interessen oder Gangster sind; ob Reisbüros ihren Kunden Informationen über Krisengebiete verschweigen etc. Wenn wir diese Gedanken verdrängen – weil das kommerzielle Fernsehen uns nicht über Hintergründe informiert –; wenn wir nur auf das im Bild Tatsächliche schauen – auf die Nervenzusammenbrüche der Geiseln, die bei uns Rührung und Schrecken auslösen –, wird das Bild, als »unbestreitbare Annahme«, zur Ideologie: »Es ist ein »Anblick ohne Blick« (S. 239), d.h. ohne kritischen Blick auf die Hintergründe.

Repräsentanz heute – so die These des Mediologen – ist nicht mehr räsonierende Repräsentanz, sondern Repräsentanz von Macht mittels des Erfahrungsmodus des rein Visuellen. Diese These ist gut – aber sie ist mir zu einseitig. Anders als Debray möchte ich 2.500 Jahre Mediengeschichte nicht im Modell einer Videokratie enden lassen, in der »Bilderfluten« alles Räsonieren ausschließen. Das ist ein abstraktes Modell. *Das Problem ist, dass derart pauschale Kritik – so differenziert sie ist – die Widersprüche in der Realität nicht untersucht.*

Die Sicht der neuen kritischen Medienforschung

In den meisten üblen gesellschaftlichen Strukturen finden sich Elemente, die die Dinge weiter treiben, die den Menschen nützen und kritisches Bewusstsein fördern. Man muss nur daran interessiert sein, sie zu untersuchen. Tut Kritik das nicht, ist sie wissenschaftlich unseriös und politisch konservativ nutzbar.

Ich meine, dass man das Ganze der heutigen Massenmedien als einen widersprüchlichen, dynamischen Prozess ansehen muss:

Einerseits: der verhexte Zustand
Der gegenwärtige Zustand der Medien liegt nicht an »den Medien« in »unserer Wissens- und Mediengesellschaft«, den »neuen Medientechnologien« etc., sondern an deren oligopol-kapitalistischer Struktur. Der stabilisierte Medien-Oligopol-Kapitalismus brachte seit den 1930er Jahren das Bemühen, die Grundinteressen – Räsonieren, Rührung und Schrecken, Lachen, Repräsentanz – systematisch, »wissenschaftlich« einzusetzen, sie in das zu kanalisieren, was ich »erfolgreiche medienkulturelle Muster« genannt habe.

Das darf man sich *nicht* so vorstellen, dass die kommerziellen Anbieter so nett sind, das Publikum als »Empfänger einer Dienstleistung« aufzufassen, »die in Warenform auf die verschiedenen Bedürfnisse eingeht, vor allem auf das Unterhaltungsbedürfnis« und dass sich darin eine »stärkere lebensweltliche Orientierung des Mediums« zeigt (Mikos et al. 2000, S. 40). Das ist erstaunlich naiv, denn so schön ist das nicht: Medien-Oligopol-Kapitalismus bedeutet zwar, das ist richtig, die Bemühung, die Verkaufbarkeit der Medien-Waren zu sichern, *aber das ist nicht die Beste aller Welten.* Die erfolgreichen medienkulturellen Muster sind Träger der Wertabstraktion (Prokop 2000, S. 281ff.). Das ist – selbst wenn das so klingt – kein Mysterium, sondern eine empirisch überprüfbare Tatsache, denn es geht darum, dass zunehmend die »Verwaltungsautorität« Macht über die »Fachautorität« der Künstler, Journalisten, Autoren etc. gewinnt: *Verkaufs-Fachleute versuchen, sich als Spezialisten der Attraktivität einzurichten, so wie Anfang des 20. Jahrhunderts der Taylorismus, die Fließbandarbeit, die Macht über die Organisation der Arbeit den Managern und »Rationalisierungs«-Ingenieuren überantwortete und den Arbeitern nur die körperliche Arbeit überließ.*

Das impliziert auch die von Debray beschriebene Tendenz zum »Anblick ohne Blick«. An anderer Stelle habe ich versucht, diese Tendenz als »praktischen Positivismus« zu analysieren (Prokop 2000, S. 58ff.). Für unsere Zwecke reicht es, wenn wir uns das Kapitel über Auguste Comte, den Gründer der Soziologie, ins Gedächtnis rufen. Comte hatte sich das »positive«, disziplinierte Bewusstsein als einen Erfahrungsmodus gewünscht, der sich aufs Tatsächliche, Relative, Genaue, Gewisse und Nützliche beschränkt und dadurch automatisch alles kritische Denken ausschließt. Comtes Gedanke war: Wer nach naturwissenschaftlichen Regeln beobachtet, hat keine Freiheit des Gewissens, denn naturwissenschaftliche Beobachtung erkennt lediglich unabänderliche Naturgesetze. Das funktioniert nicht immer, denn intelligente Menschen sind auch zu einer sorgfältigen Beobachtung fähig. Damit das im reaktionären Sinne funktioniert, muss Beobachtung nach »positiven« Regeln ablaufen: Sie muss, wenn sie sich auf das Tatsächliche richtet, alle »Spekulation« ausschließen; sie darf das Beobachtete nur mit dem Interesse ansehen, es zu klassifizieren; sie muss eigenes Denken heraushalten. »Weit davon entfernt, uns zu versteinern«, schreibt Debray über die positivistische Ideologie des Visuellen, »verwandelt sie uns selbst in Medusen, die alles in Klischees erstarren lassen, was wir betrachten.« (Debray 1999, S. 380). *Wo die Vernunft ausgeschlossen wird, gibt es auch keine Fantasie.* Dann ordnet sich die Fantasie den Dingen unter – und das ist das, was Debray mit »Anblick ohne Blick« meint, denn der wirkliche, befreiende Blick würde das Tatsächliche kritisch durchdringen.

Es herrscht der kurze, geregelte, in Kategorien einteilende »Anblick«. Das liegt jedoch nicht am Visuellen schlechthin, sondern an den tayloristischen Tendenzen im Medien-Oligopol-Kapitalismus: Alle Macht wird den Marketing- und Event-Fachleuten in den Profit-Centers übergeben. Entmachtet werden die Fachleute, die Redakteure – die zumindest die strukturelle Chance haben, das Publikum mit Qualität zu gewinnen – zu Gunsten derer, die in den Formatradios den Computer oder im Kommerzfernsehen die Kamera auf jene kategorial bestimmten Gefühlswerte einstellen, die mit Rührung und Schrecken die Zuschauer an den Bildschirmen halten. *Das ist eine Entmachtung des Publikums, denn ihm wird alles weggenommen, was nicht Empathie und Einkaufsinteressen impliziert.*

Horkheimer und Adorno sprachen vom »verhexten« Zustand der Gesellschaft: »Mit der Versachlichung des Geistes wurden die Beziehungen der Menschen selber verhext, auch die jedes Einzelnen zu sich. Er schrumpft zum Knotenpunkt konventioneller Reaktionen und Funktionsweisen zusammen, die sachlich von ihm erwartet werden. [...] Durch die ungezählten Agenturen der Massenproduktion und ihrer Kultur werden die genormten Verhaltensweisen dem Einzelnen als die allein natürlichen, anständigen, vernünftigen aufgeprägt. Er bestimmt sich nur noch als Sache, als statistisches Element, als success or failure.« (1944, S. 41). *Wie beim Taylorismus gehört die Macht den »geistigen Arbeitern«, den Managern und Marketing-Ingenieuren. Das Publikum soll an den Bildschirmen keine eigene geistige Arbeit mehr leisten, sondern nur noch die fast körperliche – die reaktionärsten Wissenschaftler sagen: »biophysische« – Arbeit des emphatischen Mitmachens und Einkaufens, so wie es in den Studios und bei Konzerten aufs blöde Mitklatschen verpflichtet wird. Das »Vergnügen«, das Event-Fachleute mit ihrem Milieu-Zielgruppen-Zauber in den Profit-Centers ausarbeiten, ist ein medien-oligopol-kapitalistisch verhextes Vergnügen.*

Andererseits: Chancen der Befreiung
Ich habe als Überschriften für die Zeit des Postfordismus und der Globalisierung nicht Stichworte wie »Anblick ohne Blick« oder »Positivistische Verblödung« oder »Ende des vernünftigen Individuums« oder »Tod des Subjekts« genommen, sondern die Stichworte »Grenzerweiterungen im Spiel mit dem Unvertrauten« und »Lebenskampf«. Denn es gibt die andere Seite der Medaille: *Nur weil ein paar Marketing-Experten – unterstützt von positivistischen Wissenschaftlern – soziale Milieus konstruieren, in denen der Verstand des Publikums nicht vorkommt, muss man noch lange nicht das vernünftige Individuum für tot erklären. Nur weil sich Werbung-Auftraggeber nicht für die Intelligenz der Massen interessieren, muss man noch lange nicht annehmen, die Menschen würden total in ihren Milieus aufgehen und sich den kommerziellen Events total unterwerfen, und deshalb sei das Subjekt tot.*

Zunächst ist darauf hinzuweisen, dass der oligopol-kapitalistische Zustand der Medien kontrollierbar, regulierbar ist. Oft liegt das auch im Interesse der Medienkonzerne, zum Beispiel, wenn organisierte Publikumsgruppen mit Boykotten drohen. Die Medien »in unserer Wissens- und Mediengesellschaft« sind kein Naturzustand.

Außerdem: Was die Bilder betrifft, meine ich, dass sie nicht automatisch konkretistisch und positivistisch sein müssen. *Nicht das Bild als solches schließt kritisches Denken aus. Es gibt in den Bildern, in den Inszenierungen, auch Visualisierungen des Befreienden. Gesetz, Demokratie, Menschenrecht, Gemeinwohl, Fortschritt sind selbstverständlich populär visualisierbar* (Prokop 2000, S. 38, 40f., 135f.). Das sieht Debray nicht, er will zurück zur Schrift (Debray 1999, S. 387).

Außerdem sollte man die heutige Welt-Medienkultur nicht als »Schrott«, »kitschig, »niveaulos«, »voyeuristisch« abtun. Das wäre bloß der ewige Kampf der Vergeistigten, Erleuchteten gegen die an Realität Interessierten; der Moralisten gegen die Materialisten. *Den Moralisten ist entgegen zu setzen: Wenn mittels der kommerziellen, »verhexten« Welt-Medienkultur das amerikanische, europäische, afrikanische, asiatische, lateinamerikanische, australische, grönländische Publikum aus der Beschränktheit des lokalen, regionalen Lebens herausgerissen wird, schafft das weltweit eine Distanz zum eigenen Leben. Die durchrationalisierten Medienprodukte verbreiten gerade in ihrem durchrationalisierten Charakter, in ihrer Zugänglichkeit für alle, eine Rationalität, die über das Schlechte, Falsche, hinausweist.* Horkheimer und Adorno, gegenüber der »Kulturindustrie« meist Moralisten, argumentierten ansonsten materialistisch so: »So setzt sich in der Herrschaft das Moment der Rationalität als ein von ihr auch verschiedenes durch. Die Gegenständlichkeit des Mittels, die es universal verfügbar macht, seine ›Objektivität‹ für alle, impliziert bereits die Kritik von Herrschaft, als deren Mittel Denken erwuchs.« (1944, S. 51). Die Maximen der Klarheit, Merkmal aller kommerziell erfolgreichen und populären Medienprodukte, von Moralisten oft als »Standardisierung« diffamiert, sind darin produktiv, dass sie jene Objektivität für alle schaffen.

Außerdem schafft das weltweite Spiel von Rührung und Schrecken – neben falschen Illusionen – auch einen Anteil an Realismus, Ichstärke, Befreiung. Einfühlung in das Leiden war in der Mediengeschichte lange schon ein Mittel der Ichbildung.

Es ist meine These, dass auch die Human Interests ein praktisches Räsonieren der Massen darstellen können, denn Human Interests zielen, wie alle »Dichtung«, stets auf das Allgemeine. »Das Allgemeine besteht darin, dass ein Mensch von bestimmter Beschaffenheit nach der Wahrscheinlichkeit oder Notwendigkeit bestimmte Dinge sagt oder tut – eben hierauf zielt die Dichtung, obwohl sie den Personen Eigennamen gibt.« (Aristoteles, Poetik, 9. Buch). Human Interests implizieren, dass das Publikum die in den Medien dargestellten Menschen und deren Handlungen auf seine realen Chancen und Risiken hin einschätzt und debattiert. Das enthält ein Räsonieren, selbst wenn es sich nicht der Wissenschaftssprache bedient. Außerdem geht es seit Richardsons Bestseller-Roman *Pamela* (1740) selbst dort, wo Wissenschaftler bloß Gefühle – und damit »Kitsch« – wahrnehmen, stets um den Äquivalententausch, um die Angemessenheit und Gleichwertigkeit des Gebens und Nehmens. Auch das ist ein Räsonieren.

So besteht Hoffnung auf eine befreite »globale Stadt« ichstarker, Rollen-bewusster, mündiger Welt-Bürger. Es besteht Hoffnung, dass die Weltgesellschaft nicht bei der Idiotie des »globalen Dorfs« – mit absolutistischen Fürstenhöfen, die darüber herrschen – landen wird, in dem dumpfe Dorfbewohner »vergnügt« um subkulturelle, marketing-gerechte Kult-Fetische herumtanzen und sich von Schamanen, die Carl Schmitt oder Niklas Luhmann zitieren, einreden lassen, das müsse so sein.

Hoffnung besteht auch, weil die Manipulationsmöglichkeiten, die sich die »Manager des Erfolgs« und ihre untertänigen Medienökonomen, PR-Wissenschaftler und Kommerz-Medienwirkungsforscher ausdenken, gar nicht funktionieren (Prokop 2000, S. 240ff.). Markterfolg hatten in der Mediengeschichte immer nur die wirklich nützlichen Angebote, nicht die Marketingstrategien. In der neueren Mediengeschichte blieb das Publikum immer dann weg, wenn es zu viel Standardisiertes und schlecht Gemachtes vorgesetzt bekam. Immer dann rafften sich die Medienkapitalisten dazu auf, viel Kapital in Qualität zu investieren – um dann wieder den Verlockungen des Schnellprofits zu erliegen, Qualität zu reduzieren, bis wiederum die Kinokassen-Einnahmen und die Einschaltquoten sanken. Es ist ein andauernder Kampf. Das Publikum ist niemals total verhext.

Was hatte Voltaire über das Publikum gesagt? Er sagte: »Das Publikum ist nicht dumm; es bietet seinerseits dem Wahnsinn Trotz, der auf seine Kosten lebt.«

Literatur

ADORNO, Theodor W.: Zur gesellschaftlichen Lage der Musik. In: Zeitschrift für Sozialforschung 1 (1933)

ADORNO, Theodor W.: Prolog zum Fernsehen (1953). In: Ders.: Eingriffe: Neun kritische Modelle. Frankfurt 1963

ADORNO, Theodor W.: Einleitung in die Musiksoziologie (1962). Reinbek 1968

ADORNO, Theodor W.: Résumé über Kulturindustrie (1963). In: Adorno 1967a

ADORNO, Theodor W.: Versuch über Wagner (1964). In: Adorno: Gesammelte Schriften Bd. 13, Frankfurt 1997

ADORNO, Theodor W.: Ohne Leitbild, Suhrkamp, Frankfurt 1967a

ADORNO, Theodor W.: Einleitung. In: Emile Durkheim: Soziologie und Philosophie. Frankfurt 1967b

ADRIANS, Frauke: Journalismus im 30jährigen Krieg. Kommentierung und »Parteylichkeit« in Zeitungen des 17. Jahrhunderts. Konstanz 1999

ALTENLOH, Emilie: Zur Soziologie des Kino [sic!]. Die Kino-Unternehmung und die sozialen Schichten ihrer Besucher. Jena 1914

ALTMEPPEN, Klaus-Dieter: Ökonomie der Medien und des Mediensystems. Opladen 1996

ANDRESEN et al. (Hrsg): Lexikon der Antiken Welt (1965). Augsburg 1995

ANDREWS, Bart: The »I Love Lucy« Book. New York 1985

ARISTOTELES: Poetik (um 335 v.u.Z.). Manfred Fuhrmann (Hrsg.). Stuttgart 1994

ARISTOTELES: Politik. Olof Gigon (Hrsg.), München 1973

ARISTOTELES: Rhetorik. F.G. Sievecke (Hrsg.), München 1980

ARISTOTELES: Metaphysik. Ursula Wolf (Hrsg.). Reinbek 1994

ASQUITH, Ivon: The structure, ownership and control of the press, 1780-1855. In: Boyce 1978

AUGSTEIN, Rudolf: Jesus Menschensohn. München 1972; 2. neubearb. Aufl. Hamburg 1999

AWA, Allensbacher Werbeträger-Analyse

BAC Burda Advertising Center: Die Sinus-Milieus in Deutschland. TdW Intermedia. Strategische Marketing- und Mediaplanung mit der Typologie der Wünsche Intermedia. Eine Dokumentation für Anwender. Offenburg 2000

BACH, Steven: Final Cut. New York 1985

BAECQUE, Antoine de: La dénonciation publique dans la presse et le pamphlet 1789-1791. In: Chisick 1991

BAHRDT, Hans Paul: Die Angestellten, die Industriearbeiter, die Beamten. In: Marianne Feuersenger (Hrsg.): Gibt es noch ein Proletariat? Frankfurt 1962

BAIER, Wolfgang: Geschichte der Fotografie. München 1980

BAIGENT, Michael und Richard LEIGH: Verschlusssache Jesus. Die Qumranrollen und die Wahrheit über das frühe Christentum. München 1991

BALDAUF, Monika und Walter KLINGLER: Konstante Hörfunknutzung in Deutschland. Ergebnisse der Media Analyse 1993. In: Media Perspektiven 9/1993, S. 410ff.

BALDWIN, Thomas und Steven Mc COY: Cable Communication. Englewood Cliffs, New Jersey 1988

BALZER, Bernd: Bürgerliche Reformationspropaganda. Stuttgart 1973

BARAN, Paul A. und Paul M. SWEEZY: Monopolkapital. Ein Essay über die amerikani-

sche Wirtschafts- und Gesellschaftsordnung. Frankfurt 1967
BARAN, Paul A. und Paul M. SWEEZY: Thesen zur Werbung. In: Paul A. Baran: Zur politischen Ökonomie der geplanten Wirtschaft. Frankfurt 1968
BARNOUW, Erik: Tube of Plenty. The Evolution of American Television. New York 1990
BARTHES, Roland: Mythen des Alltags (1957), Frankfurt 1964
BATZ, Jean-Claude: A propos de la crise de l'industrie du cinéma. Bruxelles 1963
BAUDELAIRE, Charles: Über das Wesen des Lachens und das Komische in der plastischen Kunst im Allgemeinen (1857). In: Ders.: Aufsätze. München 1960
BAUDRILLARD, Jean: Cool Memories. München 1989
BAUDRILLARD, Jean: Die Transparenz des Bösen. Berlin 1992
BAUER, Raymond A.: Das widerspenstige Publikum (1964). In: Prokop 1973a
BECK, Hans Georg: Das byzantinische Jahrtausend. München 1994
BECK, Ulrich: Risikogesellschaft. Auf dem Weg in eine andere Moderne. Frankfurt 1986
BECK, Ulrich, Anthony GIDDENS, Scott LASH: Reflexive Modernisierung. Eine Kontroverse. Frankfurt 1996
BECKER, Gary S.: Der ökonomische Ansatz zur Erklärung menschlichen Verhaltens. Mohr, Tübingen 1982
BECKERT, Bernd und Herbert KUBICEK: Multimedia möglich machen: Vom Pilotprojekt zur Martkeinführung. In: Media Perspektiven 3/1999
BÉGUIN, Albert: Blaise Pascal. Reinbek 1959
BEHRINGER, Wolfgang: Post, Zeitung und Reichsverfassung. Machtkämpfe zu Beginn des Zeitungswesens. In: Beyrer und Dallmeier 1994
BELL, Daniel: Die nachindustrielle Gesellschaft (1973). Frankfurt 1985
BELTING, Hans: Das Bild und sein Publikum im Mittelalter. Form und Funktion früher Bildtafeln der Passion. Berlin 1981
BELTING, Hans: Bild und Kult. Eine Geschichte des Bildes vor dem Zeitalter der Kunst. München 1993
BENDA, Ernst, Werner MAIHOFER; Hans-Jochen VOGEL (Hrsg.): Handbuch des Verfassungsrechts. Berlin 1994
BENJAMIN, Walter: Erwiderung an Oscar A.H. Schmitz (1927) In: Prokop 1971
BENJAMIN, Walter: Das Kunstwerk im Zeitalter seiner technischen Reproduzierbarkeit (1936). Frankfurt 1963
BENTELE, Günter: Defizitäre Wahrnehmung: Die Herausforderung der PR an die Kommunikationswissenschaft. In: Bentele und Haller 1997
BENTELE, Günter und Michael HALLER (Hrsg.): Aktuelle Entstehung von Öffentlichkeit. Konstanz 1997
BERG, Klaus und Marie Luise KIEFER (Hrsg.): Massenkommunikation IV. Eine Langzeitstudie zur Mediennutzung und Medienbewertung 1964-1990. Baden-Baden 1992
BERGER, Peter L.: Erlösendes Lachen. Das Komische in der menschlichen Erfahrung. Berlin 1998
BEYRER, Klaus und Martin DALLMEIER (Hrsg.): Als die Post noch Zeitung machte. Eine Pressegeschichte. Gießen 1994
BIALOWONS, Günter: Geschichte der deutschen Presse von den Anfängen bis 1789. Karl-Marx-Universität, Sektion Journalistik. Leipzig 1975
BILLSON, Anne: Screen Lovers. München 1990
BINDER; Elisabeth: Die Entstehung unternehmerischer Public Relations in der Bundesrepublik Deutschland. Münster 1995
BIRN, Raymond: The pamphlet press and the Estates-General of 1789. In: Chisick 1991
BLÄTTLER, Sidonia: Der Pöbel, die Frauen, etc. Die Massen in der politischen Philoso-

phie des 19. Jahrhunderts. Berlin 1995
BLECKMANN, Bruno: Konstantin der Große. Reinbek 1996
BLEYER, Willard G.: Main Currents in the History of American Journalism. Boston 1927
BOBROWSKY, Manfred und Wolfgang R. LANGENBUCHER (Hrsg.): Wege zur Kommunikationsgeschichte. München 1987
BOGEL, Else und Elger BLÜHM: Die deutschen Zeitungen des 17. Jahrhunderts. Bremen 1971
BORDWELL, David, Janet STAIGER, Kristin THOMPSON: The Classical Hollywood Cinema. Film Style and Mode of Production to 1960. New York 1985
BOSE, Günter und Erich BRINKMANN: Circus. Geschichte und Ästhetik einer niederen Kunst. Berlin 1978
BOURDIEU, Pierre: Die feinen Unterschiede (1982). Kritik der gesellschaftlichen Urteilskraft. Frankfurt 1987
BOURDIEU, Pierre: Ökonomisches Kapital, kuturelles Kapital, soziales Kapital. In: KRECKEL, Reinhard (Hrsg.): Soziale Ungleichheiten. Soziale Welt, Sonderband 2, Göttingen 1983
BOURDIEU, Pierre: Über das Fernsehen. Frankfurt 1998
BOYCE, George et al.: Newspaper History. From the seventeenth century to the present day. London 1978
BRECHT, Bertolt: Radiotheorie (1927-1932). In: Ders.: Gesammelte Werke. Frankfurt 1967, Bd. 18
BREUER, Josef und Sigmund FREUD: Studien über Hysterie (1895). Frankfurt 1970
BROOKS, Louise Brooks: Lillian Gish und Greta Garbo. In: Dies.: Lulu in Berlin und Hollywood. Frankfurt 1986
BRUCH, Michael und Hans-Peter KREBS (Hrsg.): Unternehmen Globus. Facetten nachfordistischer Regulation. Münster 1996
BÜHL, Walter L.: Das kollektive Unbewusste in der postmodernen Gesellschaft. Konstanz 2000
BRUGGER-ALBEL, Barbara: Die Frankfurter Postzeitung. In: Beyrer und Dallmeier 1994
BRUMLIK, Micha: Schrift, Wort und Ikone. Wege aus dem Bilderverbot. Frankfurt 1994
BRUNKHORST, Hauke: Volk ist out, Staat ist sexy. Zur geistigen Verfassung der ›Generation Berlin‹. In: die tageszeitung, 24.7.2000
BÜCHSEL, Martin: Die Geburt der Gotik. Abt Sugers Konzept für die Abteikirche St.-Denis. Freiburg 1997
BURKE, Edmund: Betrachtungen über die französische Revolution (1790). Frankfurt 1967
BURKE, Peter: Helden, Schurken und Narren. Europäische Volkskultur in der frühen Neuzeit. Stuttgart 1981
BURKE, Peter: Die Renaissance in Italien. Sozialgeschichte einer Kultur zwischen Tradition und Erfindung. Berlin 1984
BUSCH, Bernd: Belichtete Welt. Eine Wahrnehmungsgeschichte der Fotografie. Frankfurt 1995

CANTOR, Muriel und Suzanne PINGREE: The Soap Opera. Beverly Hills 1983
CAREY, John: Hass auf die Massen. Intellektuelle 1880-1939. Göttingen 1996
CARRINGER, Robert L.: The Making of Citizen Kane. Berkeley 1985
CASTLEMAN, Harry und Walter J. PODRAZIK: Watching TV. Four Decades of American Television. New York 1982
CHAPLIN, Charles: Die Geschichte meines Lebens. Frankfurt 1964
CHISICK, Harvey (Hrsg.): The Press in the French Revolution. Oxford 1991

CHRONIK DES FILMS, Gütersloh 1994
COHEN-SÉAT, Gilbert: Film und Philosophie. Gütersloh 1962
COLLINS, Richard: Das britische Satellitenfernsehen zu Beginn der 1990er Jahre. In: Media Perspektiven 2/1992
COMTE, Auguste: Plan der wissenschaftlichen Arbeiten, die für eine Reform der Gesellschaft notwendig sind (1822). Dieter Prokop (Hrsg.). München 1973COMTE, Auguste: Brief an Valat 25. 12. 1824. In: Lettres d'Auguste Comte à Monsieur Valat. Paris 1870, S.158
COMTE, Auguste: Soziologie (Cours de philosophie positive, 6 Bde. 1830-1842). 3 Bde. (Bd. 4-6 der »Cours«) Jena 1907
COMTE, Auguste: Rede über den Geist des Positivismus (1844) Hamburg 1956
COMTE, Auguste: Système de politique positive (1854). 4 Bde. Paris 1929
CONANT, Michael: Antitrust in the Motion Picture Industry. Los Angeles 1960
CONERT, Hansgeorg: Vom Handelskapital zur Globalisierung. Entwickung und Kritik der kapitalistischen Ökonomie. Münster 1998
CONRAD, Michael und Leo BURNETT (Hrsg.): Life Style Research 1990. Frankfurt 1991
CONTER, Claude D.: Zu Besuch bei Kaspar Stieler. In: Publizistik 44 (1999)

DAHL, Peter: Radio. Sozialgeschichte des Rundfunks für Sender und Empfänger. Reinbek 1983
DAHLKE, Günther und Lilli KAUFMANN (Hrsg.): ... wichtigste aller Künste. Lenin über den Film. Berlin 1970
DANN, Otto: Die Lesegesellschaften des 18. Jahrhunderts und der gesellchaftliche Aufbruch des deutschen Bürgertums. In: Göpfert 1977
DARWIN, Charles: Die Entstehung der Arten durch natürliche Zuchtwahl (1859). Stuttgart 1963
DAS BESTE VERLAG: Das Beste-Typologie. SÖMAS [sozio-ökonomische Marktsegementierung]. Düsseldorf 1996
DATENREPORT: Statistisches Bundesamt, Wiesbaden
DEBRAY, Régis: Jenseits der Bilder. Eine Geschichte der Bildbetrachtung im Abendland. Rodenbach 1999
DEBUS, Mechtild: Der Werbemarkt 1993. In: Media Perspektiven 6/1994
DECKER, H. et al.: Die Massenmedien in der postindustriellen Gesellschaft. Göttingen 1976
DE DIENES, André: Marilyn Mon Amour. New York 1985
DeFLEUR, Melvin L.: Mass Communication and Social Change. In: Jeremy Tunstall (Hrsg.): Media Sociology. Urbana 1970
DIEDERICHSEN, Diedrich: Sexbeat. Köln 1985
DIETERICHS, Karl: Die Buchdruckpresse von Johann Gutenberg bis Friedrich König. Mainz 1930
DILLER, Ansgar: Rundfunkpolitik im Dritten Reich. Rundfunk in Deutschland. Hans Bausch (Hrsg.), Band 2. München 1980
DOBB, Maurice: Die Entwicklung des Kapitalismus (engl, 1963). Köln 1972
DOHMEN, Florian: Medien & Macht. Ökonomische, politische und kulturelle Dimensionen multimedialer Entwicklung. Hamburg 1998
DOUCOUDRAY, Emile: Les clubs électoraux parisiens en 1791-1792. In: Chisick 1991
DURANT, Will und Ariel: Kulturgeschichte der Menschheit (1935). Frankfurt 1981
DURKHEIM, Émile: Über soziale Arbeitsteilung (1892). Frankfurt 1988

ECO, Umberto: Der Name der Rose (1980). München 1982
EISENHARDT, Ulrich: Die kaiserliche Aufsicht über Buchdruck, Buchhandel und Presse im Heiligen Römischen Reich Deutscher Nation 1496-1806. Karlsruhe 1970
EISENSTEIN, Elizabeth L.: Die Druckerpresse. Kulturrevolutionen im frühen modernen Europa. Wien 1997
EISENSTEIN, Sergei: Montage der Attraktionen (1923). In: Eisenstein 1974, Bd. 1
EISENSTEIN, Sergei: Dialektische Theorie des Films (1929). In: Prokop 1971
EISENSTEIN, Sergei: Dickens, Griffith and the Film Today (1944). In: Ders.: Film Form. London 1963
EISENSTEIN, Sergei: Schriften. 2 Bde, München 1974
ELYADA, Ouzi: Les récits de complot dans la presse populaire parisienne 1790-1791. In Chisick 1991
ELIAS, Norbert: Über den Prozeß der Zivilisation (1936), Frankfurt 1976
ENGELS, Friedrich: Umrisse zu einer Kritik der Nationalökonomie (1844). In: Marx/ Engels: Werke, Bd. 1
ENGELSING, Rolf: Analphabetentum und Lektüre. Zur Sozialgeschichte des Lesens in Deutschland zwischen feudaler und industrieller Gesellschaft. Stuttgart 1973
ENGELSING, Rolf: Der Bürger als Leser. Stuttgart 1974
ENZENSBERGER, Hans Magnus: Baukasten zu einer Theorie der Medien (Kursbuch 20 / 1970). München 1997
ENZENSBERGER, Hans Magnus: Das Nullmedium oder Warum alle Klagen gegen das Fernsehen gegenstandslos sind. In: Ders.: Mittelmaß und Wahn. Frankfurt 1988
ESTERMANN, Alfred (Hrsg.): Zeitungsstadt Frankfurt am Main. Zur Geschichte der Frankfurter Presse in fünf Jahrhunderten. Frankfurt 1994
ETATS GÉNÉRAUX du Cinéma. In: Cahiers du Cinéma. Nr. 205, Aug. 1968

FAULKNER, Harold Underwood: American Economic History. New York 1960
FAULSTICH, Werner: Medien und Öffentlichkeiten im Mittelalter 800-1400. Göttingen 1996
FAULSTICH, Werner: Das Medium als Kult. Von den Anfängen bis zur Spätantike (8. Jahrhundert). Göttingen 1997
FAULSTICH, Werner: Medien zwischen Herrschaft und Revolte. Die Medienkultur der frühen Neuzeit (1400-1700). Göttingen 1998
FLAVIUS Josephus: Jüdische Altertümer (93/94)
FORD, Henry: Mein Leben und Werk. Leipzig 1923
FREUD, Anna: Das Ich und die Abwehrmechanismen (1936). München o.J.
FREUD, Sigmund: Zur Psychotherapie der Hysterie (1895). Werke. Studienausgabe Ergänzungsband
FREUD, Sigmund: Die Traumdeutung. (1900). Werke. Studienausgabe Bd. 2
FREUD, Sigmund: Psychopathologie des Alltagslebens (1901. Buch: Berlin 1904) Frankfurt 1954
FREUD, Sigmund: Drei Abhandlungen zur Sexualtheorie (1905). Werke. Studienausgabe Bd. 5
FREUD, Sigmund: Der Witz und seine Beziehung zum Unbewussten (1905). Werke. Studienausgabe Bd. 5
FREUD, Sigmund: Massenpsychologie und Ich-Analyse (1921). Werke. Studienausgabe Bd. 9
FREUD, Sigmund: Werke. Studienausgabe. Frankfurt 1972
FREUND, Gisèle: Photographie und bürgerliche Gesellschaft. Eine kunstsoziologische Studie (1936). München 1968

FRIEDENTHAL, Richard: Luther. Sein Leben und seine Zeit. München 1967
FRIEDENTHAL, Richard: Karl Marx. Sein Leben und seine Zeit. München 1981
FRISCHAUER, Paul: Theater-Geschichte. Die Welt der Bühne als Bühne der Welt. München 1977
FRÜH, Werner: Medienwirkungen. Das dynamisch-transaktionale Modell. Opladen 1991
FUDER, Dieter: Don-Juanismus der Erkenntnis. In: Ralf Bohn und Dieter Fuder (Hrsg.): Baudrillard. Simulation und Verführung. München 1994
FÜSSLIN, Georg et al.: Der Guckkasten. Einblick – Durchblick – Ausblick. Stuttgart 1995
FUHRMANN, Horst: Einladung ins Mittelalter. München 1989
FUHRMANN, Horst: Überall ist Mittelalter. Von der Gegenwart einer vergangenen Zeit. München 1996
FUHRMANN, Manfred: Die Dichtungstheorie der Antike. Aristoteles-Horaz-'Longin'. Darmstadt 1992
FUHRMANN, Manfred: Nachwort zu Aristoteles, Poetik. Stuttgart 1994

GALLO, Max: Geschichte der Plakate. Herrsching 1975
GANDELMAN, Claude: Appropriation et fécalisation: le rôle de la scatologie dans l'imagerie et le langage sans-culotte. In: Chisick 1991
GEBAUER, Gunter: Die Konstruktion der Gesellschaft aus dem Geist? In: Kölner Zeitschrift für Soziologie und Sozialpsychologie 3 / 2000
GEHRMANN, Wolfgang und Norbert KOSTEDE: Fernsehen auf Leben und Tod. In: Die Zeit, 19.3.1993
GEISSLER, Rainer: Die Sozialstruktur Deutschlands. Opladen 1996
GELDNER, Ferdinand: Die ersten typographischen Drucke. In: Widmann 1972
GESSNER, Robert: Porter and the Creation of Cinematic Motion. In: Journal of the Society of Cinematologists 2 (1962)
GfK, Gesellschaft für Marktforschung: Der Kinobesuch, Bd. I: Juni 1961, September 1961, Oktober 1961. Bd. II: September 1965
GIESECKE, Michael: Der Buchdruck in der frühen Neuzeit. Frankfurt 1998
GHIGLIONE, Loren: The American Journalist, Library of Congress, Washington 1990
GODWIN, Joscelyn: Athanasius Kircher. Berlin 1994
GÖPFERT, Herbert (Hrsg.): Buch und Leser. Hamburg 1977
GÖRLITZER, Thomas: Das Ende des Formatradios? Produktionstechnische und soziostrukturelle Grenzen einer Programmkonzeption. Universität Frankfurt, Magisterarbeit 1996
GOLDING, Peter und Graham MURDOCK (Hrsg.): The Political Economy of the Media. 2 Bde. Cheltenham 1997
GOLDTHORPE, John H. und David LOCKWOOD et al.: Der »wohlhabende« Arbeiter in England (1968). München 1970
GOMBRICH, Ernst Hans: Die Geschichte der Kunst. Frankfurt 1996
GOMERY, Douglas: Shared Pleasures. A History of Movie Presentation in the United States. London 1992
GÖÖCK, Roland: Die großen Erfindungen. Nachrichtentechnik, Elektronik. Künzelsau 1988
GÖTTLICH, Udo und Rainer WINTER (Hrsg.): Politik des Vergnügens. Zur Diskussion der Populärkultur in den Cultural Studies. Köln 2000
GREBING, Helga: Die Geschichte der deutschen Arbeiterbewegung. München 1970
GREINER, Martin: Die Entstehung der modernen Unterhaltungsliteratur. Studien zum Trivialroman des 18. Jahrhunderts. Reinbeck 1964

GRIFFITH, Richard und Arthur MAYER: The Movies. London 1979
GRONOWICZ, Antoni: Greta Garbo. Ihr Leben. München 1993
GROSSMANN, G. Ulrich (Hrsg.): Spiegel der Seligkeit. Privates Bild und Frömmigkeit im Spätmittelalter. Nürnberg 2000
GROTH, Otto: Die Zeitung. 4 Bde. Mannheim 1928-1930
GOODLAD, J.S.R.: Sociology of Popular Drama. London 1971
GUBACK, Thomas H.: Kulturelle Identität und Film in der Europäischen Wirtschaftsgemeinschaft. In: Media Perspektiven Nr. 2 / 1974
GUBACK, Thomas H.: Zur Struktur der amerikanischen Filmindustrie. In: Media Perspektiven 7/1979
GUECK, Martin, Klaus HEIDEL, Uwe KLEINERT: Multis, Markt & Krise. Unternehmensstrategien im Strukturbruch der Weltwirtschaft. Heidelberg 1992
GUGGISBERG, Hans R.: Geschichte der USA. Stuttgart 1979

HAAS, Alois M.: Ostern – vom Tod zur Geburt. In: Neue Zürcher Zeitung 11./12.4.1998
HABERMAS, Jürgen: Strukturwandel der Öffentlichkeit (1962). Neuwied 1965
HABERMAS, Jürgen: Theorie des kommunikativen Handelns. Frankfurt 1981
HABERMAS, Jürgen: Vorwort zur Neuauflage 1990. In: Jürgen Habermas: Strukturwandel der Öffentlichkeit. Neuauflage Frankfurt 1990
HABERMAS, Jürgen: Erläuterungen zur Diskursethik. Frankfurt 1991
HABERMAS, Jürgen: Faktizität und Geltung. Beiträge zur Diskurstheorie des Rechts und des demokratischen Rechtsstaates. Frankfurt 1992
HABERMAS, Jürgen: Die Einbeziehung des Anderen. Studien zur politischen Theorie. Frankfurt 1999
HACHMEISTER, Lutz und Günther RAGER: Wer beherrscht die Medien? Die 50 größten Medienkonzerne der Welt. München 2000
HALL, Steward: Encoding, Decoding (1973). In: Ders. et al. (Hrsg.): Culture, Media, Language. London 1980
HAMBLEY, John und Patrick DOWNING: The Art of Hollywood. Fifty Years of Art Direction. London 1979
HANDEL, Leo A.: Hollywood Looks at its Audience. A Report on Film Audience Research. Urbana 1950
HANS BREDOW-INSTITUT (Hrsg.): Internationales Handbuch für Rundfunk und Fernsehen. Baden-Baden 1988
HARRIS, Michael: The structure, ownership and control of the press, 1620-1780. In: Boyce 1978
HARTIG, A. et al.: Großbürgerliche Aufklärung als Klassenversöhnung: Voltaire. Berlin 1972
HAVER, Ronald: David O. Selznicks Hollywood. München 1981
HEGEL, G.W.F.: Philosophie des Rechts (1821). In: Ders.: Werke. Frankfurt 1970
HEINE, Heinrich: Zur Geschichte der Religion und Philosophie in Deutschland (1834). Hamburg 1885
HEINE, Heinrich: Die romantische Schule (1835). In: Ders.: Werke Bd. 5. Philadelphia 1867
HEINELT, Peer: PR als Dienst an der »Volksgemeinschaft«. In: medien & zeit 1 / 1999
HEINRICH, Jürgen: Medienökonomie, Band 1: Mediensystem, Zeitung, Zeitschrift, Anzeigenblatt. Opladen 1994
HEINRICH, Jürgen: Medienökonomie, Band 2: Hörfunk und Fernsehen. Opladen 1999
HEINRICH, Jürgen: B2B, B2C und Time Warner 2 AOL. In: Journalistik Journal 1/2000
HEINSOHN, Gunnar und Otto STEIGER: Die Vernichtung der weisen Frauen. Herbst-

ein 1985
HEINTZEL, Alexander: Persuasive Kommunikation im 16. Jahrhundert. St. Augustin 1998
HELLER, Eva: Wie Farben auf Gefühl und Verstand wirken. München 2000
HEPP, Andreas: Fernsehaneignung und Alltagsgespräche. Fernsehnutzung aus der Perspektive der Cultural Studies. Opladen 1998
HEPP, Andreas und Rainer WINTER (Hrsg.): Kultur – Medien – Macht. Cultural Studies und Medienanalyse. Opladen 1997
HERDING, Klaus und Rolf REICHARDT: Die Bildpublizistik der Französischen Revolution. Frankfurt 1989
HIEBEL, Hans H. (Hrsg.): Kleine Medienchronik. München 1997
HINDES, Andrew: The entire life of a film can be determined within 24 hours of its opening. For anxious execs and filmmakers, Friday afternoons through Saturday mornings are ... Desperate Hours. In: Variety 27.10.1997
HIRSCH, Joachim und Roland ROTH: Das neue Gesicht des Kapitalismus: Vom Fordismus zum Post-Fordismus. Hamburg 1986
HIRSCH, Joachim: Der nationale Wettbewerbsstaat. Staat, Demokratie und Politik im globalen Kapitalismus. Berlin 1995
HIRSCHMANN, Albert O.: Leidenschaften und Interessen. Politische Begründungen des Kapitalismus vor seinem Sieg. Frankfurt 1987
HOBBES, Thomas: Leviathan (1651). Iring Fetscher (Hrsg.). Neuwied 1966
HOFFMANN-RIEM, Wolfgang: Kommunikations- und Medienfreiheit. In: Benda, Maihofer und Vogel 1994
HOLZBACH, Heidrun: Das »System Hugenberg«. Die Organisation bürgerlicher Sammlungspolitik vor dem Aufstieg der NSDAP. Stuttgart 1981
HORKHEIMER, Max: Traditionelle und kritische Theorie (1937). Frankfurt 1970
HORKHEIMER, Max: Zum Begriff der Vernunft. In: Horkheimer und Adorno 1962
HORKHEIMER, Max und Theodor W. ADORNO: Dialektik der Aufklärung (1944). Amsterdam 1947
HORKHEIMER, Max und Theodor W. ADORNO: Sociologica (1962). Frankfurt 1984
HOVLAND, Carl I., Arthur A. LUMSDAINE, Fred D. SHEFFIELD: Experiments in Mass Communications. Princeton 1949
HOVLAND, Carl I., Irving L. JANIS, Harold H. KELLEY: Communication and Persuasion. New Haven 1953
HOVLAND, Carl I. et al.: The Order of Presentation. New Haven 1957
HOVLAND, Carl I. und Irving L. JANIS (Hrsg.): Personality and Persuasibility. New Haven 1959
HRADIL, Stefan: Soziale Ungleichheit in Deutschland. Opladen 1999
HUACO, George A.: The Sociology of Film Art. New York 1965

IMHOF, Kurt, Otfried JARREN und Roger BLUM (Hrsg.): Steuerungs- und Regelungsprobleme in der Informationsgesellschaft. Opladen 1999
INGLEHART, Ronald: Kultureller Umbruch. Wertwandel in der westlichen Welt (engl. 1977). Frankfurt 1989
INGLIS, Ruth A.: Der amerikanische Film. Nürnberg 1951

JARREN, Otfried: Gesellschaftliche Integration durch Medien? Zur Begründung normativer Anforderungen an Medien. In: Medien & Kommunikationswissenschaft 48 (2000)
JARVIE, I.C.: Towards a Sociology of Film. London 1970
JARVIE, I.C.: Film und die Kommunikation von Werten. In: Prokop 1971

JOHANNSMEIER, Rolf: Spielmann, Schalk und Scharlatan. Die Welt als Karneval: Volkskultur im späten Mittelalter. Reinbek 1984

KANT, Immanuel: Antropologie in pragmatischer Absicht (1798). In: Werke. Wilhelm Weitschedel (Hrsg.). Frankfurt 1977

KARMASIN, Matthias: Medienökonomie als Theorie (massen-) medialer Kommunikation. Graz 1998

KATZMAN, Nathan: Seifenopern im amerikanischen Fernsehen: Was geschieht überhaupt in ihnen? (1972/73) In: Prokop 1986

KEITH, Michael: Radio Programming, Consultancy and Formatics. Boston 1987

KEITH, Michael und Joseph M. Krause: The Radio System. Stoneham 1989

KIEFER, Marie Luise: Medienökonomik. Einführung in eine ökonomische Theorie der Medien. München 2001

KIESLICH, Günther: Berufsbilder im frühen Zeitungswesen. Vorstudien zu einer Soziologie des Journalismus zwischen 1609 und 1650. In: Publizistik (1966)

KIFT, Dagmar: Arbeiterkultur im gesellschaftlichen Konflikt. Die englische Music Hall im 19. Jahrhundert. Essen 1991

KINDLERS MALEREI LEXIKON. München 1985

KING, Stephen: Danse Macabre. Die Welt des Horrors in Literatur und Film (1981). München 1989

KIRCHGÄSSNER, Gebhard: Homo Oeconomicus. Das ökonomische Modell individuellen Verhaltens und seine Anwendung in den Wirtschafts- und Sozialwissenschaften. Tübingen 1991

KIRCHGÄSSNER, Gebhard: Soziale Integration rationaler Egoisten? Zur Erklärung sozialer Integration auf der Basis des ökonomischen Handlungmodells. In: Kölner Zeitschr. f. Soziologie u. Sozialps., Sonderheft 39/1999

KLARWILL, Victor (Hrsg): Fugger-Zeitungen. Ungedruckte Briefe an das Haus Fugger aus den Jahren 1568-1605.Wien 1923

KLINGLER, Walter, Gunnar ROTERS, Oliver ZÖLLNER (Hrsg.): Fernsehforschung in Deutschland. Themen – Akteure – Methoden. Baden-Baden 1998

KNOCHE, Manfred (Hrsg.): Ökonomische Theorien und gesellschaftliche Kommunikation. Grundlagen einer kommunikationswissenschaftlichen Medienökonomie. Opladen 1999

KOCH, Ursula E.: Die Berliner politisch-satirische Presse von 1848 bis 1890 als Zeit-Kommunikation. In: Bobrowsky und Langenbucher 1987

KÖHLER, Hans-Joachim: Erste Schritte zu einem Meinungsprofil der frühen Reformationszeit. In: Volker Press und Dieter Stievermann (Hrsg.): Martin Luther. Stuttgart 1986

KÖHLER, Hans-Joachim: Die Flugschriften der Frühen Neuzeit. In: W. Arnold, W. Dittrich, B. Zeller (Hrsg.): Die Erforschung der Buch- und Bibliotheksgeschichte in Deutschland. Wiesbaden 1987

KÖNIG, Helmut: Zivilisation und Leidenschaften. Die Masse im bürgerlichen Zeitalter. Reinbek 1992

KOREN, Roselyne: Violence verbale et argumentation dans la presse révolutionnaire et contre-révolutionnaire. In: Chisick 1991

KORTZFLEISCH. Siegfried von: Die publizistische Bedeutung von Luthers Thesenanschlag. In: Publizistik 5 (1960)

KOSCHNICK, Wolfgang: Rupert Murdoch. Der Medientycoon. Düsseldorf 1990

KOSCHWITZ, Hansjürgen: »O Freiheit süß der Presse!«. Goethes kritische Sicht der zeitgenössischen Journalistik. In: Publizistik 4 / 1999

KOSLOWSKI, Peter: Die postmoderne Kultur. München 1988

KOSZYK, Kurt: Deutsche Presse im 19. Jahrhundert. Berlin 1955
KOSZYK, Kurt: Vorläufer der Massenpresse. Ökonomie und Publizistik zwischen Reformation und Französischer Revolution. München 1972a
KOSZYK, Kurt: Deutsche Presse 1914-1945. Berlin 1972b
KRACAUER, Siegfried: Die Angestellten (1929). In: Ders.: Schriften. Bd. 1. Frankfurt 1971
KRACAUER, Siegfried: Von Caligari zu Hitler (1947). Schriften 2. Frankfurt 1979
KRACAUER, Siegfried: Theorie des Films. Die Errettung der äußeren Wirklichkeit (1960). Frankfurt 1964
KRACAUER, Siegfried: Das Ornament der Masse. Essays. Frankfurt 1963. – Siehe vor allem den Zeitungsartikel Film und Gesellschaft (in Ornament der Masse trägt er den Titel Die kleinen Ladenmädchen gehen ins Kino) und den Zeitungsartikel Der heutige Film und sein Publikum (unter dem neuen Titel Film 1928)
KRACAUER, Siegfried: Kino. Essays, Studien, Glossen zu Film. Karsten Witte (Hrsg). Frankfurt 1974
KRAMER, Sabine: Europäische Life-Style-Analysen. Zur Verhaltensprognose von Konsumenten. Hamburg 1991
KRAUSS, Samuel (Hrsg.): Das Leben Jesu nach jüdischen Quellen. Berlin 1902
KROEBER-RIEL, Werner: Konsumentenverhalten. München 1980
KROKER, Arthur und David COOK: The Postmodern Scene. Excremental Culture and Hyper-Aesthetics. New York 1986
KRÜGER, G.: Einsicht und Leidenschaft. Das Wesen des platonischen Denkens (1939). Frankfurt 1973
KRUSCHE, Dieter: Reclams Film-Führer. Stuttgart 1993
KUCH, Heinrich (Hrsg.): Die griechische Tragödie in ihrer gesellschaftlichen Funktion. Berlin 1983
KUHNEN, Hans-Peter (Hrsg.): Mit Thora und Todesmut. Judäa im Widerstand gegen die Römer. Stuttgart 1994
KUMMER, Karl (Hrsg.): ERLAUER SPIELE, Die: Sechs altdeutsche Mysterien. Wien 1882
KUNCZIK, Michael: Public Relations. Konzepte und Theorien. Köln 1993
KUNCZIK, Michael: Geschichte der Öffentlichkeitsarbeit in Deutschland. Köln 1997

LAFONTAINE, Oskar und Christa MÜLLER: Keine Angst vor der Globalisierung. Wohlstand und Arbeit für alle. Bonn 1998
LANGE; Konrad: Nationale Kinoreform. Mönchen-Gladbach 1918
LANGE, Konrad: Das Kino in Gegenwart und Zukunft. Stuttgart 1920
LANGER, Herbert: Der Dreißigjährige Krieg. Eine Kulturgeschichte. Gütersloh 1982
LASH, Scott: Sociology of Postmodernism. London 1990
LAUBE, Adolf et al.: Illustrierte Geschichte der deutschen frühbürgerlichen Revolution. Berlin 1982
LAZARSFELD; Paul F.: Audience Research in the Movie Field. In: The Annals Am. Acad. Pol. Soc. Sci., Nov. 1947
LAZARSFELD, Paul F., Bernard Berelson und Hazel Gaudet: Wahlen und Wähler. Soziologie des Wahlverhaltens (1944). Übersetzung: Dieter Prokop. Neuwied 1969
LAZARSFELD, Paul F.: Eine Episode in der Geschichte der empirischen Sozialforschung. In: Talcott PARSONS et al.: Soziologie – autobiographisch. Stuttgart 1975
LE BON, Gustave: L'Homme et les Sociétés. Leur origines et leur histoire. Paris 1881
LE BON, Gustave: La psychologie des femmes et les effets de leur éducation actuelle. In: Revue scientifique 46 (1890), S. 449ff.

LE BON, Gustave: Lois psychologiques de l'évolution des peuples. Paris 1894
LE BON, Gustave: Psychologie der Massen (1895). Stuttgart 1964
LEIBNITZ, Gottfried Wilhelm: In der Vernunft begründete Prinzipien der Natur und Gnade (1714). In: Leibnitz 1965, Bd. 1
LEIBNITZ, Gottfried Wilhelm: Philosophische Schriften. Hans Heinz Holz (Hrsg.). Darmstadt 1965
LENIN, Wladimir Iljitsch: Was tun? (1902). In: Lenin 1946
LENIN, Wladimir Iljitsch: Ein Schritt vorwärts, zwei Schritte zurück (1904). In: Lenin 1946
LENIN, Wladimir Iljitsch: Zwei Taktiken der Sozialdemokratie in der demokratischen Revolution (1905). In: Lenin 1946
LENIN, Wladimir Iljitsch: Ausgewählte Werke. Berlin 1946
LERG, Winfried B.: Rundfunkpolitik in der Weimarer Republik. München 1980. Rundfunk in Deutschland. Hans Bausch (Hrsg.), Band 1
LERNER, Daniel: The Passing of Traditional Society. New York 1965
LEVER, Maurice: Zepter und Narrenkappe. Geschichte des Hofnarren. München 1983
LIPPMANN, Walter: Public Opinion, New York 1922. Dt.: Die öffentliche Meinung, München 1964
LIPPOLD, Lutz: Macht des Bildes – Bild der Macht. Kunst zwischen Verehrung und Zerstörung bis zum ausgehenden Mittelalter. Leipzig 1993
LITWAK, Mark: Reel Power. New York 1986
LOCKE, John: Über die Regierung (1689). Peter Cornelius Mayer-Tasch (Hrsg.). Reinbek 1966
LOCKE, John: Versuch über den menschlichen Verstand (1690). C. Winckler (Hrsg.). Hamburg 1981
LOCKE, John: Some Considerations of the Consequences of the Lowering of Interest and Raising the Value of Money (1692) In: The Works of John Locke. Bd. 5, Aalen 1963
LORENZER, Alfred: Kritik des psychoanalytischen Symbolbegriffs. Frankfurt 1970a
LORENZER, Alfred: Sprachzerstörung und Rekonstruktion. Frankfurt 1970b
LORENZER, Alfred: Zur Begründung einer materialistischen Sozialisationstheorie. Frankfurt 1972
LÖWENTHAL, Leo: Der Triumph der Massenidole (1944). In: Löwenthal 1980
LÖWENTHAL, Leo: Die Diskussion über Kunst und Massenkultur: kurze Übersicht (1964). In: Löwenthal 1980
LÖWENTHAL, Leo: Schriften 1. Literatur und Massenkultur. Frankfurt 1980
LÜTHY, Herbert: Einleitung zu Montaigne 1580a
LUHMANN, Niklas: Soziologische Aufklärung. Opladen 1970
LUHMANN, Niklas: Die Realität der Massenmedien. Opladen 1996
LUHMANN, Niklas: Die Gesellschaft der Gesellschaft. Frankfurt 1997
LUTHER, Martin: Wider die himmlischen Propheten von den Bildern und Sakrament (1525). In: Werke. Weimarer Ausgabe Bd. 18
LYND, Robert S. und Helen Merrell LYND: Middletown. New York 1929
LYND, Robert S. und Helen Merrell LYND: Middletown in Transition. New York 1937

MAASE, Kaspar: Grenzenloses Vergnügen. Der Aufstieg der Massenkultur 1850-1970. Frankfurt 1997
MACHO, Thomas: Der gescheiterte Kindsmord. München 2001
MALTHUS: An Essay on the Principle of Population (1798). Cambridge 1992
MANDELBAUM, Howard und Eric MYERS: Screen Art Deco. New York 1985
MANDEVILLE, Bernard: Die Bienenfabel oder Private Laster, öffentliche Vorteile (1724).

Frankfurt 1980
MANNONI, Octave: Sigmund Freud. Reinbek 1971
MARPEAU, Benoit: Gustave Le Bon. Parcours d'un intellectuel. Paris 2000
MARSDEN, Michael T. et al. (Hrsg.): Movies as Artifacts. Chicago 1982
MARTEL, Martin U. und George J. McCALL: Reality-Orientation and the Pleasure Principle. A Study of American Mass-Periodical Fiction. In: Lewis Anthony Dexter und David Manning White (Hrsg.): People, Society, and Mass Communications. Glencoe 1964
MARTIN, Hans-Peter und Harald SCHUMANN: Die Globalisierungsfalle. Der Angriff auf Demokratie und Wohlstand. Reinbek 1996
MARX, Karl: Die Verhandlungen des 6. rheinischen Landtags (Rheinische Zeitung, 1842). In: Marx/Engels: Werke, Bd. 1
MARX, Karl und Friedrich ENGELS: Die heilige Familie (1844/45). In: Marx/Engels: Werke, Bd. 2
MARX, Karl und Friedrich ENGELS: Die deutsche Ideologie (geschrieben 1845/46, veröffentlicht 1932). In: Marx/Engels: Werke, Bd. 3
MARX, Karl: Das Elend der Philosophie (1847). In: Marx / Engels: Werke, Bd. 4
MARX, Karl und Friedrich ENGELS: Manifest der kommunistischen Partei (1848). In: Marx/Engels: Werke, Bd. 4
MARX, Karl: Grundrisse der Kritik der Politischen Ökonomie (Rohenwurf 1857/58), Berlin 1953
MARX, Karl: Das Kapital (1867). Marx/Engels: Werke, Bd. 2
MARX, Karl und Friedrich ENGELS: Werke, Berlin 1964ff.
MAYER, J. P.: Sociology of Film. London 1946
MAYER, Reinhold: Du bist der Fels. Hochpriester und Messias in den Auseinandersetzungen mit Rom. In: Kuhnen 1994
MEHRING, Franz: Geschichte der deutschen Sozialdemokratie (1897/98). Berlin 1976
MEHRING, Franz: Deutsche Geschichte vom Ausgange des Mittelalters. Berlin 1910
MENDELSSOHN, Peter de: Zeitungsstadt Berlin. Menschen und Mächte in der Geschichte der deutschen Presse. Berlin 1959
MERCILLON, Henri: Cinéma et monopoles. Le cinéma aux Etats Unis. Etude économique. Paris 1953
MERTEN, Klaus, Siegfried J. SCHMIDT, Siegfried WEISCHENBERG (Hrsg.): Die Wirklichkeit der Medien. Opladen 1994
MESSADIÉ, Gerald: Ein Mann namens Saulus. München 1994
METZ, Christian: Semiologie des Films. München 1972
METZ, Christian: Sprache und Film. Frankfurt 1973
MEUCHE, Hermann (Hrsg.): Flugblätter der Reformation und des Bauernkrieges. Leipzig 1976
MEYN, Hermann: Massenmedien in Deutschland. Konstanz 1999
MIES, Maria und Claudia von WERLHOF (Hrsg.): Lizenz zum Plündern. Das Mulilaterale Abkommen über Investitionen MAI. Hamburg 1999
MIKOS, Lothar et al.: Im Auge der Kamera. Das Fernsehereignis Big Brother. Berlin 2000
MILLS, C. Wright: Die amerikanische Elite (1956). Hamburg 1962
MILTON, John: Areopagitica (1644). In: Ders.: Zur Verteidigung der Freiheit. Sozialphilosophische Traktate. Leipzig 1979
MOELLER, Bernhard: Reichsstadt und Reformation. Gütersloh 1962
MOLEY, Raymond: Are We Movie-Made? New York 1938
MONTAIGNE, Michel de: Essais (1580a). Herbert Lüthy (Hrsg.). Zürich 1953
MONTAIGNE, Michel de: Essais (1580b). Hans Stilett (Übers.). Frankfurt 1998

MORIN, Edgar: Préliminaires à une sociologie du cinéma. In: Cahiers Internationaux de Sociologie 1 (1954)
MOSCOVICI, Serge: Das Zeitalter der Massen. Frankfurt 1986
MOSLEY, Leonard: Zanuck. The Rise and Fall of Hollywood's Last Tycoon. London 1984
MÜLLER, Achatz von: Der Feudalismus: Land und Stadt in Mitteleuropa. In: Helmuth Schneider 1983
MUSEUM OF BROADCASTING: Milton Berle, Mr. Television. New York 1985
MYERS, Gustavus: Die großen amerikanischen Vermögen (1916). Darmstadt 1969

NACHOV, Isaj M.: Katharsis und Consolatio. Ein Beitrag zum Wesen der Katharsis. In: Kuch 1983
NAZIANZ, Gregor von: Anweisung zur Feier der Geburt des Herrn. In: Ders.: Über die Geburt Christi. (Konstantinopel, um 380). In: Alfons Heilmann (Hrsg.): Texte der Kirchenväter, Bd. 2
NEBEL. Gerhard: Homer. Stuttgart 1959
NEGT, Oskar: Massenmedien: Herrschaftsmittel oder Instrumente der Befreiung? In: Prokop 1973b
NIETZSCHE, Friedrich: Die Geburt der Tragödie oder Griechentum und Pessimismus (1871). In: Werke, Bd. 1
NIETZSCHE, Friedrich: Über die Zukunft unserer Bildungsanstalten. 1. Vortrag (1872). In: Werke, Bd. 3
NIETZSCHE, Friedrich: Unzeitgemäße Betrachtungen. 2. Stück: Vom Nutzen und Nachteil der Historie für das Leben (1873). In: Werke, Bd. 1
NIETZSCHE, Friedrich: Aus dem Nachlass (1880er). In: Werke, Bd. 4
NIETZSCHE, Friedrich: Morgenröte. Gedanken über die moralischen Vorurteile (1880-81). In: Werke, Bd. 1
NIETZSCHE, Friedrich: Die fröhliche Wissenschaft (1881-82). In: Werke, Bd. 2
NIETZSCHE, Friedrich: Also sprach Zarathustra (1883). In: Werke, Bd. 2
NIETZSCHE, Friedrich: Jenseits von Gut und Böse (1886). In: Werke, Bd. 2
NIETZSCHE, Friedrich: Werke. Karl Schlechta (Hrsg.). München 1969
NITSCHKE, Bernd: Der ewige Krieg um Freud. In: Die Zeit Nr. 29/1996
NOÉ, Claus: Die große deutsche Illusion. Zehn Jahre Einheitspolitik – zehn Jahre ökonomische Täuschung. In: Lettre International. Herbst 2000
NOELLE-NEUMANN, Elisabeth: Die Schweigespirale. München 1980
NOELLE-NEUMANN, Elisabeth: Über die Einheit von Forschung und Lehre. In: Jürgen Wilke (Hrsg.): Fortschritte der Publizistikwissenschaft. Freiburg 1990
NOELLE-NEUMANN, Elisabeth, Winfried SCHULZ, Jürgen WILKE (Hrsg.): Fischer Lexikon für Publizistik, Massenkommunikation. Frankfurt 1994

OGGER, Günter: Kauf dir einen Kaiser. Die Geschichte der Fugger. München 1979
OGGER, Günter: Die Gründerjahre. Als der Kapitalismus jung und verwegen war. München 1982
OPPENHEIMER, Jess: Producing I Love Lucy. In: Museum of Broadcasting: Lucille Ball. First Lady of Comedy. New York o.J.

PARISER KOMMUNE. Frankfurt 1969
PARSONS, Talcott: The Social System. Glencoe 1951
PASCAL, Blaise, Gedanken (geschrieben 1657/58, posthum veröffentlicht erstmals 1670). Stuttgart 1956

PATALAS, Enno: Hollywoods Antwort. Sozialgeschichte des amerikanischen Films. In: Film 1/1958
PATHÉ, Charles: De Pathé Frères à Pathé Cinéma. Revue Mensuelle de Cinéma. o.J. (1939), o.O.
PAULINYI, Akos: Die Industrielle Revolution: Die Entstehung des Fabriksystems in Großbritannien. In: Helmuth Schneider 1983
PETERSON, Theodore: Why the Media Are That Way. In: Steinberg 1966
PFEIFFER, K. Ludwig: Das Mediale und das Imaginäre. Dimensionen kulturanthropologischer Medientheorie. Frankfurt 1999
PFLIEGER, Michael (Hrsg.): Dokumente zur Geschichte der Kirche, Innsbruck 1938
PIESCH, Ingo und Martin LESCHKE (Hrsg.): Gary Beckers ökonomischer Imperialismus. Tübingen 1998
PIRIE, David (Hrsg.): Anatomy of the Movies. London 1981
PLATON: Der Staat (um 370 v.u.Z.). Rudolf Rufener (Übers.). Zürich 1991
POLLAK, Michael: Paul F. Lazarsfeld – Gründer eines multinationalen Wissenschaftskonzerns. In: Wolf Lepenies (Hrsg.): Geschichte der Soziologie. Bd 3. Frankfurt 1981
PRESSER, Helmut: Gutenberg. Reinbek 1967
PROKOP: Geheimgeschichte des Kaiserhofs von Byzanz (548-551) In: Ders.: Werke, Bd. 1, München 1970
PROKOP, Dieter: Soziologie des Films. Neuwied 1970
PROKOP, Dieter (Hrsg.): Materialien zur Theorie des Films. München 1971
PROKOP, Dieter (Hrsg.): Massenkommunikationsforschung 2: Konsumtion. Frankfurt 1973a
PROKOP, Dieter (Hrsg.): Kritische Kommunikationsforschung. Aufsätze aus der Zeitschrift für Sozialforschung. München 1973b
PROKOP, Dieter (Hrsg.): Medienforschung, Band 3: Analysen, Kritiken, Ästhetik. Frankfurt 1986
PROKOP, Dieter: Hollywood, Hollywood. Geschichte, Stars, Geschäfte. Köln 1988
PROKOP, Dieter: Medien-Macht und Massen-Wirkung. Ein geschichtlicher Überblick. Freiburg 1995
PROKOP, Dieter: Warum Einschaltquoten und Hitlisten kein demokratisches Bild der Publikumswünsche ergeben. In: Klingler, Roters und Zöllner 1998
PROKOP, Dieter: Der Medien-Kapitalismus. Das Lexikon der neuen kritischen Medienforschung. Hamburg 2000
PRYLUCK, Calvin: Front Office, Box Office, and Artistic Freedom: An Aspect of the Film Industry 1945-1969. In: Marsden 1982
PUSCHMANN, Claudia: Fahrende Frauenzimmer. Zur Geschichte der Frauen an deutschen Wanderbühnen 1670-1760. Herbolzheim 2000
PYE, Michael: Moguls. New York 1980

RAFFEL, Michael: Der Schöpfer des Begriffs »Öffentliche Meinung«: Michel de Montaigne. In: Publizistik (1984) 49ff.
RAINER, Michael J. und Hans-Gerd JAUSSEN (Hrsg.): Bilderverbot. Münster 1997
RAINWATER, Lee, R. et al.: Working Man's Wife. New York 1959
REDONDI, Pietro: Galilei, der Ketzer (1983). München 1991
REICHERTZ, Jo: Die frohe Botschaft des Fernsehens. Kulturwissenschaftliche Untersuchung medialer Diesseitsreligion. Konstanz 2000
REMISE, Jac et al.: Magie Lumineuse. Du théatre d'ombres à la lanterne magique. Paris 1979
RÉTAT, Pierre: Pamphlet numéroté et journal en 1789. In: Chisick 1991

RICE, Stuart A.: Stereotypes. A Source of Error in Judging Human Characters. In: Journal of Personality Research 5 (1926)

RICHARDS, Jeffrey. Gregor der Große. Sein Leben, seine Zeit. Graz 1983

RIEDEL, Heide: 60 Jahre Radio. Von der Rarität zum Massenmedium. Deutsches Rundfunk-Museum. Berlin 1983

RITSERT, Jürgen: Gesellschaft. Einführung in den Grundbegriff der Soziologie. Frankfurt 1988

RITTAUD-HUTINET, Jacques: Auguste et Louis Lumière. Les 1000 premiers films. Paris 1990

ROBERTSON, Patrick: Das neue Guiness-Buch Film. Frankfurt 1993

ROBINSON, David: Chaplin. Sein Leben, seine Kunst. Zürich 1989

ROBINSON, John P.: Television's Impact on Everyday Life: Some Crossnational Evidence. In: Rubinstein 1972

RÖPER, Horst: Formationen deutscher Medienmultis 1998/99. In: Media Perspektiven 7/1999

ROPER 0065: American Institute of Public Opinion: Roper Survey, Control Nr. AIPO 0065 Matrix 01, 1937

ROSS, Edward A.: Social Control: A Survey of the Foundations of Order (1901). Cleveland 1969

ROSTEN, Leo C.: Hollywood. The Movie Colony, the Movie Makers. New York 1942

ROTHSCHILD, Kurt W.: Kapitalismus im Global Village In: Fritz HELMEDAG und Norbert REUTER (Hrsg.): Der Wohlstand der Personen. Marburg 1999

ROUSSEAU, Jean-Jacques: Über Kunst und Wissenschaft (1750). In: Rousseau 1971

ROUSSEAU, Jean-Jacques: Über den Ursprung der Ungleichheit unter den Menschen (1755). In: Rousseau 1971

ROUSSEAU, Jean-Jacques: Staat und Gesellschaft (Du Contrat Social 1762a). Kurt Weigand (Hrsg.). München 1959

ROUSSEAU, Jean-Jacques: Emile (1762b). Stuttgart 1968

ROUSSEAU, Jean-Jacques: Schriften zur Kulturkritik, Hamburg 1971

RUBINSTEIN, E.A. et al.: (Hrsg.): Television and Social Behavior. Vol. IV: Television in Day-to-Day Life: Patterns of Use. Washington 1972

RUDÉ, George: Die Massen in der Französischen Revolution. München 1961

RÜDEN, Peter von: Amerkungen zur Kulturgeschichte der deutschen Arbeiterbewegung vor dem Ersten Weltkrieg. In: Ders. (Hrsg.): Beiträge zur Kulturgeschichte der deutschen Arbeiterbewegung 1848-1918. Frankfurt 1981

RUSCH, Gebhard und Siegfried J. SCHMIDT (Hrsg.): Konstruktivismus in der Medien- und Kommunikationswissenschaft. Frankfurt 1999

SAINT-SIMON, Claude-Henri de Rouvroy, Comte de: Die Lehre Saint-Simons (Doctrine Saint-Simonienne. Exposition. Paris 1859). Eingeleitet und herausgegeben von Gottfried Salomon-Delatour. Luchterhand, Neuwied 1962

SANJEK, Russel: From Print to Plastic: Publishing and Promoting America's Popular Music 1900-1980. New York 1983

SAUSSURE, Ferdinand de: Grundfragen der allgemeinen Sprachwissenschaft (1916). Berlin 1967

SAXER, Ulrich: Warnung vor großen medienpolitischen Windmaschinen. Plädoyer für eine wissenschaftliche Medienpolitik. In: Imhof, Jarren und Blum 1999

SAXER, Ulrich und Martina Märki-Koepp: Medien-Gefühlskultur. Zielgruppenspezifische Gefühlsdramaturgie als journalistische Produktionsroutine. München 1992

SCHÄFER, Karl-Hermann: Homer und Platon als Gründungsväter der Medienpädago-

gik. In: Franz Fischer Jahrbücher Nr. 2, Norderstedt 1997
SCHATZ, Thomas: The Genius of the System. Hollywood Filmmaking in the Studio Era. London 1989
SCHELLING, Friedrich Wilhelm J.: Entwurf eines Systems der Naturphilosophie (1799), Stuttgart 1988
SCHICKEL, Richard: D.W. Griffith. An American Life. New York 1984
SCHILLING, Michael: Bildpublizistik der frühen Neuzeit. Aufgaben und Leistungen des illustrierten Flugblatts in Deutschland bis um 1700. Tübingen 1990
SCHIVELBUSCH, Wolfgang: Das Paradies, der Geschmack und die Vernunft. Eine Geschichte der Genussmittel. München 1980
SCHNEIDER, Franz: Die Freiheit der Meinungsäußerung in der griechischen Demokratie und römischen Republik. In: Publizistik 7 (1962)
SCHNEIDER, Helmuth (Hrsg.): Geschichte der Arbeit. Frankfurt 1983
SCHNEIDER, Norbert F.: Familie und private Lebensführung in West- und Ostdeutschland. Stuttgart 1994
SCHNELLE, Frank: Erfolg am Rande. Ein Interview mit dem Produzenten Sam Arkoff. Im: epd Film, Aug. 1993
SCHÖNBACH, Klaus: Transaktionale Modelle der Medienwirkung. In: Schulz 1992
SCHOTTENLOHER, Karl: Flugblatt und Zeitung. Berlin 1922
SCHRÖDER, Thomas: Die ersten Zeitungen. Tübingen 1995
SCHRÖDER, Winfried et al.: Französische Aufklärung. Bürgerliche Emanzipation, Literatur und Bewusstseinsbildung. Leipzig 1979
SCHUBARTH, Christian Friedrich Daniel: Deutsche Chronik. (1774-1777) Heidelberg 1975
SCHULER-HARMS, Margarete: Das Rundfunksystem der Bundesrepublik Deutschland. In: Hans-Bredow-Institut (Hrsg.): Internationales Handbuch für Hörfunk und Fernsehen 1996/97, Baden-Baden 1996/97
SCHULZ, Winfried (Hrsg.): Medienwirkungen. Weinheim 1992
SCHWANITZ, Dietrich: Englische Kulturgeschichte von 1500 bis 1914. Frankfurt 1996
SCHWARZ, Ulrich: Entfesselung der Produktivkräfte und ästhetische Utopie. Zu Adornos geschichtsphilosophischer Fundierung der ästhetischen Theorie. In: Burkhardt Lindner und W. Martin Lüdke (Hrsg.): Materialien zur ästhetischen Theorie. Th.W. Adornos Konstruktion der Moderne. Frankfurt 1980
SCHWARZKOPF, Joachim von: Ueber Zeitungen (1795). München 1993
SCHWITALLA, Johannes: Deutsche Flugschriften 1460-1525. Tübingen 1983
SEESSLEN, Georg: David Lynch und seine Filme. Marburg 1994
SENNETT, Richard: Der flexible Mensch. Die Kultur des neuen Kapitalismus. Berlin 2000
SHAWCROSS, William: Rupert Murdoch. Ringmaster of the Information Circus. London 1992
SIEMANN, Wolfram: Die deutsche Revolution von 1948/49. Frankfurt 1985
SIGHELE, Scipio: Psychologie des Auflaufs und der Massenverbrechen (1891). Dresden 1897
SINUS-INSTITUT: Die Sinus [Sozialwissenschaftliches Institut Nowak und Sörgel]-Milieus. Heidelberg 1995
SINUS-INSTITUT: Die Sinus-Milieus und ihre Anwendung. Heidelberg 1998
SLOTERDIJK, Peter: Die Verachtung der Massen. Versuch über Kulturkämpfe in der modernen Gesellschaft. Frankfurt 2000
SMITH, Adam: Theorie der ethischen Gefühle (1759). W. Eckstein (Übers.). Hamburg 1977
SMITH, Adam: Der Wohlstand der Nationen (1776). Horst Claus Recktenwald (Hrsg. u.

Einl.). München 1978
SMITH, Morton: Das Judentum in Palästina in der hellenistischen Zeit. In: Pierre Grimal (Hrsg.): Der Hellenismus und der Aufstieg Roms. Frankfurt 1965
SMULLYAN, Susan: Selling Radio. The Commercialization of American Broadcasting 1920-1934. Washington 1994
SOBOUL, Albert: Die Große Französische Revolution. Frankfurt 1973
SPENCER, Herbert: A System of Synthetic Philosophy. London 1893/94
SPERBER, A.M.: Murrow: His Life and Times. New York 1987
SPIO, Spitzenorganisation der Filmwirtschaft: Filmstatistisches Jahrbuch. Wiesbaden
STADT MAINZ (Hrsg.): Gutenberg. aventur und kunst. Mainz 2000
STAIGER, Janet: The Hollywood Mode of Production. In: Bordwell et al. 1985
STEINERT, Heinz: Die Entdeckung der Kulturindustrie, oder: Warum Professor Adorno Jazz-Musik nicht ausstehen konnte. Verlag für Gesellschaftskritik, Wien 1992
STEINERT; Heinz: Kulturindustrie. Münster 1998
STEDMAN, Raymond W.: The Serials. Suspense and Drama by Installment. 1971
STIELER, Caspar: Zeitungs Lust und Nutz (1695). Bremen 1969
STIPP, Horst: Die Entwicklung der Massenmedien in den USA 1980 bis 1990. In: Media Perspektiven 1/1991
STOLL, Gerhard E.: Martin Luther. In: Heinz-Dietrich Fischer (Hrsg.): Deutsche Publizisten des 15. bis 20. Jahrhunderts. München 1971
STRACHEY, James: Sigmund Freud. Eine Skizze seines Lebens und Denkens. In: Freud: Werke. Studienausgabe Bd. 1
STRANGE, Susan: Casino Capitalism. Oxford 1986
STRAUB, Jürgen und Hans WERBIG (Hrsg.): Handlungstheorie. Frankfurt 1999
STÜBLING, Rainer: Kultur und Massen. Das Kulturkartell der modernen Arbeiterbewegung in Frankfurt am Main von 1925 bis 1933. Offenbach 1983
STUMM, Mascha-Maria: Unterhaltungstheoreme bei Platon und Aristoteles. Eine Rückkehr zu den Ursprüngen der Diskussion um Funktionen und Wirkungen von Unterhaltung und der Versuch einer Auswertung fachfremder Literatur als Beitrag zur Klärung des kommunikationswissenschaftlichen Unterhaltungsbegriffs. Berlin 1996
SUGER von Saint-Denis: Liber de rebus in administratione sua gestis. In: Erwin Panowsky (Hrsg.): Abbot Suger in the Abbey Church of St. Denis and Its Art Treasures. Princeton 1946
SUMMERS, Robert E. und Harison B. SUMMERS: Broadcasting and the Public. Belmont 1966

TAINE, Hippolyte: Die Entstehung des modernen Frankreich (1876-94). Meersburg o.J.
TARDE, Gabriel: L'opinion et la foule (1890). Paris 1901
TAYLOR, Frederick Winslow: Scientific Management (1911). New York 1947. Dt.: Die Grundsätze wissenschaftlicher Betriebsführung. Weinheim 1977
TEICHNER, Heinrich der: Die Gedichte (1350-75). Heinrich Niewöhner (Hrsg.), 3 Bde. Berlin 1953-56
THULIN, Oskar: Cranach-Altäre der Reformation. Berlin 1955
THUROW, Lester C.: Die Zukunft des Kapitalismus. Düsseldorf 1996
THURSTONE, Lewis L. und E. J. CHAVE: The Measurement of Attitude. Chicago 1929
TOCQUEVILLE, Alexis de: Über die Demokratie in Amerika (Bd. 1: 1835, Bd. 2: 1840). J.P. Mayer (Hrsg.), in Gemeinschaft mit Theodor Eschenburg und Hans Zbinden. Stuttgart 1959 und 1962
TRAITLER, Hildegard: Konfession und Politik. Frankfurt 1989
TRIMBERG, Hugo von: Der Renner (1290-1300). Gustav Ehrismann (Hrsg.), Bd. 1.,

Tübingen 1908. Repr. Berlin 1970
TURGOT, Anne Robert: Oeuvres (Hrsg.: Schelle). Paris 1913

UNIVERSAL-LEXIKON: Zeitung, Avisen, Courante. Bd. 61, Leipzig und Halle 1749
UNRUH, Frank: »...denn ihr habt ja dem Kaiser keine Steuern bezahlt...« Die Bedeutung von Abgaben und Zwangsdiensten im jüdischen Widerstand gegen Rom. In: Kuhnen 1994

VALENTIN, Veit: Illustrierte Weltgeschichte (1939). Köln 1976
VARONE, Antonio: Die Stimmen der Alten: Ein Spaziergang durch das öffentliche und private Pompeji; Inschriften; Stadtverwaltung. In: Pompeji wiederentdeckt. L'Erma di Bretschneider, Rom 1993
VESTING, Thomas: Prozedurales Rundfunkrecht. Baden-Baden 1997
VESTING, Thomas: Zum Wandel normativer Leitdifferenzen in der »Informationsgesellschaft«. In: Imhof, Jarren und Blum 1999
VOLTAIRE: Briefe aus England (1729), Zürich 1994
VOLTAIRE: Ratschläge und Anweisungen für einen Journalisten. (1737). In: Voltaire 1970
VOLTAIRE: Essai sur les moeurs (1745 erste Teilveröff., 1756 erste Gesamtausg.). René Pomeau (Hrsg.). Paris 1990
VOLTAIRE: Candide (1758). Reinbek 1957
VOLTAIRE: Betrachtungen für die Dummen (1760). In: Voltaire 1970
VOLTAIRE: Republikanische Ideen (1765). Frankfurt 1979
VOLTAIRE: Briefe an Doktor Pansoph (1766a) In: Voltaire 1970
VOLTAIRE: Der unwissende Philosoph (1766b). In: Voltaire 1970
VOLTAIRE: Wichtige Untersuchung von Mylord Bolingbroke oder Das Grabmal des Fanatismus (1767a). In: Voltaire 1970
VOLTAIRE: Aus den Briefen an seine Hoheit Monseigneur Le Prince de ... über Rabelais sowie andere Autoren, die man bezichtigt, sie hätten die christliche Religion verunglimpft (1767b). In: Voltaire 1970
VOLTAIRE: Das Diner beim Grafen Boulainvilliers (1767c). In: Voltaire 1970
VOLTAIRE: Brief an Linguet, 15. März 1767d. In: Paul Sakmann (Hrsg.): Was sagt Voltaire? Leipzig 1925
VOLTAIRE: Glaubensbekenntnis des Theisten von Le Comte Da... an R.D. (1768). In: Voltaire 1970
VOLTAIRE: Wir müssen uns entscheiden oder Das Wirkprinzip (1792). In: Voltaire 1970
VOLTAIRE: Kritische und satirische Schriften. München 1970
VOLTAIRE: Bemerkungen zu den Gedanken Pascals. In: Blaise Pascal: Gedanken. München o. J. (Renourdsche Fassung v. 1881)

WALKER, Alexander: Greta Garbo. Ein Portrait. München 1981
WATKINS, J.W.N.: Freiheit und Entscheidung. Tübingen 1978
WEBER, Bruno: Wunderzeichen und Winkeldrucker 1543-1586. Dietikon 1972
WEBER, Johannes: »Unterthenige Supplication Johann Caroli/Buchtruckers«. Der Beginn gedruckter politischer Wochenzeitungen im Jahre 1605. In: Archiv für Geschichte des Buchwesens 38 (1992), S. 257ff.
WEBER, Johannes: Die Entstehung und Entwicklung der Zeitung im 17. Jahrhundert. In: Beyrer und Dallmeier 1994
WEBER, Max: Die protestantische Ethik und der Geist des Kapitalismus (1905). In: Ders.: Die protestantische Ethik. Johannes Winckelmann (Hrsg.), Gütersloh 1991
WEBER, Max: Wirtschaft und Gesellschaft (1922). Johannes Winckelmann (Hrsg.). Stu-

dienausgabe, Köln 1946
WEIGAND, Kurt: Anmerkungen zu Rousseau. In: Rousseau 1762a
WELKE, Martin: Zeitung und Öffentlichkeit im 18. Jahrhundert. In: Presse und Geschichte. München 1977
WELLER, Emil: Die ersten deutschen Zeitungen. Tübingen 1872
WENZEL, Horst: Hören und Sehen. Schrift und Bild. Kultur und Gedächtnis im Mittelalter. München 1995
WERBER, Niels: Medien der Evolution. Zu Luhmanns Medientheorie und ihrer Rezeption in der Medienwissenschaft. In: Henk de Berg und Johannes Schmidt (Hrsg.): Rezeption und Reflexion. Frankfurt 2000
WESTFEHLING, Uwe: Die Messe Gregors des Großen. Vision. Kunst. Realität. Köln 1982
WIDMANN, Hans (Hrsg.): Der gegenwärtige Stand der Gutenberg-Forschung. Stuttgart 1972
WIGGERSHAUS, Rolf: Die Frankfurter Schule. München 1988
WILHELM, Kurt: Fernsehen. Abenteuer im Neuland. Köln 1955
WILKE, Jürgen: Nachrichtenauswahl und Medienrealität in vier Jahrhunderten. Berlin 1984
WILKE, Jürgen: Presse und Zensur. Anfänge, Entwicklung und Abbau obrigkeitlicher Kontrollmaßnahmen. In: Beyrer und Dallmeier 1994a
WILKE, Jürgen: Pressegeschichte (1994b). In: Noelle-Neumann, Schulz, Wilke 1994
WILKE, Jürgen: Grundzüge der Mediengeschichte. Von den Anfängen bis ins 20. Jahrhundert. Köln 2000
WINTER, Carsten: Predigen unter freiem Himmel. Die medienkulturellen Funktionen der Bettelmönche und ihr geschichtlicher Hintergrund. Bardowick 1996
WINTER, Rainer: Filmsoziologie. Eine Einführung in das Verhältnis von Film, Kultur und Gesellschaft. München 1992
WINTER, Rainer: Der produktive Zuschauer. Medienaneignung als kultureller und ästhetischer Prozess. München 1995
WOLFF, Christian: Vernünftige Gedanken von Gott, der Welt und der Seele des Menschen, auch allen Dingen überhaupt (1719). Frankfurt und Leipzig 1738

YANKELOVICH-REPORT. Motion Picture Association of America. Annual Report, July 1968

ZANKER, Paul: Augustus und die Macht der Bilder. München 1987
ZGLINICKI, Friedrich v.: Der Weg des Films. Die Geschichte der Kinematographie und ihrer Vorläufer. Berlin 1956
ZIMMERMANN, Wilhelm: Der große deutsche Bauerkrieg (1856) Berlin 1952
ZINN, Karl Georg: Gewinner und Verlierer der Globalisierung? Wirtschaftsentwicklung im letzten Viertel des 20. Jahrhunderts. Hamburg 2000a
ZINN, Karl Georg: Im Übergang vom Spätkapitalismus zum Neofeudalismus? – Die amerikanische Wirtschaft zu Beginn des 21. Jahrhunderts. In: GOLDSCHMIDT, Werner, Dieter KLEIN, Klaus STEINITZ (Hrsg.): Neoliberalismus. Hegemonie ohne Perspektive. Heilbronn 2000b
ZUR WESTEN, Walter von: Reklamekunst. Bielefeld 1914

Index

Ausführliches Inhaltsverzeichnis